Java lernen

Judith Bishop

Java lernen

2. Auflage

Anfangen, anwenden, verstehen

Deutsche Übersetzung
von Reder Translations

Revision
von Prof. Dr. Uwe Kastens

PEARSON
Studium

ein Imprint von Pearson Education

München • Boston • San Francisco • Harlow, England
Don Mills, Ontario • Sydney • Mexico City
Madrid • Amsterdam

Bibliografische Information Der Deutschen Bibliothek

Die Deutsche Bibliothek verzeichnet diese Publikation in der Deutschen Nationalbibliografie; detaillierte bibliografische Daten sind im Internet über *http://dnb.ddb.de* abrufbar.

Umwelthinweis:
Dieses Produkt wurde auf chlorfrei gebleichtem Papier gedruckt.
Die Einschrumpffolie – zum Schutz vor Verschmutzung – ist aus umweltverträglichem und recyclingfähigem PE-Material.

10 9 8 7 6 5 4 3 2

05 04

ISBN 3-8273-7085-X

Unveränderter Nachdruck 2003 bei Pearson Studium,
ein Imprint der Pearson Education Deutschland GmbH,
Martin-Kollar-Straße 10–12, D-81829 München/Germany

Lektorat:	Christina Gibbs, cgibbs@pearson.de
Korrektorat:	Simone Burst, Großberghofen
Herstellung:	Kunigunde Huber, khuber@pearson.de
Satz:	mediaService – Siegen (www.media-service.tv)
Druck und Verarbeitung:	Media-Print, Paderborn

Printed in Germany

Inhaltsverzeichnis

B Beispiele und Fallstudien

Kapitel 2

2.1 Welcome
2.2 Eine Flagge zeichnen
2.3 Kuriositätengeschäft
2.4 Eine Warnung anzeigen
2.5 Tabelle für das Kuriositätengeschäft
2.6 Zeitpläne für einen Fuhrpark

Kapitel 3

3.1 Untersuchung der Klasse `Math`
3.2 Mehrere Etiketten
3.3 Umrechnungstabelle
3.4 Ein Histogramm der Niederschlagsmenge
3.5 Verkäufe des Kuriositätenladens
3.6 Eine große Umrechnungstabelle
FS1 Pizzaservice

Kapitel 4

4.1 Grüße
4.2 Testen der Klasse `Time`
4.3 Die große Temperaturtabelle formatieren
4.4 Alternative Grußprogramme
4.5 Die größte Zahl
4.6 Den Durchschnitt von Rechnungen berechnen
4.7 Teilenummern
4.8 Teilenummern mit Ausnahmen
4.9 Sichere Dateiöffnung
4.10 Olympiamedaillen

Kapitel 5

Kapitel 6

Kapitel 7

Kapitel 8

Kapitel 9

Kapitel 10

10.1 Viruswarnung
10.2 Ein Wetterdiagramm
10.3 Viele Flaggen
10.4 Warnung mit zwei Reaktionsmöglichkeiten
10.5 Verkehrsampeln

Kapitel 11

11.1 Ampeln mit Anforderungsknöpfen
FS5 Der Flaggendesigner
11.2 Ampelkalibrierung
11.3 Währungsumrechnung mit einer GUI
FS6 Eine Supermarktkasse
FS7 Der Währungsrechner mit Swing

Kapitel 12

12.1 Ein Applet als Viruswarnung
12.2 Das Supermarktkassen-Applet
12.3 Preisausschreiben in der Zeitung
12.4 Das Spiel „Catching the Duke"
FS8 Das Projekt „Nature Conservation"

Kapitel 13

13.1 Punkte zeichnen
13.2 Leuchtende Ampeln
13.3 Fußgängerampeln
13.4 Parkplätze für einen Aussichtspunkt
FS9 Walkmanverleih

Kapitel 14

14.1 Das Umrechnungs-Applet
14.2 Ein Bild holen
14.3 Einen Port öffnen
14.4 Einen Geldautomaten-Server einrichten
FS10 Das Chat-System
14.5 Die Umrechnungsdatenbank
14.6 Gewinnzahlen-Server
FS11 Das Flughafendurchsagen-System

Kapitel 15

V Vorwort zur dritten Auflage von Java Gently

Die vorliegende zweite Auflage von *Java lernen* ist eine Übersetzung der dritten Auflage von *Java Gently.*

Java lernen ist ein Buch für Programmieranfänger. Es soll Studenten und anderen, die von den Möglichkeiten ihres PCs fasziniert sind, das Programmieren beibringen und zeigen, wie man in Java den bestmöglichen Stil entwickelt. *Java lernen* gibt einen vollständigen Überblick über Java 2 einschließlich eines Großteils der wichtigsten Bibliotheken und Dienstprogramme (engl. *utilities*) sowie die Zukunftsaussichten, die es bietet. An Programmierkonzepten bietet das Buch Objektorientierung, Software-Entwurf, strukturierte Programmierung, Erstellung grafischer Benutzungsoberflächen (engl. *Graphical User Interface, GUI*), ereignisgesteuerte (engl. *event-driven*) Programmierung, Arbeiten mit mehreren Threads, Netzwerk-Programmierung sowie eine Einführung in Datenstrukturen.

V.1 Ein Lehrmodell für Java

Mittlerweile wird an Universitäten, Oberschulen und selbst in der Schule Java allgemein als eine erste Programmiersprache gelehrt. Den Lehrenden ist klar geworden, dass Java über eine Reihe einzigartiger Eigenschaften verfügt, wodurch es nicht nur zu einer Sprache wird, die Studenten die für spätere Kurse und den Beruf notwendigen Kenntnisse vermittelt, sondern auch zu einer Sprache, die die Studenten lernen möchten. Java macht Spaß, Java ist interessant und Java ist keineswegs schwierig, wenn es behutsam gelehrt wird. Wie kommt das?

1. Java ist schlank. Es verfügt über eine begrenzte Anzahl von Eigenschaften, die sich sinnvoll kombinieren lassen.
2. Java ist objektorientiert, wodurch die Programme die reale Welt widerspiegeln und die Anzahl der Wiederholungen und Fehler reduziert wird.

3. Java ermöglicht den uneingeschränkten Einsatz von grafischen Benutzungsoberflächen (engl. *Graphical User Interface*, GUI) und Multimedia-Funktionen (Klang, Bilder und Animationen) und unterstützt GUI-Programme in Form von Applets, die in Webbrowsern laufen.
4. Java bietet integrierte Möglichkeiten zum Arbeiten mit mehreren Threads und vereinfacht die Netzwerk-Programmierung in vielerlei Hinsicht.

Auf Grund dieser Liste existieren wohl zwei mögliche Ansätze, Java als erste Programmiersprache zu lehren. Der erste ist unmittelbar reizvoll: Direkt bei Punkt drei zu beginnen und mit GUI, Multimedia, Applets und der gesamten Netzwerkumgebung anzufangen, dadurch das Interesse der Studenten zu gewinnen und ihnen zu zeigen, wie modern und anders Java eigentlich ist. Der andere Ansatz ist, ganz von vorne anzufangen, mit grundlegenden Konzepten eine solide Ausgangsbasis zu schaffen und dann zu den neueren Aspekten zu kommen.

Java lernen verbindet beide Ansätze, weil beide ihre Vorteile haben. Mit Applets und GUI anzufangen ist reizvoll, erfordert aber so viele Grundkenntnisse über Objekte, dass selbst Studenten, die die äußere Struktur der Programme in- und auswendig lernen, eventuell nie ganz verstehen, was diese Programme eigentlich tun. Andererseits ist es zwar eine bewährte Methode, in gleichmäßigem Tempo zunächst den gesamten Hintergrund aufzuarbeiten, aber es kann langweilig und überfrachtend sein.

V.2 Der Ansatz von Java *lernen*

Wir haben einen Mittelweg gewählt, der die drei wichtigsten Argumente für Java im Blick hat: Es ist netzwerktauglich, schlank und fördert die Wiederverwendbarkeit. Daher beginnen wir mit Programmen, die die Nutzung des Internets verdeutlichen, gehen dann aber direkt dazu über, die grundlegenden Konzepte zu behandeln. Auf diese Weise führen wir schon früh das Konzept der Pakete (Bibliotheken oder APIs, *Application Progam Interfaces*) ein und setzen drei eigens für dieses Buch geschriebene Pakete ein. Die Studenten steigen also gleich in sinnvolle und objektorientierte Eingabe und Ausgabe ein, ohne dass dabei die Grundkonzepte ignoriert würden. Dann können Applets, Multimedia, Grafiken und so weiter auch für Studenten, die Klassen, Objekte, Instanziierung und Vererbung bereits kennen und damit umgehen können, an passender Stelle eingeführt werden.

Der Ansatz ist jedoch nicht alles und *Java lernen* nutzt auch drei andere erprobte Lehrmethoden:

- viele Diagramme,
- Erläuterung an Hand von Beispielen,
- In jedem Kapitel Multiple-Choice-Tests und Aufgaben.

In diesem Buch gibt es drei Arten von Diagrammen:

- **Modell**diagramme, die die Programmstruktur auf Klassenebene zeigen und zudem die Grundkomponenten wie Methoden und Variablen sowie deren Zusammenspiel offen legen.
- **Syntaxschema**-Diagramme, die die Syntax jedes neuen Java-Konstruktes in einer Weise zeigen, die ihren Einsatz in der Praxis widerspiegelt.
- **Algorithmen**diagramme, die den Ablauf kleinerer Programme zeigen und zusätzlich neue Konzepte wie z. B. Ausnahmen (engl. *exceptions*) und das Arbeiten mit mehreren Threads veranschaulichen.

In der dritten Auflage wurden die Diagramme erheblich verbessert. Erstens wurde die Notation der Klassendiagramme vereinfacht und mit der Unified Modelling Language (UML) in Übereinstimmung gebracht (obwohl UML selbst für dieses Programmierniveau nicht geeignet ist). Zweitens wurden die Schemata erweitert und umfassen nun auch einen semantischen Teil. Außerdem wurden alle Schemata als Referenz zu den sprachlichen Konstrukten und ausgewählten APIs am Ende des Buches zusammengefasst. Auch viele der Algorithmen wurden der größeren Klarheit wegen umgearbeitet.

V.3 Beispiele

Mehr als 80 Beispiele werden mit Testdaten und -ausgabe vollständig ausgeführt, 30 Prozent davon wurden für die dritte Auflage neu erstellt. Jedes Beispiel wurde sorgfältig ausgewählt, sodass es nicht nur das soeben eingeführte Konzept verdeutlicht, sondern auch eine Aufgabe im bestmöglichen Java-Stil löst. Den meisten Beispielen haftet etwas von der „realen Welt" an. Dadurch ist der Programmierer stärker gefordert, das Problem des Anwenders zu verstehen und Programme benutzerfreundlich zu erstellen. Die folgenden neuen Beispiele z. B. tauchen im Buch immer wieder auf:

- Kuriositätengeschäft
- Pizzaservice
- Flaggendesigner
- Währungsrechner

Sobald ein neues Konzept eingeführt worden ist, fließt es in das Repertoire des Programmierers ein und taucht in den nachfolgenden Programmen immer wieder auf, wenn es benötigt wird. Je weiter das Buch fortschreitet, umso länger und schwieriger werden die Beispiele.

V.4 Programmieren lehren und Java lehren

Für einen Anfängerkurs genügt es nicht mehr, einfach eine Programmiersprache zu lernen. Moderne Anwender erwarten, dass die gesamte Computerszene bei der Lösung alltäglicher Aufgaben mithilft. Ein Programmierlehrbuch für das nächste Jahrhundert sollte nicht nur die Syntax und den Aufbau eines wohl geformten Programms erklären, sondern auch Problemlösungstechniken enthalten.

Java lernen ist tatsächlich so ein modernes Lehrbuch. Jede der über 80 Aufgaben wird üblicherweise mit einer ungenauen Aussage eingeleitet. Dann wird es im Lösungsprozess verfeinert. Soweit wie möglich wählen wir aus den vorab behandelten Techniken die passende aus und kommen dann zur Entwicklung eines Algorithmus. Als zusätzliche Hilfe werden Algorithmen durch strukturierte Diagramme veranschaulicht und wichtige Techniken besprochen, hervorgehoben und für eine spätere Wiederverwendung vorgemerkt. Beachtung erfahren auch alle folgenden wichtigen Programmierparadigmen:

- strukturierte Programmierung,
- objektorientierte Programmierung,
- Klassenentwurf
- Abstraktion,
- wiederverwendbare Software und
- Allgemeingültigkeit.

Es werden mit Bedacht Beispiele ausgewählt, die zeigen, wie diese Techniken Korrektheit und Effizienz fördern können. Behandelt werden z. B. Richtlinien für den Entwurf von Klassen, die Beziehung zwischen Arrays und Klassen, die Wechselwirkung von Schleifen und Ausnahmen sowie die verschiedenen Möglichkeiten zur Implementierung von Datenstrukturen, um nur ein paar zu nennen.

V.5 Reihenfolge der Themen

Die Themen sind in Kapiteln zusammengefasst, um von Anfang an eine leichte Einführung in die Programmierung zu ermöglichen. Anweisungen werden in folgender Reihenfolge behandelt: Ausgabe, Zuweisung, For, Aufruf, Eingabe, If, Ausnahme, While, Do, Switch. Diese thematische Zusammenfassung ist weder die des Java-Referenzhandbuchs noch die eines Buches, das sich an programmiererfahrene Leser wendet. Es ist eine pädagogisch bewährte Reihenfolge, die den Studenten durch die Java-Grundlagen leitet, rücksichtsvoll, aber ohne unnötige Verzögerungen oder Umstände.

Die meisten der Kapitel enthalten eine gleichmäßige Mischung aus Klassen, Ablaufsteuerung (engl. *control*) und Datenstrukturen zuzüglich einiger Java-Spezialitäten. Nach meinen Erfahrungen besitzt dieser integrierte Ansatz ungeheure Vorteile für die Motivation und Verständlichkeit und versetzt Studenten in die Lage, in weniger Zeit größere Fortschritte zu machen und mehr zu leisten, ohne sie beim Erlernen von Java-Prinzipien und Programmiertechniken zu beeinträchtigen. Bei der Reihenfolge des Materials stehen folgende Punkte im Mittelpunkt:

- rascher Einstieg in echte Programmieraufgaben;
- Darstellung der Mächtigkeit objektorientierter Programmierung anhand von realistischen Beispielen, die von Anfang an mehr als eine Klasse und zwei Objekte benutzen;
- frühe Einführung von Ausnahmen, die als natürliches Mittel zur Ablaufsteuerung zwischen Klassen erläutert werden;
- wenig „Umstände" um Konzepte, die in Java einfach sind (wie z.B. Klassenstruktur), aber gründliche Behandlung potenziell schwieriger Themen (wie z.B. Typumwandlung und Klonen);
- Hashtabellen werden zusammen mit Arrays behandelt, um zu zeigen, wie wirksam sie nicht-ganzzahlige Indizes zur Verfügung stellen;
- drei maßgeschneiderte Ein/Ausgabe-Pakete, die in Kapitel 4 eingeführt und in Kapitel 7 und 14 vollständig erläutert werden;
- eine fast vollständige Erläuterung der Möglichkeiten des AWT (*abstract windowing toolkit*), die auf Beispiele ausgerichtet ist, sowie eine Einführung in Swing;
- die Applet-Darstellung mittels Viewer und Browser sowie eine Erklärung der Unterschiede zwischen Applets und Anwendungen (engl. *application*) sobald der Student dies richtig einzuschätzen vermag;

- Einsatz von Multithreading-Animationen und die Entwicklung reizvoller Anwendungen;
- Socket-Programmierung zur Veranschaulichung einfacher Client-Server- oder Peer-to-Peer-Systeme wie z.B. Chat-Server und RMI, um zu zeigen, wie gut sich Java für verteilte Umgebungen eignet;
- der Datenbankzugriff über die ODBC-JDBC-Brücke (Open Database Connectivity - Java Database Connectivity) wird am Beispiel eines normalen Datenbanksystems gezeigt und seine Einrichtung in leicht verständlichen Schritten vorgeführt;
- ein Teil der JFC (Java Foundation Classes) für Algorithmen und Datenstrukturen, angefangen beim Sortieren und Suchen über Keller, Schlangen und Listen bis hin zu Bitsets.

V.6 Lernhilfen und die Website

Java lernen enthält:

- mehr als 80 vollständig ausgeführte Beispiele und Fallstudien;
- Zusammenfassungen am Ende jedes Kapitels;
- Multiple-Choice-Tests mit Lösungen am Ende jedes Kapitels;
- mehr als hundert Übungen;
- eine aktive Website;
- spezielle `Display`-, `Stream`- und `Graph`-Klassen zur Erweiterung von Javas Eingabe-Ausgabe-Möglichkeiten;
- Algorithmen- und Modellnotationen, die auf mehr als 70 Diagramme hinauslaufen;
- eine für Programmieranfänger einzigartige Darstellung der Java-Syntax und -Semantik.

Alle Beispiele wurden getestet und ausgeführt und lassen sich über eine Website beziehen, die aktiv gepflegt und aktualisiert wird. Diese Website unter *www.pearson-studium.de* oder *www.booksites.net/bishop* enthält außerdem:

- Web-Seiten, die in das Buch einführen;
- alle Beispiele zum Herunterladen (einzeln, kapitelweise oder *en bloc*);
- häufig gestellte Fragen mit Antworten;
- eine Fehlerliste;
- ein Diskussionsforum;
- die Zukunftspläne für das Buch;
- E-Mail-Kontakte zur Autorin und dem *Java Gently*-Team.

Diese Website spiegelt die Adresse www.cs.up.ac.za/javagently.

V.7 An wen wendet sich das Buch?

Das Buch wendet sich an alle, die mit Java erstmals Programmieren lernen und auf das JDK von Sun auf PCs, Macs oder Unix-Maschinen zugreifen können. Das Buch bezieht sich auf keine der Unmengen von Entwicklungsumgebungen, die auf den Markt kommen. Die Studenten dürften sich normalerweise im ersten Studienjahr einer Universität oder Fachhochschule befinden, sei es an der naturwissenschaftlichen, ingenieurwissenschaftlichen, wirtschaftswissenschaftlichen oder geisteswissenschaftlichen Fakultät. Die Beispiele decken ein so weites Feld ab, dass für jeden etwas dabei ist. Das Buch erfordert keine mathematischen Erfahrungen und taugt sicherlich auch für Schüler, die kurz vor dem Abitur stehen und einen Informatik-Kurs belegen. Da Fakten und Beispiele stärker betont werden als langatmige Diskussionen, eignet sich das Buch auch für erfahrene Programmierer und Hobby-Programmierer, die sich schnell in Java einarbeiten möchten.

Das Buch basiert auf vielen seit 1996 erteilten Java-Kursen sowie auf Kursen in anderen Programmiersprachen, die seit 1980 Studenten der Natur- oder Ingenieurwissenschaften auf dem Niveau des ersten Studienjahrs einer Universität erteilt wurden. Darin befinden sich viele der in diesen Kursen getesteten Beispiele und Übungen. Alle Beispiele wurden mit JDK 1.3 auf Intel-PCs mit Windows NT und Linux getestet, die meisten überdies auf einem iMac und einem PowerBook G3 mit Java 1.1.6 auf Mac OS9 und Code Warrior 4. Als Browser für Applets wurde hauptsächlich Netscape Communicator mit HotJava und gelegentlich auch Internet Explorer eingesetzt.

Da sich die Technologie - und ganz besonders Java - schnell weiterentwickelt, ist es möglich, dass gleichzeitig mit diesem Buch eine neue Version der Java-Bibliothek auf den Markt kommt. Auf unserer Website finden Sie die neuesten Informationen und Programm-Updates.

V.8 Die Icons in diesem Buch

Um Ihnen die Orientierung in diesem Buch zu erleichtern, haben wir den Text in bestimmte Funktionsabschnitte gegliedert und diese durch entsprechende Symbole oder Icons gekennzeichnet. Folgende Icons finden Verwendung:

Beispiele helfen Ihnen, sich schneller und sicher im Feld der Java-Programmierung zu orientieren. Sie werden darum mit diesem Icon gekennzeichnet.

Manches ist von besonderer Bedeutung und verdient darum auch, besonders hervorgehoben zu werden. Solche **Hinweise** sind sehr nützlich, sie bringen einen geschwinder ans Ziel.

Mit **Übungen** vertiefen Sie Ihr Wissen. Sie sind mit diesem Icon gekennzeichnet.

V.9 Vorwort zur Übersetzung

Das vorliegende Buch ist eine Übersetzung der dritten Auflage des Buches „Java Gently“ von Judy Bishop. Es ist ein besonderes Lehrbuch für Programmieranfänger, das sich in mancher Hinsicht sehr positiv von anderen Einführungen in Java abhebt:

- Die Sprache Java wird vermittelt, um das höhere Ziel objektorientierte Software-Entwicklung zu erreichen.
- Die auf den ersten Blick überraschende Reihenfolge der Themen ist so gewählt, dass Anfänger bei gleichmäßigem Anstieg der Lernkurve früh zu wirkungsvollen Programmen geführt werden.
- Es werden von Anfang an lebendige Beispiele gegeben. Sie machen Spaß und geben den Programmieranfängern Motivation. Die südafrikanische Einfärbung der Themen hat für europäische Leser einen exotischen Charme.
- Der lockere Schreibstil unterstützt die Motivation beim Erkunden der Java-Landschaft.

Es hat uns Freude gemacht, diesen didaktisch gelungenen Bestseller für Addison-Wesley ins Deutsche zu übertragen. Bei der Übersetzung haben wir die Erfahrung aus der Übersetzung von Büchern zu Java und anderen Informatikthemen sowie aus zwei Vorlesungen für Informatikanfänger mit Java Gently als Textbuch eingebracht. Um den Lesern die englische Terminologie zugänglich zu machen haben wir Schlüsselbegriffen oft in Klammern den englischen Begriff hinzugefügt. Die plastische und unkomplizierte Sprache des Originals haben wir nach Möglichkeit nachgebildet. Das Buch wurde in der neuen Deutschen Rechtschreibung übersetzt.

Die Programmbeispiele haben wir nicht übersetzt und bis auf kleine Korrekturen unverändert übernommen. Dadurch haben wir die Übereinstimmung mit den ausführbaren Programmen auf der beigefügten CD und der Java Gently-Website bewahrt. Außerdem hätten viele Beispiele durch Eindeutschen der Bezeichner ihren südafrikanischen Charme verloren.

Wir haben eine Reihe von Verbesserungen und Korrekturen in Abstimmung mit der Autorin vorgenommen. Insbesondere wurde die Verwendung der Begriffe Objekt, Variable und Typ gegenüber dem Original präzisiert.

Aus den beiden Anfängervorlesungen im Informatik-Studium an der Universität Padeborn ist umfangreiches Lehr- und Lernmaterial entstanden. Wir haben es vollständig auf der dem Buch beigefügten CD verfügbar gemacht. Es umfasst sämtliche Vorlesungsfolien mit zusätzlichen Arbeitshinweisen, alle Übungsaufgaben mit Musterlösungen des 1 1/2-semestrigen Kurses. Es ist so aufbereitet, dass man sowohl darin interaktiv navigieren kann als auch leicht Papier- oder Folienkopien erstellen kann. Zusammen mit dem Buch steht damit vollständiges und erprobtes Material für einen Java-Anfängerkurs zur Verfügung.

Wir danken Frau Christina Gibbs vom Verlag Addison-Wesley in München für die gute Zusammenarbeit sowie Simone Burst für das sorgfältige Korrektorat.

Anmerkungen und Kritik zum vorliegenden Band sind natürlich willkommen; sie können unmittelbar an den Verlag unter *cgibbs@pearson.de*, an die Übersetzerin oder den Revisor unter den unten stehenden E-Mail-Adressen gerichtet werden.

Wir wünschen guten Erfolg und viel Freude mit „Java lernen".

Bonn und Paderborn im Mai 2001

Übersetzung
RederTranslations
Dorothea Reder, Gabi Zöttl
Doro@RederTranslations.com

Revision
Uwe Kastens
uwe@uni-paderborn.de

V.10 Danksagungen

Die dritte Auflage von *Java lernen* wurde von vielen Menschen aus aller Welt beeinflusst und verbessert, die sich die Mühe gemacht haben, uns zu schreiben und ihre Erfahrungen und Ideen mitzuteilen. Insbesondere möchte ich Jens Kaasbøll von der Universität Oslo und Uwe Kastens von der Universität Paderborn für ihre kritische Beurteilung der objektorientierten Teile des Buches danken.

Mein Dank gilt auch wieder den technischen Angestellten und studentischen Mitarbeitern des Instituts, die mir weiterhin dabei geholfen haben, die zahlreichen Probleme zu lösen, die die schnelle Entwicklung von Java auf mehreren Plattformen darstellt; besonders danke ich dabei Basil Worrall, der viele Stunden investiert hat, um sicherzustellen, dass die Programme richtig und mit dem Text und der Website kompatibel sind, und der Fehler ausfindig gemacht hat. Basil ist auch für die Modelldiagramme, die Datenbank-Beispiele und die Aktualisierung einiger späterer Programme verantwortlich. Ich hätte mir keinen fähigeren und treueren Assisten wünschen können und falls noch Fehler vorhanden sind, sind es meine eigenen.

Auch Johnny Lo hat für die Aktualisierung und Lauffähigkeit der *Java Gently*-Website gesorgt und mit Basil täglich Fragen und Anfragen bearbeitet. Außerdem sollen auch die Beiträge früherer Mitglieder des *Java Gently*-Teams nicht unberücksichtigt bleiben: Louis Botha, Tony Abbott, Alwyn Moolman, John Botha, Graeme Pyle und Daniel Acton. Ich danke meinem Institut für die zur Verfügung gestellte Technik und die unbegrenzte Einwählmöglichkeit, durch die ich bis spät in die Nacht arbeiten konnte. Außerdem wäre dies ohne Beethoven, Brahms und die Beatles und die fröhlichen E-Mails meiner Freunde von der Westküste nicht möglich gewesen.

Die verwendete Software stammt von Sun, Microsoft und Apple und ich möchte meine Hochachtung für diese Giganten der Computerindustrie ausdrücken, die uns die Nutzerfreundlichkeit und Stabilität liefern, die wir so oft als selbstverständlich ansehen. Das Buch wurde auf einem iMac mit Microsoft Word 98 geschrieben, wobei die meisten dort entwickelten Programme mit CodeWarrior 4 geschrieben wurden, und auf einer Windows NT-Workstation mit JDK 1.3 und TextPad 4; mit allen lässt sich gut arbeiten.

Pearson Education hat in seinem Lektorat und der Produktionsabteilung wieder einmal hervorragende Arbeit geleistet, um dieses Buch termingerecht zu drucken: Mein Dank gilt insbesondere Martin Sugden, der mehr als seinen Teil zu ertragen hatte, sowie Kate Brewin, Martin Klopstock, Bridget Allen und ihren Teams.

Schließlich danke ich wie immer Nigel für seine Unterstützung und Hilfe bei den schwierigen Aufgaben, die immer spät nachts auftreten, und meinen lieben Söhnen William und Michael für ihr Verständnis und ihre Geduld während der Monate, in denen meine Aufmerksamkeit vor allem diesem Buch galt. Sie lernen noch immer Pascal, aber wenn sie sich demnächst an der Universität einschreiben, werden sie hoffentlich für ihre Geduld belohnt und ebensoviel Freude an Java haben wie ich.

Judith M. Bishop
Pretoria, Südafrika
November 2000

V.11 Die Entwicklung von *Java lernen*

Die folgenden Personen haben seit der ersten Auflage zur Entwicklung von *Java lernen* beigetragen:

- Kevin Boone, University of Middlesex
- Alan Dearle, University of Stirling
- Hans Geers, Technical University of Delft
- Priscilla Griscom, University of New Haven, Connecticut
- Mark Harman, University of North London
- Matthew Huntbach, Queen Mary and Westfield College, University of London
- Brendan Hodgson, University of Durham
- Steven Jenkins, Iowa State University
- Mike Joy, University of Warwick
- Uwe Kastens, University of Paderborn
- Jens Kaasbøll , University of Oslo
- Frank Martin , London Guildhall University
- Nicholas Measor, University of Leicester
- Andrew McGettrick, University of Strathclyde
- Narayan Murthy, Pace University, New York
- Andy Ormsby, University of Sussex
- Sagar Pidaparthi, De Montfort University
- Jon Rowson, Queen Mary and Westfield College, University of London
- Chris Sadler, University of North London
- Ivor Spence, Queen's University of Belfast
- Janet Stack, University of Glasgow
- Steve Webster, Bournemouth University

1 Einleitung

1.1 Willkommen bei Java

Java ist anders als alle anderen bisherigen Programmiersprachen. Es wurde entworfen, um im weltweiten Computer-Netz, dem Internet, mit einer überall erhältlichen, benutzerfreundlichen Software, den **Browsern**, leicht arbeiten zu können. Alle Computer verfügen mittlerweile über einen Browser - sei es Netscape, Explorer oder Mosaic - und alle Browser sind nun **Java-tauglich**. Das heißt, Sie können Dokumente durchsuchen, die auf der ganzen Welt gespeichert sind, und durch Anklicken einer Verknüpfung ein Java-Programm aktivieren, das durchs Netz reist und auf Ihrem Computer läuft. Sie brauchen noch nicht einmal zu wissen, dass es ein Java-Programm ist, das da läuft.

Der wesentliche Vorteil der Java-Tauglichkeit liegt darin, dass Ihr Bildschirm nicht nur passiven Text und Bilder anzeigt, sondern auch Berechnungen und Interaktion stattfinden können. Sie können an die **Hostsite** (Ursprung der Programme) Informationen zurücksenden, von dort weitere Java-Programme oder Dokumente beziehen und ganz allgemein wirkungsvoll arbeiten. Abbildung 1.1 fasst den Kreislauf der Aktivitäten zusammen, die in einem Java-tauglichen Browser ablaufen. Im Internet ablaufende Java-Programme heißen **Applets** (eine Kurzform für „little applications"), ein Begriff, den wir von nun an verwenden werden.

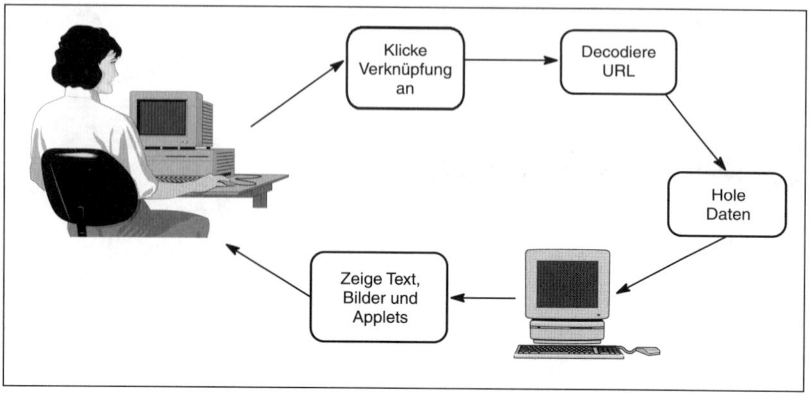

Abbildung 1.1: Mit Java-Applets im World Wide Web surfen (URL=Universal Resource Locator).

Eine weitere wichtige Java-Eigenschaft ist die **Plattformunabhängigkeit**. Das heißt, Java ist unabhängig vom eingesetzten Computer. Sie können einen Macintosh oder einen Pentium verwenden, einen Silicon Graphics oder eine Sun Workstastion, den Java-Applets ist es egal. Sie sind so auf einem Host gespeichert, dass sie auf jedem Computer mit einem Java-tauglichen Browser laufen können

Was bedeutet nun aber Java-tauglich? Es bedeutet, dass im Browser ein Programm namens **Java Virtual Machine** (JVM) existiert, das auf diesem speziellen Computer Java ausführen kann. Das im Netz weitergegebene Java-Programm befindet sich in einer Standardform, die als **Bytecode** bezeichnet wird. Ihre JVM kann das Applet in Bytecode verstehen und seine korrekte Ausführung auf Ihrem speziellen Computer veranlassen. Daher erwecken die Knöpfe und das Layout eines unter Windows ausgeführten Applets einen Windows-Eindruck. Wenn Sie sich dasselbe Applet auf einen Macintosh laden, sieht es aus wie ein typisches Macintosh-Programm. Dieser Vorgang wird in Abbildung 1.2 zusammengefasst.

Genug der Theorie. Was ist denn nun eigentlich der Zweck von Applets, und wie sieht ein Applet tatsächlich aus? Betrachten wir nun ein auf der *Java-Gently*-Website speziell eingerichtetes Beispiel. Die Website befindet sich unter der URL[1] *http://www.booksites.net/bishop*.

1. Der auch in Abb. 1.1 verwendete Begriff URL steht für Universal Resource Locator. Dabei handelt es sich um einen eindeutigen Verweis auf ein im Web befindliches Dokument, in der Regel bestehend aus einem Protokollnamen, z. B. http, und dem Namen einer Site oder eines Computers, auf dem das Dokument gespeichert ist, gefolgt von Unterverzeichnis-Informationen.

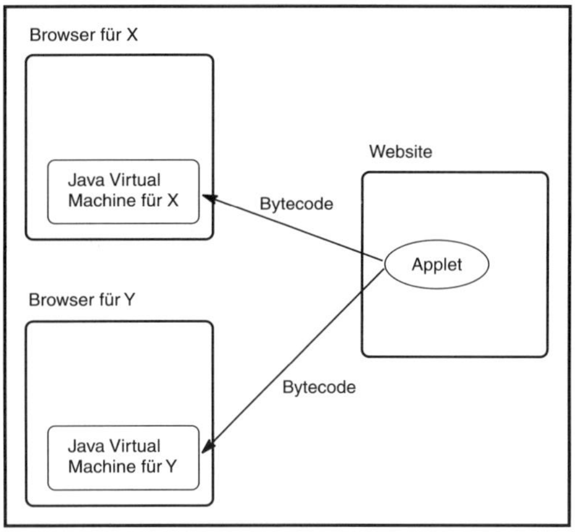

Abbildung 1.2: Ein Java-Applet reist zu zwei verschiedenen Computern vom Typ X und Y.

1.2 Das Projekt Erhaltung der Natur

Das Land Savanna (im afrikanischen Weideland gelegen) fördert als Teil seiner Programme mit internationaler Wirkung ein Projekt, bei dem Informationen über die Natur im Internet zur Verfügung gestellt werden. Die Besucher der Website finden nicht nur ein elektronisches Buch, sondern können auch Erkundigungen über von ihnen entdeckte Tiere, Vögel und Bäume einholen und sogar interaktiv etwas zu den auf der Site befindlichen Informationen beitragen. Betrachten Sie die in den Abbildungen 1.3 bis 1.5 gezeigten Web-Seiten der ersten Version. Sieht ganz schön interessant und sogar eindrucksvoll aus, aber wo bleibt Java?

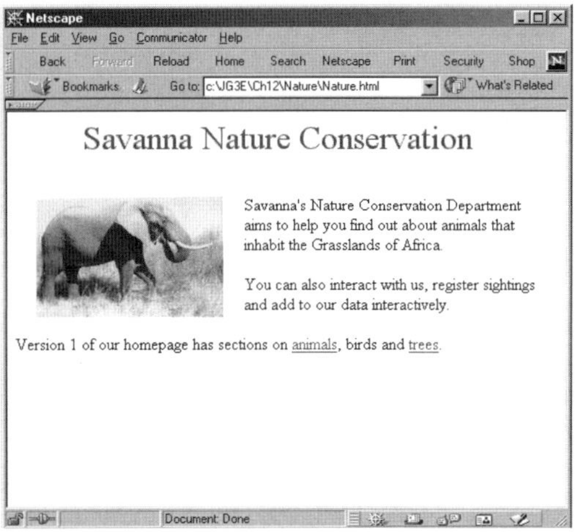

Abbildung 1.3: Die erste Seite der Website zeigt zwei Verknüfungen: zu animals und trees.

Dass es nicht sofort offensichtlich ist, unterstreicht den Nutzen und die Mächtigkeit von Java. Die erste Web-Seite (Abbildung 1.3) kündigt das Projekt an und stellt Verknüpfungen zu den drei geplanten Themengebieten zur Verfügung. Das Thema „birds“ ist noch nicht fertig, also ist die Verknüpfung noch nicht eingerichtet. Klicken wir auf die Verknüpfung „animals“, so bekommen wir Abbildung 1.4. Der Abschnitt über Tiere besteht momentan nur aus Bildern, aber der Abschnitt über Bäume (Abbildung 1.5) enthält eine Tabelle, die zeigt, wie man einen Baum nach dem Aussehen seiner Blätter bestimmt.

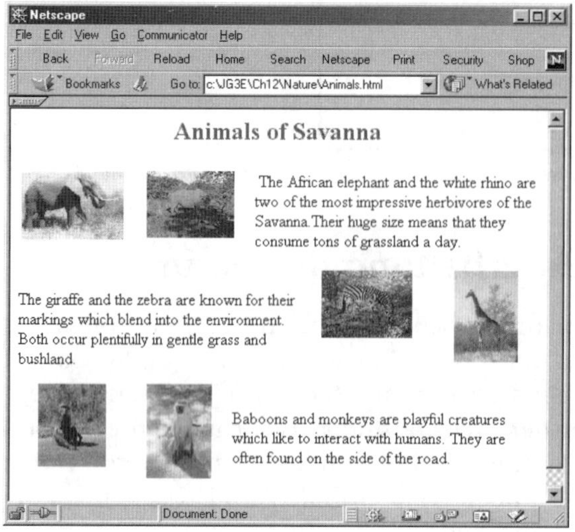

Abbildung 1.4: Die zweite Web-Seite zeigt Bilder und Text.

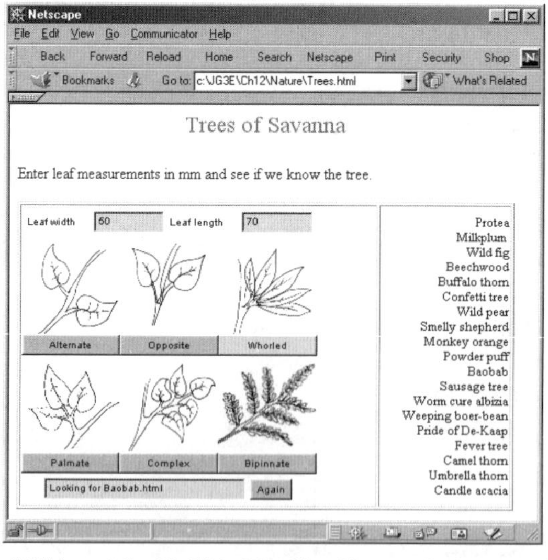

Abbildung 1.5: Die Web-Seite über Bäume mit einem Applet am unteren Rand.

Dann wird man aufgefordert, drei den Baum betreffende Werte einzugeben. Das ist das Applet im Einsatz. Es läuft unauffällig auf Ihrer Maschine, wann immer Sie es wünschen. Hat es die drei Werte erhalten, berechnet es einen Code für einen Baum und veranlasst den Browser, aus der Website Informationen über diesen Baum zu holen. Bei den hier eingegebenen Informationen zeigt die Web-Seite ein Bild eines Affenbrotbaums (Baobab) sowie Informationen über seine Samen, Blüten und natürliche Umwelt. Abbildung 1.6 zeigt ein Beispiel für eine solche Seite. Mehr zu diesem Applet finden Sie in Abschnitt 12.4.

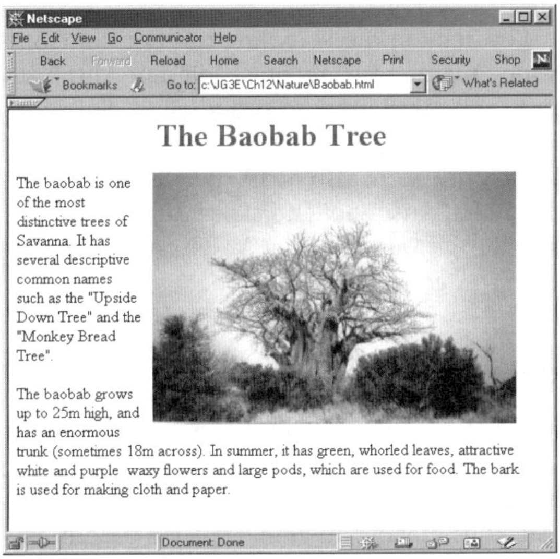

Abbildung 1.6: Die Web-Seite des gewählten Baums.

Sollte das Applet die von Ihnen eingegebene Kombination aus Blattform und Blattgröße nicht erkennen, ermöglicht es Ihnen, diese als Frage an die ortsansässigen Botaniker weiterzugeben, die Ihnen binnen weniger Tage alle Informationen, die sie sammeln konnten, per E-Mail mitteilen werden.

Java ist natürlich nicht nur ein Mittel, um Daten im Internet weiterzureichen, es ist auch eine wirkliche Programmiersprache von demselben Zuschnitt wie C++, Pascal, Ada und Modula-3. Im ganzen Buch geht es darum, Java zu lernen, aber es dient auch als allgemeine Einführung in die Prinzipien der Programmierung. Am Ende des Buches können Sie Java-Anwendungen und -Applets programmieren, die so unterschiedliche Dinge tun wie ein Inventar kontrollieren, Benotungen mitteln und sortieren, Computer-Spiele und -Wettbewerbe ausführen und natürlich im Internet surfen.

1.3 Software-Entwicklung

Computer bestehen aus Hardware und Software. Kauft man einen Computer oder benutzt man ihn im Labor, tendiert man dazu, die Hardware in den Vordergrund zu stellen: den Arbeitsspeicher, die Schnelligkeit des Prozessors usw. Diese Faktoren spielen beim Computereinsatz zwar eine Rolle, aber nicht die wichtigste. Natürlich ärgert man sich, wenn beispielsweise der Festplattenplatz nicht mehr ausreicht, aber man kann zumindest einen Plan fassen, die Daten zum Teil anderswo zu speichern oder sie sogar zu löschen, um Platz zu schaffen.

Wir behaupten, dass in Wirklichkeit die Software, mit der der Computer ausgestattet ist, seine Qualität ausmacht. In diesem Abschnitt gehen wir die zur Java-Programmierung erforderlichen Software-Komponenten kurz durch und zeigen, wie sie zusammenwirken. Dies soll eine allgemeine Beschreibung sein, also nicht spezifisch für einen bestimmten Software-Hersteller. Anschließend skizzieren wir die Stadien der Software-Entwicklung. Der nächste Abschnitt zeigt, wie diese in diesem Buch in Angriff genommen werden.

1.3.1 Der Programmierprozess

Der Programmierprozess ist die Tätigkeit, bei der man Programme schreibt, um sie zu speichern und zum Ausführen vorzubereiten. Die Programme können auf demselben Computer laufen, auf dem sie geschrieben worden sind, sie können aber auch in der oben beschriebenen Weise aus dem Internet geladen werden. Zum Programmieren benötigt man heute viele Software-Pakete, die ihrerseits von anderen entwickelt wurden. Ein Teil der Software wird mit dem gekauften Computer mitgeliefert, einen Teil kann man später kaufen und einen anderen Teil kann man als Shareware, Freeware oder Applets übers Internet bekommen. Um eigene Programme zu entwickeln, brauchen Sie mindestens ein Betriebssystem, einen Editor und einen Übersetzer (engl. *compiler*).

1.3.2 Betriebssysteme

Die wichtigste Software auf einem Computer ist das **Betriebssystem** (engl. *operating system*). Manche Betriebssysteme sind für bestimmte Computer-Typen spezifisch – MacOS ist z.B. für Macintosh gedacht – und andere sind dafür geschaffen, auf etlichen verschiedenen Typen zu laufen. Beispiele hierfür sind Windows, Unix und sein Ableger Linux. Das Betriebssystem bietet die für die Hardware notwendigen

Interfaces: Lesen von einer Festplatte, CD oder Diskette, Ausgeben auf dem Bildschirm, Wechseln zwischen verschiedenen Aufgaben (engl. *tasks*) usw. Es dient auch der Dateipflege und bietet dem Anwender Befehle zum Verschieben und Umbenennen von Dateien usw. Mit dem Betriebssystem aktivieren wir die Software der nächsten Ebene.

1.3.3 Editoren und Übersetzer

Zum Programmierprozess gehört die Erstellung einer Folge von Instruktionen für den Computer, die in einer bestimmten Programmiersprache geschrieben werden. Der Erstellungsprozess wird durch einen **Editor** ausgedrückt – davon sind viele auf dem Markt. Wenn es fertig ist, übergibt man das Programm an einen **Übersetzer**. Dieser hat zwei Funktionen: Zunächst prüft er gründlich die Richtigkeit des Geschriebenen. Sind darin Fehler (so genannte statische Fehler oder Syntaxfehler), müssen diese korrigiert und das Programm erneut dem Übersetzer übergeben werden. Den Java-Übersetzer kann man einfach aktivieren, indem man Folgendes für das Betriebssystem eingibt, wobei `Trees.Java` die mit dem Editor erstellte Datei ist:

```
javac Trees.java
```

Findet der Übersetzer keine Fehler mehr, tritt er in eine zweite Phase ein und übersetzt das Programm in eine Form, die auf einem Computer ausgeführt werden kann. Für Übersetzer der meisten anderen Sprachen ist dies die ursprüngliche Maschinensprache des Prozessors dieses speziellen Computers. Für Java hingegen ist die JVM das Ziel der Übersetzung, egal auf welchem Computer das übersetzte Programm letztlich laufen wird.

Der Übersetzer prüft zwar das Programm auf korrekte Verwendung der Sprache Java und sucht nach etlichen potenziellen Fehlern, aber logische Fehler kann er nicht entdecken. So wäre es z. B. gut möglich, dass ein nachlässiger Programmierer bei dem in Abbildung 1.5 in Aktion gezeigten Applet versehentlich den Wert für die Breite als Länge liest und den Wert für die Länge als Breite. Diese Fehler nennt man **logische** Fehler (oder auch **Ausführungs**fehler).

Logische Fehler lassen sich durch die folgenden Maßnahmen vermeiden:

- Das Programm von Anfang an sorgfältig strukturieren,
- guten Programmierrichtlinien folgen und
- bereits vorhandene Programmstücke wiederverwenden statt jedesmal alles neu zu schreiben.

Allerdings kann man manchmal logische Fehler nur finden, indem man das Programm ausführt und schaut, was passiert. Dies ist das vorletzte Stadium des Software-Entwicklungsprozesses. Das Programm wird **ausgeführt** – man lässt es **laufen** – indem man es über das Betriebssystem aktiviert. In Java würden wir ein normales Programm in etwa mit folgendem Befehl ausführen:

```
java Trees
```

Manche logische Fehler kann man entdecken, wenn man das Programm mit sorgsam ausgewählten Testdaten gründlich prüft. Hat man einen Fehler gefunden und korrigiert, sollte man den Test erneut durchführen, da sich sehr leicht beim Beseitigen des alten Fehlers ein neuer einschleicht. All diese Themen behandelt dieses Buch. Der Programmierprozess ist in Abbildung 1.7 zusammengefasst.

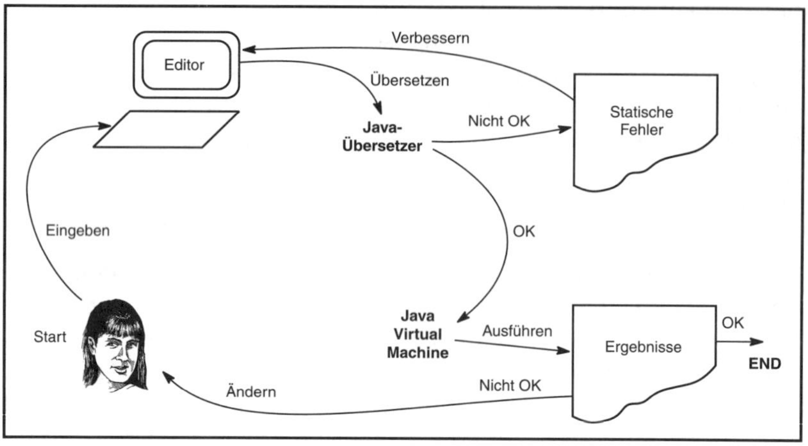

Abbildung 1.7: Der Programmierprozess in Java

1.3.4 Entwicklungsumgebungen

Da sich der Kreislauf von Editieren und Übersetzen im Programmierprozess immer wieder wiederholt, gibt es Software, die beides kombiniert und es ermöglicht, zwischen beiden Tätigkeiten auf Knopfdruck hin- und herzuschalten. Beispiele für solche Java-Systeme sind TextPad, Visual J++, Kawa, VisualAge und JBuilder. Zu einer integrierten Entwicklungsumgebung (*integrated development environment, IDE*) gehören auch Funktionen zur Verwaltung großer Projekte, an denen eventuell mehrere Programmierer beteiligt sind. Eine weitere Eigenschaft ist ein verbesserter Editor, mit dem man Benutzungsschnittstellen erzeugt, indem man sie auf dem Bildschirm entwirft.

Ein Vorteil einiger Java-IDEs ist, dass sie wie Java selbst plattformunabhängig sind, sodass man den Computer wechseln und dennoch in derselben Umgebung weiterarbeiten kann. Ein Nachteil der IDEs ist, dass sie nicht immer intuitiv zu bedienen sind und es manchmal einige Zeit dauert, bis man gelernt hat, sie effektiv einzusetzen.

1.3.5 Wartung

Überraschend, aber wahr: Abbildung 1.7 zeigt vom industriellen Programmierprozess nur rund 30 Prozent. Das eigentliche harte Programmieren beginnt dann, wenn ein Produkt bereits ausgeliefert worden ist und sein Leben im Einsatz beginnt. Dann muss es **gewartet** werden, eine Tätigkeit, die der Wartung eines Flugzeuges gleicht: unabdingbar und oft teuer. Zur Wartung von Software gehört, Fehler zu beheben, von den Anwendern gewünschte Änderungen vorzunehmen und Verbesserungen anzubringen. Vorrangiges Ziel eines Programmierers – selbst wenn er erst lernt, zu programmieren – sollte sein, die Wartung so einfach wie möglich zu machen. In diesem Buch werden wir wiederholt Möglichkeiten aufzeigen, dieses Ziel zu erreichen.

1.3.6 Der Ansatz dieses Buchs

Java lernen lehrt Programmieren an Hand von Beispielen. Die Beispiele schreiten in einer erprobten und bewährten Weise fort, die Sie von den ersten Prinzipien bis hin zu den komplizierteren Sprachkonstrukten führt. Jedes Beispiel wurde sorgfältig ausgewählt, damit nur bereits behandelte Eigenschaften eingesetzt werden, und diese korrekt. Um zu diesem Ergebnis zu kommen, muss die Reihenfolge der behandelten Themen genau eingehalten werden. Es ist zwar möglich, in die späteren Kapitel des Buchs hineinzuschauen, aber die ersten fünf sollten nacheinander behandelt werden. Sie bilden das Kernstück und hängen eng miteinander zusammen.

In jedem Beispiel ist die Abfolge der Schritte normalerweise:

- Aufgabe
- Lösung
- Algorithmus
- Klassenentwurf
- Beispiel
- Programm
- Test

Die Aufgabe ist eine kurze Aussage, die in den Worten des Anwenders sagt, was zu tun ist. Die Lösung gibt eine erste Vorstellung davon, welcher Ansatz zur Lösung der Aufgabe gewählt werden sollte, und welche vorhandene Software wiederverwendet werden kann. Der Algorithmus ist der springende Punkt im Problemlösungsprozess. Jedes Programm ist ein vollständiges, lauffähiges Java-Programm und Sie finden es auf der *Java Gently*-Website. Das Beispiel und der Test helfen, die Programme realitätsnah zu gestalten.

1.3.7 Algorithmen

Ein Algorithmus ist eine präzise, unzweideutige Vorschrift, welche Schritte zur Lösung eines Problems befolgt werden müssen. Algorithmen lassen sich auf unterschiedliche Weise ausdrücken. Wir werden eine Mischung aus Deutsch und Linien und Pfeilen verwenden, um die Konzepte der Entscheidungsfindung und Wiederholung darzustellen. Die dabei entstehenden Diagramme sind formal genug, um die Programmstruktur zu zeigen, aber informell genug, um mit einem Minimum an Aufwand geschrieben zu werden. So muss man z. B. im Baum-Applet drei Werte eingeben. Den Algorithmus, mit dem man sie alle, bevor man weitergeht, in beliebiger Reihenfolge einlesen kann, kann man wie in Abbildung 1.8 darstellen.

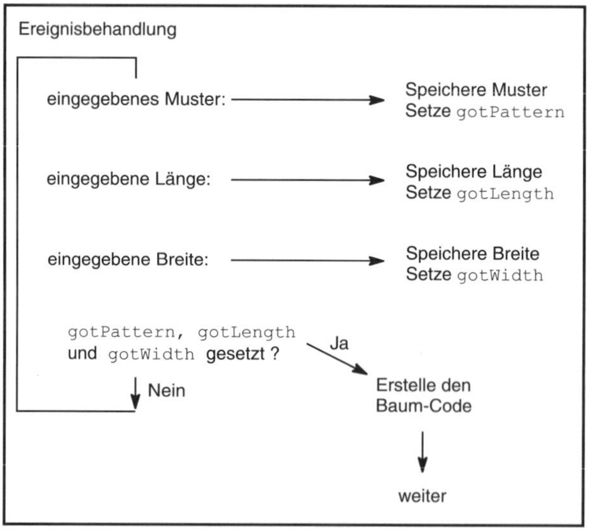

Abbildung 1.8: Ein Beispielalgorithmus

Im Allgemeinen läuft ein Algorithmus in der Darstellung von oben nach unten ab. Seitwärts gerichtete Pfeile weisen darauf hin, was getan werden muss, wenn die Bedingung wahr ist. Oft muss der

Algorithmus wiederholt werden, und die Linie, die von unten links herum nach oben und wieder zum Anfang verläuft, zeigt, dass dies geschehen soll.

1.3.8 Klassenentwurf

Java ist eine objektorientierte Sprache, d. h. ein Java-Programm setzt sich aus Objekten zusammen, die miteinander in Beziehung stehen. *Java lernen* beschreibt Programme im Sinne von Objekten und ihren Beziehungen mithilfe einer einfachen Menge von Blöcken und Linien. Die verwendete Notation basiert auf der UML (*Unified Modeling Language*) mit Hinzufügungen, die ihre Eignung für das von uns angestrebte Programmierniveau erhöhen und alle interessanten Eigenschaften von Java sichtbar machen. Zum Beispiel unterscheiden wir klar zwischen Klassen und Objekten und treffen Vorkehrungen, um Arrays und Hash-Tabellen klar darzustellen. Abbildung 1.9 gibt ein Beispiel eines Modelldiagramms für den Pizzaservice.

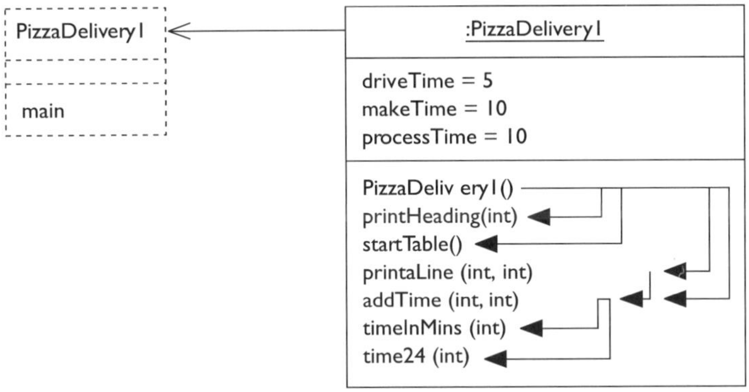

Abbildung 1.9: Beispiel für ein Modelldiagramm

`PizzaDelivery1` ist eine Klasse (dargestellt mit gestrichelten Linien) und aus dieser Klasse wurde ein Objekt erzeugt (dargestellt mit durchgezogenen Linien). Das Objekt hat drei Variablen, die mit passenden Werten initialisiert sind, und sieben Methoden. Das Diagramm zeigt die Aufrufstruktur der Methoden. Viel mehr über diese Notation finden Sie in den Kapiteln 2 und 3.

1.3.9 Programme

Programme schreibt man in Programmiersprachen. Solche Sprachen gibt es in großer Zahl, doch nur wenige davon sind für alle Computertypen verfügbar. Zu denen, die fast überall einsatzfähig sind, gehören Pascal, Ada, FORTRAN, COBOL, BASIC, C++, LISP, PROLOG, Modula und nun natürlich Java. Java wurde 1993 unter dem Namen Oak entwickelt und gewann 1996 an Popularität, als die Firma Sun Microsystems ihre Java-Übersetzer kostenlos über das Internet verbreitete.

Java-Programme sehen wie stilisiertes Englisch aus. Beispiele dafür finden sich auf jeder Seite dieses Buches. Die Form eines Programms ist wichtig: Jeder Fehler veranlasst den Übersetzer, das Ergebnis Ihrer Bemühungen zurückzuweisen. Daher ist es wichtig, die Syntax der Sprache genau zu lernen. Um Ihnen dabei zu helfen, wählt *Java lernen* einen einmaligen Ansatz. Beim Einführen eines neuen Konstruktes werden seine **Syntax** und seine **Semantik** ganz genau in einem **Schema** gezeigt, das nicht nur erklärt, wie ein Merkmal konstruiert wird, sondern auch darauf hinweist, wie sein Layout normalerweise gestaltet sein sollte. Ein Beispiel für ein einfaches Schema sieht folgendermaßen aus:

If-Anweisung

```
if (Bedingung) {
  Anweisungen1;
}
else {
  Anweisungen2;
}
```

Werte die *Bedingung* aus. Ist sie wahr, so führe *Anweisungen1* aus; ist sie falsch, so führe *Anweisungen2* aus.

Der else-Teil ist optional: Ist er nicht enthalten, so führt eine falsche Bedingung dazu, dass die Ausführung mit der Anweisung nach der If-Anweisung weitermacht.

Die Bedeutung des Fett- und Kursivdrucks wird klarer, sobald wir anfangen, Java-Anweisungen einzuführen.

1.3.10 Zusammenfassungen

Am Ende jedes Kapitels stehen Zusammenfassungen der wesentlichen Punkte des Kapitels und eine Liste der behandelten Java-Schlüsselwörter, -Bibliotheken und -Merkmale sowie alle Schemata und Modelldiagramme. Die Schemata werden auch am Ende des Buches in den Anhängen aufgelistet.

1.4 Erste Schritte mit Java

Java Development Kit

Wenn Sie an Ihrem Arbeits- oder Studienort nicht über Java-Entwicklungswerkzeuge verfügen, müssen Sie diese selbst einrichten. Das Java Development Kit (JDK) ist ein Geschenk der Firma Sun an die Java-Programmierergemeinschaft. Sie können es als Freeware herunterladen, installieren und einsetzen. Das JDK stellt Ihnen einen Übersetzer und Interpretierer mit vollständiger Referenz für die neueste Java-Version zur Verfügung. Es gibt auch ein Dokumentationsverzeichnis für alle Java-Bibliotheken (die man auch als APIs oder Application Programming Interfaces bezeichnet) und ein Verzeichnis namens Java-Tutorial. Beide sind es wert, heruntergeladen zu werden, wenn Sie Zeit und Platz haben. Das JDK, die API-Dokumentation und das Tutorial belegen jeweils rund zehn MB Plattenplatz, insgesamt also 30 MB.

Die folgenden Anleitungen, wie man das JDK bekommt und installiert, gelten zum Zeitpunkt der Drucklegung.

1.4.1 Das JDK herunterladen

Möchten Sie das JDK herunterladen, dann tun Sie dies bitte nicht sofort. Finden Sie heraus, ob es lokal in Ihrer Organisation auf dem Server oder auf CD-ROM zur Verfügung steht. Nur wenn Sie es nicht in Ihrer Nähe bekommen können, gehen Sie zur Website von Sun www.javasoft.com und wählen aus der Liste der Optionen „Products and APIs“. Suchen Sie dort nach dem JDK. Sie werden nach Ihrer Maschine und Ihrem Betriebssystem gefragt und können danach herunterladen. Sie sollten auch die Web-Seite, die das Herunterladen beschreibt, ausdrucken: Sie sagt Ihnen, wie Sie das System installieren und testen können.

Wenn Sie das JDK bekommen haben, müssen Sie es noch installieren. Folgen Sie genau den Anleitungen auf der Website, insbesondere beim Einstellen des Pfads und Klassenpfads (engl. *classpath*).

1.4.2 Das System testen

Um zu testen, ob Sie das System richtig installiert haben, verwenden Sie einen einfachen Texteditor Ihrer Wahl, geben das im Beispiel 2.1 gezeigte erste Java-Programm ein und speichern es in einer Datei namens `Welcome.java`. Lassen Sie Ihren Editor geöffnet und öffnen Sie gleichzeitig ein Kommandozeilen-Fenster (engl. *command line window*) (Unix oder MS-Dos). Geben Sie darin ein:

```
javac Welcome.java
```

Der JDK-Übersetzer nimmt die Datei und übersetzt sie. Wenn Sie keine Tippfehler gemacht haben, wird die Befehlseingabeaufforderung (engl. *command prompt*) zurückgegeben. Gibt es Fehlermeldungen, gehen Sie zurück zum Editor, berichtigen das Programm entsprechend und übersetzen es erneut.

Ist die Übersetzung einwandfrei, wird der Übersetzer eine Datei namens `Welcome.class` erstellt haben. Um das Programm auszuführen, geben Sie ein:

```
java Welcome
```

(Hinweis: Hier bitte nicht das Wort „class“ anhängen.) Das Programm müsste auf der nächsten Zeile des Kommandozeilen-Fensters etwas ausgeben.

1.4.3 Das Paket *javagently*

Wenn Sie mit Java anfangen, müssen Sie mit Ihrem Programm interagieren. Eine einfache Möglichkeit dafür bietet die spezielle Klasse im für dieses Buch geschriebenen `javagently`-Paket. Einzelheiten zu diesem Paket und seiner Installation finden sich in den Abschnitten 4.2 und 4.3 und die nachfolgenden Kapitel enthalten eine vollständige Auflistung der Klassen. Wenn Sie es (wie in Abschnitt 4.3 beschrieben) aus dem Internet herunterladen können, brauchen Sie das Paket nicht einzutippen.

1.4.4 Dokumentation und Tutorial

Die zusätzlich vom JDK gegebenen Informationen sind von unschätzbarem Wert. In der Dokumentation befindet sich eine Hypertext-Übersicht über alle Java-Bibliotheken mit detaillierten Beschreibungen und Beispielen für jede Methode. Dies ist die „Hilfefunktion“ des Java-Programmierers, auf die Sie über Ihren Browser zugreifen können. Das Tutorial ist eine Sammlung von Artikeln, die verschiedene Autoren zu unterschiedlichen Zeitpunkten und auf unterschiedlichem Niveau geschrieben haben. Es ist nicht allumfassend in dem Sinne, dass es alles über Java enthalten oder Lehrbücher ersetzen soll, aber es gibt Einblick darin, wie und warum bestimmte Teile von Java entwickelt wurden, und die Beispielprogramme bilden eine gute Ergänzung zu denen in einem Buch.

1.4.5 Integrierte Entwicklungsumgebungen für Java

Zwar ist das JDK gratis erhältlich und wird von vielen ausschließlich genutzt, aber es gibt auch ausgefeiltere Systeme auf dem Markt, wie in Abschnitt 1.2 beschrieben wird. Einige der IDEs verfügen über ihren eigenen Übersetzer, aber der größere Teil nutzt mittlerweile den Übersetzer der Firma Sun, der als aktueller gilt.

Zu den verbreiteten IDEs gehören Java Workshop von Sun, Visual J++ von Microsoft, Café von Symantec, JBuilder von Borland, VisualAge for Java von IBM, KAWA von Tek-Tool und CodeWarrior von Metrowerks (alle im Fachhandel erhältlich). Alle oben genannten IDEs sind für PCs unter Windows 95, NT oder höher erhältlich. Java Workshop läuft zusätzlich unter Solaris auf Sun-Maschinen und CodeWarrior ist für den Macintosh erhältlich. *DE*

Es gibt auch eine einfachere IDE-Klasse, die sich auf das Editieren und Übersetzen konzentriert und das Projektmanagement unberücksichtigt lässt. Die schönste derartige IDE ist TextPad, die Sie bei sales@textpad.com erhalten können.

1.4.6 Java-Websites

Java ist eine Web-Sprache, und es gibt mehrere sehr gute Websites zu Java-Themen, mit Artikeln über Java und mit Java-Ressourcen zum Herunterladen. Besonders vier davon sind einen Blick wert:

- www.javasoft.com - Die Java-Site von Sun, die regelmäßig mit neuen Artikeln und Nachrichten über Java-Produkte und deren Einsatz aktualisiert wird.
- www.gamelan.com - eine unglaubliche Sammlung von Java-Ressourcen, -Informationen und -Applets.
- www.javaworld.com - ein monatliches Online-Magazin zu Java.
- www.booksites.net/bishop - die Website zu diesem Buch und den dazugehörigen Texten.

1.5 Die Website Java Gently

Die erste Auflage von *Java Gently,* dem englischen Titel von *Java lernen*, erschien zusammen mit einer Website, deren ursprünglicher Zweck es war, eine Fundgrube für die Programme aus dem Buch zu sein. Seit Mai 1997 hat sich die Website zu einer aktiven Website entwickelt, auf der Leser aus aller Welt an Diskussionen teilnehmen, Vorschläge unterbreiten und uns ihre Gedankten zu Java und dem Buch mitteilen. Die Zugriffszahl beträgt bereits mehr als 100.000 und steigt täglich weiter.

Die Website bietet folgende Inhalte:

- Informationen zum Buch
- Zusammenfassung der Kapitel
- Liste von Institutionen, die *Java Gently* im Unterricht einsetzen
- Alle Beispiele, damit Sie sie einzeln betrachten oder alle zusammen herunterladen können
- Antworten auf häufig gestellte Fragen
- Ein von der Autorin und dem JG-Team betreutes Diskussionsforum
- Unmittelbar wichtige Nachrichten über Java
- Weiteres von der Autorin bereitgestelltes Material zu Java
- Errataliste zum Buch
- Pläne und Termine für weitere Auflagen von *Java Gently*
- Verknüpfung zur Website des Verlages

Die Website bietet nicht nur viele Informationen, sie bietet auch zwei innovative Nutzungsmöglichkeiten: Erstens können Lehrer, die im Unterrichtsraum einen Internetzugang haben, die Programme direkt von der Website aus zeigen und betrachten. Diese Methode habe ich in Lehrveranstaltungen eingesetzt und fand sie viel effektiver, als die Programme erst auf Folien zu kopieren. Die Fähigkeit, schnell zwischen Programmen hin- und herzuspringen und sie mit großer Geschwindigkeit zu speichern, zu übersetzen und auszuführen, schafft eine dynamische Lernumgebung.

Die zweite Innovation bei aktiven Websites wie der von *Java Gently* besteht darin, dass man mit einem Team interagieren kann, das Fragen beantwortet und Java-Themen diskutiert. Dieses Team beginnt bei der Institution der Autorin, der Universität Pretoria, doch letztlich schließt es alle *Java Gently*-Leser ein, die auf die Website zugreifen und bereit sind, ihr Wissen zu teilen. Mit anderen Worten: Sie sind nicht allein da draußen.

Die Website wird regelmäßig gepflegt; Kommentare und Anregungen sind immer willkommen. Alle Anfragen werden beantwortet, für alle Beiträge sind wir dankbar.

Man sagt oft, Programmieren machte Spaß. Das mag wohl zutreffen, und *Java lernen* versucht, es so zu machen. Unterstützung gibt es von vielen Quellen auf aller Welt, so auch von der *Java Gently*-Website. Egal, wie viel Spaß Ihnen das Programmieren macht – und ich hoffe ehrlich, dass es Ihnen Spaß macht -, so hoffe ich allerdings auch, dass Sie dabei Folgendes – frei nach den unsterblichen Worten von Rudyard Kipling – bedenken:

If you can keep your head when all about you
Are losing theirs and blaming it on you,
If you can trust yourself when all men doubt you,
But make allowance for their doubting too;
If you can wait and not be tired by waiting,
If you can fill the unforgiving minute
With sixty seconds' worth of Java run,
Yours is the Web and everything that's in it,
And – which is more – you'll be a programmer, thank SUN!

1.6 Übungen

1.1 Was macht ein Übersetzer?

1.2 Welcher Unterschied besteht zwischen einem Übersetzungsfehler und einem Entwicklungsfehler?

1.3 Welche Taktzahl (engl. *clock speed*) hat Ihr Computer?

1.4 Wie viel Arbeitsspeicher besitzt Ihr Computer?

1.5 Welche Kapazität haben Ihre Speichermedien?

1.6 Würde dieses Lehrbuch (einschließlich aller Zwischenräume) auf Ihre Festplatte passen, wenn jedes Druckzeichen ein Byte Speicherplatz benötigte?

1.7 Führen Sie alle Computeranwendungen auf, mit denen Sie im Laufe einer normalen Woche in Kontakt kommen.

1.8 Waren Sie schon einmal mit einem Computerfehler konfrontiert? Wenn ja, können Sie sagen, ob der Fehler am Programm lag oder durch die eingegebenen Daten verursacht wurde?

1.9 Finden Sie den Namen, die Version und das Erstellungsdatum des Computers, Betriebssystems und Übersetzers heraus, die Sie benutzen werden.

1.10 Gehen Sie zur *Java Gently*-Website und probieren Sie das „Nature"-System aus.
Die Adresse ist: *http://www.booksites.net/bishop*.

2 Einfache Programme

In diesem Kapitel geben wir Ihnen einen breiten Überblick über die verschiedenen Bestandteile eines Java-Programms und darüber, wie diese zusammenpassen. An Hand von drei sorgfältig ausgewählten Beispielen erklären wir die Konzepte der objektorientierten Programmierung, sodass wir am Ende in der Lage sein werden, einfache Programme zu erstellen und auszuführen, die greifbare Ergebnisse haben. Die Programme sind in bestem Java-Stil geschrieben und bilden das Muster für spätere Lösungen.

2.1 Drei Programme zum Auftakt

Wir beginnen dieses Kapitel, indem wir uns drei kleine Programme anschauen, die verschiedene Aspekte der Java-Programmierung veranschaulichen. Das erste ist ein einfaches, textbasiertes Programm, das zweite verwendet Zeichnungen und Farben und das dritte definiert und erzeugt einige Objekte. Diese Programme dienen als Ausgangspunkt zur Einführung in die Java-Programmierung und ermöglichen Ihnen, sofort am Computer zu arbeiten. Aus diesem Grund können Sie an den Programmen mehrere einfache Änderungen vornehmen; dies liefert Ihnen einen Anlass, sich in Ihren Editor und Ihre Programmierumgebung einzuarbeiten.

Beispiel 2.1: Welcome

Unser erstes Programm soll die Nachricht: *Welcome to Java Gently!* ausgeben. Das Programm ist:

```
class Welcome {

  /* Welcome-Programm  von J M Bishop Dec 1996
   * ----------------Java 2 April 2000
   * Veranschaulicht ein einfaches Programm zur
   * Anzeige einer Nachricht.
```

```
  */

  Welcome () {
    System.out.println("Welcome to Java Gently!");
  }

  public static void main (String [ ] args) {
    new Welcome ();
  }
}
```

Wenn man es ausführt, gibt es die gewünschte Nachricht tatsächlich wie folgt auf dem Bildschirm aus:

Welcome to Java Gently!

In diesem Stadium merken wir uns nur einige Punkte über das Programm. Erstens: Der Text zwischen /* und */ wird **Kommentar** genannt und soll helfen, dem Leser zu erklären, was das Programm macht. Er wird vom Computer nicht **ausgeführt**. Zweitens: Den Text in Anführungszeichen nach `println` nennt man eine **Zeichenreihe** (engl. *string*). Sie ist das, was eigentlich angezeigt wird. Der Rest des Programms ist Teil der Form, die immer mit einem Java-Programm einhergeht. Bald werden wir mehr über diese Struktur erfahren.

Führen Sie das `Welcome`-Programm aus (Details dazu finden Sie in Abschnitt 1.4). Ändern Sie es so, dass Ihr Name in der Nachricht enthalten ist, z. B. `Welcome to Java, Peter!` Ändern Sie es erneut, sodass es mehr als eine Grußzeile enthält oder diese mit Bindestrichen unterstrichen ist. Experimentieren Sie herum und nutzen Sie die Gelegenheit, um sich mit Ihrer Programmierumgebung vertraut zu machen.

Beispiel 2.2: Eine Flagge zeichnen

Ein Vorteil von Java sind seine integrierten Möglichkeiten für Grafik, Farbe, Animation, Klang usw. Hier zeigen wir Ihnen ein sehr einfaches Programm, mit dem eine Flagge in einem Fenster angezeigt wird.[1]

```
import java.awt.*;
import java.awt.event.*;

class FlagMaker1 extends Frame {

  /* Flag drawing program   J M Bishop April 2000
   * --------------------
   * Veranschaulicht Ausgabe von Farbe und einfacher Grafik
   */
```

1. Von nun an werden Java-Programme und ihre Bestandteile in Courier-Schrift gezeigt, die Ausgabe erscheint in Fettdruck.

```
FlagMaker1 () {
    add ("Center", new Flag());
    // Sorge dafür, dass das Programm beim Schließen des Fensters endet
    addWindowListener(new WindowAdapter () {
      public void windowClosing(WindowEvent e) {
        System.exit(0);
      }
    } );
    // Setze Titel und Größe des Frames und aktiviere die
    // in der Methode paint beschriebene Zeichnung.
    setTitle ("A Flag");
    setSize (300, 200);
    setVisible (true);
  }
  public static void main (String [ ] args) {
    new FlagMaker1 ();
  }
}

class Flag extends Canvas {
  public void paint (Graphics g) {
    // Zeichne die Flagge mit farbigen Rechtecken
    g.setColor (Color.black);
    g.fillRect (40,40,200,40);
    g.setColor (Color.red);
    g.fillRect (40,80,200,40);
    g.setColor (Color.yellow);
    g.fillRect (40,120,200,40);

    // Beschrifte die Zeichnung
    g.setColor (Color.black);
    g.drawString("Germany",100,180);
  }
}
```

Die Ausgabe dieses Programms sehen Sie (leider nicht in Farbe) in Abbildung 2.1.

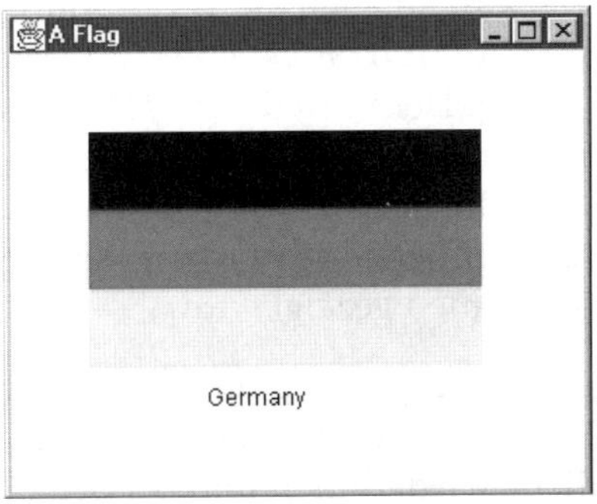

Abbildung 2.1: Grafische Ausgabe des Programms FlagMaker

Das Programm `FlagMaker1` ist ein wenig länger als `Welcome` und besteht aus zwei Klassen: der Klasse `FlagMaker1` und der dazugehörigen Klasse Flag. `FlagMaker1` erledigt bei der Einrichtung eines neuen Fensters für die Flagge einige Verwaltungsaufgaben, aber der eigentliche Kern des Programms - das Zeichnen der Flagge - findet in der Methode paint von Flag statt. Jede Zeile der Art

```
g.fillRect (40,80,200,40);
```

zeichnet einen der farbigen Streifen. Die Zahlen in den Klammern sind Maße in Pixel (Bildschirme können 600 oder mehr Pixel im Durchmesser haben). Der Reihe nach bedeuten die Zahlen in der Liste nach `fillRect`:

- x-Koordinate des obersten linken Punkts des Rechtecks;
- y-Koordinate des obersten linken Punkts des Rechtecks;
- Breite des Rechtecks;
- Höhe des Rechtecks.

Bei einer Flagge mit waagrechten Streifen ändert sich nur der y-Wert, und zwar von oben nach unten. Mehr über Grafiken erfahren Sie in Kapitel 10.

Den Rest des Programms kann man als „Ballast" bezeichnen: Notwendige Java-Instruktionen, die uns Zugriff auf die Grafikfähigkeiten geben, für unsere Aufgabe aber nicht spezifisch sind. Kurz gesagt handelt es sich darum,

- die benötigten Grafikpakete zu importieren (`awt` und `awt.event`);
- das Schließen des Fensters zu ermöglichen;
- in der Mitte eines Fensters (oder eines `Frame`, wie Java dies nennt) die Flagge hinzuzufügen;
- ein Grafikfenster von einer bestimmten Größe und mit einem bestimmten Namen zu erzeugen.

Das Programm im Beispiel 2.2 veranschaulicht auch die Verwendung des zweiten Kommentartyps von Java: des mit // eingeleiteten Einzeilers. Beide Kommentartypen sind zulässig. Der Vorteil von // ist, dass er automatisch am Zeilenende aufhört. Andererseits finden viele Programmierer das Paar /* */ eleganter. Für die paarweisen Kommentarsymbole gilt die Konvention, dass das schließende */ unter dem /* stehen muss, wie auch in diesen Programmen gezeigt wird.

Die Fähigkeit, in einer Grafikumgebung zu programmieren, ist für heutige Programmierer unentbehrlich. Man muss jedoch viele Einzelheiten lernen, von denen sich etliche wiederholen und bei Bedarf nachgeschlagen werden können. Daher verschieben wir die Grafik auf die zweite Hälfte des Buches und konzentrieren uns, solange wir die Grundlagen der Programmierung lernen, auf normale objektorientierte Programme, und darauf, wie man diese in Java gut schreibt.

Führen Sie das `FlagMaker1`-Programm aus und sorgen Sie dafür, dass die Flagge in Deutschlands richtigen Farben herauskommt (schwarz, rot, gelb[2]). Ändern Sie das Programm nun so, dass eine ähnliche Flagge angezeigt wird, zum Beispiel die der Niederlande (rot, weiß, blau) oder Äthiopiens (grün, gelb, orange). Verändern Sie die Größe des Fensters und der Flagge, um ein wesentlich größeres Bild zu zeigen.

Beispiel 2.3: Kuriositätengeschäft

Unser drittes Beispiel hebt hervor, wie ein objektorientiertes Programm in Java aussieht. Objekte enthalten Informationen über reale Gegenstände (wie z.B. Kuriositäten) und jede Klasse von Objekten identifiziert die Aktionen (oder Methoden), die auf diesen Gegenständen ausgeführt werden können. Nehmen wir an, wir möchten den Lagerbestand eines Kuriositätengeschäfts mit dem Computer erfassen. In diesem sehr einfachen Programm machen wir wenig mehr, als drei Objekte der Klasse `Curio` zu erzeugen und ihre Werte auszugeben; wir können uns allerdings durchaus vorstellen, dass späteren Programmversionen Methoden wie Verkaufen, Nachfragen und Lager Prüfen hinzugefügt werden. Da wir wissen, dass es weitere Versionen geben wird, nennen wir das Programm `CurioStore1`.

```
class CurioStore1 {

  /* Curio Store No. 1 von J M Bishop April 2000
   * -----------------
   * Veranschaulicht die Grundform eines
   * objektorientierten Programms
   */

  // Deklariere drei Objektvariablen
  Curio mugs, tshirts, carvings;

  // Im Konstruktor für das Programm wird
  // die Anfangsarbeit getan
  CurioStore1 () {
    // Erzeuge drei Objekte mit verschiedenen Initialwerten
    mugs = new Curio("Traditional mugs", 6, "beaded in Ndebele style");
    tshirts = new Curio("T-shirts", 30, "sizes M to XL");
```

2. Statt gelb sollte hier eigentlich gold stehen; leider können die richtigen Farbschattierungen der Flaggen aber mit den einfachen Optionen, die uns bisher zur Verfügung stehen, nicht gewählt werden.

```
    carvings = new Curio("Masks", 80, "carved in wood");

    // Gib einen Header aus
    System.out.println("The Polelo Curio Store sells\n");
    // Gib die in den einzelnen Objekten enthaltenen Werte aus
    mugs.write();
    tshirts.write();
    carvings.write();
  }

  // Alle Programme müssen eine main-Methode haben
  public static void main (String [ ] args) {
    // Beginne das Programm von seinem Konstruktor aus
    new CurioStore1 ();
  }
}

class Curio {
  // Deklariere auf eine Kuriosität bezogene Variablen
  String name;
  int price;
  String description;

  // Der Konstruktor kopiert die Initialwerte
  // in die Variablen des Objekts
  Curio (String n, int p, String d) {
    name = n;
    price = p;
    description = d;
  }
  // eine Methode, um die Werte der Variablen des Objekts auszugeben
  void write () {
    System.out.println(name + " " + description + " for G" + price);
  }
}
```

Das Programm wird das Folgende ausgeben:

```
The Polelo Curio Store sells

Traditional mugs beaded in Ndebele style for G6
T-shirts sizes M to XL for G30
Masks carved in wood for G80
```

`CurioStore1` hat fast die gleiche Struktur wie das Programm `FlagMaker1`. Es hat zwei Klassen - `CurioStore1` und `Curio`. In beiden Klassen dient die `main`-Methode nur als Zugang zum Konstruktor des Programms, in dem die eigentliche Arbeit geleistet wird. In diesem Programm werden drei Objekte deklariert, erzeugt und dann ihre Werte ausgegeben.

Für jede Kuriosität werden drei Werte spezifiziert: Name (`name`), Preis (`price`) und eine kurze Beschreibung (`description`). In der Klasse `Curio` werden diese Werte in das Objekt kopiert, sodass sie verfügbar sind, wenn wir sie ausgeben möchten. Beachten Sie, dass die Werte bei ihrer Ausgabe in einer anderen Reihenfolge stehen als beim Erzeugen des Objekts: also Name, Beschreibung, Preis statt Name, Preis, Beschreibung.

Wie wir bald noch sehen werden, beschreibt eine Klasse wie `Curio` die Informationen zu einem Gegenstand der realen Welt vollständig. In einem Programm wie `CurioStore1` (das auch als Klasse geschrieben ist) werden Objekte der Klasse `Curio` erzeugt.

Fügen Sie dem Geschäft nach dem Muster des Programms eine weitere Kuriosität hinzu, nämlich Flechtkörbe. Denken Sie sich für die neue Kuriosität einen Preis und eine Beschreibung aus und gehen Sie alle Schritte durch, um das Objekt zu erzeugen und auszugeben. Übersetzen Sie das Programm erneut, führen Sie es noch einmal aus und prüfen Sie, ob es tatsächlich funktioniert.

2.2 Die Struktur eines Programms

2.2.1 Grundkonzepte

Zu Beginn unserer Untersuchung von Java sehen wir uns genau an, wie die einführenden Instruktionen eines Java-Programms geschrieben werden. Hierfür müssen wir einige Konzepte informell einführen, die später noch einmal formal vorgestellt werden. Einige dieser Konzepte haben Sie in den Beispielen des vorherigen Abschnitts bereits kennen gelernt.

- **Programm** ist ein allgemeiner Begriff, der eine Menge von einer oder mehreren Java-Klassen beschreibt, die übersetzt und ausgeführt werden können.
- Eine **Klasse** beschreibt die Variablen und Methoden, die zu einem bestimmten realen Gegenstand passen.
- Ein **Objekt** wird durch eine `new`-Anweisung aus einer Klasse erzeugt. Das Erzeugen eines Objekts wird als **Instanziierung** oder **Objekterzeugung** bezeichnet.
- Eine **Variable** enthält einen Wert, auf dem eine Methode arbeiten kann. Einige Variablen enthalten einfache Werte wie `price`, andere verweisen auf ganze Objekte wie z.B. `mugs`.
- Ein **Bezeichner** ist der Name einer Entität in Java, wie z.B. der einer Klasse. `CurioStore1` und `carvings` sind solche Bezeichner.

- Ein **Schlüsselwort** ist ein Wort, das in Java eine besondere Bedeutung hat und nicht als Bezeichner verwendet werden kann, z.B. `class` oder `new`.
- **Anweisung**: Die Arbeit eines Programms wird durch seine Anweisungen verrichtet. Eine Anweisung löst eine bestimmte Aktion aus, wie z.B. die Instanziierung eines Objekts oder den Aufruf einer Methode zum Drucken einer Nachricht.
- In einer **Methode** sind Anweisungen zusammengefasst, die ein Java-Objekt mit strukturierter Funktionalität ausstatten. Eine Methode wird durch einen Bezeichner und ihren eigenen Bestand an Variablen und Anweisungen definiert. Man aktiviert sie, indem man sie über ihren Bezeichner aufruft. Beispiele sind `main`, `write` und `paint`.
- **Konstruktor**: Jede Klasse verfügt über eine spezielle Methode, die man Konstruktor nennt und die immer dann aktiviert wird, wenn ein Objekt dieser Klasse instanziiert wird. Der Konstruktor hat denselben Bezeichner wie die Klasse.
- **Parameter**: Einen Methodenaufruf kann man variieren, indem man Parameterwerte in Klammern hinzufügt. Zum Beispiel haben im Programm `CurioStore1` die Aufrufe zum Erzeugen der einzelnen Antiquitäten jeweils verschiedene Parameterlisten.

Abbildung 2.2 veranschaulicht die Struktur. Sie brauchen diese Konzepte hier nicht gleich vollständig zu verstehen: Sie werden im weiteren Verlauf des Buches noch formal vorgestellt. Java ist jedoch eine stark integrierte Sprache; manchmal verweist daher die Erklärung eines Konzepts auf ein anderes. Aus diesem Grund führten wir zuerst eine kurze Liste der Konzepte an, die wir weiter unten in diesem Kapitel noch eingehender behandeln werden.

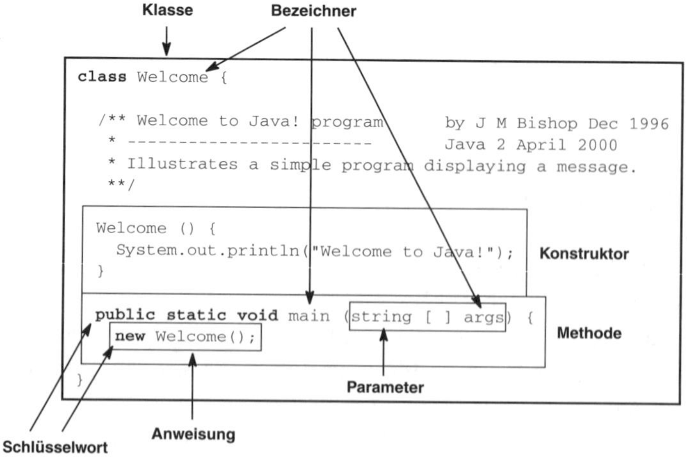

Abbildung 2.2: Die Struktur eines Programms

2.2.2 Modelldiagramme

In Abbildung 2.2 fehlt das Objekt: Wo ist es? Das Objekt, das das ausgeführte Programm bildet, wird in der `main`-Methode durch die Anweisung

```
new Welcome ();
```

instanziiert. Die Objektansicht eines Java-Programms wird durch ein Modelldiagramm veranschaulicht; hiervon gibt es in diesem Buch viele. Abbildung 2.3 zeigt ein Modelldiagramm des Programms `Welcome`. Die verwendete Notation beruht auf der verbreiteten UML-Notation, sie wurde jedoch erweitert, damit auf dem einfachen Niveau, auf dem wir beim Erlernen der Java-Programmierung arbeiten, mehr Konzepte dargestellt werden können.

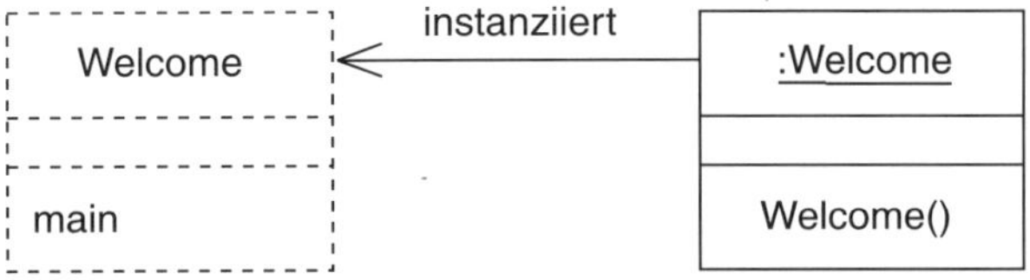

Abbildung 2.3: Modelldiagramm des Programms `Welcome`

In Modelldiagrammen werden Klassen und Objekte durch Kästen mit drei Abschnitten dargestellt: Bezeichner, Variablen und Methoden. Da eine Klasse beschreibend ist, wird sie mit gestrichelten Linien dargestellt; ein Objekt verkörpert dagegen eine real vorhandene Entität und wird mit durchgezogenen Linien dargestellt. Sehen Sie sich den ersten Kasten an: Er heißt `Welcome`, hat keine Variablen und nur eine Methode: `main`. Rechts davon befindet sich das Objekt der Klasse `Welcome`. Da dieses Objekt selbst keinen Bezeichner hat, geben wir hier den Bezeichner der Klasse an, dem wir einen Doppelpunkt voranstellen. Das Objekt hat selbst keine Variablen, nur einen Konstruktor, der ebenso heißt wie die Klasse.

Wie Abbildung 2.4 zeigt, können diese Diagramme durch Kästen mit „Eselsohren" auch die Arbeitsweise der Klassen zeigen. Der Inhalt dieser Kästen kann in Java, abgekürztem Java oder einfachem Englisch geschrieben sein.

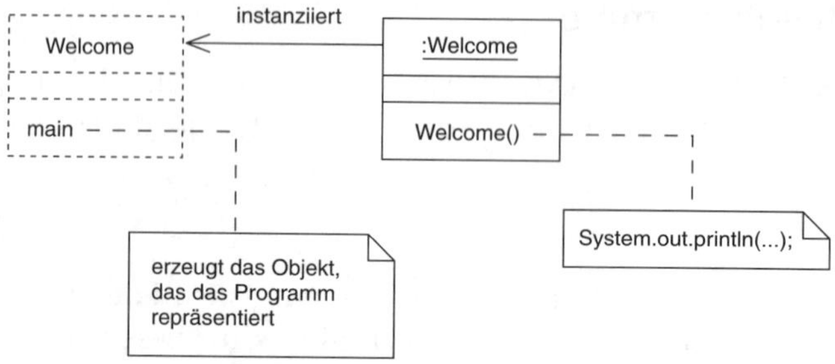

Abbildung 2.4: Das `Welcome`*-Modelldiagramm mit Methodenerklärungen.*

2.2.3 Syntax-Schemata für Java

Java ist eine Sprache und hat als solche auch eine Syntax. In diesem Buch erklären wir die Java-Syntax durch Schemata und Beispiele. Das folgende Muster zeigt das Format, das wir für ein einfaches Programm benutzen müssen.

Einfaches Programm

```
class Klassenname {
  Klassenname () {
    Daten und Ablaufsteuerung
  }
  public static void main (String [] Parametername) {
    new Klassenname ();
  }
}
```

Die erste Zeile des Schemas nennt den Namen des zu definierenden Java-Konzepts. Der Inhalt des Kastens zeigt die Syntax dieses Konzepts im dafür üblichen Layout. In einem Schema gibt es drei Arten von Worten, die die folgende Bedeutung haben:

- Die *Kursivschrift* wird für Bezeichner oder andere abstrakte Programmteile benutzt, die wir mit etwas Passendem ausfüllen; *`Klassenname`* könnte z.B. `CurioStore1` sein.
- Die **Fettschrift** wird für Java-Schlüsselwörter benutzt, die vorhanden sein müssen, z.B. **`class`** oder **`new`**. (Beachten Sie jedoch, dass wir im Text dieses Buches die Schlüsselwörter in einfacher Programmschrift belassen.)
- Die einfache Schrift wird für Bezeichner und Symbole benutzt, die zwar an der jeweiligen Stelle vorhanden sein müssen, aber weder Schlüsselwörter (z.B. `main` oder `[]`) noch Platzhalter für andere Bezeichner (wie beim ersten Punkt) sind.

Sehen Sie sich noch einmal das Programm `Welcome` aus Beispiel 2.1 an:

```
class Welcome {

  Welcome () {
    System.out.println("Welcome to Java!");
  }

  public static void main (String [ ] args) {
    new Welcome ();
  }
}
```

Wie Sie sehen, wurden die drei optionalen Bestandteile ausgefüllt: `Welcome` als *Klassenname*, ein einzelnes `println` als *Daten und Ablaufsteuerung* und `args` als *Parametername*. Diese Bestandteile sind zur Verdeutlichung unterstrichen. Alle anderen Teile stehen entweder fest oder hängen von der Wahl des Klassennamens ab.

2.2.4 Die Java-Semantik

Semantik

Die Syntax sagt uns, wie ein Programm strukturiert sein sollte und welche Elemente in welcher Reihenfolge benötigt werden; doch auch die Bedeutung der Zusammensetzung dieser Elemente muss berücksichtigt werden. Die Bedeutung sagt uns, welche Wirkung dieser Programmteil haben wird. Daher müssen wir nicht nur die Syntax, sondern auch die **Semantik** einer Konstruktion berücksichtigen.

Es gibt keine andere allgemein anerkannte Möglichkeit, die Semantik von Java auszudrücken, als in möglichst präziser Sprache zu beschreiben, was geschieht. Um leichter auf die Beschreibung verweisen zu können, werden wir dort, wo es wichtig ist, dem Syntaxschema einen semantischen Teil hinzufügen. Dies sieht folgendermaßen aus:

Einfaches Programm

```
class Klassenname {
  Klassenname () {
    Daten und Ablaufsteuerung
  }
  public static void main (String [] parametername) {
    new Klassenname ();
  }
}
```

Einfaches Programm

Das Java-System ruft die `main`-Methode auf, die das Programm instanziiert, indem Sie `new` auf dem Konstruktor für *`Klassenname`* aufruft. Die Ausführung des Programms schreitet vom Konstruktoraufruf aus der Reihe nach voran und endet, wenn die letzte Anweisung erreicht ist.

Die semantische Beschreibung in einem Schema ist präzise und daher notwendigerweise kurz. Der Text nach dem Schema und die wichtigen Beispiele liefern normalerweise wesentlich mehr Erklärungen.

2.2.5 Bezeichner und Schlüsselwörter

Bezeichner

In Programmiersprachen werden Namen **Bezeichner** genannt. In Java besteht ein Bezeichner aus Buchstaben, Unterstrichen und Ziffern, muss jedoch mit einem Buchstaben beginnen. Leerzeichen sind nicht zulässig, und Groß- und Kleinbuchstaben werden als verschiedene Zeichen betrachtet. `CurioStore1` ist demnach etwas anderes als `Curiostore1`. Besteht ein Bezeichner aus mehr als einem Wort, so beginnt man die inneren Wörter üblicherweise mit Großbuchstaben, um das Lesen zu erleichtern.

Im Programm `Welcome` gibt es die folgenden Bezeichner:

```
Welcome        System        out        println
main           String        args
```

Eine weitere Konvention besteht darin, dass alle Bezeichner außer den Klassenbezeichnern mit einem Kleinbuchstaben beginnen. In der oben angeführten Liste können wir demnach sofort erkennen, dass `Welcome`, `System` und `String` Klassen sind.

Schlüsselwörter

Schlüsselwörter sind diejenigen Wörter, die der Verwendung durch Java vorbehalten sind und vom Programmierer für nichts anderes benutzt werden dürfen. Wir dürfen ein Programm also zum Beispiel nicht „`class`" nennen, da dieses Wort reserviert ist. Im Programm `Welcome` heißen die Schlüsselwörter:

```
class          public          static          void  new
```

Tabelle 2.1 nennt die vollständige Liste aller Java-Schlüsselwörter, die alphabetisch geordnet und in drei Hauptkategorien eingeteilt sind. Sie brauchen diese Liste nicht auswendig zu lernen: Neue Schlüsselwörter werden dort vorgestellt, wo sie benötigt werden, und am Ende jedes Kapitels zusammengefasst

Bezug zu Daten	Bezug zu Ablaufsteuerung	Bezug zu Objekten
boolean	break	abstract
byte	case	class
char	catch	extends
double	default	implements
false	do	import
final	else	instanceof
float	finally	interface
int	for	native
long	if	new
short	return	null
static	switch	package
transient	synchronized	private
true	throw	protected
void	throws	public
	try	super
	while	this
		volatile

Tabelle 2.1

2.2.6 Java-Symbole

Zusätzlich zu den Bezeichnern und Schlüsselwörtern umfasst ein Java-Programm auch verschiedene **Symbole**. Die folgenden Symbole kommen am häufigsten vor:

- { } Die geschweiften Klammern, mit denen Gruppen von Anweisungen als Klasse oder Methode usw. identifiziert werden. *{ }*
- ( ) Die runden Klammern, mit denen Listen von Gegenständen zu Gruppen zusammengefasst werden, auch wenn die Liste nur aus einem oder keinem Gegenstand besteht, wie es im Programm `Welcome` der Fall ist. *( )*
- ; Das Semikolon steht am Ende jeder Anweisung. *;*
- , Das Komma kann die Elemente einer Liste trennen, ob sie nun in Klammern steht oder nicht. *,*
- [ ] Die eckigen Klammern identifizieren spezielle Arten von Bezeichnern (wie weiter unten erklärt wird). *[ ]*

Die geschweiften Klammern eines Programms müssen bei jeder Klasse und Methode paarig auftreten. Im Schema beziehen sich die äußeren Klammern auf die Klasse und die inneren Klammern auf den Konstruktor und die `main`-Methode. Da Anweisungen mit einem Semikolon abgeschlossen werden, können in einer Zeile mehrere Anweisungen stehen, doch die meisten Java-Programmierer beschränken sich auf eine Anweisung pro Zeile. Mehr über das Layout eines Programms erfahren Sie am Ende von Abschnitt 2.4.

2.2.7 Erstellen und Ausführen eines Programms

Nach diesen Erläuterungen können wir nun die Bedeutung der einzelnen Zeilen des Programms `Welcome` interpretieren. Die Einführung des Klassennamens ist klar. Danach folgen ein Konstruktor und eine einzelne Methode namens `main`. Vor `main` stehen drei Schlüsselwörter: `public static void`. Diese drei Wörter müssen hier stehen, werden aber erst später ausführlich erklärt. Hier soll dazu nur so viel gesagt werden: Wenn die Java Virtual Machine (JVM) durch das Ausführen des Java-Befehls aktiviert wird, wie wir es in Kapitel 1 beschrieben haben, dann muss sie den Namen einer Klasse erhalten. Sie sucht dann in der Klasse dieses Namens nach einer `public static void`-Methode namens `main` und beginnt das Programm von dort aus auszuführen. Der Parameter steht im Syntaxschema, damit beim Programmstart Informationen an das Programm übergeben werden können. Über dieses Merkmal von Java erfahren Sie in Kapitel 4 mehr.

Die `main`-Methode erzeugt ein Objekt der Programmklasse und ruft den Konstruktor auf. In diesem Fall wird der Konstruktor `Welcome` aufgerufen und die Anweisung - der Aufruf von `println` - wird ausgeführt. Der Konstruktor endet mit seiner geschweiften Klammer } und geht zurück zu dem Punkt, von dem aus er aufgerufen wurde, d.h. zu `main`. `main` endet damit und das Programm wird erfolgreich beendet. Abbildung 2.3 zeigt ein Modelldiagramm des Programms `Welcome`.

2.3 Grundlagen objektorientierter Programmierung

2.3.1 Klassen

Wie wir bereits wissen, besteht ein Java-**Programm** aus einer Menge von einer oder mehreren zusammenhängenden Klassen. **Klassen** sind ein Mittel zur Beschreibung der Eigenschaften und Fähigkeiten der Objekte der realen Welt, mit denen das Programm sich befasst. Unser Programm `CurioStore1` hat zum Beispiel eine Klasse für Kuriositäten und `FlagMaker1` hat eine Klasse für Flaggen. Sobald wir eine Klasse haben, können wir von ihr viele Objekte erzeugen. Wie wir in Kapitel 9 sehen werden, können Klassen auch in einer Hierarchie miteinander in Beziehung stehen.

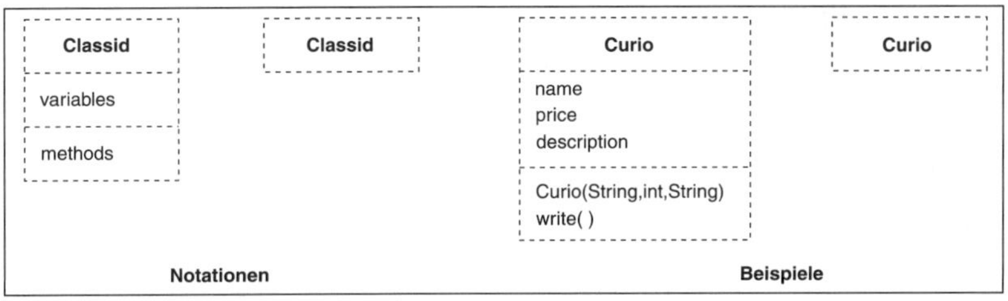

Abbildung 2.5: Notationen für eine Klasse

Eine Klasse wird durch eines der Diagrammsymbole in Abbildung 2.5 dargestellt, je nachdem, wie detailliert die Darstellung sein soll. Da „id" die Abkürzung für Bezeichner (engl. *identifier*) ist, heißt `Classid` Klassenbezeichner (engl. *class identifier*). Beachten Sie, dass `Classid` immer mit einem Großbuchstaben beginnt.

Der Konstruktor `Curio` (der auch eine Methode ist) deklariert die Typen seiner Parameter. Diese Parameter werden zum Instanziieren einer Kuriosität benötigt.

2.3.2 Objekte

Instanz

Ein **Objekt** ist eine konkrete Ausprägung einer Klassenbeschreibung. Normalerweise ist es mit einem Substantiv verbunden, wie z. B. Baum oder Buch, Kuriosität, Student oder Flagge. Als solches hat es verschiedene Eigenschaften und Fähigkeiten. Den Prozess, neue Objekte für ein Programm zu erstellen, nennt man: eine **Instanz** einer Klasse erzeugen.

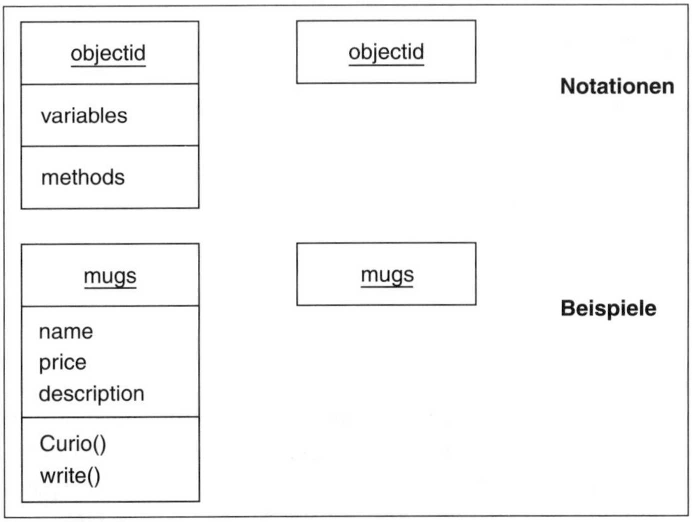

Abbildung 2.6: Notationen für ein Objekt

Wenn eine Klasse instanziiert wird, werden ihre Eigenschaften zu den **Variablen** des Objekts und ihre Fähigkeiten werden die **Methoden** des Objekts. Bei einem `Curio`-Objekt haben wir zum Beispiel drei Variablen: `name`, `price` und `description`, und zwei Methoden: den Konstruktor und `write`. Die Variablen und Methoden einer Klasse bilden gemeinsam die **Attribute**. Abbildung 2.6 zeigt die Notation mit einem Beispiel.

2.3.3 Variablen

Eine **Variable** bildet im Computer einen Speicherort, der wechselnde Werte enthalten kann. Einfache Variablen enthalten z.B. Zahlen. Eine **Objektvariable** enthält eine Referenz auf den Speicherort, an dem ein Objekt platziert ist. Variablen haben in Modelldiagrammen keine eigenen Symbole, sondern werden im Variablen-Teil der entsprechenden Klasse oder des Objekts als Bezeichner dargestellt. Wenn sie einen einfachen Wert haben, benutzen wir das „ist gleich"-Zeichen, gefolgt von dem Wert. Handelt es sich um ein Objekt, so können wir einen Pfeil mit ausgefüllter Spitze verwenden, der auf das Objekt zeigt. (Wir müssen dies jedoch nicht machen: Es kommt darauf an, wie detailliert das Diagramm sein soll.)

Zum Beispiel ist ein `Curio`-Objekt wie `mugs` Teil des Objekts `CurioStore1` und beide zusammen sehen so aus, wie Abbildung 2.7 es darstellt.

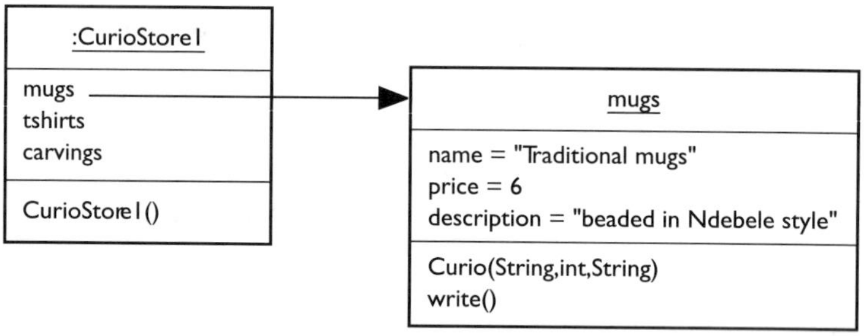

Abbildung 2.7: Beispiel einer Objektvariablen und eines Objekts

In Abbildung 2.7 sind sechs Variablen dargestellt: Können Sie sie herausfinden?

Wir haben die Objektbezeichner unterstrichen, um zu betonen, dass sie nicht im Objekt selbst vorhanden sind. In Java hat kein Objekt seinen eigenen Bezeichner. Variablen haben Bezeichner und können Objektreferenzen enthalten. Manche Objektreferenzen werden nicht einmal in Variablen gespeichert, z.B. bei den in `main`-Methoden erzeugten Objekten. Für sie benutzen wir die Notation `:Classid`.

2.3.4 Darstellung der Instanziierung

Häufig ist es nötig, ein Objekt und die Klasse, aus der es instanziiert wird, darzustellen. Für dieses Abhängigkeitsverhältnis verwenden wir wie in Abbildung 2.8 den gestrichelten Pfeil. Hier haben wir uns für das kompakte Schema der Objekte und Klassen entschieden, um die Abhängigkeit zu verdeutlichen.

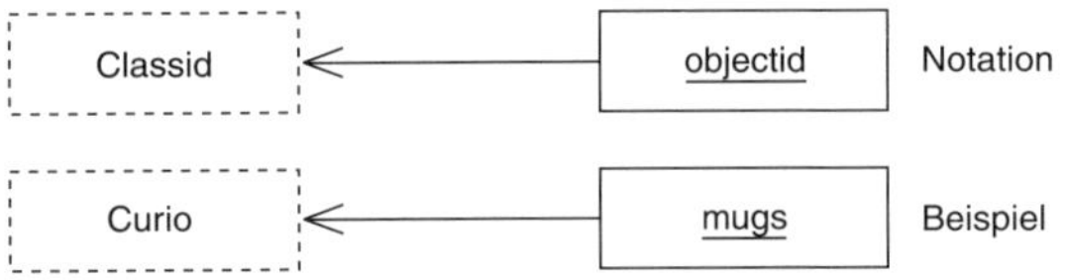

Abbildung 2.8: Beziehung zwischen einem Objekt und seiner Klasse

2.4 Objektvariablen deklarieren und Objekte erzeugen

Um eine Objektvariable zu deklarieren, benutzen wir das folgende Schema:

Deklaration einer Objektvariablen

```
Klassenname objektname;
Klassenname objektname1, objektname2, ... objektname n;
```

Eine Objektvariable mit dem Bezeichner *Objektname* wird deklariert und erhält den Wert `null`. In einer Klasse dürfen Objektvariablenbezeichner nicht doppelt deklariert werden.

In diesem Stadium existiert noch kein Objekt und jeder Versuch, auf eine der durch die Klasse beschriebenen Variablen oder Methoden zuzugreifen, wird scheitern. Eine Momentaufnahme des Programms `CurioStore1` genau zu dem Zeitpunkt, wenn der Konstruktoraufruf beginnt, würde zum Beispiel Abbildung 2.9 ergeben, die drei Objektvariablen zeigt, die alle den Spezialwert `null` haben. Um nun das Objekt selbst zu erzeugen, benutzen wir das folgende Schema:

Instanziierung eines Objekts

```
Objektname = new Klassenname (Parameterliste);
```

Instanziierung eines Objekts
Entsprechend den Spezifikationen der Klasse *Klassenname* wird ein neues Objekt erzeugt und seine Referenz an die Objektvariable *Objektname* zugewiesen. Der Konstruktor von *Klassenname* wird mit der eventuell gegebenen *Parameterliste* aufgerufen. Der Konstruktor kann die Liste der Parameterwerte beliebig benutzen (mehr Einzelheiten dazu erfahren Sie am Ende des Abschnitts).

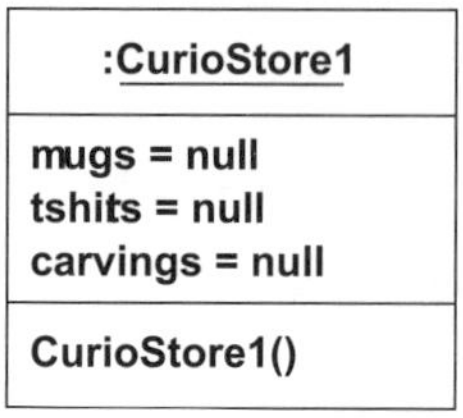

Abbildung 2.9: Deklarierte Objektvariablen

Sehen Sie sich zum Beispiel noch einmal das Programm `CurioStore1` an. Darin deklarieren wir drei Objektvariablen und erklären, dass für Objekte dieser Klasse die folgenden Bezeichner benutzt werden sollen:

```
Curio mugs, tshirts, carvings;
```

Außerdem haben wir die folgenden Anweisungen:

```
mugs = new Curio("Traditional mugs", 6, "beaded in Ndebele style");
tshirts = new Curio("T-shirts", 30, "sizes M to XL");
carvings = new Curio("Masks", 80, "carved in wood");
```

In diesen Anweisungen werden die Ojekte instanziiert, wobei „= `new`“ das Signal ist, dass eine Instanz der Klasse erzeugt werden soll, indem den vom `Curio`-Objekt benötigten Daten Speicher zugeteilt wird. Für jedes Objekt wird der Konstuktor `Curio` aufgerufen, wodurch die ursprünglichen Werte wie in der Parameterliste spezifiziert in das Objekt eingefügt werden. Die Referenzen der erzeugten Objekte werden den Objektvariablen als Werte zugewiesen. Abbildung 2.10 zeigt eine Momentaufname der Situation, nachdem `für` `mugs` und `tshirts` Objekte instanziiert wurden und bevor `carvings` bearbeitet wird. In diesem Diagramm zeigen wir keine Klassen, da wir uns auf den Instanziierungsprozess konzentrieren.

Wir müssen hier sorgfältig zwischen einer Objektvariablen und dem tatsächlichen Objekt unterscheiden. Zu Beginn des Programms wird die Methode `main` ausgeführt und erzeugt ein Objekt der Klasse `CurioStore1`. Dieses Objekt enthält drei Objektvariablen. Jede dieser Variablen kann potenziell ein `Curio`-Objekt referenzieren. Bis tatsächlich ein Objekt erzeugt und zugewiesen wird (durch die Ausführung von „`= new`"), enthalten die Variablen eine Null-Referenz. `carvings` ist daher als `null` dargestellt, während die anderen beiden Objektvariablen mit Pfeilen zu ihren erzeugten Objekten und deren Anfangswerten dargestellt werden.

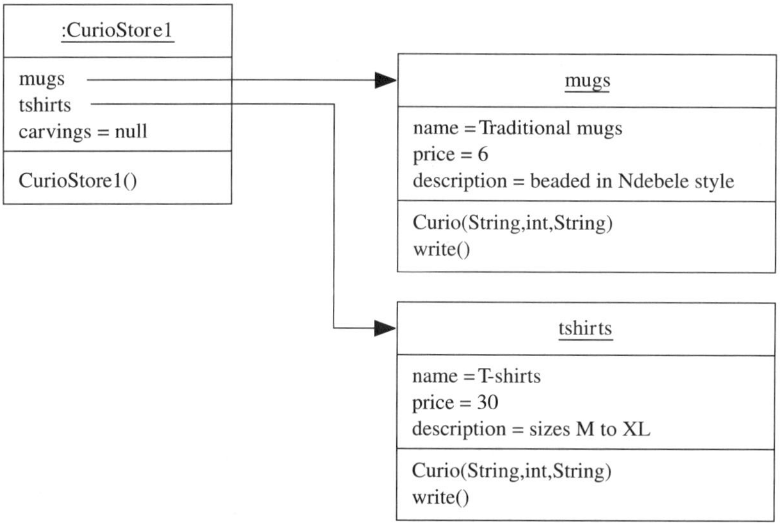

Abbildung 2.10: Diagramm der Erzeugung der `Curio`-Objekte - eine Momentaufname der Situation nach der Instanziierung der Objekte von `mugs` und `tshirts` und vor der Bearbeitung des Objekts `von carvings`

2.4.1 Auf Objektattribute zugreifen

Um auf die Attribute eines Objekts zuzugreifen, benutzen wir den im folgenden Schema beschriebenen Punkt-Operator:

Auf Objektattribute zugreifen

`objektvariable.variablenname`
`objektvariable.methodenname ()`
`objektvariable.methodenname(Parameter)`

Beispiele für diesen Punkt-Operator in den Programmen aus Abschnitt 2.1 sind:

```
g.drawString ("Germany",100,180);
```

```
mugs.write();
```

Die betreffenden Objektvariablen sind g und mugs und die Methoden heißen jeweils drawString und write. Das folgende Beispiel zeigt, dass wir auch auf die Variablen eines Objekts zugreifen können.

```
mugs.price
tshirts.description
```

2.4.2 Objektvariablen manipulieren

Zuweisung

Beim Definieren von Variablen erwähnten wir, dass ihre Werte sich ändern können. Am häufigsten wird der Wert einer Variablen durch eine **Zuweisung** (engl. *assignment*) mit dem Zuweisungs-Operator „=“ verändert, wie wir es bereits beim Curio-Konstruktor gesehen haben. Dies sieht folgendermaßen aus:

```
Curio (String n, int p, String d) {
  name = n;
  price = p;
  description = d;
}
```

Hier werden die Werte von n, p und d jeweils den Variablen name, price und description zugewiesen und in ihnen gespeichert. Was bedeutet es nun, den Wert einer Objektvariablen zu verändern? Eine Objektvariable kann ein Objekt referenzieren, wenn es den Instanziierungsprozess durchlaufen hat. Es spricht nichts dagegen, sie so zu verändern, dass sie auf ein anderes Objekt verweist. Möchten wir dies tun, so erstellen wir eine Objektvariable mit einem mehr oder weniger generischen Namen, zum Beispiel

```
Curio checked;
```

Dann könnten wir die folgende Reihe von Anweisungen haben, die alle drei Kuriositätenarten einzeln durchgeht und ihre Werte ausgibt.

```
checked = tshirts;
checked.write();
checked = carvings;
checked.write();
checked = mugs;
checked.write();
```

Natürlich ist diese Reihe etwas künstlich, aber sie veranschaulicht die Verwendung von Objektvariablen. Abbildung 2.11 zeigt die Schritte des Prozesses und erklärt ihn näher. Im Diagramm werden die Objekte als einfache Rechtecke ohne ihre üblichen Inhalte gezeigt. Wenn wir hier checked.write() aufrufen, wird die Methode write im Objekt tshirts aufgerufen und die Werte des Objekts tshirts werden ausgegeben. Nach der nächsten Zuweisung verweist `checked` auf das Objekt `carvings`.

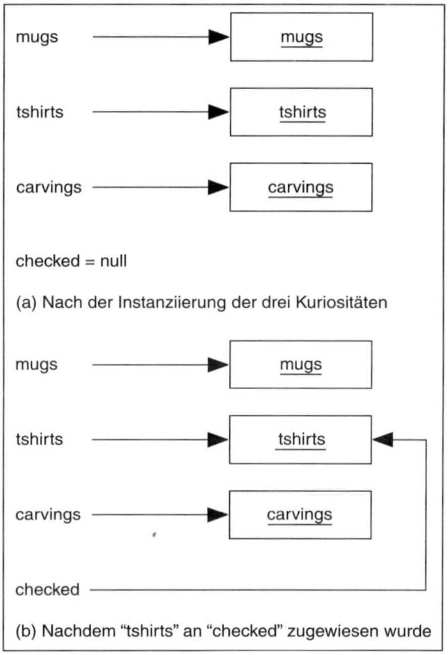

Abbildung 2.11: Manipulation von Objektvariablen

2.4.3 Konstruktoren und ihre Parameter

Ein Konstruktor hat drei unterschiedliche Aufgaben:

1. Wenn eine Klasse über eine `main`-Methode verfügt, verrichtet der Konstruktor die Ausführung eines Programms (wie in den Beispielen 2.1 und 2.3).
2. Wenn das Programm Grafiken enthält, ist der Konstruktor für die Erzeugung ihres Rahmens, ihrer Größe usw. verantwortlich (wie in Beispiel 2.2).
3. Wenn die Klasse beschreibend ist und der Erzeugung mehrerer Objekte dient, werden mit dem Konstruktor die Anfangswerte in die Objektvariablen kopiert (wie in der Klasse `Curio` in Beispiel 2.3).

Für die dritte Funktion müssen wir etwas von Parametern verstehen. Sehen Sie sich den Anfang der Klasse `Curio` und ihren Konstruktor an:

```
class Curio {

  // Deklariere Variable einer Kuriosität
  String name;
```

```
  int price;
  String description;

Curio (String n, int p, String d) {
  name = n;
  price = p;
  description = d;
}
```

... und so weiter

Es werden drei Variablen deklariert und der Konstruktor listet drei zugehörige Parameter auf: Zwei Zeichenreihen und eine ganze Zahl, die in Java als ein `int` (von engl. *integer*) bezeichnet wird. Über ganze Zahlen erfahren Sie im nächsten Kapitel mehr; im Moment genügt es, zu wissen, dass es sich dabei um Zahlen handelt, und dass sie mit einer Zuweisung über das „="-Zeichen in Variablen kopiert werden können, die ebenfalls den Typ `int` haben. Wir wollen z.B. eine Kuriosität erzeugen:

```
mugs = new Curio("Traditional mugs", 6, "beaded in Ndebele style");
```

`"Traditional_mugs"` wird dem Parameter `n` zugeordnet und in die Variable `name` kopiert; `6` wird `p` zugeordnet und in `price` kopiert und `"beaded_in_Ndebele_style"` wird `d` zugeordnet und in `description` kopiert. Java verlangt, dass Parameter ihrem Typ nach zusammenpassen, d.h. Zeichenreihen zu Zeichenreihen und ganze Zahlen zu ganzen Zahlen.

2.5 Anfangen mit der Ausgabe

Ausgabe

Nachdem wir mit unseren Beispielen die Grundstruktur eines Java-Programms behandelt haben, können wir nun daran denken, ein einfaches Programm zu schreiben, das auf dem Bildschirm etwas anzeigt. Im Programmierjargon heißt das, was auf den Bildschirm gelangt, **Ausgabe** (engl. *output*), aber Programmierer verwenden die Begriffe schreiben, ausdrucken, ausgeben und anzeigen oft nebeneinander. Im Gegensatz zu vielen anderen Sprachen gibt es in Java keine spezielle Anweisung für die Ausgabe. Jegliche Ausgabe wird von Methoden der von der Sprache bereitgestellten Klassen behandelt. Um also etwas auszugeben, müssen wir wissen, *welche* Methode wir aufrufen müssen.

Die Methoden, die wir suchen, heißen `println` und `print`. Sie befinden sich in einer vordefinierten Java-Klasse namens `PrintStream`. In der speziellen, überall verfügbaren Klasse `System` ist unter dem Namen `out` `bereits ein PrintStream-Objekt definiert`, das von Java automatisch mit Ihrem Computerbildschirm verbunden wird. Daher können wir aus den folgenden drei Komponenten

– der Klasse `System`,
– dem Objekt `out` und
– den Methoden `print` und `println`

die korrekten Anweisungen zum Methodenaufruf zusammenbauen, um eine Ausgabe anzeigen zu lassen. Da diese Methodenaufrufe so oft eingesetzt werden, nennen wir sie kurz Ausgabeanweisungen (engl. *output statements*). Das einfache Schema für Java-Anweisungen zum Anzeigen eines Textstücks ist:

Ausgabeanweisungen

Ausgabeanweisungen

```
System.out.println (Zeichenreihe);
System.out.println (Zeichenreihe1 + Zeichenreihe2 + ...
                    + Zeichenreihen);
System.out.println ();
System.out.print (Zeichenreihe);
System.out.print (Zeichenreihe1 + Zeichenreihe2 + ...
                  + Zeichenreihen);
```

`Println` gibt die Zeichenreihe oder Liste von Zeichenreihen aus und beendet die Ausgabezeile.

`Print` beendet die Zeile nicht.

`Println` allein führt zum Beenden oder Überspringen einer Zeile.

Aus diesem Schema läßt sich ersehen, dass Java nur Zeichenreihen ausgibt, obwohl wir später auch sehen werden, dass die Konvertierung von Zahlen zu Zeichenreihen bewirkt, dass wir auch diese ausgeben können. Wenn mehrere Zeichenreihen in einer Zeile ausgegeben werden sollen, verbindet man sie mit einem „+"-Zeichen (mehr dazu weiter unten).

2.5.1 Zeichenreihen für die Ausgabe

Zeichenreihenliteral

Ein **Zeichenreihenliteral** (engl. *string literal*) ist eine beliebige Zeichenfolge in Anführungszeichen, z. B.:

```
"sizes M to XL"
"Licence No. CFD678GT"
"Euro5.95 per kg"
```

Obwohl Zeichenreihenliteral der korrekte Begriff ist, verwenden wir meist nur das Wort **Zeichenreihe**. Wird innerhalb der Zeichenreihe selbst ein Anführungszeichen benötigt, geht diesem ein rückwärtiger Schrägstrich \ (engl. *backslash*) voraus. Er ist nicht Teil der Zeichenreihe, ermöglicht aber, dass es das folgende Zeichen ist. Ein Beispiel:

```
"He said \"No\""
```

Dies ist die Zeichenreihe *He said "No"*. Wird die Methode `println` aufgerufen, wird die als Parameter angegebene Zeichenreihe ausgegeben und die Ausgabezeile danach beendet. (Das „`-ln`" in `println` ist eine Abkürzung für *line*, Zeile.) Also veranlassen die Anweisungen

```
System.out.println("Euro5.95 per kg");
System.out.println("He said \ "No\ "");
```

folgende Ausgabe:

```
Euro5.95 per kg
He said "No"
```

Die `print`-Methode arbeitet ähnlich, abgesehen davon, dass sie kein Zeilenende verursacht, sodass ein darauf folgendes `print` oder `println` vom letzten erreichten Punkt auf derselben Zeile aus weitermacht.

Die Zeichenreihe ist für die `println`-Methode optional. Wird `println` alleine aufgerufen, beendet es die aktuelle Zeile. Diese Möglichkeit kann auch genutzt werden, um eine Leerzeile zu erhalten:

```
System.out.println ("Euro5.95 per lot");
System.out.println ();
System.out.println ("He said \"No\"");
```

Dies würde Folgendes ausgeben:

```
Euro5.95 per lot

He said "No"
```

Beachten Sie, dass ein Methodenaufruf in Java, der keine Parameter hat (die Elemente in Klammern), trotzdem ein Klammernpaar besitzen muss. Um mehrere Leerzeilen zu erhalten, können wir mehrere `println`-Aufrufe nacheinander verwenden:

```
System.out.println();
System.out.println();
System.out.println();
```

Alternativ können wir auch ein anderes Sonderzeichen, `\n`, benutzen, das für *new line* (neue Zeile) steht:

```
System.out.println ("\n\n\n");
```

Beispiel 2.4: Eine Warnung anzeigen

Aufgabe

Zeigen Sie auf dem Bildschirm eine Warnmeldung an, dass der Computer vielleicht von einem Virus[3] befallen ist.

Programm

Dieses Programm ist sehr einfach und ähnelt dem in Beispiel 2.1. Es verfügt über eine Klasse, einen Konstruktor und eine `main`-Methode, gefolgt von mehreren Ausgabeanweisungen, die, wenn man sie ausführt, den unten gezeigten Kasten anzeigen lassen.

```
class DisplayWarning {

 /* Displaying a warning program      von J M Bishop Aug 1996
   * ----------------------------      Java 1.1 Oktober 1997
   *                                aktualisiert und Java 2 April 2000
   * Veranschaulicht die Form eines Programms und die
   * Verwendung von println.
   */

   DisplayWarning () {
    System.out.println("----------------------------");
    System.out.println("|                          |");
    System.out.println("|       W A R N I N G      |");
    System.out.println("|  Possible virus detected |");
    System.out.println("|   Reboot and run virus   |");
    System.out.println("|     remover software     |");
    System.out.println("|                          |");
    System.out.println("----------------------------");
  }

  public static void main (String [] args) {
    new DisplayWarning ();
  }
}
```

Test

Das Programm würde folgende Ausgabe produzieren:

```
----------------------------
|                          |
|       W A R N I N G      |
|  Possible virus detected |
|   Reboot and run virus   |
|     remover software     |
|                          |
----------------------------
```

3. Ein Virus ist ein Programm, das Ihren Computer infizieren und Datenfelder auf der Festplatte etc. beschädigen kann. Dieses Programm entdeckt selbst keine Viren, es gibt nur die Warnbotschaft aus.

2.5.2 Konkatenation

Konkatenation

Ein letztes Wort zu Zeichenreihen und Ausgabe. Was passiert, wenn eine Zeichenreihe zu lang für eine einzelne Bildschirmzeile ist, wenn wir ein Programm schreiben? Wir können nicht zur nächsten Zeile übergehen. Wir müssen die Zeichenreihe beenden und eine neue anfangen, und beide mit einem Plus-Operator zusammenfügen. Dies nennt man formal **Konkatenation** (engl. *concatenation*). Ein Beispiel für eine Konkatenation wäre:

```
System.out.println ("Your tree is not known to us. Would "+
  "you like to submit details of it by WWW or " +
  "courier?");
```

In den folgenden Programmen sowie im nachstehenden Beispiel gibt es noch viele weitere Beispiele für lange Zeichenreihen.

Beispiel 2.5: Tabelle für das Kuriositätengeschäft

Aufgabe

Wir möchten alle Details zum Lagerbestand des Kuriositätengeschäfts ausgeben, wobei die aufgezeichneten Details ordentlich in eine Tabelle eingetragen werden sollen.

Lösung

Wir benutzen hier nicht die Methode `write`, sondern sprechen mit der Punkt-Notation jedes Feld für jedes Objekt einzeln an. Eine Anweisung wie z.B.

```
mugs.write();
```

wird ersetzt durch

```
System.out.println(mugs.item+"\t"+mugs.description+"\t"+mugs.price);
```

Dabei springt `\t` (von engl. *tab*) als Tabulator zum Anfang einer nächsten Zeichenmenge. Die Anweisung wird das Folgende ausgeben:

```
                    T-shirts sizes M to XL              30
```

Fügen wir noch ähnliche Anweisungen für die beiden anderen Kuriositäten hinzu, so sieht die Ausgabe folgendermaßen aus:

```
The Polelo Curio Store
======================

Items               Descriptions                Price per item
------------------------------------------------------------------
Traditional mugs    beaded in Ndebele style     6
T-shirts            sizes M to XL               30
Masks               carved in wood              80
```

1. Die lange Zeichenreihe für den waagerechten Strich wurde auf zwei Zeilen verteilt, musste aber in zwei Teile zerlegt und konkateniert werden.
2. Die Länge eines Tabulatorschrittes kann in der Ausgabe unterschiedlich sein: Auf unserer Maschine war er nur vier Zeichen lang, sodass wir die Anzahl der Tabulatoren bei jedem Objekt anpassen mussten, um die Werte ordentlich auszurichten.

2.5.3 Layout

Wie das Programm in Form von Zeilen und Leerzeichen niedergeschrieben wird, wirkt sich nicht auf das Erscheinungsbild der Ausgabe aus. Nur das, was innerhalb der Anführungszeichen steht, wird beim Ausführen des Programms tatsächlich ausgegeben. Beim Ausgeben von Zeichenreihen entsteht keine Lücke, wenn eine Zeichenreihe im Programm in mehrere Teile aufgespalten und mit + zusammengefügt werden musste. Leerzeilen oder Kommentare im Programm wirken sich ebenso wenig auf die Ausgabe aus. Daher veranlassen die folgenden Anweisungen dieselbe Ausgabe wie die vorigen:

```
System.out.println("Euro5.95 " + "per kg");
                System.out.println();
  System.out.println("He " +
"said \ "No\ "");
```

Der springende Punkt ist, dass die dem Computer erteilten Anweisungen nicht in einem speziellen Layout erstellt sein *müssen*. Normalerweise schreiben wir sie ordentlich untereinander und verwenden **Einrückungen**, um Gruppen von Anweisungen zu betonen. Es existiert jedoch keine formelle Regel, die dies vorschreibt. Außerdem sollten beim Layout eines Programm die folgenden Punkte beachtet werden:

- Auf einer Zeile kann mehr als eine Anweisung stehen;
- Anweisungen können auf mehrere Zeilen aufgespalten werden (nicht jedoch Zeichenreihen);
- Anweisungen enden mit einem Semikolon.

2.6 Einfache Berechnungen

Ebenso wie Rechenmaschinen sind auch Computer sehr gut darin, Berechnungen anzustellen. In diesem Abschnitt sehen wir uns an, wie in Java einfache Berechnungen mit ganzen Zahlen durchgeführt werden, und wie die Ergebnisse einer Variablen zugewiesen werden. Im nächsten Kapitel werden wir auch andere Arten von Berechnungen kennen lernen.

2.6.1 Typen

Typ

Weiter oben in diesem Kapitel befassten wir uns bereits damit, wie Objekte ihre Daten in Variablen speichern. In Java hat jede Variable einen **Typ** und nur Variablen desselben Typs können zusammen benutzt werden. Einfach ausgedrückt bedeutet dies, dass wir keine Zeichenreihen und Zahlen oder Bäume und Kuriositäten miteinander vermischen können. Wir können zwei Arten von Variablen unterscheiden: Variablen, die Objekttypen repräsentieren (z.B. ist `mugs` eine Objektvariable des Typs `Curio`), und solche, die **Grundtypen** repräsentieren. Java verfügt über acht dieser vordefinierten Grundtypen, die wir im Kapitel 3 besprechen werden. Hier befassen wir uns nur mit einem Grundtyp, dem für ganze Zahlen, der in Java `int` genannt wird.

Grundtypen

2.6.2 Variablen deklarieren

Block

Variablen kann man überall in einer Java-Klasse oder -Methode oder in jeder anderen durch { und } begrenzten Gruppe von Anweisungen deklarieren. Eine solche Gruppe von Anweisungen wird als **Block** bezeichnet; wir werden später noch sehen, wie Blöcke eingesetzt werden. Meist werden Deklarationen am Anfang oder am Ende des Blocks zusammengefasst. Die Deklaration einfacher Variablen hat eine der folgenden Formen:

Deklaration von einfachen Variablen
Typ Name; *Typ Name1, Name2, Name3;* *Typ Name = Wert;*
Erzeugt entsprechend dem Typ eine Variable und ordnet ihr den Bezeichner zu. Die dritte Form gibt der Variable einen Initialwert. Wenn kein Wert angegeben ist, wird mit einem Standardwert initialisiert (z.B. 0 für Zahlen). Bezeichner dürfen in einem Block zwischen { und } nicht doppelt deklariert werden.

Die Deklaration führt eine oder mehrere Variablen des angegebenen Typs ein. Die letzte Form kann man verwenden, um eine Variable gleichzeitig zu deklarieren und zu initialisieren. Beispiele für Deklarationen ganzzahliger Variablen sind:

```
int temperature;          // in Grad Celsius
int oldWeight, newWeight; // in Kilogramm
int price;                // in Graz
int maxMark = 100;
```

Wie im Schema bereits erwähnt, müssen Bezeichner in einem Block eindeutig sein.

Es lohnt die Mühe, Deklarationen übersichtlich und ordentlich zu halten, indem man die Bezeichner und Typen ausrichtet. Auch ist es eine nützliche Gewohnheit, anzugeben, wofür die Variablen eingesetzt werden sollen, sofern dies nicht unmittelbar aus ihren Bezeichnern hervorgeht, und einige Zusatzinformationen zu den gewünschten Einheiten zu geben, wie die ersten drei Beispiele zeigen.

Standardinitialisierung

Bei der Deklaration von Variablen haben wir die Möglichkeit, einen Initialwert zu spezifizieren oder eine **Standardinitialisierung** (engl. *default initialization*) zu bekommen. Für numerische Typen ist der Standardwert null. Man kann sich relativ gefahrlos auf den Standard verlassen, aber viele Programmierer ziehen es vor, ihre Initialisierungen explizit zu machen.

2.6.3 Ausdrücke

Ausdruck (engl. *expression*) ist in Programmiersprachen der Begriff für Formeln. Ausdrücke bestehen aus **Operanden**, wobei es sich um Zahlen oder Variablen handelt, und **Operatoren**, die im Fall des Typs `int` aus den üblichen Klammern, Multiplikation, Division, Addition und Subtraktion gebildet werden. In Programmiersprachen schreibt man Ausdrücke etwas anders als normalerweise. Die Hauptunterschiede sind, dass

1. Multiplikation durch einen Stern * angezeigt wird;
2. Division durch einen Schrägstrich / angezeigt wird;
3. Nenner den Zählern in derselben Zeile nachfolgen.

Der letzte Punkt - auf einer einzelnen Zeile zu schreiben - hat zur Folge, dass wir in Java-Ausdrücken mehr Klammern als in der normalen Mathematik benötigen. Eine Division, die man normalerweise als Bruch schreibt, muss man in zwei geklammerte, durch einen Schrägstrich getrennte Teile aufspalten. Betrachten Sie z. B. die folgenden einfachen Formeln und ihre Entsprechungen in Java:

Formel	Ausdruck in Java
$\frac{euros}{rate}$	`euros/rate`
$\frac{30test + 20project + 50exam}{100}$	`(30*test+20*project+50*exam)/100`

Eine wichtige Überlegung ist, dass der **Divisionsoperator** / in Java in zwei Varianten arbeitet: mit ganzen und mit reellen Zahlen. Sind beide Werte ganzzahlig, führt er eine ganzzahlige Division aus, ansonsten eine reelle Division. Meist ist die ganzzahlige Division nicht das Gewünschte, da zum Beispiel 1/2 den Wert 0 ergibt. Doch auch die ganzzahlige Division hat ihre Anwendungsbereiche, wie aus Beispiel 2.6 weiter unten in diesem Abschnitt hervorgeht. Mit der reellen Division befassen wir uns in Abschnitt 3.1.

Man nutzt beim Programmieren nicht nur die üblichen vier Operatoren, sondern oft auch den Rest einer ganzzahligen Division. Der Operator, mit dem man diesen **Divisionsrest** (Modulo, engl. *modulus*) darstellt, ist `%`. Beispiele für seinen Einsatz sind:

```
23 % 2          ergibt          1
6 % 6           ergibt          0
81 % 11         ergibt          4
```

Ebenso wie andere moderne Sprachen auch, verfügt Java über spezielle Operatoren, um die Zahl eins zu addieren oder zu subtrahieren: ++ und --. Diese sind insbesondere in Zusammenhang mit der Zuweisung nützlich, die wir als Nächstes besprechen werden.

2.6.4 Zuweisung

Nachdem wir eine Variable deklariert haben, können wir ihr nun mit einer **Zuweisung** den Wert eines Ausdrucks geben. Die Zuweisungsanweisung hat die folgende Form:

Zuweisungsanweisung

`Variable = Ausdruck;`
`Variable ++;`
`Variable --;`
`Variable op= Ausdruck;`

Der Wert, der für den Ausdruck berechnet wird, wird in der Variablen gespeichert. Diese Anweisung ist für einfache und für Objektvariablen anwendbar. `++` und `--` addieren oder subtrahieren eins vom Wert der Variablen (nur für numerische Variablen). `op=` wendet den Operator zwischen dem derzeitigen Wert der Variablen und dem Ausdruck an und weist das Ergebnis wieder der Variablen zu.

Zuweisungsanweisung

Eine **Zuweisungsanweisung** (engl. *assignment statement*) bewirkt, dass der Ausdruck ausgewertet und der resultierende Wert der durch den Bezeichner angegebenen Variablen zugewiesen wird. Das Gleichheitszeichen, das auf die Zuweisung hinweist, liest man „wird zugewiesen" (engl. *becomes*). Wir können also schreiben:

```
temperature = 24;
```

und daraus lesen: „Temperatur wird 24 zugewiesen". Der Wert des Ausdrucks ist 24 und wird der Variablen `temperature` zugewiesen. In der nächsten Folge:

```
oldWeight = 65;
newWeight = oldWeight - 5;
```

wird `oldWeight` der Wert 65 zugewiesen und dann benutzt, um den Wert der Variablen `newWeight` auszurechnen, der 60 beträgt.

Eine Zuweisung erfordert, dass Ausdruck und Variable vom gleichen Typ sind. Wir können also nicht etwas vom Typ `int` einer `Curio`-Variablen zuweisen. Die Zuweisung wird auch benutzt, um erzeugte Objekte zuzuweisen, wie wir in Beispielen wie dem folgenden bereits gesehen haben:

```
mugs = new Curio("Traditional mugs", 6, "beaded in Ndebele style");
```

Hier ist die Instanziierung im Wesentlichen ein Ausdruck, der einen Wert liefert; dieser Wert referenziert das neue Objekt und dieser wiederum wird der Objektvariablen `mugs` zugewiesen.

Eine in der Programmierung übliche Operation ist es, eins zu einem Zähler zu addieren. Wir könnten zum Beispiel die folgende Zuweisung haben:

```
int total;
total = total + 1
```

Da es sich hier um eine häufig verwendete Art von Zuweisung handelt, erscheint es überflüssig, den Variablennamen immer zweimal schreiben zu müssen. Daher wurden spezielle Zuweisungen definiert, um – wie im Schema gezeigt – allgemein übliche Inkremente und Dekremente abzukürzen.

`i++` und *`i+=1`* haben diesselbe Bedeutung: „Addiere 1 zu *i*", während „*`i+=2`*" „addiere 2 zu *i*" heißt usw. Das obige Beispiel nimmt so die folgende Form an:

```
total++;
```

Möchten wir immer 5 addieren, so verwenden wir:

```
total += 5
```

Eine Art, sich daran zu erinnern, dass der Inkrementoperator nicht =+, sondern += heißt, liegt darin, dass =+ in einer Zuweisung so missverstanden werden könnte, dass ein positiver Wert zugewiesen statt addiert wird. Das heißt:

```
total =+ 5
```

würde +5 als eine Konstante behandeln und sie `total` zuweisen.

Die Kurzform kann auch bei den anderen Operatoren benutzt werden, wobei sie vor allem für Subtraktion und Multiplikation typisch ist. Wollten wir einen Wert immer weiter verdoppeln, könnten wir also sagen:

```
int power;
power *= 2;
```

2.6.5 Präzedenz

In Java gelten die normalen Regeln für die **Präzedenz** (engl. *precedence*) der Operatoren: Geklammerte Ausdrücke kommen vor Division und Multiplikation, und diese kommen vor Addition und Subtraktion. Die Präzedenzgruppen für arithmetische Operatoren sehen daher folgendermaßen aus, wobei die Operatoren innerhalb einer Gruppe von links nach rechts ausgewertet werden:

Operatorpräzedenz (arithmetisch)

`Gruppe 0:( )`
`Gruppe 1:++ -- + (unär) - (unär)`
`Gruppe 2:* / %`
`Gruppe 3:+ - + (Konkatenation)`

Die Operatoren der Gruppe 0 haben die höchste Präzedenz. Die Operatoren innerhalb einer Gruppe werden von links nach rechts ausgewertet.

In Java ist die Präzedenz (die mit der einer anderen verbreiteten Sprache, nämlich C, übereinstimmt) so geregelt, dass man selten Klammern benötigt, um einen Ausdruck klar zu machen.

2.6.6 Werte von Ausdrücken ausgeben

Zeichenreihen

Die bisherigen Beispiele verwendeten Aufrufe der Methoden `print` und `println`, um **Zeichenreihen** auszugeben. Man kann auch **Zahlen** und sogar die Ergebnisse von Berechnungen ausgeben. Um 4 mal 5 minus 2 auszugeben, hätten wir

```
System.out.println (4 * 5 - 2);
```

mit der Ausgabe

```
18
```

Ebenso könnten wir die Werte von Ausdrücken mit Variablen ausgeben, z. B.

```
int hoursPerDay = 24;
System.out.println (7 * hoursPerDay);
```

Dies würde ergeben:

```
168
```

Die Zahl wird mit genau so vielen Ziffern ausgegeben, wie nötig sind. Wenn eine sorgfältigere Formatierung erforderlich ist, müssen wir zusätzliche Java-Techniken nutzen, die wir in den Kapiteln 4 und 7 behandeln werden.

2.6.7 Die Methode *toString*

Was wäre, wenn wir mehr als einen Wert oder eine Mischung aus Zahlen und Zeichenreihen ausdrucken wollten? Wir haben schon im vorigen Abschnitt festgestellt, dass man mehrere Zeichenreihen auf einmal ausgeben kann, wenn man sie mit dem Konkatenationsoperator (plus) zusammenfügt. Dasselbe gilt auch hier. Nun müssen wir jedoch verstehen, was sich hinter den Kulissen abspielt.

Der Konkatenationsoperator verbindet Zeichenreihen. Findet er rechts oder links von sich etwas anderes, z. B. eine Zahl, so sucht er eine von der Klasse definierte `toString`-Methode, die diesen Wert in eine Zeichenreihe umwandeln kann. Alle vordefinierten Typen besitzen `toString`-Methoden und Klassen wie z.B. `Curio` können sie leicht definieren. Der +-Operator kann dann die Konkatenation ausführen und die Ausgabe geht weiter. Wir können z. B. sagen:

```
System.out.println (7 + " days is "
                  + (7 * hoursPerDay) + " hours");
```

und die Ausgabe wäre

```
7 days is 168 hours
```

Beispiel 2.6: Zeitpläne für einen Fuhrpark

Aufgabe

Savanna Deliveries Inc. kaufte neue Fahrzeuge, die schneller fahren können als die alten (und trotzdem die zulässige Höchstegeschwindigkeit nicht überschreiten). Die Firma möchte nun wissen, wie sich dies auf die Fahrten auswirken wird.

Lösung

Uhrzeiten werden im 24-Stunden-Format wie z. B. 0930 oder 1755 dargestellt. Wir müssen herausfinden, wie sich die Ankunftszeit auf Grund einer durchschnittlichen Minderung der gesamten Fahrtzeit um 15% ändert. Dafür müssen wir Uhrzeiten subtrahieren können, um die Fahrtzeit herauszufinden und das Ergebnis mit 0,85, also der Minderung um 15%, zu multiplizieren. Die Frage ist, wie man mit Uhrzeiten Rechenoperationen vornimmt.

Algorithmus

Uhrzeiten bestehen aus zwei Teilen: Stunden und Minuten. Um Uhrzeiten zu subtrahieren und zu multiplizieren, müssen wir sie zuerst in Minuten umwandeln, dann die Berechnung durchführen und sie danach zurückkonvertieren. Angenommen, dies ist möglich, so würde der gesamte Algorithmus folgendermaßen lauten:

```
Neue Fahrzeugflotte
   Lies Abfahrts- und Ankunftszeiten ein
   Berechne Fahrtzeit in Minuten
   Reduziere Fahrtzeit um 15%
   Addiere die neue Fahrtzeit zur Abfahrtszeit, um die neue
   Ankunftszeit zu ermitteln
   Gib neue Fahrt- und Ankunftszeit aus.
```

Bei der ersten Umwandlung wird eine ganze Zahl in zwei Teile aufgespalten. Dafür müssen wir durch 100 teilen, um die Stunden zu erhalten, und den Rest nehmen, um die Minuten zu erhalten. Der Algorithmus mit einem Beispiel ist:

```
Umwandlung in Minuten
   Aktuelle Uhrzeit                          0715
   Ermittle Stunden mit Uhrzeit / 100        7
   Ermittle Minuten mit Uhrzeitmodulo 100    15
   Setze Minuten auf Stunden * 60 + Minuten  435
```

Die Rückumwandlung funktioniert ähnlich. Der Algorithmus ist:

```
Umwandlung in Stunden und Minuten
   Anzahl der Minuten                        435
   Setze Stunden auf Minuten / 60            7
   Setze Minuten auf Minutenmodulo 60        15
   Setze Zeit auf Stunden*100+Minuten        715
```

Programm

Das Programm, mit dem eine Fahrt behandelt wird, ist recht einfach. Die Abfahrts- und die Ankuftszeit eines bestimmten Fahrzeugs werden mit Werten initialisiert. In Kapitel 4 werden wir sehen, wie sie stattdessen in das Programm eingelesen werden. Bedenken Sie, dass die Division ganzer Zahlen ein ganzzahliges Ergebnis hat, sodass die obigen Algorithmen unmittelbar in Java übersetzt werden können.

```
class FleetCalculator {

  /* The Fleet Calculator Program          von J M Bishop Aug 1996
   * ---------------------------           Java 1.1 Okt 1997
   *                                 aktualisiert und Java 2, Apr 2000
   * Berechnet die neue Ankunftszeit für Fahrzeuge,
   * die für eine Fahrt 15% weniger lange brauchen.
   *
   * Veranschaulicht Ausdrücke und Zuweisung.
   * Nutzt auch den Modulo-Operator %
   */

  FleetCalculator () {

    int reduction = 85;
    int depart24 = 900;
    int arrive24 = 1020;

    int newArrive24,           // Zeit nach 24-Stunden-Uhr
        departMins,            // Minuten pro Tag
        arriveMins,
        oldJourneyMins,
        newJourneyMins,
        newArriveMins;

  // Wandle die Anfangszeiten in Minuten um
     departMins = depart24 / 100 * 60 + depart24 % 100;
     arriveMins = arrive24 / 100 * 60 + arrive24 % 100;

  // Berechne die alten und neuen Zeiten
     oldJourneyMins = arriveMins - departMins;
     newJourneyMins = oldJourneyMins * reduction / 100;

  // Erzeuge die neuen Ankunftszeiten in Minuten und
  // dann nach der 24-Stunden-Uhr
     newArriveMins = departMins + newJourneyMins;
     newArrive24 = newArriveMins / 60 * 100 + newArriveMins % 60;

  // Berichte Ergebnisse
     System.out.println("Departure time is "+depart24);
     System.out.println("Old arrival time is "+arrive24);
     System.out.println("Old journey time is "
```

```
                        +oldJourneyMins+" minutes");
    System.out.println("New journey time is "
                        +newJourneyMins+" minutes");
    System.out.println("New arrival time is "+newArrive24);
  }

  public static void main (String[] args) {
    new FleetCalculator ();
  }
}
```

Beachten Sie, dass wir sechs verschiedene Variablen verwenden, damit alle Werte jederzeit anwendbar sind. Sie bekommen zudem Namen, die ihre Bedeutung gut wiedergeben.

Test Um das Programm zu testen, wählen wir jeweils eine passende Abfahrts- und Ankunftszeit und setzen sie in das Programm ein. Die Ausführung des Programms ergibt:

```
Departure time is 900
Old arrival time is 1020
Old journey time is 80 minutes
New journey time is 68 minutes
New arrival time is 1008
```

2.6.8 Mehr über das Testen von Programmen

Dies ist unser erstes Programm, in dem Berechnungen vorkommen, die sich mit jeder Ausführung des Programms ändern können, wenn wir die Anfangswerte ändern. Daher müssen wir kontrollieren, dass unsere Berechnungen bei allen möglichen Werten richtig durchgeführt werden. Mit unseren bisherigen Java-Kenntnissen wäre es natürlich äußerst zeitaufwändig, das Programm für jede denkbare Uhrzeit auszuführen; wir können das Programm jedoch mit einer repräsentativen Auswahl von Datenwerten testen.

Programmfehler treten meist bei Grenzwerten wie z.B. null oder beim größtmöglichen Wert auf. Und was wird das obige Programm machen, wenn es einen völlig unerwarteten Wert erhält, etwa eine negative Prozentzahl oder eine Ankunftszeit, die vor der Abfahrtszeit liegt? Normalerweise versuchen wir, eine Reihe von Testwerten zu erstellen, in der wir einen Wert verändern und alle anderen konstant halten, um dann zum nächsten Wert weiterzugehen. Wir könnten z.B. die folgende Auswahl von Daten ausprobieren:

```
reduction  depart24    arrive24
0          900         1020
100        900         1020
```

115	900	1020	testet, was geschieht, wenn die neuen Fahrzeuge langsamer sind
50	900	1020	
1	900	1020	testet kleine Prozentwerte
85	0	1020	
85	1019	1020	testet sehr kurze Fahrtzeiten
85	1100	1020	testet falsche Abfahrtszeit
85	2400	1020	testet, was zu der bei 24 Stunden letztmöglichen Zeit geschieht
85	900	2359	

Diese Liste ist zwar unvollständig, aber sie vermittelt Ihnen eine Vorstellung davon, was Sie ausprobieren können. Natürlich ist es sehr mühsam, das Programm immer wieder zu ändern, um neue Werte zu testen. Wir werden bald sehen, wie Sie ein Programm beibehalten und einfach Werte eingeben können, die dann in die Variablen eingelesen werden.

2.7 Zusammenfassung

Dieses Kapitel führte das Programmieren auf zwei Ebenen ein. Auf der höheren Ebene betrachteten wir Klassen und Objekte, wie sie definiert und instanziiert werden, und einige andere Einzelheiten wie z.B. Konstruktoren. Am Anfang wurden drei Programme vorgestellt, die die für die objektorientierte Programmierung notwendigen Grundkonzepte veranschaulichten: z.B. Klassen, Objekte, Konstruktoren, Methoden, Parameter und Anweisungen. Das Programm `FlagMaker1` enthielt die Elemente einfacher Grafiken. Die Objektorientierung wurde durch den Zugriff auf Attribute von Objekten und die Zuweisung von Objektvariablen weitergeführt.

Auf der zweiten Ebene erörterten wir die Syntax für Bezeichner, Schlüsselwörter, Zuweisungen und Ausgaben und begannen mit einfachen Berechnungen auf der Grundlage von Ausdrücken und Zuweisungen. Wir stellten fest, dass die Konkatenation sehr nützlich ist, um mehrere Werte in einem einzigen Ausgabeaufruf zu verketten. Die häufig verwendeten Typen `int` und `String` wurden vorgestellt, damit wir uns von Anfang an mit einer großen Bandbreite von Programmen befassen können. Die Notationen der Syntaxschemata und der Semantik wurden definiert und im ganzen Kapitel benutzt. Auch auf UML basierende Modelldiagramme kamen bereits vor und werden im Weiteren noch ausführlicher erklärt.

Wir besprachen die Konzepte, die mit den folgenden Schlüsselwörtern in Zusammenhang stehen:

```
class   new
int     null
```

Folgende Schlüsselwörter wurden zwar benutzt, ihre Bedeutung wird jedoch erst später eingehender erklärt werden:

```
import  void
public  extends
static
```

Die folgenden Klassen, Objekte und Methoden aus den Java-Paketen wurden vorgestellt und häufig benutzt:

```
System.out.println       String
System.out.print         toString
```

Die folgenden Punkte wurden eigens für das Zeichenprogramm (FlagMaker1) eingeführt:

```
java.awt                 System.exit
java.awt.event           setTitle
Frame                    setSize
add                      setVisible
addWindowListener        g.setColor
WindowAdapter            g.fillRect
windowClosing            g.drawString
WindowEvent              Color. . . . a colour name
```

Ihre Bedeutung wird in Kapitel 10 und 11 ausführlich diskutiert.

Die folgenden Konzepte wurden in Syntax- und Semantikschemata dargestellt:

- Einfaches Programm
- Deklaration einer Objektvariablen
- Instanziierung eines Objekts
- Auf Objektattribute zugreifen
- Ausgabeanweisungen
- Deklaration von einfachen Variablen
- Zuweisungsanweisung
- Operatorpräzedenz (arithmetische Operationen)

Für die folgenden Punkte wurde eine Notation für das Modelldiagramm entwickelt:

- Klasse
- Objekt
- Objektvariable
- Instanziierung

2.8 Übungen

2.1 Wenn das Programm `Welcome` ausgeführt wird, ist die zuerst auszuführende Anweisung

(a) der Konstruktor

(b) `System.out.println ("Welcome to Java!");`

(c) `new Welcome ( )`

(d) die `main`-Methode

2.2 Um für eine Zeichnung die Farbe Grün zu wählen, benutzen wir

(a) `setcolour (green)`

(b) `setcolor (green)`

(c) `g.setColor (Color.green)`

(d) `setColor (Color.green)`

2.3 Ein Kommentar, der mit / / beginnt, muß enden mit

(a) `//`

(b) einem Zeilenende

(c) `*/`

(d) `}`

2.4 Von den folgenden Beispielen können als Bezeichner in einem Java-Programm benutzt werden

(a) `out`, `println` und `args`

(b) nur `out` und `println`

(c) nur `println` und `args`

(d) nichts davon

2.5 Um mit `println` eine neue Zeile zwischen die Ausgabe von zwei Werten einzufügen, benötigen wir

(a) `+ "n" +`

(b) `newline ( )`

(c) `"\n"`

(d) `+ "\n" +`

2.6 Um 10 zu `points` zu addieren, benutzen wir

(a) `points + 10`

(b) `points += 10`

(c) `points =+ 10`

(d) `points ++ 10`

2.7 Die Aufgabe des Konstruktors ist es,

(a) Speicherplatz für Objekte zu erzeugen

(b) Speicherplatz zu erzeugen und Objekte zu initialisieren

(c) Objekte zu initialisieren

(d) das Programm auszuführen

2.8 Ein Zugriff auf `Curio.name` verursacht einen Übersetzungsfehler, weil

(a) `name` in `Curio` nicht definiert ist

(b) man auf `name` über ein `Curio`-Objekt zugreifen muss

(c) nach `name` Klammern folgen sollten

(d) `Curio` mit einem kleinen c geschrieben werden sollte

2.9 Was ergibt die Formel zur Berechnung des 24 Stunden-Formats in Beispiel 2.6, wenn `newArriveMins` den Wert 310 hat?

(a) 510

(b) 610

(c) 505

(d) 516

2.10 Für die Klasse `Curio` verursacht die Instanziierung

```
Baskets = new Curio ("Masks", 30, 80)
```

einen Übersetzungsfehler, weil

(a) der erste Parameter `"Baskets"` sein muss

(b) `Baskets` mit einem Großbuchstaben beginnt

(c) `Baskets` keine Klasse ist

(d) die Parameter nicht denen der Klasse `Curio` entsprechen

2.9 Aufgaben

2.1 **Flaggendiagramm.** Zeichnen Sie ein Modelldiagramm für das Programm `FlagMaker1` (Beispiel 2.2).

2.2 **Olympische Ringe.** Wir wollen das Logo der Olympischen Spiele, fünf ineinander greifende Ringe, in Farbe zeichnen. Benutzen Sie eine Klasse `Ring`, deren Parameter die Farbe und die Position eines Rings sind, und schreiben Sie dann eine weitere Klasse, die fünf `Ring`-Objekte erzeugt, um das Logo zu vervollständigen. Benutzen sie `FlagMaker1` als Modell. (Die Ringe sind blau, gelb, schwarz, grün und rot, wobei die gelben und grünen unten sind.)

2.3 **Kuriositätenlager**. Erweitern Sie das Programm für den Kuriositätenladen (Beispiel 2.3), sodass es aufzeichnet, wie groß der Lagerbestand für jede Kuriosität ist, und verändern Sie das Programm an allen betroffenen Stellen, sodass die Information über jede Kuriosität in der folgenden Form ausgegeben werden kann. (Hinweis: In Beispiel 3.5 betrachten wir den Verkauf von Kuriositäten.)

```
25 Traditional mugs beaded in Ndebele style for G6
```

2.4 **Vertikale Flaggen**. Ändern Sie die Methode `paint` in `FlagMaker1` so, dass Flaggen mit vertikalen Streifen gezeigt werden, und versuchen Sie z.B. die Flaggen Italiens, Frankreichs oder Malis (grün, gelb, rot) zu zeichnen.

2.5 **Gewichtete Durchschnittswerte**. Ein Informatikkurs besteht aus drei Teilen: Einem Test, einer schriftlichen Arbeit und einer Prüfung, die jeweils mit 20%, 30% und 50% gewichtet werden. Schreiben Sie ein Programm, das die Punktzahl für die drei Komponenten (von insgesamt 100 Punkten) festlegt, und geben Sie die Endnote mit der jeweiligen Gewichtung aus.

2.6 **Benzinverbrauch**. Ein Auto verbraucht auf normalen Straßen 8 Liter Benzin auf 100 km, auf weniger guten Straßen 15% mehr. Schreiben Sie ein Programm, um die Entfernung auszugeben, die das Auto auf normalen und schlechten Straßen mit einem vollen 40-Liter-Tank fahren kann.

2.7 **Arbeitsschichten in einer Fabrik**. In einer Fabrik ist der 24 Stunden-Tag wie unten dargestellt in drei Schichten eingeteilt. Schreiben Sie ein Programm, das von der aktuellen Uhrzeit an die von einer Schicht noch verbleibende Zeit in Stunden und Minuten berechnet, und geben Sie auch aus, in welcher Schicht wir uns gerade befinden. (Tipp: Benutzen Sie wie in Beispiel 2.6 % und /).

Schicht 1	von 0000 bis 0759
Schicht 2	von 0800 bis 1559
Schicht 3	von 1600 bis 2359

2.8 **Kindergarten**. Kinder in einem Kindergarten haben Vor- und Nachnamen, sie gehören einer Gruppe an (Kaninchen, Welpen, Goldfische oder Tauben) und sie verlassen den Kindergarten in einem bestimmten Jahr (eine Zahl bis zu drei Jahren vom aktuellen Datum ab). Erstellen Sie eine Klasse `Child`, die diese Informationen über ein Kind aufnimmt, und testen Sie sie mit einem Programm, das sechs Kinder instanziiert und eine Methode `write` aufruft, um die Details zu den Kinder auszugeben. Das Jahr ist eine ganze Zahl und die restlichen Variablen sind Zeichenreihen. Die Methode `write` sollte auch berechnen, wie viele Jahre ein Kind noch im Kindergarten bleiben wird, und diese Zahl auf der gleichen Zeile ausgeben wie die übrigen Informationen.

2.9 **Kindergartendiagramm**. Zeichnen Sie für Ihr Kindergarten-Programm ein vollständiges Modelldiagramm und machen Sie eine Momentaufnahme, nachdem zwei Kinder instanziiert wurden.

2.10 **Buch**. Wir werden ein Programm entwickeln, das Informationen über ein Lehrbuch enthält. Beginnen Sie damit, eine Klasse `Kapitel` zu definieren, die Variablen für den Titel und den Seitenumfang eines Kapitels enthält. Benutzen Sie *Java lernen* als Testdatum und instanziieren Sie Objekte der ersten vier Kapitel. Gehen Sie die Kapitel dann noch einmal durch und berechnen Sie die bisherige Gesamtseitenzahl und die durchschnittliche Seitenzahl je Kapitel. Vor dem Satz enthält jede Seite etwa 80% der Informationen, die sie am Ende enthalten wird. Gehen Sie die vier Kapitel noch einmal durch, berechnen Sie die erste Seitenzahl der Manuskriptversion jedes Kapitels. Wenn Kapitel 1 jetzt z.B. zwanzig Seiten lang ist, dann wäre es im Manuskript 20/0,8 0 25 Seiten lang gewesen und Kapitel 2 hätte auf Seite 26 begonnen, anstatt auf Seite 21.

2.11 **Buchdiagramm**. Zeichnen Sie ein vollständiges Modelldiagramm für Ihr Buch-Programm und machen Sie eine Momentaufnahme, nachdem zwei Kapitel erzeugt wurden.

2.12 **Zubringerbus**. Zwischen zwei Terminals eines Flughafens verkehrt ein Zubringerbus, der jeweils zur halben und zur vollen Stunde abfährt. Schreiben Sie ein Programm, das eine Uhrzeit in Form einer initialisierten Variablen erhält und berechnet, wie lange es bis zur Abfahrt des nächsten Busses noch dauert.

3 Typen und Methoden

3.1 Typen

Nachdem wir im Abschnitt 2.4 ganze Zahlen untersucht haben, setzen wir nun unsere Betrachtung der Typen fort. Java hat sechs numerische Typen, `int`, `long`, `double`, `byte`, `short` und `float`, mit denen wir uns zuerst befassen werden, und zwei spezielle Typen, `boolean` und `char`, die wir später besprechen werden. Bei den numerischen Typen stellen wir die Frage, wie Werte von einem Typ in einen anderen konvertiert werden können, damit man Zuweisungen zwischen Variablen unterschiedlichen Typs vornehmen kann.

Zum Abschluss unserer Besprechung der sechs numerischen Werte zeigen wir ihre Eigenschaften in Tabelle 3.1. `byte` wird normalerweise in Programmen benutzt, die mit Daten auf Maschinenebene zu tun haben. `short` kann Platz sparen helfen, wird allerdings nicht oft benutzt. `int` ist der Typ, mit dem ganze Zahlen normalerweise deklariert werden, aber auch `long` kommt regelmäßig vor, da es der Grundtyp für das Ergebnis eines ganzzahligen Ausdrucks ist. `float` wäre die natürliche Wahl für reelle Zahlen, allerdings ist `double` der Grundtyp für das Ergebnis von Ausdrücken mit reellen Zahlen. `int`, `long` und `double` sind also die in den meisten Programmen gewählten Typen.

Typ	Darstellung	Anfangswert	Speicher	Maximum
byte	ganze Zahl mit Vorz.	0	8 Bit	127
short	ganze Zahl mit Vorz.	0	16 Bit	32767
int	ganze Zahl mit Vorz.	0	32 Bit	2147483647
long	ganze Zahl mit Vorz.	0	64 Bit	mehr als 10^{18}
float	Gleitkomma	0.0	32 Bit	mehr als 10^{38}
double	Gleitkomma	0.0	64 Bit	mehr als 10^{308}

Tabelle 3.1

Die ersten vier numerischen Typen kann man mit allen bereits erwähnten Operationen benutzen, und wie in Abschnitt 2.4 beschrieben ausgeben. `float` und `double` sind reelle Typen und haben andere Eigenschaften, Operationen und Ausgabeformate. Eine reelle Zahl wird mit einem Dezimalpunkt (nicht mit einem Komma) geschrieben, z.B.:

```
3.1415962
-80.5
0.000007
```

Wir können eine Zahl jedoch auch im wissenschaftlichen Format oder in Exponentialschreibweise schreiben, wenn sie sehr lang wird. Dieses Format hat eine Ziffer vor dem Punkt und je nach Bedarf bis zu 16 Ziffern hinter dem Punkt; darauf folgen ein E und ein Exponent zur Basis 10. Die oben gezeigten drei Zahlen würden in Exponentialschreibweise also folgendermaßen aussehen:

```
3.141592E0
-8.05E1
7E-6
```

Reelle Zahlen haben zwar die Operationen + * /, aber nicht den Modulo-Operator. Wie im Abschnitt 2.5 bereits erwähnt wurde, behandeln sie außerdem den Divisionsoperator anders als die ganzen Zahlen. Um eine Division reeller Zahlen zu erzwingen, müssen wir sicherstellen, dass einer der Operanden eine reelle Zahl ist, z. B. dass eine Konstante im Ausdruck reell ist, was durch das ausdrückliche Hinzufügen eines Dezimalpunkts erreicht werden kann. Sehen Sie sich z.B. die folgenden Ausdrücke an.

```
int roughLength = 180;                 // in Zentimetern
double preciseLength = 185.3427;       // in Zentimetern
double materialNeeded;                 // in Metern

materialNeeded = roughLength/100;      // ergibt 1 Meter
materialNeeded = roughlength/100.0;    // ergibt 1.8 Meter

materialNeeded = preciselength/100;    // ergibt 1.85327 Meter
```

Eine Zuweisung innerhalb ein und desselben Typs ist eine zulässige Anweisung. Für eine Zuweisung müssen der Ausdruck und die Variable denselben Typ haben. Wir können also etwas vom Typ `int` nicht einer `Curio`-Variablen und einen `double`-Wert nicht einer `int`-Variablen zuweisen. Allerdings schließen selbst in der Mathematik die reellen

Zahlen die ganzen Zahlen ein; wir *können* daher den reellen Zahlen ganze zuweisen. Das Folgende ist also zulässig:

```
double rate;
rate = 10;
```

3.1.1 Ganze und reelle Zahlen ausgeben

Wie bereits gesagt ruft Java, wenn eine Zahl ausgegeben werden soll, seine `toString`-Methode auf. Diese gibt die Zeichenreihendarstellung zurück, die dann an die `print`-Methode übergeben wird. Da die Methode `toString` nicht weiß, wie viele Ziffern sie produzieren soll, gibt sie sie alle an. Ganze Zahlen vom Typ `long` haben bis zu 10, reelle Zahlen vom Typ `double` bis zu 17 Ziffern. Wenn der Wert der reellen Zahl außerhalb des Bereichs von 17 Ziffern liegt, gibt Java die Zahl in Exponentialschreibweise aus. Wie würde Java also die folgenden numerischen Ausdrücke ausgeben?

Zahl	Ausgegeben als
10	10
650	650
2001	2001
14.75	14.75
1.6213	1.6213
1/1.6213	0.6167889964843027
123456789	123456789
0.000000001	1.0E-9
1.0/2	0.5
1/2	0

Nur die letzte Zeile ist überraschend, aber denken Sie daran, dass Java / als einen ganzzahligen Operator betrachtet, wenn beide Operanden ganze Zahlen sind. Bei ganzen Zahlen ist das Ergebnis von 1 geteilt durch 2 die 0.

Das Problem im oben angeführten Schema bilden offenbar die langen reellen Zahlen. Um diese besser kontrollieren zu können, müssen wir entweder ein vordefiniertes Eingabe-Ausgabe-Paket (*input-output*, IO) benutzen oder uns genau mit den vielen Formatierungsklassen im Paket `java.text` befassen. Wir verschieben diese Themen auf die Kapitel 4 und 7.

3.1.2 Die Klasse *Math*

Für die arithmetischen und trigonometrischen Standardfunktionen, die man sogar von einem guten Taschenrechner erwarten kann, hat Java eine spezielle Klasse: `Math`. `Math` gehört zum Paket `java.lang`, dem einzigen Paket, das automatisch in jedes Programm importiert wird. Daher können wir die Math-Funktionen jederzeit nutzen. Das folgende Schema fasst einige der wichtigsten Funktionen zusammen.

Methoden der Klasse Math (Kurzfassung)

```
final double PI
double pow (double, double)
double sqrt (double)
double atan (double)
double cos (double)         // in Bogenmaß
double sin (double)         // in Bogenmaß
double tan (double)         // in Bogenmaß
double toDegrees (double)
double toRadians (double)
double random ();
int round (float)
long round (double)
value abs (value)           // wobei value für int, long, float oder
double steht
value max (value, value)    // wobei value für int, long, float oder
double steht
value min (value, value)    // wobei value für int, long, float oder
double steht
```

PI ist ein konstanter Wert, der auf den Wert von π mit bis zu 10 Nachkommastellen eingestellt ist.

pow erhebt den ersten Paramter zur Potenz des zweiten. Ist der zweite ein Bruch, so fungiert pow als eine Wurzelfunktion (siehe nachfolgende Beispiele).

Die vier trigonometrischen Methoden operieren alle im Bogenmaß eines Kreises, der durch 2 π repräsentiert wird. 360° ist demnach 2*PI und 90° ist PI/2.

Werte oder Ausdrücke in Grad oder im Bogenmaß können von der einen in die andere Form konvertiert werden.

Die Methode random gibt einen reellen Zufallswert zwischen 0 und 1 zurück, der so manipuliert werden kann, dass man andere Wertebereiche erhält (siehe nachfolgende Beispiele).

Die Methode round rundet den Wert des Parameters auf die

nächstgrößere ganze Zahl (siehe nachfolgende Beispiele).

abs liefert den absoluten Wert (den Betrag) des Parameters.

max und min liefern den jeweils größten oder kleinsten der beiden Parameter.

abs, max und min haben für die vier aufgeführten Typen vier Versionen. Das Ergebnis hat denselben Typ wie der angegebene Parameter.

Wir sehen hier, dass die meisten Methoden Werte vom Typ double entegegennehmen und auch wieder double-Werte produzieren, einige Methoden aber je nach Datentyp verschiedene Varianten haben. Die Klasse Math ist aus mehreren Gründen interessant:

- Es ist die erste vordefinierte Java-Klasse, die wir untersuchen.
- Alle ihre Methoden sind so genannte Klassenmethoden, ein Begriff, den wir nun definieren müssen.
- Alle ihre Methoden sind nicht `void`, sondern es sind Methoden mit Ergebnis (engl. *typed method*); auch diese Begriffe müssen wir nun definieren.

Wir wollen uns nun zunächst einige Beispiele ansehen, um ein Gefühl für die Verwendung dieser Klasse zu bekommen, und dann auf die Definitionen zurückkommen. Im Folgenden zeigen wir einige typische Anwendungen der Klasse `Math`.

```
double squareRoot, cubeRoot, sinOf90, x;
int player1, player2, winner, diceRoll;

squareRoot = Math.sqrt(x);
cubeRoot = Math.pow(x,1/3);
sinOf90 = Math.sin(Math.toRadians(90));
winner = Math.max(player1, player2);
diceRoll = Math.round(Math.random()*6);
```

Beispiel 3.1: Untersuchung der Klasse *Math*

Um einmal vorzuführen, wie die Klasse `Math` benutzt wird, zeigen wir hier ein einfaches Programm, das zwei Zufallszahlen generiert und die größere mit `max` ausgibt.

```
class RandomInvestigation {

  RandomInvestigation () {
    double random1, random2;
    random1 = Math.random();
    random2 = Math.random();
    System.out.println("The numbers are: " + random1 + " and " +
                       random2);
    System.out.println("Max is " + Math.max (random1, random2));
  }
  public static void main (String [] args) {
    new RandomInvestigation ();
  }
}
```

```
The numbers are: 0.8084638874747664 and 0.8945058642673429
Max is 0.8945058642673429
```

Wenn wir bei der Ausgabe der Werte von Ausdrücken wieder zum „alles auf einer Zeile"-Verfahren zurückkehren, sehen wir, dass wir für die Potenzrechnung eine Methode aufrufen müssen, z.B.:

x^2 Math.pow(x,2)

Beim Ausgeben einer Formel werden die trigonometrischen Funktionen folgendermaßen aufgerufen

sin x Math.sin(x)

Eine weitere nützliche Methode in der Klasse `Math` ist die, die eine reelle Zahl in der üblichen Weise zu einer ganzen Zahl rundet. Beispiele hierfür sind:

```
Math.round (6.6)    7
Math.round (6.3)    6
```

Java verhält sich hier jedoch nicht ganz erwartungsgemäß. Es nimmt an, dass jeder Ausdruck mit reellen Zahlen als Ergebnis Werte vom Typ `double` produziert. Daher wird die Methode `round` für Werte vom Typ `double` aufgerufen, und diese produziert nur ein `long`-Ergebnis, nicht aber einen `int`-Wert. Wenn wir das Ergebnis wirklich als `int`-Wert erhalten möchten, müssen wir eine explizite Umwandlung durchführen, die wir weiter unten noch erläutern werden. Zuerst müssen wir die Definition von Klassenmethoden und Funktionen klären.

3.1.3 Klassenmethoden

Als wir Objekte aus Klassen erzeugten, sahen wir bereits, dass die in der Klasse spezifizierten Methoden dann vom Objekt aus verfügbar sind, und dass man über `objectid.methodid()`auf sie zugreifen konnte. Die Methode `main` bildete die einzige Ausnahme: Wurde ein Objekt aus einer Klasse mit einer `main`-Methode instanziiert, so erschien diese Methode im Modelldiagramm nicht als Teil des Objekts, sondern blieb in der Klasse. Die Abbildung 2.3 bestätigt dies. Der Grund für diese Abweichung besteht darin, dass `main` als `static` deklariert wurde, weshalb es nur eine einzige `main`-Methode gab, und diese gehörte zur Klasse selbst. Als die Java Virtual Machine nach der auszuführenden `main`-Methode suchte, suchte sie nach `Classid.main()`.

Die Klasse `Math` hat dasselbe getan. Da alle ihre Methoden als `static` deklariert sind, erzeugen wir kein Objekt, um sie zu benutzen: Wir verwenden sie direkt über den Klassennamen.

3.1.4 Methoden mit Ergebnis

Über Methoden mit Ergebnis oder Funktionen erfahren Sie im letzten Teil dieses Kapitels mehr. Hier möchten wir nur feststellen, dass Methoden, die laut ihrer Spezifikation einen Ergebnistyp haben (wie z.B. alle Methoden der Klasse `Math`), in Ausdrücken benutzt werden können. Die Methode führt auf den ihr übergebenen Parametern die erforderliche Berechnung aus und gibt einen Wert des spezifizierten Typs zurück. Dieser Wert wird in dem Ausdruck als Operand verwendet und wird daher als Funktionswert angesehen.

3.1.5 Typumwandlungen

Es ist möglich, zwischen Werten verschiedener numerischer Typen Umwandlungen vorzunehmen, aber warum sollten wir dies wollen? Ein häufiges Beispiel sind Berechnungen, die reelle Zahlen ergeben, die dann aber zum besseren Verständnis als ganze Zahlen angezeigt werden sollen. Bisher wurden zwei spezielle Umwandlungen behandelt:

1. Eine Zahl vom Typ `double` wird mit `Math.round` zum Typ `long` gerundet.
2. Ein Wert vom Typ `int` wird einer Variablen vom Typ `double` zugewiesen.

Eine andere Art der Konvertierung betrifft alle numerischen Typen in der Reihenfolge ihrer Größe. Wenn wir Tabelle 3.1 betrachten, bedeutet dies, dass wir Werte vom Typ `byte` jedem anderen Typ - von `short` bis zu allen anderen Typen (`byte` sowieso) - zuweisen können und so weiter. Und wie sieht es mit der anderen Richtung aus? Angenommen, wir möchten `double` zu `float` „zurechtschrumpfen". In diesem Fall müssen wir eine Typumwandlung (engl. *type cast*) vornehmen. Sie hat die folgende Form:

Typumwandlung
`(Typ) Ausdruck`
Der Wert des *Ausdrucks* wird in einen Wert des gegebenen *Typs* umgewandelt, wenn sein Wert mit dem *Typ* vereinbar ist. Ist der Ausdruck nicht kompatibel, erhält man eine Fehlermeldung.

```
float kilograms;
double estimate = 45;
kilograms = (float) (estimate * 1.2);
```

Voraussetzung hierfür ist, dass der Wert des Ausdrucks im Wertebereich des angegebenen Typs liegt. Gemäß Tabelle 3.1 könnten wir einen `short`-Wert von 1000 nicht in einen Wert des Typs `byte` umwandeln, weil er nicht passen würde. Java würde einen Übersetzungsfehler (wenn der Wert zum Zeitpunkt der Übersetzung erkennbar ist) oder einen Laufzeitfehler melden.

Bei Umwandlungen von reellen in ganze Zahlen werden alle Bruchteile verworfen und die Typumwandlung setzt ihre Arbeit fort, sofern der ganzzahlige Teil des Ausdrucks im Wertebereich liegt, z.B.:

```
(int) 6.3          ergibt 6
(int) 6.8          ergibt 6
```

Die Umwandlung eines Wertes von 1000.678 in den Typ `byte` wird allerdings noch immer nicht funktionieren.

3.2 Wiederholung mit For-Schleifen

Wie alle Maschinen sind Computer gut darin, dieselbe Sache immer wieder zu tun. In einem Programm nennt man solche Wiederholungen **Schleifen**. Wie in den meisten Sprachen sind in Java zwei Arten von Schleifen möglich: **For-Schleifen** (engl. *for-loops*) und **bedingte Schleifen** (engl. *conditional loops*). In diesem Abschnitt behandeln wir die For-Schleifen; die bedingten werden in Kapitel 5 eingeführt. In Java stützen sich beide Schleifenarten auf Bedingungen; For-Schleifen nutzen sie jedoch vorwiegend zum Zählen.

3.2.1 Einfache Bedingungen

Boolescher Ausdruck

Bedingungen kontrollieren die in Programmen zu treffenden Entscheidungen über alternative Wege der Ausführung. Eine Bedingung liefert die Werte **true** oder **false**. Ein anderer Name für eine Bedingung ist **Boolescher Ausdruck**[1]. Boolesche Ausdrücke werden im Kapitel 4 ausführlich behandelt. Mittlerweile kennen wir sechs Vergleichsoperatoren, um die Ergebnisse numerischer Ausdrücke zu vergleichen und die Arbeit einer For-Schleife zu kontrollieren. Die Vergleichsoperatoren sind:

```
==            ist gleich
!=            ist ungleich
>             größer als
<             kleiner als
>=            größer gleich
<=            kleiner gleich
```

1. Benannt nach George Boole, einem Mathematiker des 19. Jahrhunderts.

Demnach sind z.B. die folgenden Bedingungen gültig:

```
i < n
temperature > 0
mark >= 50
```

3.2.2 Die Form einer For-Schleife

Die grundlegende und häufigste For-Schleife wird in Java im folgenden Schema spezifiziert:

Einfache For-Anweisung

Einfache For-Anweisung

`for (int` *var* `=` *Start*`;` *Bedingung* `;` *Aktualisierung*`) {`
  Rumpf
`}`

var wird mit dem Wert des Ausdrucks in *Start* initialisiert, die *Bedingung* ist ein Ausdruck, der *var* enthält. Ergibt die *Bedingung* „true“, so wird der *Rumpf* ausgeführt. Bei jedem Schleifendurchlauf wird *var* durch die *Aktualisierung* verändert und die *Bedingung* erneut geprüft, bis sie „false“ ergibt. Beachten Sie, dass die *Bedingung* nur geprüft wird, bevor der Rumpf ausgeführt wird: Es ist keine fortlaufende Überprüfung. Der *Rumpf* besteht aus null oder mehr Anweisungen.

Zum Beispiel ist die häufigste Schleife zweifellos die folgende:

```
for (int i = 0; i < n; i++) {
  doSomething(i);
}
```

Die Schleifenvariable `i` erhält den Initialwert 0 und die Bedingung wird überprüft. Die Schleife beginnt dann, ihren Rumpf auszuführen, und die Methode `doSomething` wird aufgerufen. Bei ihrer Rückkehr inkrementiert die Schleife ihre Variable und prüft dann, ob ihre Bedingung noch immer `true` ist. Ist sie `true`, so wird der Rumpf wiederholt, die Schleifenvariable inkrementiert und die Bedingung erneut überprüft. Wenn die Bedingung schließlich `false` wird (wenn `i` gleich `n` ist), hat die Schleife alle ihre Wiederholungen vollführt und es geht im Ablauf mit der nächsten Anweisung weiter.

Sehen Sie sich nun das folgende Beispiel an, das fünf Zeilen Sterne ausgeben soll.

```
for (int i = 0; i < 5; i++) {
  System.out.println("*********");
}
```

Sind wir sicher, dass fünf Zeilen ausgegeben werden und nicht sechs? Sobald die Initialisierung erledigt ist, (und dies geschieht nur einmal) werden die restlichen drei Teile der Schleife in dieser Reihenfolge abgearbeitet:

- Überprüfung
- Rumpf
- Aktualisierung

In Zeitlupe gesehen, startet `i` mit 0. Es wird mit 5 verglichen, eine Reihe Sterne wird ausgegeben, und `i` wird auf 1 erhöht. Wenn `i` den Wert 3 erreicht, werden die Sterne ausgegeben und `i` wird auf 4 erhöht, mit 5 verglichen, noch einmal werden Sterne ausgegeben, und `i` wird auf 5 erhöht. Nun ist die Bedingung, dass `i` *kleiner als* 5 ist, nicht mehr erfüllt. Die Schleife endet dann, und der Ablauf wird nach dem Ende des Blocks fortgesetzt. Also können wir sicherstellen, dass fünf Zeilen ausgegeben werden, z.B.:

```
**********
**********
**********
**********
**********
```

Es ist guter Stil, eine Standardschreibweise für einfache For-Schleifen zu verwenden. Möchten wir eine Schleife *n*-mal ausführen, können wir wählen zwischen

```
for (int i=1; i<=n; i++) ...
```

und

```
for (int i=0; i<n; i++) ...
```

Die erste Version ist vielleicht verständlicher. Doch viele zusammengehörige Folgen, besonders Arrays (über die wir im Kapitel 6 sprechen werden), verwenden in Java die 0 als Ausgangspunkt. Daher ist es Konvention, Schleifen bei null beginnen zu lassen, und normalerweise wird das zweite Schema bevorzugt.

Beispiel 3.2: Mehrere Etiketten

Aufgabe

Frau Mary Brown, die in der Charles Street 33 in Brooklyn wohnt, möchte mehrere Adressen ausdrucken, um sie auf Haftetiketten zu kopieren.

Lösung

Wir haben mit Frau Brown gesprochen und festgestellt, dass sie einstweilen damit zufrieden ist, wenn die Etiketten untereinander stehen. (Später werden wir sehen, wie man eine ganze Seite mit Etiketten füllt.) Die Lösung ist, den Rumpf des `DisplayWarning`-Programms aus

Beispiel 2.4 als Muster zu verwenden und ihn in eine Schleife einzufügen.

Programm

Das Programm geht ganz einfach daraus hervor. Beachten Sie, dass wir auf jedes Etikett zwei Leerzeilen folgen lassen, um die Etiketten voneinander zu trennen. Im Moment bauen wir die Anzahl der Etiketten in das Programm ein, später werden wir jedoch sehen, wie man ereicht, dass diese sich bei jeder Ausführung ändert. Im Gegensatz zum vorherigen Beispiel besteht der Rumpf der Schleife hier aus mehreren Anweisungen.

```
class LotsaLabels {

  /* Etikettendruckprogramm         von J M Bishop  Aug 1996
   * ---------------------------    Java 1.1 Oktober 1997
   *                               aktualisiert und Java 2, April 2000
   * Druckt viele Etiketten
   * Veranschaulicht einfache For-Schleife
   */

  LotsaLabels () {
    for (int i = 0; i < 8; i++) {
      System.out.println("---------------------------");
      System.out.println("|                          |");
      System.out.println("|   Ms Mary Brown          |");
      System.out.println("|   33 Charles Street      |");
      System.out.println("|   Brooklyn               |");
      System.out.println("|                          |");
      System.out.println("---------------------------");
    }
  }

  public static void main(String[] args) {
    new LotsaLabels ();
  }
}
```

Test

Dieses Programm ist leicht auszuführen, und da keine Berechnungen enthalten sind, sind auch keine weiteren Pfade zu prüfen. Die Ausgabe wird viele Etiketten anzeigen.

3.2.3 Verwendung der Schleifenvariablen

Die Schleifenvariable dient dazu, den Index der augenblicklichen Wiederholung der Schleife zu registrieren. Ihre Werte können unterschiedlich genutzt werden, z. B.

- in einer Ausgabe-Anweisung;
- in einfachen arithmetischen Berechnungen;
- als Teil der Bedingung einer anderen Schleife.

Durch diese drei Möglichkeiten zusammen werden Schleifen wesentlich interessanter. Mit der ersten Anwendungsmöglichkeit können wir z. B. die vom oben dargestellten Programm ausgegebenen Reihen von Sternen nummerieren:

```
for (int i=0; i<5; i++) {
  System.out.print(i*10);
  System.out.println(" **********");
}
```

Dies erzeugt die Ausgabe

```
0 **********
10 **********
20 **********
30 **********
40 **********
```

obwohl die erste Zeile nicht ganz passt. Betrachten Sie nun, wie die ersten zehn geraden Zahlen ausgegeben werden. Dafür gibt es zwei Möglichkeiten. Wir könnten eine Schleife von 0 bis ausschließlich 10 definieren und den doppelten Wert der Schleifenvariablen ausgeben:

```
for (int number = 0; number < 10; number++) {
  System.out.print((number * 2)+" ");
}
System.out.println();
```

Dies ergibt:

```
0 2 4 6 8 10 12 14 16 18
```

Die andere Möglichkeit besteht darin, die Verdoppelung im Aktualisierungsteil vorzunehmen:

```
for (int number = 0; number < 20; number+=2) {
  System.out.print(number+" ");
}
System.out.println();
```

Eine Ausgabe der ersten zehn ungeraden Zahlen erfordert ein wenig Nachdenken. Ist `number*2` eine gerade Zahl, so ist `number*2+1` oder `number*2-1` eine ungerade. Wenn wir einen der beiden Ausdrücke wählen, erhalten wir:

```
for (int number = 0; number < 10; number++) {
  System.out.print((number * 2 + 1)+" ");
```

```
}
System.out.println();
```

Dies ergibt:

```
1 3 5 7 9 11 13 15 17 19
```

Beispiel 3.3: Umrechnungstabelle

Aufgabe

Das ozeanographische Labor Savanna misst die Wassertemperatur von Seen in Grad Celsius, aber einige Techniker benötigen die Werte in Fahrenheit. Das Management hat eingewilligt, im Labor Umrechnungstabellen zu verbreiten. Sie sollen das Programm schreiben, das diese Umrechnungstabelle generiert.

Lösung

Durchlaufen Sie mit einer Schleife den Bereich der benötigten Temperaturen, und geben sie die jeweilige Temperatur und ihre Umrechnung aus.

Algorithmus

Der Algorithmus einer Umrechnungstabelle benötigt eine Kopfzeile und danach, wie oben dargestellt, eine Schleife, die eine Folge ausgibt (engl. *sequence-printing loop*). Welcher Wertebereich für C wird benötigt? Nun, da es sich um Wassertemperaturen handelt, könnte er von 5 bis 20 reichen.

Programm

Das Programm ergibt sich ganz einfach. Beachten Sie, dass wir `Math.round` aufrufen, um als Ergebnis ganze Zahlen zu erhalten. Um ein brauchbares Layout zu bekommen, verwenden wir das Tabulator-Fluchtzeichen \t. Beachten Sie, dass wir darauf achten, als Operanden für die Division reelle Zahlen zu verwenden, um Genauigkeit zu gewährleisten.

```
class TemperatureTable {

  /* The Temperature Conversion Program   von J M Bishop Aug 1996
   * ---------------------------------    Java 1.1
   *                                      aktualisiert April 2000
   * Zeigt eine einfache Tabelle zur
   * Umrechnung von Celsius in
   * Fahrenheit für einen gegebenen Wertebereich.
   *
   * Veranschaulicht den Gebrauch der Schleifenvariablen
   * in Ausdrücken in der Schleife
   */

  TemperatureTable () {
    System.out.println("Temperature Conversion Table");
    System.out.println("============================");
    System.out.println();
    System.out.println("C\ tF");
```

```
    for (int c = 5; c <= 20; c++) {
      System.out.println(c+"\t"+ Math.round(c*9.0/5 + 32));
    }
  }

  public static void main (String [] args) {
    new TemperatureTable ();
  }
}
```

Test Im Folgenden sehen Sie die Ausgabe. In der Kommandozeile könnten wir die Ausgabe in eine Datei leiten, sie ausdrucken und die Tabelle an die Wand heften:

```
Temperature Conversion Table
============================
C   F
5   41
6   42
7   44
8   46
9   48
10  50
11  51
12  53
13  55
14  57
15  59
16  60
17  62
18  64
19  66
20  68
```

3.2.4 Andere Möglichkeiten für Schleifen

1. **Rückwärts:** Wir weisen darauf hin, dass Schleifen mit -- auch rückwärts zählen können. Um also folgende Reihe auszugeben

   ```
   10 9 8 7 6 5 4 3 2 1 0 -1 -2 -3 -4 -5 -6
   ```

   könnten wir sagen:

   ```
   for (int n = 10; n >=-6; n--) {
     System.out.print(n + "  ");
   }
   System.out.println();
   ```
2. **Leer:** Es kann passieren, dass schon mit dem Startwert die Schleifenbedingung nicht erfüllt ist. In diesem Fall wird der Schleifenrumpf gar nicht erst ausgeführt. Wenn in der Anweisung

```
for (int n = 0; n < finish; n++) {
  System.out.print(n + "  ");
}
System.out.println();
```

finish negativ ist, trifft dies zu und es wird lediglich eine leere Zeile ausgegeben.

3. **Geschachtelt**: Die dritte Möglichkeit sind Schleifen innerhalb von Schleifen. Hierbei kann der Rumpf einer Schleife wiederum eine Schleife enthalten; das Beispiel 3.4 veranschaulicht dies. Um Verwirrung zu vermeiden, müssen die einzelnen Schleifen verschiedene Schleifenvariablen haben.
4. **Endlos:** Nicht immer müssen wir aufwärts- oder abwärtszählen, um eine Schleife zu beenden; manchmal haben wir auch andere Möglichkeiten. Wie wir im nächsten Kapitel sehen werden, erlauben es grafische Benutzungsoberflächen dem Benutzer, das Programm zu beenden, indem er einen Knopf auf dem Bildschirm drückt. Damit eine For-Schleife endlos weiterläuft, lassen wir den Bedingungsteil weg:

   ```
   for (int i = 0; ; i++)
   ```

   i wird weiterhin mit jeder Wiederholung größer und kann in der Schleife auf die übliche Weise benutzt werden. Wenn i nicht gebraucht wird, könnten wir sagen:

   ```
   for (; ;)
   ```

   Dies ist jedoch kein sehr guter Stil und die bessere Wahl wäre eine bedingte Schleife, die in Kapitel 5 behandelt wird. Bis dahin werden wir jedoch bei Bedarf eine endlose For-Schleife benutzen.

5. **Unbeendet:** In Kapitel 4 werden wir feststellen, dass es Umstände gibt, in denen wir eine Schleife während des Wiederholungsprozesses beenden müssen. Es gibt eine spezielle Anweisung namens break, die die Schleife sofort beendet. break wird zusammen mit einer If-Anweisung verwendet, die ebenfalls in Kapitel 4 besprochen wird.

3.3 Methoden erstellen

Der Begriff der Methode wurde im Abschnitt 2.2 formell eingeführt und wir haben bereits Methoden wie println und write verwendet und häufig auf die main-Methode und auf Konstruktoren verwiesen. Nun werden wir uns ansehen, warum Methoden beim Programmieren wichtig sind, und zeigen, wie unsere zusätzlichen Methoden deklariert werden.

Ein Objekt besteht aus Variablen und aus Methoden, die auf ihnen operieren. Formal **kapselt** das Objekt die Daten und ihre Aktionen. Um Objekte mit einer sauberen und sicheren Schnittstelle auszustatten, wählen wir die Methoden so aus, dass es möglichst selten notwendig ist, direkt auf die Variablen zuzugreifen. Das bedeutet nicht, dass wir dies nicht tun können, aber das Prinzip der Kapselung spart Zeit und mindert Fehler in Programmen.

3.3.1 Eine Methode deklarieren

Eine **Methode** ist eine Gruppe von Variablen und Anweisungen, der man einen Namen gibt, und die man mit diesem Namen aufrufen kann, um eine bestimmte Aktion auszuführen. Es gibt Methoden auf unterschiedlichen Stufen und wir beginnen mit der einfachsten, der so genannten `void`-Methode. Das Schema einer solchen Methodendeklaration sieht folgendermaßen aus::

Einfache void-Methode

Deklaration einer einfachen `void`-Methode

```
void Methodenname () {
  Variablen und Anweisungen
}
```

Deklariert *Methodenname* als Name für den Block gegebener Variablen und Anweisungen.

Die Methode kann die Variablen benutzen, die durch sie selbst oder ihr Objekt deklariert werden.

`void` weist darauf hin, dass die Methode zum Ausführen einer Aktion aufgerufen werden kann, die für sich allein steht. `println` ist eine solche `void`-Methode. Das folgende Beispiel für eine einfache `void`-Methode könnte dem Programm `CurioStore1` hinzugefügt werden.

```
void report () {
  System.out.println("The Polelo Curio Store sells\n");
  mugs.write();
  tshirts.write();
  carvings.write();
}
```

Die Erstellung einer Methode in dieser Weise nennt man **Deklaration**. Der Bezeichner `report` wird deklariert, um die Ausführung der gegebenen Anweisungen einzuleiten.

Eine Methode kann die Variablen benutzen, die von ihr selbst oder von ihrem Objekt deklariert wurden. `report` kann also die drei Objektvariablen mugs, tshirts und carvings „sehen“ und sie beliebig benutzen. In der gleichen Weise greift auch die Methode write eines Curio-Objekts, auf ihre eigenen drei Variablen zu:

```
void write () {
   System.out.println(item + " " + description+" for G" + price);
 }
```

3.3.2 Eine Methode aufrufen

Wurde eine Methode als void deklariert, kann man sie durch die Nennung ihres Bezeichners aufrufen. Das Schema sieht folgendermaßen aus:

Aufruf

Aufrufen einer einfachen void-Methode
`Methodenname ();`
Die Ausführung der Methode wird begonnen und ihre Anweisungen werden bis zum Abschluss ausgeführt.

Um zum Beispiel einen Bericht auszugeben, brauchen wir lediglich im Konstruktor CurioStore1 (oder irgendwo sonst in CurioStore1) das Folgende zu sagen:

```
report();
```

Dies wird zu derselben Ausgabe wie zuvor führen:

```
The Polelo Curio Store sells

Traditional mugs beaded in Ndebele style for G6
T-shirts sizes M to XL for G30
Masks carved in wood for G80
```

3.3.3 Strukturierung mit *void*-Methoden

Eine der wichtigsten Anwendungsmöglichkeiten von void-Methoden ist das Zerlegen längerer Methoden in logisch getrennte Teile. Nehmen wir z.B. das Programm FleetCalculator (Beispiel 2.6), das fast eine Seite lang ist. Wie wir aus den Kommentaren ersehen können, ist das Programm sauber in Abschitte eingeteilt, und eine Art, dies zu betonen, ist die Verwendung von Methoden. Wir hätten also einen Konstruktor der folgenden Form:

```
FleetCalculator () {
  convertInitialTimes();
  calculateJourneyTimes();
  convertNewTimes();
  reportFindings();
}
```

Die einzelnen Methoden, deren Namen mit Bedacht gewählt wurden, enthalten dann genau die Anweisungen, die zuvor `FleetCalculator` hatte. Die Variablen, die im Konstruktor bereits deklariert wurden, werden auf die Objektebene verschoben, sodass alle Methoden auf sie zugreifen können. Die erste Methode wäre z.B.:

```
void convertInitialTimes () {
  departMins = depart24 / 100 * 60 + depart24 % 100;
  arriveMins = arrive24 / 100 * 60 + arrive24 % 100;
}
```

3.4 Parameter übergeben und Ergebnisse zurückgeben

Man kann die Mächtigkeit von Methoden erhöhen, indem man ihnen ermöglicht, bei jedem Aufruf anders zu wirken. Wenn wir Methoden deklarieren, listen wir die benötigten Parameter zusammen mit ihren Typen auf und wenn die Methode dann aufgerufen wird, müssen für diese Parameter in der richtigen Reihenfolge Werte bereitgestellt werden. Betrachten Sie am Beispiel unseres wohlbekannten Konstruktors die folgende Deklaration

```
Curios (String n, int p, String d)
```

und diesen Aufruf:

```
mugs = new Curios ("Traditional mugs", 6, "beaded in Ndebele style");
```

Als Parameter müssen wir eine Zeichenreihe, eine ganze Zahl und noch eine Zeichenreihe angeben, und zwar genau in dieser Reihenfolge: Jede andere Anordnung wird zurückgewiesen. Die formalen Parameter mit ihren Bezeichnern sind lokal auf diese Methode beschränkt und beziehen sich auf nichts außerhalb davon. Daher sind die Konstruktoren dafür zuständig, ihre Parameter in die von der Klasse für ihre Objekte definierten Variablen zu kopieren.

So haben wir z.B. Folgendes:

```
class Curios {
  String item;
  int    price;
```

```
String description;

Curios (String n, int p, String d) {
  item = n;
  price = p;
  description = d;
}

. . . und so weiter
```

Zwar bezeichnen wir die Elemente in der Methodendeklaration und ihrem Aufruf als Parameter, aber genau genommen führt die Deklaration **formale** und der Aufruf **aktuelle** Parameter ein. Die formalen Parameter werden als Variablen behandelt und die aktuellen Parameter sind Ausdrücke, die ausgewertet werden, ehe ihre Werte der Methode übergeben werden.

Das Schema einer Liste formaler Parameter lautet:

Formale Parameterdeklarationen
(*Typ Parametername*, *Typ Parametername*, ...)

Dagegen sieht das Schema aktueller Parameter folgendermaßen aus:

Aktuelle Parameter
(*Ausdruck*, *Ausdruck*, ...)

Anzahl, Typ und Reihenfolge der formalen und aktuellen Parameter müssen exakt zueinander passen, wie das folgende Beispiel zeigt. Außerdem gehören formale Parameter zu den Variablen einer Methode, weshalb alle diese Bezeichner eindeutig sein sollten. Gibt es zum Beispiel einen formalen Parameter namens `p`, dann darf in der Methode keine Variable mit dem Bezeichner `p` deklariert sein. Besonders bei Konstruktoren ist es zweckmäßig, für formale Parameter Bezeichner zu benutzen, die nur aus einem Buchstaben bestehen, um so Konflikte mit denjenigen Variablen zu vermeiden, die tatsächlich erklärende Namen haben.

Das Schema für eine Methode mit Parametern sieht folgendermaßen aus:

Deklaration einer `void`-Methode

```
Void Methodenname (formale Parameter) {
     Variablen und Anweisungen
}
```

Deklariert *Methodenname* als Name für den Block gegebener Variablen und Anweisungen.

Die formalen Parameter müssen Bezeichner haben, die sich von denen der Variablen eindeutig unterscheiden.

Die Methode kann die Variablen benutzen, die von ihr selbst oder ihrem Objekt deklariert werden.

Das Schema eines Methodenaufrufs sieht folgendermaßen aus:

Aufrufen einer `void`-Methode

```
Methodenname (aktuelle Parameter)
```

Die aktuellen Parameter werden der Reihe nach den formalen zugeordnet und die Werte der aktuellen in die formalen Parameter kopiert.

Die Ausführung der Methode wird begonnen und ihre Anweisungen werden bis zum Abschluss ausgeführt.

Beispiel 3.4: Ein Histogramm der Niederschlagsmenge

Aufgabe Das Meteorologische Institut von Savanna benötigt ein Diagramm der Niederschlagsmenge für jeden Monat eines Jahres.

Lösung Wie zeichnen wir ein Diagramm? Für Niederschlagsmengen ist ein Histogramm normalerweise eine gute Lösung. Wir können die Monate auf der vertikalen Achse anzeigen und das Histogramm quer über den Bildschirm nach rechts zeichnen, wobei die x-Achse in Zentimeter eingeteilt ist. Wir hoffen, das Folgende zu erhalten:

```
Savanna Rainfall
================
for 2000
1     | *************************25
2     | ****************16
3     | ********************************32
4     | ********8
5     | *****5
6     | ********************20
```

```
7       | *******************19
8       | ***********************23
9       | ********8
10      | ***********************************35
11      | ****************************28
12      | *********************21
         ==================================================
         +         +         +         +         +         +
         0         10        20        30        40        50
       cm
```

Um ein Programm zu schreiben, das dies macht, beziehen wir alle bisher besprochenen Techniken mit ein und stellen den folgenden Plan auf:

1. Entscheiden Sie, wie ein einzelner Balken des Histogramms für einen gegebenen Wert *h* ausgegeben wird; dazu gehört gegebenenfalls auch das Skalieren des Werts *h*, damit er in eine Zeile passt.
2. Generieren Sie eine Zufallszahl kleiner gleich 40, um die Niederschlagsmenge darzustellen.
3. Rufen Sie die `bar`-Methode mit der Formel als Parameter auf.
4. Setzen Sie den Aufruf von `bar` in eine Schleife über die Anzahl der Monate (12).
5. Entwerfen Sie mithilfe von Schleifen die `println`-Anweisungen für den Kopftext und die letzte Achse.

Programm

Zwar ist das Programm recht lang, aber die Kommentare sind eine Erklärungshilfe. Beachten Sie, dass wir die `main`-Methode an den Anfang gesetzt haben, gefolgt von den Methoden `bar` und `axis`, die sie aufruft. Im Gegensatz zu einigen anderen Sprachen schreibt Java nicht vor, in welcher Reihenfolge Methoden deklariert werden.

```
class RainfallHistogram {

    /*
     * Rainfall Histogram Program        von J M Bishop April 2000
     * --------------------------        übernommen von GrowthPlan in
     *                                   JG2E Okt 1997
     * Zeigt ein Niederschlagshistogramm für die einzelnen Monate
     * wobei die Niederschlagsmenge zufällig generiert wird.
     *
     * Veranschaulicht die Parameterübergabe bei Variablen
     * und For-Schleifen.
     */

     RainfallHistogram () {

     // Der Kopftext
        System.out.println("Savanna Rainfall");
```

```
        System.out.println("================");
        System.out.println("for 2000");

    // Zeige einen Balken für jeden Monat und die Achse
        for (int month = 1; month <= 12; month++) {
            bar(month, Math.random()*40);
        }
        axis ();
    }

    void bar(int label, double h) {
    // Zeichnet einen einzelnen Histogrammbalken
    // beschriftet mit dem Monat bestehend
    // aus der gegebenen Anzahl von Sternen
        System.out.print(label+"\ t|");
        int stop = (int) Math.round(h);
        for (int star = 0; star < stop; star++)
            System.out.print('*');
        System.out.println(" " + (long) h);
    }

    void axis () {
    // Zeichnet eine horizontale Achse mit Einheiten+1
    // Abschnitten, beschriftet in Zehnerschritten. Jeder
    // Abschnitt ist 10 Zeichen breit.

        int ticks = 5;

    // Gib die Zeile aus
        System.out.print('\ t');
        for (int line = 0; line < ticks*10; line++)
            System.out.print("=");
        System.out.println("=");

    //Gib die Einheiten aus
        System.out.print('\ t');
        for (int n = 0; n < ticks; n++)
            System.out.print("+         ");
        System.out.println('+');
    // Beschrifte die Einheiten, auch die letzte
        System.out.print('\ t');
        for (int n = 0; n <= ticks; n++)
            System.out.print(n*10 + "        ");
        System.out.println();

    // Beschrifte die ganze Achse
        System.out.println("\ t\ t\ t\ tcm");
    }

    public static void main (String [] args) {
      new RainfallHistogram ();
    }
}
```

Die Ausgabe wurde bereits gezeigt. Dieses Beispiel wird in den Aufgaben am Ende des Kapitels erweitert, um verschiedene Diagramme für verschiedene Daten zu erhalten.

3.4.1 Modelldiagramme für Methoden

Methoden erscheinen in Modelldiagrammen und sind im Methodenabschnitt der aus Klassen instanziierten Objekte aufgelistet. Im Allgemeinen zeigen Modelldiagramme keine Einzelheiten der Methoden; sind diese jedoch relevant, so können wir sie mit dem Kasten mit Eselsohr darstellen, den wir in der Abbildung 2.4 bereits gezeigt haben. Wenn wir innerhalb einer Klasse auch darstellen möchten, welche Methoden welche anderen Methoden aufrufen, so verwenden wir dafür Pfeile. Die Abbildung 3.1 zeigt das Programm aus dem vorigen Beispiel als Modelldiagramm..

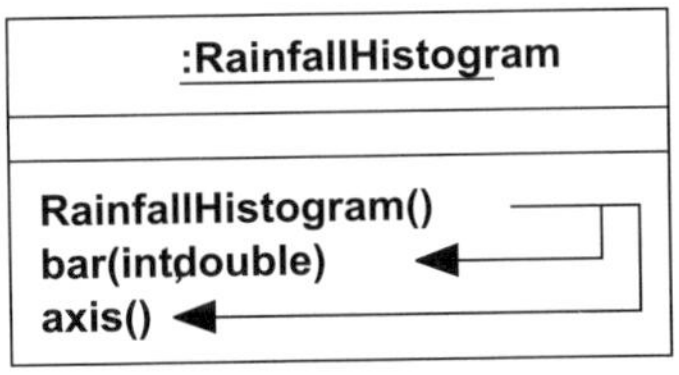

Abbildung 3.1: Das Modelldiagramm des Programms RainfallHistogram zeigt die Methoden.

Die Methoden werden mit dem Typ ihrer Parameter gezeigt, was eine nützliche Information ist. Wie wir bereits gesehen haben, können wir durch die Kästen mit Eselsohren Erklärungen zu Methoden liefern. Diese Symbole können auch für die Methoden selbst stehen, wie die Abbildung 3.6 weiter unten zeigen wird. Die Abbildung 3.2 zeigt das Niederschlags-Programm mit Erklärungen zu den Methoden. Der Text ist direkt den Kommentaren im Programm entnommen - oder umgekehrt.

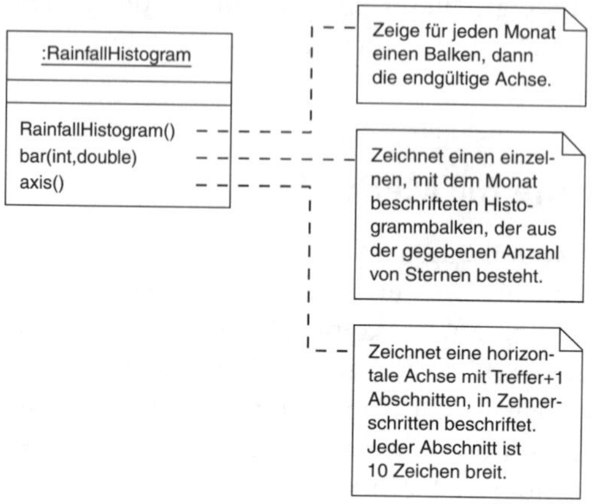

Abbildung 3.2: Das Modelldiagramm des Programms RainfallHistogram mit Methodenerklärungen

3.4.2 Objekte als Parameter

Nehmen wir als Beispiel für die Parameterübergabe an, dass wir eine Variable `inStock` für `Curio`-Objekte haben. Wenn wir dann einige Kuriositäten verkaufen, würden wir die Variable `inStock` aktualisieren. Hierfür gibt es drei Möglichkeiten:

1. Die Methode `update` nimmt die Zahl der verkauften Gegenstände entgegen.

   ```
   void update (int sold) {
     inStock -= sold;
   }
   ```

   Wenn wir drei Becher verkauft haben, würden wir also das Folgende aufrufen:

   ```
   mugs.update (3);
   ```

2. Die Methode `update` nimmt die neue Anzahl von Gegenständen entgegen.

   ```
   void update (int newStock) {
     inStock = newStock;
   }
   ```

   Hier würden wir nach dem Verkauf von drei Bechern also das Folgende aufrufen:

   ```
   mugs.update (mugs.inStock-3);
   ```

Die Berechnung wird hier auf der aufrufenden Seite durchgeführt. Der Vorteil dieser Methode besteht darin, dass wir mit ihr den gesamten Lagerbestand (z.B. nach einem Brand) mit einem einfachen

```
mugs.update (50);
```

zurücksetzen können.

3. Wir können direkt auf die Variable `inStock` zugreifen, ohne irgendeine Methode zu benutzen, z.B.:

   ```
   mugs.inStock -= 3;
   ```

   Dies wäre die am wenigsten reizvolle Lösung, da sie beliebige Manipulationen von `inStock` zulässt. Andererseits bietet diese Lösung alle in 1 und 2 erwähnten Varianten, und ist daher zumindest eine Möglichkeit.

3.4.3 Ergebnisse einer Methode

Wenn wir eine Methode eines Objekts aufrufen, beeinflussen wir seine Variablen, und dies wird gewissermaßen als Ergebnis des Aufrufs betrachtet. Die neuen Werte der Variablen des Objekts stehen dem Aufrufer nun zur Verfügung und können untersucht werden. Manchmal würden wir jedoch gerne Ergebnisse explizit an den Aufrufer zurückgeben, um die Verarbeitung zu erleichtern oder weil wir die Kopien im Objekt irgendwie schützen möchten. Mit dem Thema Zugriffsschutz werden wir uns zwar erst später befassen, aber in Java wird es berücksichtigt.

Brauchen wir nur ein Ergebnis zurückzugeben, so ist eine Methode mit Ergebnis ideal, wie weiter unten beschrieben wird. Möchten wir mehrere Werte zurückgeben, so müssen wir eine Klasse erstellen, die die Einzelheiten aller benötigten Werte enthält. Wir übergeben ein Objekt dieser Klasse an die Methode. Es füllt die neuen Werte aus und diese sind dann über den aktuellen Parameter abrufbar. Wir wollen uns nicht auf ein künstliches Beispiel einlassen, sondern verschieben die weitere Erklärung dieses Prozesses auf die Fallstudie am Ende des Kapitels.

3.5 Methoden mit Ergebnis

Funktion

Methoden mit Ergebnis sind in der Java-Programmierung weit verbreitet, da sie eine einfache Möglichkeit bieten, von einer Methode ein Ergebnis zurückzubekommen, und da sie in Ausdrücken leicht zu verwenden sind. Ein anderer Name für eine Methode mit Ergebnis ist

Funktion und es gibt einen ganzen Zweig der Informatik, der sich mit der funktionalen Programmierung beschäftigt. Sehen Sie sich als Beispiel für eine Methode mit Ergebnis die Konvertierung der Uhrzeiten vom 24 Stunden-Format in Minuten an, die wir in Beispiel 2.6 benötigten. Da diese Operation in dem Programm mindestens zweimal ausgeführt wird, könnten wir dafür nach dem folgenden Muster eine Methode erstellen:

```
int timeInMins (int time24) {
  return time24 / 100 * 60 + time24 % 100;
}
```

Der Aufruf einer Methode mit Ergebnis bildet einen Ausdruck und kann überall verwendet werden, wo ein Ausdruck dieses Typs zulässig ist. Normalerweise werden Methoden mit Ergebnis in Zuweisungen, als Teil von Ausdrücken oder in Ausgabeanweisungen aufgerufen. Die oben definierte Umrechnungsmethode könnte man folgendermaßen aufrufen:

```
departMins = timeInMins(depart24);
arriveMins = timeInMins(arrive24);
```

Hier wird die Methode zweimal aufgerufen, jedesmal mit einer anderen Variablen als aktuellem Parameter. In der Methode haben die Werte den üblichen Namen `time24`.

Gleichgültig, ob eine Methode Teil eines kleinen Programms oder Teil der Operationen einer Klasse ist: Ihre Definition ermöglicht es uns, Wiederholungen zu vermeiden. Sie ist ein Mittel zur Strukturierung eines Programms, da der Name der Methode sorgfältig gewählt werden kann, sodass er die von der Methode ausgeführte Aktion widerspiegelt. Auch die Lesbarkeit wird verbessert.

Deklaration einer Methode mit Ergebnis

```
Typ Methodenname (formale Parameter) {
     Variablen und Anweisungen
     return Wert;
}
```

Deklariert *Methodenname* als Name für den Block gegebener Variablen und Anweisungen.

Die formalen Parameter (sofern vorhanden) müssen Bezeichner haben, die sich eindeutig von denen der Variablen unterscheiden.

Die Methode kann die Variablen benutzen, die von ihr selbst oder ihrem Objekt deklariert wurden.

Die Rückgabeanweisung kann an beliebiger Stelle im Methodenblock stehen. Sie spezifiziert einen Wert vom Ergebnistyp, der dann der Wert des Methodenaufrufs wird.

Obwohl wir uns hier auf Variablen konzentrieren, stellen wir doch fest, dass auch Objekte formale Parameter sein können; in diesem Fall muss der zugehörige aktuelle Parameter auch ein Objekt sein. Um die Formalitäten abzuschließen, zeigen wir oben die Schemata für Methoden mit Ergebnis.

Der Methodenaufruf hat folgendes Schema:

Aufrufen einer Methode mit Ergebnis
`Methodenname (aktuelle Parameter)`
Die aktuellen Parameter werden der Reihe nach den formalen zugeordnet und die Werte der aktuellen in die formalen Parameter kopiert. Die Ausführung der Methode wird begonnen und ihre Anweisungen werden bis zum Abschluss ausgeführt. Danach ist der von der Methode zurückgegebene Wert das Ergebnis des Aufrufs.

Beispiel 3.5: Verkäufe des Kuriositätenladens

Aufgabe

Sam Nelson, der Besitzer des Kuriositätenladens, möchte das Programm nutzen, um seinen Lagerbestand und die Umsätze aufzuzeichnen.

Lösung

Um diese Aufgabe zu lösen, müssen Sie untersuchen, welche Eigenschaften die Klasse für Kuriositäten haben muss. Anschließend passen wir `Curio` an und prüfen es, indem wir seine Methoden von dem neuen Programm `CurioStore2` erneut aufrufen lassen.

Entwurf

Natürlich muss es eine Variable geben, die den Lagerbestand aufzeichnet. Wir könnten zwar den Inhalt des Lagers auch über den Konstruktor einstellen, wie wir es bei allen anderen Variablen machen, aber das Lager ist doch etwas anderes. Es kann fortlaufend aktualisiert werden. Daher benötigen wir eine Methode, die den Lagerbestand erweitert, und der Konstruktor stellt ihn anfangs auf null ein. Dann müssen wir in der Lage sein, Waren zu verkaufen: Vorläufig geben wir einfach die Anzahl der verkauften Waren an und der Lagerbestand wird entsprechend korrigiert. Außerdem haben wir eine Methode `sell`, die einen Zeichenreihenwert zurückgibt, der sagt, was verkauft wurde, also eine Art Quittung. Dies alles machen wir, da sonst der Aufrufer der Methode erneut auf das Objekt zugreifen muss, um Einzelheiten zum Verkauf auszugeben.

Die Abbildung 3.3 zeigt das Modelldiagramm für den neuen Entwurf. In diesem Diagramm haben wir Informationen über die Typen der Variablen und Parameter in den beiden Klassen angegeben. Das Diagramm zeigt das Objekt `CurioStore2` und eines der `Curio`-Objekte. Wir haben die Klassen weggelassen, da wir sie bereits kennen und sie keine neuen Informationen enthalten. Das vollständige Diagramm würde ähnlich wie in Abbildung 2.10 aussehen, allerdings kämen noch die zusätzlichen Methoden hinzu.

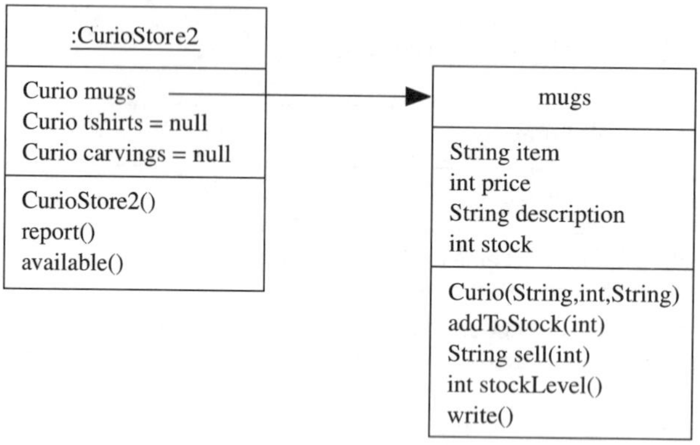

Abbildung 3.3: Das Modelldiagramm für CurioStore2 - Momentaufnahme direkt nach der Instanziierung von mugs

Das überarbeitete Programm sieht nun folgendermaßen aus:

```
class CurioStore2 {

  /* Polelo Curio Store No. 2        von J M Bishop April 2000
   * ------------------------
   * Das Geschäft mit Lagerbeständen und eine Verkaufsoption
   * Veranschaulicht Methoden in einem objektorientierten Programm
   */

  public static void main (String [ ] args) {
    // erzeugt das Objekt der Klasse (d.h. des Programms)
    new CurioStore2 ();
  }

  // deklariere drei Variablen
  Curio mugs, tshirts, carvings;

  // Der Konstruktor für das Programm
  // in dem die Initialisierung und Hauptarbeit geschehen
  CurioStore2 () {
     // instanziiere die Objekte mit verschiedenen Initialwerten
    mugs = new Curio("Traditional mugs", 6, "beaded in Ndebele style");
    tshirts = new Curio("T-shirts", 30, "sizes M to XL");
    carvings = new Curio("Masks", 80, "carved in wood");

    // Gib einen Bericht aus
    report ();
```

```
    // Lege für jede Kuriosität einen Lagerbestand an
    mugs.addToStock(10);
    tshirts.addToStock(50);
    carvings.addToStock(5);

    // Berichte über Lagerbestände
    available();

    // Verkaufe etwas. Die sell-Methode gibt eine Zeichenreihe
    // mit einer druckbaren "Quittung" zurück.
    System.out.println(tshirts.sell(8));

    // Berichte erneut über Lagerbestände
    available ();
  }

  void report () {
    System.out.println("The Polelo Curio Store sells\n");
   // Gib mithilfe des Zugriffs der Objekte auf toString deren Inhalt aus
    mugs.write();
    tshirts.write();
    carvings.write();
  }

  void available () {
    System.out.println("Available are "+mugs.stockLevel()+" "+
       tshirts.stockLevel()+" "+carvings.stockLevel()+
       " curios respectively\n");
  }
}

class Curio {
    // Innere Klasse, die Details zu und Aktionen
    // von einer Kuriosität nennt.
    // Wird später erweitert.

    // Deklariere die Felder, auch das für Lagerbestand
    String item;
    int price;
    String description;
    int stock = 0;

    // Der Konstruktor kopiert die Initialisierung in die Felder
    Curio (String n, int p, String d) {
      item = n;
      price = p;
      description = d;
    }
```

```
  // Drei neue Aktionen für Kuriositäten verfügbar
  void addToStock (int n) {
    stock += n;
  }

  String sell (int n) {
    stock -= n;
    return "Sold " + n + " " + item;
  }

  int stockLevel () {
    return stock;
  }

  void write () {
    System.out.println(item + " " + description + " for G" + price);
  }
}
```

Test Das Programm hat folgende Ausgabe:

```
The Polelo Curio Store sells

Traditional mugs beaded in Ndebele style for G6
T-shirts sizes M to XL for G30
Masks carved in wood for G80
Available are 10 50 5 curios respectively

Sold 8 T-shirts
Available are 10 42 5 curios respectively
```

Es ist offensichtlich, dass wir die Ausgabe noch verbessern können. Diese Verbesserungen werden in die Aufgaben am Ende des Kapitels aufgenommen. Es gibt auch viele Möglichkeiten, das Programm zu testen, aber diesen Aspekt stellen wir zurück, bis wir Daten einlesen können.

Beispiel 3.6: Eine große Umrechnungstabelle

Aufgabe Das ozeanographische Labor war so zufrieden mit der von uns (im Beispiel 3.3) erstellten Tabelle, dass es uns gebeten hat, eine Tabelle für einen größeren Temperaturbereich zu produzieren, die aber so gestaltet sein soll, dass die gesamte Tabelle auf einen Bildschirm oder ein Blatt Papier passt.

Lösung Die Umrechnung kennen wir bereits, also müssen wir nun über das Layout der Tabelle nachdenken. Ein normaler Computer-Bildschirm hat Zeilen mit einer Breite von 80 Zeichen. Jedes Temperaturpaar nimmt maximal 16 Zeichen in Anspruch. Wir können also fünf Spalten auf dem Bildschirm unterbringen. Dies entspricht für Temperaturen von 0 bis 99 einer Anzahl von 20 Zeilen, die gut auf einen Bildschirm oder ein Blatt Papier passt. Wir können dann geschachtelte Schleifen verwenden, um den gewünschten Effekt zu erzielen.

Algorithmus

Wir fangen mit der Lösung ganz oben an. Wie wir eine Zeile ausgeben, wissen wir bereits, weil wir es in Beispiel 3.3 gemacht haben:

```
System.out.println (C + "\t" + Math.round(C * 9 / 5 + 32));
```

Daher können wir eine Schleife einrichten, die 20 derartige Zeilen ausgibt. Die Ausgabe der Zeilen kann mit einer `void`-Methode erfolgen.

Programm

Wir wollen die folgenden Werte definieren:

```
int colsPerLine = 5;
int maxLineNo = 20;
```

Mit einer Schleifenvariablen namens `line` nummeriert die Schleife die Zeilen von 0 bis 19 (also bis ausschließlich 20). Die Ausgabe einer Zeile kann man mit der Methode `outaLine` veranlassen, die ihrerseits eine eigene Schleife und Schleifenvariable besitzt, etwa `col`. Der Ausdruck für den Grad Celsius-Wert in einer gegebenen Zeile und Spalte ist dann:

```
thisline * colsPerLine + col
```

Damit das Programm klarer wird, nehmen wir einige Verbesserungen an dem Punkt vor, an dem der oben beschriebene Ausdruck ins Spiel kommt. Zuerst erstellen wir eine Methode mit Ergebnis, die die Umrechnung von Grad Celsius in Fahrenheit vornimmt. Da der Celsius-Wert zweimal vorkommt - nämlich bei der Ausgabe und, wenn er der Umrechnung dient - weisen wir ihn einer lokalen Variablen `c` zu.

Zum Schluss setzen wir Tabulatoren, um die Spalten - sowohl der Überschriften als auch der Werte - auszurichten. Beachten Sie jedoch, dass Java die Zahlen linksbündig schreibt und nicht rechtsbündig, wie es eher normal wäre. Das vollständige Programm umfasst viele Kommentare, die erklären, was geschieht.

```
class LargeTemperatureTable {

  /* Large Temperature Table Program    von JM Bishop Sept 1996
   * ------------------------------    Java 1.1
   *                                   aktualisiert April 2000
   * Produziert eine Umrechnungstabelle von Celsius in
   * Fahrenheit für Werte von 0 bis 99.
   *
   * Veranschaulicht For-Schleifen, Strukturierungsmethoden,
   * Methoden mit Ergebnis und Parameter.
   */
```

```
int colsPerLine = 5;
int maxLineNo = 20;
String gap = "\ t\ t";

LargeTemperatureTable () {

  // Gib zuerst den Kopftext aus
  System.out.println("\t\tTemperature Conversion Table");
  System.out.println("\t\t============================");
  System.out.println();

  for (int col = 0; col < colsPerLine; col++)
    System.out.print("C  F" + gap);
  System.out.println();

  // Gib als Zweites die Tabelle aus:
  // Für jede der benötigten Zeilen wird die Methode outaLine
  // aufgerufen, mit der Zeilennummer als Parameter
  for (int r = 0; r < maxLineNo; r++)
    outaLine(r);
}

void outaLine(int thisline) {
  /* Mit der vom Parameter gelieferten Information,
   * welche Zeile dies ist, berechnet die Methode die
   * Celsius-Werte für diese Zeile und zeigt sie mit
   * ihren Fahrenheit-Äquivalenten an
   */

  for (int col = 0; col < colsPerLine; col++) {
    int c = thisline * colsPerLine + col;
    System.out.print(c + "  ");
    System.out.print(fahrenheit(c) + gap);
  }
  System.out.println();
}
// eine einfache Umwandlungsfunktion
long fahrenheit(int celsius) {
  return Math.round(celsius*9.0/5 + 32);
}

public static void main(String[] args) {
  new LargeTemperatureTable () ;
}
}
```

Test Führt man das Programm aus, bestätigt sich, dass es den gewünschten Effekt hat und die richtigen Antworten ergibt.

```
Temperature Conversion Table
============================

C  F        C  F        C  F        C  F        C  F
0  32       1  34       2  36       3  37       4  39
5  41       6  43       7  45       8  46       9  48
10  50      11  52      12  54      13  55      14  57
15  59      16  61      17  63      18  64      19  66
20  68      21  70      22  72      23  73      24  75
25  77      26  79      27  81      28  82      29  84
30  86      31  88      32  90      33  91      34  93
35  95      36  97      37  99      38  100     39  102
40  104     41  106     42  108     43  109     44  111
45  113     46  115     47  117     48  118     49  120
50  122     51  124     52  126     53  127     54  129
55  131     56  133     57  135     58  136     59  138
60  140     61  142     62  144     63  145     64  147
65  149     66  151     67  153     68  154     69  156
70  158     71  160     72  162     73  163     74  165
75  167     76  169     77  171     78  172     79  174
80  176     81  178     82  180     83  181     84  183
85  185     86  187     87  189     88  190     89  192
90  194     91  196     92  198     93  199     94  201
95  203     96  205     97  207     98  208     99  210
```

In Beispiel 3.6 wurden Methoden und Parameter anschaulich dargestellt. Doch der Aufruf von `outaLine` nutzte jedesmal nur eine einzige Variable: `r`. Wirklich interessant werden Methoden und Parameter dann, wenn der an den formalen Parameter übergebene Wert aus einem Ausdruck mit mehreren Werten errechnet wird, wie in der Fallstudie gezeigt wird.

3.6 Der Typ boolean

Bevor wir mit einer größeren Fallstudie beginnen, führen wir den siebten Grundtyp von Java ein: `boolean`.

3.6.1 Bedingungen

Wie wir im Abschnitt 3.2 gesehen haben, entscheiden in Programmen Bedingungen darüber, welcher der alternativen Wege im Ablauf eingeschlagen werden soll. Eine Bedingung ergibt den Wert `true` (dt. wahr) oder `false` (dt. falsch). Ein anderes Wort für Bedingung ist **Boolescher Ausdruck** (engl. *boolean expression*). Boolesche Ausdrücke verwenden zum Vergleich der Ergebnisse numerischer Ausdrücke die sechs Vergleichsoperatoren. Die Bedingungsoperatoren sind:

== gleich

!= ungleich

> größer als

< kleiner als

>= größer gleich

<= kleiner gleich

Boolesche Variable

Das Ergebnis eines derartigen Ausdrucks kann in einer **Booleschen Variablen** gespeichert werden. Mit diesen Deklarationen:

```
boolean isaMinor, isaPensioner;
int age;
```

können wir z. B. diverse Tatsachen über jemandes Alter speichern:

```
isaMinor = age < 18;
isaPensioner = age >=65;
```

und diese später anzeigen mit:

```
System.out.println ("Driver's licence denied:" + isaMinor);
```

Sind Sie 15 Jahre alt, wäre `isaMinor` wahr, und die Anweisung würde ausgeben:

```
Driver's licence denied: true
```

Ein weiteres Beispiel:

```
System.out.println ("It is " + isaPensioner +
                    " that you can ride the bus for free."
```

würde für einen 15-Jährigen ausgeben:

```
It is false that you can ride the bus for free.
```

3.6.2 Boolesche Ausdrücke

Es gibt auch Boolesche Operatoren, die mit Booleschen Variablen und Bedingungen kombiniert werden können:

& und

| oder

^ exklusives oder (xor)

! nicht

Damit der Ausdruck (x & y) wahr ist, müssen sowohl x als auch y wahr sein, und damit der Ausdruck (x | y) wahr ist, kann entweder x oder y wahr sein. Es gibt auch eine Präzedenz der Operatoren, sodass, wenn keine Klammern vorhanden sind, & immer vor | ausgewertet wird. Die Ergebnisse der Operatoren sind in der Abbildung 3.4 zusammengefasst.

and &	false	true
false	false	false
true	false	true

xor ^	false	true
false	false	true
true	true	false

or |	false	true
false	false	true
true	true	true

not !	
false	true
true	false

Abbildung 3.4: Tabellen Boolescher Operatoren

Kehren wir zum obigen Beispiel mit den Bedingungen für Minderjährige und Rentner zurück. Angenommen, wir schrieben die folgenden Deklarationen[2]:

```
boolean isEmployed, isaYoungWorker, isaVoter, isaTaxpayer;
```

Dann könnten wir auf diese Weise weitere Tatsachen folgern:

```
isaYoungWorker = isaMinor & isEmployed;
isaVoter = ! isaMinor;
isaTaxpayer = isaVoter | isEmployed;
```

Man kann Boolesche Operatoren miteinander kombinieren, um kompliziertere Bedingungen auszudrücken. Dürfen z. B. sowohl Minderjährige als auch Rentner kostenlos Bus fahren, sofern sie nicht berufstätig sind, erhalten wir:

```
boolean freeBus = (isaPensioner | isaMinor) & !isEmployed;
```

Die Klammern sind notwendig, damit | zuerst ausgewertet wird.

Boolesche Operatoren sind in Verbindung mit den Vergleichsoperatoren sehr nützlich, um detaillierte Bedingungen zu erstellen. Ein Beispiel ist der Ausdruck, mit dem entschieden wird, ob es in der Schule kältefrei oder hitzefrei gibt:

2. Es ist nützlich, die Namen Boolescher Variablen mit „is" oder „isa" zu beginnen, um Anweisungen mit diesen Variablen natürlicher lesen zu können.

```
goHome = temperature > 40 | temperature < 0;
```

In Java ist die Rangfolge von Vergleichs- und Booleschen Operatoren so geregelt, dass die Vergleichsoperatoren immer zuerst ausgeführt werden (d. h. sie haben eine höhere Präzedenz). Für andere Sprachen gilt das Gegenteil, und deshalb haben sich viele Programmierer angewöhnt, Bedingungen in Klammern zu setzen. Oft wird ein Ausdruck wie der Hitzefrei-Test wie folgt geschrieben:

```
goHome = (temperature > 40) | (temperature < 0);
```

Andererseits hat der Konkatenationsoperator Vorrang vor `&` und `|`. Um `a&b` und `a|b` auszugeben, dürfen wir nicht schreiben:

```
println(a&b + a|b);
```

Denn `+` würde versuchen, auf dem `b + a` in der Mitte zu operieren, und einen Fehler verursachen. Stattdessen führen wir Klammern ein:

```
println((a&b) + (a|b));
```

Java besitzt auch Kurzversionen von *und* und *oder*, nämlich die Operatoren `&&` und `||`. Im folgenden Falle

```
c && d
```

wird `d` nur ausgewertet, wenn `c` wahr ist. Entsprechendes gilt für `||`: Sobald feststeht, dass `c` wahr ist, wird `d` ignoriert. Ein schönes Beispiel für solche Operatoren ist, festzustellen, ob ein Datum (das drei ganze Zahlen enthält) früher liegt als ein anderes. Die - relativ lange - Anweisung dazu wäre:

```
boolean earlier = y1 < y2 ||
                  (y1 == y2 && m1 < m2) ||
                  (y1 == y2 && m1 == m2 && d1 < d2);
```

Verwenden wir Kurzoperatoren, so endet die Auswertung des Ausdrucks, sobald die Antwort mit Sicherheit bekannt ist. Dieses Beispiel könnte etwas Zeit sparen, aber es gibt auch Fälle, in denen es unbedingt nötig ist, dass eine Bedingung durch eine andere geschützt wird. Angenommen, wir möchten wissen, ob der Lagerbestand einer Kuriosität (bei einem `Curio`-Objekt namens `checked`) weniger als 5 beträgt. Wir wissen jedoch nicht mit Sicherheit, ob `checked` auf ein bereits erzeugtes Objekt referiert oder nicht. In diesem Fall können wir Folgendes benutzen:

```
boolean lowStock = checked != null && checked.stock < 5;
```

Das Schema fasst die Präzedenz der Booleschen Operatoren zusammen.

Präzedenz der Operatoren (Boolesche)

```
Gruppe 0: ()
Gruppe 1:  !
Gruppe 2:  &
Gruppe 3:  |
Gruppe 4:  &&
Gruppe 5:  ||
```

3.6.3 Vergleich von Objekten

Die Vergleichsoperatoren funktionieren nur bei Grundtypen. Möchten wir Objekte vergleichen, so müssen wir selbst die entsprechenden Methoden definieren. Nehmen wir zum Beispiel an, wir wollten die Preise von Kuriositäten vergleichen können. Wir könnten der Klasse `Curio` die folgenden Methoden mit Ergebnis hinzufügen:

```
boolean cheaper (Curio c) {
  return price < c.price;
}
```

Die Methode wird mit dem ersten Operanden als Objekt, dann dem Punkt-Operator und dann dem zweiten Operanden als Parameter aufgerufen. Wir könnten z.B. das Folgende haben:

```
mugs.cheaper (tshirts)
```

Entsprechend den im Kapitel 2 aufgestellten Definitionen, dass Becher 6 Graz und T-Shirts 30 Graz kosten, würde dies das Ergebnis „`false`“ zurückgeben. Auch für die anderen Operatoren, insbesondere für „ist gleich“ können Methoden in ähnlicher Weise definiert werden. Wollten wir dies für die ursprüngliche Klasse `Curio` machen, müssten wir zwei Zeichenreihen und eine ganze Zahl miteinander vergleichen. Da eine Zeichenreihe jedoch auch ein Objekt ist, müssen wir zuerst wissen, wie Zeichenreihen verglichen werden.

Auch Zeichenreihen werden mit Methoden verglichen. Wir führen hier die Vergleichsmethoden für Zeichenreihen aus der Klasse `String` auf. Im Kapitel 7 erfahren Sie mehr über `String`.

Methoden für den Vergleich von Zeichenreihen

`int` `compareTo (`*`Zeichenreihe`*`)`
`int` `compareToIgnoreCase (`*`Zeichenreihe`*`)`
`boolean` `equals (`*`Zeichenreihe`*`)`
`boolean` `equalsIgnoreCase (`*`Zeichenreihe`*`)`

Die Methode `compareTo` bringt auf die folgende Art eine ganze Zahl hervor:

weniger als	negativ
ist gleich	null
größer als	positiv

Daher sieht ein Zeichenreihenvergleich folgendermaßen aus:

```
name1.compareTo(name2) < 0
```

Dies bedeutet im Wesentlichen: Name1 < Name2.

Nun können wir diese Methoden anwenden, um die Gleichheit von Kuriositäten zu definieren. Wir würden `Curio` die folgende Methode hinzufügen:

```
boolean equals (Curio c) {
  return name.equals(c.name) && price == c.price
         && description.equals(c.description);
}
```

`equals` könnte folgendermaßen aufgerufen werden:

```
System.out.println("Matching curios found is " + checked.equals(mugs));
```

3.7 Fallstudie 1: Pizzaservice

In dieser Fallstudie betrachten wir den Klassenentwurf von Anfang an, und zwar sowohl für einen speziellen Zweck als auch für eine spätere weitergehende Verwendung. Diese zweifache Anforderung ist üblich und ihre Einhaltung ermöglicht es uns, den größtmöglichen Nutzen aus unseren Programmierbemühungen zu ziehen. Wir beginnen mit einer konkreten Spezifikation der Aufgabe, mit einer vernünftigen Lösung, und nähern uns dann einem dauerhafteren Produkt. Dabei werden wir mehr über die Verwendung von Objekten in For-Schleifen und Parametern lernen.

3.7.1 Aufgabe

Der Pizzaservice Pizza Delivery 2U möchte seinen Kunden bei der Bestellung von Pizzen genauere Lieferzeiten nennen. Vom Zeitpunkt des Anrufs bis zum Eintreffen der Pizza müssen zwei Faktoren berücksichtigt werden: Die Länge der Schlange am Pizzaofen (d.h. die Anzahl der bereits in das System eingegebenen Bestellungen) und das Gebiet, in dem der Kunde wohnt. Kunden in nahe gelegenen Gebieten bekommen ihre Pizza schneller als diejenigen, die weiter weg wohnen. Pizza 2U liefert in vier abgegrenzte Gebiete und hätte neben dem Telefon gerne eine Tabelle zum Nachschlagen, die für diese vier Gebiete die Uhrzeiten von 9 Uhr morgens bis 11 Uhr abends und Schlangenlängen von 0 bis 5 enthält.

3.7.2 Lösung

Dies klingt zwar sehr anspruchsvoll, aber wir können schon auf eine beträchtliche Erfahrung zurückgreifen:

- Wir erkennen eine Wiederholung und steuern sie mit Methoden und Schleifen.
- Wir wissen aus dem Beispiel 3.3 (Umrechnung von Temperaturen), wie eine Tabelle ausgegeben wird.
- Wir wissen aus dem Beispiel 2.6 (Zeitpläne eines Fuhrparks), wie Zeiten umgerechnet und addiert werden.

Damit können wir die Lösung präzisieren: Wir geben eine Tabelle für den Bereich *x* aus, und zwar viermal (wobei *x* die Werte 1 bis 4 annimmt). Dann zeigt die Tabelle in horizontaler Richtung die Länge der Schlangen und in vertikaler Richtung die Uhrzeiten an. Verwenden wir für die Uhrzeiten Intervalle von 15 Minuten, so erhalten wir in etwa die folgende Tabelle:

```
Pizza 2U Delivery estimates for Area 1
======================================

Time now          Queue length
         0    1    2    3    4    5
900      915  920  925  930  935  940
915      930  935  940  945  950  955
930      945  950  955  1000 1005 1010
945      1000 1005 1010 1015 1020 1025
...
```

3.7.3 Ein erster Entwurf

Beginnen wir am Anfang: Wir können sagen, dass der Hauptteil des Programms darin besteht, eine Tabelle mit einer Kopfzeile und mehreren Zeilen zu zeichnen und dies für jedes der vier Gebiete zu wiederholen. Jede Zeile wird von einer `printaLine`-Methode gedruckt, die wir hier noch nicht spezifizieren. Nur bei der Schleife, die `printaLine` kontrolliert, ist wirkliches Nachdenken erforderlich. Da wir Zeilen benötigen, die mit Uhrzeiten von 9.00 bis 23.00 in Intervallen von 15 Minuten markiert sind, ist dies nicht besonders schwierig. Der Konstruktor für die erste Version des Programms lautet:

```
PizzaDelivery1 () {
  for (int area = 1; area<= 4; area++) {
    printHeading(area);
    startTable();
    for (int time = 900; time < 2300; time = addTime(time,15))
      printaLine(time, area);
  }
}
```

Die Methoden, die wir nun ausfüllen müssen, sind unterstrichen. Die ersten beiden betreffen Kopfzeilen und sind recht einfach. Sehen wir uns zunächst `printaLine` an. Diese Methode hat eine wesentlich einfachere Struktur als die ähnliche `outaLine`-Methode aus dem Temperaturtabellen-Programm, da es hier pro Spalte nur einen Wert gibt und jede Zeile mit einer vorgegebenen Uhrzeit beginnt. Die Schleife wird die Schlangenlängen (0 bis 5, wie in der Aufgabenformulierung festgelegt) durchlaufen, und wir müssen lediglich herausfinden, welcher Wert in der Spalte ausgegeben wird. Die Antwort ist: Der Zeitpunkt der Bestellung plus alle unvermeidlichen Zeiten für

- das Warten in der Schlange: 5 Minuten mal die Länge der Schlange;
- die Zubereitung der Pizza: 5 Minuten;
- die Abwicklung der Bestellung: 10 Minuten;
- das Ausliefern: 5 Minuten pro durchquertem Gebiet.

Nach einiger Überlegung finden wir für einen Wert in der Tabelle die folgende Formel:

```
addTime (orderTime, queue*makeTime + processTime + a*driveTime)
```

Anders ausgedrückt postulieren wir eine Methode namens `addTime`. Diese Methode hat ein Ergebnis, damit sie die neue Zeit zurückgibt.

Nun können wir mit `addTime` arbeiten. Die Methode nimmt eine als ganze Zahl im 24 Stunden-Format dargestellte Uhrzeit entgegen und addiert Minuten hinzu. Der Kopf der Methode muss also lauten:

```
int addTime (int t, int m) {
```

Wir verwenden absichtlich `t` als Bezeichner für den formalen Parameter, um die Methode sehr allgemein zu halten. Nun können wir von der im Beispiel 2.6 bei der Umrechnung von Uhrzeiten geleisteten Arbeit profitieren. Es gab zwei Anweisungen, die Uhrzeiten aus dem 24 Studen-Format in Minuten umrechneten und umgekehrt. Diese lauteten:

```
arriveMins = arrive24 / 100 * 60 + arrive24 % 100;
newArrive24 = newArriveMins / 60 * 100 + newArriveMins % 60;
```

Formulieren wir diese Ausdrücke als Methoden, so erhalten wir:

```
int timeInMins (int t) {
  return t / 100 * 60 + t % 100;
}

int time24 (int t) {
  return t / 60 * 100 + t % 60;
}
```

Nun kann es sich die Methode `addTime` einfach machen: Sie ruft eine der anderen Methoden auf, um die gegebene Zeit in Minuten umzurechnen, addiert dann die angegebenen Minuten hinzu, und konvertiert das Ganze schließlich wieder zurück. Dies wird im Folgenden gemacht:

```
int addTime (int t, int m) {
  return time24(timeInMins(t) + m);
}
```

Bei einer so einfachen Methode hätten wir natürlich auch an allen relevanten Stellen ihren Inhalt ersetzen können. Dann wäre aus

```
addTime (time,15)
```

Folgendes geworden:

```
time24(timeInMins(time) + 15)
```

Die Verwendung des Bezeichners `addTime` erhöht jedoch die Lesbarkeit des Programms und wir benutzen die Methode mehr als nur einmal; sie lohnt sich also doch.

3.7.4 Modelldiagramm

Das Modelldiagramm für dieses Programm wird in der Abbildung 3.5 dargestellt. Die Pfeile im Methodenteil zeigen an, wer wen aufruft. Im Gegensatz zum Programm für das Kuriositätengeschäft gibt es in diesem Programm keine zusätzlichen Objekte, da der Schwerpunkt auf den Methoden liegt. Aber das Modelldiagramm verrät uns viel: Es liefert nicht nur eine übersichtliche Zusammenfassung der Methoden und ihrer Parameter, sondern zeigt auch die Aufrufstruktur. Wird die Aufrufstruktur komplizierter als die hier dargestellte, so können wir dafür ein eigenes Diagramm erstellen, wie es in Abbildung 3.6 dargestellt wird.

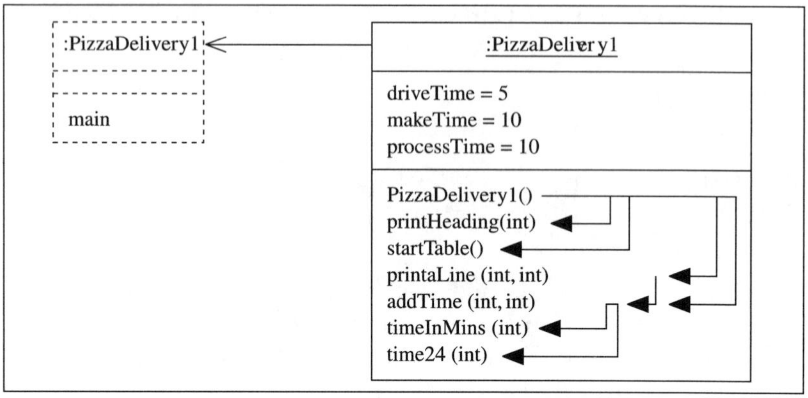

Abbildung 3.5: Das Modelldiagramm für PizzaDelivery1

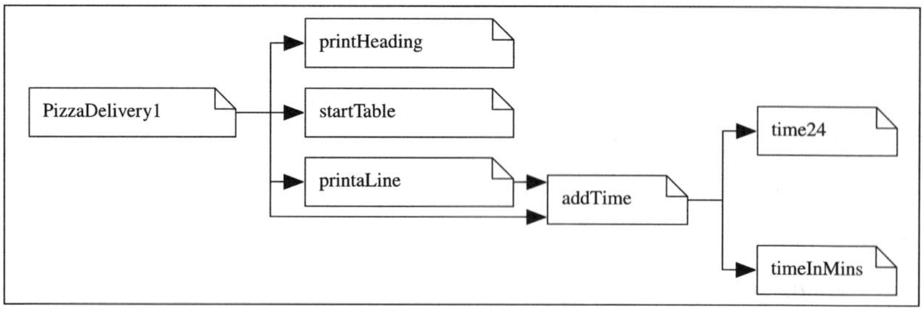

Abbildung 3.6: Das Aufruf-Modelldiagramm der Methoden von PizzaDelivery1

3.7.5 Programm 1

Nun können wir das ganze Programm in Java zusammensetzen:

```
class PizzaDelivery1 {

  /* The Pizza Delivery Program version 1    J M Bishop  Mai 2000
   * ====================================
   *
   * Berechnet die Zeit für die Pizzalieferung aus
   * der Schlangenlänge und dem Lieferbezirk.
   * Veranschaulicht die Wiederverwendung von Methoden,
   * Methodenaufruf und Schleifen
   * Testversion mit 1 Bezirk und Zeiten von 900 bis 1300
   */

  int driveTime = 5;     // per area;
  int makeTime = 5;      // in a queue
  int processTime = 10; // per order

  PizzaDelivery1 () {
    for (int area = 1; area<= 1; area++) {
```

```
    printHeading(area);
    startTable();
    for (int time = 900; time < 1300; time=addTime(time,15))
      printaLine(time, area);
  }
}
void printaLine (int t, int a) {
  System.out.print(t+"\t");
  for (int queue = 0; queue <= 5; queue++)
    System.out.print(addTime(t,
      queue*makeTime+processTime+a*driveTime) + "\t");
  System.out.println();
}

int timeInMins (int t) {
  return t / 100 * 60 + t % 100;
}
int time24 (int t) {
  return t / 60 * 100 + t % 60;
}

int addTime (int t, int m) {
  return time24(timeInMins(t)+m);
}

void printHeading (int area) {
  System.out.println("Pizza 2U Delivery estimates for "+
    Area "+area);
  System.out.println("=================================="+
    "=====\ n");
}
void startTable () {
  System.out.println("Time now        Queue length");
  System.out.print("        ");
  for (int queue = 0; queue <=5; queue++)
    System.out.print("  "+queue+"  ");
  System.out.println();
}

public static void main (String [] args) {
  new PizzaDelivery1 ();
}
}
```

3.8 Test

Das Programm ist so angelegt, dass nur für ein Gebiet eine Tabelle ausgegeben wird und die Uhrzeiten bei 1300 angehalten werden, damit die Tabelle noch handhabbar ist. Die Ausgabe sieht folgendermaßen aus:

```
Pizza 2U Delivery estimates for Area 1
========================================

Time now        Queue length
       0      1      2      3      4      5
900    915    920    925    930    935    940
915    930    935    940    945    950    955
930    945    950    955    1000   1005   1010
945    1000   1005   1010   1015   1020   1025
1000   1015   1020   1025   1030   1035   1040
1015   1030   1035   1040   1045   1050   1055
1030   1045   1050   1055   1100   1105   1110
1045   1100   1105   1110   1115   1120   1125
1100   1115   1120   1125   1130   1135   1140
1115   1130   1135   1140   1145   1150   1155
1130   1145   1150   1155   1200   1205   1210
1145   1200   1205   1210   1215   1220   1225
1200   1215   1220   1225   1230   1235   1240
1215   1230   1235   1240   1245   1250   1255
1230   1245   1250   1255   1300   1305   1310
1245   1300   1305   1310   1315   1320   1325
```

Wie überprüfen wir die Ergebnisse? Auf zweierlei Weise: Zuerst nehmen wir die Anweisungen im Programm und durchdenken sie. Dies haben wir größtenteils schon bei der Entwicklung gemacht. Die zweite Art, ein Programm wie dieses zu überprüfen, besteht darin, einige Berechnungen von Hand vorzunehmen. Nehmen Sie eine beliebige Stelle der Tabelle, z.B. um 1100 mit einer Schlange von 2. Die Lieferzeit kann folgendermaßen berechnet werden:

```
1100 + (2*5 + 10 + 1*5) = 1100 + 25 = 1125
```

Dies stimmt mit den Ergebnissen überein. Weitere Prüfungen sollten Sie an den Tabellenrändern durchführen, z.B. am Ende einer Zeile, und auch dann, wenn die Lieferzeit über die volle Stunde hinausgeht, wie z.B. in der mit 1145 beginnenden Zeile.

3.8.1 Noch einmal die Aufgabe

Nach der obigen Untersuchung möchten wir nun beurteilen, ob eine Klasse für Uhrzeiten eine sinnvolle Sache wäre. Zwar ließen sich die Uhrzeiten als ganze Zahlen darstellen, aber korrekt war es nicht, da 915 letztlich nicht neunhundertfünfzehn Minuten bedeutete, sondern neun Stunden und 15 Minuten. Es wäre besser, eine Uhrzeit als zwei ganze Zahlen darzustellen: Stunden und Minuten. Dies bedeutet, dass wir eine Klasse für Uhrzeiten haben sollten.

Wir haben nun also die Aufgabe, eine solche Klasse zu erstellen, und um sie auszuprobieren, werden wir sie in unserem vorhandenen Pizzaservice-Programm benutzen. So können wir Ausgaben vergleichen, um sicherzustellen, dass sie gleich bleiben, und wir können einschätzen, wie sehr die Verwendung einer Klasse die Programmierung verkompliziert. Tatsächlich wird das Programm etwas komplizierter aussehen, aber es wird besser strukturiert, besser wartbar und flexibler sein.

3.8.2 Die Java-Klassen *Date* und *Calendar*

Ehe wir mit der Entwicklung einer Klasse für Uhrzeiten beginnen, sollten wir nachsehen, ob Java selbst eine solche Klasse bietet. Wir möchten nicht bereits Vorhandenes duplizieren. Wenn wir zu Javas Online-Dokumentation gehen und nach „Uhrzeit" suchen, stellen wir fest, dass dieser Begriff zuerst in einer Klasse namens `Date` vorkommt. `Date` hat nur wenige Methoden, die im unten angeführten Schema dargestellt werden. Sie stellt die Uhrzeit als die Anzahl der Millisekunden seit dem 1. Januar 1970 dar. Es wird mühsam sein, Uhrzeiten zu erzeugen, wenn wir zuerst die Millisekunden berechnen müssen.

Die Java-Klasse `Date`

```
Date ()
Date (long Date)
long getTime ()
void setTime (long time)
boolean after (Date wenn)
boolean before (Date wenn)
int compareTo (Date anderesDatum)
// plus die üblichen Methoden für toString usw.
```

Außerdem hat Java eine Klasse namens `Calendar`, die zahlreiche Methoden für den Umgang mit Datum und Uhrzeit und arithmetische Berechnungen dafür bietet, aber keine für den Umgang nur mit Uhrzeiten: Einer Uhrzeit müssen immer Jahr, Monat und Tag vorausgehen. `Calendar` ist demnach ausgefeilter, als es für uns nötig ist. Wir können daher mit dem Entwurf der Klasse `Time` weitermachen und uns sicher sein, dass wir uns keine doppelte Mühe machen.

3.8.3 Klassenentwurf für *Time*

Beim Entwerfen einer Klasse berücksichtigen wir die folgenden Punkte:

- die Variablen, aus denen ihr Objekt besteht;
- ihre Konstruktoren;
- die Methoden, die von den Programmen benötigt werden, die diese Klasse eventuell benutzen.

Wenn wir uns die Variablen ansehen, stellen wir fest, dass wir für unsere Zwecke nicht mehr brauchen als Stunde und Minute. Natürlich könnte die Klasse auch auf Sekunden ausgedehnt werden; dies wird in den Aufgaben vorkommen.

Die Konstruktoren sind interessant. Wir müssen der Klasse die Informationen über Stunde und Minute liefern. Wenn nötig, kann die Klasse die Stunde und Minute aus vielen verschiedenen Formaten ableiten. Dazu gehören:

- zwei ganze Zahlen: die Stunde und Minute, z.B. (11, 30);
- eine ganze Zahl, wobei die ersten Hunderter und Tausender für die Stunden benutzt werden, wie wir es oben gemacht haben, z.B. 1130;
- eine reelle Zahl, wobei der Bruchteil die Minuten angibt, z.B. 11.30.

Für alle diese Formate können Konstruktoren erstellt werden. Schließlich erkennen wir, dass eine Uhrzeit auch aus einer anderen Uhrzeit erzeugt werden kann, was uns einen vierten Konstruktor liefert. Diese lauten nun:

```
class Time {
  int hour;
  int min;

  Time (int h, int m) {
    hour = h;
    min = m;
  }

  Time (int mins) {
    hour = mins / 60;
    min = mins % 60;
  }

  Time (double t) {
    hour = (int) t;
```

```
    min = (int) t*100 - hour*100;
  }

  Time (Time t) {
    hour = t.hour;
    min = t.min;
  }
  ... und so weiter
```

Die Abbildung 3.7 zeigt das Modelldiagramm für `Time` zusammen mit einigen Objekten, die mit den verschiedenen Konstruktoren erzeugt wurden.

Zuerst wird die Methode `addTime` entwickelt. Die Frage ist nun: Wie sieht `addTime` in einer Klasse aus und wie wird es aufgerufen? Die Antwort lautet: In jeder Hinsicht ganz anders als zuvor. Wir haben bereits gesehen: Immer wenn eine Klasse instanziiert wird, um ein Objekt zu erzeugen, benutzen Methodenaufrufe dieses Objekts den Punkt-Operator. Im Fall der Uhrzeit, zu der wir Minuten hinzufügen, ist die Uhrzeit selbst das fragliche Objekt. Der Aufruf

```
time = addTime(time,15)
```

wird daher zu:

```
time.addTime(15)
```

Das Objekt wird dadurch verändert, dass seinen Daten der Parameter 15 Minuten hinzugefügt wird. Daraus können wir schließen, dass `addTime` eine `void`-Methode ist. Das Hinzufügen der Minuten erweist sich nun als leichter als zuvor, da wir die Uhrzeit bereits in ihre Bestandteile zergliedert haben:

```
void addTime (int m) {
  min += m;
  hour+= min / 60;
  min %= 60;
}
```

Die Methode macht sinnvollen Gebrauch von den speziellen Zuweisungsoperatoren, die die linke Variable aktualisieren. Die erste Anweisung kann daher als „addiere m zu min“ oder „min wird min plus m“ gelesen werden.

Welche anderen Methoden werden noch benötigt? Nun, wir müssen die Uhrzeit anzeigen und könnten eine `write`-Methode erstellen, aber generell ist es nicht gut, in allgemeinen Klassen wie `Time` Ausgabeanweisungen zu haben. Stattdessen definieren wir eine `toString`-Methode, die von `println` automatisch aufgerufen werden kann, wie in

Abschnitt 3.1 beschrieben wurde. Es mag zwar weitere Methoden geben, diese werden wir jedoch erst hinzufügen, nachdem wir uns mit dem Testen von `Time` in einem Programm befasst haben.

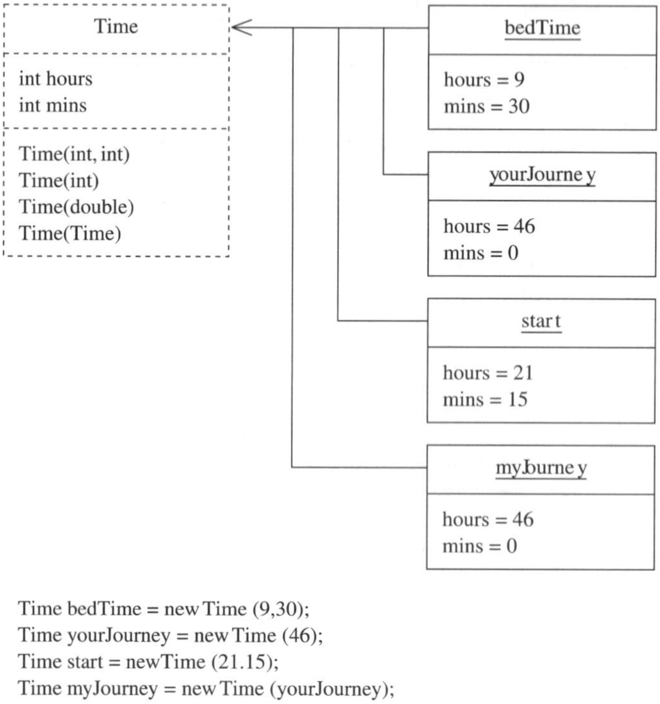

Abbildung 3.7: Das Modelldiagramm der Konstruktion einiger Time-Objekte

3.8.4 Die Klasse testen

Es ist nützlich, wenn man eine neue Klasse mit einem bereits funktionierenden Programm testen kann. Daher nehmen wir unser erstes Pizzaservice-Programm und arbeiten es um. Ein Blick auf das Originalprogramm zeigt uns, dass es dort Veränderungen geben wird, wo Uhrzeiten erwähnt werden; diese sind im folgenden Ausschnitt unterstrichen.

```
PizzaDelivery1 () {
  .. omit some lines
  for (int time = 900; time < 1300; time=addTime (time, 15))
      printaLine(time, area);
  }
}

void printaLine (int t, int a) {
  System.out.print(t+"\ t");
```

```
    for (int queue = 0; queue <= 5; queue++)
      System.out.print(addTime(t,
        queue*makeTime + processTime + a*driveTime) + "\ t");
    System.out.println();
  }
```

3.8.5 For-Schleifen mit Objekten

Die erste Veränderung besteht darin, dass wir das Programm umbenennen, um beide Versionen zu behalten. Die wichtige nächste Frage ist, wie wir Schleifen mit Uhrzeiten durchlaufen, wenn diese Uhrzeiten Objekte sind. Es stellt sich heraus, dass die For-Schleife wesentlich mächtiger ist als nur ein ganzzahliger Zähler. Ihr allgemeines Schema sieht folgendermaßen aus:

Die For-Schleife

`for (`*`Start; Bedingung; Aktualisierung`*`) {`
    `Rumpf`
`}`

Start und *Aktualisierung* sind Zuweisungen und die *Bedingung* enthält Variablen, die auch in *Start* und *Aktualisierung* vorkommen. Die Schleife beginnt mit der Ausführung der *Start*-Anweisung, dann folgt die Überprüfung der *Bedingung*. Ist sie wahr, so führe den *Rumpf* aus, dann die *Aktualisierung* und wieder die *Bedingung*. Liefert die *Bedingung* `false`, so verlasse die Schleife.

Anders ausgedrückt: Die Start-Anweisung braucht nicht immer einer Variablen eine Zahl zuzuweisen: Sie kann jede beliebige, geeignete Initialisierung sein. Definieren wir also zunächst zwei Time-Objekte:

```
Time open  = new Time (9.00);
Time close = new Time (13,0);
```

Wir haben hier absichtlich zwei verschiedene Konstruktoraufrufe benutzt, um ihre Verwendung zu verdeutlichen. Der erste übergibt eine reelle Zahl und der zweite benutzt zwei Parameter. Nun ist der Start der Schleife einfach

```
Time ofDay = open
```

Dabei wird `ofDay` die Schleifenvariable sein. Wenn wir mit dem Verfahren arbeiten, mit dem wir bereits ganze Zahlen in Objekte übersetzt haben, sieht der Aktualisierungsteil der Schleife so aus:

```
ofDay.addTime(15)
```

Wie geben wir die Bedingung an? Die offensichtliche Formulierung ist die folgende:

```
ofDay < close    // won't work
```

Wie wir im vorigen Abschnitt jedoch bereits besprochen haben, können wir Bedingungsoperatoren wie < nicht auf Objekte anwenden. Die Bedingung muss als Methode definiert und implementiert sein, sodass der Aufruf lauten würde:

```
ofDay.lessThan(close)
```

Dabei gibt `lessThan` auf der Grundlage einer Bedingung, die es auswertet, einen Booleschen Wert zurück. Wir können nun die vollständige Schleife mit ihrem Rumpf folgendermaßen schreiben:

```
for (Time ofDay = open; ofDay.lessThan(close); ofDay.addTime(15)) {
  printaLine(ofDay, area);
}
```

Wie jede andere For-Schleife beginnt auch `ofDay` bei `open` und beginnt dann den Kreislauf aus

- Vergleich mit `close`;
- Ausführung des Rumpfes;
- Aktualisierung mit 15 Minuten durch den Aufruf von `addTime`.

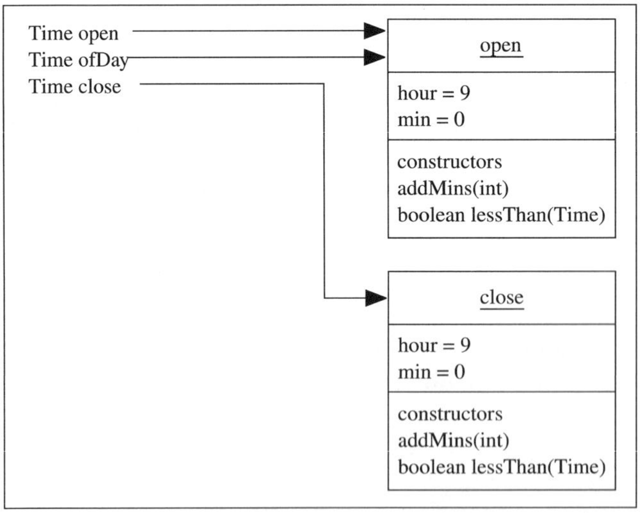

Abbildung 3.8: Das Modelldiagramm einer Objektschleife für Uhrzeiten

Die Abbildung 3.8 zeigt ein Modelldiagramm der Objekte der For-Schleife. Da `ofDay.addTime` bei jedem Schleifendurchlauf aufgerufen wird, werden 15 Minuten zu dem `ofDay`-Objekt addiert. Aus dem Diagramm kann man jedoch ersehen, dass ofDay dasselbe Objekt ist wie open. open wird sich daher auch verändern. Verändert sich open in dieser Weise, so müssten wir es für jede Gebietstabelle neu erzeugen. Wir müssen stattdessen eine Kopie von open für ofDay erstellen, was mit unserem vierten Konstruktor ganz einfach zu machen ist. Die Schleife sieht nun so aus:

```
for (Time ofDay = new Time(open); ofDay.lessThan(close);

      ofDay.addTime(15)) {
  printaLine(ofDay, area);
}
```

Dies ist ein hervorragendes Beispiel dafür, wie Diagramme ein Problem aufzeigen, das wir dann in der Java-Implementierung beheben können.

3.8.6 Objekte als Parameter

Wenn wir zu printaLine weitergehen, scheint es, als sei die Übersetzung des Aufrufs von addTime einfach und die entsprechende For-Schleife sehe folgendermaßen aus:

```
for (int queue = 0; queue <= 5; queue++) {
  t.addTime(queue*makeTime + processTime + a*driveTime);
  System.out.print(t + "\t");
}
```

Wenn wir in diese Schleife eine Ausgabeanweisung einfügen und die Werte der vier Uhrzeiten anzeigen, mit denen wir hier arbeiten, können wir verfolgen, wie sich die Werte der Variablen entwickeln, die in den beiden geschachtelten Schleifen betroffen sind: eine im Konstruktor und eine in printaLine.

```
open  close ofDay t     queue
09:00 13:00 09:00 09:00 0
09:00 13:00 09:15 09:15 0
09:00 13:00 09:35 09:35 1
09:00 13:00 10:00 10:00 2
09:00 13:00 10:30 10:30 3
09:00 13:00 11:05 11:05 4
09:00 13:00 11:45 11:45 5
09:00 13:00 12:00 12:00 0
09:00 13:00 12:15 12:15 1
```

Wenn wir diese Schleife benutzen und das Programm ausführen, sieht der Tabellenteil der Ausgabe folgendermaßen aus:

```
9:0    9:15  9:35  10:0   10:30 11:5   11:45
12:0   12:15 12:35 13:0   13:30 14:5   14:45
```

Dies ist falsch. Die zweite Zeile sollte mit der Uhrzeit 9.15 beginnen, nicht mit 12.00. 12.00 hat sich offenbar über `ofDay` eingeschlichen, einen aktuellen Parameter von `printaLine`, das durch seinen formalen Parameter `t` kontaminiert wurde.

Hier sehen wir, was für Folgen es haben kann, Objekte als Parameter zu übergeben, und wie sich dies von der Übergabe einfacher typisierter Werte unterscheidet. Wenn in PizzaDelivery1 der ganzzahlige Uhrzeitwert an printaLine übergeben wurde, erhielt die Methode eine Kopie des Wertes und konnte darauf arbeiten, ohne das Original zu beeinträchtigen. t veränderte sich in jeder Zeile und erhielt die sechs verschiedenen Werte, die für die Tabelle nötig waren. Aber im Konstruktor hatte es noch immer seinen ursprünglichen Wert für den Bestellzeitpunkt, der dann erhöht und zum Anfang der nächsten Zeile gemacht wurde.

Kopiekonstruktor

Wenn jedoch ein Objekt übergeben wird, wird sein Wert nicht kopiert, sondern nur eine Referenz auf den Speicherort des Originals. Veränderungen des formalen Parameters beeinflussen daher den aktuellen Parameter direkt. Es ist jedoch ganz einfach, die benötigte Wirkung zu erzielen: Wir müssen daran denken, selbst eine lokale Kopie des Parameters in der Methode zu erstellen. Hier kommt wieder unser vierter Konstruktor ins Spiel, der oft auch **Kopiekonstruktor** genannt wird. Die richtige Methode ist diese:

```
void printaLine (Time t, int a) {
  Time ofDelivery;
  System.out.print(t+"\ t");
  for (int queue = 0; queue <= 5; queue++) {
    ofDelivery = new Time(t);
    ofDelivery.addTime(queue*makeTime + processTime + a*driveTime);
    System.out.print(ofDelivery + "\t");
  }
  System.out.println();
}
```

Immer wenn wir einen neuen Wert in die Tabelle eintragen möchten, erzeugen wir ein neues `Time`-Objekt mit einer Kopie von `t`, verändern es, geben es aus, und dann löscht Java es für uns, wenn `ofDelivery` wieder auf `t` zurückgesetzt wird. Die Entwicklung der Variablenwerte sieht nun folgendermaßen aus:

```
open  close ofDay t     ofDelivery  queue
09:00 13:00 09:00 09:00 null        0
09:00 13:00 09:00 09:00 09:15       0
09:00 13:00 09:00 09:00 09:20       1
09:00 13:00 09:00 09:00 09:25       2
09:00 13:00 09:00 09:00 09:30       3
09:00 13:00 09:00 09:00 09:35       4
09:00 13:00 09:00 09:00 09:40       5
09:00 13:00 09:15 09:15 null
09:00 13:00 09:15 09:15 09:30       0
09:00 13:00 12:15 09:15 09:35       1
```

Dies erweist sich bei der Überprüfung als richtig.

3.8.7 Programm 2

Nun können wir endlich die ganze Klasse auflisten und das Programm insgesamt testen:

```
class PizzaDelivery2 {

  /* The Pizza Delivery Program Version 2    J M Bishop  Mai 2000
   * ====================================
   *
   * Berechnet die Lieferzeit für Pizza aus der
   * Schlangenlänge und dem Lieferbezirk.
   *
   * Veranschaulicht den Entwurf einer Time-Klasse
   * und die Verwendung solcher Objekte in Methoden
   * und For-Schleifen.
   */

  int driveTime = 5;    // pro Bezirk;
  int makeTime = 5;     // in einer Schlange
  int processTime = 10; // pro Bestellung

  PizzaDelivery2 () {
    // Setze die Schleife für nur einen Bezirk
    for (int area = 1; area<= 1; area++) {
     printHeading(area);
     startTable();
     Time open = new Time (9.00);
     Time close = new Time (13,0);
     for (Time ofDay = open; ofDay.lessThan(close);
            ofDay.addTime(15)) {
        printaLine(ofDay, area);
     }
    }
  }
```

```
void printaLine (Time t, int a) {
  Time ofDelivery;
  System.out.print(t+"\t");
  for (int queue = 0; queue <= 5; queue++) {
    ofDelivery = new Time(t);
    ofDelivery.addTime(queue*makeTime+processTime+a*driveTime);
    System.out.print(ofDelivery + "\t");
  }
  System.out.println();
}

class Time {
  int hour;
  int min;

  Time (int h, int m) {
    hour = h;
    min = m;
  }

  Time (int mins) {
    hour = mins / 60;
    min = mins % 60;
  }
  Time (double t) {
    hour = (int) t;
    min = (int) t*100 - hour*100;
  }

  Time (Time t) {
    hour = t.hour;
    min = t.min;
  }

  void addTime (int m) {
    min +=m;
    hour+= min / 60;
    min %= 60;
  }

  boolean lessThan (Time t) {
    return hour < t.hour | (hour==t.hour & min < t.min);
  }

  public String toString () {
    return hour + ":" + min + " ";
  }
}
```

```
  void printHeading (int area) {
    System.out.println("Pizza 2U Delivery estimates for "+
      "Area "+area);
    System.out.println("=================================="+
      "=====\n");
  }

  void startTable() {
    System.out.println("Time now        Queue length");
    System.out.print("         ");
    for (int queue = 0; queue <=5; queue++)
      System.out.print("  "+queue+"  ");
    System.out.println();
  }

  public static void main (String [] args) {
    new PizzaDelivery2 ();
  }
}
```

Die Ausgabe sieht folgendermaßen aus:

```
Pizza 2U Delivery estimates for Area 1
=======================================

Time now                    Queue length
             0        1        2        3        4        5
9:0          9:15     9:20     9:25     9:30     9:35     9:40
9:15         9:30     9:35     9:40     9:45     9:50     9:55
9:30         9:45     9:50     9:55     10:0     10:5     10:10
9:45         10:0     10:5     10:10    10:15    10:20    10:25
10:0         10:15    10:20    10:25    10:30    10:35    10:40
10:15        10:30    10:35    10:40    10:45    10:50    10:55
10:30        10:45    10:50    10:55    11:0     11:5     11:10
10:45        11:0     11:5     11:10    11:15    11:20    11:25
11:0         11:15    11:20    11:25    11:30    11:35    11:40
11:15        11:30    11:35    11:40    11:45    11:50    11:55
11:30        11:45    11:50    11:55    12:0     12:5     12:10
11:45        12:0     12:5     12:10    12:15    12:20    12:25
12:0         12:15    12:20    12:25    12:30    12:35    12:40
12:15        12:30    12:35    12:40    12:45    12:50    12:55
12:30        12:45    12:50    12:55    13:0     13:5     13:10
```

3.9 Zusammenfassung

Dieses Kapitel ist von zentraler Bedeutung, da es die Zuweisung und die Schleifen sowie die Grundtypen und Ausdrücke und das ganze Spektrum der Varianten von Methoden behandelte. Wir konzentrierten uns auf `boolean` und drei der sechs numerischen Typen: `int`, `long` und `double`. Erstellt man für diese Typen Ausdrücke mit Operatoren, so erhält man ein breites Spektrum möglicher Formeln, zu denen noch die Funktionen aus Javas Klasse `Math` und die Vergleiche aus Javas Klasse `String` hinzukommen. Wir besprachen auch, wie Java ganze und reelle Zahlen ausgibt und versprachen, die Formatierungsmöglichkeiten in den Kapiteln 4 und 7 zu verbessern.

For-Schleifen sind in Java sehr mächtig und wir betrachteten die ganze Bandbreite der Verwendungsmöglichkeiten von For-Schleifen für ganzzahlige Typen: vorwärts, rückwärts, leer, geschachtelt, endlos und unbeendet. Als Nächstes erläuterten wir die Methoden und bemühten uns, die Unterschiede zwischen Deklarationen und Aufrufen sowie zwischen formalen und aktuellen Parametern klar darzustellen. Auch hier gab es wieder einige Beispiele und das Kapitel schloss mit einer ausführlichen Fallstudie über ein Pizzaservice-System. Die Fallstudie zeigte, wie Objekte in Schleifen benutzt werden können, und klärte die praktischen Fragen betreffend den Umgang mit Objekten in Ausdrücken und als Parameter.

In diesem Kapitel wurden Begriffe im Zusammenhang mit den folgenden Schlüsselwörtern erörtert:

```
boolean      int
break        long
byte         return
double       short
false        static
float        true
for          void
```

Die folgenden Schlüsselwörter wurden erwähnt, werden aber erst später definiert:

```
char
final
while
```

Die folgenden Bestandteile der Java-Bibliotheken wurden besprochen:

```
Math        round
PI          abs
pow         max
sqrt        min
atan        String
cos         Calendar
sin         compareTo
tan         compareToIgnoreCase
toDegrees   equals
toRadians   equalsIgnoreCase
random      Date
```

Und außerdem stellten wir die folgenden Schemata vor, die sich vor allem auf Methoden bezogen:

- Methoden der Klasse `Math` (Kurzform)
- Typumwandlung
- Einfache For-Anweisung
- Deklarationen einer einfachen `void`-Methode
- Einfacher Aufruf der `void`-Methode
- Deklarationen formaler Parameter
- Aktuelle Parameter
- Deklaration einer `void`-Methode
- Aufruf einer `void`-Methode
- Deklaration einer Methode mit Ergebnis
- Aufruf einer Methode mit Ergebnis
- Rangfolge der (Booleschen) Operatoren
- Methode für den Zeichenreihenvergleich
- `Date`-Klasse von Java
- For-Schleife

3.10 Übungen

3.1 Wenn wir nach Abzug von Freibeträgen ein Drittel unserer Einkommens als Steuern bezahlen, wie würde dann diese Steuerformel in einem Java-Ausdruck beschrieben?

(a) `1/3*income - rebate`

(b) `1/3 * (income - rebate)`

(c) `(income - rebate) / 3`

(d) `income/3 - rebate`

3.2 Wie viele Sterne zeigt diese Schleife an?

```
for (int star = 9; star < 0; star++) {
  System.out.print('*');
}
```

(a) 9

(b) 0

(c) 10

(d) 8

3.3 Mit welcher For-Anweisung kann eine Schleife über die Jahrzehnte des 20. Jahrhunderts (d.h. 1900, 1910,...,1990) gebildet werden?

(a) `for (int year = 1990; year <= 1990; year ++)`

(b) `for (int year = 1990; year < 2000; year ++)`

(c) `for (int year = 1090; year <= 1990; year +=10)`

(d) `for (int year = 1090; year <= 1990; year +10)`

3.4 Wenn `x` ein `double` ist und den Wert `-3.00000000008` hat, was wird `System.out.print(x)` dann ausgeben?

(a) `-3.00000000008`

(b) `-3.0`

(c) `-3.0E-11`

(d) `-3.8E-10`

3.5 Welches Schlüsselwort muss jede Methode mit Ergebnis haben?

(a) `void`

(b) `return`

(c) `break`

(d) `public static void`

3.6 Wenn wir `String name = "John"` deklarieren, gibt der Ausdruck `name == "John"` das Ergebnis `false` zurück. Warum?

(a) Hier sollte ein = und kein == stehen

(b) `name` und `"John"` sind unterschiedliche Objekte

(c) `"John"` wird automatisch in acht Zeichen verpackt und ist daher von vier Zwischenräumen gefolgt.

(d) Der Ausdruck müsste in Klammern stehen.

3.7 Wenn wir überprüfen möchten, ob zwei `Curio`-Objekte `a` und `b` den gleichen Namen und Preis haben, und uns die Beschreibung nicht interessiert, können wir verwenden:

(a) `a.name == b.name & a.price == b.price`

(b) `(a.name == b.name) && (a.price == b.price)`

(c) `a.name.equals(b.name) && a.price == b.price`

(d) `a==b & (a.description != b.description || a.description == b.description)`

3.8 Wie sieht die Zuweisung `time = addTime (time, 15)` aus dem Programm `PizzaDelivery1` im Programm `PizzaDelivery2` aus, wenn es eine Klasse `Time` mit einer Methode `addTime` gibt?

(a) `time = Time.addTime (time, 15);`

(b) `time.addTime(time,15);`

(c) `time = addtime (15);`

(d) `time.addTime(15);`

3.9 Um eine Zufallszahl zwischen 1 und 6 zu erhalten, würden wir verwenden:

(a) `number = Random(6)+1;`

(b) `number = Math.random(6);`

(c) `number = (int) (Math.random()*6 + 1);`

(d) `number = Math.random()*6;`

3.10 Wenn wir mit einer Methode zwei ganze Zahlen zurückgeben müssen, können wir verwenden

(a) ein Objekt als Parameter

(b) ein Objekt als Rückgabewert

(c) zwei Parameter

(d) Antwort (a) oder (b)

3.11 Aufgaben

Die Aufgaben 3.2 bis 3.4 haben etwa denselben Umfang wie die Fallstudie Pizzaservice und nutzen die im ganzen Kapitel erworbenen Kenntnisse. Die meisten anderen Aufgaben beziehen sich auf Schleifen und Methoden und sollen kleiner und mehr auf eine einzelne Aufgabe bezogen sein.

3.1 **Großes Tabellendiagramm.** Zeichnen Sie ein Modelldiagramm und ein Aufrufdiagramm (wie in Abbildung 3.3) für das Programm `LargeTemperatureTable` aus Beispiel 3.6.

3.2 **Marathonläufer.** Beim Marathonlauf von Savanna gibt es fünf Hauptkonkurrenten. Diese kommen aus England, Deutschland, Italien, Spanien und Norwegen. Die Organisatoren des Laufs erhalten über die einzelnen Läufer die folgenden Informationen: Name, Land, Alter, bisherige Marathon-Bestzeit (in Stunden und Minuten)

- Erstellen Sie eine Klasse, die einen Marathonläufer repräsentiert. Sie könnten die Klasse `Time` für die Bestzeit verwenden. Üblicherweise betragen Marathonzeiten ca. 2 Stunden.
- Schreiben Sie ein kurzes Programm, um zu testen, ob Sie erfolgreich fünf Läufer dieser Klasse erzeugen können.
- Schreiben Sie nun ein Programm `Race`, das die Läufer erzeugt, generieren sie dann eine zufällige Endzeit für den Lauf jedes Läufers und geben Sie die Liste der Läufer mit all ihren Details, der neuen Zeit und der neuen Bestezeit aus.

3.3 **Weight Watchers:** Zwei Freunde versuchen seit mehreren Wochen abzunehmen. Der eine wog anfangs 100 kg und hatte einen Taillenumfang von 98 cm, der andere wog 85 kg und hatte einen Taillenumfang von 95 cm. Jede Woche zeichnen sie ihr neues Gewicht und den Taillenumfang auf und finden heraus, wer in den einzelnen Kategorien mehr abgenommen hat.

- Entwerfen und programmieren Sie eine Klasse, um den Fortschritt der beiden in Form des gegenwärtigen Gewichts und Taillenumfangs festzuhalten.
- Testen Sie die Klasse, indem Sie für zwei Personen Objekte erzeugen.
- Schreiben Sie nun ein Programm für sechs Wochen, in dem jede Woche ein neues Gewicht und ein Taillenumfang generiert werden, die etwa dem aktuellen entsprechen (z.B. aktuelles Gewicht +/- bis zu 1,5 kg und aktueller Taillenumfang +/- bis zu 2 cm). Geben Sie die neuen Maße aus und speichern Sie sie in die Objekte. Geben Sie auch aus, wer jeweils mehr abgenommen hat.
- Führen Sie eine laufende Gesamtrechnung aller Abnahmen und geben Sie am Ende die Gesamtabnahme aus.

3.4 **Weltzeiten**. Ein E-Commerce-Unternehmen in London hat Kontakt zu Menschen auf aller Welt. Manchmal muss es Bestellungen telefonisch nachgehen und dafür wissen, wie spät es in einer bestimmten Zeitzone ist. In London gilt die Universal Time (UT). Geben Sie eine Tabelle aus, die für die Stunden 0:00 bis 23:00 die entsprechenden Uhrzeiten einer anderen Stadt enthält, z.B. Vancouver (UT - 8 Stunden), New York (- 5 Stunden), Kapstadt (+ 2) oder Sydney (+ 10). Verwenden Sie die Klasse `Time`, erweitert um `addTime`, um zuerst in der bereits besprochenen Weise rund um die Uhr zu gehen.

3.5 **Umwandlungen.** Eine Umwandlungstabelle kann als allgemeiner Algorithmus betrachtet werden. Passen Sie zur Verdeutlichung dieser Tatsache das Programm aus Beispiel 3.3 an, um die Umwandlung von Meilen in Kilometer (1 Meile = 1.6 Km) und von Dollar in Graz ($1 = G0,45) auszugeben.

3.6 **Andere Tabellen.** Verändern Sie die große Umrechnungstabelle, um andere Tabellen, z.B. die nachfolgenden, zu erstellen. Benutzen Sie für die Umwandlung Methoden mit Ergebnis.

- Celsius in Fahrenheit
- Meilen in Kilometer
- Liter in Gallonen
- Dollar in eine andere Währung

3.7 **Abstimmung:** Ein Aufsichtsrat hat drei Mitglieder, von denen jeder einen Zwei-Wege-Schalter mit den Möglichkeiten ja und nein hat. Bei Abstimmungen leuchtet eine Lampe auf, wenn die Ja-Stimmen überwiegen. Der Stromkreis, der das Anschalten der Lampe implementiert, wird durch die Boolesche Funktion

$L = a \,\&\, (b \mid c) \mid b \,\&\, c$

dargestellt. Schreiben Sie ein Programm, das eine Tabelle der alternativen Ja/Nein-Werte für *a*, *b* und *c* und den *L*-Wert erstellt. Implementieren Sie *L* mit einer Booleschen Methode.

3.8 **Genaue Uhrzeit.** Bei den Marathonläufern wird angenommen, dass bei ihren Laufzeiten auch die Sekunden und Sekundenbruchteile aufgezeichnet werden. Erweitern Sie die Klasse `Times` um dieses besondere Feld (Sie könnten eine `double`-Variable benutzen). Testen Sie die Klasse mit einem kleinen Testprogramm.

3.9 **Zehn grüne Flaschen.** Ein ziemlich langes Lagerfeuerlied geht so:

There were ten green bottles hanging on the wall,
Ten green bottles hanging on the wall
And if one green bottle should accidentally fall
There'll be nine green bottles hanging on the wall.

Nine green bottles hanging on the wall
And if one green bottle should accidentally fall
There'll be eight green bottles hanging on the wall.
etc.
One green bottle hanging on the wall
And if one green bottle should accidentally fall
There'll be no green bottles hanging on the wall.

Verwenden sie Rückwärts-Schleifen wie in Abschnitt 3.2 besprochen und entwerfen Sie einen Algorithmus, um ein solches Lied auszugeben. Programmieren Sie es so, dass es mit fünf grünen Flaschen beginnt.

3.10 **Etiketten.** Passen Sie das Programm aus Beispiel 3.2 an, um drei Etiketten mit Ihrem Namen und Ihrer Adresse nebeneinander auf einer Seite auszugeben, und machen Sie dies achtmal, um die Seite zu füllen. Wenn Sie die Ausgabe sorgfältig ausrichten, können Sie sie auf normalgroße Klebeetiketten fotokopieren.

3.11 **Klarere Tabellen.** Die Umwandlungstabelle in Beispiel 3.5 ist nicht ganz richtig, da die Werte in horizontaler Richtung zunehmen, statt in vertikaler, was üblicher wäre. Finden Sie heraus, wie Sie das Programm ändern müssen, um spaltenweise ansteigende Werte auszugeben.

3.12 **Zeitplan.** Es ist immer nützlich, leere Zeitpläne zu haben, in die Sie die eigenen Veranstaltungen eintragen können. Schreiben Sie ein Programm, das so einen Zeitplan ausgibt, mit Montag bis Freitag in horizontaler Richtung und den Stunden 8 bis 15 von oben nach unten. Der Zeitplan sollte angemessene Ränder haben.

3.13 **Histogramm.** Ein Histogramm ist allgemein ein nützliches Diagramm. Versuchen Sie, auf der Grundlage der Klasse aus Beispiel 3.4 eine Klasse zu erstellen, die Balken- und Achsenmethoden enthält und aufgerufen werden kann, für verschiedene Daten Histogramme auszugeben. Testen Sie sie
(a) indem Sie Zufallszahlen generieren, um die Temperaturen eines bestimmten Monats darzustellen (z.B. zwischen 10 und 30 Grad Celsius).
(b) indem Sie dem Wert von sin x Werte der Grade 0 bis 90 gegenüberstellen.

3.14 Geburtstage. Die Wahrscheinlichkeit, dass zwei Menschen in einer Gruppe von *n* den gleichen Geburtstag haben, beträgt

$$p(n) = 1 - \frac{365}{365} \times \frac{364}{365} \times \frac{363}{365} \times \cdots \times \frac{364 - n + 1}{365}$$

Schreiben Sie ein Programm, um diese Wahrscheinlichkeit für Gruppen von 2 bis 60 Personen auszuwerten und auszugeben. Zeichnen Sie eine Tabelle von *n* und *p(n)* für *n*-Werte von 10 bis 50. Falls Sie Aufgabe 3.13 bereits gelöst haben, stellen Sie die Werte für 10, 10,...50 in einem Histogramm dar.

3.15 Ein Zahlendreieck. Schreiben Sie ein Diagramm, das mit For-Anweisungen und print/println-Anweisungen das folgende Dreieck auf dem Bildschirm ausgibt. Lesen Sie die benötigte Zeilenzahl ein (hier werden fünf gezeigt).

```
1
2 2
3 3 3
4 4 4 4
5 5 5 5 5
```

Passen sie das Programm zur Ausgabe des Dreiecks so an, dass die Zahlen, wie unten dargestellt, zentriert werden. Passen Sie es erneut an, um das Dreieck auf dem Kopf stehend auszugeben.

```
    1
   2 2
  3 3 3
 4 4 4 4
5 5 5 5 5
```

3.16 Die Fibonacci-Folge besteht aus einer Folge von Zahlen, in der jede Zahl die Summe der beiden vorangehenden ist, z.B:
1 1 2 3 5 8 13 21 34 55 ...
Schreiben Sie ein Programm, um die ersten 50 Terme der Folge anzuzeigen. Adaptieren Sie das Programm mit einer geschachtelten For-Schleife, so dass es nur jede dritte Zahl anzeigt. Was fällt Ihnen an den Zahlen auf?

3.17 Muliplikationstabelle. Früher enthielt die letzte Seite von Schulheften sorgfältig gedruckte Multiplikationstabellen. Dabei waren immer drei nebeneinander und vier untereinander angeordnet und jede Reihe hatte die folgende Form:

```
4 times table      5 times table      6 times table
1 x 4 = 4          1 x 5 = 5          1 x 6 = 6
2 x 4 = 8          2 x 5 = 10         2 x 6 = 12
3 x 4 = 12         3 x 5 = 15         3 x 6 = 18
4 x 4 = 16         4 x 5 = 20         4 x 6 = 24
5 x 4 = 20         5 x 5 = 25         5 x 6 = 30
6 x 4 = 24         6 x 5 = 30         6 x 6 = 36
7 x 4 = 28         7 x 5 = 35         7 x 6 = 42
8 x 4 = 32         8 x 5 = 40         8 x 6 = 48
9 x 4 = 36         9 x 5 = 45         9 x 6 = 54
10 x 4 = 40        10 x 5 = 50        10 x 6 = 60
11 x 4 = 44        11 x 5 = 55        11 x 6 = 66
12 x 4 = 48        12 x 5 = 60        12 x 6 = 72
```

Schreiben Sie ein Programm, das Methoden und Parameter sinnvoll anwendet, um einen kompletten Satz der ersten 12 Multiplikationstabellen auszudrucken.

3.18 **Abgänger**. Fügen Sie der Klasse `Child` im Kindergarten-Programm (Aufgabe 2.8) eine Boolesche Methode hinzu, die zurückgibt, ob ein Kind in diesem Jahr den Kindergarten verlässt. Entscheiden sie, wo der Jahreswert deklariert und auf ihn zugegriffen werden soll: Soll er eine Konstante im Hauptprogramm sein, als Parameter übergeben werden, statisch in der Klasse existieren oder in anderer Form dargestellt werden?

3.19 **Manuskript**. Verändern Sie das Programm aus Aufgabe 2.10 (Buch) so, dass die Klasse die Anzahl der Manuskriptseiten aufzeichnet, und fügen Sie eine Methode hinzu, um auf der Grundlage einer Reduzierung um 80% die endgültige Seitenzahl zu berechnen. Überprüfen Sie die Klasse mit einem Testprogramm und generieren Sie 15 Kapitel mit einer zufälligen Anzahl von Manuskriptseitenzahlen zwischen 20 und 50.

3.20 **Schachbrett**. Ein Schachbrett besteht aus acht Reihen mit jeweils acht Quadraten, wobei die Quadrate abwechselnd weiß und schwarz sind. Schreiben Sie ein Programm, um ein Schachbrett zu zeichnen. Dabei soll der Großteil des Programms aus der Methode `paint` bestehen, mit zwei geschachtelten Schleifen und zwei Aufrufen von `fillRect`.

4 Eingabe und Ausgabe

In diesem Kapitel konzentrieren wir uns auf die Ein- und Ausgabe und stellen zwei maßgeschneiderte Java-Klassen vor, mit denen Sie zwei einfache und doch mächtige Werkzeuge als Mittel zur Interaktion mit einem Programm erhalten. Indem wir Werte in ein Programm einlesen, verändern wir seinen Zustand. Zwei andere Möglichkeiten, den Zustand zu verändern, sind die ausdrückliche Auswahl (die If-Anweisung) und die Reaktion auf Ausnahmen. Damit wir auf dem Bildschirm und mit Dateien die Eingabe-Ausgabe-Klassen benutzen können, müssen wir Pakete erstellen und verwenden können; auch damit werden wir uns befassen.

4.1 Interaktive Eingabe

Strom

Ein Programm ist meist darauf angewiesen, Werte für seine Variablen aus der Außenwelt zu beziehen. Derartige Werte bilden die Daten des Programms. Sie können aus Tabellen bestehen, die auf einer Diskette oder Platte gespeichert sind, aus Antworten auf Fragen oder einfach aus einzugebenden Wertelisten. Den Begriff **Strom** (engl. *stream*) verwendet man für eine Folge von Datenelementen aus einer einzelnen Quelle. Also werden sowohl die Tastatur als auch eine auf Diskette oder Festplatte gespeicherte Datei als ein Strom modelliert. In diesem Abschnitt betrachten wir die Tastatureingabe und danach, im Abschnitt 4.5, die Ein- und Ausgabe mit Dateien.

4.1.1 Eingabeströme

abstrakte Klasse

Das Eingabe-Äquivalent für `System.out` ist `System.in`. Zwar ist `System.in` gleichzeitig ein vordefiniertes Objekt, aber seine Klasse ist `InputStream`, in Java eine **abstrakte** Klasse. Abstrakte Klassen werden in Kapitel 9 vollständig behandelt. Hier müssen wir lediglich wissen, dass wir nicht immer Objekte abstrakter Klassen erzeugen können. Man muss das Objekt aus `System.in` einer anderen Klasse namens `InputStreamReader` als Konstruktorparameter zur Verfügung stellen und dadurch ein benutzbares Objekt erstellen. Zudem funktioniert die Eingabe über Tastatur am besten in gepufferter Form. Also übergeben wir dieses Objekt dann an eine andere Klasse, `BufferedReader`, und damit ist alles eingerichtet.

Wir sehen ein, dass dies ein komplizierter Weg zur Behandlung dieser Dinge ist, aber wie das folgende Schema zeigt, entsteht kein exzessiver Programmieraufwand.

Deklaration einer Eingabe über Tastatur

```
import java.io.*;
BufferedReader Strom = new BufferedReader
      (new InputStreamReader(System.in));
```

Importiert das Paket `java.io`.

Erzeugt ein `InputStreamReader`-Objekt auf der Grundlage des `System.in`-Objekts und benutzt es zur Erzeugung eines `BufferedReader`-Objekts, das den Bezeichner *Strom* erhält.

Vor der Klasse, die die Deklaration enthalten soll, müssen wir das Paket `java.io` importieren, in dem die drei genannten Klassen definiert sind. Danach erzeugt die Deklaration einen neuen, an `System.in` angeschlossenen Strom, der über alle Funktionen der `BufferedReader`-Klasse verfügt. Eine typische derartige Deklaration ist:

```
BufferedReader in = new BufferedReader
                         (new InputStreamReader(System.in));
```

Diese deklariert `in` als den mit der Tastatur verbundenen Strom. Im Abschnitt 4.5 werden wir sehen, wie man Ströme auch mit Dateien verbinden kann.

Ausnahmen

Beim Einlesen kann etwas schiefgehen, z. B. können die Daten unerwartet abbrechen oder falsch formatiert werden. Solche Ereignisse nennt man **Ausnahmen** (engl. *exceptions*). Wie man sie behandelt, betrachten wir später in diesem Kapitel. Java verlangt allerdings, dass wir in jeder Methode die Ausnahmen angeben, die auftreten könnten. Wenn wir einlesen möchten, müssen wir daher bei jeder Methode, die etwas einliest, und jeder Methode, die dies aufruft und die Ausnahme nicht behandelt, hinter der Methodendeklaration folgende Phrase hinzufügen:

```
throws IOException
```

Dieses Vorgehen wird im Beispiel 4.1 gezeigt.

4.1.2 Zeichenreihen lesen

Die `BufferedReader`-Klasse stellt eine `readLine`-Methode zur Verfügung, die der `println`-Methode ähnelt. Diese liest eine ganze Textzeile in die angegebene Zeichenreihe ein. Ihr Schema ist:

Eine Zeichenreihe lesen
Zeichenreihe = *Strom*.readLine();
Holt eine ganze Datenzeile als Zeichenreihe aus dem gegebenen *Strom* und weist sie *Zeichenreihe* zu.

Beachten Sie zwei Unterschiede zwischen diesem Schema und dem der Ausgabe:

- Das Suffix lautet `-Line` und nicht `-ln`;
- Die Methode hat ein Ergebnis und ist nicht `void`, wird also in einer Zuweisung aufgerufen, und steht nicht für sich alleine.

Beispiel 4.1: Grüße

Aufgabe

Angenommen, wir möchten jemanden auf Französisch begrüßen.

Lösung

Schreiben Sie ein Programm mit einer integrierten Grußformel und bitten Sie den Anwender, seinen Namen einzugeben.

Programm

Das Programm ist ziemlich klar. Wir folgen nicht nur dem Schema für die Verbindung mit der Tastatur, sondern denken auch daran, eine `IOException` im Konstruktor und in `main` auszulösen.

```
import java.io.*;

class Greetings {

  /*  A simple greetings program   von J M Bishop  Okt 1996
   *  -------------------------   Java 1.1  Dez 1997
   *                              aktualisiert Mai 2000
   */

  Greetings () throws IOException {

    BufferedReader in = new BufferedReader
          (new InputStreamReader(System.in));

    System.out.print("What is your name? ");
    String name = in.readLine();
    System.out.println("Bonjour " + name);
```

```
  }

  public static void main (String args []) throws IOException {
    new Greetings();
  }
}
```

Test

Hier ist ein Probelauf, bei dem wie zuvor Normaldruck für die Eingabe und Fettdruck für die Ausgabe verwendet wird.

```
What is your name?
Pierre Marchand
Bonjour Pierre Marchand
```

Denken Sie daran, dass `readLine` eine ganze Zeile aus der Tastatur einliest, bis die Return-Taste betätigt wird.

4.1.3 Zahlen einlesen mit Java

Java kann leicht Werte der anderen Datentypen lesen, soweit sie bereits binär und in einer Datei gespeichert sind. Möchten wir jedoch von der Tastatur aus mit einem Programm interagieren, sollten wir in Java eine Zeichenreihe einlesen und die Umwandlung explizit im Programm vornehmen. Die Umwandlungsroutinen werden einerseits mit den Objektklassen geliefert, die zu den Grundtypen gehören, andererseits aber auch mit speziellen Klassen, die das (im Kapitel 7 behandelte) Paket `java.text` zur Verfügung stellt. Dieselben Klassen können auch zum Formatieren der Ausgabe eingesetzt werden.

Diese Klassen sind zwar mächtig, aber nicht einfach zu handhaben. Das ist schlecht, da das Einlesen einer Zahl immerhin eine Operation ist, die wir wohl häufig werden ausführen müssen. Das Einlesen einer reellen Zahl würde folgendermaßen aussehen:

```
double d = Double.valueOf(in.readLine()).doubleValue();
```

Etwas derart Kompliziertes kann man natürlich leicht in einer Methode verbergen, und für die reellen Zahlen und die anderen Typen lassen sich ähnliche Methoden erstellen. Dann könnten wir die Methoden zusammenfassen und eine Klasse erstellen, die die gewünschte Funktionalität bietet. Genau dies macht *Java lernen*.

Der Fairness halber muss gesagt werden, dass die `java.text`-Klassen gut durchdacht sind und in einem internationalen Umfeld vielseitiges Programmieren ermöglichen, da sie z.B. die Eingabe von Prozentwerten, Währungen und Zahlen abdecken.

4.2 Benutzerfreundliche Ein- und Ausgabe

Aus dem oben Gesagten wird deutlich, dass die Zahleneingabe in Java noch schwieriger ist als die Ausgabe. Die kompletten Eingabefunktionen von Java, wie wir sie im Kapitel 7 besprechen werden, sind zwar tatsächlich mächtig, aber Java selbst liefert keine einfache Alternative. Die Verwendung der Roheingabe in Java kann davon ablenken, worum es eigentlich geht: Programmieren zu lernen und vor allem echte Probleme zu lösen. Daher haben wir für dieses Buch zwei Klassen erfunden:

- `Display` ist eine verallgemeinerte grafische Benutzungsoberfläche, die Eingabe und Ausgabe gleichzeitig anzeigt;
- `Stream` ist eine einfache Möglichkeit, Textdaten mit einer Java-Konsole, einem Befehlsfenster oder einer Textdatei ein- und auszugeben.

GUI

`Display` wurde eigens für das kürzlich erschienene Buch *Java Gently for Engineers and Scientists* geschrieben und bietet eine einfach zu benutzende Steuerung der grafischen Benutzungsoberfläche (*graphical user interface*, GUI). `Stream` basiert auf einer Klasse namens `Text`, die 1997 für die erste Ausgabe von *Java Gently* geschrieben und von tausenden von Nutzern erfolgreich in Programme integriert wurde. Für diese Ausgabe wurde die Klasse `Text` komplett überarbeitet, sodass sie nun objektorientiert ist, und dennoch wurde ihre einfache Schnittstelle beibehalten, die sie so beliebt gemacht hat. Die neue Klasse heißt `Stream`, aber auch die alte `Text`-Klasse ist der Kompatibilität wegen noch verfügbar.

Die Klasse `Stream` besprechen wir weiter unten in diesem Abschnitt und noch einmal in diesem Kapitel, wenn wir uns mit den Dateien befassen. Dazwischen sehen wir uns die Klasse `Display` an und zeigen, wie sie eine sinnvolle Interaktion zwischen Programm und Anwender ermöglicht.

4.2.1 Die GUI-Klasse *Display* von *Java Gently*

Schiebebalken

Sehen wir uns zuerst an, was ein einfaches Programm anzeigt, das wiederholt zwei Zahlen addiert, wie es in der Abbildung 4.1 dargestellt wird. Die Anzeige ist in zwei Teile aufgeteilt, die linke Seite für die Eingabe und die rechte Seite für die Ausgabe. Beide Teile sind gleichzeitig sichtbar. Sie verfügen auch über einen **Schiebebalken**, sodass sie mehr Kästchen oder Zeilen haben können, als auf einmal angezeigt werden können. So kann man zurückgehen und frühere Ergebnisse des Programms ansehen.

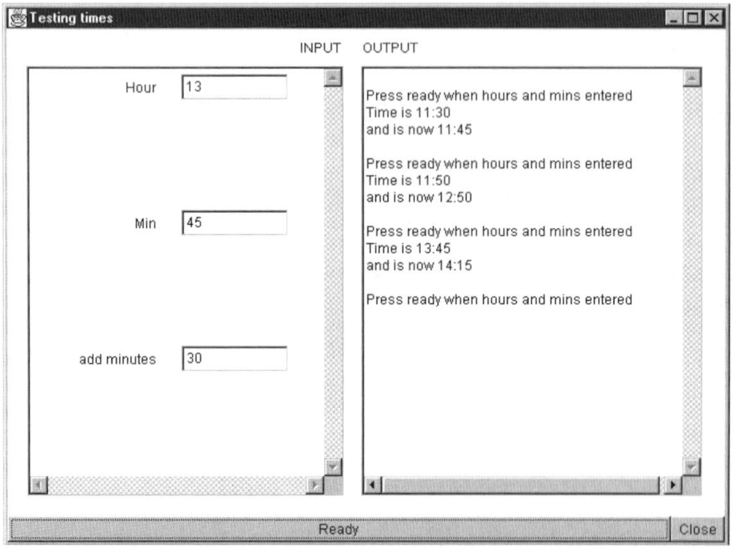

Abbildung 4.1: Die von einem einfachen Programm erzeugte Anzeige.

Steuerungsknöpfe

Am unteren Ende der Anzeige befinden sich zwei **Steuerungsknöpfe**: Ein großer „Ready"-Balken, der die Interaktion zwischen dem Benutzer und dem zu schreibenden Programm ermöglicht, und rechts ein kleiner „Close"-Knopf zum Schließen des Fensters und des Programms, das das Fenster benutzt.

Natürlich könnte man eine solche Anzeige für ein bestimmtes Programm von Anfang an in Java programmieren, und in Kapitel 10 werden wir auf jeden Fall lernen, wie man das macht. Dafür ist jedoch eine ganze Menge mühsamer Programmierarbeit erforderlich, die einfache Programme in wahre Monster verwandeln kann. Die Klasse `Display` sieht genauso aus, wie wir uns ein solches Programm vorstellen; wir haben jedoch das Prinzip der Wiederverwendbarkeit angewendet und die Klasse nur einmal für vielfache Verwendung programmiert.

4.2.2 Der Ausgabeteil

Vom Ausgabeteil in der Abbildung 4.1 aus betrachtet würde das Programm die folgenden drei Schritte durchlaufen:

- Eine einleitende Nachricht über die benötigten Daten anzeigen.
- Dem Benutzer sagen, was er tun muss, wenn die Daten bereit sind.
- Die Werte aus dem Eingabeteil holen, die Berechnung durchführen und die Ergebnisse anzeigen.

Dieses Programm ist so eingerichtet, dass diese Schritte so lange wiederholt werden, bis der Close-Knopf gedrückt wird. Somit stellt der Ausgabeteil den aktiven Programmfluss auf die übliche Weise dar.

4.2.3 Der Eingabeteil

Der Eingabeteil zeigt die Datenwerte, die der Anwender eventuell verändern muss. Folgende Schritte sind nötig, um diesen Teil zu benutzen:

1. Zu Beginn teilt das Programm der Anzeige mit, welche Datenwerte verändert werden müssen. Für jeden dieser Werte wird ein Kasten in Standardgröße und mit einer Beschriftung gezeichnet. Für die Kästen können Anfangswerte angegeben werden, was eine sehr nützliche Möglichkeit zum Testen des Programms ist, da sich der Benutzer nicht für jedes Feld neue Daten ausdenken muss.
2. Der Anwender nimmt die nötigen Änderungen an den Werten in den Kästen vor. Nicht alle Werte müssen geändert werden und man kann sie auch mehrmals überschreiben, bis sie richtig sind.
3. Der Anwender drückt den Ready-Knopf. Die `Display`-Klasse holt alle Werte aus den Kästchen, aktualisiert die interne Wertetabelle und gibt die Ablaufsteuerung an das Programm zurück.
4. Das Programm nimmt die benötigten Werte (vermutlich alle, die da sind) und setzt seine Berechnungen und die Ausgabe fort.

Um das Programm mit anderen Daten erneut auszuführen, werden die Schritte 2 bis 4 wiederholt.

4.2.4 Die Methoden der Klasse *Display*

Nachdem wir die Klasse `Display` informell betrachtet haben, führen wir nun ihre Methoden auf und beschreiben die Funktion jeder Methode in einem Kommentar.

Die Klasse `Display`

`new` `Display` (*Zeichenreihe*)
// erzeugt ein neues `Display`-Objekt mit einem Titel
`void` `println` (*Zeichenreihe*)
// gibt im Ausgabeteil eine Zeichenreihe aus
`void` `prompt` (*Zeichenreihe, Wert*)
// erstellt im Eingabeteil einen Kasten mit der gegebenen Zeichenreihe als Beschriftung und einem Initialwert, der ein `int`, `double` oder `String` ist

Die Klasse `Display`

`void` `ready` (*Zeichenreihe*)
// gibt eine Nachricht aus und wartet dann, bis der Ready-Knopf gedrückt wird
`int` `getInt` (*Zeichenreihe*)
// holt den `int`-Wert, der mit dieser Beschriftung eingerichtet wurde
`double` `getDouble` (*Zeichenreihe*)
// liest den `double`-Wert, der mit dieser Beschriftung eingerichtet wurde
`String getString` (*Zeichenreihe*)
// holt den `String`-Wert, der mit dieser Beschriftung eingerichtet wurde

Allein mit den ersten fünf Methoden kann ein ganzes Programm geschrieben werden. Die nächsten beiden - `getDouble` und `getString` - sind lediglich Varianten von `getInt`.

4.2.5 Die *Display*-Klasse starten

Bei der Verwendung der Klasse `Display` ist der erste Schritt die Erzeugung eines `Display`-Objekts. Eine Deklaration sieht folgendermaßen aus:

```
Display display = new Display ("Add two numbers");
```

Bei dieser Instanziierung lautet der Objektname `display`, mit einem kleinen d geschrieben, während die Klasse `Display` heißt, also mit einem großen D. Da dies die einzige Gelegenheit ist, bei der wir auf den Klassennamen Bezug nehmen, wird es später keine Verwirrung geben. Natürlich könnten wir unserem `display`-Objekt jeden beliebigen Namen geben, z.B.:

```
Display myWindow = new Display ("Add two numbers");
```

oder auch:

```
Display d = new Display ("Add two numbers");
```

In einem Programm kann es auch mehr als eine Anzeige geben, obwohl dies eher unwahrscheinlich ist. Daher benutzt man besser einen Standardnamen, und verwendet diesen in allen Programmen. In diesem Buch verwenden wir den Namen `display`. Mit dieser Konvention ist es ähnlich wie mit der Verwendung von `i` für Schleifenvariablen: Sie ist allgemein akzeptiert, auch wenn `i` an sich kein sehr vielsagender Bezeichner ist.

Bei der Erzeugung des Objekts wird der Klasse `Display` ein Parameter übergeben, der auch der Name des Fensters ist. Wie wir in der Abbildung 4.1 sehen, wird er in der obersten Zeile oder, wenn wir das Fenster minimieren, während wir etwas anderes machen, auf der Registerkarte angezeigt.

Als Nächstes müssen wir die Anfangsanweisungen in den Ausgabebildschirm schreiben. `Display` verwendet erneut den bekannten Methodennamen `println`, und alles, was wir in den Abschnitten 2.4 und 3.1 gelernt haben, gilt auch hier. Für die Anzeige in der Abbildung 4.1 lautet der `println`-Aufruf:

```
display.println("Test data set number " + i);
```

Der einzige Unterschied zwischen dieser Anweisung und einer textbasierten besteht darin, dass wir die Zeichenreihe nicht an `System.out` schicken, sondern an unsere Anzeige. (`System.out` hat eine sehr spezielle und etwas altmodische Verbindung zum Konsolenbildschirm oder DOS-Fenster.)

4.2.6 Eingabe über die Anzeige

Nun überlegen wir, wie man in eine GUI-Anzeige etwas eingeben kann. Jedes Datenelement wird durch die Beschriftung daneben identifiziert. Um ein Datenelement in den Eingabeteil zu bekommen, benutzen wir `prompt`:

```
display.prompt("Hour",11);
```

Hier ist 11 der Initialwert. Wir hätten aber ebensogut Folgendes sagen können:

```
display.prompt("Hour", 0);
```

Oder auch dies:

```
display.prompt("Hour", a);
```

wenn der Initialwert in `a` gespeichert ist. Das Programm fordert den Anwender auf, anzugeben, wann die Daten bereit sind, indem er `ready` aufruft:

```
display.ready("Press ready to add");
```

Die Nachricht wird angezeigt und der Ready-Knopf (der möglicherweise kurzfristig deaktiviert war) wird aktiv.

Um die Daten herauszubekommen, drücken wir zuerst den Ready-Knopf. Vergessen Sie das nicht! Wird der Knopf nicht gedrückt, so erfährt das Programm auch nicht, dass der Benutzer die Änderungen abgeschlossen hat. Dann rufen wir eine der drei `get`-Methoden auf, je nachdem, welchen Datentyp wir benötigen, z.B.:

```
h = display.getInt("Hour");
```

Die hier genannte Zeichenreihe gibt an, welcher der Kästen im Eingabeteil relevant ist. Das `display`-Objekt gibt den aktuellen Wert zurück und weist ihn der Variablen in der oben gezeigten Weise zu. Die Werte können in beliebiger Reihenfolge bearbeitet werden, sodass auch das Folgende durchaus zulässig (wenn auch ein wenig exzentrisch) ist:

```
m = display.getInt("Mins");
h = display.getInt("Hour");
```

Beispiel 4.2: Testen der Klasse `Time`

In der ersten Fallstudie testeten wir die Klasse `Time` mit einem früheren Programm, das eine Tabelle - das Pizzaservice-System - ausdruckte. Leichter wäre es gewesen, einfach die Werte einzulesen und auf die jetzt kennengelernte Weise zu testen, aber mit der Eingabe hatten wir uns zu jenem Zeitpunkt noch nicht befasst. Jetzt können wir zu `Time` ein einfaches Testprogramm hinzufügen und die Klasse damit gründlich prüfen. Die Ausgabe wurde in der Abbildung 4.1 bereits gezeigt; das Programm sieht folgendermaßen aus:

```
import javagently.*;

class TimeDisplay {

    TimeDisplay () {
      Times time;
      Display d = new Display ("Testing times");
      d.prompt("Hour",11);
      d.prompt("Min",30);
      d.prompt("add minutes",15);
      for (; ;) {
        d.ready("\ nPress ready when hours and mins entered");
        int hour = d.getInt("Hour");
        int min = d.getInt("Min");
        time = new Times (hour, min);
        d.println("Time is " + time);
        time.addMins(d.getInt("add minutes"));
        d.println("and is now " + time);
     }
    }
// Setzen Sie hier die Klasse Times ein

  public static void main (String [] args) {
    new TimeDisplay ();
  }
}
```

Wie wir sehen, erstellt das Programm die Anzeige und die Eingabekästen in der Initialisierungsphase. Danach tritt es in eine Endlosschleife ein. Dies ist kein Problem: Das Programm endet, sobald der Benutzer den Close-Knopf drückt, und nicht dann, wenn das Programm meint, genug Wiederholungen durchgeführt zu haben! Nun folgt die Reihenfolge `ready-get-println` und anschließend werden die Berechnungen vorgenommen. Dieses Programm ist ein Modell für viele der interaktiven Eingabe-Ausgabe-Programme, die noch folgen werden.

Beachten Sie, dass wir ein neues Paket namens `javagently` importieren: Darin befindet sich die Klasse `Display`. Im nächsten Abschnitt sehen wir uns an, wie das Paket `javagently` auf einem Computer installiert wird. Wenn Sie das obige Programm ausführen möchten, müssen Sie diesen Abschnitt eventuell zu Hilfe nehmen (oder vielleicht wurde bei der Einrichtung Ihres Computers `javagently` bereits installiert).

Test

Welche Werte sollten wir für den Test verwenden? Wir testen vor allem die Methode `addTimes`. Dafür benötigen wir verschiedene Uhrzeiten, denen unterschiedlich viele Minuten hinzugefügt werden. Die Grenzbereiche zwischen verschiedenen Stunden und Tagen sind die Punkte, an denen etwas schiefgehen könnte. Die folgende Auswahl ist angemessen:

```
hour        min         addmins     expected answer
23          30          15          23:45
23          30          29          23:59
23          30          30          00:00
23          30          60          00:60
```

Wir stellen sofort fest, dass unsere `Time`-Klasse insofern fehlerhaft ist, als sie nicht auf den nächsten Tag hinüberwechselt. Wenn wir zu 23:30 noch 30 Minuten hinzufügen, erhalten wir als Antwort 24:00. Als Übung erweitern wir nun die Klasse `Time` so, dass sie mit Mitternacht richtig umgehen kann.

4.2.7 Die *Stream*-Klasse von *Java Gently*

Die für die Eingabe und Ausgabe für *Java Gently* definierte Klasse heißt `Stream`. Sie bietet elf Methoden: Vier zum Öffnen von Eingabe und Ausgabe, vier zum Holen von Eingabe und drei zum Formatieren der Ausgabe. Diese haben das folgende Schema:

Die Stream**-Klasse**

```
Konstanten
---------
READ = 0,
WRITE = 1;

Konstruktoren
------------
Stream (InputStream Dateiname)
Stream (String Dateiname, int how)

Eingabe
-----
int    readInt ()
double readDouble ()
String readString ()
char   readChar ()

Ausgabe
------
void println  - für Objekte, String, int, double, char
void print    - für Objekte, String, int, double, char
void close()

Ausgabe - Klassenmethoden
----------------------
String format (int Zahl, int align)
String format (double Zahl, int align, int frac)
```

Der erste Konstruktor wird benutzt, wenn `InputStream` bekannt ist, z.B. bei einer Verbindung mit der Tastatur.

Der zweite Konstruktor wird benutzt, um Dateien zu verbinden, und der Parameter *how* zeigt an, ob die Datei gelesen oder ausgegeben werden soll.

Die vier Eingabemethoden operieren auf dem `Stream`-Objekt und holen das nächste Element von dem Strom, wobei sie es als Wert des angegebenen Typs interpretieren. Ist es der falsche Typ, holt die Methode ein weiteres Element. Alle Elemente müssen durch ein Leerzeichen oder ein anderes Interpunktionszeichen begrenzt sein.

`println` und `print` funktionieren genau wie bei `System.out`.

`close` muss für jede zu Schreibzwecken geöffnete Datei aufgerufen werden, damit der Inhalt für später erhalten bleibt.

Die Formatmethoden sind Klassenmethoden und werden daher durch `Stream.format` aufgerufen. Ihre Funktionsweise wird weiter unten detailliert beschrieben.

Möchten wir die Tastatur anschließen, so benutzen wir den ersten Konstruktor, der speziell für diesen Zweck entworfen wurde, z.B.:

```
Stream in = new Stream (System.in);
```

Dann können wir die vier Methoden zum Einlesen benutzen. `readInt` und `readDouble` geben wie gefordert Zahlen zurück. `readString` ist nicht ganz dasselbe wie die vordefinierte Methode `readLine`, denn alle Methoden der `Stream`-Klasse haben die Eigenschaft, mehrere Werte auf einer einzigen Zeile berücksichtigen zu können. Diese Fähigkeit wird im nächsten Beispiel veranschaulicht, und im Olympiamedaillen-System (Beispiel 4.10) machen wir vollen Gebrauch davon. `readChar` liest ein einzelnes Zeichen ein. Alle vier Methoden zum Einlesen verlassen sich darauf, dass das betreffende Element etwa durch ein Leerzeichen, einen Tabulator, ein Komma oder ein Zeilenende „abgegrenzt" wird. Dies bedeutet leider, dass wir keine aufeinander folgenden Zeichen lesen können, sondern nur solche, die durch derartige Begrenzungszeichen getrennt sind.

Im Allgemeinen verbinden wir für eine einfache interaktive Eingabe `System.out` mit dem Bildschirm (automatisch) und - mithilfe der obigen Anweisung - `in` mit der Tastatur. Folgende Verwendung von Lese- und Schreibmethoden ist typisch:

```
System.out.print("Enter your age: ");
int age = in.readInt();
```

Die beiden `format`-Methoden bieten eine Möglichkeit, numerische Ausgaben zu steuern, indem man eine Zahl in eine Zeichenreihe umwandelt. Da diese Methoden in keiner Weise mit einem Strom verbunden sind, können sie mit Daten verbunden werden, die an Dateien oder an die Standardausgabe `System.out` gehen. Was bedeutet es, dass sie Klassenmethoden sind? Diesen Begriff besprachen wir in Zusammenhang mit der `Math`-Klasse im Abschitt 3.1. Vergleichen Sie zur Wiederholung Folgendes:

```
double y = Math.sin(x);

mugs.write();
```

`sin` ist ein Beispiel für eine Klassenmethode, während `write` eine normale Objekt- (oder Instanz-) Methode ist und über das Objekt selbst aufgerufen wird. Klassenmethoden kommen in einer Klasse nur einmal vor und werden durch den Klassenbezeichner referenziert. `format` wird also über den Klassennamen `Stream` aufgerufen.

Bei den `format`-Methoden legt der Parameter `align` fest, wie viele Zeichen mindestens zum Ausgeben der Zahl verwendet werden sollen.

Ist also die Zahl 123 und der `align`-Parameter 6, kommen bei der Ausgabe drei Leerzeichen vor 123. Auf diese Weise kann man Zahlen ordentlich in Spalten ausrichten. Die `format`-Methoden haben die Eigenschaft, eine gegebene Lücke, in die die Zahl nicht hineinpasst, nach rechts zu erweitern. Die Ziffern vor dem Dezimalpunkt werden ohnehin alle ausgegeben. Für reelle Zahlen ist der Parameter `frac` definitiv: Es gibt immer diese Anzahl von Ziffern hinter dem Dezimalpunkt, alle weiteren Ziffern werden gekappt. Angenommen, wir hätten z. B.

```
System.out.println(Stream.format(x, 10, 4));
```

Dann erhielten wir für unterschiedliche `x`-Werte:

```
-1234.5678             -1234.5678
1234.56789              1234.5679
45.67                     45.6700
4                          4.0000
4.56789                    4.5679
0                          0.0000
123456789          123456789.0000
777777.88888          777777.8889
```

Schließlich gibt es auch noch Methoden, mit denen man Dateien öffnet und erzeugt und `print` und `println` für diese Dateien dupliziert (darüber später mehr).

`Stream` gehört zum `javagently`-Paket. Wie dieses Paket übersetzt und gespeichert und wie darauf zugegriffen wird, besprechen wir in Kapitel 7 ausführlich. Nun sehen wir uns ein Beispiel an, das `Stream` sinnvoll einsetzt.

4.2.8 Konstanten

Der aufmerksame Leser hat sicher bemerkt, dass im Schema der Stream-Klasse zwei Konstanten definiert werden, und dass diese mit Großbuchstaben geschrieben werden. In Java können wir Variablen mit Initialwerten deklarieren, die auch ihre endgültigen Werte sind, d. h. der Wert kann sich niemals verändern. Das Syntaxschema sieht folgendermaßen aus:

Konstantendeklaration
`static final` *`Typ`* `CONSTANTID =` *`Wert`*`;`
CONSTANTID wird deklariert und erhält den spezifizierten Wert. Der Wert kann nicht verändert werden.

Konstanten werden üblicherweise mit Großbuchstaben geschrieben. Ein Beispiel für eine Konstante, die wir bereits gesehen haben, ist `Math.PI`. Beispiele für Konstanten, die wir erstellen könnten, sind:

```
static final double KMTOMILES = 1.6;
static final int MILLENNIUM = 2000;
```

Beispiel 4.3: Die große Temperaturtabelle formatieren

Als ein Beispiel für die Verwendung der `Stream`-Klasse zur Formatierung einer Ausgabe überlegen wir, wie wir die im Beispiel 3.6 ausgegebene Tabelle zur Umrechnung von Temperaturen verbessern könnten. Dort verließen wir uns bei der Anordnung der Spalten auf Tabulatoren, was aber dann nicht funktionierte, wenn die Zahlen unterschiedlich lang waren: Die ersten Zeilen der Tabelle wurden weiter links ausgerichtet.

Wenn wir die `print`-Anweisungen in der `outaLine`-Methode einfach so ändern, dass sie folgendermaßen aussehen:

```
System.out.print(Stream.format(c,6));
System.out.print(Stream.format((int) fahrenheit(c),5));
```

erhalten wir die folgende, bessere Wirkung. Beachten Sie, dass es beim Ausgeben des Fahrenheit-Wertes eine kleine Schwierigkeit gibt. Da die von uns definierte Methode `Math.round` verwendet, wodurch als Ergebnis ein `long`-Wert geliefert wird, ließen wir im Originalprogramm die `fahrenheit`-Methode einen Wert vom Typ `long` zurückgeben. `format` benötigt jedoch einen `int`-Wert. Daher müssen wir das Ergebnis zuerst umwandeln, bevor es übergeben werden kann.

```
              Temperature Conversion Table
              ============================

     C    F     C    F     C    F     C    F     C    F
     0   32     1   34     2   36     3   37     4   39
     5   41     6   43     7   45     8   46     9   48
    10   50    11   52    12   54    13   55    14   57
    15   59    16   61    17   63    18   64    19   66
    20   68    21   70    22   72    23   73    24   75
    25   77    26   79    27   81    28   82    29   84
    30   86    31   88    32   90    33   91    34   93
    35   95    36   97    37   99    38  100    39  102
    40  104    41  106    42  108    43  109    44  111
    45  113    46  115    47  117    48  118    49  120
    50  122    51  124    52  126    53  127    54  129
    55  131    56  133    57  135    58  136    59  138
    60  140    61  142    62  144    63  145    64  147
    65  149    66  151    67  153    68  154    69  156
```

70	158	71	160	72	162	73	163	74	165
75	167	76	169	77	171	78	172	79	174
80	176	81	178	82	180	83	181	84	183
85	185	86	187	87	189	88	190	89	192
90	194	91	196	92	198	93	199	94	201
95	203	96	205	97	207	98	208	99	210

Beispiel 4.4: Alternative Grußprogramme

Die Klasse `Stream` ist von Natur aus tolerant: Sie erkennt verkehrte Zahlen und ermöglicht Ihnen, diese erneut einzugeben. Sie gestattet - und ignoriert - Leerzeilen und Zwischenräume zwischen den Datenelementen. Sie erlaubt diese allerdings nicht innerhalb von Zeichenreihen. Wenn wir also eine `Stream`-Version des Grußprogramms schrieben, erschiene nur einer von Pierres Namen:

```
import java.io.*;
import javagently.*;

class Greetings2 {
  Greetings2 () {
    Stream in = new Stream (System.in);

    System.out.print("What is your name?");
    String name = in.readString();
    System.out.println("Bonjour " + name);
  }

  public static void main (String [] args) throws IOException {
    new Greetings2 ();
  }
}
```

```
What is your name? Pierre Marchand
Bonjour Pierre
```

`Greeting2` entdeckt nur ein einziges Wort: Pierre, und nicht Pierre Marchand. Eigentlich gestattet `Stream` mehrere Elemente pro Zeile, wir müssen uns nur klar darüber sein, dass wir diese wollen. Eine dritte Version des Grußprogramms für einen aus zwei Wörtern bestehenden Namen lautet daher:

```
import java.io.*;
import javagently.*;

class Greetings3 {

  Greetings3 () {
    Stream in = new Stream (System.in);
```

```
    System.out.print("What is your name?");
    String name = in.readString();
    String surname = in.readString();
    System.out.println("Bonjour " + name +" "+ surname);
  }

  public static void main (String [] args) throws IOException {
    new Greetings3 ();
  }
}
```

```
What is your name? Pierre Marchand
Bonjour Pierre Marchand
```

`Stream` ist zwar gutmütig, aber auch sehr standhaft: Wenn sie zwei Namen will, bekommt sie sie auch, oder sie versagt den Dienst. Daher wartet der zweite Aufruf von `readString`, bis eine weitere Zeichenreihe eingegeben wird.

4.2.9 Folgen eingeben

Zu den Bedingungen, die wir auf die eine oder andere Art am häufigsten überprüfen müssen, gehört das Ende der Eingabe. Es gibt fünf Möglichkeiten, mit Eingaben von verschiedener Länge umzugehen.

1. **Man weiß und gibt im Voraus an**, wie viele Elemente es geben muss, und lässt einen Zähler mitlaufen.
2. **Man stellt den Daten die Anzahl der tatsächlich vorhandenen Elemente voran** und lässt einen Zähler mitlaufen.
3. Man nutzt eine **Dateiende-(*end-of-file*)-Ausnahme**, um das Ende der Elemente zu markieren.
4. Man setzt einen **speziellen Endwert** (engl. *termination value*) wie z. B. null oder 999 an das Ende der Elemente.
5. Man benutzt ein Element der Benutzungsoberfläche und lässt das Ende der Daten durch das **Drücken eines Knopfes** oder etwas Ähnliches anzeigen.

Die beiden ersten Methoden lassen sich auf Zählschleifen anwenden, da diese darauf angewiesen sind, dass vor Beginn des Lesevorgangs die Anzahl der Elemente feststeht. In einigen Fällen bedeutet dies vielleicht gar keine Einschränkung. Wenn wir zum Beispiel von einer Messung pro Stunde ausgehen, wissen wir, dass 24 Messungen einzugeben sind. Mit der zweiten Methode arbeiten wir im Beispiel 4.6.

Bei der dritten Methode ist die Anzahl der Elemente irrelevant. Stattdessen bricht der Lesevorgang bei Erreichen einer bestimmten Bedingung ab. Diese Bedingung wird durch eine Ausnahme signalisiert; den Umgang damit lernen wir im Abschnitt 4.5 Die vierte Methode ist auf bedingte Schleifen anwendbar und wird im Kapitel 5 besprochen. Die fünfte Methode schließlich ist auf das Vorhandensein einer Klasse wie `display` angewiesen, wie wir in diesem Abschnitt bereits gesehen haben.

4.3 Paketerstellung und -zugriff

Die Klassen `Display` und `Stream` sind in einem Paket namens `javagently` gespeichert, und um auf diese Klassen zugreifen zu können, muss dem Programm eine entsprechende Anweisung zum Importieren hinzugefügt werden, z.B.:

```
import javagently.*;
```

Das `javagently`-Paket enthält zurzeit drei Klassen:

```
Stream
Display
Graph
```

Weiter hinten in diesem Buch erklären wir kurz, wie `Graph` benutzt wird. Wenn wir nur die `Stream`-Klasse benötigen, wäre

```
import javagently.Stream;
```

genauso wirkungsvoll.

Da `javagently` unser eigenes Paket ist, ist es nicht in dem von Ihnen verwendeten JDK oder Ihrer Java-IDE in vorübersetzter Form enthalten. Wir müssen es also erst erstellen, bevor die Importanweisung funktioniert und wir die Programme im Abschnitt 2.1 ausführen können. Befolgen Sie diese einfachen Schritte:

1. Erstellen Sie eine Ebene oberhalb von der, auf der Sie arbeiten, ein Verzeichnis mit dem Namen `javagently`.
2. Laden Sie die gewünschten Dateien (z.B. `Display` und `Stream`) von der Website in dieses Verzeichnis oder geben Sie sie wie im Abschnitt 7.3 (`Stream`) oder Abschnitt 13.4 (`Display`) ein.
3. Übersetzen Sie `Stream.java und Display.java (und Graph.java, falls Sie auch das haben möchten)` vom Verzeichnis oberhalb von `javagently` aus.
4. Nun existieren im Verzeichnis `javagently` die entsprechenden Klassendateien und einige der von ihnen verwendeten Hilfsklassen.

5. Mit der für Ihre Maschine spezifischen Technik fügen Sie das Verzeichnis unmittelbar über `javagently` Ihrem Klassenpfad (nicht dem Pfad!) hinzu. Man fügt dem Klassenpfad also so etwas wie `C:\mywork\` hinzu, und nicht `C:\mywork\javagently\`.
6. Setzen Sie Folgendes an den Beginn Ihres Programms:

```
import javagently.*;
```

In der Abbildung 4.2 ist das Ergebnis dieser Schritte für eine PC-typische Situation zusammengefasst.

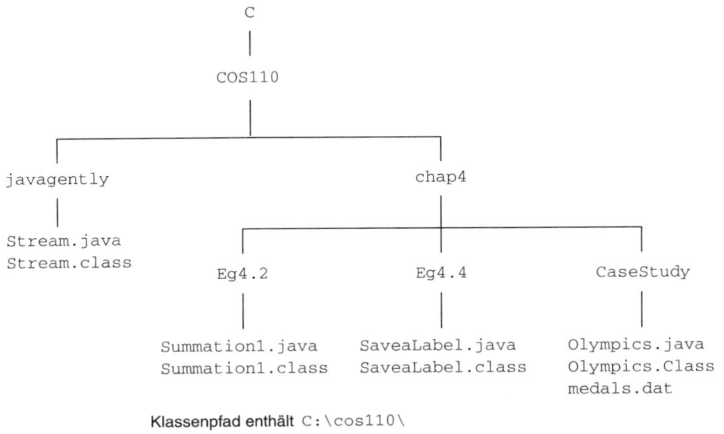

Abbildung 4.2: Ein Beispiel für eine Verzeichnisstruktur zur Nutzung des Pakets javagently

4.3.1 Modelldiagramme für Pakete

Wenn wir Modelldiagramme zeichnen, haben auch Pakete eine Notation. Diese wird in der Abbildung 4.3 mit Beispielen gezeigt. Das Pfeilsymbole ist für den Import eines Paketes dasselbe wie für eine Instanziierung; dabei ist die Unterscheidung aber eindeutig, da man ein Paket nicht instanziieren kann. Das Programm `Greetings3` könnte daher wie in der Abbildung 4.4 dargestellt werden. Diese zeigt, dass das Objekt `Greetings3` (das aus der hier nicht gezeigten Klasse `Greetings3` erzeugt wird) zwei Pakete importiert. Eines ist ein Java-Paket, auf das wir hier nicht näher eingehen, und das andere ist das benutzerdefinierte Paket mit drei Klassen.

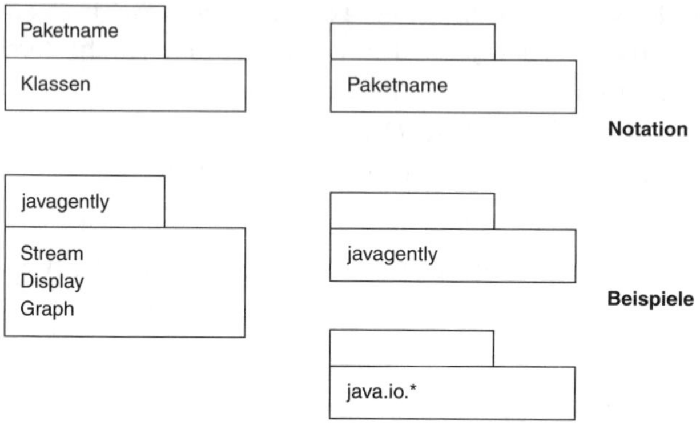

Abbildung 4.3: Die Klassennotation für Pakete.

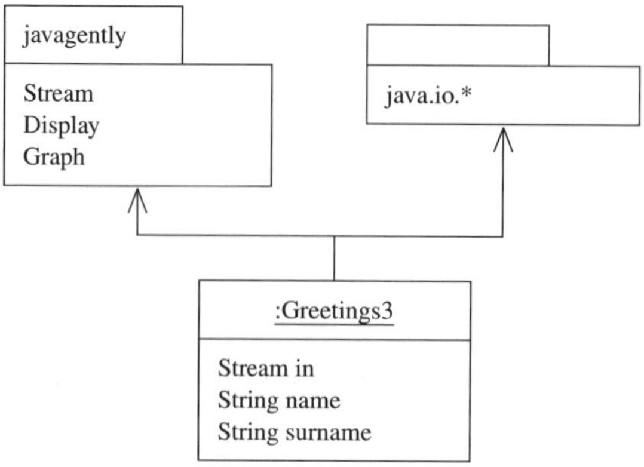

Abbildung 4.4: Das Modelldiagramm des Programms Greetings3 zeigt die Pakete.

4.4 Auswahl mit If-Anweisungen

Nachdem wir im Kapitel 3 bereits Vergleiche und den Typ `boolean` benutzt haben, können wir nun zur If-Anweisung kommen. Bisher wurden zwei Wege zum Ändern der Werte von Variablen behandelt: sie zuzuweisen und sie einzulesen. Nun betrachten wir, wie man Werte in Variablen prüft und je nach Prüfergebnis alternative Aktionen ausführt. Java verfügt über zwei **Auswahlanweisungen** (engl. *selection statements*), die man als If-Anweisung und als Switch-Anweisung bezeichnet. Die **If-Anweisung** betrachten wir hier, die **Switch-Anweisung** im nächsten Kapitel.

4.4.1 Schema der If-Anweisung

Das allgemeine Schema der If-Anweisung sieht folgendermaßen aus:

If-Anweisung

`if (Bedingung) {`
`  Anweisungen1;`
`}`
`else {`
`  Anweisungen2;`
`}`

Werte die *Bedingung* aus. Ist sie wahr, so führe *Anweisungen1* aus; ist sie falsch, so führe *Anweisungen2* aus. Der else-Teil ist optional: Ist er nicht enthalten, so führt eine falsche Bedingung dazu, dass die Ausführung mit der Anweisung nach der If-Anweisung weitermacht.

Die Bedingung ist ein Boolescher Ausdruck, wie er im Abschnitt 3.6 behandelt wurde. Beispiele sind:

```
speed > speedlimit
(age >= 16) & (age < 75)
isaMinor
year == 1066
day != 29
initial != 'J'
time.lessThan(close)
answer.equals("Yes")
```

In der der If-Anweisung nennen wir den Anweisungsblock hinter der Bedingung den **Then-Teil** und die auf `else` folgenden Anweisungen den **Else-Teil**. Die gesamte If-Anweisung wird folgendermaßen ausgeführt: Als Erstes wird die Bedingung ausgewertet. Ist deren Ergebnis `true` (also wahr), wird der Then-Teil ausgeführt und der Else-Teil übersprungen. Ist das Resultat `false` (also falsch), so wird der Then-Teil übersprungen und der Else-Teil ausgeführt. Ein einfaches Beispiel wäre:

```
if (number >= 0) {
  System.out.println("Positive")
}
else {
  System.out.println("Negative");
}
```

Im Schema der If-Anweisung wurde `else` kursiv angegeben. Dies bedeutet, dass es optional ist und die Anweisung auch in der Version „if-then“ eingesetzt werden kann. Zum Beispiel:

```
if (day == 25) {
  System.out.println("Christmas, Hooray");
}
```

Zur Veranschaulichung der If-Anweisung zeigen wir zunächst einen klassischen Algorithmus, nämlich den zum Auffinden der größten Zahl einer Zahlenfolge.

Beispiel 4.5: Die größte Zahl

Aufgabe

Finden Sie die größte Zahl in einer Zahlenfolge.

Lösung

Ein Programm kann die Zahlen nacheinander einlesen, sich die bisher größte Zahl merken und diese nötigenfalls aktualisieren. Wir stellen fest, dass auch für negative Zahlen Vorsorge getroffen werden sollte.

Algorithmus

Dieser Algorithmus ist sehr interessant, da er das Induktionsprinzip veranschaulicht. Als Erstes nehmen wir an, dass wir die größte von n Zahlen gefunden haben. Dann wird die $n+1$te Zahl gelesen. Um die größte der $n+1$ Zahlen zu finden, braucht man lediglich die neue Zahl mit der bisher größten zu vergleichen und diese zu ersetzen, falls die neue Zahl größer ist. Dieser Prozess kann so oft wie nötig wiederholt werden.

Es fragt sich allerdings, wie dieser Prozess beginnt. Nun, die größte Zahl einer Folge mit der Länge eins ist eben diese eine Zahl. Daher lesen wir zu Beginn eine einzelne Zahl ein, erklären sie zur größten und machen von da aus weiter.

Programm

Die Eingabe erhalten wir von der Tastatur und zum Einlesen verwenden wir die Stream-Klasse.

```
import java.io.*;
import javagently.*;

class HighestValue {

  /* The Highest Value Program      von  J M Bishop  Aug 1996
   * ------------------------       Java 1.1 Oktober 1997
   *                                Java 2 und neue Klasse Stream
   *                                Mai 2000
   *
   * Findet die größte Zahl in einer Liste.
```

```
  * Veranschaulicht die If-Anweisung
  */

 HighestValue () {

   Stream in = new Stream (System.in);

   System.out.println("*****  Finding the highest number *****");

  // Find heraus, wie viele Zahlen kommen werden
   System.out.print("How many numbers (1 or more)?");
   int n = in.readInt();

  // Beginne die Folgen
   System.out.println("Type them in");
   System.out.print("1>");
   int highest = in.readInt();

  // Lies und prüfe den Rest der Zahlen
   int number;
   for (int i = 2; i <= n; i++) {
     System.out.print(i+">");
     number = in.readInt();
     if (number > highest) {
       highest = number;
     }
   }

   System.out.println("That's enough, thanks");
   System.out.println("The highest number was " + highest);
 }

 public static void main(String[] args) throws IOException {
   new HighestValue ();
 }
}
```

Test

Einen solchen Algorithmus kann man gut testen, indem man zuerst die erste Zahl als größte nimmt, dann die letzte Zahl und dann eine in der Mitte. Ein anderer Test wäre, alle Zahlen außer einer gleich zu machen. Dies bleibt dem Leser überlassen; hier wird nur ein Programmdurchlauf gezeigt:

```
*****  Finding the highest number *****
How many numbers (1 or more)?  5
Type them in
1>  56
2>  -99
3>  23
4>  70
```

```
5>  -4
That's enough, thanks
The highest number was 70
```

Beispiel 4.6: Den Durchschnitt von Messungen berechnen

Aufgabe

Eine wissenschaftliche Expedition liest täglich mehrmals Messdaten ab und möchte den Durchschnitt dieser Messungen berechnen. Allerdings sollten alle Messungen, die außerhalb eines bestimmten Zahlenbereichs liegen, verworfen werden.

Lösung

Die Aufgabe besteht aus zwei Teilen:

- Die Messdaten eingeben und die Ergebnisse melden.
- Die Messungen überprüfen und ihren Durchschnitt berechnen.

Entwurf

Der Teil des Programms, der die If-Anweisung betrifft, sieht folgendermaßen aus:

```
if (reading >= min & reading <= max) {
   total += reading;
   n++;
   d.print("K");
 }
 else {
   d.print("X");
 }
```

Anders ausgedrückt: Haben wir einen im zulässigen Wertebereich liegenden Messwert, so addieren wir ihn hinzu, erhöhen *n*, und geben auch ein Symbol aus, das anzeigt, dass die Messung in Ordnung war. Andernfalls kennzeichnen wir die Messung mit einem X und nehmen sie nicht in die Berechnung auf.

Es wird auch gezeigt, wie man ein Programm abbrechen kann, indem man eine Zeichenreihe in ein Feld eingibt. Wir möchten zum Abbrechen nicht den Close-Knopf benutzen, da wir dann die Ausgabe am Ende mit dem wichtigen Durchschnittswert verlieren. Daher verwenden wir eine Boolesche Variable namens `done` und eine Zeichenreihe, die wir nach jedem Wert lesen, z.B.:

```
status = d.getString("Finished?");
done = status.equals("Yes");
```

`done` wird in der For-Schleife ganz oben überprüft.

Programm

Das vollständige Programm sieht folgendermaßen aus:

```
import javagently.*;
```

```
class ReadingsAverages {

  /* Averaging readings (Display version)  J M Bishop Mai 2000
   * ------------------------------------
   *
   * Berechnet den Durchschnitt von Messungen in einem bestimmten
   * Bereich; Veranschaulicht die If-Anweisung
   */

  Display d = new Display ("Averaging readings");

  ReadingsAverages () {

    double total = 0;
    double reading;
    int min, max;
    int n;
    boolean done = false;
    String status;

    d.prompt("Minimum",0);
    d.prompt("Maximum",100);
    d.ready("Press ready when min and max adjusted");
    min = d.getInt("Minimum");
    max = d.getInt("Maximum");
    d.println("Min is "+min+" and max is "+max);
    d.prompt("Next reading",0);
    d.prompt("Finished?","No");
    d.println("Press ready after entering each reading");
    d.println("Enter Yes when finished");
    for (n = 0; !done;) {
      d.ready();
      reading = d.getDouble("Next reading");
      d.print ("  " + reading);
      if (reading >= min & reading <= max) {
        total += reading;
        n++;
        d.print("K");
      }
      else {
        d.print("X");
      }
      status = d.getString("Finished?");
      done = status.equals("Yes");
    }
    d.println("\n Average "+" for "+n+" readings is "+
      Stream.format(total/n,8,3));
  }
```

```
  public static void main (String [] args) {
    new ReadingsAverages ();
  }
}
```

Modelldiagramm

Um zu zeigen, dass die Klassen `Stream` und `Display` über Objekte benutzt werden, führen wir ein Modelldiagramm für dieses Programm an (Abbildung 4.5). Das Diagramm erläutert deutlich die Unterschiede zwischen den Klassen und Objekten. `ReadingsAverages` ist eine Klasse und hat eine `static`- Methode, nämlich `main`. `main` erzeugt ein Objekt der Klasse und das Objekt hat eine Objektvariable und einen Konstruktor. Der Konstruktor hat mehrere eigene Variablen, die alle einfache Variablen oder Zeichenreihen sind. Zu der Objektvariablen `d` wird ein `Display`-Objekt erzeugt. Es besitzt, wie in der Abbildung gezeigt, alle Methoden dieser Klasse.

Die Abbildung 4.5 zeigt auch die Paketnotation: Ein Kasten mit einem Reiter. In die Klasse `ReadingsAverages` werden zwei Pakete importiert, nämlich `java.io` und `javagently`.

Das Diagramm ist vollständig. Im Programm wird zwar nicht erwähnt, dass `javagently` `java.io` benutzt, doch wir wissen es und importieren dieses Paket daher ebenfalls. Als Klasse importiert `ReadingsAverages` das Paket `javagently`. Als Objekt, das denselben Bezeichner wie seine Klasse hat, ist `ReadingsAverages` eine Instanz seiner Klasse. Dieses Objekt hat eine Variable und eine Methode, wir zeigen jedoch auch die Variablen der Methode. Die Variable `d` wird für ein `Display`-Objekt erstellt. Es besitzt die acht Methoden, die diese Klasse spezifiziert. Schließlich zeigen wir diese Assoziation noch durch einem Pfeil, der zu der `Display`-Klasse im `javagently`-Paket zurückweist.

Test

Die Abbildung 4.6 zeigt die typische Ausgabe am Ende einer Ausführung des Programms. Bei der Wahl der Testdaten sollten wir darauf achten, dass wir immer alle Teile der If-Anweisungen mit ausprobieren. Da wir hier nur eine If-Anweisung haben, stellen wir sicher, dass einige der Daten das Resultat K und einige das Resultat X ergeben. Wir sollten auch Minimal- und Maximalwerte aufnehmen.

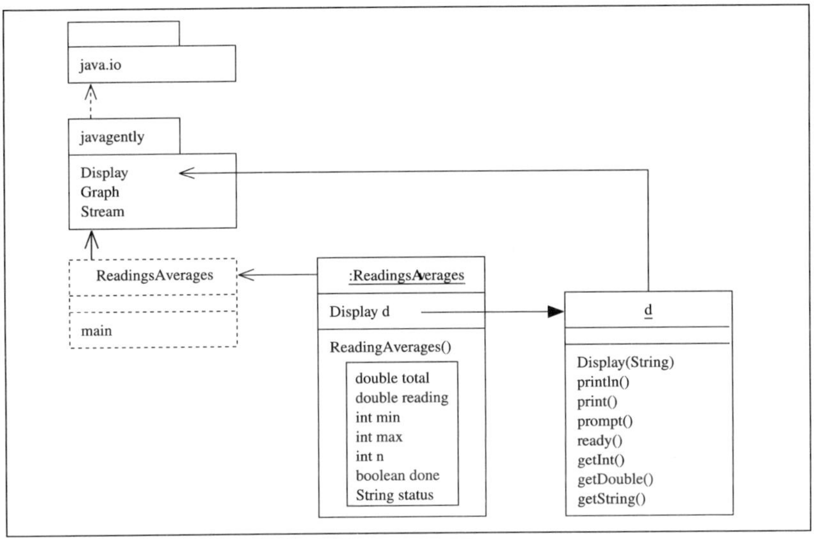

Abbildung 4.5: Das Modelldiagramm des Programms AveragingReadings

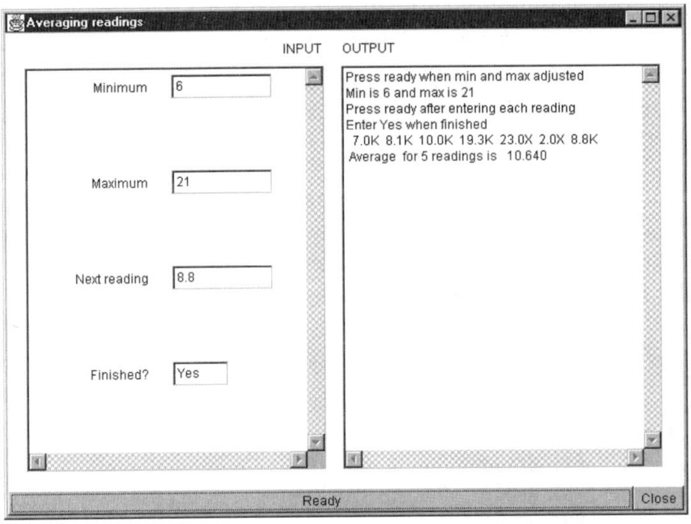

Abbildung 4.6: Eine Anzeige des Programms AveragingReadings

4.4.2 Aufeinander folgende Else-Ifs

Manchmal müssen mehr als zwei Möglichkeiten bedacht werden. Ein Weg dies zu tun, sind **aufeinander folgende Else-Ifs**. Die Bedingung für die erste If-Anweisung eliminiert einen Fall und überlässt den Rest dem Else-Teil. Dieser führt seinerseits eine neue If-Anweisung ein, die eine weitere Bedingung herausfiltert und den Rest ihrem Else-Teil überlässt und so weiter. Else-Ifs kann man mit einem Beispiel, das verschiedenen Punktebereichen Bewertungen zuweist, gut veranschaulichen:

```
int marks;
char grade;

if       (marks >= 80) grade="A";
else if  (marks >= 70) grade="B";
else if  (marks >= 60) grade="C";
else if  (marks >= 50) grade="D";
else                   grade="E";
```

Beachten Sie bei dieser Anweisung die folgenden Punkte:

- Die Bedingungen sind sorgfältig geordnet, sodass jede einen bestimmten Punktebereich eliminiert. So wird die Zeile, die alles über 50 mit D bewertet, erst erreicht, wenn bereits festgestellt wurde, dass die Punkte unter 60 liegen.
- Die letzte Bewertung, E, wird für alle übrigen Punkte erteilt und benötigt keine Bedingung.
- Das Layout der aufeinander folgenden If-Anweisungen ist für die Lesbarkeit von Bedeutung und sollte möglichst weitgehend das Bedingungsmuster wiedergeben.
- Die Anweisungen erscheinen zur besseren Lesbarkeit auf derselben Zeile wie die Bedingung.

Eine Zusatzüberlegung ist, dass die am häufigsten auftretenden Bedingungen als erste geprüft werden sollten. Wenn wahrscheinlicher ist, dass Studenten durchfallen, dann ist es etwas effizienter, die Reihenfolge der Bedingungen wie folgt anzuordnen:

```
int marks;
char grade;

if       (marks < 50) grade="E";
else if  (marks < 60) grade="D";
else if  (marks < 70) grade="C";
else if  (marks < 80) grade="B";
else                  grade="A";
```

Nehmen wir als ein weiteres Beispiel an, dass wir in einem Kurs mehr als 300 Studenten haben, die wir für Vorlesungen auf drei verschiedene Räume verteilen müssen. Grundlage dieser Verteilung sollen die Namen in alphabetischer Reihenfolge sein. Aus der Namensliste sehen wir, dass die zweite Hundertergruppe mit dem Familiennamen Jonson und die dritte mit dem Familiennamen Paulus beginnt. Wir können die folgende Methode erstellen, die den Namen des Hörsaals zurückgibt, dem ein Student zugewiesen wird.

```
String room (String name) {
  if (name.compareTo("Jonson") < 0) {
    return "OPV 2-23";
  }
  else if (name.compareTo("Paulus") < 0) {
    return "GW4-10";
  }
  else {
    return "EBE 4-21";
  }
}
```

Dies würde z.B. folgendermaßen aufgerufen werden:

```
System.out.println("Your lecture room is "+room(you));
```

Erweitern Sie als Übung die Raummethode, um die Namen zu zählen, die einem gegebenen Raum zugeordnet sind.

4.5 Ein- und Ausgabe mit Dateien

Zwar ist es eine Erleichterung, endlich etwas in Programme eingeben zu können, aber interaktives Testen kann schnell langweilig werden. Oft ist es besser, Daten in einer Datei zu speichern und aus dieser einzulesen. Für große Datenmengen ist dies gewiss unverzichtbar. Die Klasse `Stream` wurde bereits dafür eingerichtet, Dateien mit der Ein- und Ausgabe zu verbinden. Um eine Datei namens `mydata` zu lesen, benötigen wir nicht mehr als dies:

```
Stream in = new Stream ("mydata", Stream. READ);

double x = in.readDouble();
```

In einem Programm können mehrere Ströme von jeder Art gleichzeitig für die Eingabe geöffnet sein.

4.5.1 Ausgabe in eine Datei

Es ist sehr nützlich, eine Ausgabe an eine Datei schicken zu können. Das macht es nicht nur einfach, die Ergebnisse aufzubewahren und auszudrucken, sondern sehr oft produzieren Programme auch zuviel Ausgabe, um sie auf einem Bildschirm vernünftig darstellen zu können. Außerdem ist es möglich, dass wir Daten produzieren, die zwar kein Mensch jemals sehen wird, die aber als Eingabe für ein anderes Programm dienen. Wenn wir wieder `Stream` verwenden, erhalten wir:

```
Stream fout = new Stream ("results.out", Stream.WRITE);
```

Um Zahlen in eine Datei zu schreiben, in der eine ordentliche Formatierung nicht nötig ist, benutzen wir einfach `println`. Enthält eine Zeile jedoch mehr als eine einzige Zahl, so müssen wir die Zahlen durch Leerzeichen trennen, da diese sonst nicht wieder eingelesen werden können. Ist x zum Beispiel 4.5 und y 0.0001, so wird bei der Formulierung

```
fout.print("Result: " + (x) + (y));
```

Folgendes in der Datei erscheinen:

```
Result: 4.50.001
```

Daher ist es selbst bei einer Datei besser, eine formatierte Ausgabe und die `Stream`-Klasse zu benutzen:

```
fout.print("Result: " + Stream.format(x,10,4)+ Stream.format(y,10,4));
```

Bei Ausgabedateien ist es wichtig, daran zu denken, dass sie geschlossen werden müssen, ehe das Programm endet, da sonst alles, was man in sie hineingeschrieben hat, verloren geht. `Stream` hat dafür die folgende Methode:

```
fout.close();
```

Beispiel 4.7: Teilenummern

Aufgabe

Das Technische Labor von Savanna hat eine Datei mit 200 in Produkten verwendeten Teilen. Die Techniker möchten den Teilen Seriennummern zuweisen, die mit der Nummer des Labors, 5000, beginnen.

Lösung

Betrachten Sie die Teile als Zeilen eines Textes, kopieren Sie sie in einen Zielstrom und fügen Sie die Teilenummern hinzu. Um das Ganze flexibler zu gestalten, kann die Anfangszahl als Reaktion auf eine Anfrage von der Tastatur aus eingelesen werden.

Beispiel

Gegeben ist eine Datei namens `parts.dat`, die unter anderem die folgenden Teile enthält:

```
Widgets, curly
Widgets, plain
Gadgets, purple
Thingies, bolted
Ghizmos, striped
```

Die benötigte Tabelle soll in eine Datei namens `parts.out` geschrieben werden; sie enthält Teilenummern, die bei 5000 beginnen:

```
5000  Widgets, curly
5001  Widgets, plain
5002  Gadgets, purple
5003  Thingies, bolted
5004  Ghizmos, striped
```

Programm

Das Programm benutzt vier Ströme: `fin`, `fout`, `in` und `out`. Da nur `out` in Java vordefiniert ist, werden die anderen drei Ströme im Programm deklariert, wenn auch jeder auf eine andere Art. `System.in` kann als ein `Stream`-Objekt geöffnet werden, da wir von dort Zahlen einlesen möchten. Die Ausgabedatei ist ebenfalls ein `Stream`-Objekt, aber vom Typ `WRITE`. Und die Eingabedatei benutzt `Stream` mit `Stream.READ`.

Da wir noch nicht gelernt haben, wie man das Einlesen aus einer Datei beendet, haben wir die Anzahl der Teile für den Moment auf fünf festgelegt.

```
import java.io.*;
import javagently.*;

class PartCodes {

  /* The Part Codes program   von J M Bishop 1990
   * ----------------------   Java 1.1 Juli 1999
   *                          aktualisiert Mai 2000
   *                          für die Klasse Stream
   *
   * Weist den aus eine Datei eingelesenen Bauteilen Nummern zu.
   * Veranschaulicht Dateiein- und -ausgabe.
   */

  public static void main(String args []) throws IOException {
    new PartCodes ();
  }

  PartCodes () throws IOException {

    Stream in   = new Stream (System.in);
    Stream fin  = new Stream ("parts.dat",Stream.READ);
    Stream fout = new Stream ("parts.out",Stream.WRITE);

    int number = 0;
    String part;
    System.out.println("****** Parts from parts.dat file ******");
    System.out.print("Part starting number? ");
    number = in.readInt();
    System.out.print("Writing to file parts.out");
    for (int i = number; i < number+5; i++) {
      part = fin.readLine();
      fout.println(i+"  "+part);
```

```
            System.out.print('.');
          }
          System.out.println();
          fout.close();
        }
      }
```

Test

Bei der Ausführung des Programms erscheint folgende Bildschirmanzeige:

```
****** Parts from parts.dat file ******
Part starting number? 5000
Writing to file parts.out . . . . .
```

Wir verwendeten hier eine bewährte Technik, um zu zeigen, was beim Lesen einer Datei geschieht. Bei jedem Schleifendurchlauf geben wir auf dem Bildschirm einen Punkt aus, um zu zeigen, dass eine Zeile gelesen wurde. Bei sehr langen Dateien kann der Benutzer auf diese Weise sehen, dass das Programm noch immer läuft.

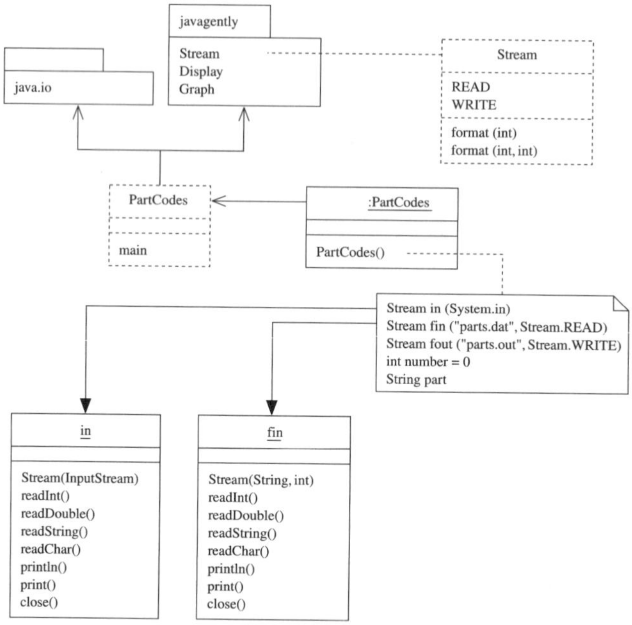

Abbildung 4.7: Das Modelldiagramm des PartCodes-Programms

Modelldiagramm

Modelldiagramm: Abschließend zeigen wir wieder ein Modelldiagramm (Abbildung 4.7), um zu zeigen, wie `Stream` in dieser Notation aussieht. Eine interessante Eigenschaft dieses Programms besteht darin, dass es den Unterschied zwischen den Methoden, die einem `Stream`-Objekt zugeordnet sind, und denen der `Stream`-Klasse deutlich zeigt. Sowohl `in` als auch `fin` sind `Stream`-Objekte, aber `fout` wurde noch nicht initialisiert (um Platz zu sparen). Der auf `fin` gezeigte Konstruktor kopiert seine Parameter in Variablen des `fin`-Objekts. Diese sind private Variablen der `Stream`-Objekte und werden daher hier nicht gezeigt. Mehr über private Variablen erfahren Sie im Kapitel 8.

4.6 Ausnahmebehandlung

If-Anweisungen

If-Anweisungen bieten eine Möglichkeit, den Ablauf der aktuellen Methode zu steuern. Wir können die Werte der Daten, auf die wir Zugriff haben, prüfen und entsprechend reagieren. Was aber geschieht, wenn in einer anderen Methode eine Bedingung gesetzt wird und wir als Aufrufer der Methode auf diese reagieren sollen? Die If-Anweisung ist nicht mächtig genug, dies zu tun. Wir benötigen ein anderes Konstrukt. Dieses Konstrukt ist die Try-Catch-Anweisung, die auf Ausnahmen basiert. Das folgende Beispiel für eine derartige Anweisung soll nur kurz zeigen, was wir vorhaben:

```
try {
  for (;;)
    number = fin.readInt();
    total+=number;
}
catch (EOFException e) {
  System.out.println("All the data read");
}
```

Ausnahme

Die Rolle, die Java bei der Internet-Programmierung spielt, versetzt es in die Position des alten Sprichworts: „Alles was schiefgehen kann, geht schief." Ein Anwender könnte seine Verbindung trennen, eine Datei könnte gelöscht worden sein, es könnte etwas Falsches eingegeben werden, ein Hostserver könnte nicht zu erreichen sein. Um in einer so unbeständigen Umgebung arbeiten zu können, verfügt Java über ein spezielles Konzept, die **Ausnahme** (engl. *exception*).

Eine Ausnahme ist ein Objekt, welches signalisiert, dass eine ungewöhnliche Bedingung aufgetreten ist. In Java sind viele Ausnahmeobjekte vordefiniert, und zusätzlich können wir auch eigene erstellen. Das Besondere an Ausnahmen ist, dass sie geschaffen sind, um **entdeckt** und **behandelt** zu werden, damit das Programm soweit wie möglich in vernünftiger Form weiterlaufen kann. Sollte außerhalb unserer unmittelbaren Umgebung eine Ausnahme auftreten, werden wir darüber informiert, was passiert ist. Dann haben wir die Möglichkeit, mit der neuen Situation umzugehen. Wenn wir nicht reagieren, wird die Methode, in der wir uns befinden, beendet, und die Ausnahme an die Methode gesendet, die uns aufgerufen hat. Dieser Prozess kann sich wiederholen, bis zum Schluss eine noch nicht behandelte Ausnahme an die Java Virtual Machine geleitet wird, die dann das Programm abbricht.

Die Abbildung 4.8 veranschaulicht den Prozess, wie eine Methode eine andere aufruft und einen Behandler (engl. *handler*) für eine eventuelle Ausnahme bereithält. Je nachdem, wie der Rest der Methode A strukturiert ist, kann sie nach Behandlung der Ausnahme weiterarbeiten oder abbrechen

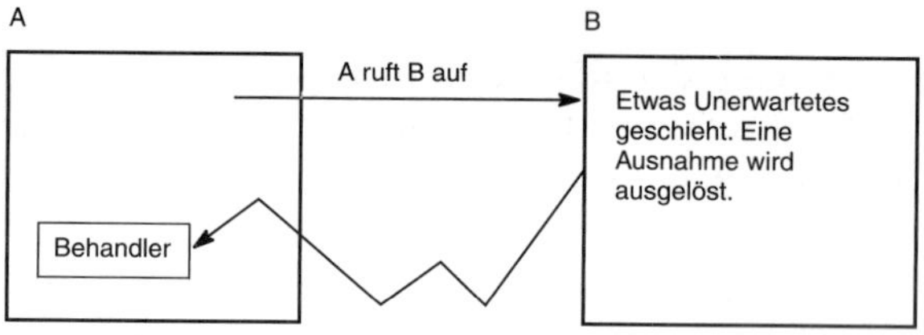

Abbildung 4.8: Der Prozess der Ausnahmebehandlung

Betrachten wir nun ein konkretes Beispiel, das mit dem Messungsprogramm zusammenhängt. Wenn es sehr viele Werte gibt, ist es lästig, sie interaktiv einzugeben, und wenn sie in einer Datei enthalten sind, ist es unwahrscheinlich, dass ein Anwender eines Programms im Voraus die Anzahl aller einzugebenden Werte genau zählen möchte. Daher wäre es nützlich, auf andere Weise ermitteln zu können, dass die Daten zu Ende sind. Die dritte Methode auf der weiter oben angeführten Liste ist, Javas Ausnahmen einzusetzen.

Die mit Java gelieferten grundlegenden Lesemethoden prüfen jedesmal, ob die Eingabe am Ende angelangt ist (sei es durch ein Dateiende oder dadurch, dass der Anwender das Ende der Eingabe mit den dafür üblichen Tastaturzeichen angibt). Ergibt die Prüfung `true`, verursacht die Lesemethode eine `EOFException` (*end-of-file exception*, d.h. Dateiende-Ausnahme). Auf diese muss das Messungsprogramm dann reagieren.

4.6.1 Eine Ausnahme abfangen

Um auf eine vordefinierte Ausnahme wie EOFException zu reagieren, müssen wir zwei Schritte ausführen: **Try** (Versuchen) und **Catch** (Abfangen):

Try

- **Try:** Man fasst die Anweisungen, in denen Methodenaufrufe oder andere Operationen eine Ausnahme verursachen könnten, in einem Block zusammen, dem man das Schlüsselwort `try` voranstellt.

Catch

- **Catch:** Man lässt auf den Try-Block einen oder mehrere Behandler folgen, denen das Schlüsselwort `catch` vorangestellt wird.

Ein **Behandler** ist selbst auch ein Block und enthält Anweisungen, die die Aufgabe haben, die Ausnahme oder den Fehler zu melden und das Programm wieder in Gang zu setzen.

Behandler

Try-Catch-Anweisung

`try {`
`  Anweisungen, die eine Ausnahme verursachen könnten, wozu auch Methodenaufrufe gehören, die Ausnahmen verusachen könnten`
`}`
`catch (Ausnahmetyp e1) {`
`  Anweisungen zum Reagieren und Beheben`
`}`
`catch (Ausnahmetyp e2) {`
` Anweisungen zum Reagieren und Beheben`
`}`
`... und weitere Catches`

Wird im Try-Block eine Ausnahme verursacht, die mit einem der *Ausnahmetypen* in der Parameterliste eines der Catch-Blöcke übereinstimmt, so wird dieser Catch-Block ausgeführt und danach hinter der Try-Catch-Anweisung fortgesetzt. Gibt es keinen passenden Catch-Block, so wird die Ausnahme sofort an die übergeordnete Methode weitergegeben.

Die folgende Anweisung würde also das Lesen bis zum Dateiende übernehmen:

```
try {
  for ...
    number = fin.readInt();
    Do something with number
}
catch (EOFException e) {
  display.println("All the data read");
}
```

Der Parameter `e` hat den Typ der Ausnahme. Für `e` ist eine Methode definiert: `getMessage`. Wie wir noch sehen werden, kann diese Methode nützlich sein, wenn wir eine allgemeinere Ausnahme – z.B. `IOException` – abfangen und die Details dazu ausgeben möchten.

Bei der Eingabe von Daten auf der Tastatur ist zu beachten, dass der Anwender abschließend das Zeichen eingibt, das das System zum Beenden des Stroms verwendet. Dies könnte z.B. Strg-D, Strg-Z oder Esc sein. Die `Stream`-Klasse erkennt dieses Sonderzeichen und löst für den Aufrufer eine `EOFException` aus.

4.6.2 Ausnahmen auslösen

Wir haben bereits gesehen, dass Eingabe- und Ausgabe-Operationen Ausnahmen auslösen, und dass dies in den entsprechenden Methodenköpfen angegeben werden muss. Formal sehen die beiden Schritte zum Auslösen von (nicht abgefangenen) Ausnahmen folgendermaßen aus:

- **Auslösen** (Throw): Wird die Ausnahme überhaupt nicht behandelt, so wird sie automatisch an die aufrufende Methode weitergegeben. Wird sie abgefangen und teilweise behandelt, können wir sie immer noch mit einer Throw-Anweisung weiterreichen.
- **Deklarieren:** In der Methodendeklaration wird erwähnt, welche Ausnahmen sie ihrem Aufrufer zurückgeben kann.

Beispiel 4.8: Teilenummern mit Ausnahmen

Wir wollen nun das `PartCodes`-Programm so ändern, dass die Anzahl der Produkte unbegrenzt ist und das Programm das Ende der Datei feststellen kann. Im unten angeführten Programm sind die Zeilen, die sich gegenüber dem Beispiel 4.7 geändert haben, unterstrichen.

```
import java.io.*;
import javagently.*;

class PartCodesMany {

  /* The Part Codes Many program   von J M Bishop 1990
   * ---------------------       Java 1.1 Juli 1999
   *                             aktualisiert Mai 2000
   *
   * Weist aus einer Datei eingelesenen Bauteilen Nummern zu.
   * Veranschaulicht die Behandlung einer EOFException.
   */

 PartCodesMany () throws IOException {

    Stream in  = new Stream (System.in);
    Stream fin = new Stream ("parts.dat");
    Stream fout= new Stream ("parts.out");

    int number = 0;
    String part;
    System.out.println(
           "****** Parts from parts.dat file ******");
    System.out.println("Part starting number? ");
    number = in.readInt(i);
    System.out.print("Writing to file parts.out");
```

```
    try {
      for (int i = number; ; i++) {
        part = fin.readLine();
        fout.println(i+"  "+part);
        System.out.print(".");
      }
    }
    catch (EOFException e) {
      System.out.println("\ nData complete");
    }
    fout.close();
  }

  public static void main(String args []) throws IOException {
    new PartCodesMany ();
  }
}
```

Anders ausgedrückt: Das Beenden der Schleife ist nicht mehr als Bedingung in der For-Anweisung enthalten, sondern wird vom Lesen der Datei übernommen und signalisiert.

Man könnte sich fragen, warum die `main`-Methode und der Konstruktor noch immer die Klausel `throws IOException` benötigen, wenn wir eine Ausnahme abfangen. Der Grund hierfür liegt darin, dass es noch eine weitere Ausnahme gibt: die `FileNotFoundException`. Wir werden uns nun ansehen, wie diese behandelt wird.

4.6.3 Beheben einer Ausnahmesituation

Das vorige Beispiel hat gezeigt, wie wir eine Ausnahme behandeln können, um das Programm elegant zu beenden. Es kann auch Fälle geben, in denen wir das Programm nicht beenden möchten, sondern zu einem früheren Punkt zurückkehren und die Operation, die die Ausnahme ausgelöst hatte, erneut versuchen möchten. Ein Beispiel für eine solche Situation ist das Öffnen einer Datei. Wurde der Dateiname falsch angegeben, möchten wir dem Anwender die Chance zur Eingabe eines anderen Namens geben. Die Abbildung 4.9 zeigt den Algorithmus im Pseudocode.

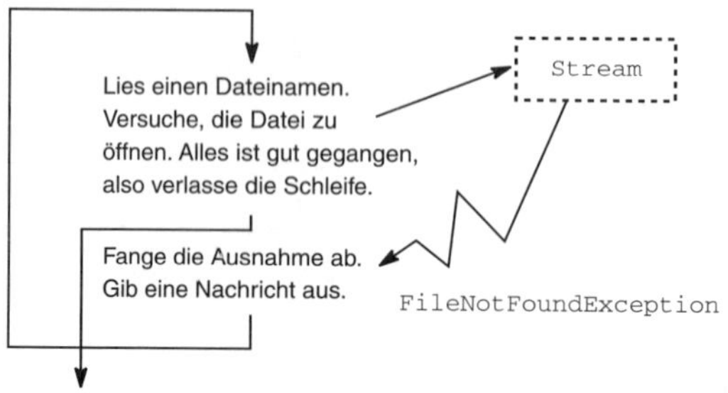

Abbildung 4.9: Ein Algorithmus zum sicheren Öffnen einer Datei

Kehren wir zum `PartCodes`-Programm dorthin zurück, in dem wir die Datei öffnen: Wir können diese Anweisung schützen und in eine Schleife setzen:

```
    /* Deklariere den Tastaturstrom und initialisiere
     * den Dateistrom, um auch dorthin zu gehen.
     * Java verlangt, dass später verwendete Objekte unbedingt
     * einen Wert haben, und in einem "try" kann man nicht sicher
     * sein, dass ein Wert zugewiesen wurde.
     * Dasselbe gilt dafür, einem Dateinamen einen
     * Initialwert zu geben.
     */

  // Weise der Datei vorsichtshalber die Tastatur zu
  Stream fin = new Stream (System.in);

  // gewähre fünf Versuche, den richtigen Dateinamen zu finden
  for (int tries = 1; tries <= 5; tries++) {
    try {
      display.prompt("File name");
      display.ready("Press ready");
      filename = display.getString("File name");
      fin = new Stream (filename);
      display.println(filename +" opened successfully");
      break;
    }
    catch (FileNotFoundException e) {
      display.println(filename + " not found");
      if (tries<5) {
        display.println("Enter another name.");
      }
      else {
        display.println("Too many tries: ");
        display.println("Connected to keyboard by default");
      }
    }
```

Diese Anweisungen werden am Anfang des Konstruktors ausgeführt. Im nächsten Beispiel werden wir sehen, wie wir sie in eine nützliche Methode verwandeln und einer vorhandenen Klasse und einem Paket hinzufügen können. Hier halten wir bereits einige diese Anweisungen betreffende Punkte fest.

Es gilt die Regel, dass jede Zuweisung in einem Try-Block als potenziell nicht ausgeführt betrachtet wird, da die Ausnahme vorher auftreten könnte. Der Übersetzer überprüft diese Regel. Dies impliziert, dass die betreffenden Variablen zunächst initiale Werte bekommen sollten. Beim Dateinamen ist dies recht einfach, bei der Dateivariablen selbst müssen wir allerdings vorsichtig sein, denn unter dem Dateinamen existiert möglicherweise keine Datei. Daher benutzen wir zur Initialisierung das einzig sichere Dateiobjekt, nämlich `System.in`, die Tastatur.

Indem wir den Try-Block in eine For-Schleife setzen, beschränken wir die Anzahl der Versuche, den richtigen Dateinamen zu finden. Hat der Anwender fünfmal vergeblich versucht, einen gültigen Dateinamen einzugeben, so gibt das Programm auf und versucht, sich mit der Tastatur zu behelfen. Im Catch-Block erkennen wir, ob dies der letzte Versuch ist, und geben eine entsprechende Meldung aus.

Wurde die Datei erfolgreich geöffnet, so möchten wir die Schleife verlassen, ohne alle fünf Versuche zu durchlaufen: Dazu dient die `break`-Anweisung am Ende des Try-Blocks.

Beispiel 4.9: Sichere Dateiöffnung

Da das Öffnen einer Datei wohl eine Fähigkeit sein dürfte, die in verschiedenen Programmen benötigt wird, werden wir nunmehr sehen, wie es als Standarddienst in einem eigenen Paket eingerichtet werden kann, genau wie `Stream` in `javagently`. Beim Schreiben eigener Pakete gelten dieselben Schritte wie oben, allerdings mit der Zusatzerfordernis, dass die Klasse und ihre Methoden als öffentlich (`public`) deklariert werden müssen.

Der Entwurf der Methode `open` erfordert einiges Nachdenken. Wir hätten einfach für `Stream` einen weiteren Konstruktor mit einem zusätzlichen Parameter erstellen können, um die Anzahl der erlaubten Versuche festzulegen. Das Problem bei dieser Vorgehensweise besteht darin, dass wir dazu das `javagently`-Paket verändern müssten. Wir möchten es jedoch lieber als unveränderlich betrachten, da das ganze Buch sich darauf stützt. Daher plädieren wir eher für ein zweites Paket namens `myutilities`, das wir für neue Ideen wie die jetzige benutzen werden. Da in dieses Paket nicht Methoden, sondern Klassen gehören, benötigen wir für unsere Klasse einen Namen. Nennen wir sie also `Filer`. [1]

In `Filer` befindet sich die Methode `open`, die wir folgendermaßen deklarieren:

```
public static Stream open (String filename) throws IOException { ...}
```

Die Methode `open` ist öffentlich (`public`), da sie außerhalb eines einzelnen Programms benutzt werden soll. Sie ist `static`, da wir kein `Filer`-Objekt erzeugen werden, sondern ganz von vorne anfangen und als Ergebnis der Methode ein `Stream`-Objekt erzeugen werden. Der Parameter ist der Dateiname, den das Programm versuchsweise anbietet: In `open` werden wir die Verbindung zur Tastatur herstellen, sodass bei Bedarf auch alternative Namen eingegeben werden können. Zum Schluss kann die Ausnahme ausgelöst werden, wenn wir auch in fünf Versuchen mit `open` gescheitert sind.

Hier sehen Sie die neue Methode `open`. Sie ist in eine Klasse namens `Filer` eingeschlossen und für ein Paket namens `myutilities` bestimmt.

```
import java.io.*;
import javagently.*;

public class Filer {

  /* The Filer class              von J M Bishop  Juni 2000
   * ----------------------       Java 1.2
   *                              basierend auf der Klasse FileMan
   *                              vom Juni 1997
   *
   * Dient dem Öffnen einer Datei, mit fünf Versuchen, den
   * richtigen Dateinamen zu finden.
   * Veranschaulicht die Verwendung von Ausnahmen in
   * For-Try-Schleifen..
   */

 public static Stream open (String filename) throws IOException {

    Stream in = new Stream (System.in);
      if (filename.equals(" ")){
      System.out.print("File name?");
      filename = in.readString();
    }
```

1. In der ersten Auflage von *Java lernen* gab es eine Vorläuferklasse namens `FileMan`, die auf der `Text`-Klasse beruhte. Indem wir nun einen neuen Namen erfinden, können wir die Aufwärtskompatibilität bewahren.

```
    for (int count = 0; count < 5; count ++) {
      try {
        return new Stream(filename, Stream.READ);
      }  catch (FileNotFoundException e) {
          System.out.println(filename+" does not exist.");
          if (count < 4) {
            System.out.println("Try again");
          }
          filename = in.readString();
      }
    }
    throw new FileNotFoundException ();
  }
}
```

Dieser Code hat ein paar interessante Merkmale, vor allem jenes, dass am Ende der Schleife, falls kein gültiger Dateiname eingegeben wurde, noch einmal explizit die `FileNotFoundException` ausgelöst wird. Der Grundgedanke dabei ist, dass die Ausnahme vom aufrufenden Programm aufgegriffen und behandelt werden sollte. Das Auslösen ersetzt die Ausgabe der Nachricht „Connected to keyboard by default", da wir hier im Interesse der Allgemeingültigkeit das weitere Vorgehen dem Aufrufer überlassen sollten. Die Verwendung von `Filer` wird im Beispiel 4.10 gezeigt.

4.6.4 Ausnahmen bei Zahlen

Eine weitere wichtige Ausnahme ist `NumberFormatException`, die dann ausgelöst wird, wenn der Versuch fehlschlägt, eine Zeichenreihe in eine Zahl eines bestimmten Typs umzuwandeln. Zum Beispiel darf eine ganze Zahl keinen Dezimalpunkt haben und Zahlen dürfen keine unzulässigen Zeichen enthalten. Betrachten wir z.B. den Eingabeteil des Beispiels 4.6. Dort sollen zwei ganze Zahlen und ein `double`-Wert eingelesen werden. Gibt der Anwender an der Stelle, an der die beiden ganzen Zahlen erwartet werden, eine reelle Zahl ein, so wird die entsprechende `get`-Methode scheitern. Den ursprünglichen Leseteil können wir folgendermaßen schützen:

```
for (;;) {
  try {
    display.ready("Press ready when min and max adjusted");
    min = d.getInt("Minimum");
    max = d.getInt("Maximum");
    // successful so
    break; // from the loop
  }
  catch (NumberFormatExeption e) {
```

```
      display.println("Error in input: "+e.getMessage());
      display("Minimum and maximum should be integers");
    }
    // versuchen Sie es erneut
  }
```

In diesem Fall entschieden wir uns dafür, den Anwender durch eine Endlosschleife zu zwingen, gültige Daten einzugeben.

Eine weitere Ausnahme in Zusammenhang mit Zahlen ist `ArithmeticException`, die im Fall einer ungültigen Berechnung ausgelöst wird, z.B. bei einer Division durch null.

Beispiel 4.10: Olympiamedaillen

Aufgabe

Die Anzahl der von jedem einzelnen Land bei den Olympischen Spielen errungenen Gold-, Silber- und Bronzemedaillen ist in einer Datei gespeichert worden. Wir möchten zuerst diese Ergebnisse sowie die Gesamtzahl der Medaillen jedes Landes anzeigen.

Lösung

Zuerst überlegen wir uns eine Schleife, die der im Messungsprogramm sehr ähnlich sieht und die `EOFException` (Beispiel 4.8) verwendet. Die Daten sind in einer Datei gespeichert, sodass wir nicht zur Eingabe auffordern, und wir erhalten vier Werte gleichzeitig: Land, Gold, Silber und Bronze. Land ist eine Zeichenreihe, die anderen drei Werte ganze Zahlen. Beispiel-Testdaten wären etwa:

```
Australia  9  9  22
China  16  22  12
Cuba  9  8  8
France  15  7  15
```

Dieser Programmteil ist wirklich einfach. Der Teil, bei dem wir vorsichtig sein müssen, ist die Überprüfung der Gültigkeit des Dateinamens. Hierfür werden wir `Filer` benutzen.

Programm

Erst geben wir das Programm an, dann beschreiben wir seine Bestandteile

```
import java.io.*;
import javagently.*;
import myutilities.*;

class Olympics {
  /* Olympic medals program    überarbeitet von J M Bishop Dez 1996
   * ---------------------    Java 1.1 Oktober 1997
   *                         aktualisiert für Stream und Filer
   *                          Mai 2000
   *
   * Liest die von den einzelnen Ländern bei den Olympischen Spielen
```

```
 * gewonnenen Medaillen ein und summiert sie.
 * Öffnet die Datei mit Filer.
 * Veranschaulicht das Beenden mit einer Ausnahme (Try-For-Folge).
 */

Olympics () throws IOException {
  System.out.println("**** Olympic medals ****");
  System.out.println();

  Stream in = new Stream(System.in);
  // weise die Datei standardmäßig der Tastatur zu
  Stream fin = new Stream(System.in);

  try {
    System.out.print("What file for the medals statistics?");
    String filename = in.readString();
    fin = Filer.open(filename);
  }
  catch (FileNotFoundException e) {
    System.out.println("Five tries up");
    System.out.println("Connecting to keyboard by default");
  }
  String country;
  int gold, silver, bronze, total, all = 0;
  System.out.println("\nCountry\t\tGold\tSilver\tBronze\tTotal");

  try {
    for (;;) {
        country = fin.readString();
        gold = fin.readInt();
        silver = fin.readInt();
        bronze = fin.readInt();
        total = gold + silver + bronze;
        System.out.print(country);
        if (country.length() < 8) {
          System.out.print("\ t");
        }
        System.out.println("\t"+gold+"\t"+silver+"\t"+bronze+
          "\t"+total);
        all += total;
    }
  } catch (EOFException e) {
    System.out.println(all+" medals won.");
  }
}

public static void main (String[] args) throws IOException {
  new Olympics ();
}
}
```

Algorithmus Der erste Try-Catch-Block enthält zwar selbst keine Schleife, ruft jedoch eine auf, die sich in `Filer` befindet. Diese ist eine For-Try-Schleife, die fünf Versuche zum Öffnen der Datei zulässt. Scheitert `Filer`, so wird die Catch-Anweisung in `Olympics` ausgeführt und eine Meldung ausgegeben. `fin` wurde auf `System.in` voreingestellt, sodass wir in diesem Fall mit einer Tastatureingabe weitermachen können - das funktioniert sehr gut. Da die Eingabe und die Berechnungen in einer Try-For-Schleife formuliert werden, endet die Schleife, sobald das Ende der Daten festgestellt wird, und wir geben die Schlussmeldung aus.

Test Erwartungsgemäß gibt das Programm aus:

```
**** Olympic medals ****

What file for the medals statistics? medlas
medlas does not exist.
Try again
What file for the medals statistics? medals

Country         Gold        Silver      Bronze      Total
Australia       9           9           22          40
China           16          22          12          50
Cuba            9           8           8           25
France          15          7           15          37
Germany         20          18          27          65
Hungary         7           4           10          21
Italy           13          9           12          34
Poland          7           5           5           17
Russia          26          21          16          63
South.Korea     7           15          5           27
Spain           5           6           6           17
Ukraine         9           2           12          23
United.States   43          32          25          100
519 medals won.
```

4.7 Zusammenfassung

In Java existieren zwei Möglichkeiten, den Zustand einer Variablen zu ändern: durch Zuweisung und durch das Einlesen von Werten. Um in Java zu lesen, müssen wir zunächst eine Verbindung mit einem Strom herstellen. Danach können wir Zeichenreihen einlesen. Mit der Klasse `Stream` können wir auch Zahlen und Zeichen lesen. Zudem können Dateien für die Ein- und Ausgabe als Ströme deklariert werden, und Programme können Daten an mehrere Ströme senden und von mehreren Strömen empfangen.

Es gibt auch zwei Möglichkeiten, den Ablauf des Programms auf Grund eintretender Bedingungen zu ändern. Mit der If-Anweisung kann man gut den lokalen Zustand innerhalb einer Methode prüfen. Sie kann über einen Else-Teil und über aufeinander folgende Else-Ifs verfügen. Tritt die Bedingung in einer anderen Methode ein, so wird sie mittels einer Ausnahme zurücksignalisiert. Ausnahmen kann man abfangen und behandeln. Es gibt standardisierte Möglichkeiten, eine Ausnahmesituation zu beheben und einen erneuten Versuch zu unternehmen.

Nützliche Klassen können in Pakete verpackt werden, die man mit der Anweisung `import` wiederverwenden kann. Das Paket `javagently` ist ein speziell für dieses Buch definiertes Paket. `myutilities` ist ein Paket, in das wir unsere eigenen Klassen einfügen können.

Die folgenden Schlüsselwörter wurden in diesem Kapitel definiert:

```
catch  package
else   throws
if     try
```

Die folgenden Teile der Java-Bibliotheken wurden besprochen:

```
java.io             System.in
BufferedReader      readLine
```

Aus unseren eigenen Bibliotheken wurden besprochen:

```
javagently   myutilities
 Display      Filer
 Stream
```

Die folgenden Ausnahmen wurden behandelt:

```
IOException                NumberFormatException
FileNotFoundException      ArithmeticException
EOFException
```

Die folgenden Schemata wurden vorgestellt:

- Deklaration einer Eingabe über Tastatur
- Eine Zeichenreihe lesen
- Die `Display`-Klasse
- Die `Stream`-Klasse
- Deklaration von Konstanten
- If-Anweisung
- Try-Catch-Anweisung

4.8 Übungen

4.1 Die Anweisung für die Verbindung mit der Tastatur lautet:

(a) `Stream in = System.in;`

(b) `Stream in = new Stream(System.in);`

(c) `Stream in = Stream (System.in);`

(d) `Stream System.in = new Stream (System.in);`

4.2 Wir haben eine Anzeige mit einem Kasten namens „File name" (Dateiname) im Eingabeteil eingerichtet. Warum gibt `display.getString(filename)` die Meldung `ERROR: No such input label:` aus?

(a) Der Dateiname sollte in Anführungszeichen stehen.

(b) Die Methode ist `readString`, und nicht `getString`.

(c) `getString` benötigt den genauen Namen des Kastens, d.h.„File name".

(d) Wir müssen zuerst den Ready-Knopf drücken.

4.3 Für PC-Nutzer: Wenn die Klasse `Stream` in einem Verzeichnis namens `C:\Book\JG\javagently` übersetzt wurde, was sollte dann in den Klassenpfad eingetragen werden, damit man Zugriff auf `Stream` erhält?

(a) `Stream.class`

(b) `C:\Book\JG\javagently\`

(c) `C:\Book\JG\`

(d) `C:\`

4.4 Aus einer eingegelesen Zahlenfolge möchten wir nur die Zahlen zwischen 30 und 40 ausgeben. Wie würde die richtige If-Anweisung zur Steuerung dieses Prozesses lauten?

(a) `if (number >=30 & <= 40)`

(b) `if (number >=30 | number < 40)`

(c) `if (30 <= number >= 40)`

(d) `if (number >= 30 & number <= 40)`

4.5 Das Programm, das die `Stream`-Klasse benutzt, erwartet, dass aus einer Datei drei ganze Zahlen in die Variablen `a`, `b` und `c` eingelesen werden. Was geschieht, wenn die Zeichenreiche für `b` fehlerhaft ist? Gegeben sind die Daten `45 2r3 67 84`.

(a) `a=45 b=67 c=84`

(b) `a=45 b=23 c=67`

(c) `a=45 b=undefined c=67`

(d) `a=45` Programm bricht zusammen

4.6 Das Programm, das die `Display`-Klasse benutzt, hat drei Kästen für ganze Zahlen mit den Werten `45 67 84`. Der Ready-Knopf wurde gedrückt und dann ändert der Anwender den ersten Wert in `55`. Danach folgen drei `getInteger`-Aufrufe. Wie werden die Werte der drei ganzen Zahlen lauten?

(a) `55 67 84`

(b) `45 67 84`

(c) `error 67 84`

(d) `45 55 67`

4.7 Wir möchten alle Zahlen aus einer Datei einlesen und dies sind mehr als 210. Wie viele Zahlen werden gelesen, wenn wir die folgende Try-For-Schleife spezifizieren?

```
try {
for (int i = 0 ; i <=10; i++) {  ...
  int n = in.getInteger();
    }
}
catch (EOFException e) {
}
```

(a) 200

(b) 210

(c) 10

(d) keine

4.8 Die korrekte Anweisung, um Zugriff auf die Eingabe-Ausgabe-Klassen von Java zu erhalten, lautet:

(a) `import java.io;`

(b) `import java.io.*;`

(c) `package java.io;`

(d) `import javagently.*;`

4.9 Wenn `x 456.23458` ist, dann wird `display.println(Stream.format(x,4,2))` Folgendes ausgeben (wobei _ ein Leerzeichen ist):

(a) `_456.23`

(b) `456.23`

(c) `456.2`

(d) `456.`

4.10 In Abbildung 4.7 hat die `Stream`-Klasse zwei Methoden namens `format`. Diese werden in den `Stream`-Objekten wie `in` und `fin` nicht angezeigt, da

(a) sie statisch sind

(b) sie den gleichen Namen haben

(c) dies im Diagramm Platz spart

(d) sie in `javagently` andere Klassen brauchen

4.9 Aufgaben

Die Aufgaben 4.1 bis 4.7 erweitern frühere Aufgaben, nachdem nun auch das Einlesen und Auswählen zur unseren Grundfertigkeiten gehören.

4.1 **Noch einmal Umwandlungen:** Passen Sie das Programm aus den Aufgaben 3.5 und 3.11 so an, dass es die Obergrenzen liest, die für die Tabelle benötigt werden.

4.2 **Ein besserer Filer:** Erweitern Sie die Klasse `Filer` derart, dass sie eine weitere Methode bekommt, die ebenfalls `open` heißt, aber in einem Parameter spezifiziert, wie viele Versuche zulässig sein sollten.

4.3 **Das Lied abbrechen:** Betrachten Sie noch einmal Aufgabe 3.9. Ändern Sie das Programm, sodass es das Lied nach jeder Zeile abbricht und auf einen Befehl wartet, um fortzufahren oder auch nicht. Lassen Sie es alternativ dazu auf Strg-Z oder Strg-D damit reagieren, dass es am nächsten Zeilenende abbricht

4.4 **Kraftstoffverbrauch:** Passen Sie das für Aufgabe 2.6 geschriebene Programm so an, dass alle eventuell veränderlichen Werte eingelesen werden.

4.5 **Gewichtete Durchschnitte:** Passen Sie das Programm aus Aufgabe 2.5 so an, dass es die Punkte aus einer Datei einliest und sowohl den Durchschnitt jedes Studenten als auch den Gesamtdurchschnitt ausgibt. Stellen Sie das Dateiende mit Ausnahmen fest.

4.6 **Marathonsieger:** Richten Sie auf der Grundlage von Aufgabe 3.2 eine Anzeige ein, damit die Informationen über einen Läufer interaktiv eingegeben werden können. Erweitern Sie das Programm dergestalt, dass es auch den Sieger des Rennens berechnen kann. (Tipp: Benutzen Sie als Hilfe Beispiel 4.5: Die höchste Zahl.)

4.7 **Noch einmal die Weight Watchers:** Ändern Sie Aufgabe 3.2 so ab, dass die Daten nicht als Zufallszahlen generiert, sondern von einer Anzeige eingelesen werden.

4.8 **Durchschnittsalter:** In einem Jugendklub sind 24 Kinder in vier „Ringe" eingruppiert. Die Kinder sind 7 bis 11 Jahre alt. Schreiben Sie ein interaktives Programm, um für jeden Ring das Alter der Kinder einzulesen und für eine Gruppe von 24 Kindern sowohl das Durchschnittsalter pro Ring als auch das Durchschnittsalter insgesamt zu ermitteln.

4.9 **Dateien zerlegen:** Angenommen, wir haben eine Datei mit numerischen Messdaten, von denen einige negativ, andere positiv sind. Wir möchten zwei neue Dateien anlegen, wobei die eine alle positiven Zahlen und die andere alle negativen Zahlen enthält, und dann beide Dateien mit dem Programm ausgeben, die positiven Zahlen zuerst. Verwenden Sie einen geeigneten Zufallszahlengenerator, um die Dateien mit insgesamt 100 Zahlen anzulegen.

4.10 **CD-Länge:** CDs haben bis zu 22 Spuren. Geben Sie mithilfe der Anzeige für jede Spur die Spieldauer in Stunden und Minuten ein und berechnen Sie die Gesamtlänge einer CD. Verwenden Sie einen Kasten mit einem Wert von 1, der bei der letzten Spur in 0 geändert wird, um das Ende der Daten anzuzeigen.

4.11 **CD-Länge mit Ausnahmen:** Lösen Sie Aufgabe 4.10 noch einmal, verwenden Sie dabei die normale Eingabe-Ausgabe-Konsole von Java (und die `Stream`-Klasse) und finden Sie die letzte Spur mit Strg-D oder Strg-Z und einer Ausnahme.

4.12 **Raumbelegung:** Wir benötigen ein System, das einem Kurs von gegebener Größe den geeigneten Raum zuweist. Diese Aufgabe lösen wir nur mit Dateien und der Anzeige, obwohl wir später (in Kapitel 6) andere Lösungsmöglichkeiten kennen lernen werden.
1. Legen Sie eine Datei mit den Bezeichnungen und der Kapazität (zwischen 50 und 500 Personen) der Räume an.
2. Starten Sie ein Programm mit einer Anzeige, das nach einer Personenzahl und dem Namen der Person fragt, die den Raum reservieren möchte.
3. Lesen Sie die Datei, um den ersten Raum zu finden (falls es einen gibt), der höchstens 10% größer ist als nötig.
4. Falls Sie erfolgreich waren, melden Sie die Raumreservierung.
5. Wenn Sie keinen Erfolg hatten, das Programm jedoch einen größeren freien Raum gefunden hat, so gehen Sie die Datei noch einmal durch und nehmen Sie irgendeinen ausreichend großen freien Raum, auch wenn er zu groß ist.

4.13 **Raumreservierungen:** Wir erweitern Aufgabe 4.12 folgendermaßen:
1. Nun können wir die Raumreservierung tatsächlich vornehmen, indem wir die eingelesenen Daten in eine zweite Datei schreiben, allerdings mit einer Markierung neben dem reservierten Raum und dem Namen der reservierenden Person. Diese Datei ist dann die, die als nächstes gelesen wird, und dieser Raum kann nicht noch einmal reserviert werden.
2. Das Programm darf jedoch melden, dass der Raum ideal wäre und gegenwärtig von der genannten Person reserviert ist.

4.14 **Experimente:** Ein Labor nimmt Messungen vor und die benötigten Ergebnisse sind jeweils der erste Messwert, geteilt durch den zweiten Messwert. Die Messungen werden in einer Datei gespeichert. Schreiben Sie ein Programm, das die Datei verarbeitet, aber eine Ausnahme abfängt, wenn eine Division durch null vorkommt. In diesem Fall sollte das Programm für diesen Messwert um beide Ersatzwerte bitten und die Verarbeitung bis zum Ende der Datei fortsetzen.

4.15 **Prüfungen:** Bei einer schriftlichen Prüfung werden in Abschnitt A und B jeweils vier Fragen gestellt. Jede Frage wird mit 20 Punkten bewertet. Die Studenten müssen insgesamt fünf Fragen beantworten, darunter jeweils mindestens zwei aus jedem Abschnitt. Werden mehr Fragen als nötig beantwortet, so werden die ersten gezählt und die letzten nicht berücksichtigt. Unbeantwortete Fragen werden durch die Punktzahl 0 angezeigt.

Schreiben Sie ein Programm, um aus einer Datei für mehrere Studenten jeweils acht Bewertungen einzulesen und ihre Endbewertungen entsprechend den Regeln auszugeben. Die Ausgabe sollte in eine Datei geschrieben werden und die hier gezeigte Eingabe widerspiegeln. Geben Sie bei Verstößen gegen die Regeln passende Nachrichten aus. Beispieldaten und -ergebnisse sind:

Beispieleingabe								**Beispielausgabe**	
Abschnitt A				**Abschnitt B**				**Ergebnis**	**Kommentar**
10	15	0	0	20	8	17	0	**70**	
10	9	7	20	0	0	0	10	**36**	**Zu viele aus A.**
56		10	0	19	5	3	14	**45**	**Mehr als 5.** **Zu viele aus B**

4.16 Niederschlagsmengen: Die Niederschlagsmengen in mm sind für jeden Tag der vergangenen vier Wochen verfügbar. Wir möchten den Gesamtniederschlag jeder Woche, den feuchtesten Tag der jüngsten Zeit und die trockenste Woche ermitteln. Schreiben Sie ein Programm, das mehrere Mengen von je 28 Niederschlagsmengen aus einer Datei liest und die drei benötigten Informationen zusammen mit einer Kopie der Daten in eine andere Datei schreibt. Beispieldaten und -ergebnisse sind:

```
Beispieldaten        Beispielergebnisse
3 0 0 7 8 21 0       39 mm
0 1 1 0 0 0 4        6 mm
9 6 7 0 0 0 0        22 mm
0 0 0 0 0 0 1        1 mm

Der nasseste Tag war Tag 6.
Die trockenste Woche war Woche 4.
```

4.17 Golfpunkte: Die Golfbahn von Savanna hat neun Löcher. Bei jedem Loch soll der Spieler zwischen einem und fünf Schlägen benötigen, um den Ball ins Loch zu schlagen. Dies ergibt einen Bahnendurchschnitt oder Par von 30. Die Punktzahl eines Golfers für die Bahn ist die Summe der pro Loch benötigten Schläge. Je nach seiner letzten Leisung erhält ein Spieler ein Handicap, das bei der Berechnung seines tatsächlichen Spielergebnisses von seiner Punktzahl abgezogen wird. Die Spieler möchten auch wissen, ob sie über oder unter Par gespielt haben. Spielen mehrere Spieler zusammen, so gewinnt der mit der niedrigsten Punktzahl. Würden die Punktergebnisse eines Golfspieles mit dem Computer erfasst, so könnte die Beispieleingabe und -ausgabe folgendermaßen aussehen:

Spieler	Handicap	Schläge je Loch	Gesamt	Ergebnis	Unter Par?
1	6	1 3 6 2 1 4 3 2 4	**26**	**20**	**ja**
2	3	2 2 2 2 4 4 4 2 2	**24**	**21**	**ja**
3	2	4 5 4 3 4 1 3 5 4	**33**	**31**	**nein**

```
Sieger ist Spieler 1 mit einem Handicap und einem Ergebnis von 20
```

Schreiben Sie ein Programm, das
1. aus einer Datei für mehrere Spieler die Schläge je Loch einliest und eine Ausnahme abfängt, wenn die Daten beendet sind;
2. jedes Gesamtergebnis, jede Punktzahl mit Handicap und jede Par-Entscheidung berechnet;
3. den Sieger und die beste Punktzahl ermittelt;
4. die Ergebnisse zusammen mit einer Kopie der Daten in eine andere Datei schreibt.

4.18 **Parkuhren:** Das Verkehrsamt von Savanna möchte entscheiden, ob es eine Kampagne gegen widerrechtliches Parken lancieren soll. Mehrere Verkehrsinspektoren werden in verschiedene Gebiete der Stadt geschickt, in denen die Parkzeit beschränkt ist. Die verschiedenen Gebiete haben verschiedene Parkzeitbeschränkungen. Jeder Verkehrsinspektor muss 10 beliebige Fahrzeuge in seinem Gebiet überwachen und aufzeichnen, wie lange das Fahrzeug tatsächlich in der Zeitparkzone parkt. Parken 50% oder mehr der Autos länger als erlaubt, so wird sich das Verkehrsamt für eine massive Kampagne entscheiden. Schreiben Sie ein Programm, das
1. aus einer Datei die Anzahl der Gebiete, die zeitliche Beschränkung und die tatsächliche Parkzeit von zehn Frahzeugen je Gebiet einliest;
2. die Anzahl der Fahrzeuge, die in den einzelnen Gebieten die Parkzeit überschreiten, ermittelt;
3. entscheidet, ob eine Kampagne gestartet werden soll oder nicht;
4. das Gebiet mit den meisten Verstößen ermittelt und in der Anzeige ausgibt;
5. die Ergebnisse und eine Kopie der Eingabe in eine andere Datei schreibt.
Eine kombinierte Beispielausgabe könnte folgendermaßen aussehen:

Anzahl der Zonen: **3**

Zone	Limit	Parkzeiten	Überschreitungen
1	60	20 40 70 35 45 78 34 56 73 5	**3**
2	45	62 47 68 40 53 62 120 8 15 72	**7**
3	30	66 32 41 89 7 25 29 33 54 17	**6**

```
Eine Kampagne ist nötig.

Schwerpunkt auf Zone 2
```

5 Ablaufsteuerung

5.1 Eigenschaften eines guten Programms

Die Struktur eines Programms zeigt, wie seine Teile miteinander verbunden sind und wie tragfähig diese Verbindungen sind. Man denke an die Struktur einer Brücke: Jede Verstrebung und jede Niete spielt ihre Rolle und das Ganze führt in effizienter Weise eine klar definierte Funktion aus. Brücken können sogar schön aussehen. Dasselbe gilt für Programme. Wenn wir eines erstellen, zielen wir auf eine Struktur ab, die zunächst den gewünschten Zweck erfüllt, aber in zweiter Linie auch lesbar, wiederverwendbar und effizient ist. Diese Eigenschaften eines guten Programms werden in diesem Abschnitt behandelt.

5.1.1 Korrektheit

Es scheint selbstverständlich zu sein, dass ein Programm, wenn es fertig ist, auch korrekt sein sollte, doch wir alle wissen, dass diese beiden Eigenschaften weit auseinander liegen können. Heute wird viel Software veröffentlicht, die noch mit Fehlern (so genannten „Bugs") behaftet ist. Zur Verteidigung dieser Software muss man sagen, dass das Programmieren eine der kompliziertesten technischen Leistungen ist, die wir kennen, und darüber hinaus eine der neuesten (Gentechnik ist womöglich noch jünger). Erst seit Mitte der Achtzigerjahre sind verbindliche Bücher über Software-Entwicklung auf dem Markt und wurden von internationalen Institutionen die ersten Standards für die Zuverlässigkeit von Software gesetzt. Wie also müssen wir programmieren, um gute Software zu erhalten? Dafür gibt es zwei goldene Regeln:

1. Halten Sie sich beim Schreiben eines Programms an einen guten Programmierstil.
2. Testen Sie das fertige Programm gründlich.

Dieses Buch möchte einen guten Programmierstil durch Beispiele und durch anspornende Richtlinien, die man bei jedem Programmiervorgang befolgen kann, vermitteln. Interessanterweise sind diese oft nicht Java-spezifisch.

Das Testen ist sehr wichtig, da wir uns, so sehr wir uns auch bemühen, nicht immer alle Möglichkeiten vorstellen können, die bei einem laufenden Programm auftreten. Bei einfachen Programmen können wir den logischen Ablauf durchlesen und überdenken, was passieren wird. Bei komplizierteren Programmen (die sich etwa über mehr als zwei Seiten erstrecken), und insbesondere bei Programmen, deren Ablauf der Anwender durch Eingabe von Daten beeinflussen kann, ist diese Aufgabe sehr viel schwieriger. Hier zahlt es sich aus, seine Testdaten sorgfältig zu entwerfen.

5.1.2 Lesbarkeit

Um über ein Programm nachdenken zu können, müssen wir in der Lage sein, es zu lesen und eventuell mit anderen zu besprechen. Einige Faktoren, die die Lesbarkeit verbessern, sind:

- Bezeichner, die eine Bedeutung wiedergeben, z. B. `timeInMins` statt `t`;
- Ein ordentliches Layout, insbesondere mit Einrückungen und Leerzeilen;
- Kommentare, die die Funktion der nachfolgenden Anweisungen erklären;
- Eine sorgfältige Auswahl von Typen und Klassen, die genau widerspiegeln, was von den Daten erwartet wird.

Schreibstil

Die Lesbarkeit lässt sich zusätzlich verbessern, indem man einen **Schreibstil** entwickelt, der das schnelle Auffinden des Gesuchten und eine effiziente Kommunikation innerhalb eines Programmierteams ermöglicht. So kann man z. B. seine Methoden derart organisieren, dass ihre Deklarationen immer vorne, vor den Anweisungen stehen. Ein anderer Tipp ist, die Methoden einer großen Klasse alphabetisch nach ihrem Namen zu ordnen (wie in Javas API gezeigt). Software-Hersteller erlassen oft derartige Richtlinien und erwarten, dass ihre Angestellten sich daran halten.

5.1.3 Wiederverwendbarkeit

Einige mögen der Meinung sein, das größte Problem der Branche sei die Fehlerhaftigkeit von Software, doch ebenso beunruhigend ist die Unfähigkeit von Firmen, Software termingerecht zu produzieren.

Eine Möglichkeit, diese Schwierigkeiten zu mindern, besteht darin, erprobte Software wiederzuverwenden. Die Pakete von Java sind klassische Beispiele für Wiederverwendbarkeit: Statt dass jeder von uns eine eigene Klasse zum Speichern und Ändern von Zufallszahlen schreibt, wird eine einzige bereitgestellt.

Wiederverwendbarkeit funktioniert in beiden Richtungen: Beim Schreiben eines neuen Programms halten wir nach bereits bestehenden Klassen Ausschau, die wir einsetzen oder auch anpassen können, und versuchen gleichzeitig, unsere eigenen Klassen möglichst allgemein zu halten, ohne dadurch ihre Effizienz oder Lesbarkeit in ihrem eigenen Programm zu beeinträchtigen. Java verfügt über spezielle Klassenkonstrukte, die die Wiederverwendbarkeit erleichtern sollen. Diese werden in späteren Kapiteln behandelt.

5.1.4 Effizienz

Nichts ist frustrierender, als ein zu langsames oder zu großes Programm. Eine komplizierte Aufgabe kann natürlich Zeit, Speicher und Plattenplatz in Anspruch nehmen, doch einfache Aufgaben sollten dies nicht. Es gibt viele kleine Kniffe, mit denen wir von Anfang an wirtschaftlich programmieren können, aber wie immer, ohne unsere übrigen Ziele zu gefährden. Nur ein paar Ideen, wie man ein Programm kompakt hält:

- Deklarieren Sie nur solche Variablen, die gebraucht werden, und übertreiben Sie nicht.
- Verwenden Sie Methoden möglichst oft und vermeiden Sie so das Kopieren gebräuchlicher Anweisungen.
- Führen Sie eine häufig auftretende Berechnung nur einmal aus und speichern Sie das Ergebnis.
- Wählen Sie für die gewünschten Berechnungen den passenden Typ, z. B. nicht immer `double`.

5.1.5 Methodenentwurf

Nun werden wir verschiedene Möglichkeiten betrachten, Anweisungen so zu gruppieren, dass die Lesbarkeit, Wiederverwendbarkeit und Effizienz verbessert werden. Dabei interessieren uns insbesondere die folgenden Fragen: Wann ist es sinnvoll, aus einer Gruppe von Anweisungen eine Methode zu bilden, und wie fasst man Methoden am besten in Klassen zusammen? Die Antwort auf die erste Frage finden wir, indem wir die folgenden Faktoren abwägen:

1. Sollen die Anweisungen im Programm mehr als einmal benutzt werden?
2. Beziehen sich die Anweisungen auf Daten, die sich mit jeder Anwendung verändern?
3. Ist die Gruppe von Anweisungen an der Lösung eines klar begrenzbaren Aufgabenteils beteiligt?
4. Wird die aktuelle Methode zu lang (mehr als 20 Zeilen)?
5. Ist es wahrscheinlich, dass die Anweisungen auch in einem anderen Programm verwendet werden?

Wenn wir die ersten beiden Fragen mit ja beantworten können, so sind wir mehr oder weniger gezwungen, Methoden zu benutzen, da das Programm sonst sehr schlecht formuliert ist. Treffen die Punkte 3, 4 und 5 zu, so ist es ebenfalls sinnvoll, Methoden zu verwenden. Denken Sie an das Beispiel mit dem Histogramm (3.4). Es hätte zwar auch als eine Menge von Anweisungen im Konstruktor geschrieben werden können, aber dann hätten wir keine `bar`-Methode gehabt, die wir in anderen Programmen wiederverwenden können (z.B. in der Aufgabe 3.13). Zudem wäre der Konstruktor mit der Methode `axis` (die eine sehr abgeschlossene Funktion hat) sehr lang geworden.

Ein anderer Ort, an dem Methoden offensichtlich notwendig sind, sind die Klassen: Wie die Klassen `Curio` und `Times` zeigen, sind Klassen unser Mittel, mit den in einem Objekt gespeicherten Daten zu kommunizieren.

5.1.6 Top-Down-Programmierung

Obwohl wir bisher vollständige Programme gezeigt haben, fallen uns diese natürlich nicht einfach mit allen korrekten Details in den Schoß. Das Schreiben eines Programms beginnt bei einem kleinen Teil und entwickelt sich von dort aus weiter. Eine der besten Programmiertechniken ist die **Top-Down**-Programmierung (d. h. von oben nach unten), bei der wir die Lösung in Teillösungen unterteilen und damit beginnen, jede dieser Teillösungen als einen Methodenaufruf darzustellen. So erhalten wir einen richtigen Gesamtentwurf des Programms, in dem die wichtigsten Variablen an der richtigen Stelle stehen. Danach können wir jede Methode einzeln weiterentwickeln, möglicherweise sogar wieder zu ihren eigenen Teillösungen. Dieser Prozess wird im Beispiel 5.2 veranschaulicht.

5.1.7 Schutz und Zugriffsmöglichkeit

Alle objektorientierten Sprachen bieten eine Möglichkeit, Variablen und Methoden vor Beeinflussungen von außen zu schützen, aus welchem Grund auch immer. Die Gründe werden wir als Nächstes untersuchen, hier stellen wir nur fest, dass in Java die Zugriffskontrolle, wie im folgenden Schema gezeigt, durch Modifikatoren in der Deklaration der Methode oder Variable stattfindet.

Zugriffskontrolle
`private` *`Deklaration`* **`public`** *`Deklaration`* `Deklaration`
Auf als `private` deklarierte Elemente kann nur innerhalb des Objekts selbst zugegriffen werden. Auf als `public` deklarierte Elemente können Objekte jeder anderen Klasse zugreifen, die die Klasse importiert, der dieses Objekt entstammt. Auf ein Element ohne expliziten Zugriffsmodifikator, können alle Objekte aller Klassen zugreifen, die zu demselben Paket gehören wie die Klasse, aus der dieses Objekt deklariert wurde.

`private` würden wir demnach für Variablen und Methoden benutzen, die in denjenigen Prozessen und Berechnungen einer Klasse verwendet werden, die ein Anwender von außen nicht zu sehen braucht. Unsere bisherigen Klassen waren dafür nicht komplex genug, aber im Stein-Schere-Papier-Spiel am Ende des Kapitels werden wir Beispiele dafür sehen.

Manche sind der Meinung, dass jede Voreinstellung, in diesem Fall eine voreingestellte Zugriffsmöglichkeit, schlechter Stil ist, und dass es besser wäre, jede Deklaration explizit als `private` oder `public` auszuweisen. Dies haben wir in *Java lernen* vermieden, da es nicht nötig war, `private` zu benutzen und `public` mehr ist, als wir benötigen. Sofern eine Klasse nicht in ein Paket eingebunden wird, wie es bei `Filer` (Beispiel 4.9) der Fall war, ist es auch nicht nötig, den Zugriff auf `public` auszuweiten.

In Modelldiagrammen können wir ebenfalls von einer voreingestellten Zugriffsmöglichkeit ausgehen. Um `public` oder `private` hervorzuheben, fügen wir vor der Variable oder Methode ein Plus- oder Minuszeichen ein. Dieses Verfahren wird im Diagramm für die `Stream`-Klasse im Abschnitt 7.3 gut dargestellt.

5.1.8 Richtlinien für den Klassenentwurf

Methoden sind ein Mittel, um Anweisungen zusammenzufassen. Auf der nächsthöheren Ebene sind Klassen ein Mittel, um Methoden zusammenzufassen. Wir fassen speziell solche Methoden zusammen, die einem gemeinsamen Zweck dienen. So stellt z. B. die Java-Klasse `Math` trigonometrische Methoden und die Klasse `Stream` Ein-/Ausgabe-Methoden zur Verfügung.

In einer Klasse können wir mehr machen, als lediglich Methoden zusammenzufassen. Wir können auch in Variablen gespeicherte Daten darin unterbringen. Der Entwurf einer Klasse mit den darin bereitgestellten Methoden und Daten bildet den Eckpfeiler der objektorientierten Programmierung und ist zentral für die Art und Weise, wie Java genutzt werden sollte. Daher betrachten wir hier einige Leitlinien für den Entwurf, gefolgt von einem Beispiel und einer Fallstudie, in denen Klassen und Objekte gut eingesetzt werden.

1. **Kohärenz:** Eine Klasse sollte nur einen einzelnen physischen Gegenstand oder eine Menge von zusammengehörigen Operationen behandeln. So definiert und manipuliert z. B. die Klasse `Curio` Produktdaten und die Klasse `Times` stellt Operationen auf Stunden und Minuten zur Verfügung.
2. **Trennung der Zuständigkeiten:** Selbst für einen einzelnen Gegenstand kann man mehrere zusammenhängende Klassen haben, anstatt nur einer. So bietet die Klasse `Curio` außer `toString` kein Ausgabeanweisungen an, wir könnten jedoch erwägen, eine recht nützliche Klasse einzurichten, die - wie wir es in den Beispielen `CurioStore1` und `2` bereits begonnen haben - eine schön formatierte Ausgabe für die Variablen bereitstellt.
3. **Verbergen von Informationen:** Eine Klasse sollte dem Anwender nur so viel wie nötig preisgeben und nicht mehr. So können Daten vor Missbrauch geschützt werden und die Klasse kann auf einer besser gesicherten Grundlage arbeiten. Es gibt auch gute Gründe zum Verbergen der Methoden selbst, wenn sie für den Anwender nicht von Interesse sind, sondern nur von der Klasse benutzt werden. Um Variablen zu verbergen, deklarieren wir sie als `private`. Gemäß der Voreinstellung haben immer diejenigen Klassen auf Daten Zugriff, die sich in demselben Verzeichnis befinden. Über die Zugriffskontrolle erfahren Sie im Kapitel 9 mehr.
4. **Datenzugriff über Methoden:** Aus Punkt 3 folgt eine Richtlinie, die alle Standardklassen von Java befolgen: Daten sind vor dem Anwender verborgen, aber mit sorgfältig benannten Methoden, die meist `get`- und `set`-Methoden heißen, kann auf sie zugegriffen

werden. So werden die Daten vor unerwünschten Änderungen geschützt. So legt z. B. Javas Klasse `Date` (aus der Fallstudie 1 im Kapitel 3) nicht die Uhrzeit-Felder selbst offen, stellt aber die Methoden `getTime` und `setTime` zur Verfügung.

5. **Objektinitialisierung:** Bei der Erstellung eines Objektes ist es effizient, alle seine Initialwerte gleich hineinzukopieren, um diese später nutzen zu können. Dies ist besser, als die Werte wiederholt in Form von Parametern bereitzustellen. So richten wir z. B. mit der `Curio`-Klasse Initialwerte für `jedes Curio-Objekt` ein, die immer verfügbar sind, solange wir sie nicht ändern. Einige Werte müssen sich natürlich ändern, z.B. der Lagerbestand, aber unser Ziel ist es, Methodenaufrufe möglichst einfach zu halten. Diese Richtlinie wurde in der Fallstudie 1 umfassend erprobt.

Weitere Richtlinien werden bei entsprechendem Bedarf eingeführt.

5.2 Bedingte Schleifen mit while und do

In diesem Buch wurden Schleifen früh eingeführt, um die Mächtigkeit des Programmierens zu untermauern, wenn es darum geht, wiederkehrende Aufgaben einfach zu handhaben. Die beiden bisher behandelten Schleifentypen sind:

- auf der For-Anweisung basierende Zählschleifen;
- unbestimmte Schleifen, die ebenfalls auf der For-Anweisung basieren, aber durch Break-Anweisungen und Ausnahmen bei Auftreten bestimmter Bedingungen oder Signale verlassen werden.

Wie bereits bei der Erläuterung von Ausnahmen behandelt wurde, liegt die Stelle, an der die Ausnahme ausgelöst wird, oft eine Ebene unterhalb der Stelle, an der diese Ausnahme abgefangen wird. Folglich ist die Abbruchbedingung der Schleife verborgen, allerdings mit der Einschränkung, dass sie durch den sprechenden Namen einer Ausnahme wie z. B. `EOFException` preisgegeben wird.

Wir betrachten nun eine dritte wichtige Gruppe von Schleifen, nämlich solche, deren Bedingungen dort, wo die Schleife selbst definiert ist, sichtbar und erkennbar sind.

5.2.1 Das Schema bedingter Schleifen

Bedingte Schleifen werden in Form von While- und Do-Anweisungen ausgedrückt. Ein allgemeines Schema für eine Schleife als While-Anweisung ist:

while-Anweisung

While-Anweisung

`while (Bedingung) {`
`  Anweisungen`
`}`

Die *Bedingung* wird ausgewertet. Ist sie wahr, so werden die *Anweisungen* ausgeführt und die *Bedingung* dann erneut ausgewertet. Dieser Prozess wird solange wiederholt, bis die *Bedingung* falsch wird. Dann wird die Ausführung am Ende der Schleife fortgesetzt.

Ein Beispiel für eine einfache While-Schleife sieht folgendermaßen aus:

```
int number = 0;
while (number <= 10) {
  System.out.println(number+" ");
  int number = (int) Math.random()*20;
}
```

Die Schleife wird auf jeden Fall beginnen, da `number` auf null eingestellt ist und der Eintritt in die Schleife für einen `number`-Wert erlaubt ist, der kleiner oder gleich 10 ist. `number` wird ausgegeben und dann eine neue Zufallszahl zwischen 0 und 20 generiert. Die Abbruchbedingung für die Schleife ist, dass die Zahl im oberen Teil dieses Wertebereichs liegt, d. h. `number` größer als 10 ist. Die Schleife wird fortgesetzt, solange die Zahl kleiner gleich 10 ist, also engl.: `while (number <= 10)`.

An diesem Beispiel wird deutlich, dass die Anweisungen an irgendeiner Stelle die Bedingung ändern sollten, da die Schleife sonst endlos fortgesetzt wird. Außerdem ist es wichtig, vor dem Eintritt in `while` alle Variablen zu initialisieren, damit die Bedingung richtig ausgewertet werden kann.

Sowohl While- als auch For-Schleifen können Break-Anweisungen enthalten, die die Schleife unabhängig von den Bedingungen abbrechen lassen. Wenn wir im obigen Programmstück z.B. dann abbrechen möchten, wenn die Zahl genau 5 ist, allerdings erst nach der Ausgabe des Wertes, so könnten wir die Schleife folgendermaßen schreiben:

```
int number = 0;
while (number <= 10) {
 System.out.println(number+" ");
 if (number == 5) break;
 int number = (int) Math.random()*20;
}
```

Dies hat einen etwas anderen Effekt als das Hinzufügen einer weiteren Bedingung, wie in:

```
int number = 0;
while (number <= 10 && number != 5) {
 System.out.println(number+" ");
 int number = (int) Math.random()*20;
}
```

da hier das Auftreten der 5 entdeckt wird, bevor sie ausgegeben werden kann.

Beispiel 5.1: Der größte gemeinsame Teiler

Aufgabe

Wir möchten den größten gemeinsamen Teiler (GGT) zweier Zahlen ermitteln.[1]

Lösung

Eine mögliche Lösung wäre, für jede der Zahlen alle Teiler zu ermitteln und diese beiden Listen im Hinblick auf den größten zu vergleichen. Glücklicherweise geht das auch schneller!

Algorithmus

Angenommen, *a* und *b* sind Zahlen, *a* ist größer als *b*, und *f* ist ihr größter gemeinsamer Teiler. Dann besitzen auch *a-b* und *b* den größten gemeinsamen Teiler *f*. Wenn wir uns diesen Umstand zunutze machen und wiederholt so lange die größere Zahl durch die Differenz der beiden Zahlen ersetzen, bis beide gleich sind, dann ist diese Zahl der größte gemeinsame Teiler - selbst wenn es sich um die 1 handelt.

Diese Beispiele zeigen den Algorithmus im Einsatz.

a	*b*	|*a* - *b*|
65	39	26
26	39	13
26	13	13
13	13	GGT

a	*b*	|*a* - *b*|
99	66	33
33	66	33
33	33	GGT

1. Manche Leser kennen den GGT möglicherweise als GGF, den größten gemeinsamen Faktor.

Programm Wenn wir uns das Programm ansehen, stellen wir fest, dass es zwei While-Schleifen gibt. Da wir es mehrmals ausführen möchten und die Klasse `Display` verwenden, können wir die äußere Schleife als `while(true)` einrichten - ein eleganteres Konstrukt als das bisher verwendete `for(; ;)`. Wir wissen, dass wir das Programm abbrechen können, indem wir den Close-Knopf der Anzeige drücken.

Die zweite While-Schleife wird in die erste eingebaut. Sie muss zwei Aktionen ausführen, nämlich die aktuellen Werte ausgeben und dann `a` oder `b` verändern. Die Bedingung kann leicht als `(a!=b)`, d. h. `a` ungleich `b` ausgedrückt werden.

```
import javagently.*;

class HCFRepeat {

  /* The HCF Program      von J M Bishop Aug 1996
   * ===============      Display-Version Juli 1999
   *                      aktualisiert Mai 2000
   * Berechnet den größten gemeinsamen Teiler von zwei ganzen Zahlen.
   * Veranschaulicht eine While-Schleife.
   */

  HCFRepeat () {
    Display display = new Display("HCF");
    display.println("***** Finding the HCF *****");
    display.prompt("Integer a", 567);
    display.prompt("Integer b", 123);
    int a, b;

    while (true) {
      display.ready("Press ready when data has been entered");
      a = display.getInt("Integer a");
      b = display.getInt("Integer b");
      display.println("a\tb");
      while (a != b) {
        display.println(Stream.format(a,6)+"\t"+Stream.format(b,6));
        if (a > b) {
          a -=b;
        } else {
          b -=a;
        }
      }
      display.println("The HCF is " + a);
      display.ready("Press ready for another data set");
    }
  }

  public static void main (String args []) {
```

```
    new HCFRepeat();
  }
}
```

Test

Nach zwei Durchläufen erhalten wir die in der Abbildung 5.1 dargestellte Anzeige.

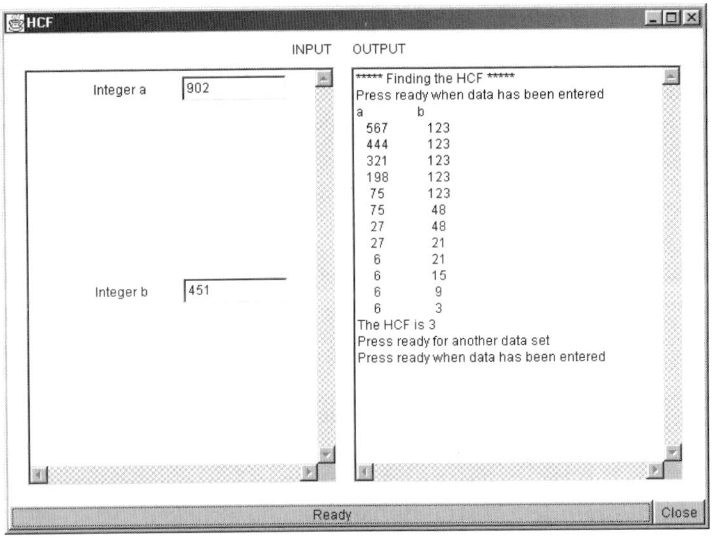

Abbildung 5.1: Bildschirmausgabe der Suche nach dem GGT.

Beispiel 5.2: Das Kuriositätengeschäft ist durchgehend geöffnet

Aufgabe

Es ist an der Zeit, wieder mit dem Kuriositätengeschäft zu arbeiten. Nachdem wir While-Schleifen und If-Anweisungen kennen gelernt haben, können wir nun die folgenden Funktionen hinzufügen:

- Verkauf während des ganzen Tages, d. h. Verarbeitung verschiedener Umsätze;
- Prüfen, ob für einen bestimmten Verkauf ausreichend Ware auf Lager ist.

Lösung

Als Erstes müssen wir nachsehen, ob die Klasse `Curio` unverändert bleiben kann oder geändert werden muss. Tatsächlich ist sie in Ordnung, abgesehen davon, dass sie eine Quittung ausgibt und es, wie wir gesehen haben, bei einer Klasse, die eine Entität der realen Welt modelliert, besser wäre, wenn der Aufrufer die Ein- und Ausgabe vornimmt. Für die Eingabe müssen wir wissen, welche Kuriosität in welcher Menge verkauft wird und wann das Geschäft geschlossen ist. Hierfür benutzen wir die Klasse `Display` und streben Ergebnisse wie in Abbildung 5.2 an.

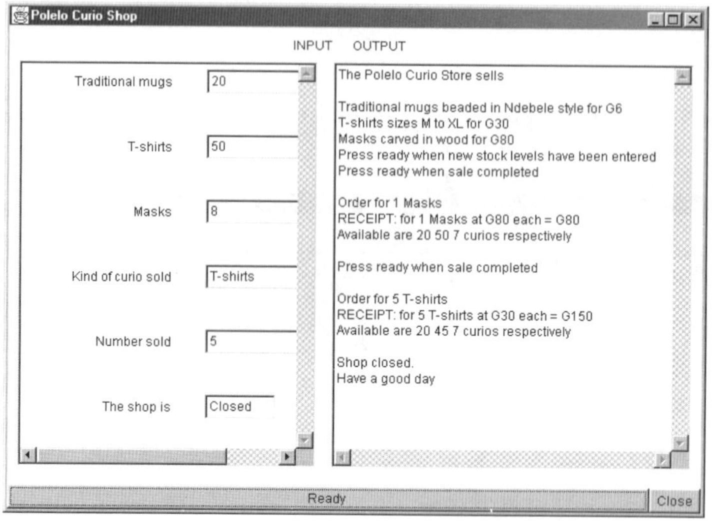

Abbildung 5.2: Bildschirmausgabe für den Kuriositätenladen.

Algorithmus

Das Programm ist ordentlich in zwei Teile gegliedert. Zuerst erstellen wir die Anzeige und die Objekte. Dann kommt das Geschäft an die Reihe. Mit dem Top-Down-Entwurf können wir diesen Teil folgendermaßen auf einem hohen Abstraktionsniveau ausdrücken:

```
report();
stockTheStore();
openTheStore();

while (open) {
  sellCurios();
  open = display.getString("The store is").equals("Open");
  available();
}
display.println("Store closed.\n Have a good day");
```

`report` und `available` waren Bestandteile von `CurioStore2`; die drei Methoden, die noch weiterentwickelt werden müssen, sind unterstrichen. Die Grundlagen für die Lagerhaltung des Geschäfts hatten wir bereits gelegt: Was noch fehlte, war das Einlesen der Daten. Dies lässt sich über die Anzeige einfach bewerkstelligen. Die Öffnung des Geschäfts fügt in der Anzeige die zweiten drei Kästchen hinzu und schafft so Platz, um die Verkäufe einzugeben, und um anzuzeigen, wann das Geschäft geschlossen wird. Der Verkauf der Kuriositäten ist in erster Linie eine Sache der Ein- und Ausgabe, obwohl wir erkennen, dass die Methode `sell` in `Curio` nicht angemessen ist, da sie einen negativen Lagerbestand zulässt, d. h.:

```
void sell (int n) {
  // Lagerbestand könnte negativ sein
  stock -= n;
}
```

Wir wollen diesen Punkt auf später verschieben und uns zuerst darum kümmern, das Programm ausführbar zu machen. Der letzte Aspekt des Verkaufens besteht darin, die Verkäufe einzugeben. Um eine Referenz auf das Verkaufsobjekt zu finden, muss das Programm die Liste der Waren im Lager durchgehen, wie in:

```
Curio curio;

  display.ready("Press ready when sale completed");
  String curioName = display.getString("Kind of curio sold");
  int curiosSold = display.getInt("Number sold");

  if (curioName.equals(mugs.name)) {
    curio = mugs;
  } else
  if (curioName.equals(tshirts.name)) {
    curio = tshirts;
  } else
  if (curioName.equals(carvings.name)) {
    curio = carvings;
  } else {
    display.println(curioName + " is an invalid curio name");
    return;
  }
```

Hier hält `curio` alle Referenzen auf die drei Objekte und kann in dem, was folgt, verwendet werden, d. h.:

```
curio.sell(curiosSold);
display.println("\n RECEIPT: for "+ curiosSold + " "
    + curioName +" at G"+ curio.price+" each = G" +
    curio.price*curiosSold);
```

Ein Modelldiagramm der Methode `sellCurios` zeigt ein Stadium dieses Prozesses (Abbildung 5.3). Beachten Sie, dass `sellCurios` aus dem `CurioStore3`-Objekt auf die für Methoden normale Weise erweitert wurde. `sellCurios` hat drei Variablen; eine davon ist `Curio`. Wenn `curioName` „T-Shirts" ist, dann wird er mit dem Namen im `tshirts`-Objekt übereinstimmen und der `curio`-Objektvariable wird dasselbe Objekt zugewiesen wie `tshirts`. Dies wird im Diagramm gezeigt. Wenn dann die Anweisung

```
curio.sell(curiosSold);
```

ausgeführt wird, bezieht sie sich auf die Methode `sellCurios` von `tshirts` mit dem eingelesenen Parameter 4, und der Lagerbestand von `tshirts` wird angepasst, d. h. 50 wird durch 46 ersetzt.

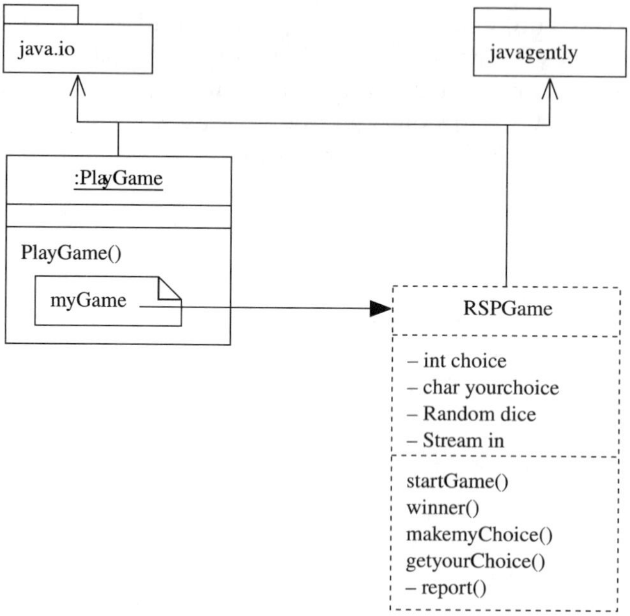

Abbildung 5.3: Modelldiagramm für den Verkauf von Kuriositäten

Programm

```
import javagently.*;

class CurioStore3 {
  /* Curio Store Version 3        von J M Bishop April 2000
   * ---------------------
   * Dieses Geschäft hat Lagerbestände und eine Verkaufsoption
   * Veranschaulicht, wie man in einem objektorientierten
   * Programm arbeitet
   * Verwendet die Klasse Display für Ein- und Ausgabe
   */

   public static void main (String [ ] args) {
    new CurioStore3 ();
  }

  // Deklariere Variablen, die für alle Methoden relevant sind
  Display display = new Display ("Polelo Curio Store");
  Curio mugs, tshirts, carvings;
  boolean open;

  // Der Konstruktor, in dem die Initialisierung und die
  // Hauptarbeit geschehen
```

```
CurioStore3 () {
  mugs = new Curio("Traditional mugs", 6, "beaded in Ndebele style", 20);
  tshirts = new Curio("T-shirts", 30, "sizes M to XL", 50);
  carvings = new Curio("Masks", 80, "carved in wood", 8);

  // Gib die Anfangsdetails zum Geschäft aus
  report ();

  // Verwende Methoden zur Durchführung einer Folge von Aktionen
  stockTheStore();
  openTheStore();

  while (open) {
    sellCurios();
    open = display.getString("The store is").equals("Open");
    available();
  }
  display.println("Store closed.\n Have a good day");
}

void report () {
  display.println("The Polelo Curio Store sells\n");
  // Gib mit dem Zugriff der Objekte auf toString ihren Inhalt aus
  display.println(""+mugs);
  display.println(""+tshirts);
  display.println(""+carvings);
}
void stockTheStore () {
  display.ready("Press ready when new stock levels have been entered");
  mugs.addStock(display.getInt(mugs.name));
  tshirts.addStock(display.getInt(tshirts.name));
  carvings.addStock(display.getInt(carvings.name));
}

void openTheStore () {
  display.prompt("Kind of curio sold","                    ");
  display.prompt("Number sold",0);
  display.prompt("The shop is","Open");
  open = true;
}

void sellCurios () {
  Curio curio;

  display.ready("Press ready when sale completed");
  String curioName = display.getString("Kind of curio sold");
  int curiosSold = display.getInt("Number sold");

  if (curioName.equals(mugs.name)) {
    curio = mugs;
```

```
    } else
    if (curioName.equals(tshirts.name)) {
      curio = tshirts;
    } else
    if (curioName.equals(carvings.name)) {
      curio = carvings;
    } else {
      display.println(curioName + " is an invalid curio name");
      return;
    }
    display.println("\nOrder for "+curiosSold+" "+curioName);
    curio.sell(curiosSold);
    display.println("RECEIPT: for "+ curiosSold + " "
         + curioName +" at G"+ curio.price+" each = G" +
         curio.price*curiosSold);
   }

  void available () {
    display.println("Available are "+mugs.stockLevel()+" "+
      tshirts.stockLevel()+" "+carvings.stockLevel()+
      " curios respectively\n");
  }
}

class Curio {

    String name;
    int price;
    String description;
    int stock;

    Curio (String n, int p, String d, int t) {
      name = n;
      price = p;
      description = d;
      display.prompt(name,t);
    }

    void addStock (int n) {
      stock += n;
    }
    void sell (int n) {
      // stock could go negative
      stock -= n;
    }

    int stockLevel () {
      return stock;
    }
```

```
  // println greift auf diese Methode zu, um
  // ein Curio-Objekt in einen String umzuwandeln.
  public String toString () {
    return name + " "+description+" for G" + price;
  }
}
```

Um den zu niedrigen Lagerbestand möglichst effizient zu behandeln, müssen wir ein Konstrukt erklären, das im nächsten Abschnitt diskutiert wird. Doch zuerst setzen wir die Besprechung der bedingten Schleife fort.

5.2.2 Die Do-Anweisung

Das allgemeine Schema der Do-Anweisung ähnelt der While-Anweisung, wie das Schema unten zeigt. Die Do-Anweisung beginnt damit, ihren Rumpf mindestens einmal auszuführen, bevor sie die Bedingung prüft. Manchmal ist diese Eigenschaft wünschenswert, doch im Allgemeinen bevorzugen Programmierer die While-Anweisung.

Do-Anweisung
do { *Anweisungen* } **while** (*Bedingung*);
Die *Anweisungen* werden einmal ausgeführt. Danach wird die *Bedingung* überprüft. Ist sie wahr, so wird die Schleife wiederholt. Wird die *Bedingung* als falsch ausgewertet, so endet die Schleife und die nächste Anweisung wird ausgeführt.

5.2.3 Entwicklung einer bedingten Schleife

Zwei sehr wichtige Punkte im Hinblick auf bedingte Schleifen sind:

- Die Bedingung muss initialisiert werden.
- Die Bedingung muss während der Ausführung der Schleife geändert werden.

Wird die Bedingung nicht initialisiert, arbeitet die Schleife auf der Grundlage von fehlerhaften oder sogar nicht definierten Informationen. Wird sie während der Ausführung der Schleife nicht geändert, gibt es keine Möglichkeit, dass sie ihren Wert wechselt und die Schleife beendet.

Ehe wir mit einer Aufgabe fortfahren, betrachten Sie ein kleines, anschauliches Beispiel für bedingte Schleifen, und behalten Sie im Gedächtnis, wie wichtig es ist, diese korrekt zu formulieren. Um dem Schleifenprozess einen Sinn zu geben, verwendet das Beispiel Boolesche Werte und Methoden, deren Effekt man ihrem Namen entnehmen kann. Das Beispiel simuliert den Versuch, in einer Schublade mit Strümpfen unterschiedlicher Farbe ein Paar zu finden.

```
PickaSock();
PickAnotherSock();
while (!aPair()) {
  DiscardaSock ();
  PickAnotherSock ();
}
```

Die Schleife wird dadurch initialisiert, dass zwei Strümpfe in die Hand genommen werden. Dies ist wichtig, damit die Prüfung, ob es sich dabei um ein Paar handelt, korrekt durchgeführt werden kann. Die Schleife ist insofern korrekt formuliert, als die Bedingung sich bei jeder Iteration ändert, also immer wenn ein neuer Strumpf gewählt wird. Die Schleife hat jedoch zwei fatale Mängel.

Angenommen, es wird niemals ein Paar gefunden. Da die Bedingung nicht erfüllt wird, geht die Schleife immer weiter, aber die Methode `PickAnotherSock` schlägt am Ende fehl, und die gesamte Operation bricht zusammen. Das andere Problem ist ähnlich: Angenommen, es befinden sich von Anfang an gar keine Strümpfe in der Schublade. In diesem Fall kann keine der Initialisierungsanweisungen ausgeführt werden und das Programm kann in dieser Form nicht laufen. Diese beiden Situationen kann man folgendermaßen zusammenfassen:

- Vermeiden Sie eine Situation, in der die Schleife nicht anfangen kann.
- Vermeiden Sie ebenso, dass die Schleife niemals endet.

Das Gegenmittel besteht darin, Zusatzbedingungen zum Verhindern derartiger Situationen (engl. *guards*) einzuführen. Hier müssen wir zuerst wissen, ob genügend Strümpfe (also mindestens zwei) vorhanden sind, um den Paar-Test durchführen zu können, und danach müssen wir wissen, wann die Schublade leer wird. Beide Bedingungen basieren auf der Anzahl der Socken in der Schublade. Wir gehen davon aus, dass diese Anzahl irgendwie verfügbar gemacht werden kann. Die berichtigte Version der Schleife sieht nun folgendermaßen aus:

```
if (NumberofSocksinDrawer >= 2) {
  PickaSock ();
  PickAnotherSock ();
  while (NumberofSocksinDrawer > 0 && !aPair()) {
    DiscardaSock () ;
    PickAnotherSock () ;
  }
}
{ At this point, a pair may or may not have been found}
```

Eine Schlussüberlegung muss für jede bedingte Schleife angestellt werden. Besteht die Bedingung, die die Schleife steuert, aus mehr als einem Teil, so kann es notwendig werden, zum Schluss festzustellen, welcher dieser Teile den Abbruch der Schleife verursacht hat. In diesem Beispiel ist es sinnvoll, entscheiden zu können, ob die Suche erfolgreich war oder nicht. Dies bezeichnet man als Folge-Aktion (engl. *follow-up-action*) und führt sie aus, indem man einige der Bedingungen wie im folgenden Code-Stück erneut prüft:

```
if (aPair()) {
  System.out.println("Got a pair of socks.");
}  else {
  System.out.println("Bad luck, no pair found.");
}
```

Beachten Sie, dass man bei verknüpften Bedingungen (ein häufiger Fall) aufpassen muss, welche man prüft. Hier wäre es nicht richtig gewesen, die Prüfung, ob die Schublade leer ist, folgendermaßen vorzunehmen:

```
if (NumberofSocksinDrawer == 0)
  System.out.println("Bad luck, no pair found.");
else
  System.out.println("Got a pair of socks.");
```

Denn das Paar hätte beim allerletzten Schleifendurchlauf gefunden werden können. Die Schublade wäre ebenfalls leer, was aber für diesen Zweck nicht relevant ist.

Schreiben Sie die erforderlichen If-Anweisungen, um festzustellen, ob ein Paar gefunden wurde oder nicht, ob die Schublade schon zu Beginn leer war oder ob sie im Verlauf der Suche leer wurde.

5.3 Benutzerdefinierte Ausnahmen

Im Abschnitt 4.6 besprachen wir, wie man auf vom Java-System ausgelöste Ausnahmen reagiert, z. B. auf `EOFException` oder `FileNotFoundException`. Wir können jedoch auch unsere eigenen Ausnahmen definieren und sie als Signal zwischen Klassen benutzen. Manchmal sind Ausnahmen eine passendere und ordentlichere Möglichkeit zum Steuern eines Programms als eine If-Anweisung.

Möchten Sie für eine besondere Situation Ihre eigene Ausnahme definieren, so verwenden Sie das folgende Schema:

Ausnahme definieren

Eine neue Ausnahme definieren

`class Name extends Exception {`
`  public Name () { }`
`  public Name (String s) {`
`    super (s)`
`  }`
`}`

Name ist der Name der neuen Ausnahme. Der zweite Konstruktor reicht jede spezifizierte Zeichenreihe an die Ausnahmebehandlung des Systems weiter, damit sie Methoden wie `getMessage` zur Verfügung steht.

Diese Definition muss dort vorgenommen werden, wo sowohl der Auslöser als auch der Ausnahmebehandler sie sehen können. Nun haben wir eine Ausnahme namens `Name` und wir können Ausnahmeobjekte dieser Klasse folgendermaßen auslösen:

Ausnahme auslösen

Eine Ausnahme auslösen
`throw new Name ("Nachricht");`
Die *Nachricht* erklärt die Art der Ausnahme.

Das Abfangen der Ausnahme geht genau wie im Abschnitt 4.6 vor sich. Mit der Nachricht kann der Ausnahmebehandler (die Catch-Anweisung) dem Anwender durch Aufrufen der Methode `getMessage` Informationen übermitteln; die Nachricht kann aber auch weggelassen werden (was die beiden Optionen in der oben genannten Deklaration erklärt). Beim normalen Programmieren gibt es nicht oft Gelegenheiten für benutzerdefinierte Ausnahmen, da man das benötigte Signal in der Regel dadurch erhalten kann, dass man eine Methode aufruft, die den Zustand des Objekts (oder eines Teils davon) angibt, und dann eine If-Anweisung gibt. Nur wenn der Zustand und das, womit er verglichen werden soll, vollständig in der Klasse verborgen sind, ist eine Ausnahme notwendig. Um Ihnen jedoch zu zeigen, wie diese Ausnahmen funktionieren, betrachten wir das folgende Beispiel.

Beispiel 5.3: Den Lagerbestand prüfen

Aufgabe

Wie wir bereits gesehen haben, müssen wir den Lagerbestand des Kuriositätengeschäfts im Auge behalten, damit die Verkäufe den Lagerbestand nicht überschreiten.

Lösung

Es gibt zwei Möglichkeiten, diese Aufgabe zu lösen. Wir können eine If-Anweisung benutzen und die Methode `stockLevel` aufrufen, oder wir können eine Ausnahme verwenden.

Programme

Die erste Möglichkeit ist sehr einfach:

```
if (curio.stockLevel >= curiosSold) {
  curio.sell(curiosSold);
    display.println("RECEIPT: for "+ curiosSold + " "
        + curioName +" at G"+ curio.price+" each = G" +
        curio.price*curiosSold);
  }
  else {
    display.println("Not enough stock. "+
       curio.stockLevel() + " available.");
  }
```

Die zweite Möglichkeit, die Ausnahmen verwendet, ist relativ einfach, was den Aufruf betrifft:

```
try {
   curio.sell(curiosSold);
   display.println("RECEIPT: for "+ curiosSold + " "
       + curioName +" at G"+ curio.price+" each = G" +
       curio.price*curiosSold);
}
catch (StockException e) {
  display.println(e.getMessage());
}
```

Um jedoch die Ausnahme zu aktivieren, müssen wir sie definieren, sagen, dass wir sie auslösen werden, und sie dann tatsächlich auslösen. Die Ausnahme auszulösen bedeutet, dass wir auch eine If-Anweisung benötigen. Die Definition lautet folgendermaßen:

```
class StockException extends Exception {
    StockException (String s) {
      super(s);
    }
}
```

Die Methode `sell` in der Klasse sieht nun folgendermaßen aus:

```
void sell (int n) throws StockException {
  if (stock >= n) {
    stock -= n;
```

```
    }
    else {
      throw new StockException
        ("Not enough stock. "+stock+" available.");
    }
  }
```

Die Ausgabe beider Fälle sieht aus wie in der Abbildung 5.4 dargestellt.

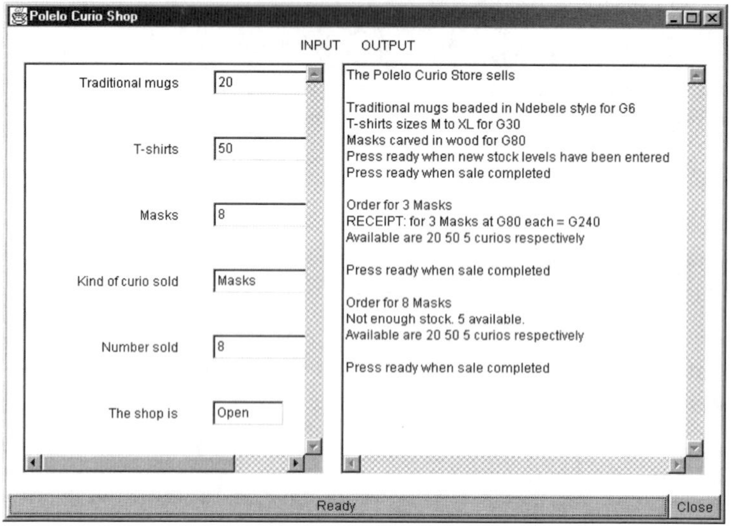

Abbildung 5.4: Die Ausgabe für den Kuriositätenladen mit einer Überprüfung des Lagerbestands

Der Abschnitt 15.2 enthält ein gutes Beispiel für benutzerdefinierte Ausnahmen.

5.4 Der Typ *char*

Informell haben wir Zeichenreihen in Java bereits kennen gelernt und formal werden sie im Kapitel 7 behandelt. In Java ist eine Zeichenreihe ein Objekt, und auch ein einzelnes Zeichen in Anführungszeichen, z. B. "a", ist eine Zeichenreihe. Für einzelne Zeichen stellt Java einen einfacheren Typ zur Verfügung; auf der Tastatur sind das in der Regel:

A bis Z

a bis z

! @ # $ % ^ & * ( ) _ + – = { } [ ] : “ | ; ‘ ~ ` ? /

Außerdem können wir einige andere Tastaturzeichen mit dem Fluchtzeichenpräfix darstellen:

\b	Backspace
\t	Tabulator
\n	neue Zeile
\f	neue Seite (d. h. Seitenvorschub)

Beachten Sie, dass diese speziellen Tastaturzeichen auf dem Bildschirm nicht anders dargestellt werden können: Werden sie gedrückt, so verursachen sie Spezialeffekte.

In Java werden Zeichen mit einfachen Anführungszeichen geschrieben, z. B. `'a'` und die folgenden Operationen sind automatisch auf sie anwendbar:

- Zuweisung;
- Vergleich;
- Konkatenation zu Zeichenreihen.

Das Ergebnis eines kleiner-/größer-Vergleichs hängt von der in Java festgelegten Reihenfolge der Zeichen ab. Wir brauchen nur zu wissen, dass die Buchstaben geordnet sind, sodass z. B. `'g' < 'z'` gilt.

In der zu `char` gehörigen Klasse `Character` sind mehrere nützliche Klassenmethoden definiert. Diese werden im folgenden Schema dargestellt:

Methoden der Klasse `Character`

```
int     digit (char ch, int radix)
char    fordigit (int digit, int radix)
int     getNumericValue(char ch)
boolean isDigit(char ch)
boolean isLetter(char ch)
boolean isLowerCase(char ch)
boolean isUpperCase(char ch)
char    toLowerCase(char ch)
char    toUpperCase(char ch)
... und 13 weitere
```

Auf den ersten Blick scheinen diese Methoden einige interessante Beispiele für die Verarbeitung von Zeichen zu bieten. Leider benötigen die Java-Funktionen zum Lesen von Zeichen einige ausgefeiltere Konzepte, deren Besprechung wir auf Kapitel 7 verschieben. Daher können wir diese Methoden auch erst dort vollständig nutzen. Eine Zeichenreihenmethode wird sich jedoch später als wichtig erweisen, nämlich:

```
char charAt(int index)
```

Wenn wir ein einzelnes Zeichen als eine Zeichenreihe lesen, dann wandelt `charAt(0)` sie in den Typ `char` um.

Außerdem stellt Java durch das Fluchtzeichen \u noch Raum für zusätzliche 10000 Zeichen zur Verfügung, die auf den üblichen Tastaturen nicht vorhanden sind. Diese werden Unicode-Zeichen genannt und ermöglichen es Java, wirklich international zu sein. Es gibt Unicode-Sequenzen für griechische, kyrillische, hebräische, arabische, tibetanische Buchstaben usw., die den eventuell vorhandenen internationalen Standards entsprechen. Damit brauchen wir uns jedoch nicht zu befassen, solange wir mit dem so genannten lateinischen Alphabet arbeiten.

5.4.1 Zeichen umwandeln

Zeichen können in Zahlen und Zahlen in Zeichen umgewandelt werden. Die folgende Umwandlung geschieht automatisch, weshalb alle numerischen Operatoren auch auf den Zeichen arbeiten:

`char` kann in `int` oder `long` oder `float` oder `double` umgewandelt werden

Für die Umwandlung in die andere Richtung benutzen wir einen Typumwandler. Deshalb ist z. B. die folgende Sequenz zulässig:

```
char digit;
int n;
n = digit;
n++;
digit = (char) n;
```

Diese Folge wirkt sich so aus, dass ein Zeichen genommen und „um einen Code-Wert weitergerückt" wird. Wenn also `digit` anfangs den Wert 'j' hat, wird es zu 'k'. Wegen der bereits erwähnten sauberen Methoden für Zeichen ist es unwahrscheinlich, dass wir sie in ganze Zahlen umwandeln müssen, sofern wir nicht tatsächlich – wie im folgenden Beispiel – arithmetische Operationen damit durchführen möchten.

Beispiel 5.4: Den Zeichensatz ausgeben

Aufgabe

Wir möchten sehen, welche zusätzlichen Zeichen auf unserem System zur Verfügung stehen.

Lösung

Wir können z.B. mit einer Schleife alle ganzen Zahlen von 0 aufwärts durchgehen und die entsprechenden Zeichen anzeigen. Erfahrungsgemäß beginnen die druckbaren Zeichen erst bei 32.

Programm

Das Programm ist ziemlich einfach, wie unten gezeigt wird, aber es enthält einige neue Merkmale. An zwei Stellen werden auf der Zeichenvariablen arithmetische Operationen durchgeführt; diese Stellen sind unterstrichen. Außerdem verwenden wir für den Anfang und das Ende der Schleife die Hexadezimal-Notation des Unicode. Diese Werte werden allerdings in Dezimalform ausgegeben und reichen, wie aus der Ausgabe ersichtlich wird, von 32 bis 255.

```
import java.awt.*;
import javagently.*;

class TestUnicode {

  /* Program to demonstrate Unicode      J M Bishop Mai 2000
   * ============================
   *
   * Veranschaulicht die Zeichenumwandlung, Unicode
   * und Hexadezimalzeichen
   */

  TestUnicode() {
    for (char code = "\ u0020" ; code <="\ u00FF" ; code++) {
       System.out.print(Stream.format(code,5) + " " + code);
       if (code%10 == 0) {
         System.out.println();
       }
    }
 }

 public static void main (String [] args) {
 new TestUnicode();
 }
}
```

Test

Die Ergebnisse sehen folgendermaßen aus:

```
32     33 ! 34 " 35 # 36 $ 37 % 38 & 39 ' 40 (
41 ) 42 * 43 + 44 , 45 - 46 . 47 / 48 0 49 1 50 2
51 3 52 4 53 5 54 6 55 7 56 8 57 9 58 : 59 ; 60 <
61 = 62 > 63 ? 64 @ 65 A 66 B 67 C 68 D 69 E 70 F
71 G 72 H 73 I 74 J 75 K 76 L 77 M 78 N 79 O 80 P
81 Q 82 R 83 S 84 T 85 U 86 V 87 W 88 X 89 Y 90 Z
```

```
91  [  92 \   93 ] 94  ^ 95  _  96  '  97  a  98  b  99  c  100 d
101 e  102 f  103 g  104 h  105 i  106 j  107 k  108 l  109 m  110 n
111 o  112 p  113 q  114 r  115 s  116 t  117 u  118 v  119 w  120 x
121 y  122 z  123 {  124 |  125 }   126 ~  127 -  128 ?  129 ?  130 ?
131 ?  132 ?  133 ?  134 ?  135 ?  136 ?  137 ?  138 ?  139 ?  140 ?
141 ?  142 ?  143 ?  144 ?  145 ?  146 ?  147 ?  148 ?  149 ?  150 ?
151 ?  152 ?  153 ?  154 ?  155 ?  156 ?  157 ?  158 ?  159 ?  160
161 ¡  162 ¢  163 £  164 ?  165 ¥  166 |  167 :  168 ¨  169 ©  170 ’
171 «  172 “  173 -  174 ®  175 ¯  176 ”  177 ±  178 2  179 3  180 ´
181 —  182 ¶  183 ·  184 ¸  185 1  186 º  187 »  188 1·4  189 1·2  190 3·4
191 ¿  192 À  193 Á  194 Â  195 Ã  196 Ä  197 Å  198 Æ  199 Ç  200 È
201 É  202 Ê  203 Ë  204 Ì  205 Í  206 Î  207 Ï  208 <ETH>  209 Ñ  210 Ò
211 Ó  212 Ô  213 Õ  214 Ö  215 *  216 Ø  217 Ù  218 Ú  219 Û  220 Ü
221 Y´  222 <THORN>  223 ß  224 à  225 á  226 â  227 ã  228 ä  229 å  230 *
231 ç  232 è  233 é  234 ê  235 ë  236 ì  237 í  238 î  239 ï  240 <eth>
241 ñ  242 ò  243 ó  244 ô  245 õ  246 ö  247 ÷  248 ø  249 ù  250 ú
251 û  252 ü  253 y´ 254 <thorn>   255 ÿ
```

5.5 Die Switch-Anweisung

Die If-Anweisung ist eine auf Bedingungen basierende Auswahlanweisung, die in eine von zwei Richtungen führt. Braucht man jedoch für vorgegebene Werte mehrere einfache Prüfungen, können Folgen von Else-If-Anweisungen umständlich werden. Java bietet eine so genannte Fallunterscheidung (engl. *keyed selection*) in Form einer Switch-Anweisung. Das Schema dieser Anweisung ist:

Switch-Anweisung

```
switch (switch-Ausdruck) {
  case Wert : Anweisung; break;
  case Wert : Anweisung; break;
  . . .
  default : Anweisung; break;
}
```

Der *Switch-Ausdruck*, der von einem der ganzzahligen Typen oder vom Typ `char` sein muss, wird ausgewertet und sein Wert mit den aufgezählten *Werten* verglichen. Kommt er dort vor, so beginnt die Ausführung bei der entsprechenden *Anweisung* und macht mit den folgenden Anweisungen weiter, bis das Ende des `Switch` oder ein `Break` erreicht wird. Ist der `Switch`-Wert nicht in der Liste vorhanden, so wird die `default`-Anweisung ausgeführt. Ist auch die nicht vorhanden, so wird die ganze `Switch`-Anweisung abgeschlossen, ohne etwas zu bewirken. Jeder Wert darf nur einmal vorkommen.

Die Switch-Anweisung betrachtet den Wert des Switch-Ausdrucks und versucht, beginnend mit dem ersten `case`-Wert, eine Übereinstimmung zu finden. Wird derselbe Wert gefunden, so wird die dazugehörige Anweisung ausgeführt, und die `break`-Anweisung veranlasst die Fortsetzung des Ablaufs am Ende der gesamten Switch-Anweisung. Das Schlüsselwort `default` fängt alle unerwähnten Werte ab. Die `break`-Anweisungen und der `default`-Teil sind zwar nicht strikt vorgeschrieben, gelten aber als unerlässlich für einen guten Programmierstil. Ohne ein `break` rutscht der Ablauf bis zum nächsten Fall durch. Bei einem leeren Anweisungsteil könnte dies nützlich sein, wie die folgenden Beispiele zeigen.

Der Switch-Ausdruck muss als Wert entweder eine ganze Zahl oder ein Zeichen liefern. Der Wert darf keine reelle Zahl sein. Die Fallwerte (für `case`) sind Ausdrücke desselben Datentyps wie der Switch-Ausdruck und eine gegebene Anweisung kann einen oder mehrere Fallwerte besitzen. Die Switch-Werte brauchen nicht in einer bestimmten Reihenfolge stehen, dürfen jedoch jeweils nur einmal auftreten.

Betrachten Sie als Beispiel das kleine Lied über die Anzahl der Monatstage:

Thirty days hath September, April, June and November.
All the rest have thirty-one, excepting February alone,
Which has but twenty-eight days clear,
And twenty-nine in each leap year.

Wenn wir annehmen, dass `month` einen ganzzahligen Wert hat, wobei der Januar die Nummer „1" ist, können wir mit einer Switch-Anweisung den Monat betrachten und für `days` wie folgt den entsprechenden Wert einstellen (Schaltjahre werden ignoriert):

```
switch (month) {
  case 9:
  case 4:
  case 6:
  case 11: days = 30; break;
  case 2: days = 28; break;
  default: days = 31; break;
}
```

Wie immer kann die Anweisung in jedem der Fälle ein Block sein, der mehrere Einzelanweisungen enthält. Dies ist nötig, wenn man unter Berücksichtigung der Schaltjahre eine korrekte Anzahl von Tagen für den Februar einsetzt. Statt mit dem Jahr Berechnungen durchzuführen (teilbar durch 4 usw.), verlangen wir einfach, dass die Angabe, ob ein Jahr ein Schaltjahr ist oder nicht, als Parameter an eine die Switch-Anweisung einschließende Methode übergeben wird. Nun werden die `breaks` überflüssig, da `return` dieselbe Wirkung erzielt:

```
int daysInMonth (int month, boolean leapyear) {
  switch (month) {
    case 9:
```

```
      case 4:
      case 6:
      case 11:
        return 30;
      case 2: {
        if (leapyear) {
           return 29;
        }
        else {
          return 28;
        }
      }
      default: return 31;
    }
  }
```

Wir hätten auch das Jahr übergeben und die Berechnungen in `daysInMonth` durchführen können. Switch-Anweisungen sind Gegenstand des folgenden Beispiels. Die Switch-Ausdrücke sind Zeichen, was relativ häufig vorkommt.

Beispiel 5.5: Wechselkurse

Aufgabe

Der Kuriositätenladen wird von vielen internationalen Kunden besucht und möchte diesen die Möglichkeit bieten, in allen wichtigen Währungen zu zahlen.

Lösung

Wir fügen dem Eingabeteil einen weiteren Kasten für das Währungssymbol hinzu. Sobald der Betrag berechnet ist, lesen wir das Zeichen ein und finden mit einer Switch-Anweisung den richtigen Umrechnungsfaktor von Graz. Die Quittung wird dann ergänzt und enthält nun auch den umgerechneten Betrag. Dies wird in der Abbildung 5.5 dargestellt.

Algorithmus

Die Lösung lässt sich in zwei Teile aufspalten: Die Eingabe des Währungssymbols und die Umrechnung und Ausgabe des Werts in der Fremdwährung. Eine Switch-Anweisung ist für den zweiten Teil natürlich ideal; sie wird etwa folgendermaßen aussehen:

```
switch (currencySymbol) {
  case '¥': factor = yenExchange; break;
  case '$': factor = dollarExchange; break;
  case 'D': factor = markExchange; break;
  case '£': factor = poundFactor; break;
  case 'G': factor = 1; break;
  default : ...;
}
```

Dies ist zwar die klarste und effizienteste Art, die Aufgabe zu lösen, aber nicht die einzige Möglichkeit. Die gleiche Wirkung würden wir auch mit einer Folge von If-Anweisungen erzielen, wie sie im Abschnitt 4.4 beschrieben wurde. Im Allgemeinen ist es jedoch einfacher, sich anzusehen, was in einer Tabelle geschieht, statt Berechnungen vorzunehmen; wenn möglich, sollten daher Switch-Anweisungen statt If-Anweisungen benutzt werden.

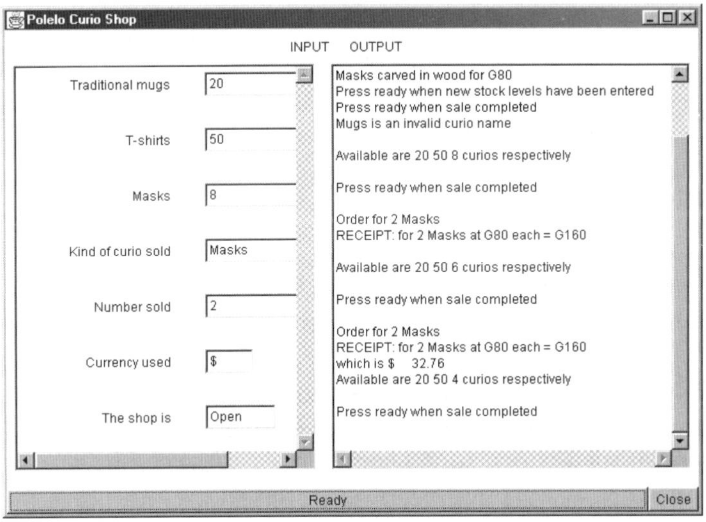

Abbildung 5.5: Anzeige aus der Währungsumrechnungs-Version des Kuriositätengeschäfts

Was soll im `default`-Fall passieren, der bei Eingabe eines ungültigen Symbols erreicht würde? Natürlich muss eine Nachricht ausgegeben werden, um den Anwender zu informieren, dass das Symbol ungültig war. Doch wie wird ein erneuter Versuch ermöglicht? Man könnte eine Ausnahme deklarieren und auslösen. Dies ginge jedoch zu weit, denn schließlich stehen uns alle Informationen zur Verfügung und wir haben mehrfach festgestellt, dass Ausnahmen der Kommunikation zwischen Methoden dienen.

Wir deklarieren stattdessen eine einfache Boolesche Variable, die auf `true` gesetzt wird. Sollte das Währungssymbol ungültig sein, wird sie auf `false` gesetzt. Dann wird die Switch-Anweisung in eine auf dieser Booleschen Variablen basierende Do-Anweisung eingeschlossen.

```
void displayReceipt (Curios curio, String curioName, int curiosSold) {
   double factor;
   char currencySymbol;
   boolean symbolRead=true;
```

```
    do {
      currencySymbol = display.getString("Currency used").charAt(0);
      switch (currencySymbol) {
        case 'Y': factor = yenExchange; break;
        case '$': factor = dollarExchange; break;
        case 'D': factor = markExchange; break;
        case '£': factor = poundExchange; break;
        case 'G': factor = 1; break;
        default : factor = 1;
                  symbolRead = false;
                  display.println("Invalid symbol, try again");
      }
    } while (!symbolRead);
    display.println("RECEIPT: for "+ curiosSold + " "
         + curioName +" at G"+ curio.price+" each = G" +
         curio.price*curiosSold);
    if (currencySymbol != 'G') {
      display.print("which is "+ currencySymbol +
        Stream.format(curio.price*curiosSold/factor,10,2));
    }
  }
```

Eine Erweiterung dieses Aspekts des Kuriositätengeschäfts wäre die Möglichkeit, die Wechselkurse jeden Tag verändern zu können: Darauf werden wir später noch zurückkommen.

5.5.1 Wann Switch-Anweisungen nicht eingesetzt werden sollen

Auf Grund ihrer Klarheit ist die Switch-Anweisung für viele Arten von Auswahl die natürliche Wahl. Sie kann jedoch nicht verwendet werden, wenn die Auswahl von Bedingungen abhängt. So ist z.B. Folgendes in Java unzulässig:

```
/* KEIN ZULÄSSIGER JAVA-CODE */
switch (number) {
  case < 0: Addtonegatives;
  case = 0: Donothing;
  case > 0: Addtopositives;
}
```

Die Fälle müssen tatsächliche Werte sein. Hier wären aufeinander folgende If-Else-Anweisungen ein geeigneter Ansatz.

Eine andere Stelle, für die sich Switch-Anweisungen nicht eignen, ist die Prüfung von Zeichenreihen. Eine Zeichenreihe ist zu kompliziert, als dass eine Switch-Anweisung sie behandeln könnte. Später werden wir sehen, wie man Zeichenreihen als Schlüssel mit Werten vergleichen kann.

5.6 Fallstudie 2: Das Spiel „Stein-Schere-Papier"

In einem populären Spiel für zwei Personen wählt jeder Spieler entweder Stein oder Schere oder Papier. Von folgenden Regeln hängt ab, wer gewinnt:

- Stein schlägt Schere (er kann sie zerschlagen);
- Schere schlägt Papier (sie kann es schneiden);
- Papier schlägt Stein (es kann ihn einwickeln).

Wählen beide Spieler dasselbe, geht das Spiel unentschieden aus.

Wir möchten den Computer darauf programmieren, dieses Spiel gegen einen Menschen zu spielen. Jeder trifft seine Wahl, und der Computer entscheidet dann, wer gewonnen hat.

5.6.1 Lösung

Die Programmierung jedes Zwei-Personen-Spiels vollzieht sich in mehreren Schritten:

- Instruktionen erteilen (oder auf Anforderung weglassen).
- Den Status des Spiels initialisieren.
- Eine Schleife einrichten, um das Spiel zu wiederholen, bis jemand es stoppt.
- Den Spielzug des Computers generieren.
- Den Zug des Benutzers entgegennehmen.
- Entscheiden, wer gewonnen hat.
- Ein neues Spiel spielen oder anderenfalls das Programm beenden.

Wir werden diese Schritte nacheinander betrachten.

Schritt 1: Instruktionen

Computer-Spiele sollten neuen Anwendern immer Instruktionen erteilen. Dazu gehören nicht nur eine Beschreibung der Spielregeln, sondern auch, wie Antworten einzugeben sind. Zwei immer zu klärende Fragen sind, ob auf Antworten ein Return folgen muss und ob sowohl Klein- als auch Großbuchstaben zulässig sind. Da wir in Java zum Glück eine Zeichenmethode verwenden, um jede Eingabe entweder in Groß- oder in Kleinbuchstaben umzuwandeln, können wir beide Schreibweisen akzeptieren.

Schritt 2: Initialisierung

Hier müssen wir fragen, wie der Computer seine Wahl treffen soll. Da eine zufällige (engl. *random*) Wahl ideal wäre, müssen wir Zufallszahlen benutzen. Der einfache Zufallszahlengenerator aus der Klasse `Math` reicht aus, wenn wir den Wert mit 3 multiplizieren und ganze Zahlen benutzen. Welche Werte wird dies ergeben? Wenn wir mit Zahlen von 0 bis 0.999 beginnen, erhalten wir Zahlen von 0 bis 2.999. Indem wir ganze Zahlen benutzen, erhalten wir 0 bis 2. (Sie sollten dies mit einem kleinen Testprogramm überprüfen.)

Anfangswert

Wir können aber auch die Gelegenheit nutzen, mehr über einen ausgefeilteren Zufallszahlengenerator im Paket `java.util` zu lernen. Dieser arbeitet mit Zufallsobjekten, wobei die Zahlenfolge aus einem **Anfangswert** (engl. *seed*) generiert werden kann. Lassen wir den Anwender den Anfangswert eingeben, so besteht kaum die Gefahr, dass der Computer immer gewinnt. Mit dieser Klasse können wir durch die folgende Deklaration das Werfen eines dreiseitigen Würfels simulieren:

```
Random dice = new Random (in.readInt());
```

Wenn wir nun die Methode `nextInt()` auf dem Objekt `dice` aufrufen, erhalten wir eine positive oder negative ganze Zahl aus dem gesamten Wertebereich von `int`. Um eine ganze Zahl mit dem Wert 0, 1 oder 2 zu erhalten, machen wir sie positiv und nehmen den Modulo 3, d. h.:

```
mychoice = Math.abs(dice.nextInt()) % 3;
```

Schritt 3: Eine Schleife einrichten

Wir werden eine unbestimmte While-Schleife verwenden, weil die Stelle, an der wir die Schleife (auf Grund der Eingabe eines Q) beenden, zwischen unserer Wahl und der Wahl des Computers liegt. Wir verlassen die Schleife mit einem `break`. Die Schleife ist nunmehr das Hauptmerkmal der Hauptklasse, die das Spiel spielt:

```
import java.io.*;
import javagently.*;

class PlayGame {

  /* The Playing Game program       von J M Bishop Aug 1996
   * ------------------------       Java 1.1
   *                                aktualisiert Juni 2000
   * Treiber für das Stein-Schere-Papier-Spiel.
   * Ruft Methoden in der RSP-Klasse auf, um meinen Spielzug
```

```
 * und den des Computers zu erhalten und
 * den Sieger anzuzeigen, bis Q eingegeben wird.
 * Veranschaulicht bedingte Schleifen und Objekte
 */

 public static void main (String [] args) throws IOException {
   new PlayGame ();
 }

 PlayGame () throws IOException {

   // Diese Zeile ändert sich bei jedem Spiel
   RSPGame mygame = new RSPGame ();

   mygame.startGame ();
   while (true) {
     mygame.makemyChoice();
     if (mygame.getyourChoice ()=='Q') break;
     mygame.winner();
   }
   System.out.println("Thanks for playing");
 }
}
```

Schritt 4: Den Spielzug des Computers generieren

Wir haben bereits festgestellt, dass dies mithilfe von Zufallszahlen gemacht wird. Der Computer liefert 0, 1 oder 2 und der Anwender liefert R (*rock*), S (*scissors*) oder P(*paper*). Dadurch entstehen keine Probleme.

Schritt 5: Den Zug des Benutzers entgegennehmen

Hier müssen wir defensiv programmieren. Wir müssen prüfen, ob das eingegebene Zeichen tatsächlich eines der zulässigen Zeichen ist. Wenn nicht, sollten wir eine Nachricht ausgeben und einen neuen Versuch unternehmen. Hier passt eine Do-Schleife, da die Prüfung nach der Eingabe vorgenommen wird. Die Grundsequenz ist:

```
do {
  System.out.print ("Your choice of R S P or Q to stop?");
  yourchoice; = Text.readChar(in);
}  while (yourchoice!='R' & yourchoice != 'S'
        & yourchoice != 'P' & yourchoice != 'Q');
```

Diese einfache Sequenz zwingt den Anwender dazu, Großbuchstaben zu benutzen. Das Programm hat eine ausgefeiltere Variante. Beachten Sie, dass die Nachricht am Anfang auch als Fehlermeldung dient.

Schritt 6: Entscheiden, wer gewonnen hat

In Bezug auf den Algorithmus ist dies der verzwickteste Punkt. Der Computer kann aus drei Möglichkeiten wählen, und jede davon geht anders aus, je nachdem, wie sich der Spieler entscheidet. Dies könnte eine Auswahl-Anweisung mit neun Verzweigungen bedeuten! Glücklicherweise bietet eine Methode mit Parametern einen besseren Weg.

Wir wollen zunächst den ersten Fall untersuchen, bei dem der Computer einen Stein wählt. Abhängig von der Wahl des Spielers beurteilt der Computer den Ausgang:

- Schere - gewonnen,
- Papier - verloren,
- Stein - unentschieden.

Derselbe Vorgang wird für den Fall, dass der Computer Schere wählt, wiederholt, wobei aber die Liste der Auswahlmöglichkeiten des Spielers eine andere Reihenfolge aufweist. Hier wäre offensichtlich eine Methode passend; das Ergebnis zeigt die Methode `report` im nachstehenden Programm.

Schritt 7: Programm beenden

Wir können das Programm ganz einfach anhalten, z. B. dem Anwender danken, oder wir können eine Statistik ausgeben, wer wie viele Spiele gewonnen hat.

5.6.2 Programm

Das Programm folgt der zuvor skizzierten Strategie und setzt alle in diesem Kapitel eingeführten Anweisungen zur Ablaufsteuerung (`while`, `do` und `switch`) gut ein. Es ist in zwei Klassen eingeteilt: Die Struktur der Klasse `playGame` ist mehr oder weniger unabhängig davon, welches Spiel man spielt, außer dass es das Objekt `mygame` einer bestimmten Klasse erzeugt, in diesem Fall also `RSPGame`. In der Klasse `RSPGame` befinden sich drei private Variablen sowie eine private Methode, die außerhalb des Spieleobjekts nicht gesehen zu werden brauchen. Die Abbildung 5.6 zeigt das Modelldiagramm für das Programm.

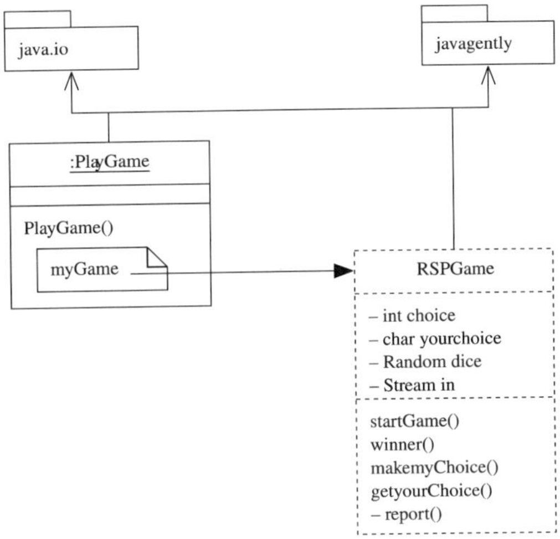

Abbildung 5.6: Das Modelldiagramm für das Spiel Stein-Schere-Papier

```
import java.io.*;
import javagently.*;

class PlayGame {

  /* The Playing Game program      von J M Bishop Aug 1996
   * ------------------------      Java 1.1
   *                               aktualisiert Juni 2000
   * Treiber für das Stein-Schere-Papier-Spiel.
   * Ruft Methoden in der RSP-Klasse auf, um meinen Spielzug
   * und den des Computers zu erhalten und
   * den Sieger anzuzeigen, bis Q eingegeben wird.
   * Veranschaulicht bedingte Schleifen und Objekte
   */

  public static void main (String [] args) throws IOException {
    new PlayGame ();
  }

  PlayGame () throws IOException {

    RSPGame mygame = new RSPGame ();
    mygame.startGame ();

    while (true) {
      mygame.makemyChoice();
      if (mygame.getyourChoice ()=='Q') break;
      mygame.winner();
    }
    System.out.println("Thanks for playing");
  }
```

```
}
import java.io.*;
import javagently.*;

class RSPGame {

  /* The RSP Game class        von J M Bishop Aug 1996
   * ------------------        Java 1.1 Dez 1997
   *                           aktualisiert Juni 2000
   * stellt vier Methoden bereit:
   * startGame, getmyChoice, getyourChoice und Winner.
   * getyourChoice gibt ein Zeichen zurück, damit wir
   * abbrechen können, wenn es ein Q war.
   * Veranschaulicht Methoden mit Ergebnis, Switch, Schleifen, Math.random
   * und private Attribute
   */


  private int mychoice;
  private char yourchoice; // R S P
  private Random dice;
  private Stream in = new Stream(System.in);

void startGame () throws IOException {
  System.out.println("Let's play RSP");
   System.out.println("To show I'm not cheating, start me off by"+
     " giving me a number.");
   dice = new Random(in.readInt());
  }

  void winner () {
    // In den Aufrufenvon report ist der erste
    // Parameter mein Spielzug.
    // Der zweite ist der Spielzug, den ich schlagen könnte.
    // Der dritte ist der Spielzug, der mich schlagen würde.

    switch (mychoice) {
      case 0 : report ('R','S','P'); break;
      case 1 : report ('S','P','R'); break;
      case 2 : report ('P','R','S'); break;
    }
  }

  void makemyChoice () {
    // nextInt gibt eine ganze Zahl aus dem ganzen Wertebereich zurück.
    // Wir müssen sie auf 0, 1, 2 reduzieren
    mychoice = Math.abs(dice.nextInt()) % 3;
  }
```

```
  char getyourChoice () throws IOException {
    do {
      System.out.print("Your choice of R S P or Q to stop ?");
      yourchoice = Character.toUpperCase(
           in.readString().charAt(0));
    }  while (yourchoice !='R' && yourchoice != 'S'
             && yourchoice != 'P' && yourchoice != 'Q');
    if (yourchoice != 'Q') {
      System.out.print("You drew "+yourchoice+" and ");
    }
    return yourchoice;
  }

  private void report (char me, char Iwin, char youWin) {
   System.out.println("I drew a " + me);
   if (yourchoice == Iwin) {
     System.out.println("I win");
   }  else
   if (yourchoice == youWin) {
     System.out.println("You win");
   }
   else {
     System.out.println("It's a draw");
   }
  }
}
```

5.6.3 Test

Eine normale Ausführung des Programms könnte etwa Folgendes ergeben:

```
Let's play RSP
To show I'm not cheating, start me off by giving me a number.
67
Your choice of R S P or Q to stop ? R
You drew R and I drew a S
You win
Your choice of R S P or Q to stop ? S
You drew S and I drew a R
I win
Your choice of R S P or Q to stop ? P
You drew P and I drew a R
You win
Your choice of R S P or Q to stop ? P
You drew P and I drew a P
It's a draw
Your choice of R S P or Q to stop ? S
You drew S and I drew a P
```

```
You win
Your choice of R S P or Q to stop ? R
You drew R and I drew a S
You win
Your choice of R S P or Q to stop ? Q
Thanks for playing
```

Wie Sie sehen, wählt der Computer willkürlich und verliert manchmal auch!

5.6.4 Mehrspielermodus

Der Mehrspielermodus ist sehr beliebt. Stein-Schere-Papier ist ein Spiel für zwei Spieler, aber wir können ohne allzu großen Aufwand auch zeigen, wie der Computer - genau wie ein Schachgroßmeister - mehrere Spiele gleichzeitig spielen kann. Dafür benötigen wir Threads, die wir im Kapitel 13 kennen lernen werden.

5.7 Zusammenfassung

Die While-Schleife ist die grundlegende Steuerungsschleife. Sie prüft am Beginn der Schleife, ob die Bedingung erfüllt ist. Die Do-Schleife prüft die Bedingung erst am Ende. In beiden Fällen können wir in der Mitte eine oder mehr Bedingungen prüfen und die Schleife mit einer Break-Anweisung verlassen. Beim Programmieren von While-Schleifen sind Boolesche Variablen von Nutzen, um die Bedingungswerte festzuhalten, bevor der Zeitpunkt kommt, zu dem geprüft wird, ob die Schleife fortfahren soll. Der Einsatz von While-Schleifen hängt eng mit dem Lesen der Eingabedaten zusammen, ist aber notwendig, um einige der Abbruchbedingungen mit Ausnahmen zu behandeln.

Die Switch-Anweisung bietet auf der Grundlage von Werten Entscheidungsmöglichkeiten in mehrere Richtungen. Mehrere Werte können dieselbe Anweisung zur Folge haben. Als Werte sind nur ganze Zahlen oder Zeichen zulässig.

In diesem Kapitel definierten wir die folgenden Schlüsselwörter:

```
case        public
char        switch
default     throw
do          while
private
```

Wir erwähnten dieses Schlüsselwort:

```
extends
```

Die folgenden Komponenten der Java-Bibliothek wurden genannt:

```
Exception           isDigit
super               isLetter
Character           isLowerCase
digit               isUpperCase
forDigit            toLowerCase
getNumericValue     toUpperCase
```

Außerdem wurden die folgenden Schemata gezeigt:

- Zugriffskontrolle
- While-Anweisung
- Do-Anweisung
- Eine neue Ausnahme definieren
- Eine Ausnahme auslösen
- Methoden der Klasse `Character`
- Switch-Anweisung

5.8 Übungen

5.1 Wo ist eine Methode sichtbar, die keinen Zugriffsmodifikator hat?

(a) nur innerhalb der Objekte ihrer eigenen Klasse

(b) für jedes Objekt einer Klasse ihres Paketes

(c) für alle anderen Objekte

(d) überhaupt nicht

5.2 Wie viele Zeichen werden in den folgenden While-Anweisungen ausgegeben, wenn die Daten KALAMZOO lauten?

```
int ch = ' ';
while (ch != 'Z') {
  System.out.println(ch);
}
```

(a) 6

(b) 5

(c) 0

(d) weiß ich nicht

5.3 Welchen Wert hat `value` nach der folgenden Switch-Anweisung?

```
int coin = 5;
switch (coin) {
  case 1: value = 0.01;
  case 2: value = 0.02;
  case 3: value = 0.05;
  case 4: value = 0.20;
  case 5: value = 0.50;
  case 6: value = 1.00;
  case 7: value = 2.00;
  default: value = 0;
}
```

(a) 0.50
(b) 2.00
(c) 5
(d) 0

5.4 Was geschieht, wenn eine Switch-Anweisung mit einem Wert beginnt, für den es keine Case-Anweisung gibt, und wenn es auch keinen `default`-Fall gibt?

(a) Ausführungsfehler
(b) Es wird blindlings irgendeine Case-Anweisung gewählt.
(c) Die letzte Case-Anweisung wird ausgeführt.
(d) Im Switch-Teil geschieht nichts und das Programm wird fortgesetzt.

5.5 Eine While-Schleife endet, wenn

(a) ihre Bedingung als wahr ausgewertet wird
(b) ihre Bedingung als falsch ausgewertet wird
(c) ihre Bedingung als falsch ausgewertet wird *oder* eine Break-Anweisung ausgeführt wird
(d) ihre Bedingung als falsch ausgewertet wird *und* eine Break-Anweisung ausgeführt wird

5.6 Bei einem gegebenen Zeichen `ch` kann man den nächsten Zeichenwert im Alphabet erhalten mit:

(a) `ch ++`
(b) `nextChar(ch)`
(c) `((int) ch) ++`
(d) man kann es nicht

5.7 Wenn wir eine benutzerdefinierte Ausnahme auslösen, ist diese Ausnahme

(a) eine Klasse
(b) eine Variable
(c) ein Objekt
(d) ein formaler Parameter

5.8 Wie könnte die folgende Bedingung in der Fallstudie effizienter gemacht werden?

```
while (yourchoice != 'R' & yourchoice != 'S'
  & yourchoice != 'P' & yourchoice != 'Q');
```

(a) Die Operatoren `&` durch `&&` ersetzen
(b) Jeden der vier Vergleiche in Klammern setzen
(c) Die Bedingung folgendermaßen neu schreiben:
`while (yourchoice != { 'R', 'S', 'P', 'Q'} );`
(d) Gar nicht

5.9 Wie würde man die While-Schleife im GGT als Do-Schleife schreiben?

(a) `do { if (a>b) a-=b else b-=a;}  while (a != b);`
(b) `do { if (a>b) a-=b else b-=a;}  while (a == b);`
(c) `if (a!=b) do { if (a>b) a-=b else b-=a;}  while (a!=b);`
(d) `if (a!=b) do { if (a>b) a-=b else b-=a;}  while (a == b);`

5.10 Wie heißt das Konzept, demzufolge Eingabe und Ausgabe aus einer Klasse, die ein Objekt beschreibt, herausgehalten und stattdessen in die Hauptklasse aufgenommen werden, die diese Klasse instanziiert?

(a) Trennung der Zuständigkeiten
(b) Antikohärenz
(c) Verbergen von Informationen
(d) `private`-Zugriffsbeschränkung

5.9 Aufgaben

Gegenstand der ersten acht Aufgaben ist die richtige Formulierung von Schleifen. Meistens werden While- oder Do-Schleifen verwendet, aber auch For-Schleifen könnten geeignet sein.

5.1 **Kunststofffolie:** Eine Bibliothekarin bindet Bücher in Kunststofffolie ein. Sie hat eine Folienrolle von 2.2 m Breite und 100 m Länge. Die Buchmaße reichen von 20x14 cm bis 21x30 cm. Für jedes Buch wird eine Folie benötigt, die zweimal so groß ist wie das Buch und zusätzlich rundherum einen Rand von 4 cm hat. Bei jedem neuen Buch geht sie auf der Rolle ein Stück weiter. Wenn ein Buch nicht passt (weder horizontal noch vertikal), schneidet sie die Folie quer durch (da dies leichter ist) und beginnt eine neue Reihe. Generieren Sie zufällige Buchgrößen und zeigen Sie für 20 Bücher, wie die Folie verwendet wird.

5.2 **Buchstabieren:** Im Englischen gibt es bestimmte Schreibweisen, für die auch Varianten zulässig sind. Schreiben Sie ein Programm, um einen Text zu analysieren, und ändern Sie zwei Wortendungen folgendermaßen ab:

1. -ize wird zu -ise
2. -or wird zu -our

5.3 **Kommentare:** In einer Datei wird ein Textstück gespeichert. Dieses ist in Absätze eingeteilt, die durch Leerzeilen voneinander abgetrennt werden. Schreiben Sie ein Programm, das den Text einliest und wieder ausgibt, wobei es alles ignoriert, was in geschweiften Klammern steht. Geben Sie entsprechende Warnmeldungen aus, wenn

1. innerhalb von Klammern eine { gefunden wird;
2. eine } ohne eine zugehörige { gefunden wird;
3. ein Absatz ohne eine passende } endet.

Geben Sie am Ende jedes Absatzes aus, wie viele Prozent des Textes (außer Leerzeichen) in Klammern gesetzt waren. *Tipp*: Dieses Programm ist gut geeignet, um den Umgang mit Zeichen zu testen, und es wird leichter zu schreiben sein, wenn Sie Boolesche Variablen benutzen.

Beispieleingabe	**Beispielausgabe**
This is the same length as the comment { This assured comment is the same length as the rest} rest assured. { And so	**This is the same length** **as the comment rest assured.** ***** No ending bracket** **Comment is 50% of the text**

5.4 **Verderbliche Medikamente:** Ein verderbliches Medikament kann in einem Zeitraum von 24 Stunden eine Temperaturschwankung von mehr als 30° Celsius nicht verkraften. Die Temperaturen werden alle zwei Stunden überwacht und aufgezeichnet. Schreiben Sie ein Programm, das der Labortechniker einmal täglich ausführen kann, um festzustellen, ob er das Medikament fortwerfen muss.

5.5 **Technische Apparatur:** Eine bestimmte technische Apparatur wird durch Eingabe aufeinander folgender Zahlen gesteuert. Tritt dieselbe Zahl mehrmals hintereinander auf, kann die Apparatur ihre Leistung optimieren. Daher möchten wir unsere Daten so einrichten, dass derartige Zahlenfolgen angekündigt werden. Schreiben Sie ein Programm, das eine Zahlenfolge einliest und jede Folge gleicher Zahlen in der Form (*n***m*) ausgibt, wobei *m* die Zahl ist, die sich *n*-mal wiederholt. Diese Instruktionen werden in Klammern in eine neue Zeile geschrieben, um darauf hinzuweisen, dass sie an die Apparatur gerichtet sind. Beachten Sie, dass eine Folge auch aus einer einzigen Zahl bestehen kann. Die Zahlen enden mit einer Null, wodurch die Apparatur angehalten wird. Eine Ein- und Ausgabe könnte beispielsweise sein

Beispieleingabe und -ausgabe

```
20 20 20 20 20 20 20 20 20 20 50
(10*20)
50 50 50 50 60
(5*60)
30
(1*20)
30 30 30 90
(4*30)
0
(1*90)
(0)
```

5.6 **Kaninchen!:** Eine Wissenschaftlerin möchte ermitteln, wann ihr der Platz für ihre Versuchskaninchen ausgeht. Sie beginnt mit zwei Kaninchen, und es ist bekannt, dass ein Paar ausgewachsener (d. h. mehr als drei Monate alte) Kaninchen durchschnittlich alle drei Monate zwei Junge bekommt. Die Wissenschaftlerin hat Platz genug für 500 Kaninchen. Schreiben Sie ein Programm, das bestimmt, wie viele Monate es dauert, bis ihr der Platz ausgeht. Passen Sie das Programm dergestalt an, dass es fünf Jahre lang alle drei Monate eine Tabelle der

Kaninchenpopulationen (ausgewachsene Tiere, Jungtiere und Gesamtzahl) ausgibt. Gehen sie davon aus, dass keine Kaninchen sterben.

5.7 **Noch einmal Fibonacci:** In der Aufgabe 3.16 musste eine Fibonacci-Folge ausgegeben werden. Ändern Sie das Programm, sodass es nur jeden dritten Wert ausgibt. Was fällt Ihnen an diesen Zahlen auf?

5.8 **Inhaltsverzeichnis:** Schreiben Sie ein Programm, um mit Daten eines festen Formats die Seite mit dem Inhaltsverzeichnis eines Buches herzustellen. Die Daten sollten aus einer Datei eingelesen und die Ausgabe an den Drucker gesendet werden. Betrachten Sie die folgende Eingabe:

(First steps (The Computer, 5) (Problem Solving (Definition, 10) (Outline, 15) (Algorithms, 20)) (Programs and Procedures, 25)) (Types and Looping (Types (Integer, 30) (Character, 36) (Boolean, 43)) (Looping (Counting loops, 49) (Conditional Loops, 52)))

Die Klammern zeigen die Kapitel, Abschnitte und Unterabschnitte an und die darauf folgenden Zahlen sind die Seitenangaben. Seitenzahlen werden nur dann angegeben, wenn es keine weitere Unterteilung gibt. Die Ausgabe für die oben angeführten Daten würde folgendermaßen aussehen:

```
CONTENTS
1. First steps
1.1  The Computer       5
1.2  Problem Solving
1.2.1  Definition       10
1.2.2  Outline          15
1.2.3  Algorithms       20
1.3  Programs and Procedures  25
2. Types and Looping
2.1  Types
2.2.1  Integer          30
2.2.2  Character        36
2.2.3  Boolean          43
2.2  Looping
2.2.1  Counting Loops         49
2.2.2  Conditional Loops      52
```

5.9 Kraftfahrzeugsteuer: Auf Kraftfahrzeuge wird in Savanna eine besondere Steuer erhoben, wobei derzeit die folgenden Steuersätze gelten:

Nettopreise	Steuersatz
<G25 000	10%
G26 000 to G100 000	G5000
>G100 000	15%

Schreiben Sie ein Programm, das die folgenden Werte ausgibt: den Nettopreis, die Steuer und den Bruttopreis der Fahrzeuge mit Nettopreisen zwischen 15000 und 5000 Graz.

5.10 Briefmarken: Die Post von Savanna hat sich zur Einführung von Maschinen entschlossen, die Briefmarken bis zu 99,99 Graz drucken. Die Marken haben das folgende Grunddesign:

```
-----------
| SAVANNA |
| G14.30  |
| BY AIR  |
-----------
```

Die drei Zonen für die verschiedenen Porti je 10 Gramm sind:

(a) 50c

(b) 90c

(c) G1.10

Für Luftpost verdoppelt sich das Porto. Schreiben Sie ein Programm, das den Anwender auffordert, anzugeben, welches Gewicht eine Sendung hat, in welche Zone sie geschickt wird und ob sie per Luftpost versandt wird, und das dann die richtige Briefmarke ausdruckt. Verwenden Sie für die Marken eine Klasse und erzeugen Sie drei Objekte für die unterschiedlichen Zonen.

5.11 Devisenkurse einstellen: Verbessern sie das Wechselkurs-Programm (Beispiel 5.5), sodass die Kurse täglich vor Geschäftsbeginn eingelesen werden können. Verwenden Sie für diesen Teil des Programms eine eigene Anzeige.

5.12 Raumbelegung mit Ausnahmen: Sehen Sie sich Aufgabe 4.12 noch einmal an und und lösen Sie sie noch einmal mit

(a) While-Schleifen;

(b) benutzerdefinierten Ausnahmen.

Erörtern Sie die jeweiligen Vorteile der verschiedenen Lösungswege im Hinblick auf bequemes Programmieren, die richtige Verwendung der Konstrukte und die Länge des Programms.

6 Arrays und Tabellen

6.1 Einfache Arrays

Wir haben inzwischen gesehen, dass es notwendig ist, in einem Programm mehrere Werte speichern und manipulieren zu können. Bei relativ wenigen Werten ist es möglich, einfache Variablen dafür zu verwenden; betrachten Sie jedoch das folgende Beispiel.

Angenommen, wir hätten mehrere Hundert Punktzahlen zwischen 0 und 19 und müssten diese nach der Häufigkeit des Auftretens jeder Punktzahl analysieren. Wir könnten 20 Zähler einrichten, für jede Punktzahl einen. Beim Einlesen der Punktzahlen könnte der jeweils entsprechende Zähler inkrementiert werden. Es wäre äußerst unhandlich, 20 verschiedene Namen für die Zähler zu erfinden und jedesmal, wenn einer davon aktualisiert werden muss, eine große Switch-Anweisung einzusetzen. Wir benötigen das Konzept einer ***i*-ten Variablen**, sodass wir z. B. den Wert *i* einlesen und dann $Zähler_i$ aktualisieren können. Für diese Eigenschaft gibt es in Programmiersprachen das **Array**.

6.1.1 Schema eines Arrays

Ein Array ist eine begrenzte Zusammenstellung von Elementen desselben Typs, von denen jedes durch Indizieren mit einer ganzen Zahl von 0 aufwärts bis zu einem bei Erzeugung des Arrays angegebenen Höchstwert ausgewählt werden kann. Das entsprechende Schema ist:

Array-Deklaration

```
Typ Array-Name [ ] = new Typ [Länge];
Typ Array-Name [ ] = {Werte};
```

Array-Deklaration

Das erste Schema erstellt eine Array-Variable namens *Array-Name,* die eine Folge von Variablen referenziert. Sie werden Array-Elemente genannt und von 0 bis *Länge*-1 indiziert. Der *Typ* kann irgendein Grundtyp oder eine Klasse oder ein anderes Array sein.

Das zweite Schema leistet dasselbe, initialisiert aber zusätzlich jedes Array-Element mit den gegebenen *Werten*. Die Länge des Arrays ist die Anzahl der aufgelisteten Elemente.

Arrays kann man mit einem beliebigen Typ oder einer beliebigen Klasse deklarieren, der Index (und somit auch die Länge) muss jedoch immer eine ganze Zahl sein. Die Länge gibt die Anzahl der Elemente des Arrays an, wobei jedes dieser Elemente als Index eine Zahl zwischen 0 und *Länge*-1 besitzt. Beispiele für Array-Deklarationen nach dem ersten oben gezeigten Schema sind:

```
int    frequencies [] = new int [20];
Times  periods []     = new Times [8];
String countryCode [] = new String [175];
```

Das Array `frequencies` hat 20 ganze Zahlen indiziert von 0 bis 19. Im Array `periods` gibt es 8 Zeitangaben mit den Indizes 0 bis 7 und im Array `countryCode` 175 Zeichenreihen mit den Indizes 0 bis 174. Beachten Sie, dass Array-Namen häufig - aber nicht immer - im Plural stehen.

Nach dem zweiten Schema wird ein Array mit Initialwerten erzeugt. Die Größe dieses Arrays wird dann aus der Anzahl der angegebenen Werte abgeleitet, z. B.:

```
char vowels [ ] = {'a','e','i','o','u'};
```

Das `vowels`-Array besitzt fünf Zeichen indiziert von 0 bis 4.

6.1.2 Das Array-Modell

Javas Array-Modell spiegelt sein Objektmodell wider, sodass wir Diagramme zeichnen können, die zeigen, was die obigen Deklarationen jeweils bedeuten. Die Notation eines Arrays wird in der Abbildung 6.1 dargestellt. Die Array-Variable unterscheidet sich von anderen Variablen durch die eckigen Klammern. Der Pfeil zum Array selbst zeigt in der Regel nach unten, sodass sowohl die Indizes als auch die Array-Werte aufgelistet werden können. Manchmal haben wir auch nur den Array-Bezeichner; dann können wir mehrere Werte symbolisieren, indem wir den Kasten schattiert zeichnen.

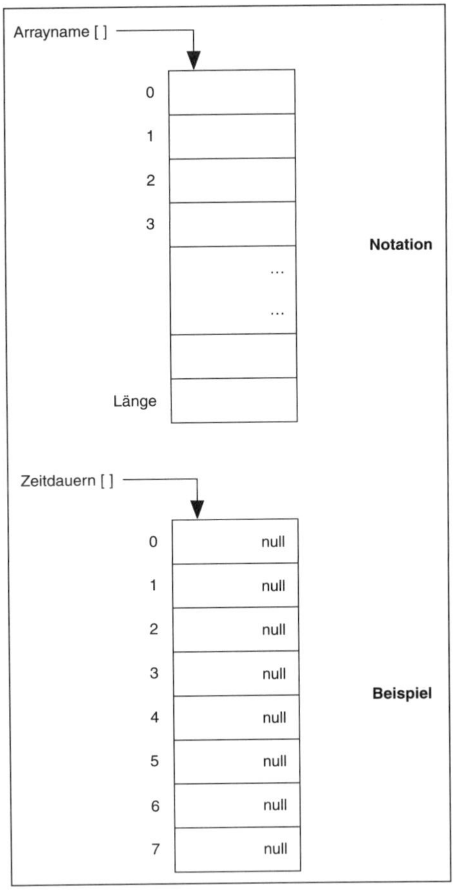

Abbildung 6.1: Notation eines Arrays

Die Deklaration von Arrays nach obigem Schema legt für jedes Element Speicherplatz an; falls es sich um Elemente eines Grundtyps handelt, werden sie entsprechend initialisiert. In diesem Fall werden ganze Zahlen mit dem Wert null initialisiert. Die nächste Deklaration von `periods` enthält Elemente, die Objekte referenzieren sollen. Bisher sind sie noch mit `null` initialisiert, wie das Diagramm zeigt.

6.1.3 Auf Array-Elemente zugreifen

Subscript

Um auf ein Element in einem Array zuzugreifen, geben wir den Namen der Array-Variablen sowie einen Index-Ausdruck in eckigen Klammern an. Der Index wird im Englischen auch als ***Subscript*** bezeichnet. Wir könnten z. B. Folgendes haben:

```
periods[3] = new Times (11,0);

for (int i=0; i<20; i++) {
  frequencies[i] = (int) (Math.random*100);
}

countryCode[27] = "South Africa";

System.out.println(vowels[3]);
```

Beachten Sie, dass Arrays immer beginnend mit 0 indiziert werden, sodass im letzten Beispiel hier das vierte Element ausgegeben wird, also „o“ und nicht „i“.

Kehren wir nun zu den Array-Diagrammen zurück und betrachten das Diagramm für das Array `periods`. Was geschieht, wenn wir `periods[3]`, wie wir es oben getan haben, ein neues Objekt zuweisen? Das Diagramm sieht dann wie in der Abbildung 6.2 aus. In diesem Stadium ist somit eine Referenz auf

```
periods[3].hour
periods[3].addTime(30);
```

zulässig, aber auf kein anderes Element des Arrays, abgesehen von der Zuweisung und der Überprüfung, ob es sich um eine `null`-Referenz handelt.

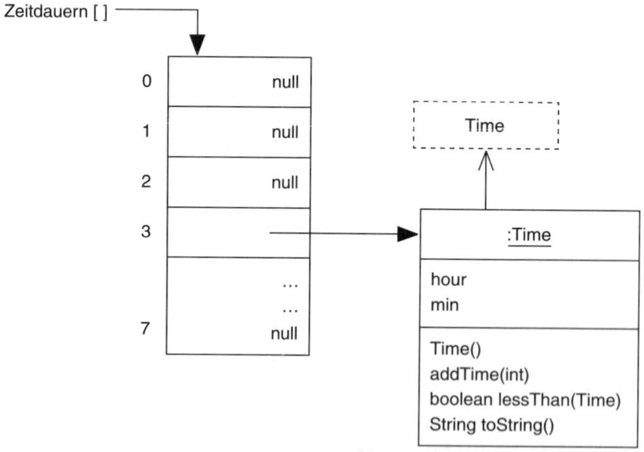

Abbildung 6.2: Das Diagramm des periods-Arrays nach der Zuweisung eines Elements.

Aufgabe

Beispiel 6.1: Feststellen der Häufigkeit

Für mehrere Hundert Punktzahlen zwischen 0 und 19 soll berechnet werden, wie häufig jede Punktzahl auftritt.

Lösung

Die Lösung wurde bereits zu Beginn dieses Abschnitts skizziert. Wir richten ein Array ein und inkrementieren beim Berechnen oder Einlesen jeder Punktzahl das entsprechende Element dieses Array. Der Algorithmus ist so einfach, dass wir gleich mit dem Programm weitermachen.

Programm

Das Programm erzeugt zu Testzwecken mit dem Zufallszahlengenerator 100 Zahlen zwischen 0 und 19. Die wichtige Programmzeile ist:

```
scoreFreqs [score]++;
```

In ihr wird das jeweilige Element des Array inkrementiert.

```
import javagently.*;

class Frequencies {
  /* The Frequencies Program      von J M Bishop Dez 1996
   * ------------------------     Java 1.1
   *                              aktualisiert Mai 2000
   * Zählt die Häufigkeit von Punktzahlen zwischen 0 und 19.
   * Wird durch das Generieren von Zufallszahlen getestet.
   * Veranschaulicht die Behandlung einfacher Arrays.
   */

  Frequencies () {

    int maxscore = 20;
    int scoreFreqs [] = new int [maxscore];
    int score;

    for (int i=0; i < 100; i++) {
        score = (int) (Math.random() * maxscore);
        scoreFreqs[score] ++;
    }
    System.out.println("Table of Score Frequencies\n"+
                       "=========================\n\n"+
                       " Score occurred");
    for (int i = 0; i<maxscore; i++) {
      System.out.println(Stream.format(i, 6) +
                         Stream.format(scoreFreqs[i], 6));
    }
  }

  public static void main (String [] args) {
    new Frequencies ();
  }
}
```

Test Das Programm würde z. B. ausgeben:

```
Table of Score Frequencies
==========================

Score      occurred
  0          2
  1          6
  2          7
  3          2
  4          4
  5          5
  6          2
  7          3
  8          3
  9          9
  10         8
  11         5
  12         7
  13         5
  14         7
  15         5
  16         6
  17         4
  18         6
  19         4
```

Es wäre interessant, diese Tabelle in Form eines Histogramms zu betrachten: Auf diese Möglichkeit kommen wir in der Aufgabe 6.10 zurück.

6.1.4 Eigenschaften von Arrays

Elementtyp

Arrays kann man mit einem beliebigen Typ oder einer beliebigen Klasse erstellen, von Grundtypen über Objekte bis hin zu anderen Arrays. Letzteres führt zu mehrdimensionalen Arrays, die im Abschnitt 6.2 eingehend behandelt werden.

Größe

Die Größe eines Array wird lediglich durch den Speicherplatz eines Computers begrenzt. Dieser reicht in der Regel für die meisten Anwendungen aus. Die Größe wird zum Zeitpunkt der Erstellung des Array **festgelegt** und kann danach nicht mehr geändert werden.

Spätere Festlegung der Größe

Die Deklaration eines Arrays kann in zwei Schritten erfolgen: Im ersten Schritt wird die Array-Variable deklariert und mit `null` initialisiert, und im zweiten Schritt der Speicher mit der Folge der Elemente angelegt und die Referenz darauf an die Array-Variable zugewiesen. Diese Option ist dann sehr nützlich, wenn z. B. die Größe des Arrays als eingelesen werden soll. So können wir zuerst sagen:

```
int A [];
```

und später, nachdem ein Wert `n` eingelesen oder anderweitig berechnet wurde:

```
A = new int [n];
```

Dadurch wird das Array vollständig erzeugt.

Array-Operator

Der einzige auf ein ganzes Array anwendbare Operator ist die Zuweisung. Weist man jedoch ein Array einer Array-Variablen zu, so wird damit nicht das gesamte Array kopiert. Kopiert wird seine Referenz, sodass sich beide Variablen auf denselben Speicherplatz beziehen und Änderungen über die eine Variable auch die andere betreffen. Nehmen wir z. B. an, wir würden der oben angeführten Deklaration von `A` die folgende Sequenz zufügen:

```
int B [];
B = A;
B[3] = 81;
```

Dann referieren `B` und `A` auf dieselbe Folge von Elementen, wie aus der Abbildung 6.3 zu ersehen ist, und sowohl `A[3]` als auch `B[3]` haben den Wert 81.

klonen

Kopien der eigentlichen Werte von Arrays kann man in derselben Weise erstellen wie Kopien von Objekten, nämlich mit einer als **Klonen** (engl. *cloning*) bezeichneten Technik. Dieses Thema wird im Abschnitt 8.3 aufgegriffen. Wenn wir zum jetzigen Zeitpunkt ein Array kopieren möchten, können wir einfach ein neues Array erzeugen und mit einer Schleife jedes Element hinüberkopieren.

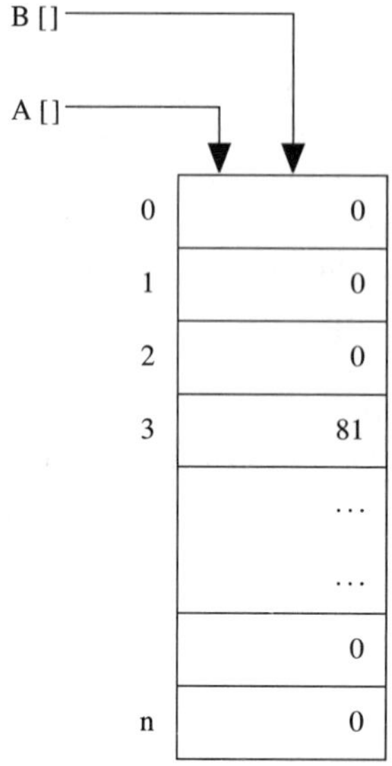

Abbildung 6.3: Ein Array, auf das zwei Array-Variablen referieren.

Zugriff auf Elemente

Java erlaubt einen Zugriff ausschließlich auf solche Elemente, die auch tatsächlich vorhanden sind. Bei jedem Zugriff auf ein Array wird der angegebene Index mit den in der Array-Deklaration angegebenen Grenzen verglichen. Liegt der Index außerhalb dieser Grenzen, wird eine `ArrayIndexOutOfBoundsException` ausgelöst. Diese Ausnahme kann abgefangen und behandelt werden, anderenfalls stoppt das Programm. Auf Grund der oben angegebenen Deklarationen würden beispielsweise sowohl `frequencies[100]` als auch `vowels[5]` Fehler verursachen.

Länge

Die Länge eines Arrays kann man mittels einer jedem Array zugeordneten, speziellen Eigenschaft namens `length` ermitteln

```
scoreFreqs.length
```

ergibt daher 20. Mit anderen Worten gibt `length` die in der Erzeugung verwendete Länge zurück. Beachten Sie, dass `length` keine Methode, sondern eine Eigenschaft ist und daher nicht von Klammern gefolgt wird.

Parameter

Man kann Arrays als Parameter an Methoden übergeben. Java hat die sehr angenehme Eigenschaft, dass der formale Parameter der Methode nicht die Länge des von ihm erwarteten Array zu spezifizieren braucht. Die Methode kann Arrays beliebiger Länge mit dem korrekten Typ akzeptieren und diese mit der oben beschriebenen `length`-Eigenschaft verarbeiten. Ein Paradebeispiel dafür ist die Methode `main`, die Folgendes deklariert:[1]

```
main (String [] args)
```

Sind Argumente vorhanden, könnte `main` diese mit einer For-Schleife folgendermaßen ausgeben:

```
for (int i=0; i < args.length; i++)
  System.out.println(args[i]);
```

6.1.5 Arrays im Zusammenhang mit Klassen

Arrays und Klassen können auf mindestens drei verschiedene Arten interagieren.

1. Ein Array von Objekten einer Klasse. Die Abbildung 6.2 stellte z. B Folgendes dar:

```
Times period [] = new Times [8];
```

Jedes Element des Arrays kann als ein `Times`-Objekt instanziiert werden; dann können wir auf die Variablen und Methoden zugreifen, die auf Zeiten anwendbar sind, wie z. B. in `period[3].hour`.

2. Eine Klasse, die ein Array und darauf operierende Methoden enthält. Allgemein gesagt, könnten wir wie im folgenden Beispiel ein Array `A` in einer Klasse haben und die Methoden `get` und `set` zur Verfügung stellen, um auf Elementen des Arrays zu operieren:

```
class IntArray {
  // Beispiel für ein privates Array mit get- und set-Methoden
  private int A [];

    IntArray (int n) {
      A = new int [n];
    }

    int get (int i) {
```

1. Es gibt eine alternative Syntax für Arrays, bei der die eckigen Klammern vor dem Array-Bezeichner stehen. Diese Syntax wurde bislang in der `main`-Methode benutzt. Sie bedeutet genau das gleiche wie die Syntax, bei der die Klammern hinter dem Array-Bezeichner stehen.

```
      return A[i];
    }

    void set (int i, int x) {
      A[i] = x;
    }

    public String toString () {
      String s = "";
      for (int i=0; i<A.length; i++) {
        s += "  "+ A[i];
      }
      return s;
    }
}
```

A wird als private gekennzeichnet, da in dieser Klasse der Zugriff auf das Array lediglich über die Methoden get und set möglich ist. Die Abbildung 6.4 zeigt ein Modelldiagramm für IntArray.

Objekte der Klasse IntArray können deklariert werden und jedes erhält seine eigene Instanz des Arrays A. Wir könnten z.B. Folgendes haben:

```
IntArray marks = new IntArray(50); // wir erwarten 50 Punkte
int m;

for (int i=0; i<50; i++) {
  m = (int) (Math.random()*100);
  marks.put (i, m);
}
System.out.println(marks);
```

Die Abbildung 6.5 zeigt das Modelldiagramm für diesen Fall. A befindet sich am Ende des marks-Objekts und wird in einem Abschnitt mit einem vertikalen Balken dargestellt: Dieser weist darauf hin, dass A private ist.

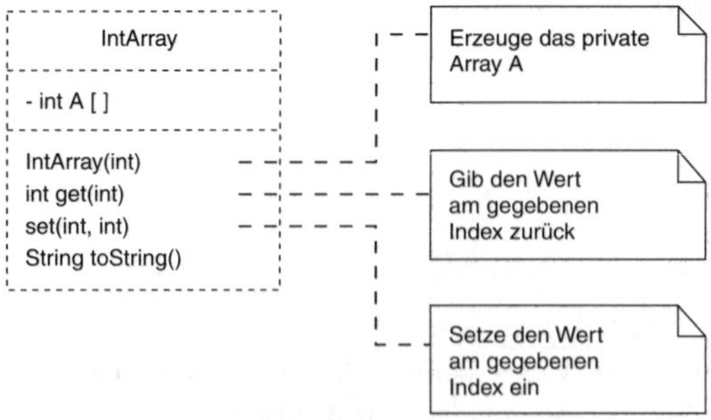

Abbildung 6.4: Die Klasse IntArray

3. Eine Klasse mit Methoden, die auf Array-Parametern operieren (Abbildung 6.6). Diese Klasse könnte in etwa folgendermaßen aussehen:

```
class ArrayUtils {
  static int max (int A []) {
    // finde das größte Element von A, A[i] und gib es zurück
    return A[i];
  }
  static void sort (int A[]) {
    // sortiere die Elemente von A
  }
}
```

Der Inhalt von `max` und `sort` muss hier noch definiert werden. Beachten Sie, dass diese Methoden Klassenmethoden sind, und dass wir hier eine Klasse definiert haben, die nützliche Methoden zusammenfasst. Um sie zu benutzen, würden wir Folgendes sagen:

```
int frequencies [] = new int [20];
int max = ArrayUtils.max(frequencies);
ArrayUtils.sort(frequencies);
```

Die Abbildung 6.6 zeigt, dass es hier nur ein Array gibt, nämlich `frequencies`. Jede Methode in `ArrayUtils` hat einen formalen Parameter, der eine Array-Variable ist. Wird z. B. `max` aufgerufen, so wird der Inhalt von `frequencies` in `A` hineinkopiert, sodass `A` nun auf dasselbe Array wie `frequencies` zeigt und die Methode auf diesem Array operiert.

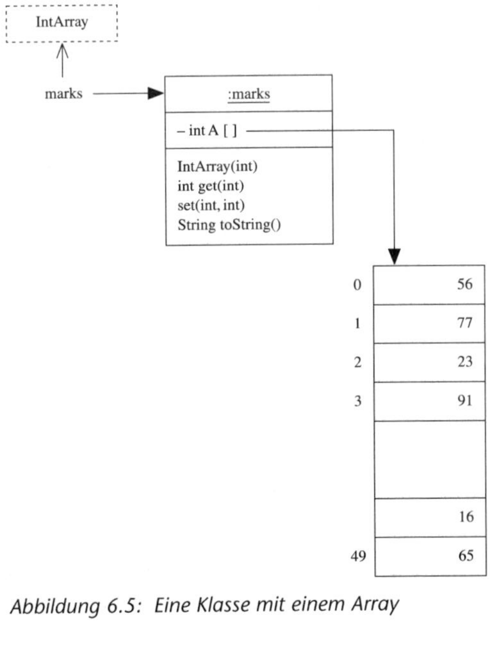

Abbildung 6.5: Eine Klasse mit einem Array

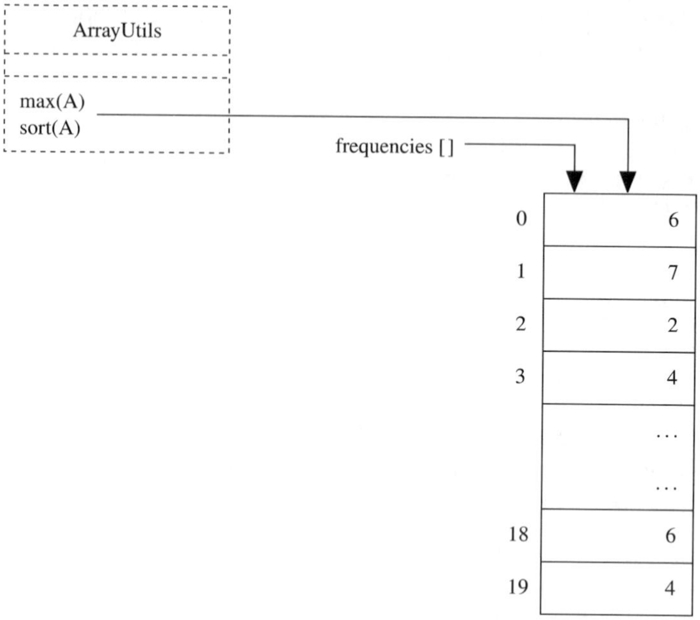

Abbildung 6.6: Eine Klasse mit Methoden, die auf Array-Parametern operieren.

Die folgenden Beispiele veranschaulichen diese drei Techniken.

6.1.6 Arrays als Abstraktion

In diesem Buch haben wir die Einführung von Arrays verschoben, um die Rolle der Steuerungsoperationen in der Datenverarbeitung zu betonen. Sehr oft findet man eine Problemlösung, die ein Array verwendet, wo es eigentlich nicht unbedingt notwendig ist. Ist daran etwas verkehrt? Nein, es ist nicht verkehrt, sondern stellt lediglich eine andere Abstraktion einer Lösung dar.

Betrachten Sie die folgende Aufgabe: Wir müssen 20 Werte einlesen und den niedrigsten und den größten herausfinden. Der Lösung kann man sich auf zwei Arten nähern:

- Man liest die 20 Werte ein und ermittelt „im Vorbeigehen" den niedrigsten und den größten. Dieses Verfahren ähnelt dem im Beispiel 4.5 gezeigten.
- Man liest die 20 Werte in ein Array ein und durchsucht dieses zweimal, um zuerst den niedrigsten und dann den größten Wert zu finden.

Instinktiv hält man den ersten Ansatz für effizienter, und auf den ersten Blick ist er nicht komplizierter als der zweite. Diese Bilanz ändert sich jedoch, wenn wir die Methoden berücksichtigen, die wir bereits auf Lager haben. Die Unterschiede werden in der Abbildung 6.7 dargestellt.

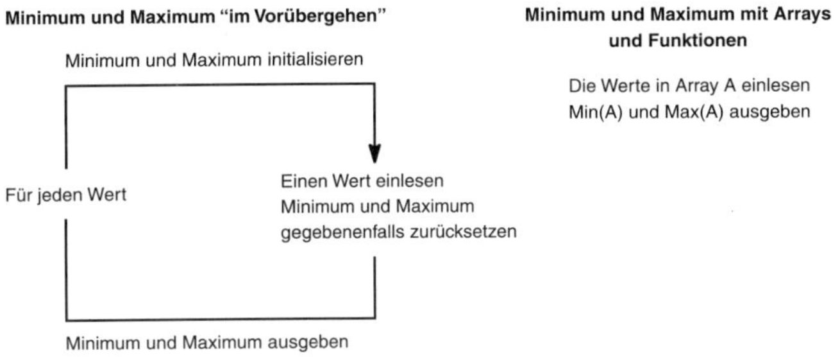

Abbildung 6.7: Zwei Algorithmen zum Finden des kleinsten und des größten Werts in einem Array

Das Konzept, das wir hier veranschaulichen, heißt **Trennung von Zuständigkeiten**. Angenommen, wir verfügten bereits über Methoden, um den kleinsten und den größten Wert aus einem gegebenen Array zu berechnen (was wir weiter oben bei `ArrayUtils` schon vorausgesetzt haben). Im ersten Algorithmus sind alle Operationen in einem einzigen Prozess vermengt. Im zweiten identifizieren wir drei Zuständigkeiten, die wir getrennt behandeln können. Es handelt sich dabei um das Einlesen, das Auffinden des niedrigsten Wertes und das Auffinden des größten Wertes. Jeder dieser Prozesse kann zeitlich unabhängig entwikkelt und auch räumlich getrennt in Form von drei verschiedenen Methoden identifiziert werden. Langfristig kann uns der zweite Ansatz eine leichtere Lesbarkeit und eine einfachere Verwaltung ermöglichen.

Diese Gedanken veranschaulicht das Beispiel 6.2, bei dem im strengen Sinne zwar kein Array notwendig ist, dieses jedoch mit guter Wirkung eingesetzt wird, um ein leicht verständliches Programm zu erstellen. Andererseits erfordern spätere Beispiele wie auch das Beispiel 6.1 Arrays.

Beispiel 6.2: Tauchwettbewerbe

Aufgabe

Die Bewertung von Tauchwettbewerben wird durch Schiedsrichter aus unterschiedlichen Ländern vorgenommen. Um Befangenheit vorzubeugen, also z.B. dass die Schiedsrichter den Teilnehmern aus ihrem Heimatland eine höhere Bewertung zuerkennen, wird das Ergebnis eines einzelnen Tauchgangs als Durchschnitt aller Punktzahlen minus die höchste und die niedrigste Punktzahl berechnet. Diese Berechnungen möchten wir mit dem Computer durchführen.

Algorithmus

Wie soeben skizziert wurde, gibt es zwei mögliche Lösungsansätze für dieses Problem. Die drei erforderlichen Werte - also die Summe, die niedrigste und die höchste Punktzahl - können alle während des Einlesens der Bewertungen errechnet werden. Alternativ können wir die Werte zuerst einlesen und dann gewichten. Wählen wir den zweiten Ansatz, so haben wir wiederum zwei Möglichkeiten: Die drei Werte gleichzeitig in einer einzigen Schleife zu berechnen, oder sie in drei verschiedenen Schleifen, eventuell in drei verschiedenen Methoden zu berechnen. Da die Berechnungen so einfach sind, werden wir für diesmal den ersten Ansatz wählen und sie alle in einer einzigen Schleife durchführen.

Klassenentwurf

Dieses Programm bietet offenkundig Raum für eine Klasse. Die Frage ist allerdings: Was soll diese Klasse modellieren? Für welches Konzept lohnt sich das Erstellen einer Klasse wirklich? Hierbei gibt es mehrere Möglichkeiten:

- Ein **Schiedsrichter** mit allen Punktzahlen, mit denen er die einzelnen Tauchgänge bewertet. Bei drei Tauchgängen hätte diese Klasse ein Array von drei ganzzahligen Punktzahlen.
- Ein **Tauchgang** mit allen Punktzahlen, mit denen er von den einzelnen Richtern bewertet wird. Bei acht Schiedsrichtern hätte diese Klasse ein Array von acht ganzzahligen Punktzahlen.

Da ein Wettkampf in mehreren Tauchgängen abläuft, ist es sinnvoll, die Punktzahlen je Tauchgang aufzuzeichnen. Die Fallstudie am Ende des Kapitels berücksichtigt Weiterentwicklungen dieses Themas.

Beim Klassenentwurf sollten wir darüber hinaus daran denken, Eingabe und Ausgabe voneinander zu trennen. Eine Klasse, die ein physisches Objekt abbildet, sollte nicht an Eingabe- und Ausgabeströme gebunden sein. Eine Schnittstelle zur Außenwelt stellt man korrekt her, indem man Ein- und Ausgabe in einem Treiberteil des Programms durchführt und die Daten mit den Methoden `get` und `set` verändert. Um die Daten in druckbarer Form zu erhalten, sollte man die Standardmethode `toString` implementieren.

Beginnen wir mit der Definition der Klasse `Dive` ohne Methodenrümpfe:

```
class Dive {

    /* The Dive Class      von J M Bishop Dez 1996
     * --------------      Java 1.1 Oktober 1997
     *                     adaptiert von Judge, Mai 2000
     * Speichert Punkte für einen Tauchgang und wertet sie aus.
     *
```

```
    * Veranschaulicht Arrays
    */

   int minJudge, maxJudge, minScore, maxScore, sum;

   private int scores [];
   private int noOfJudges;

   Dive (int njudges) { ...}
   void setScore (int judge, int score) { ...}
   void assessScores() { ...}
}
```

Dive hat einen Konstruktor, der dafür zuständig ist, das Array in der für die Anzahl der Schiedsrichter richtigen Größe einzurichten. Das Array selbst gehört jedoch nicht zum allgemein zugänglichen Teil. Jede neu eingelesene Note wird mit setScore in das Array eingegeben. Sind alle Werte eingegeben, so durchläuft assessScores das Array und setzt Werte in die fünf angezeigten Variablen. Diese Werte werden mit

```
d.println("Scores " + dive.minScore + " from judge "
          + dive.minJudge + " and " + dive.maxScore +
          " from judge " + dive.maxJudge + " excluded.");
```

von der aufrufenden Methode ausgegeben.

Die Beziehung zwischen einer Klasse für Tauchgänge und dem Array mit den Punktzahlen fällt in die zweite oben beschriebene Kategorie von Interaktionen zwischen Arrays und Klassen. Die Punktzahlen werden in einer Klasse gehalten, und wir verfügen über zwei Methoden, setScore und assessScores, um sie einzulesen und zu summieren.

Programm

Nun folgt die vollständige Klasse:

```
import java.io.*;

class Dive {

   /* The Dive Class     von J M Bishop Dez 1996
    *                     Java 1.1 Oktober 1997
    * Speichert Punkte für einen Tauchgang und wertet sie aus.
    *
    * Veranschaulicht Arrays
    */

   int minJudge, maxJudge, minScore, maxScore, sum;

   private int noOfJudges;
   private int score [];
```

```
    Dive (int n) {
      noOfJudges = n;
      score = new int [noOfJudges];
    }

    void setScore (int i, int s) {
      score [i] = s;
    }

    void assessScores() {
         minScore = 10;
         maxScore = 0;
         sum = 0;
         for (int i = 0; i < noOfJudges; i++) {
           sum += score[i];
           if (score[i] <= minScore) {
               minScore = score[i];
               minJudge = i;
           }
           if (score[i] > maxScore) {
               maxScore = score[i];
               maxJudge = i;
           }
       }
       minJudge++;
       maxJudge++;
   }

}
```

Beachten Sie, dass wir in assessScores die Methoden Math.min und Math.max nicht benutzen konnten: Um das Minimum und das Maximum zu finden, müssen wir nicht nur den Wert eines Array-Elements, sondern auch seinen Index aufzeichnen, damit wir später die „Sünder" ausgeben können.

Und hier ist das Programm. Beachten Sie, dass wir die Methode format der Klasse Stream verwenden, um sicherzustellen, dass wir bei Berechnungen nur eine handhabbare Anzahl von Dezimalstellen erhalten. Eine ist wohl der Standard bei Wettkämpfen. Außerdem verwenden wir Display, damit wir die Punktzahlen mühelos eingeben können.

```
import java.io.*;
import javagently.*;

class DivingCompetition {

  /* The Diving program     von J M Bishop Dez 1996
```

```
* ------------------    Java 1.1 Oktober 1997
*                       aktualisiert Mai 2000
* Registriert mit der Klasse Judge
* die richtigen Punktwertungen für Tauchgänge.
* Veranschaulicht das Aufrufen von Klassenmethoden
* und Methoden mit Ergebnis und die Verwendung von Arrays
* in a separate class. */

Display d = new Display ("Diving Competition");
int noOfDives = 3;
int noOfJudges = 8;

DivingCompetition () throws IOException {

  headings ();

  double result, total = 0;
  // Es gibt ein Dives-Objekt, das 8 Punktwertungen registriert
  // und für jeden Tauchgang wiederverwendet wird

 Dive dive = new Dive (noOfJudges);
 int score;

 for (int i=0; i < noOfDives; i++) {
   d.println("Dive no: "+(i+1));
   d.println("Enter the scores for the judges");
   d.ready("Press ready to continue");
   for (int j = 0; j < noOfJudges; j++) {
     score = d.getInt("Judge "+(j+1));
     dive.setScore(j, score);
   }
   dive.assessScores();
   result = (double) (dive.sum
          - dive.minScore - dive.maxScore)
          / (double) (noOfJudges - 2);
   total += result;
   d.println("Scores " + dive.minScore + " from judge "
       + dive.minJudge + " and " + dive.maxScore +
       " from judge "
       + dive.maxJudge + " excluded.");
   d.println("Result is: " + Text.writeDouble(result,5,1));
 }
 System.out.println("Diving average is : "+
        Text.writeDouble(total/noOfDives,5,3));
 }

 void headings () {
   d.println ("Diving Score Calculator\n" +
              "=====================\n");
```

```
      d.println("For each of " + noOfDives +
        " dives give scores for "+noOfJudges+" judges.");
      for (int i = 1; i<=noOfJudges; i++)
        d.prompt ("Judge "+i,0);
    }

    public static void main (String [] args) throws IOException {
      new DivingCompetition ();
    }

}
```

Test Ein Testlauf des Programms würde etwa die in der Abbildung 6.8 gezeigte Ausgabe ergeben:

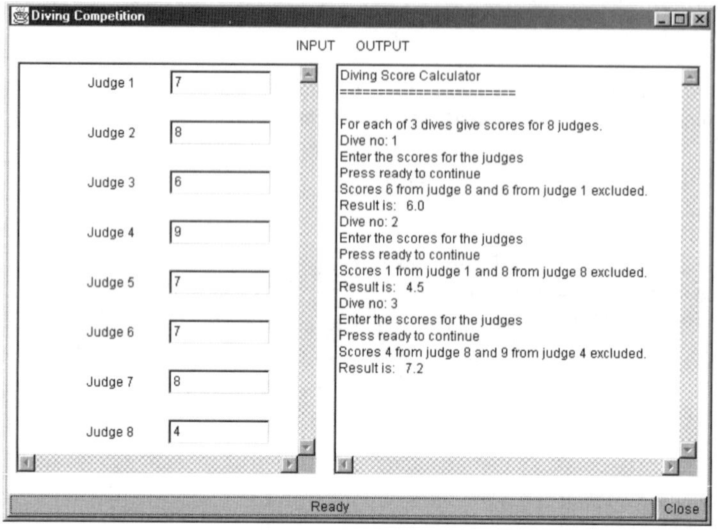

Abbildung 6.8: Die Anzeige des Tauch-Programms

Beispiel 6.3: Statistische Analyse

Aufgabe Zu den üblichen statistischen Operationen auf den Daten eines Arrays gehört auch die Berechnung des Mittelwerts und der Standardabweichung. Wir möchten für diese Operationen Methoden entwickeln, um sie, wie im Abschnitt 4.3 besprochen wurde, für eine Bibliothek leicht zugänglich zu machen.

Ansatz Haben wir eine Menge von Messwerten x_i, können wir diese untersuchen, um den Mittelwert $\bar{x}$ festzustellen, der dem Durchschnittsmesswert entspricht, sowie die Standardabweichung s zu ermitteln, die angibt, um wie viel die Messungen vom Durchschnitt abweichen. Mit anderen Worten gibt die Standardabweichung die Streubreite der Messwerte an.

Das Mittel einer Menge von Messungen x_i ($i = 1, \ldots, n$) ist definiert als:

$$\bar{x} = \frac{\sum_{i=1}^{n} x_i}{n}$$

und die Formel der Standardabweichung lautet:

$$s = \sqrt{\frac{\sum_{i=1}^{n} (x_i - \bar{x})^2}{n-1}}$$

Wir können vorhersehbare Fehler und immanente Zufälle einplanen, indem wir sagen, dass das Ergebnis einer Messreihe innerhalb einer bestimmten Standardabweichung liegen wird. In vielen Fällen können wir sagen, dass das wahre Ergebnis im Bereich $\bar{x} \pm 2s$ liegt, also Mittelwert plus oder minus zweimal die Standardabweichung.

Methodenentwurf: Man kann eine Methode schreiben, die den Mittelwert einfach mit einer For-Schleife berechnet. Da jedoch die Formel für die Standardabweichung den Mittelwert verwendet, können wir sie erst berechnen, nachdem der Mittelwert vorliegt. Die beiden Methoden sehen folgendermaßen aus:

```
public static double mean (double a [], int n) {
   double sum = 0.0;
   for (int i=1; i<=n; i++)
     sum += a[i];
   return sum / n;
}

public static double stddev (double a [], int n, double ave) {
  double sum = 0;
  for (int i = 1; i<=n; i++)
    sum += (ave - a[i]) * (ave - a[i]);
  return Math.sqrt(sum / (n-1));
}
```

Beide Methoden haben ein Array als Parameter; beachten Sie jedoch, dass wir auch `n` als die Anzahl der tatsächlich im Array vorhandenen Elemente nennen. Der Grund hierfür ist, dass ein großes Array für unterschiedlich viele Elemente benutzt werden kann. Wird `a.length` an `mean` oder `stddev` übergeben, so gibt es nicht die momentane Füllung des Arrays (z.B. 256) wieder, sondern seine tatsächliche Größe (z.B. 1000). Sehen wir uns nun an, wie wir diese Methoden in eine Bibliothek hineinbekommen.

Theorie

Erweiterung der Bibliothek: `mean` und `stddev` eignen sich offenbar hervorragend dafür, in eine Bibliothek nützlicher Funktionen aufgenommen zu werden, deren Entwicklung wir im Beispiel 4.9 mit `Filer` begannen. In Java sieht die Struktur einer derartigen Bibliothek folgendermaßen aus: Methoden befinden sich in Klassen und Klassen befinden sich in einem Paket. Das Java-Paket `java.io` haben wir bereits kennen gelernt, ebenso das eigens für dieses Buch geschriebene, überaus nützliche Paket `javagently`. `javagently` enthält die Klassen `Stream`, `Display` und `Graph`.

Wir werden `javagently` nichts hinzufügen, sondern das Paket `myutilities` verwenden, das bereits die Klasse `Filer` enthält. In Java werden die Methoden einer neuen Klasse eines neuen Pakets folgendermaßen erstellt:

```
package myutilities;

public class Stats {

  public static double mean (double a [], int n) {
    ... as before
  }

  public static double stddev (double a [], int n, double ave) {
    ... as before
  }
}
```

Die oben genannte Klasse wird wie üblich in eine Datei namens `Stats.java` gelegt, und diese Datei muss sich in einem Verzeichnis namens `myutilities` befinden. In diesem Verzeichnis wird sie übersetzt, und der Klassenpfad wird um das Verzeichnis erweitert, *in dem* sich `myutilities` befindet. Die Abbildung 4.2 zeigt ein Beispiel. Anders ausgedrückt: Wir geben im Klassenpfad *nicht* `myutilities` an, sondern das Verzeichnis, in dem sich `myutilities` befindet. Sobald wir dies getan haben, importiert jedes Programm, das diese Methoden benutzen möchte, einfach `myutilities.*` und ruft die Methoden folgendermaßen auf:

```
ave = Stats.mean (myreadings, number);
```

Beachten Sie, dass sowohl die Klasse als auch ihre Methoden als `public` deklariert wurden, sodass sie aus anderen Paketen heraus zugreifbar sind, insbesondere aus dem mit normalen Programmen verbundenen Standardpaket.

Beispiel 6.4: Die Lebenszeit von Glühbirnen

Aufgabe

Die Firma Savanna Lights stellt Glühbirnen her, deren Lebensdauer ermittelt wird, indem nach dem Zufallsprinzip Glühbirnen vom Fließband ausgewählt werden. Für die Qualitätssicherung sind regelmäßige Berichte über die mittlere Lebensdauer und Standardabweichung in Stunden erforderlich.

Algorithmus

Bei der Erstellung des Arrays benutzen wir die zweite der oben besprochenen Methoden und deklarieren ein großes Array, aus dem wir je nach der Zahl der hereinkommenden Datenelemente eine variable Anzahl von Elementen verwenden. Natürlich überprüfen wir auch, dass nicht mehr als die Höchstzahl von Elementen eingegeben wird. Der Java-Code für eine solche Eingabe sieht folgendermaßen aus:

```
double hourreadings [] = new double[max];
BufferedReader in = Text.open(System.in);
int n = 0;

try {
  for (n=1; n<max; n++)
    hourreadings[n] = Text.readInt(in);
  System.out.println("Can only take "+(max-1)+" samples");
}
catch (EOFException e) {  }

n--;
System.out.println("That's the data, thanks");
System.out.println("There were "+n+" samples");
```

Der Zweck ist hier, dass die `Stats`-Klassenmethoden Werte mit $i = 1$ bis n verarbeiten. Da die Formel für die Standardabweichung die Division durch $n - 1$ einschließt, überprüfen wir, ob $n = 1$ ist, um einen Laufzeitfehler zu vermeiden.

Programm:

```
import java.io.*;
import javagently.*;
import myutilities.*;

class LightBulbAnalysis {

  /* The light bulb program            J M Bishop 1990, 1998
   * ----------------------            aktualisiert Mai 2000
   *
   * Berechnet die durchschnittliche Lebensdauer von Glühbirnen
   * Verwendet die in der Klasse Stats im Paket myutilities
   * erzeugten Methoden mean und stddev.
   *
```

```
 * Veranschaulicht noch einmal die Ein-/Ausgabe bei Arrays
 */

  LightBulbAnalysis () throws IOException {
    int max = 101;
    Display display = new Display("Light Bulb Analysis");

    display.println ("***** Light Bulb Analysis *****\ n");
    display.println ("Statistical analysis of the lifetime of "+
                     "light bulbs");
    display.println("with no. of readings < "+max);
 display.println("Enter in the readings pressing ready after each
         one");
    display.println("Enter yes for stop with the last reading");
    display.prompt("Hours",0);
    display.prompt("Stop", "no");

    double hourReadings [] = new double[max];
    int n = 0;
    boolean stop = false;

    for (n=1; n<max & !stop; n++) {
      display.ready();
      hourReadings[n] = display.getDouble("Hours");
      display.print(Stream.format(hourReadings[n],6,1)+" ");
      stop = display.getString("Stop").equalsIgnoreCase("yes");
    }
    n--;
    display.println("\ nThat's the data, thanks");
    display.println("There were "+n+" samples");

    if (n == 1) {
      System.out.println("Mean = "+
         Stream.format(Stats.mean(hourReadings,n),10,6)+
         " but standard deviation not defined for n=1");
    }
    else {
      double ave = Stats.mean(hourReadings,n);
      display.println("Mean = "+Stream.format(ave,6,2)+
                      " hours");
      display.println("Standard deviation = " +
         Stream.format(
         Stats.stddev(hourReadings,n,ave),6,2) + " hours");
    }
  }

  public static void main (String [] args) throws IOException {
    new LightBulbAnalysis ();
  }
}
```

Test

Es kann eine beliebige Anzahl von Werten eingelesen werden. In der Abbildung 6.9 versuchen wir es mit sechs zufällig ausgewählten Werten.

Um die Richtigkeit der Antworten zu überprüfen, können wir die Formel manuell oder mit einem Taschenrechner errechnen. Außerdem können wir kontrollierte Testdaten eingeben. So sollten fünf gleiche Werte, z. B. 200, einen Mittelwert von 200 und eine Standardabweichung von 0 ergeben. Versuchen Sie es. (Es funktioniert.)

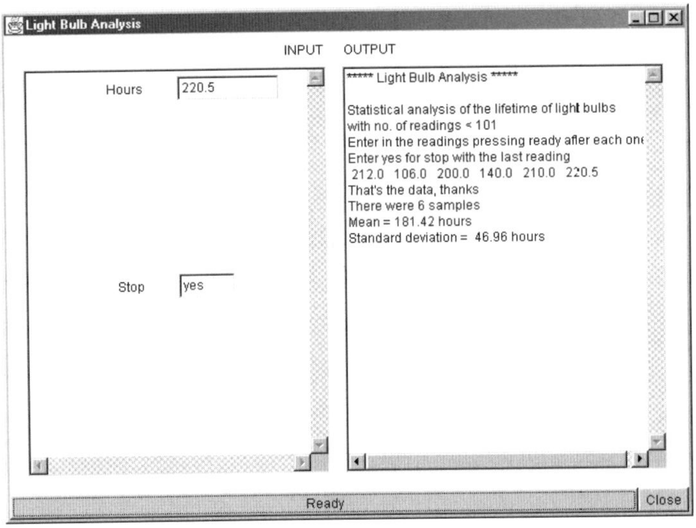

Abbildung 6.9: Anzeige des Programms zur Analyse von Glühbirnen

6.2 Tabellen

Matrix

Tabellen treten oft in Computer-Anwendungen auf. Die Daten werden in Zeilen und Spalten angeordnet. Da in Java Array-Elemente jeden beliebigen Typ, einschließlich Arrays selbst, haben dürfen, kann man Arrays mit mehreren Dimensionen aufbauen, die **mehrdimensionale Arrays** genannt werden. Meist wird es jedoch nicht mehr als zwei Dimensionen geben, und die resultierende Struktur ist eine so genannte **Matrix** oder **Tabelle**.

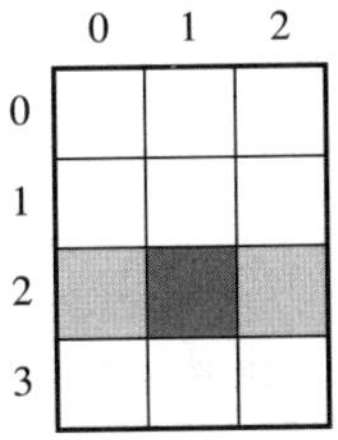

Abbildung 6.10: Eine typische Tabelle

Betrachten Sie eine typische Tabelle von vier Zeilen und drei Spalten, wie sie in der Abbildung 6.10 dargestellt wird. In Java würde die Deklaration folgendermaßen aussehen:

```
double table [] [] = new double [4][3];
```

Die Zeilen werden in der Deklaration immer zuerst genannt. Dadurch kann eine einzelne Zeile der Matrix dargestellt werden. So ergibt z. B. Folgendes die in der Abbildung 6.10 schattiert dargestellte Zeile:

```
table [2]
```

Jedes Element der Zeile kann durch zweimaliges Indizieren wie folgt ausgewählt werden:

```
table [2] [1]
```

Dies würde das dunkler schattierte Element ergeben. Die Abbildung 6.11 zeigt das Modelldiagramm einer solchen Tabelle.

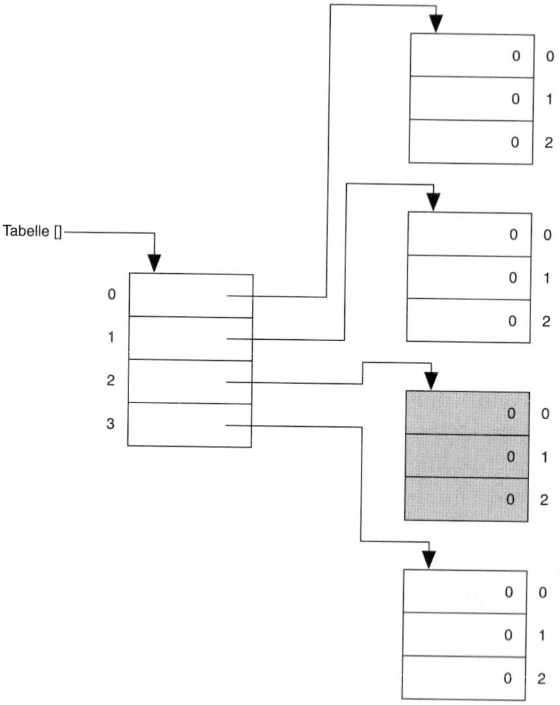

Abbildung 6.11: Modelldiagramm einer Tabelle

Als Beispiel dafür, wie die Zeilen einer Tabelle manipuliert werden können, tauschen wir die beiden Zeilen *i* und *j* aus. Das geht folgendermaßen:

```
int row [];
row = table[i];
table[i] = table[j];
table[j] = row;
```

Beispiel 6.5: Goldsuche

Aufgabe

Die Savanna Exploration Inc. hat mit Infrarotmessungen Daten eines Wüstengebietes erhalten, in dem Goldvorkommen vermutet werden. Die Daten sollten die Grenzen einer Goldader auf Grund von Messungen zeigen, die höhere Werte als der Durchschnitt der umliegenden Gebiete ergeben haben. Können Sie helfen, das Gold zu finden?

Lösung

Man kann die Karte der Messwerte Punkt für Punkt betrachten und eine entsprechende Karte ausgeben, die die Punkte mit überdurchschnittlichem Infrarotwert anzeigt. Betrachten Sie z.B. folgende Daten in einem Beispielraster von 8x8:

```
21 21 22 30 40 21 34 45
21 22 23 30 45 21 37 40
22 23 24 45 46 47 38 39
22 23 24 35 46 47 38 38
23 24 25 36 46 49 37 36
23 24 25 37 39 48 36 35
23 24 25 25 26 25 26 25
23 25 26 27 28 29 30 31
```

Aus diesen Daten könnten wir folgende Karte ableiten:

```
******* Savanna Exploration Inc. *****
Will use test data in gold.dat if file open is unsuccessful
 sam.dat does not exist.
Try again
mali.dat
We shall find gold!

Map of possible boundaries of the gold reef
===========================================

 0 1 2 3 4 5 6 7
0
1        *   *
2  *   * * *
3        * *
4  *   * * *
5      *   *
6
7
Good luck prospecting!
```

Algorithmus Der Algorithmus der obersten Ebene ist:

Goldsuche

Öffne die Datei und erstelle die Tabellen

Lies die Daten ein

Gewichte jeden Punkt und erstelle die entsprechende Karte aus Zwischenräumen und Sternchen

Gib die Karte aus

Jeden dieser Schritte kann man verfeinern, indem man mit Doppelschleifen die gesamte Matrix durchsucht. Die Bewertung eines Punktes besteht z.B. darin, die nördlich, südlich, östlich und westlich von ihm gelegenen Punkte zu addieren und durch 4 zu teilen. Besitzt der Punkt einen höheren Messwert als seine Nachbarn, kennzeichnen wir ihn auf der Karte als Teil der Goldader. Also gibt es zwei Matritzen: `data` und `map`.

```
point = data[i][j];
average = (data[i-1][j]+data[i+1][j]
            +data[i][j-1]+data[i][j+1])/4;
if (point > average) {
  map[i][j] = cover;
}
```

Wir müssen auch überlegen, wie wir mit den Datenpunkten am Rand des Rasters umgehen sollen. Wir werden annehmen, dass die Daten redundant genug sind, um die Punkte am Rand übergehen zu können. Also lassen wir die Bewertungsschleifen von `1` bis `rowmax-1` und von `1` bis `colmax-1` laufen.

Klassenentwurf In dieser Lösung gibt es zwei Datenstrukturen, die beide Tabellen sind. Die Elemente der Tabellen sind Werte vom Typ `double` und `char`. Daher ist es nicht nötig, eine eigene Klasse zu erstellen, die etwas modelliert und wiederholt instanziiert wird. Allerdings ist es durchaus angebracht, zahlreiche nützliche Methoden zu erstellen.

Programm Die `Gold`-Klasse ist:

```
import java.io.*;
import javagently.*;
import myutilities.*;

class GoldExploration {

  /* The Gold class        von J M Bishop Jan 1997
   *                       Java 1.1 Oktober 1997
   * Wandelt geologische Rohmessungen in eine Zeichen-Karte
```

```
 * einer möglichen Goldader um.
 * Veranschaulicht zwei verschiedene mehrdimensionale Arrays
 * in einer Klasse.
 */

int rowMax = 8;
int colMax = 8;
char map [][]    = new char[rowMax][colMax];
double data [][] = new double[rowMax][colMax];
char blank = ' ';
char cover = '*';

Stream fin;

GoldExploration () throws IOException{
  introduction();
  getData();
  assess();
  report();
}

public void getData() throws IOException {
  for (int i = 0; i < rowMax; i++)
    for (int j = 0; j < colMax; j++)
      data[i][j] = fin.readDouble();
}

public void assess() {
  double point, average;
  for (int i = 0; i < rowMax; i++) {
    for (int j = 0; j < colMax; j++) {
      map[i][j] = blank;
        }
    }
    for (int i = 1; i < rowMax-1; i++) {
        for (int j = 1; j < colMax-1; j++) {
            point = data[i][j];
            average = (data[i-1][j] + data[i+1][j] +
                    data[i][j-1] + data[i][j+1]) / 4;
            if (point > average)
                map[i][j] = cover;
            }
        }
    }

    public void report() {
  System.out.println("Map of possible boundaries of the "+
        "gold reef");
      System.out.println("=================================="+
                "========");
```

```
            System.out.println();
            System.out.print("  ");
            for (int j = 0; j < colMax; j++) {
                System.out.print(j+" ");
            }
            System.out.println();
            for (int i = 0; i < rowMax; i++) {
                System.out.print(i+" ");
                for (int j = 0; j < colMax; j++)
                    System.out.print(map[i][j]+" ");
                System.out.println();
            }
            System.out.println("Good luck prospecting!");
        }

        void introduction () throws IOException {
           System.out.println("******* Savanna Exploration Inc. *****");
            System.out.println("Will use test data in gold.dat"+
                                 " if file open is unsuccessful");
            fin = Filer.open("");
            System.out.println("We shall find gold!\n");
        }

        public static void main(String[] args) throws IOException {
          new GoldExploration ();
        }

    }
```

Die Methode `introduction` benutzt die von uns im Beispiel 4.9 entwickelte, im Paket `myutilities` gespeicherte Klasse zum Öffnen von Dateien. Wird eine Datei nicht gefunden, so öffnen wir eine Standardkarte namens `gold.dat`, von der wir wissen, dass es sie gibt.

Test

Die von uns erwartete Dateiausgabe wurde bereits angegeben. Wir sollten auch andere Karten prüfen, darunter auch eine, bei der alle Werte gleich sind. Eine derartige Eingabe würde die folgende Ausgabe ergeben:

```
******* Savanna Exploration Inc. *****
Will use test data in gold.dat if file open is unsuccessful
sam.dat does not exist.
Try again
same.dat
We shall find gold!

Map of possible boundaries of the gold reef
===========================================

  0 1 2 3 4 5 6 7
```

```
0
1
2
3
4
5
6
7
Good luck prospecting!
```

Anders ausgedrückt: Gibt es kein Datengefälle, so gibt es wahrscheinlich auch keine Goldader.

6.3 Die Klasse *Graph*

Wissenschaftliche Erkenntnisse sind weitgehend auf eine Visualisierung dessen, was geschieht, angewiesen. Es ist schwieriger, die Bedeutung einer Tabelle mit Zahlen zu erkennen, als aus einem - wenn auch noch so flüchtig gezeichneten - Graph Schlussfolgerungen zu ziehen. In Tabellen bleiben Fehler eher unentdeckt als in ihren grafischen Entsprechungen.

Java verfügt über hervorragende Funktionen zum Zeichnen von Punkten und Linien; allerdings ist es recht langwierig, mit so einfachen Komponenten einen Graph mit Achsen zu zeichnen. Um die benötigten Erkenntnisse mit möglichst geringem Programmieraufwand zu gewinnen, entwickelten wir eine sehr einfach zu benutzende Klasse namens `Graph`. Wie die anderen beiden Klassen, `Display` und `Stream`, wird auch `Graph` weiter unten im Buch noch selbst als Fallstudie verwendet werden.

6.3.1 Methoden der Klasse *Graph*

Im Folgenden führen wir die zehn Methoden der Klasse und die vier von `Graph` definierten Farbkonstanten auf.

Die Klasse `Graph`	
//Grundlagen	
new `Graph ()`	Obligatorische Instanziierung
`add(x, y)`	Fügt einen Punkt zu einer Liste hinzu
	Punkte müssen in x-Reihenfolge kommen

Die Klasse Graph	
`showGraph()`	Obligatorischer Aufruf zum Zeichnen der Achsen und des Diagramms und Anzeigen des Fensters
//Fortgeschritten	
`new Graph (graphTitle, xAxisTitle, yAxisTitle)`	Variante der Instanziierung mit Beschriftungsoptionen. Benutzen Sie leere Zeichenreihen, wenn nicht alle Namen anwendbar sind
`nextGraph()`	Beginnt auf denselben Achsen ein neues Diagramm. Ein Aufruf von showGraph gilt für alle Diagramme
`setColor(int 0 to 3)`	Auswahl von Schwarz, Magenta, Blau, Rot (an Stelle der Zahlen sind auch Konstanten verfügbar)
`setSymbol(boolean)`	Aus der Farbe abgeleitet (praktisch, wenn Farben eingestellt sind)
`setSymbol(int 0 to 3)`	Kreis, umgekehrtes Dreieck, Dreieck, Quadrat (wird benutzt, wenn keine Farben eingestellt sind)
`setLine(boolean)`	Normalerweise ein-, kann auch abgestellt werden. Wird benutzt, wenn Linien zwischen Punkten nicht sinnvoll sind
`setTitle(String)`	Erscheint auf einem Schlüssel neben dem Symbol und/oder in der gewählten Farbe
`black, magenta, blue, red`	Konstanten für Farben, entsprechen den Zahlen 0-3

Um `Graph` benutzen zu können, müssen wir ein `Graph`-Objekt erzeugen, das in seiner einfachsten Form folgendermaßen aussieht:

```
Graph g = new Graph ();
```

Wir können für den Graph und die Achsen aber auch Namen zur Verfügung stellen, wie bereits erklärt wurde. Anschließend müssen wir nur noch jeden neuen (*x*, *y*)-Punkt zum Graph hinzufügen und ihn anzeigen. Anders ausgedrückt: Für einen einfachen Graph benötigen wir nur drei Methoden.

6.3.2 Wie *Graph* funktioniert

Die Klasse `Graph` nimmt den gelieferten Punkt und fügt ihn einer Liste von Punkten hinzu. Bei einem Aufruf von `showGraph` werden die Achsen nach den kleinsten und größten Punktwerten für *x* und *y* skaliert. Es gibt keine feststehenden Achsen, in die die Punkte eingepasst werden; jedes Graphfenster zeigt ein anderes Achsenpaar. Im obigen Beispiel lauten die angezeigten Minimal- und Maximalwerte:

x	*y*
10.00	0.0628
50.00	1.570

Der Ursprung und die Länge jeder Achse werden entsprechend beschriftet. Es wird nicht versucht, eine Achse anders zu beschriften, da sich die Wünsche eines Anwenders unmöglich voraussagen lassen. Der Graph spiegelt grob wider, was geschieht: Für genaue Werte benutzen wir die auf dem Bildschirm ausgegebene Tabelle.

6.3.3 Die fortgeschrittenen Funktionen

Bevor wir mit den zusätzlichen Funktionen der Klasse `Graph` beginnen, sprechen wir über die Erstellung mehrerer Graphen. Da `Graph` eine Klasse ist, können wir mehrere `Graph`-Objekte erstellen, und jedes davon hat sein eigenes Fenster. Ein Programm kann daher Punkte zu verschiedenen Fenstern hinzufügen. Diese Technik wäre dann angebracht, wenn wir verschiedene Achsen möchten.

Möchten wir jedoch verschiedene Graphen auf denselben Achsen vergleichen, so rufen wir `nextGraph` auf. Diese Methode beginnt eine neue Menge von Datenpunkten, `d`, für einen neuen Graph zu erstellen und setzt die Parameter folgendermaßen zurück:

```
d.plotType = black;
d.symbolRequired = false;
d.colorRequired = false;
d.titleRequired = false;
d.lineRequired = true;
```

Mit den oben genannten Methoden können alle diese Einstellungen durch das Programm verändert werden. Eine vollständige Veränderung könnte z. B. folgendermaßen aussehen:

```
g.setColor(blue);
g.setSymbol(true);
g.setTitle("Rainfall");
g.setLine(false);
```

Zwischen der Farbe und dem Symbol besteht eine Beziehung: Beide basieren auf den ganzen Zahlen 0 bis 3; gibt es keine anders lautenden Anweisungen, so wird für das Symbol dieselbe ganze Zahl verwendet wie für die Farbe. Schwarze Linien haben also Kreise, blaue haben Dreiecke usw. Möchten wir bei den oben genannten Anweisungen eine blaue Linie mit Kreisen haben, so fügen wir hinzu:

```
g.setSymbol(0);
```

Farben sind zwar auf dem Bildschirm sehr wirkungsvoll, können aber in Schwarz-Weiß-Druck nur schlecht wiedergegeben werden; für Diagramme, die in Berichte kopiert werden sollen, sind Symbole daher besser geeignet. Auch ohne Namen wird das Symbol im Schlüssel am unteren Ende des Diagramms gezeigt. Gibt es weder Symbol noch Namen, so werden die Farben nicht in einem Schlüssel erklärt: Es wird angenommen, dass der Anwender sie sehen kann.

Beispiel 6.6: Niederschlagsstatistik

Aufgabe

Das Meteorologische Amt von Savanna führt seit 20 Jahren eine Statistik der monatlichen Niederschlagsmengen. Nun möchte es Folgendes berechnen:

- Die durchschnittliche Niederschlagsmenge jedes Monats
- Die Standardabweichung für jeden Monat

Lösung

Die von einem Angestellten erstellte Tabelle der Niederschlagsmengen sieht ungefähr folgendermaßen aus:

Year	Jan	Feb	Mar	Apr	May	Jun	Jul	Aug	Sep	Oct	Nov	Dec
1989	20	22	17	14	5	0	0	0	7	12	30	20
1990	22	24	19	12	0	0	3	0	8	15	20	25
1991	17	17	17	15	0	0	0	0	6	17	8	20
1992	10	10	10	5	0	0	0	0	0	12	10	15
1993	10	10	10	5	0	0	0	0	0	12	10	15
1994	20	22	17	14	5	0	0	0	7	12	30	20
1995	22	24	19	12	0	0	3	0	8	15	20	25
1996	17	17	17	15	0	0	0	0	6	17	8	20
1997	25	30	25	15	7	0	0	0	20	15	20	30
1998	25	30	25	15	7	0	0	0	20	15	20	30

Die Daten werden in dieser Form in einer Datei gespeichert. Die Werte werden bei der Eingabe in eine Matrix mit einem Monats- und Jahresindex gespeichert. Da die Niederschlagsmenge pro Monat offenbar der wichtigste Wert ist, sollte die Matrix so strukturiert sein, dass eine komplette Spalte auf einmal verschoben werden kann. Dafür machen wir die Monate zur ersten Dimension und die Jahre zur zweiten. In anderen Worten: Wir möchten die Matrix wie in der Abbildung 6.12 darstellen.

Die entsprechenden Java-Deklarationen lauten:

```
static final int maxyear = 70;
double rainTable [] [] = new double [13][maxyear];
```

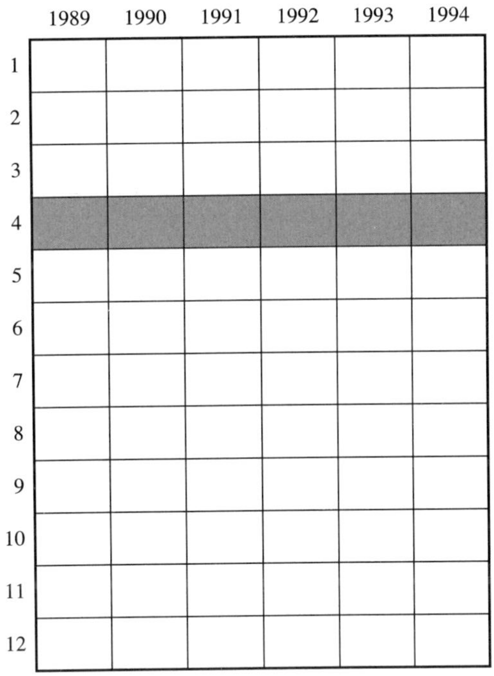

Abbildung 6.12: Ein Teil der Matrix zum Speichern von Niederschlagsmengen

Da dies die natürliche Vorgehensweise ist, benennen wir die Monatsdimension mit den Zahlen 1 bis 12, was bedeutet, dass wir ein Array der Länge 13 deklarieren (wegen des Elements 0, das wir nicht benutzen). `rainTable[4]` gibt nun alle Niederschlagsmengen für den Monat April aller verfügbaren Jahre an. In der Abbildung 6.12 ist die Zeile für den April schattiert dargestellt.

Programmentwurf

Dieses Programm ist ein klassisches Lesen-Verarbeiten-Ausgeben-Programm, wobei zur Ein- und Ausgabe Dateien verwendet werden. Daher erstellen wir nur eine Klasse, die für alles zuständig ist, und rufen sie im Hauptprogramm auf. Wir möchten nicht nur die Daten und Ergebnisse ausgeben, sondern auch ein Diagramm über die Mittelwerte der verschiedenen Monate und ihre entsprechenden Standardabweichungen zeichnen. Da wir bei der Graph-Klasse zu einer Zeile immer nur einen Punkt hinzufügen können, speichern wir die Standardabweichungen in einem Array, durchlaufen diese zum Schluss mit einer Schleife und erstellen so das zweite Diagramm.

Für die eigentliche Verarbeitung können wir die Methoden für den Mittelwert und die Standardabweichung benutzen, die - wie im Beispiel 6.3 beschrieben - im Paket `myutilities` in der Klasse `Stats` gespeichert sind.

Programm

Das Programm ist so angelegt, dass es die Daten aus der speziellen Datei `rain.data` holt. Der Name könnte variabel gemacht und eingelesen werden. Außerdem haben wir `Display` nicht verwendet, da die Ergebnisse sehr viel Platz benötigen. Die Ergebnisse werden auf der Ausgabekonsole erscheinen, wir könnten sie jedoch auch an eine Datei senden, indem wir das Programm mit einer Umleitung ausführen, die z.B. folgendemaßen aussehen könnte:

```
java Weather > weather.out
```

Und nun das Programm:

```
import java.io.*;
import javagently.*;
import myutilities.*;

class Weather {

  /*  The Weather program      von J M Bishop Jan 1997
   *  ===================      Graphics Juli 1999
   *                           aktualisiert Juni 2000
   *
   * Berechnet das Mittel und die Standardabweichung der Niederschlags
   *  menge für jeden Monat über die angegebene Anzahl von Jahren.
   *
   *  Veranschaulicht die Behandlung von Matrizen und die Übergabe
   *  von Spalten als Parameter.
   * Die Daten müssen in der folgenden Form in einer Datei gespeichert
   *  sein: das Jahr, gefolgt von den 12 Niederschlagsmengenangaben
   *  für die Monate dieses Jahres.
   */

  class RainBase {

    int base = 1950;
    int startyear, endyear = 0; // Bereich von 1950 an

    // alle Arrays werden mit der Länge 13 deklariert,
    // sodass die Monate von 1 bis 12 reichen
    double rainTable [] [] = new double [13] [70];
    double averagetable [] = new double [13];
    double stddevTable [] = new double [13];
```

```
  Graph g = new Graph("Rainfall", "month", "cm");

  void readIn () throws IOException {
    Stream fin = new Stream("Rain.dat",Stream.READ);
    int actualYear = 0; // z.B. 1989
    int yearIndex = 0; // z.B. 0

    // Die tatsächlichen Jahre werden eingelesen und sind
    // möglicherweise nicht sortiert oder aufeindander folgend.
    // Der yearIndex beginnt mit 0 und wird verwendet, um
    // die Daten in geordneter Reihenfolge zu speichern.

    try {
      while (true) {
        actualYear = fin.readInt();
        System.out.print(actualYear+" ");
        if (yearIndex == 0) {
          startyear = actualYear;
        }
        for (int m = 1; m<=12; m++) {
          rainTable[m][yearIndex] = fin.readDouble();
          System.out.print(
              Stream.format(rainTable[m][yearIndex],6,1));
        }
        System.out.println();
        yearIndex++;
      }
  }
  catch (EOFException e) {
    // Nimm das letzte Jahr der eingelesenen Daten.
    endyear = actualYear;
    System.out.println("Data read for "+startyear+" to "+
        endyear+"\n\n");
  }
}

void showResults () {
  System.out.println("Rainfall statistics for " +
      startyear + " to " + endyear);
  System.out.println("=======================" +
      "===========\n");
  System.out.println("Month\ tMean\ tStd Deviation");
  int nyears = endyear-startyear+1;
  double a;
  g.setTitle("Mean");
  g.setSymbol(true);

  for (int m =1; m<=12; m++) {
    averagetable[m] = Stats.mean (rainTable[m], nyears);
```

```
      stddevTable[m] = Stats.stddev
         (rainTable[m], nyears, averagetable[m]);
      System.out.println(Stream.format(m,2)+
         Stream.format(averagetable[m],12,2)+
         Stream.format(stddevTable[m],12,4));
      g.add(m,averagetable[m]);
    }
    g.nextGraph();
    g.setColor(g.blue);
    g.setSymbol(true);
    g.setTitle("Standard Deviation");
    for (int m = 1; m <= 12; m++) {
      g.add (m, stddevTable[m]);
    }
    g.showGraph();
    }
  }

  public static void main (String args [])throws IOException {

    RainBase rain = new RainBase();

    rain.readIn ();
    rain.showResults ();
  }

}
```

Test Für die oben genannten Daten würde die Ausgabe an die Datei folgendermaßen aussehen; die Abbildung 6.13 zeigt das Diagramm.

```
1989 20.0 22.0 17.0 14.0 5.0 0.0 0.0 0.0  7.0 12.0 30.0 20.0
1990 22.0 24.0 19.0 12.0 0.0 0.0 3.0 0.0  8.0 15.0 20.0 25.0
1991 17.0 17.0 17.0 15.0 0.0 0.0 0.0 0.0  6.0 17.0  8.0 20.0
1992 10.0 10.0 10.0  5.0 0.0 0.0 0.0 0.0  0.0 12.0 10.0 15.0
1993 20.0 22.0 17.0 14.0 5.0 0.0 0.0 0.0  7.0 12.0 30.0 20.0
1994 22.0 24.0 19.0 12.0 0.0 0.0 3.0 0.0  8.0 15.0 20.0 25.0
1995 17.0 17.0 17.0 15.0 0.0 0.0 0.0 0.0  6.0 17.0  8.0 20.0
1996 25.0 30.0 25.0 15.0 7.0 0.0 0.0 0.0 20.0 15.0 20.0 30.0
1997 25.0 30.0 25.0 15.0 7.0 0.0 0.0 0.0 20.0 15.0 20.0 30.0
1998 10.0 10.0 10.0  5.0 0.0 0.0 0.0 0.0  0.0 12.0 10.0 45.0
Data read for 1989 to 1998

Rainfall statistics for 1989 to 1998
====================================

Month  Mean  Std  Deviation
 1    16.80        7.9833
 2    18.40        9.5940
 3    15.90        7.5344
```

4	10.80	5.4528
5	1.90	3.1073
6	0.00	0.0000
7	0.60	1.2649
8	0.00	0.0000
9	7.50	7.3522
10	13.00	4.9441
11	14.60	8.7965
12	23.00	11.5950

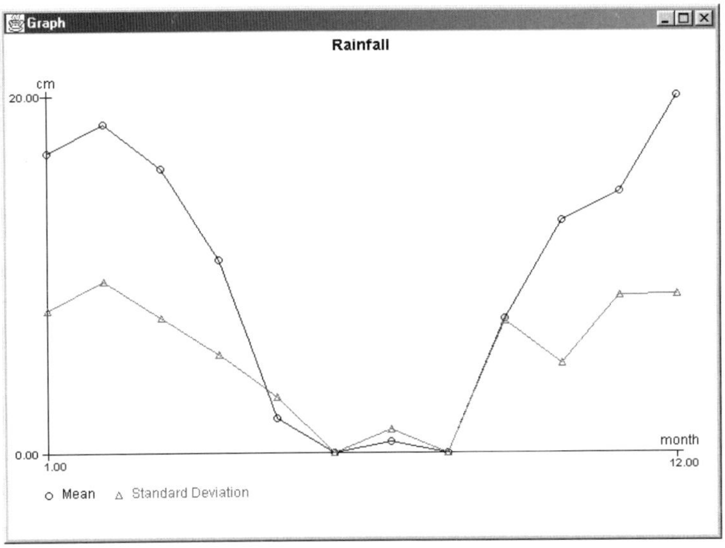

Abbildung 6.13: Diagramme des Wetter-Programms

Auch hier haben wir wieder realistische Daten gewählt, was jedoch die Überprüfung der Richtigkeit der Antworten erschwert. Da wir ein Diagramm gezeichnet haben, können wir sehen, dass die Ergebnisse richtig aussehen, und wir wissen auch, dass der Mittelwert und die Standardabweichung richtig funktionieren, da wir sie zuvor getestet haben. Dies ist einer der Vorteile der Arbeit mit Bibliotheken.

6.4 Sortieren und Suchen

Sortieren und Suchen sind sehr häufige Computer-Operationen, und viele Systeme bieten Befehle auf hoher Ebene, mit denen Daten in jeder vorgegebenen Weise sortiert oder durchsucht werden können. Diese Befehle sind auf einen von mehreren Algorithmen angewiesen, und jeder Programmierer sollte mindestens einen Sortier- und einen Suchalgorithmus auswendig kennen. Anfangs werden wir einfache Algorithmen einführen: Das Sortieren durch Auswählen (engl. *selec-*

tion sort), das mit einem Zeitaufwand proportional zum Quadrat der Anzahl zu sortierender Elemente ausgeführt wird, und die lineare Suche, die, wie ihr Name schon sagt, proportional zur Anzahl der Elemente ist. Andere Algorithmen (z. B. Quicksort und binäres Suchen) sind schneller, aber vielleicht auch schwieriger zu verstehen und zu merken. Sie werden im Kapitel 15 behandelt.

6.4.1 Sortieren durch Auswählen

Elemente zu sortieren heißt, sie methodisch so lange zu verschieben, bis sie alle einer Ordnung gehorchen. Manche Kartenspieler sortieren Karten, indem sie sie in der rechten Hand halten, die niedrigste Karte suchen, sie mit der linken Hand herausgreifen, dann die zweitniedrigste suchen und herausnehmen, bis alle Karten herausgegriffen wurden und die linke Hand sie in der Reihenfolge hält. Folgende Sequenz zeigt, wie dieses Verfahren funktioniert.

Linke Hand	**Rechte Hand**
	7 3 9 0 2 5
0	7 3 9 – 2 5
0 2	7 3 9 – – 5
0 2 3	7 – 9 – – 5
0 2 3 5	7 – 9 – – –
0 2 3 5 7	– – 9 – – –
0 2 3 5 7 9	– – – – – –

Wir könnten dies implementieren, indem wir zwei Arrays schaffen, wobei Zahlen aus dem einen herausgegriffen und in das andere übertragen werden. Es gibt jedoch auch eine Möglichkeit, beide Listen in demselben Array zu halten, wobei die eine anwächst und die andere schrumpft. Immer wenn ein Element herausgegriffen wird, wird die entstehende Lücke an das eine Ende verschoben. Dadurch entsteht ein zusammenhängender Bereich, in dem die neue Liste untergebracht wird. Verschoben wird einfach durch einen Austausch mit dem am weitesten links stehenden Element der rechten Hand. Das Beispiel würde also wie folgt vorgehen:

Linke Hand	**Rechte Hand**
	7 3 9 0 2 5
0	3 9 7 2 5
0 2	9 7 3 5
0 2 3	7 9 5
0 2 3 5	9 7
0 2 3 5 7	9
0 2 3 5 7 9	

Die unterstrichenen Ziffern sind die jeweils bei einem Schritt verschobenen. Jedesmal wird eine kleinere Liste betrachtet, bis nur noch ein einziges Element übrig ist. Der Algorithmus kann, wie in der Abbildung 6.14 gezeigt, noch präzisiert werden.

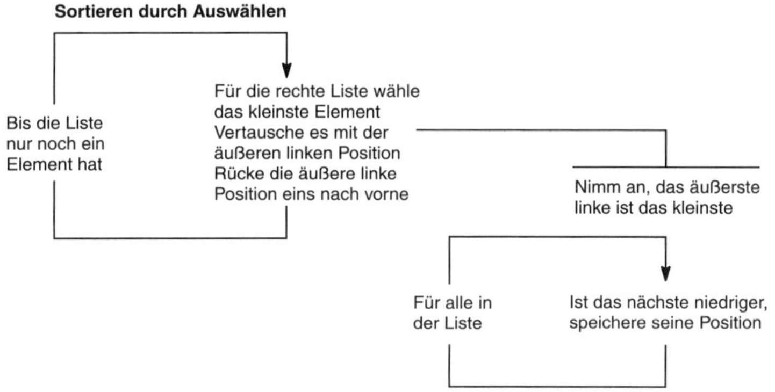

Abbildung 6.14: Algorithmus für das Sortieren durch Auswählen

Da eine Sortierung sicherlich in vielen Zusammenhängen nützlich sein wird, ist es sinnvoll, sie von Anfang an in eine Methode zu übertragen. Deren Parameter wären das zu sortierende Array und die Anzahl der in ihm aktiven Elemente. Natürlich müssen wir im formalen Parameter angeben, welcher Typ von Elementen sortiert wird. Im Abschnitt 9.2 erfahren wir, wie diese Anforderung gelockert werden kann.

```
void selectionSort (double [ ] a, int n) {
  double temp;
  int chosen;

  for (int leftmost = 0; leftmost < n-1; leftmost++) {
    chosen = leftmost;
    for (int j = leftmost+1; j < n; j++)
      if (a[j] < a[chosen]) chosen = j;
    temp = a[chosen];
    a[chosen] = a[leftmost];
    a[leftmost] = temp;
  }
}
```

In Computer-Anwendungen wird viel sortiert; daher ist es nützlich, einen Sortieralgorithmus zur Hand zu haben. Der obige Algorithmus kann auf Arrays von beliebiger Größe und mit beliebigen Elementen angewendet werden und lässt sich für die Sortierung in absteigender Reihenfolge einsetzen, indem man einfach den Vergleich von < in > ändert. Beachten Sie jedoch: Soll vom größten zum niedrigsten Element sortiert werden, ist der nach links verschobene Wert der größte und nicht der niedrigste. Das Sortierbeispiel hier sortiert ein Array von Elementen vom Typ `double` und verwendet zum Vergleich den Operator <. Handelt es sich bei den zu vergleichenden Elementen um Objekte, funktioniert < nicht und muss durch eine Methode ersetzt werden, die üblicherweise `lessThan` oder `compareTo` heißt.

6.4.2 Suchen

Bei einer einfachen linearen Suche muss man solange durch ein Array gehen, bis ein Element gefunden oder das Ende des Array erreicht wurde. Möchten wir nur zurückgeben, ob das Element vorhanden ist oder nicht, reicht eine Boolesche Methode wie:

```
boolean search (double[] a, int n, double x) {
  for (int i = 0; i < n; i++) {
    if (x == a[i])
      return true;
  }
  return false;
}
```

Möchten wir jedoch auch zurückgeben, an welcher Stelle im Array das Element gefunden wurde (um es vielleicht zu aktualisieren), benötigen wir eine kompliziertere Methode. Dies verschieben wir auf Abschnitt 15.2, da das oben Gesagte vorläufig im Zusammenhang mit der Sortierung ausreicht.

Beispiel 6.7: Wörter in einer Datei sortieren

Aufgabe

Ihr Auftrag lautet: „Veranschaulichen sie Sortieren und Suchen".

Lösung

In diesem Beispiel haben wir kein bestimmtes Problem zu lösen, sondern müssen zu der gelernten Technik das passende Problem erfinden. Ein geeignetes Szenario wäre, jedes Wort aus einer Datei einzulesen, ein Array zu schaffen, das jedes Wort nur einmal enthält, dieses zu sortieren und auszugeben.

Algorithmus

Die Abbildung 6.15 zeigt den Teil des Programms, der das Array von unterschiedlichen Wörtern erstellt, in Diagrammform. Anschließend geben wir das Array aus, rufen die Sortierung auf und geben dann noch einmal aus.

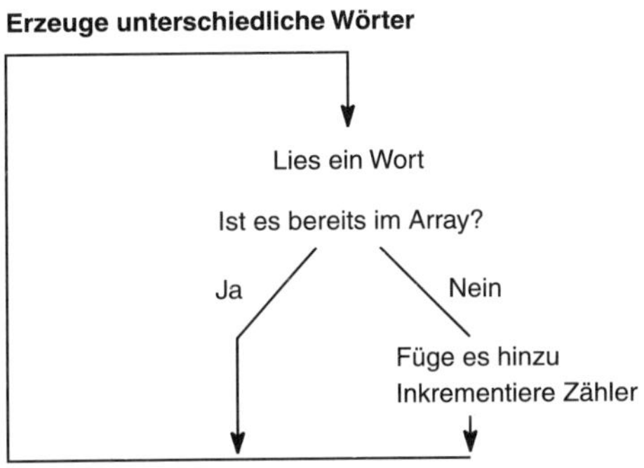

Abbildung 6.15: Algorithmus zur Erstellung eines Array aus unterschiedlichen Wörtern

Programm

Zeichenreihen sortieren wir mithilfe von `selectionSort`. Wie wir im Abschnitt 3.6 bereits besprochen haben, kann man den Operator < nicht auf `String`-Objekte anwenden. Stattdessen benötigen wir `compareTo` oder `compareToIgnoreCase`. Dieselbe Methode wird für die Suche eingesetzt. Das Programm folgt:

```
import java.io.*;
import javagently.*;
import myutilities.*;



class SortWords {

    /* The Sort Words program    von J M Bishop Feb 1997
     * =====================    Java 1.1 Oktober 1997
     *                          aktualisiert Juni 2000
     * Liest bis zu 100 verschiedene Wörter ein und
     * sortiert sie.
     * Veranschaulicht Sortieren von und Suchen in einem Array.
     */

  void selectionSort(String[] a, int n) {
    String temp;
    int chosen;

    for (int leftmost = 0; leftmost < n-1; leftmost++) {
        chosen = leftmost;
        for (int j = leftmost+1; j < n; j++)
            if (a[j].compareTo(a[chosen])<0)
                chosen = j;
        temp = a[chosen];
        a[chosen] = a[leftmost];
        a[leftmost] = temp;
    }
  }
```

```
  boolean search (String[] a, int n, String x) {
    for (int i = 0; i < n; i++)
      if (x.compareTo(a[i])==0) return true;
    return false;
  }

  void report(String[] a, int n) {
    for (int i = 0; i < n; i++) {
      if (i>0 && i % 7 == 0) System.out.println();
      System.out.print(a[i]+"\t");
    }
  }
    SortWords() throws IOException {

      String group [] = new String[100];
      System.out.print("Where are the words? ");
      Stream fin = Filer.open("");

      int count=0;
      try {
        while (count < 100) {
          String word = fin.readString();
          if (! search(group,count,word)) {
            group[count] = word;
            count ++;
          }
        }
      }  catch (EOFException e) {
        System.out.println(count + " words read.\n\n");
      }

      System.out.print("Original\n");
      System.out.print("========\n");
      report(group,count);

      selectionSort(group, count);

      System.out.print("\n\nSorted\n");
      System.out.print("======\n");
      report(group,count);
    }

    public static void main(String[] args) throws IOException {
      new SortWords();
    }


}
```

Test: Das Programm wurde so entwickelt, dass es zum Öffnen der Datei `Filer` verwendet. Wir können es also mit beliebigen Daten versorgen. Rein interessehalber sortiert der unten stehende Testlauf durch Auswählen in einer Datei. Um die Anzahl der normalen Wörter zu maximieren, haben wir die Datei so umorganisiert, dass sich zwischen Wörtern und Symbolen Zwischenräume befinden. Die Ergebnisse sind recht interessant.

```
Where are the words? sort.java
30 words read.
Original
========
static   void   selectionSort   (         String    [ ]    a
,        int    n               )         {          temp   ;
chosen   for    leftmost        =         0         <       -
1        ++     j               +         if        .       compareTo
}

Sorted
======
(        )      +               ++        ,         -       .        0
1        ;      <               =         String    [       ]
a        chosen compareTo       for       if        int     j
leftmost n      selectionSort   static    temp      void    {
}
```

Die Ausgabe vermittelt eine Vorstellung von der Sortierreihenfolge (*collating sequence*) in Java, mit anderen Worten, wie nach Operatoren, Zahlen und Buchstaben sortiert wird. Mehr Informationen zur Reihenfolge von Zeichen finden Sie im Beispiel 5.4.

6.5 Klassenunabhängige Tabellen

In diesem Abschnitt betrachten wir eine sehr nützliche Erweiterung des Tabellenkonzeptes: das Wörterbuch (engl. *dictionary*). Wie der Name schon sagt, verfügt das Wörterbuch über folgende Eigenschaften.

- Schlüsseln werden Werte zugeordnet.
- Schlüssel und Werte können alles Mögliche sein
- Ein Schlüssel lässt sich schnell finden.

In einem echten Wörterbuch werden Stichwörtern Erklärungen zugeordnet und die Suchgeschwindigkeit ergibt sich dadurch, dass die Stichwörter alphabetisch sortiert sind. Mit diesem Wissen können wir schnell an den richtigen Platz eines Wortes gelangen (im Abschnitt 15.2 steht mehr über das Suchen).

Das Problem liegt darin, dass sich die bisher von uns untersuchten Arrays nicht für die Darstellung des Wörterbuchkonzeptes eignen. Arrays unterliegen mehreren Beschränkungen:

- Ihre Größe ist festgelegt, im Programm eingestellt, und kann nicht wachsen.
- Der Index ist immer eine ganze Zahl.
- Der Index beginnt immer bei Null.

Die Einschränkung der festen Größe kann man umgehen, indem man ein sehr großes Array schafft, innerhalb dessen man arbeitet. Dies haben wir im vorigen Beispiel (Beispiel 6.7) gemacht. Obwohl das Array mit einer Länge von 100 definiert war, haben wir intern die Anzahl der darin verwendeten Elemente mitgezählt, die sich um 30 bewegte. Betrachten Sie wegen der zweiten Einschränkung die folgende, recht häufige Anforderung: Wir möchten für jeden Buchstaben des Alphabets einen Wert speichern. Ein Array wäre dafür ideal, aber wir können es nicht mit `char` indizieren, und ebensowenig können wir einfach Zeichen in ganze Zahlen und zurück konvertieren. Schließlich hat das Beispiel 6.6 bereits gezeigt, dass es, selbst wenn der Index eine ganze Zahl ist, Fälle gibt, in denen die Daten nicht bei Null beginnen. Man muss Anpassungen vornehmen, damit sie in ein bei Null beginnendes Array passen.

assoziatives Array

Zum Glück bietet Java in Form von Standardklassen im `java.util`-Paket ausgefeiltere Möglichkeiten zur Handhabung von Arrays. Die erste Klasse, `Vector`, spiegelt den Array-Gedanken wider, entfernt jedoch die Einschränkung der festgelegten Größe. Die zweite Klasse, `Hashtable` (die auf der Klasse `Dictionary` beruht), bietet einen kompletten Zuordnungsdienst in einer Form zur Verfügung, die auch als **assoziatives Array** bezeichnet wird.

6.5.1 Die *Vector*-Klasse

Die `Vector`-Klasse definiert Objektfolgen, deren Größe nach Bedarf wachsen darf. Sie wächst sogar automatisch, ohne ausdrückliche Aufforderung! Objekte werden mithilfe von Methoden in den Vektor hinein und aus ihm herausbefördert. Auch für den Zugriff auf Elemente wird eine Methode verwendet. Wir werden uns aus zwei Gründen in diesem Kapitel nicht weiter mit Vektoren beschäftigen: Erstens, weil die folgende Klasse allgemeiner und interessanter ist, und zweitens, weil sich die zur Definition von Vektoren verwendete Terminologie stark von der anderer Java-Klassen unterscheidet und sehr verwirrend ist. `Vector` gehört zum Paket `java.util`.

6.5.2 Hashtabellen

Was wir eigentlich möchten, ist eine Struktur von dynamischer Größe, die zudem die Eigenschaft hat, dass die Indizes Beliebiges sein können. Darauf passen die Hashtabellen von Java perfekt. Eine Hashtabelle ist eine Sammlung von Paaren (Schlüssel, Wert). Der Schlüssel ist der Index der Tabelle und der Wert ist das, was dem Schlüssel zugeordnet ist. Wir sehen also, dass ein Array eine Sonderform einer Hashtabelle darstellt, bei der der Schlüssel vom Typ `int` ist. Bei Hashtabellen hingegen kann der Schlüssel von beliebigem Objekttyp sein, darunter `Curio`, `String`, `Students`, `Times` oder was auch immer. Er kann allerdings kein Grundtyp sein, es sei denn, man hüllt ihn ein. Mit Hüllen werden wir uns weiter unten in diesem Abschnitt befassen.

Schlüssel	Wert
Minute	45
Stunde	13

Abbildung 6.16: Ein Beispiel für ein Wörterbuch oder eine Hashtabelle

Ein hervorragendes Beispiel für eine Hashtabelle ist die der Klasse `Display`; sie ist in der Abbildung 6.16 auf der Grundlage der Bildschirmausgabe in der Abbildung 4.1 dargestellt. Senden wir dem Eingabeteil Informationen über ein Datenfeld, das mit einer Beschriftung und einem Anfangswert angezeigt werden soll, so werden diese in eine Hashtabelle gesetzt, deren Schlüssel die Beschriftung ist. Wenn das Programm später den Wert abfragt, übergibt es diese Beschriftung als Schlüssel und erhält dafür den Wert.

Vergleichen wir die Abbildung 6.16 mit dem in der Abbildung 6.1 gegebenen Beispiel, so stellen wir fest: Der wesentliche Unterschied liegt darin, dass die Indizes in einer Array-Tabelle (oder einer Matrix) außerhalb der Tabelle liegen, während sie sich hier innerhalb befinden - als Schlüsselteil. Außerdem werden Werte nicht von Anfang an benachbart eingefügt: Es kann Lücken geben. Der Zugriff auf die Daten wird dadurch nicht beeinträchtigt. Er wird sogar schneller!

Ein Wort zum Begriff „Hash"-Tabelle: *Hash* (dt. zerhacken) bezieht sich auf den Umstand, dass die Elemente in der Tabelle nicht zusammenhängend gespeichert werden, sondern so, dass sie effizient wiederzufinden sind. In einer ziemlich leeren Tabelle kann die Effizienz sogar an die eines Array heranreichen. Infolgedessen sind Hashtabellen nicht nach Schlüsseln geordnet, und wenn wir den Inhalt einer Hashtabelle ausgeben, erscheinen die Elemente scheinbar in willkürlicher Reihenfolge. Von einem Wörterbuch würde man hingegen erwarten, dass es die Elemente auch in einer erkennbaren Ordnung hält.

6.5.3 Eine Hashtabelle deklarieren und darauf zugreifen

Ehe wir uns das Schema einer Hashtabelle ansehen, weisen wir darauf hin, dass es in Java eine spezielle Klasse namens `Object` gibt. Wie wir im Kapitel 9 noch sehen werden, sind alle Objekte mit dieser Klasse kompatibel. Die Klasse `Hashtable` hat daher Schlüssel und Werte, die `Objects` sind, und wir können eigene Objekte jeder beliebigen Klasse in sie einfügen. Einige der Möglichkeiten zum Deklarieren und Manipulieren einer Hashtabelle fasst das folgende Schema zusammen:

Hashtabelle: Deklaration und Zugriff

```
Hashtable Tabellenname = new Hashtable ( );
void           put (Object Schlüssel, Object Wert);
Object         get (Object Schlüssel);
boolean        containsKey (Object Schlüssel);
boolean        contains (Object Wert);
void           remove (Object Schlüssel);
```

Der Konstruktor erzeugt ein `Hashtable`-Objekt für die Variable *Tabellenname*. Die Anzahl der Einträge ist unbegrenzt. Seine Schlüssel und Werte stammen aus der allgemeinen Klasse `Object`.

Die fünf Methoden greifen so auf die Hashtabelle zu, wie ihre Namen es andeuten.

Angenommen, wir möchten z. B. Namen mit Uhrzeiten verknüpfen. Wir könnten Folgendes machen:

```
Hashtable timesOfDay = new Hashtable ();
Times time;

timesOfDay.put ("Noon", new Times (12,0));
timesOfDay.put ("Midnight", new Times (0,0));
timesOfDay.put ("Evening news", new Times (22,00));
time = (Times) timesOfDay.get ("Noon");
```

Die letzte Anweisung greift erfolgreich die Uhrzeit 12:00 aus der Tabelle heraus. Warum aber taucht in der Zuweisung die Typumwandlung in `(Times)` auf? Der Grund dafür ist, dass Hashtabellen potenziell für Objekte aller Art zur Verfügung stehen. Der Ergebnistyp eines `get` ist `Object`. Um sicherzustellen, dass wir ein Objekt vom Typ `Times` erhalten haben, verlangt Java, dass wir den Typ entsprechend **umwandeln**.

6.5.4 Aufzählungen

Eine weitere Klasse, die mit Hashtabellen eng zusammenhängt, ist `Enumeration` (dt. Aufzählung). Eigentlich handelt es sich bei `Enumeration` nicht um eine Klasse, sondern um ein sogenanntes Interface, das wir im Kapitel 9 besprechen werden. Hier ist der Unterschied jedoch nicht wichtig. Mit Aufzählungen kann man über eine Sammlung von Objekten iterieren. Das Schema für die Deklaration einer Aufzählung und ihre Methoden sehen folgendermaßen aus:

Aufzählungen

```
Enumeration e = tabelle.schlüssel();

Object nextElement ();
boolean hasMoreElements ();
```

Die Variable *e* wird mit einem `Enumeration`-Objekt initialisiert, das die Schlüssel der gegebenen *Tabelle* aufzählen kann.

`e.nextElement()` liefert das nächste Element aus der Schlüsselliste als eine Referenz vom Typ `Object` zurück.

`e.hasMoreElements()` gibt `true` oder `false` zurück, je nachdem, ob die Schlüsselliste bereits zu Ende ist oder nicht.

Sobald wir eine Aufzählung auf einer gegebenen Folge von Objekten (wie es z.B. `keys` ist) erzeugen, stellt `nextElement` immer wieder das nächste Element bereit, und dies können wir solange machen, bis `hasMoreElements false` ergibt. Betrachten Sie zum Beispiel die Hashtabelle `timesOfDay`, die wir weiter oben zu entwickeln begannen. Die Schleife für die Ausgabe der Schlüssel lautet:

```
for (Enumeration e = timesOfDay.keys(); e.hasMoreElements(); i++) {
   String s = (String) e.nextElement();
   display.println(s);
}
```

Dies würde die folgende Ausgabe ergeben (in Abhängigkeit vom jeweiligen Hash):

```
Midnight
Noon
Evening news
```

Beachten Sie, dass auf Grund der (soeben beschriebenen) notwendigen Typumwandlung der Aktualisierungsteil der Schleife als eigene Anweisung in ihrem Rumpf ausgeführt wird und nicht, wie es bei For-Schleifen üblich ist, zusammen mit dem Initialisierungs- und Bedingungsteil.

6.5.5 Auf Werte in einer Hashtabelle zugreifen

Nachdem wir nun auf jeden Schlüssel einzeln zugreifen können, können wir auch die entsprechenden Werte aus der Hashtabelle erhalten. Dafür benutzen wir die Methode `get`. Der obige Auszug könnte z.B. folgendermaßen erweitert werden:

```
for (Enumeration e = timesOfDay.keys(); e.hasMoreElements(); i++) {
   String s = (String) e.nextElement();
   Time t = (Times) timesOfDay.get(s);
   display.println(s +" "+ t);
}
```

Wenn wir all dies zusammensetzen, können wir das Beispiel 6.8 in Angriff nehmen.

Beispiel 6.8: Währungsumrechner

Aufgabe

Wir möchten die Möglichkeit haben, den Umrechnungskurs für jedes beliebige Land in eine Währung namens ZAR nachzuschlagen und einen bestimmten Betrag umzurechnen.

Ansatz

Es gibt eine Internetseite namens `www.xe.net`, die täglich Aktualisierungen der weltweiten Wechselkurse bietet. Dort kann man eine Tabelle in Textformat erhalten; ein Ausschnitt aus dieser Tabelle sieht folgendermaßen aus:

```
Currency unit                ZAR/Unit          Units/ZAR
===================== =================== ================
DZD Algerian Dinars            0.777              12.9
USD American Dollar            4.556               0.2195
ARP Argentinian Pesos          4.556               0.2195
AUD Australian Dollars         3.356               0.2980
ATS Austrian Schillings        0.3614              2.767
BSD Bahamian Dollars           4.556               0.2195
BBD Barbados Dollars           2.265               0.4415
DEF Belgian Francs             0.1231              8.121
```

Wenn wir die Kopfzeilen weglassen, haben wir hier eine Tabelle mit fünf Werten je Zeile: einen Code, den Namen und die Währung des Landes und zwei einander entsprechende Wechselkurse. Entsprechend der Aufgabenstellung sollte der Index der Tabelle das zweite Feld sein, also das Land. Da es sich hierbei um eine Zeichenreihe handelt, können wir die Daten nicht in einem Array speichern, sondern müssen eine Hashtabelle verwenden.

Wir werden alle Werte zeilenweise in die Hashtabelle einlesen und die Tabelle dann mit dem Schlüssel, also dem Ländernamen, befragen. Handelt es sich um einen gültigen Namen, so können wir weitermachen, den Wechselkurs erhalten und den Umrechnungsbetrag ausgeben.

Klassenentwurf

Die Felder, die oben auf einer Zeile erscheinen, bilden gemeinsam ein Objekt, für das wir nun eine Klasse erstellen müssen. Diese Klasse unterscheidet sich insofern von denen, die wir bisher erstellt haben, als ihr Hauptzweck nicht im Bereitstellen von Methoden, sondern im Aufnehmen von Daten besteht. Außerdem kann die Klasse eine Methode liefern, die Felder aus einer Datei einliest. Diese Klasse nennen wir `Rates`.

Sobald wir die Klasse `Rates` erstellt haben, können wir eine Hashtabelle dieser Objekte einrichten und in der beschriebenen Weise befragen. In der Abbildung 6.17 zeigen wir ein Modelldiagramm des Systems mit den Methodenarten, die wir wahrscheinlich benötigen werden. Die Tabelle wird als ein Objekt der Klasse `Hashtable` dargestellt. Da `Hashtable` eine Klasse aus `java.util` ist, können wir nicht auf ihre Struktur zugreifen, wissen aber, dass sie Schlüssel und Werte enthält. So stellen wir sie dann auch dar. Die Schlüssel sind Zeichenreihen und die Werte stammen aus der Klasse `Rates`.

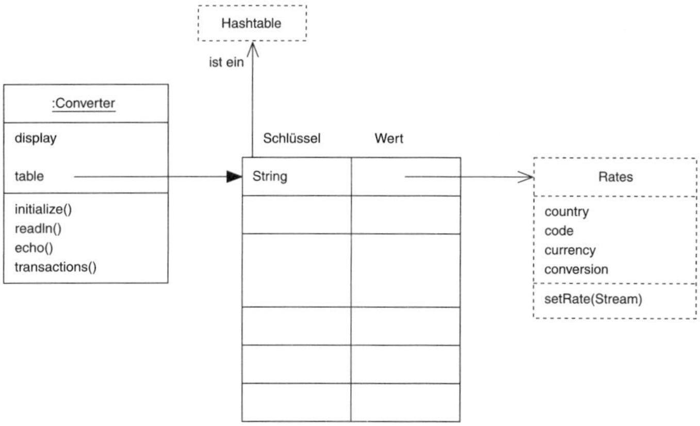

Abbildung 6.17: Modelldiagramm des Umrechnungsprogramms

Programm Zuerst zeigen wir die Klasse `Rates`:

```
import java.io.*;
import javagently.*;

class Rates {
  /* The Rates class   von J M Bishop Dez 1998
   * ---------------
   * Speichert Ländernamen, Währung, Code und Wechselkurs
   */

  String country;
  String code;
  String currency;
  double conversion;

  void setRate (Stream in) throws IOException {
    code = in.readString();
    country = in.readString();
    currency = in.readString();
    // wir wollen den ersten Wechselkurs nicht,
    // ignoriere ihn durch Überlesen
    conversion = in.readDouble();
    conversion = in.readDouble();
  }

}
```

Das Programm `Converter` folgt den oben dargelegten Zeilen. Uns interessieren besonders die in der Methode `transactions`, in denen die Objekte aus der Hashtabelle geholt werden und eine Typumwandlung durchgeführt wird.

```
c = display.getString("Country");
if (table.containsKey(c)) {
  amount = display.getDouble("Amount");
  r = (Rates) table.get(c);
  ... etc.
```

Wie üblich benutzt das Programm eine Anzeige, und die Abbildung 6.18 zeigt das Ergebnis.

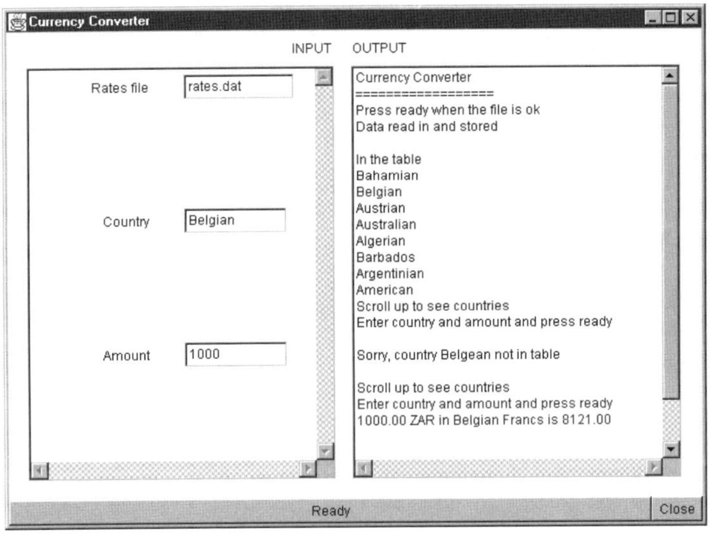

Abbildung 6.18: Die Anzeige der Klasse `Converter`

```
import java.io.*;
import javagently.*;
import java.util.*;
import myutilities.*;
class Converter {

  /* The Converter Program  von J M Bishop Dez 1998
   * --------------------  aktualisiert Juni 2000
   * Speichert die Wechselkurse von einer Währung in
   * viele andere und erlaubt bei Währungskäufen eine Schätzung.
   *
   * Veranschaulicht die Verwendung von Hashtabellen.
   */

Display display = new Display ("Currency Converter");
Hashtable table = new Hashtable();

Converter () throws IOException {
  initialize();
  readIn();
  echo();
  transactions();
}
    // lies jede Datenzeile ein und speichere sie
    // in der Hashtabelle mit dem Land als Schlüssel

    void initialize () {
      display.println("Currency Converter\n"+
                      "=================");
```

```
    display.prompt("Rates file", "rates.dat");
    display.ready("Press ready when the file is ok");
  }

  void readIn() throws IOException {
    Rates rate;
    String filename = display.getString("Rates file");
    Stream fin = Filer.open(filename);
    try {
      for (int i = 0; ; i++) {
        rate = new Rates();
        rate.setRate(fin);
        table.put(rate.country, rate);
      }
    }
    catch (EOFException e) {
      display.println("Data read in and stored\ n");
    }
  }

  void echo() {
    display.println("In the table");
    int i = 1;
    for (Enumeration e = table.keys(); e.hasMoreElements(); i++) {
      String country = (String)e.nextElement();
      display.println(country);
    }
  }

  void transactions () {
    display.prompt("Country", "American");
    display.prompt("Amount", 1000);
    String country;
    double amount;
    String c;
    Rates r;

    while (true) {
      display.println("Scroll up to see countries");
      display.ready("Enter country and amount and press ready");
      c = display.getString("Country");
      if (table.containsKey(c)) {
        amount = display.getDouble("Amount");
        r = (Rates) table.get(c);
       display.println (Stream.format amount, 6, 2) +" ZAR in "+c+" "
            +r.currency+" is "+
            Stream.format(amount * r.conversion,6,2)+"\n");
      }
      else {
         display.println("Sorry, country "+c+" not in table\n");
```

```
        }
      }  // while-Schleife
    }  // Transaktionen

    public static void main(String[] args) throws IOException {
      Converter data = new Converter ();
    }

  }  // Converter-Klasse
```

Test

Die Bildschirmausgabe einer normalen Ausführung des Programms sieht wie die Abbildung 6.18 aus. Um das Programm gründlich zu prüfen, sollten wir Daten für bekannte Währungen benutzen. Es wäre auch gut, zu sehen, ob wir bei einer Umrechnung von ZAR (Südafrikanische Rands) in sich selbst denselben Wert als Ergebnis erhalten. Dieses Beispiel wird in späteren Kapiteln fortgesetzt werden, wenn wir uns mit der Umrechnung aus einer ausgewählten Währung in eine andere befassen.

Falls Sie die Daten auf `xe.net` nicht finden: Auf der Website zu *Java Gently* gibt es unter dem Punkt „Other Material" eine Kopie der Datei.

6.6 Zusammenfassung

Arrays sind für mehrere Werte da, auf die unter demselben Namen zugegriffen wird. In Java besitzen Arrays eine festgelegte Größe, können aber mehrere Dimensionen haben. Arrays und Klassen können auf mehrere Arten interagieren, und für jede Problemlösung muss die richtige Technik gewählt werden. Eine nützliche Eigenschaft von Java ist die Fähigkeit, eine Methode mit einem Array-Parameter ohne Längenspezifikation zu deklarieren. Auch beim Sortieren kommen Arrays zum Einsatz, und die Sortierung durch Auswählen wird in möglichst allgemeiner Form erklärt und vorgestellt.

Zum Schluss betrachten wir, wie die Einschränkungen der festgelegten Größe und der ausschließlich ganzzahligen Indizes von Arrays gelockert werden können. Die beste Antwort darauf ist, Javas Hashtabellen einzusetzen, die Objekte beliebiger Klassen als Werte speichern und mit Objekten beliebiger anderer Klassen indizieren können. Sie ermöglichen, dass man die Tabelle abfragen und Werte oder Schlüssel darin auffinden kann. Zur Iteration durch Hashtabellen verwenden wir das mit `Hash` zur Verfügung gestellte Aufzählungs-Interface.

6.7 Übungen

6.1 Warum würde der folgende Ausdruck im Array `periods` in der Abbildung 6.2 ungültig sein: `periods[7].mins`.

(a) `mins` ist keine Methode von `periods`.

(b) 7 liegt außerhalb des Bereichs des Arrays.

(c) Das siebte Objekt wurde nicht erzeugt.

(d) Der Ausdruck sollte lauten: `periods[7].mins()`.

6.2 Betrachten Sie die Klasse `IntArray` im Abschnitt „Arrays im Zusammenhang mit Klassen". Mit welcher der folgenden Anweisungen würden wir solch ein `IntArray` erzeugen?

(a) `IntArray A = new IntArray()`

(b) `IntArray A = new IntArray(100)`

(c) `IntArray A[] = new IntArray[100]`

(d) `IntArray A(100)`

6.3 Die Anweisung, die sicherstellt, dass die Klasse `Stats` in das `myutilities`-Paket gelangt, lautet:

(a) `imports myutilities;`

(b) `package myutilities;`

(c) `package Stats;`

(d) `import myutilities.Stats;`

6.4 Wenn wir eine Zeichenreihen-Tabelle von 10 x 10 anlegen, wie wird dann auf die Zeichenreihe in der fünften Zeile und der ersten Spalte referiert?

(a) `table [5][1]`

(b) `table [5,1]`

(c) `table [4][0]`

(d) `table [4][1]`

6.5 Welche Methode müssen wir in der Klasse `Graph` aufrufen, um das Diagramm anzuzeigen?

(a) `showGraph( )`

(b) `nextGraph( )`

(c) the constructor

(d) `setVisible(true)`

6.6 Die Methode `selectionSort` hat sowohl einen Parameter `n` als auch das Array `A`, weil:

(a) die Länge von `A` in der Methode nicht bekannt ist

(b) wir vielleicht nur einige der Elemente von `A` sortieren möchten

(c) ein `n`-Wert von 0 zeigt, dass das Array möglicherweise noch nicht initialisiert wurde

(d) `n` ist eigentlich überflüssig

6.7 Die Schlüssel und Werte einer Hashtabelle können sein (wobei „alles" ein Objekt oder einen einfachen Wert bezeichnet):

(a) alles

(b) nur Objekte

(c) der Schlüssel kann alles sein, der Wert muss ein Objekt sein

(d) der Wert kann alles sein, der Schlüssel muss ein Objekt sein

6.8 Die Anweisung, um aus einer Hashtabelle namens `t` einen Zeichenreihenwert zu erhalten, lautet:

(a) `String s = t.get( )`

(b) `String s = (String) t.nextElement( )`

(c) `String s = (String) t.get( )`

(d) die Informationen genügen nicht

6.9 Wenn ein Array als `int A[ ] = (2, 4, 6, 8)` deklariert wird und wir auf `A[5]` zuzugreifen versuchen, was erhalten wir dann?

(a) den Wert 8

(b) den Wert 0

(c) eine `arrayOutOfBoundsException`

(d) eine `NullPointerException`

6.10 Um die Anzahl von Elementen eines Arrays `A` zu erhalten, benutzen wir:

(a) `A.length()`

(b) `length(A)`

(c) `A.length`

(d) `A.length-1`

6.8 Aufgaben

6.1 Wachsende Arrays: Die Größe von Arrays ist festgelegt, aber wenn ein Array zu klein wird, können wir es durch ein größeres ersetzen. Angenommen, `A` wird als ein Array deklariert, mit einer bestimmten Länge instanziiert und dann, wenn zu viele Elemente hinzugefügt werden, Gegenstand einer `ArrayOutOfBoundException`. Dann können wir eine Methode `grow` aufrufen, die ein um 50% größeres Array erzeugt, die Werte hinüberkopiert und als Ergebnis die Referenz des neuen Arrays zurückgibt. Schreiben Sie eine derartige Methode und testen Sie sie mit einem kleinen Programm.

6.2 Entfernungstabelle: In Atlanten findet man oft eine Entfernungstabelle, die in Zeilen und Spalten Namen wichtiger Städte enthält und in der Matrix die Entfernung zwischen diesen Städten angibt. In Java können wir eine derartige Tabelle jedoch nicht direkt implementieren, da die Zeilen und Spalten keine ganzen Zahlen, sondern Zeichenreihen sind. Eine Lösungsmöglichkeit besteht darin, eine Hashtabelle mit den Namen der Städte einzurichten, wobei der Wert eine Zahl ist, die die Tabelle indiziert. Schreiben Sie ein Programm,
1. um ein solches System aus bis zu 20 Städtenamen aus einer Datei und zufällig generierten Entfernungen zwischen 50 und 1000 km zu konstruieren;
2. um mithilfe der Anzeige die Entfernung zwischen zwei beliebigen Städtenamen anzuzeigen.

6.3 Sortierte Ringe: Verbessern Sie das Programm aus Aufgabe 4.8 (Durchschnittsalter) derart, dass die Namen, das Alter und der Ring (ein Buchstabe von A bis D) der Kinder in Objekte eingelesen werden und die Objekte in einem Array gespeichert werden. Sortieren Sie das Array dann nach dem Alter und geben Sie die Details zu den Kindern aus. Können Sie die Kinder auch nach dem Namen und dem Ring sortieren?

6.4 Leistungsbewertung von Dozenten: Die Universität Savanna hat einen Plan zur Bewertung der Dozenten aufgestellt. Die Dozenten werden nach mehreren Kriterien beurteilt, z.B. nach Fachkenntnissen, Verhaltensweise, Verhältnis zu den Kursteilnehmern, Unterrichtsmitteln usw. Die Studenten sollen die Dozenten auf einer 5-Punkte-Skala bewerten, wobei jeder Wert eine spezielle Bedeutung hat. Ein Teil des Fragebogens könnte z.B. folgendermaßen aussehen:

```
Voice                     Amount of material
  lively and varied         satisfactory
  fairly lively             rather too much
  satisfactory              lacking
  rather dull               far too much
  monotonous                insufficient
```

Die erste Antwort entspricht fünf Punkten, die zweite vier usw. Die Antworten werden in einer Datei gezeigt, in der für jede Frage die Punktzahl je Antwort bereits berechnet wurde.

```
R N Smith
6 November 2000
COS101 Programming Principles
80 students
Voice 16 35 20 9 0
Material 37 20 11 10 2
...
```

Die Ausgabe wird ungefähr folgendermaßen aussehen:

```
R N Smith
6 November 2000
COS101 Programming Principles
Voice
a  Lively and varied  20% ********************
b  Fairly lively      44% ********************************************
c  Satisfactory       25% *************************
d  Rather dull        11% ***********
e  Monotonous          0%
```

Wir möchten ein Programm schreiben, um die Bewertung der Dozenten zu verarbeiten.

1. Entscheiden Sie, welche Dateien für die Daten benötigt werden, und geben Sie den Daten ihre endgültige Form.
2. Entscheiden Sie, welche Klassen nötig sind, um die Informationen während der Ausführung des Programms richtig zu speichern.
3. Entscheiden Sie, ob Sie Arrays, Hashtabellen, beides oder nichts davon benötigen.
4. Schreiben Sie das Programm und testen Sie es gründlich.

6.5 **Noch einmal Buchkapitel:** Erweitern Sie die in den Aufgaben 2.10 und 3.19 begonnene Klasse derart, dass sie mehr Informationen über jedes Kapitel enthält, z.B. eine Liste von bis zu sieben Abschnitten, die Anzahl der Aufgaben, die zehn Buchstaben der Antworten auf die Übungsaufgaben, und alles, was Ihnen sonst noch einfällt. Entwerfen Sie ein interaktives Programm, das Optionen bietet, um bei der Weiterentwicklung des Buches neue Daten über Kapitel einzulesen und den aktuellen Entwicklungsstand des Buches auszugeben. Beachten Sie, dass es hier bereits drei Arrays gibt: eines mit Kapiteln, eines mit Abschnitten (dieses Array ist eine eigene Klasse mit Zeichenreihen als Namen und ganzen Zahlen als Seitenzahlen) und eines mit Antworten auf die Übungsaufgaben (diese sind Zeichen).

6.6 **Feiertage:** Richten Sie mithilfe einer Hashtabelle eine Funktion ein, um die Feiertage ihres Landes zusammen mit dem Datum, auf das sie in diesem Jahr fallen, einzugeben und zu speichern. Ermöglichen Sie es dem Anwender dann mit der Klasse `Display`, den Namen eines Feiertags einzulesen und das Datum zu erhalten. Geben Sie als interessante Erweiterung der Aufgabe jeden Tag des Jahres in eine zweite, größere Hashtabelle ein, damit für ein gegebenes Datum der Name des Feiertags ausgegeben werden kann, falls es einen gibt.

6.7 **Spannung:** Die Spannung des von einem Kraftwerk gelieferten Stroms wird im Stundenabstand über einen Zeitraum von 72 Stunden gemessen und aufgezeichnet. Schreiben Sie ein Programm, das die 72 Messwerte einliest und Folgendes bestimmt:

- die mittlere gemessene Voltzahl;
- die Stunden, in denen die aufgezeichnete Voltzahl um mehr als 10% vom Mittel abweicht;
- aufeinander folgende Stunden, wenn die Änderung vom einen zum nächsten Messwert mehr als 15% des Mittelwertes beträgt.

Das Programm sollte mithilfe der `Graph`-Klasse ein Diagramm der Spannungen über die 72 Stunden anzeigen.

6.8 **Nützliche Methoden:** Schreiben Sie eine Klasse mit Methoden, die ein Array von ganzen Zahlen als einen ihrer Parameter nehmen und Folgendes machen:

- das Maximum aus allen Elementen herausfinden;
- bestimmen, ob alle Werte im Array gleich sind;

- bestimmen, wie oft Werte auftreten, die ein vorgegebenes Niveau übersteigen.

Außerdem möchten wir folgende Fähigkeiten hinzufügen:

- den maximalen Wert finden, sowie alle Stellen, an denen er vorkommt;
- den Bereich der Werte bestimmen, den das Array umfasst.

Erörtern Sie, warum die letzten beiden Punkte relativ schwierig sein können, und schlagen Sie einen Klassen-Array-Entwurf vor, der zur Bereitstellung der Methoden in der Lage sein könnte.

6.9 **Standardnoten zum Bestehen:** Der Senat der Universität von Savanna hat einen Erlass herausgegeben, wonach mindestens 75% der Studenten jedes Kurses bestehen müssen. Das bedeutet, dass die zum Bestehen erforderliche Note für jeden Kurs unterschiedlich ist. Schreiben Sie ein Programm, das eine Datei mit Noten einliest und die höchste zum Bestehen erforderliche Note ermittelt, um dem Erlass des Senats nachzukommen.

6.10 **Heimatländer der Schiedsrichter:** Im Beispiel 6.2 möchten wir an Stelle der Nummern die Heimatländer der Schiedsrichter ausgeben lassen. Richten Sie mithilfe eines Array eine Liste der Ländernamen der amtierenden Schiedsrichter ein und passen Sie das Programm derart an, dass die Ausgabe mehr erklärt. Überlegen Sie gründlich, ob man in `Judge` besser ein Array von Ländern entlang der Punktzahlen erstellt oder eine neue, aus einem Namen und einer Punktzahl bestehende Klasse erzeugt.

6.11 **Bevölkerungswachstum:** Seit dem Jahr 1980 wurden die Bevölkerungsstatistiken von Savanna in einer Computer-Datei gespeichert, bei der jede Zeile das Jahr enthielt, gefolgt von der Gesamtzahl der Bevölkerung. Schreiben Sie ein Programm, das diese Datei liest und die zwei aufeinander folgenden Jahre mit dem prozentual höchsten Bevölkerungswachstum findet. Es ist nicht gewährleistet, dass die Daten streng in der Reihenfolge der Jahre vorliegen; sie müssen möglicherweise als Erstes sortiert werden.

6.12 **Zweisprachige Kalender:** Entwerfen Sie ein Programm, das einen Kalender mit untereinander stehenden Monaten ausgibt. Richten Sie dann mithilfe von Hashtabellen für die Monate und Wochentage Versionen in einer anderen Sprache (etwa Französisch, Spanisch oder Deutsch) ein, und lassen Sie den Anwender wählen, in welcher Sprache der Kalender ausgedruckt werden soll.

6.13 Viele Glühbirnen: Passen Sie das Programm aus Beispiel 6.4 so an, dass es viele Werte aus einer Datei liest und mit der Anzeige arbeitet. Verändern Sie es dann erneut, damit es auch Daten von zehn verschiedenen Glühbirnenhersteller erfassen und für jeden den Mittelwert sowie die Standardabweichungen ermitteln kann. Zeichnen Sie die Diagramme ohne Linien, da zwischen den einzelnen Herstellern keine Verbindung besteht. Verwenden Sie zur Erzeugung der Daten einen Zufallszahlengenerator mit einer Gaußschen Verteilung, wenn Sie möchten.

6.14 Vergleichende Beurteilung: Die meisten Dozenten wüssten gerne, wie sie im Vergleich zu anderen Dozenten dastehen. Daher unterhalten wir eine Datei mit der aktuellen Durchschnittsbewertung aller Fragen. Bei der Verarbeitung eines neuen Fragebogens lesen wir den aktuellen Durchschnitt, verschmelzen ihn mit der neuen Punktzahl und geben am Ende der Programmausführung die neuen Durchschnittswerte an die Datei aus. Implementieren Sie diese Erweiterung. Hat die Möglichkeit, dass die Dozenten die verwendeten Fragen selbst auswählen können, einen Einfluss darauf, ob für das Speichern der Durchschnittswerte während der Programmausführung ein Array oder eine Hashtabelle verwendet werden sollte?

6.15 Geburtstagsdiagramm: Geben Sie mit der Klasse `Graph` ein Diagramm der Geburtstagswahrscheinlichkeit aus Aufgabe 3.14 aus.

6.16 Summe von Quadraten: Schreiben Sie eine Methode mit Ergebnis, die zwei ganzzahlige Parameter hat und als Ergebnis den Wert der Summe der Quadrate der Zahlen zwischen den (und einschließlich der) beiden Parametern zurückgibt. Zeigen Sie, wie die Methode zur Ausgabe des Wertes von $\sum i^2$ aufgerufen wird, wenn i von 1 bis 10 geht. Was würde sich an dem Programm ändern, wenn die Daten von Anfang an in ein Array eingelesen und gespeichert würden?

6.17 Online-Raumreservierung: Lösen Sie die Aufgaben 4.12 und 4.13 noch einmal derart, dass während der Ausführung des Programms die Raumreservierungen in einem Array oder einer Hashtabelle gespeichert werden.

7 Formatierung

In diesem Kapitel betrachten wir die unterschiedlichen programminternen und -externen Möglichkeiten der Textformatierung mit Java. Ursprünglich hatte Java in dieser Hinsicht nicht viel zu bieten, aber Java 2 verfügt über umfangreiche Möglichkeiten, Daten auch regional unterschiedlich zu behandeln. Dies bedeutet, dass Programme sich in dem für das Land ihres Einsatzes am besten geeigneten Stil präsentieren. In vieler Hinsicht könnte man derartige die Präsentation betreffende Details für einen Anfängerkurs als nicht weiter wichtig betrachten, aber wir möchten hier zeigen, wie sehr sich Java von seinen Vorläufersprachen unterscheidet. In diesem Kapitel ist der Abschnitt 7.1 für alles Nachfolgende unentbehrlich, und auch Abschnitt 7.2 enthält sehr nützliche Informationen. Die Abschnitte 7.3 und 7.4 und 7.5 können wenn nötig später behandelt werden.

7.1 Zeichenreihen und ihre Behandlung

Zeichenreihen haben wir in *Java lernen* als erste Datentypen eingeführt und seitdem umfassend eingesetzt. Nun ist es an der Zeit, formal zu betrachten, was sie in Wirklichkeit sind und welche Funktionen es für sie gibt. Zeichenreihen sind in Java aus mehreren Gründen etwas Besonderes:

- `String` ist eine Klasse, Zeichenreihen sind also Objekte dieser Klasse.
- Für Zeichenreihenkonstanten gibt es eine spezielle Notation. Diese ist eine Abkürzung für die Erzeugung von Zeichenreihenobjekten mit bekanntem Inhalt, z.B. `"America"`.
- Anders als für andere Objekte ist für Zeichenreihen ein Operator definiert: der Konkatenationsoperator +.
- Der Inhalt eines `String`-Objektes kann nach dessen Erzeugung nicht mehr verändert werden.

- Eine andere Klasse, `StringBuffer`, ermöglicht die Änderung des Inhalts einer Zeichenreihe.
- Es besteht ein Unterschied zwischen einem Objekt mit einer leeren Zeichenreihe und einer `null`-Referenz an Stelle eines Zeichenreihenobjektes.

Wenn wir z. B. Folgendes deklarieren:

```
String big = "hippopotamus";
```

dann wird (ohne dass wir `new` verwenden) ein Objekt erzeugt und initialisiert und von der Variable `big` referenziert (vgl. Abbildung 7.1).

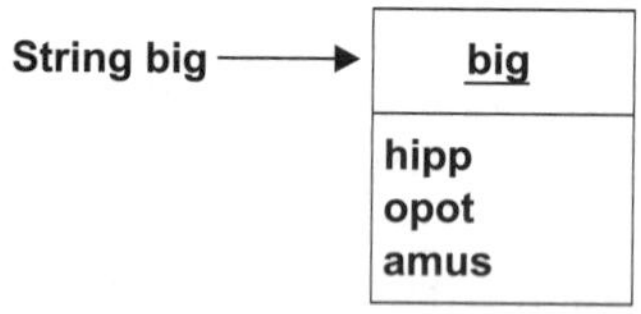

Abbildung 7.1: Ein Beispiel für die Speicherung einer Zeichenreihe

Das Objekt `big` wird mit Rohdaten, aber ohne die gewohnten Variablen- und Methodenabschnitte gezeigt. Der Grund hierfür ist, dass `String` eine Java-Klasse ist, in die wir nicht hineinsehen können. Wir können jedoch auf einige ihrer Methoden zugreifen, wie wir weiter unten noch sehen werden.

Vergleichen Sie diese Deklaration mit einer ähnlichen für `Time` (wie in der Fallstudie 1 im Kapitel 3 definiert):

```
Time noon = new Time (12,0);
```

Hier werden die Initialwerte in Klammern angegeben und der Operator `new` eingesetzt.

Betrachten Sie hinsichtlich der leeren und null-Zeichenreihen folgende zwei Anweisungen:

```
String s1;
String s2 = "";
```

`s1` hat einen speziellen Wert namens `null`, bis es einen Zeichenreihenwert erhält. Ein solcher Nullwert ist für Methoden zur Zeichenreihenmanipulation nicht zulässig, und wenn man auf sie zuzugreifen versucht, löst das Java-System eine `NullPointerException` aus. `s2` kann man hingegen zur Zeichenreihenmanipulation einsetzen: Die Zeichenreihe ihres Objektes ist leer. Der Unterschied zwischen den beiden wird im Beispiel 7.1 herausgestellt.

Die in Anführungszeichen erstellten oder in Objekte der Klasse `String` eingelesenen Zeichenreihen lassen sich nicht ändern. Es gibt jedoch eine andere Java-Klasse namens StringBuffer, die dies ermöglicht, die wir in diesem Buch jedoch nicht besprechen werden.

7.1.1 Operationen mit Zeichenreihen

Die Klasse String verfügt über mehrere Konstruktoren, von denen einige im nächsten Schema gezeigt werden:

Zeichenreihe erzeugen

Eine Zeichenreihe erzeugen

```
String s = "chars";
String ()
String (String Wert)
String (char[] Wert)
String (char[] Wert, int Offset, int Zähler)
String (StringBuffer Buffer)
```

Der erste Konstruktor - hier in einer Variableninitialisierung - ist ein Zeichenreihenliteral; er ist der gebräuchlichste.

Von den nächsten beiden erzeugt der eine eine leere Zeichenreihe und der andere ist ein Kopierkonstruktor.

Zeichenreihen können auch teilweise oder ganz aus Zeichen-Arrays oder aus einem StringBuffer-Objekt erzeugt werden

Die String-Klasse hat viele Methoden, von denen folgendes Schema eine Auswahl zeigt:

Zeichenreihe manipulieren

Zeichenreihen manipulieren

```
// Klassenmethoden
  String                valueOf (int i)
  String                valueOf (double d)
  ... und 9 weitere
// Instanzmethoden
  char                  charAt (int Index)
  int                   compareTo (String s)
  boolean               equals (Object Obj)
  int                   indexOf (String s)
  int                   indexOf (String s, int von_Index)
  int                   length ()
  String                substring (int Anfang, int Ende)
  Boolean               startsWith (String Präfix)
```

```
  char []               toCharArray ()
  String                toLowerCase ();
  String                trim ();
  ... und 33 weitere
```

`length` gibt die Länge einer Zeichenreihe an. Beachten Sie, dass es sich hier - anders als bei einem Array - um einen Methodenaufruf handelt und daher die Klammern notwendig sind. Zwar kann man eine Zeichenreihe nicht unmittelbar mit einem Index versehen, aber sie besteht aus Zeichen, und das Zeichen an einer Indexposition kann man über `charAt` erhalten. Falls erforderlich, kann man auch die ganze Zeichenreihe in ein Zeichen-Array umwandeln. Zum Beispiel:

```
String big = "hippopotamus";
char study [] = big.toCharArray();
```

Dies erzeugt ein Array der Länge 12 mit allen Zeichen der ursprünglichen Zeichenreihe. `indexOf` fungiert als Suchmechanismus, mit dem sich in einer Zeichenreihe eine Teil-Zeichenreihe auffinden lässt. Zum Beispiel ergibt

```
String big = "hippopotamus";
int bang = big.indexOf("pop");
int fizz = big.indexOf("up");
```

in `bang` den Wert 3, aber in `fizz` den Wert -1. Ebenso kann folgendermaßen eine Teil-Zeichenreihe extrahiert werden:

```
String small = big.substring(3,5);
```

Dies ergäbe `"pop"` in `small`.

`compareTo` und `equals` ermöglichen den Vergleich der Werte von Zeichenreihen, da wir dies nicht mit Vergleichsoperatoren machen können (vgl. Abschnitt 3.6). Der ebenfalls im genannten Abschnitt behandelte Unterschied zwischen der Zuweisung von Werten und Referenzen von Objekten gilt auch für Zeichenreihen. Hier merken wir uns nun, wie die Vergleichsmethoden angewendet werden. `equals` gibt erwartungsgemäß einen Booleschen Wert zurück:

```
String big = "hippopotamus";
String small = bigOne.substring(3,5);
System.out.println (big.equals(small));
```

ergibt z. B. `false`. Die Methode `compareTo` ermöglicht einen direkten alphabetischen Vergleich und gibt je nachdem, ob das Ergebnis „kleiner gleich", „ist gleich" oder „größer gleich" lautet, die Werte -1, 0 oder +1 zurück.

```
String big = "hippopotamus";
String small = big.substring(3,5);
System.out.println (big.compareTo(small));
```

ergibt z. B. den Wert -1. Anders ausgedrückt: "hippopotamus" (Nilpferd) kommt im Alphabet vor "pop".

Eine häufige Operation beim Programmieren ist die Umwandlung von Zeichenreihen in Zahlen und zurück. Die valueOf-Methoden können aus einem beliebigen Grundtyp eine Zeichenreihe machen. valueOf verwenden wir nur, wenn wir die Zeichenreihe nicht sofort ausgeben, sondern eine Zeit lang im Programm behalten möchten.

Beispiel 7.1: Doppelte Zwischenräume entfernen

Aufgabe

Es gibt Standards, wonach sich in maschinengeschriebenen Absätzen nur einfache Zwischenräume befinden sollten. Wir möchten bestehende Texte verarbeiten und etwaige Doppelzwischenräume durch einfache ersetzen.

Lösung

Wir können eine Datei zeilenweise einlesen, mit der String-Methode indexOf Doppelzwischenräume suchen und entsprechend ersetzen.

Algorithmus

Algorithmen zur Zeichenreihenmanipulation können knifflig sein. Diesen hier nimmt man am besten in mehreren Schritten in Angriff. Wir beginnen, indem wir eine einzelne Textzeile einlesen und sie zusammen mit der Position ausgeben, an der der erste Doppelzwischenraum auftritt. Wir gehen davon aus, dass fin ein BufferedReader ist, und schreiben in Java:

```
s = fin.readLine();
System.out.println(s.indexOf("  ",s) + "  " + s);
```

Wenn wir dies in ein Programm zur Verarbeitung einer kompletten Datei integrieren, könnten wir etwa die folgende Ausgabe erhalten:

```
0   Algorithm String manipulation algorithms can be very tricky.
33  This one is best taken in stages.  Let us start by reading one
-1  line of text and printing out the line together with the
52  position of the first occurrence of a double space.  The Java
10  would be:
```

Diese Ausgabe zeigt Doppelzwischenräume an folgenden Stellen an: zu Beginn der ersten Zeile, in den Zeilen Zwei und Vier irgendwo in der Mitte, nirgends in der dritten Zeile (sodass indexOf den Wert -1 zurückgibt) und am Ende der letzten Zeile, d. h. nach dem Doppelpunkt.

Um in einer Zeichenreihe mehr als nur einen einzigen Doppelzwischenraum zu finden, müssen wir mit einer Schleife durchgehen und die Prüfung immer da fortsetzen, wo wir zuletzt aufgehört hatten. Die Schleife sieht im Wesentlichen so aus:

```
startingFrom = 0;
while (true) {
  spaceAt = s.indexOf("  ",startingFrom);
  if (spaceAt==-1) break;
  s = s.substring(0,spaceAt)+" "
    + s.substring(spaceAt+2,s.length());
  startingFrom = spaceAt+2;
}
System.out.println(s);
```

Mit anderen Worten erstellen wir s jedesmal neu aus dem Teil von 0 bis zum Doppelzwischenraum plus einem Einzelzwischenraum plus dem Rest der Zeichenreihe. Wenn die Methode indexOf den Wert -1 zurückgibt, wissen wir, dass wir die Zeichenreihe bis zum Ende bearbeitet haben.

Programm

Das vollständige Programm enthält diese Abschnitte und prüft zudem, ob ein Zeilenende erreicht ist, indem es eine null-Zeichenreihe sucht. Zu Testzwecken wurde das Programm auf die Tastatureingabe eingestellt, der fin-Strom könnte jedoch ebenso leicht mithilfe von Filer.open einer Datei nach Wahl des Anwenders zugeordnet werden.

```
import java.io.*;
import javagently.*;

class Spaces {

  /* Removing spaces program   by J M Bishop Dec 1997
   * ----------------------    Java 1.1
   *
   * Ersetzt doppelte Zwischenräume durch einzelne.
   * Illustriert die Benutzung von Zeichenreihenmethoden.
   */

  public static void main (String args []) throws IOException {
    System.out.println("Program to convert double spaces");
    System.out.println("to single ones.");
    Stream fin = new Stream(System.in);

    String s = "";
    int spaceAt, startingFrom;
    try {
      while (true) {
        s = fin.readLine();
        if (s==null) throw new EOFException();

        startingFrom = 0;
```

```
        while (true) {
        spaceAt = s.indexOf("  ",startingFrom);
          if (spaceAt==-1) break;
          else if (spaceAt==0)
               s = s.substring(1,s.length());
          else s = s.substring(0,spaceAt)+" "
                 + s.substring(spaceAt+2,s.length());
          startingFrom = spaceAt+2;
        }
        System.out.println(s);

      }
    }
    catch (EOFException e) { }
  }
}
```

Test

Die folgenden einfachen, interaktiv eingegebenen Testdaten decken viele der Fälle ab, die wir herausfinden wollten.

```
Program to convert double spaces to single ones.
Line one  with one double.
Line one with one double.
Line one  with   two.
Line two with two.
Line three ends with one.
Line three ends with one.
  Line four starts with one.
 Line four starts with one.
Line five has a   triple.
Line five has a  triple.
```

Offensichtlich kann man dieses Programm in vielerlei Hinsicht verbessern. Solche Verbesserungen werden in den Aufgaben am Ende des Kapitels aufgegriffen.

7.1.2 Die Klasse *StringBuffer*

Wie bereits erwähnt, sind Zeichenreihen eigentlich unveränderlich. Möchten wir die Länge oder den Inhalt einer Zeichenreihe ändern, müssen wir sie, wie im Beispiel 7.1 erläutert, in ihre Teile zerlegen und zu einer neuen Zeichenreihe zusammensetzen. `StringBuffer` ist eine alternative Klasse, die Methoden wie z. B. `append`, `insert` und `setcharAt` bereitstellt, mit denen effiziente Veränderungen an bestehenden Zeichenreihen möglich werden.

7.1.3 Zeichenreihen und Zeichen-Arrays

Anders als in anderen Sprachen unterscheiden sich in Java Zeichenreihen definitiv von Zeichen-Arrays. Eine Umwandlung zwischen den beiden ist jedoch, wie oben gesagt, möglich. Das nächste Beispiel zeigt einen Fall, in dem eine solche Umwandlung äußerst nützlich wäre. Allgemein ausgedrückt: Um einzelne Zeichen einzulesen, lesen wir zuerst eine Zeichenreihe ein, wandeln sie dann in ein Array um und holen uns daraus nacheinander die Zeichen. Lesen wir nur Zeichen ein, so müssen wir diese zunächst durch Zwischenräume voneinander trennen, was in den meisten Fällen ziemlich unnatürlich ist.

Beispiel 7.2: Gefälschte Schecks

Aufgabe

Gefälschte Schecks sind im Umlauf und die Banken haben erkannt, dass diese Schecks alle dieselben Unterscheidungsmerkmale aufweisen. Ein Scheck könnte gefälscht sein, wenn die zehnstellige Schecknummer folgende Eigenschaften aufweist:

- drei oder mehr Nullen in Folge
- und/oder vier oder mehr Nicht-Nullen in Folge

Der Computer soll uns dabei helfen, vor einer möglichen Fälschung zu warnen.

Lösung

Werden die Schecks vom Computer einer Bank bearbeitet, so wird zuerst die Nummer gelesen. Für dieses Beispiel könnten wir ein Programm schreiben, das die Schecknummern einliest und auf die oben genannten Eigenschaften hin überprüft. Diese Analyse könnte feststellen, ob eine der beschriebenen Ziffernfolgen vorkommt, und den Scheck dann als verdächtig markieren.

Algorithmus

Der Algorithmus zum Analysieren einer Zahl liest diese Ziffer für Ziffer ein und zählt die Anzahl der Nullen und Nicht-Nullen. Da diese jedoch in einer Folge auftreten müssen, wird der entsprechende Zähler zurückgesetzt, sobald eine Sequenz „unterbrochen“ wird. Daher ist es erforderlich, sich an Punkte zu erinnern, wo eine kritische Zahl erreicht wurde. Hierfür eignen sich besonders Boolesche Variablen. Die Abbildung 7.2 zeigt den Algorithmus.

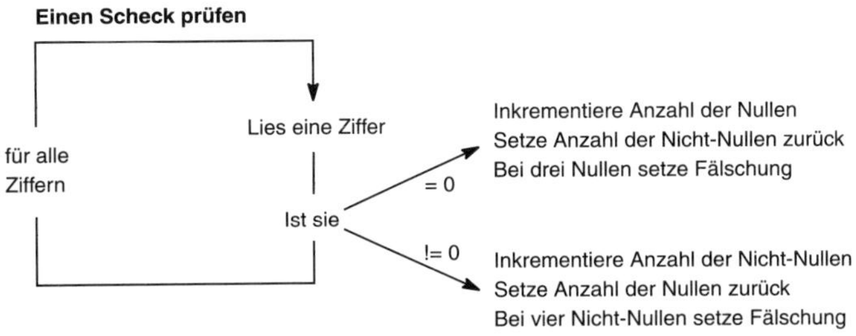

Abbildung 7.2: Der Algorithmus zum Überprüfen eines Schecks

Programm

Die erste Version des Programms hält sich eng an den Algorithmus und benutzt der größeren Klarheit wegen zwei Methoden. Die Ziffern werden als Zeichen eingelesen, aber eine der Eigenschaften der Klasse `Stream` besteht darin, dass alle Elemente durch so genannte „weiße Flecken" (engl. *white space*) abgegrenzt werden müssen - Leerzeichen, Zeilenwechsel oder Tabulatoren. Die Ziffern des Schecks müssen daher mit einem Leerzeichen hinter jeder Ziffer eingegeben werden, damit sie mit `readChar` gelesen werden können.

```
import java.io.*;
import java.io.*;
import javagently.*;

public class ChequeDetector {

  /* Counterfeit cheque detector    von J M Bishop Sept 1997
   * --------------------------    Java 1.1 Oktober 1997
   *                                aktualisiert Juli 2000
   * Prüft eine Schecknummer auf
   * >= 3 Nullen
   * oder >= 4 Nicht-Nullen in einer Zeile
   * Die Ziffern der Nummer müssen durch Leerzeichen getrennt sein.
   *
   * Veranschaulicht if-then-else und Zeichen
   */

  static final int noOfDigits = 10;

  boolean counterfeit = false;
  int countOfZeros = 0;
  int countOfNonzeros = 0;

  ChequeDetector () throws IOException {

    Stream in = new Stream (System.in);

    System.out.println("****** Checking for counterfeits ******");
```

```
    System.out.println("Enter a cheque number of ten digits "+
        "separated by a space and ending with a return");

    char digit;

    for (int i = 0; i < noOfDigits; i++) {
      digit = in.readChar();
      if (digit == "0")
        recordZero();
      else
        recordNonzero();
    }
    if (counterfeit)
      System.out.print("\tCOUNTERFEIT");
    else
      System.out.print("\tOK");
    System.out.println();
  }

  void recordZero() {
    countOfZeros ++;
    countOfNonzeros = 0;
    if (countOfZeros == 3)
      counterfeit = true;
  }

  void recordNonzero() {
    countOfNonzeros ++;
    countOfZeros = 0;
    if (countOfNonzeros == 4)
      counterfeit = true;
  }
  public static void main(String[] args) throws IOException {
    new ChequeDetector();
  }

}
```

Test Die Schecknummern sollten so gewählt werden, dass die Sonderfälle geprüft werden. So könnten Probeläufe des Programms mit Ein- und Ausgabe zum Beispiel folgendermaßen aussehen:

```
****** Checking for counterfeits ******
Enter a cheque number with digits separated by a space
0 0 0 3 3 0 0 4 4 0
        COUNTERFEIT

****** Checking for counterfeits ******
Enter a cheque number with digits separated by a space
0 0 3 3 3 0 0 3 3 3
```

```
        OK

****** Checking for counterfeits ******
Enter a cheque number with digits separated by a space
4 4 4 4 0 0 5 5 0 0
         COUNTERFEIT
```

Verbesserung

Nun überlegen wir, wie wir die Einschränkung beseitigen könnten, derzufolge die Ziffern einer Schecknummer durch Leerzeichen getrennt sein müssen. Wir benutzen nicht `readChar`, sondern lesen stattdessen eine Zeichenreihe, wandeln sie in ein Zeichen-Array um und ziehen die Zeichen einzeln heraus. Somit ändert sich die Hauptschleife, die ursprünglich die folgende Form hatte:

```
char digit;

for (int i = 0; i < noOfDigits; i++) {
  digit = in.readChar ();
  if (digit == "0")
    recordZero();
  else
    recordNonZero();
}
```

für Daten wie z.B. 1 0 0 6 7 0 2 2 1 5, und sieht nun stattdessen folgendermaßen aus:

```
String s = in.readString();
char digits [ ] = s.toCharArray();

for (int i = 0; i < digits.length; i++) {
  if (digits[i] == "0")
    recordZero();
  else
    recordNonZero();
}
```

für weitaus üblichere Daten wie 1006702215.

7.2 Tokenizer und Wrapper-Klassen

Wir erwähnten im Kapitel 4 bereits, dass das Lesen von Zahlen in Java recht umständlich ist, und führten eine `Stream`-Klasse als Mittel zur Bereitstellung dieser einfachen Fähigkeiten ein. Im nächsten Abschnitt betrachten wir nun diese Klasse von innen, um zu sehen, wie sie eigentlich ihre Aufgabe bewältigt. Zunächst müssen wir jedoch zwei wichtige Einrichtungen in Java untersuchen: den Tokenizer und die sogenannten Wrapper-Klassen, das sind Klassen zum „Verpacken" von Werten.

7.2.1 Tokenizer

Wir erwähnten bereits, dass bei der Eingabe in Java Unzulänglichkeiten existieren, und dass die `Stream`-Klasse geschaffen wurde, um diese wettzumachen. Der Java-Ansatz ist, Zeichenreihen einzulesen, diese mit einer äußerst effizienten Technik in Token (zusammenhängende Zeichenfolgen) aufzubrechen und dieses Token dann in den erforderlichen Datentyp umzuwandeln. Token sind Teil-Zeichenreihen, die durch Zeichen wie ein Komma, einen Zwischenraum oder einen Tabulator getrennt sind. So können wir aus der Eingabe Teil-Zeichenreihen herausnehmen und zum Konvertieren an die Zeichenreihenversionen der Routinen der Wrapper-Klasse übergeben, um die gewünschten Werte zu erhalten. Im folgenden Satz gibt es zum Beispiel 10 Token, die ungefähr den Wörtern entsprechen.

Where e're you walk, cool gales shall fan the glade[17].

Die in `java.util` befindliche Klasse `StringTokenizer` bietet folgende Methoden:

`StringTokenizer`: Deklaration und Zugriff

`StringTokenizer (String s);`
`StringTokenizer (String s, String Begrenzungszeichen);`
`StringTokenizer (String s, String Begrenzungszeichen,`
`                 boolean Rückgabe_als_Token);`
`String nextToken ();`
`String nextToken (String Begrenzungszeichen);`
`boolean hasMoreTokens ();`
`int countTokens ();`

Haben wir eine Zeichenreihe eingelesen, erzeugen wir für sie einen Tokenizer wie:

```
StringTokenizer T = new StringTokenizer (S);
```

Dann schauen wir die Token durch und suchen wie folgt das Ende:

```
while (T.hasMoreTokens()) {
  System.out.println(T.nextToken());
}
```

Für den oben genannten Satz sähe die Ausgabe folgendemaßen aus:

```
Where
e're
you
walk,
cool
```

```
gales
shall
fan
the
glade[17]
```

7.2.2 Die Menge der Begrenzungszeichen ändern

Wir können auch die voreingestellten Begrenzungszeichen von den üblichen - Leerzeichen, Tabulator und Zeilenende - in etwas anderes ändern. Wenn wir z. B. ein Programm analysieren, so möchten wir auch das Semikolon, die Klammern etc. zu Begrenzungszeichen machen. Sonst wären sie Teile der Token. Angenommen, wir hätten die Programmzeile

```
spaceAt = s.indexOf("  ",startingFrom);
```

Mit den voreingestellten Begrenzungszeichen wären die Token:

```
spaceAt
=
s.indexOf("
",startingFrom);
```

Dies ist wohl nicht das Gewünschte. Wir benötigen mehr Einzelheiten. Einen besseren Effekt könnten wir mit der folgenden Deklaration erzielen:

```
StringTokenizer T = new StringTokenizer (S,".(,); =:",false);
```

Dies vergrößert die Menge der Begrenzungszeichen und nimmt die Begrenzer aus den Token heraus. Das Ergebnis sieht folgendermaßen aus:

```
spaceAt
 s
indexOf
"  "
startingFrom
```

Das ist schon besser. Nun betrachten wir, wie Wrapper-Klassen und Tokenizer in der Stream-Klasse eingesetzt werden.

7.2.3 Wrapper-Klassen

Wrapper-Klasse

Ehe wir uns die Stream-Klasse näher anschauen können, müssen wir etwas über Wrapper-Klassen wissen. Eine der strengen Regeln von Java lautet, dass Werte von Grundtypen und Objekten nicht vermischt werden dürfen. Meist bereitet dies zwar keine Unannehmlichkeiten, es gibt jedoch auch Fälle, in denen ein Standardpaket ein Objekt erfordert und wir ihm z.B. einen Wert vom Typ `int` übergeben möchten. Dafür müssen wir den Wert zuerst in ein Objekt einer so genannten **Wrapper-Klasse** „verpacken". Die Wrapper-Klasse ermöglicht den Zugriff auf den Wert und stellt auch verschiedene Umwandlungsmethoden zur Verfügung.

Das Java-Paket `lang` hat für jeden der Grundtypen eine Wrapper-Klasse; diese Klassen heißen `Boolean`, `Character`, `Double`, `Float`, `Integer` und `Long` (beachten Sie die Großschreibung). Wie ihre Namen andeuten, handelt es sich hier um Versionen der jeweiligen Grundtypen auf Klassenebene.

Als Beispiel geben wir im folgenden Schema die wesentlichen Methoden der Klasse `Integer` an:

`Integer` und `int`-Umwandlungen

```
Integer  (int Wert);          // Konstruktor
Integer   valueOf (String s);
int       intValue ();
int       parseInt (String s);
String    toString (int i);
// und 15 weitere Methoden in der Integer-Klasse
```

Der Konstruktor nimmt einen `int`-Wert und verpackt ihn als `Integer`-Objekt.

`valueof` erzeugt aus einer Zeichenreihe einen ganzzahligen Wert und setzt ihn in ein `Integer`-Objekt.

`parseInt` ist ähnlich, nur wird das Ergebnis hier als ein einfacher `int`-Wert geliefert.

`intValue` packt das `Integer`-Objekt aus und macht es damit zu einem `int`.

`toString` wandelt einen `int`-Wert in eine Zeichenreihe um.

Der Konstruktor und die Instanzmethode ermöglichen ein Hin- und Herwechseln zwischen Werten und Objekten. Wenn also `i` einen `int`-Wert hat, so macht

```
Integer Iobj = new Integer (i);
```

ein Objekt daraus. Um den `int`-Wert zurückzubekommen, damit er ausgegeben werden kann, sagen wir:

```
System.out.println(Iobj.intValue());
```

Die übrigen ausgewählten Methoden konvertieren aus und in Zeichenreihen. Die restlichen Wrapper-Klassen verfügen über entsprechende Methoden. Die Klasse `Character` lernten wir im Abschnitt 5.4 bereits kennen.

7.3 Innenansicht der Klasse *Stream*

Was geschieht in der Klasse `Stream` wirklich hinter den Kulissen? Wir wissen nun genug über die Sprache, um diese nützliche Ergänzung unseres Programmier-Repertoires erklären zu können. Die Klasse ist nicht lang, verwendet aber Tokenizer und Wrapper. Die von der `Stream`-Klasse zur Verfügung gestellten Methoden wurden bereits im Kapitel 4 angegeben und werden hier wiederholt:

Die Klasse `Stream`

```
Konstanten
---------
READ = 0,
WRITE = 1;

Konstruktoren
------------
Stream (InputStream Dateiname)
Stream (String Dateiname, int wie)

Eingabe
---
int     readInt ()
double  readDouble ()
String  readString ()
char    readChar ()

Ausgabe
------
void println - für Objekte, String, int, double, char

void print - für Objekte, String, int, double, char
void close()

Ausgabe - Klassenmethoden
----------------------
String format (int Zahl, int align)
String format (double Zahl, int align, int frac)
```

Der erste Konstruktor wird benutzt, wenn der `InputStream` bekannt ist, sowie bei der Verbindung mit der Tastatur.

Der zweite Konstruktor stellt eine Verbindung zu Dateien her und der Parameter *wie* zeigt an, ob die Datei gelesen oder geschrieben werden soll.

Die vier Eingabemethoden operieren auf dem `Stream`-Objekt und holen das nächste Element von dem Strom, wobei sie es als den gegebenen Typ interpretieren. Wenn der Typ nicht stimmt, holt die Methode das nächste Element. Alle Elemente müssen durch einen Zwischenraum oder ein Interpunktionszeichen begrenzt sein.

Die Klasse `Stream`
`println` und `print` arbeiten genau wie bei `System.out`. `close` muss auf einer zum Schreiben geöffneten Datei aufgerufen werden, damit ihr Inhalt für später bewahrt bleibt. Die `format`-Methoden sind Klassenmethoden und werden daher mit `Stream.format` aufgerufen. Ihre Funktionsweise wird weiter unten detailliert beschrieben.

Die Klasse `Stream` soll in Form von `Stream`-Objekten instanziiert werden, wie wir es bereits häufig gesehen haben. Sobald `Stream`-Objekte erzeugt sind, können sie die Eingabemethoden benutzen. Die beiden `format`-Methoden sind jedoch nicht von Objekten abhängig und können in jedem Stadium aufgerufen werden, um eine Zahl als Zeichenreihe mit einer gegebenen Anzahl von Stellen zu formatieren. Da nichts initialisiert wird, muss sichergestellt sein, dass die Methoden sich selbst initialisieren.

7.3.1 Algorithmen

Den allgemeinen Algorithmus für die einzelnen Lesemethoden veranschaulicht der Algorithmus zum Einlesen einer ganzen Zahl. Diese Routine kann sich durch Erkennen eines `null`-Tokens selbst initialisieren. Wenn dies geschieht, liest sie eine Zeile und generiert den Tokenizer. Danach ruft sie `nextToken` auf, um ein Token zu erhalten, und versucht, dieses in eine Zahl umzuwandeln. Beide Anweisungen können auch fehlschlagen und eine Ausnahme auslösen:

- Der Aufruf von `nextToken` kann fehlschlagen, wenn keine weiteren Token vorhanden sind. Es wäre daher angemessen, eine weitere Zeile zu lesen.
- Die Umwandlung kann fehlschlagen, wenn die Teil-Zeichenreihe, die das Token bildet, keine Zahl des geforderten Typs darstellt. Hier geben wir lediglich eine Nachricht aus und versuchen es erneut.

Wurden beide Anweisungen erfolgreich ausgeführt, wird die Methode verlassen. Diese Methode ist daher ein ausgezeichnetes Beispiel für die Behandlung einer Ausnahme. Sie lautet:

```
public int readInt () throws IOException {
  if (T == null) refresh();
  while (true) {
    try {
      return Integer.parseInt(T.nextToken());
    }
```

```
      catch (NoSuchElementException e1) {
        refresh ();
      }
      catch (NumberFormatException e2) {
        System.out.println("Error in number, try again.");
      }
    }
  }
```

Die Klasse enthält in jeder Methode zur Zahlenumwandlung interessante Anweisungen. Die für ganze Zahlen verwendet die Analysemethode (engl. *parse method*) der Wrapper-Klasse `Integer`:

```
return Integer.parseInt(T.nextToken());
```

Die Klasse `Double` verfügt allerdings über keine entsprechende Analysemethode, und die Umwandlung ist ein wenig komplizierter:

```
return Double.valueOf(item.trim()).doubleValue();
```

Wir wollen untersuchen, was diese Anweisung macht. `item` ist eine vom Tokenizer zurückgegebene Zeichenreihe. Wir arbeiten uns nun von innen nach außen vor: Zuerst entfernen wir die Leerzeichen mit einer Methode `trim` der Klasse `String`. Dann rufen wir die Methode `Double.valueOf` auf, um die Zeichenreihe in ein Objekt des Typs `Double` umzuwandeln. Zum Schluss nehmen wir das Objekt aus seiner Verpackung heraus und wandeln es in den Typ `double` um. Es lohnt sich, diese Anweisung in eine Methode mit Ergebnis zu schreiben!

Die `format`-Methoden verwenden das Paket `java.text`, mit dem wir uns im nächsten Abschnitt befassen. Nun können wir die vollständige Klasse aufführen:

7.3.2 Die Klasse *Stream*

```
package javagently;

import java.io.*;
import java.util.*;
import java.text.*;


public class Stream {

  /* The Stream class         von J M Bishop und B Worrall Mai 2000
   * ================         auf Vorschlag von Jens Kaasbøll
   *                          basierend auf der Klasse Text Aug 1996
   *                          von J M Bishop und A Moolman
   *
```

```
   * Stellt eine einfache Eingabe von der Tastatur und aus Dateien bereit.
   * Und formatierte Ausgabe an Bildschirm und Dateien.
   *
   * Konstruktoren
   * ------------
   * public Stream (InputStream in)
   * public Stream (String filename, int why)
   *
   * Eingabe
   * -----
   * public int    readInt ()
   * public double readDouble ()
   * public String readString ()
   * public char   readChar ()
   *
   * Ausgabe
   * ------
   * public void println   - for Objects, String, int, double, char
   * public void print     - for Objects, String, int, double, char
   * public void close()
   *
   * Ausgabe - Klassenmethoden
   * ----------------------
   * public String format (int number, int align)
   * public String format (double number, int align, int frac)
   */


  private BufferedReader in;
  private PrintWriter out;
  private StringTokenizer T;
  private String S;

  public static final int
  READ = 0,
  WRITE = 1;

  public Stream(InputStream i) {
  in = open(i);
  }


  public Stream(String filename, int how)
                throws FileNotFoundException, IOException {
   switch(how) {
      case READ: in = open(filename); break;
      case WRITE: out = create(filename); break;
   }
 }
```

```
private BufferedReader open(InputStream in) {
  return new BufferedReader(new InputStreamReader(in));
}

private BufferedReader open(String filename)
                throws FileNotFoundException {
  return new BufferedReader(new FileReader(filename));
}

private PrintWriter create(String filename) throws IOException {
  return new PrintWriter(new FileWriter(filename));
}

public String readLine () throws IOException {
  refresh();
  return S;
}

public int readInt () throws IOException {
  if (T==null) refresh();
  while (true) {
    try {
      return Integer.parseInt(T.nextToken());
    }
    catch (NoSuchElementException e1) {
      refresh ();
    }
    catch (NumberFormatException e2) {
      System.out.println("Error in number, try again.");
    }
  }
}
public char readChar () throws IOException {
  if (T==null) refresh();
  while (true) {
    try {
      return T.nextToken().trim().charAt(0);
    }
    catch (NoSuchElementException e1) {
      refresh ();
    }
  }
}

public double readDouble () throws IOException {
  if (T==null) refresh();
  while (true) {
    try {
      String item = T.nextToken();
      return Double.valueOf(item.trim()).doubleValue();
```

```
      }
      catch (NoSuchElementException e1) {
        refresh ();
      }
      catch (NumberFormatException e2) {
        System.out.println("Error in number, try again.");
      }
    }
  }

  public String readString () throws IOException {
    if (T==null) refresh ();
    while (true) {
      try {
        return T.nextToken();
      }
      catch (NoSuchElementException e1) {
        refresh ();
      }
    }
  }
  private void refresh () throws IOException {
    S = in.readLine ();
    if (S==null) throw new EOFException();
    T = new StringTokenizer (S);
  }

  private static DecimalFormat N = new DecimalFormat();
  private static final String spaces = "                    ";

  public static String format(double number, int align, int frac) {
    N.setGroupingUsed(false);
    N.setMaximumFractionDigits(frac);
    N.setMinimumFractionDigits(frac);
    String num = N.format(number);
    if (num.length() < align)
      num = spaces.substring(0,align-num.length()) + num;
     return num;
    }

  public static String format(int number, int align) {
    N.setGroupingUsed(false);
    N.setMaximumFractionDigits(0);
    String num = N.format(number);
    if (num.length() < align)
       num = spaces.substring(0,align-num.length()) + num;
    return num;
  }
}
```

Die Abbildung 7.3 zeigt das Modelldiagramm für `Stream`. Dieses macht deutlich, welche Teile Klassenelemente sind und welche instanziiert wurden, und zeigt die private oder öffentliche Zugriffsmöglichkeit auf jedes Element (mit + und -). `Stream` stellt für jedes Objekt die fünf Instanziierungsmethoden und zwei als öffentlich ausgewiesene Klassenmethoden zur Verfügung. Die Methoden `open`, `create` und `refresh` werden von den öffentlichen Methoden benutzt und sind selbst privat. In ähnlicher Weise werden auch die Parameter des Konstruktors in private Ein-/Ausgabe-Variablen kopiert, und die anderen beiden privaten Variablen, `T` und `S`, werden, wie bereits beschrieben, für die Tokenizer verwendet.

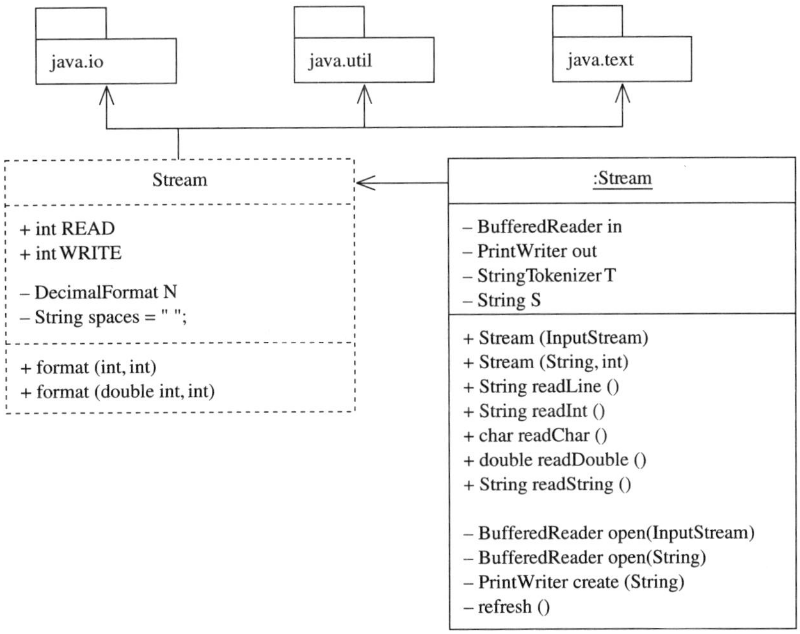

Abbildung 7.3: Das Modelldiagramm für die Klasse Stream und ein typisches Stream-Objekt

7.4 Zahlenformatierung

In den `format`-Methoden unserer `Stream`-Klasse nutzten wir die Fähigkeiten des Pakets `java.text`. In diesem Abschnitt beschreiben und bewerten wir diesen vordefinierten Ansatz zum Schreiben von Zahlen.

7.4.1 Das Konzept eines Formatierers

Java unterscheidet sich von anderen Sprachen dadurch, dass die Zahlenformatierung nicht in den Ausgabeanweisungen, sondern in einem getrennten Objekt angegeben wird. In der Ausgabeanweisung wird dann das entsprechende `format`-Objekt mit dem auszugebenden Element verbunden. In einem Programm können zu jeder Zeit mehrere Formatobjekte parallel existieren und nach Wunsch immer wieder verwendet werden.

`java.text` stellt die folgenden Formatierer zur Verfügung:

```
DateFormat
SimpleDateFormat
NumberFormat
DecimalFormat
MessageFormat
```

Die Datumsformatierer behandeln wir im nächsten Abschnitt; hier konzentrieren wir uns auf die Zahlenformatierer.

`NumberFormat` und seine Unterklasse `DecimalFormat` bieten Möglichkeiten zur Formatierung von Zahlen aller Art, einschließlich Prozenten und Währungen. Zuerst erzeugen wir ein Format, das wir dann in zweierlei Hinsicht anpassen können:

- für besondere Formatierungserfordernisse, z.B. die Anzahl der Dezimalstellen einer reellen Zahl;
- für unterschiedliche **Gebietseinstellungen** in aller Welt mit verschiedenen Konventionen für Dezimalzahlen, Währungssymbole, Tausendergruppen usw.

Der zweite Punkt ist in Java außerordentlich leistungsfähig und hebt diese Sprache im Hinblick auf weltweit einsetzbare Computeranwendungen aus allen anderen heraus. Wir wollen uns zunächst ansehen, wie in Java Gebietseinstellungen vorgenommen werden.

7.4.2 Die Gebietseinstellung des Computers

Java ist eine sehr international geprägte Sprache und bietet viele Möglichkeiten der Internationalisierung. Der Grundgedanke dabei ist, dass Programme, die im Internet um die Welt reisen, sich den Anwendern in deren örtlichem Jargon präsentieren. So schreibt man z.B. in den USA ein Datum mit dem Monat an erster Stelle, während in anderen Ländern das Jahr oder der Tag als Erstes kommen. Benutzen Sie ein Betriebssystem wie z.B. MS Windows, so können Sie in der Systemsteuerung auf die Gebietseinstellung zugreifen und sehen, wo

Ihr Computer zu sein glaubt. Computer sind häufig standardmäßig auf Englisch (USA) eingestellt. Sie können herumexperimentieren und die Einstellungen ändern. Beachten Sie, dass sich, wenn Sie das Land ändern, auch andere Einstellungen automatisch verändern, so z.B. das Währungssymbol und das Datumsformat.

Java stellt im Paket `java.util` eine Klasse zur Verfügung, die es einem Programm ermöglicht, die Einstellungen des Computers abzufragen und auszugeben. Diese Klasse heißt `Locale` und das folgende Schema zeigt einige ihrer Eigenschaften:

Die Klasse `Locale`

```
 Locale (String Sprache, String Land, String Variante);
 Locale (String Sprache, String Land);

// Konstanten
   Locale CANADA;
   Locale CANADA_FRENCH;
   Locale CHINA;
   Locale CHINESE;
   Locale ENGLISH;
   Locale FRANCE;
   Locale FRENCH;
   Locale GERMAN;
   Locale GERMANY;
   Locale ITALIAN;
   Locale ITALY;
   Locale JAPAN;
   Locale JAPANESE;
   Locale KOREA;
   Locale KOREAN;
   Locale PRC;
   Locale SIMPLIFIED_CHINESE;
   Locale TAIWAN;
   Locale TRADITIONAL_CHINESE;
   Locale UK;
   Locale US;

// Klassenmethoden
 Locale   getDefault();
 void     setDefault(Locale newLocale);
// Instanzmethoden
String  getCountry();
String  getDisplayCountry();
String  getDisplayCountry(Locale inLocale);
String  getDisplayLanguage(Locale inLocale);
String  getDisplayLanguage();
String  getLanguage();
String  getName();
// und 10 weitere
```

Wie Sie sehen, beginnt die Klasse mit zwei Konstruktoren. Kennen wir die Sprache und das Land unserer Wahl, so können wir eine neue Gebietseinstellung erstellen. Danach kommen zwei Klassenmethoden, von denen `getDefault` eine alternative Option bietet: Ein Gebietseinstellungsobjekt kann aus der Standardeinstellung der Maschine erzeugt werden. Die Klassenmethode `setDefault` ändert die Standardeinstellung der Maschine auf das meist als Konstante angegebene Parameterobjekt. Diese Konstanten umfassen nur eine begrenzte Anzahl von Gebietseinstellungen, auf die Java jedoch nicht beschränkt ist, da es, wie im nächsten Beispiel gezeigt wird, aus der Maschine weitere Daten heranziehen kann und wird.

Der Hauptteil der Klasse besteht aus Instanzmethoden, und wie üblich gibt es zu jedem Thema mehrere Variationen, die hier nicht gezeigt werden. Diese wollen wir in der Praxis untersuchen.

Beispiel 7.3: Wo bin ich?

Aufgabe

Finden Sie heraus, welche Region und welche Sprache der Computer beim Ausführen eines Programms benutzt.

Lösung

Die offensichtliche Lösung ist, die Klasse `Locale` heranzuziehen und die notwendigen Informationen herauszufinden. Sind wir damit fertig, erweitern wir die Spezifikation ein wenig und erstellen eine neue Gebietseinstellung, um deren Auswirkungen auf verschiedene Eigenschaften zu betrachten, die abgefragt werden können.

Programm

Das Programm betrachtet die Gebietseinstellung der Maschine und erstellt dann eine Gebietseinstellung für Deutschland.

```
import java.util.*;

class WhereAmI {

  /* The program for finding Where Am I?   von J M Bishop Dez 1997
   * ---------------------------------
   *                                       aktualisiert Juli 2000
   * Veranschaulicht die Verwendung von Klassen in Java-Paketen
   * und die Fähigkeit, Gebietseinstellungen zu ändern.
   */

  public static void main (String [ ] args) {
    new WhereAmI ();
  }

  WhereAmI () {
    Locale here = Locale.getDefault();
```

```
    System.out.println("My Locale is " + here);
    System.out.println("Country: " + here.getCountry());
    System.out.println("Language: " + here.getLanguage());
    System.out.println("Country:  " + here.getDisplayCountry());
    System.out.println("Language: " + here.getDisplayLanguage());
    System.out.println();


    Locale there = new Locale("GERMAN","GERMANY");
    there.setDefault(Locale.GERMANY);
    System.out.println("New Locale is " + there);
    System.out.println("Country:  " + there.getCountry());
    System.out.println("Language: " + there.getLanguage());
    System.out.println("Country:  " + there.getDisplayCountry());
    System.out.println("Language: " + there.getDisplayLanguage());

  }
}
```

Test

Die Ausführung auf meinem Windows-Rechner ergab folgende Ausgabe:

```
My Locale is en_SOUTH AFRICA
Country: SOUTH AFRICA
Language: en
Country: United States
Language: English

New Locale is german_GERMANY
Country: GERMANY
Language: german
Country: Deutschland
Language: Deutsch
```

Das bedeutet, der Computer entdeckt, dass er sich in Südafrika befindet und die Sprache Englisch ('en') ist. Er verwendet jedoch für die Ausgabe die US-Konvention, da Südafrika derzeit keine Option auf seiner Liste ist. Erstellen wir dann eine neue Gebietseinstellung und deklarieren sie als „Germany“, so stellen wir fest, dass Land und Sprache tatsächlich vollständig lokalisiert werden. Interessanterweise habe ich bei der Ausführung desselben Programms auf meinem iMac die folgende Ausgabe erhalten:

```
My Locale is en_US
Country: US
Language: en
Country: United States
Language: English

New Locale is german_GERMANY
```

```
Country: GERMANY
Language: german
Country: GERMANY
Language: german
```

Dies zeigt, dass ich meinen Rechner nicht richtig eingerichtet habe, und/oder dass MacOS Gebietseinstellungen weniger gut unterstützt als Windows.

7.4.3 Die Klasse *NumberFormat*

Da `NumberFormat` eine abstrakte Klasse ist, können wir Objekte nicht dadurch erzeugen, dass wir die Klasse instanziieren; aber wir können aus der Klasse selbst Objektinstanzen erhalten. Die Bedeutung abstrakter Klassen wird im Kapitel 9 klar werden. Wie das folgende Schema zeigt, wird ein Format mittels Klassenmethoden geschaffen:

Zahlenformatierer erzeugen

`NumberFormat getInstance ()`
`NumberFormat getCurrencyInstance ()`
`NumberFormat getNumberInstance ()`
`NumberFormat getPercentInstance ()`

Jede dieser Methoden gibt ein Objekt zurück, für das jeweils verschiedene Formatierungsmethoden gelten.

Für jede der vier Methoden zur Formaterzeugung gibt es eine entsprechende Version, die eine Gebietseinstellung (`Locale`-Objekt) als Parameter erhält, wenn eine vom Standard abweichende verwendet werden soll. Eine Gebietseinstellung gilt für eine Weltregion, in der bestimmte örtlich beschränkte Bedingungen herrschen, wie z. B. die Sprache, die Währung oder die Uhrzeit. Typische Gebietseinstellungen sind etwa `Locale.US` oder `Locale.GERMANY`.

Um ein Formatobjekt zu verwenden, setzt man die folgenden Instanzmethoden ein. Da alle anderen numerischen Typen innerhalb von `long` und `double` operieren können, benötigt man lediglich zwei Methoden.

Zahlenformatierer einsehen

Zahlenformatierer einsetzen
`String format (double` *`Zahl`*`);` `String format (long` *`Zahl`*`);`
Werden diese Methoden auf Zahlenformatierer angewendet, so ermöglichen sie eine kompaktere und vernünftigere Formatierung als die `println`-Anweisungen.

Betrachten Sie zum Beispiel Folgendes, um die Standardschreibweise von Zahlen mit den Standardeinstellungen des Formatierers zu vergleichen:

```
NumberFormat N = NumberFormat.getInstance ();

System.out.println(Math.PI + "  " + 10000);
System.out.println(N.format(Math.PI) + "  " + N.format(10000));
```

Die Ausgabe wäre:

```
3.141592653589793  10000
3.141  10,000
```

Der Zahlenformatierer strukturiert die Zahlen demnach wesentlich ansprechender, obwohl es, abgesehen von den Finanzangelegenheiten in einigen Ländern wie den USA, eher unüblich ist, Zahlen mit Kommata auszugeben. Daher würden wir das Format in den meisten Fällen anpassen. Dazu verwenden wir die folgenden Instanzmethoden:

Zahlenformatierer anpassen

Zahlenformatierer anpassen

`void setMaximumIntegerDigits (int neuer_Wert);`
`void setMinimumIntegerDigits (int neuer_Wert);`
`void setMaximumFractionDigits (int neuer_Wert);`
`void setMinimumFractionDigits (int neuer_Wert);`
`void setGroupingUsed (boolean neuer_Wert);`

Durch die `setMaximum`-Methoden werden Werte beim Ausschreiben abgeschnitten. Durch die `setMinimum`-Methoden werden Leerzeichen (ganzzahliger Teil) oder Nullen (Dezimalteil) ausgegeben. `Grouping` bezieht sich darauf, ob Tausender durch ein Komma, einen Zwischenraum oder ein von der Gebietseinstellung abhängiges Symbol getrennt werden sollen.

Für jede `set`-Methode existiert eine entsprechende `get`-Methode, die nötigenfalls die aktuellen Einstellungen beschafft. Beachten Sie, dass man für Formatierer kurze Bezeichner verwenden sollte, da sie zusammen mit `format` sonst die Ausgabeanweisungen überfrachten können.

7.4.4 Formatierung reeller Zahlen

Das beste Beispiel, um die Auswirkungen einer Änderung der verschiedenen Einstellungen für reelle Zahlen zu verstehen, ist eine Untersuchung einer `Stream.format`-Methode. Sie lautet:

```
public static String format(double number, int align, int frac) {
  N.setGroupingUsed(false);
```

```
  N.setMaximumFractionDigits(frac);
  N.setMinimumFractionDigits(frac);
  String num = N.format(number);
  if (num.length() < align)
    num = spaces.substring(0,align-num.length()) + num;
   return num;
  }
```

Die drei set-Aufrufe legen fest, dass es keine Tausendergruppen geben darf, und dass die Anzahl der Dezimalstellen feststeht. Stellten wir nur das Minimum und nicht das Maximum ein, erhielten wir als Lückenfüller Leerzeichen, obwohl wir bei den Dezimalstellen normalerweise Nullen haben möchten. Danach wird die Zahl formatiert und in eine lokale Zeichenreihe geschrieben, weil noch eine Anpassung erforderlich ist: Für die Mindestanzahl von Ziffern in ganzen Zahlen ist der Zahlenformatierer auf 1 voreingestellt, sodass wir immer eine Zahl wie z. B. 0.567 an Stelle von .567 erhalten werden. Setzen wir das Maximum auf (align-frac), so erhalten wir Zahlen von festgelegter Länge, allerdings mit Nullen und nicht mit Zwischenräumen am Anfang. Daher fügen wir die zusätzlichen Leerzeichen stattdessen mit einer Zeichenreihenmanipulation ein.

Das Maximum der Ziffern ganzer Zahlen einzustellen birgt ein anderes Risiko: Java schneidet alles andere ab. Bei einer maximalen Ziffernzahl von 3 würde folglich 1000 als 0 ausgegeben. Die Klasse Stream ist daher allgemein doch ein nützliches Werkzeug.

Die Klasse DecimalFormat verfügt über eine Funktion zum Einrichten eines Musters, das bei der Formatierung verwendet werden soll. Ein Muster wie z. B. ###0.### zu erstellen würde jedoch ebenfalls eine Zeichenreihenoperation erfordern, wenn die Anzahl der #-Zeichen variabel ist. Mit Mustern werden wir uns im Zusammenhang mit der Anpassung von Daten noch befassen.

7.4.5 Währungen

Im Rahmen der Zahlenformatierung können wir jede Währung sehr gut ausgeben lassen[1]. Um eine Zahl als Währung auszugeben, verwenden wir:

```
NumberFormat C = NumberFormat.getCurrencyInstance();
System.out.println (C.format(10000));
```

1. Da Prozentzahlen im Moment noch etwas problematisch zu sein scheinen, werden wir sie hier nicht behandeln.

Das Ergebnis würde folgendermaßen aussehen:

```
$10,000.00
```

Währungen machen Spaß, da Java vom Computer das Format und das Symbol der Währung korrekt übernehmen und einsetzen wird. Beispiel 7.4 zeigt, was geschieht.

Beispiel 7.4: Währungsumrechnungstabelle

Aufgabe

Wir möchten untersuchen, wie sich eine Änderung der Gebietseinstellungen auf die Ausgabe von Währungen auswirkt.

Lösung

Wir richten ein kleines Testprogramm ein, das fünf Wechselkurse einliest und dann eine Tabelle mit dem von Graz in die Fremdwährung umgerechneten Betrag ausgibt.

Programm

Das Programm ist ganz einfach. Für jede der betreffenden Gebietseinstellungen wird ein Währungsformat angelegt. Die Kurse werden eingelesen und dann die umgerechneten Beträge ausgegeben.

```
import java.text.*;
import javagently.*;
import java.util.*;
import java.io.*;

class Currency {

  public static void main (String args []) throws IOException {

    Stream in = new Stream ("rates.dat",Stream.READ);

    System.out.println("Currency conversion table");
    System.out.println("========================");
    System.out.println();
    System.out.println("The exchange rates are:");
    System.out.println("graz\tdollars\tpounds\tyen\tmarks\tfrancs");
    double d = in.readDouble();
    double p = in.readDouble();
    double y = in.readDouble();
    double m = in.readDouble();
    double f = in.readDouble();
    System.out.println("1\t"+d+"\t"+p+"\t"+ y+"\t"+ m+"\t"+ f);
    System.out.println();

    NumberFormat Nd =
          NumberFormat.getCurrencyInstance(Locale.US);
    NumberFormat Np =
          NumberFormat.getCurrencyInstance(Locale.UK);
```

```
    NumberFormat Ny =
        NumberFormat.getCurrencyInstance(Locale.JAPAN);
    NumberFormat Nm =
        NumberFormat.getCurrencyInstance(Locale.GERMANY);
    NumberFormat Nf =
        NumberFormat.getCurrencyInstance(Locale.FRANCE);

    for (int graz = 1000; graz < 10000; graz+=1000)
      System.out.println('G'+Text.writeInt(graz,3) + '\t' +
        Nd.format(graz/d) + '\t' +
        Np.format(graz/p) + '\t' +
        Ny.format(graz/y) + '\t' +
        Nm.format(graz/m) + '\t' +
        Nf.format(graz/f));
  }
}
```

Test Das Programm würde Folgendes ausgeben:

```
Currency conversion table
=========================

The exchange rates are:

graz   dollars    pounds     yen          marks         francs
1       4.8845    8.047      0.0378       2.7361        0.8174

G1000  $204.73    £124.27    ¥26,455.03   365,48 DM     1 223,39 F
G2000  $409.46    £248.54    ¥52,910.05   730,97 DM     2 446,78 F
G3000  $614.19    £372.81    ¥79,365.08   1.096,45 DM   3 670,17 F
G4000  $818.92    £497.08    ¥105,820.11  1.461,93 DM   4 893,56 F
G5000  $1,023.65  £621.35    ¥132,275.13  1.827,42 DM   6 116,96 F
G6000  $1,228.38  £745.62    ¥158,730.16  2.192,90 DM   7 340,35 F
G7000  $1,433.10  £869.89    ¥185,185.19  2.558,39 DM   8 563,74 F
G8000  $1,637.83  £994.16    ¥211,640.21  2.923,87 DM   9 787,13 F
G9000  $1,842.56  £1,118.43  ¥238,095.24  3.289,35 DM   11 010,52 F
```

Angesichts der Tatsache, dass wir nichts selber gemacht haben, ist diese Ausgabe sehr interessant.

7.4.6 Eingabe formatierter Daten

Bisher haben wir uns darauf konzentriert, Daten auszugeben. Das Paket `java.text` sieht jedoch auch die Eingabe formatierter Daten in jeder seiner Klassen vor. Formatierte Daten unterscheidet man von unformatierten insofern, als die Elemente nicht mit Leerzeichen usw. getrennt werden, sondern auf der Eingabezeile in bestimmten Spalten stehen müssen. Sie dürfen sogar, wie in diesem Fall, aneinander grenzen:

```
76 89123 45 10  6100
```

Werden diese Daten mit einem Format interpretiert, bei dem die maximale und minimale Ziffernzahl 3 ist, so sind die resultierenden Zahlen 76, 89, 123, 45, 10, 6 und 100.

Parsen

Der allgemeine Begriff für das Erkennen von Eingabedaten in Java lautet **Parsen**; dem entspricht bei der Ausgabe das Formatieren. Daten werden jedoch heutzutage selten ohne irgendeine Art von Begrenzungszeichen dargestellt, und für die meisten Bedürfnisse eignen sich generell die im Abschnitt 7.2 behandelten Tokenizer. Ein anderer Nachteil beim Parsen via Formatierer ist, dass die Ergebnisse als Objekte präsentiert werden, sodass man immer noch die Umwandlung in Werte der Grundtypen vornehmen muss.

7.5 Datum, Kalender und Uhrzeit

Die im Paket `util` enthaltene Klasse `Date` stellt Datum und Uhrzeiten systemunabhängig dar. Ihre vollständige Spezifikation finden Sie im folgenden Schema:

Die `Date`-Klasse

```
Date ();
Date (long datum);

boolean after (Date wann);
boolean before (Date wann);
boolean compareTo (Date d)
boolean equals (Object obj);
long    getTime ();
long    setTime (long uhrzeit);
String  toString ();
```

Date beginnt mit zwei Konstruktoren. Der erste, der keine Parameter hat, setzt das aktuelle Datum und die Uhrzeit des Computers in das neue Objekt ein. Wenn wir also sagen:

```
Date today = new Date ();
```

dann erstellen wir ein Objekt, das das heutige Datum und die Uhrzeit, wie sie von der Computer-Uhr übernommen werden, enthält. Der zweite Konstruktor erstellt ein Datum aus der Anzahl der Millisekunden seit irgendeinem beliebigen Datum. In `Date` selbst gibt es keinen einfacheren Weg zur Erstellung eines speziellen Datums; zu diesem Zweck benötigen wir eine andere Klasse, nämlich `Calendar`.

Nach den Konstruktoren folgen die Methoden, von denen uns momentan getTime und toString interessieren. Ist ein date-Objekt vorhanden, können wir es sofort mit println wie folgt ausgeben.

```
System.out.println(today);
```

today wird zuerst in eine Zeichenreihe umgewandelt und dann ausgegeben. Die Umwandlung wird von der Methode toString vorgenommen, die in jeder Klasse, deren Objekte ausgegeben werden sollen, vorhanden sein sollte. Das Umwandlungsformat bedeutet, dass das Datum immer in der folgenden Form, die mit einem Beispiel gezeigt wird, ausgegeben wird:

```
Day Month Date Hours:Mins:Secs Zone Year
Tue Jul 04 17:11:54 EST 2000
```

Gehört die Zeitzone des Computers nicht zu denen, die Java wiedererkennt, so wird die Zeit bezogen auf GMT[2] angegeben, wie z. B.:

```
Tue Jul 04 17:11:54 GMT+00:00 2000
```

Mit java.text sind noch weitere Formate möglich, wie weiter unten besprochen wird.

In Java 1.0 war die Klasse Date ursprünglich viel größer und enthielt unter anderem Methoden zur Ermittlung und Einstellung von Datumsteilen. Diese Funktionen hat nun eine andere, weit kompliziertere Klasse übernommen: Calendar. Anstatt Calendar hier vollständig zu spezifizieren, listen wir nur die Teile auf, die wir für das nächste Beispiel benötigen.

- Konstanten, die auf die verschiedenen Felder hinweisen, z. B. YEAR oder MINUTE,
- Konstanten für Tage und Monate, z. B. MONDAY oder DECEMBER,
- Eine Klassenmethode, die ein Objekt erstellt, nämlich getInstance,
- Instanzmethoden, die Datumsteile beschaffen und einstellen, nämlich get und set.

Für get und set müssen Feldteile spezifiziert sein, z. B. wenn c ein Calendar-Objekt ist:

```
int y = c.get(Calendar.YEAR);
c.set (Calendar.YEAR, 2001);
```

Außerdem kann man set drei Werte - Jahr, Monat und Tag - zuordnen. Beachten Sie jedoch, dass man für die Monate am besten die bereitgestellten Konstantennamen verwendet, z. B. Calendar.MAY, und nicht 4.

2. Anmerkung der Übersetzerin: GMT = Greenwich Mean Time

Beispiel 7.5: Einkaufstage

Aufgabe

Wir möchten berechnen, wie viele Einkaufstage es noch bis Weihnachten sind. Wir gehen von der Annahme aus, dass bereits Dezember ist.

Algorithmus

Aufgrund der Annahme, dass bereits Dezember ist, ist der Algorithmus sehr einfach: Wir müssen lediglich die beiden `DATE`-Felder der `Calendar`-Objekte voneinander subtrahieren. Von November oder Oktober auszugehen würde mehr Rechenfertigkeiten erfordern, als wir in dieser Veranschaulichung einsetzen möchten.

Programm

```
import java.util.*;

public class Shopping {

    /* Shopping Program          von J M Bishop Dez 96
     * ----------------          Java 1.1 von J M Bishop Dez 97
     *                           aktualisiert Juli 2000
     * Berechnet die Anzahl der Einkaufstage bis Weihnachten,
     * und soll nur im Dezember ausgeführt werden.
     */

    public static void main(String[] args) {
      new Shopping ();
    }

    Shopping () {
      Calendar today = Calendar.getInstance();
      Calendar christmas = Calendar.getInstance();

      christmas.set(
          today.get(Calendar.YEAR), Calendar.DECEMBER, 25);

      System.out.println("Only run this program in December!");
      System.out.println("Christmas is on "+ christmas.getTime());
      System.out.println("Today is "+ today.getTime());

      System.out.println("There are "
               +(christmas.get(Calendar.DATE)-
                 today.get(Calendar.DATE))
               +" shopping days to Christmas.");
    }
}
```

Zählen wir die Zeilen innerhalb der `main`-Methode, so werden die beiden Daten in den Zeilen 1 und 2 mithilfe der Methode `getInstance` als `Calendar`-Objekte erzeugt. Die Zeilen 3 und 4 beschaffen das aktuelle Jahr, um das Jahr des Weihnachtsfestes einzustellen, und sorgen so dafür, dass das Programm nicht davon abhängig ist, in welchem Jahr wir uns befinden.

Die Zeilen 5 und 6 geben die beiden Daten aus, und in Zeile 8 subtrahieren wir ihre Tagesanzahlen für die Schlussnachricht voneinander. Beachten Sie hier, dass wir den Subtraktionsausdruck in Klammern setzen müssen, damit sein Ergebnis, eine ganze Zahl, der Ausdruck ist, der für die Ausgabe in eine Zeichenreihe umgewandelt wird. Unterlassen wir dies, so beschwert sich der Übersetzer. (Versuchen Sie es.)

Test Die Ergebnisse des Testprogramms wären:

```
Only run this program in December!
Christmas is on Mon Dec 25 10:17:01 GMT+02:00 2000
Today is Tue Dec 05 10:17:01 GMT+03:00 2000
There are 21 shopping days to Christmas.
```

7.5.1 Das Datum formatieren

Ebenso wie Zahlen und Währungen können wir auch Daten formatieren. Mit der Klasse `DateFormat` aus `java.text` erstellen wir einen Formatierer mit einem speziellen Format: `DEFAULT`, `FULL`, `LONG`, `MEDIUM` oder `SHORT`. Anstatt des einfachen

```
System.out.println("Today is "+ today.getTime());
```

aus dem obigen Programm können wir also präziser sein und sagen:

```
DateFormat D = DateFormat.getDateInstance(DateFormat.FULL);
System.out.println("Today is "+ D.format(today));
```

Dies würde eine benutzerfreundlichere Variante ausgeben, nämlich:

```
Tuesday, July 4, 2000
```

Im folgenden Beispiel untersuchen wir die verschiedenen Möglichkeiten. Ebenso können wir auch einen Uhrzeitformatierer auswählen und die Uhrzeit auf verschiedene Weise wiedergeben. Die Methode dazu ist `getTimeInstance`.

7.5.2 Das Datum parsen

Eine nützliche Eigenschaft der Klasse `DateFormat` ist die Methode, mit der aus einer Zeichenreihe ein Datum gelesen wird. Sie ermöglicht es uns, ein Datum einzulesen. Deklarieren wir z.B. einen einfachen Datumsformatierer wie:

```
DateFormat DF = DateFormat.getDateInstance();
```

und haben Daten wie z. B.

```
15-Jul-2000
```

so können wir diese lesen mit:

```
Date D = DF.parse(in.readString());
```

Da `parse` eine Ausnahme auslösen kann, ist es notwendig, diese entweder hier abzufangen oder in allen mit dem Aufruf zusammenhängenden Methoden zu erwähnen. Das Abfangen der Ausnahme wird im folgenden Testprogramm gezeigt:

```
import java.text.*;
import javagently.*;
import java.util.*;
import java.io.*;

class TestDates {

  public static void main (String args []) throws IOException {
    new TestDates ();
  }

  TestDates() throws IOException {
    System.out.println("Type in a date as dd-mmm-yyyy');
    System.out.println();
    Stream in = new Stream(System.in);
    String s = in.readString();
    System.out.println("String is :"+s);
    DateFormat DF = DateFormat.getDateInstance();
    Date d = new Date();
    try {
      d = DF.parse(s);
      System.out.println("Date is :"+d);
    }  catch (ParseException e) {
      System.out.println("Error in date " + s);
    }
  }
}
```

```
Type in a date as dd-mmm-yyyy

15-Jul-2000
String is :15-Jul-2000
Date is :Sat Jul 15 00:00:00 GMT+03:00 2000

Type in a date as dd-mmm-yyyy

15-Mei-2000
String is :15-Mei-2000
Error in date 15-Mei-2000
```

Das voreingestellte Datumsformat ist das einfache oben gezeigte. Natürlich kann man auf anderen Datumsformaten bestehen, indem man das Format des Formatierers wie im nächsten Beispiel ändert.

Beispiel 7.6: Daten formatieren und parsen

Aufgabe Veranschaulichen Sie die verschiedenen Möglichkeiten, in Java ein Datum ein- und auszugeben.

Lösung Wie immer besteht die Lösung darin, ein Testprogramm zu entwickeln. Das Folgende wurde sorgfältig erarbeitet, um nicht nur die nötige anschauliche Ausgabe zu erzeugen, sondern auch einige andere interessante Aspekte der Datumsformatierung in Java zu üben. Dies sind insbesondere:

- Datumsformate kann man als Parameter übergeben.
- Die `parse`-Methode löst eine `ParseException` aus, die anzeigt, dass ein Datum in der falschen Form vorliegt.

Programm Beachten Sie, dass das Programm für die britische Gebietseinstellung (UK) eingerichtet wurde, bei der der Tag vor dem Monat kommt. Diese Anweisung lässt sich leicht ändern. Voreingestellt ist US, wobei der Monat dem Tag vorangeht. Mehr über Daten und Gebietseinstellungen finden Sie im Beispiel 7.7.

```
import java.text.*;
import java.util.*;
import javagently.*;
import java.io.*;

class CustomDates {

  /* Testing date formatting   von J M Bishop Dez 1997
   * ----------------------   Java 1.1
   *                          Java 2 Juli 2000
   *
   * Schreibt Daten in mehreren Formaten und
   * fordert sie im selben Format wieder an.
   */

  Stream in = new Stream (System.in);
  Date d = new Date ();
  Date my = new Date();

  void echoDate(String style, DateFormat Din,DateFormat Dout)
                      throws IOException {
    System.out.println(style+"\t"+Din.format(d));
    String s = in.readLine();
```

```
    System.out.println("\t\t\t"+s);
    try {
      my = Din.parse(s);
    }
    catch (ParseException e) {
      System.out.println("Invalid date "+s);
    }
    System.out.println("\t\t\t"+Dout.format(my));
  }

  CustomDates() throws IOException {

    Locale.setDefault(Locale.UK);
    DateFormat DS = DateFormat.getDateInstance(DateFormat.SHORT);
    DateFormat DM = DateFormat.getDateInstance(DateFormat.MEDIUM);
    DateFormat DL = DateFormat.getDateInstance(DateFormat.LONG);
    DateFormat DF = DateFormat.getDateInstance(DateFormat.FULL);
    DateFormat DD = DateFormat.getDateInstance(DateFormat.DEFAULT);

    echoDate("SHORT",DS,DF);
    echoDate("MEDIUM",DM,DF);
    echoDate("LONG",DL,DF);
    echoDate("FULL",DF,DF);
    echoDate("DEFAULT",DD,DF);
  }

  public static void main (String args []) throws IOException {
    new CustomDates();
  }

}
```

Test

```
SHORT       04/07/00
30/04/00
            30/04/00
            30 April 2000
MEDIUM    04-Jul-00
15-Oct-00
            15-Oct-00
          15 October 2000
LONG  04 July 2000
25 September 2000
            25 September 2000
          25 September 2000
FULL  04 July 2000
7 January 2000
            7 January 2000
            07 January 2000
DEFAULT   04-Jul-00
Jul-04-00
```

```
        Jul-04-00
Invalid date Jul-04-00
        07 January 2000
```

An dieser Ausgabe stellen wir zwei Dinge fest:

1. Anscheinend hat Java ein Jahr-2000-Problem! Erst wenn das Datumsformat als `LONG` angegeben wird, kann ein vierstelliges Jahr eingegeben werden.
2. Im `FULL`-Format sollte der Tag (z.B. Dienstag) ebenfalls abgefragt werden.

7.5.3 Zeitzonen

In seinem Bemühen, eine wirklich globale und internetorientierte Sprache zu sein, ermöglicht Java eine Ermittlung der Zeitzone des Computers, auf dem das Programm läuft. Aus der Zeitzone können der Zonencode, der Bezug zur Weltzeit[3] und Informationen über die Sommerzeit ermittelt werden.

Beispiel 7.7: Zeitzonen testen

Das folgende Testprogramm zeigt, welche Informationen über die Zeitzone des Computers sich ableiten lassen.

```
import java.util.*;

class WorldTime {
  /* Time Zone program   von J M Bishop Dezember 1997
   * -----------------   Java 1.1
   *                     aktualisiert Juli 2000
   * Verwendet die Java-Bibliotheken, um die Uhrzeit
   * irgendeines Ortes anzuzeigen.
   */

  public static void main (String [ ] args) {
    new WorldTime();
  }

  WorldTime() {
     TimeZone here = TimeZone.getDefault();
     Date today = new Date();
     System.out.println(today);
     System.out.println("We are in " + here.getID() + " time zone");
     System.out.println("with " + here.getRawOffset()/3600000 +
```

3. Die Weltzeit (Universal Time) geht von 0° Länge aus und wurde früher als GMT (Greenwich Mean Time) bezeichnet.

```
                          " offset from UTC");
      System.out.println("Daylight Savings Time used here is " +
                          here.useDaylightTime());
       System.out.println("and being now in Daylight Savings Time is "
                          + here.inDaylightTime(today));

  }
}
```

Test

```
Tue Jul 04 17:11:54 EST 2000
We are in EST time zone
with -5 offset from UTC
Daylight Savings Time used here is true
and being now in Daylight Savings Time is false
```

Haben Sie das `WorldTime`-Programm erst einmal ausgeführt, dann macht es Spaß, die Zeitzone zu ändern und es erneut laufen zu lassen. Auf einem Windows-System geht man dazu in die Hilfefunktion, wählt Zeitzonen aus und klickt auf den Pfeil. Man erhält eine Weltkarte und kann jeden vertikalen Zeitzonenabschnitt sowie eine spezielle Region in dieser Zone wählen.

7.5.4 Lokalisierte Datumsformatierung

Im vorigen Abschnitt untersuchten wir Gebietseinstellungen und zeigten, wie man die Gebietseinstellung eines Programms ändern und dadurch die Bildschirmanzeige in einer anderen Sprache erhalten kann. Mithilfe von Gebietseinstellungen können wir ein Datum in verschiedenen Sprachen und Formaten ausgeben lassen. Kennt die Java-Klasse `Locale` (die im obigen Schema vollständig aufgeführt wurde) die betreffende Sprache nicht, so können wir sogar unsere eigene erstellen.

Beispiel 7.8: Mehrsprachiges Datum

Aufgabe

Wir möchten Javas Fähigkeit zeigen, Daten in mehreren Sprachen auszugeben.

Lösung

Verwenden Sie die Klassen `DateFormat` und `Locale`.

Algorithmus

Die Datumsausgabe kann durch eine Methode erfolgen:

```
 void printDates (Locale L) {

  System.out.println("We are in " + L.getCountry() +
     " speaking " + L.getLanguage());
  DateFormat D = DateFormat.getDateInstance();
  System.out.println(D.format(today));
```

```
  D = DateFormat.getDateInstance(DateFormat.FULL);
  System.out.println(D.format(today));
  System.out.println();
}
```

Diese Methode liefert Land und Sprache und gibt das Datum dann im voreingestellten (recht kurzen) und im vollständigen Format aus (allerdings ohne die Uhrzeit). Der Aufruf ist:

```
Locale.setDefault(Locale.GERMANY);
printDates(Locale.getDefault());
```

Anders ausgedrückt: Wir überschreiben die Standard-Gebietseinstellung des Computers und übergeben dies an `printDates`. Das Ergebnis sollte folgendermaßen aussehen:

```
We are in DE speaking de
14.12.2000
Donnerstag, 14. Dezember 2000
```

Damit bietet Java tatsächlich eine eindrucksvolle Fähigkeit.

Programm Das Programm mit mehreren derartigen Änderungen der Gebietseinstellung ist:

```
import java.util.*;
import java.io.*;
import javagently.*;
import java.text.*;

class VaryDates {

  /* Vary Dates program    von J M Bishop Dezember 1997
   * ------------------    Java 1.1
   *                       aktualisiert Juli 2000
   * Verwendet die Java-Bibliotheken, um das Datum
   * für verschiedene Gebietseinstellungen anzuzeigen.
   */

   Date today = new Date();

   void printDates (Locale L) {

    System.out.println("We are in " + L.getCountry() +
       " speaking " + L.getLanguage());
    DateFormat D = DateFormat.getDateInstance();
    System.out.println(D.format(today));

    D = DateFormat.getDateInstance(DateFormat.FULL);
    System.out.println(D.format(today));
```

```
    System.out.println();
  }

  VaryDates () {

    System.out.println(today);

    Locale genuine = Locale.getDefault();
    printDates(genuine);

    Locale.setDefault(Locale.GERMANY);
    printDates(Locale.getDefault());

    Locale.setDefault(Locale.UK);
    printDates(Locale.getDefault());

    Locale.setDefault(Locale.FRANCE);
    printDates(Locale.getDefault());

    Locale.setDefault(Locale.US);
    printDates(Locale.getDefault());

    Locale.setDefault(Locale.ITALY);
    printDates(Locale.getDefault());

    Locale.setDefault(Locale.JAPAN);
    printDates(Locale.getDefault());

  }

  public static void main (String [ ] args) throws IOException{
    new VaryDates ();
  }
}
```

Die Ausführung des Programms führt zu dem folgenden Ergebnis:

Test

```
Tue Jul 04 11:23:19 GMT+03:00 2000
We are in SOUTH AFRICA speaking en
04-Jul-00
Tuesday, July 4, 2000

We are in DE speaking de
04.07.2000
Dienstag, 4. Juli 2000

We are in GB speaking en
04-Jul-00
04 July 2000

We are in FR speaking fr
4 juil. 00
```

```
mardi 4 juillet 2000

We are in US speaking en
04-Jul-00
Tuesday, July 4, 2000

We are in IT speaking it
4-lug-00
martedì 4 luglio 2000

We are in JP speaking ja
2000/07/05
2000?7?5?
```

Die Ausgabe ist nicht überall perfekt, aber es gibt tatsächlich etliche Formate, und die Ausgabe erfolgt in unterschiedlichen Sprachen. Es ist interessant, festzustellen, dass bei einer Umschaltung auf die japanische Gebietseinstellung bereits der folgende Tag erscheint und das Datum auf den 5. Juli geändert wurde. Außerdem kann Java keine japanischen Schriftzeichen ausgeben und verfährt mit den Zahlen, so gut es kann.

Erweiterung

Wie versprochen, können wir dem Computer auch neue Gebietseinstellungen beibringen. Dazu deklarieren wir eine neue Gebietseinstellung:

```
Locale Afr = new Locale("Afrikaans","Suid-Afrika");
```

Dann müssen wir eine neue Klasse namens `DateFormatSymbols` hinzuziehen, in der wir die Tages- und Monatsnamen in der neuen Sprache einrichten können. Bei den Namen funktioniert dies z. B. folgendermaßen:

```
String AfrMonths [] = { "Januarie", "Februarie", "Maart", "April",
       "Mei", "Junie", "Julie", "Augustus", "September",
       "Oktober", "November", "Desember"} ;

DateFormatSymbols DAfr = new DateFormatSymbols(Afr);
DAfr.setMonths (AfrMonths);
```

Danach richten wir mit einem Zeichenreihenmuster die Formatmuster für das Land ein. Die Funktion für die Muster wird in einer Unterklasse von `DateFormat` namens `SimpleDateFormat` bereitgestellt. Typische Formatdeklarationen wären:

```
SimpleDateFormat Dshort = new SimpleDateFormat("yyyy/MM/dd");

SimpleDateFormat Dfull = new SimpleDateFormat
                  ("EEEE dd MMMM yyyy", DAfr);
```

Dshort spezifiziert ein Muster, Dfull ein Muster und eine Menge von DateFormatSymbols mit allen Monatsnamen etc. Setzen wir all dies zusammen, erhalten wir folgende Anweisungen, die man an das Ende von VaryDates setzen kann.

```
String AfrMonths [] = { "Januarie", "Februarie", "Maart",
   "April", "Mei", "Junie", "Julie", "Augustus", "September",
   "Oktober", "November", "Desember"} ;

String AfrDays []= { "Saterdag", "Sondag","Maandag", "Dinsdag",
   "Woensdag", "Donderdag", "Vrydag"} ;

Locale Afr = new Locale("Afrikaans","Suid-Afrika");
Locale.setDefault(genuine);

DateFormatSymbols DAfr = new DateFormatSymbols(Afr);
DAfr.setMonths (AfrMonths);
DAfr.setWeekdays (AfrDays);

System.out.println("We are in " + Afr.getCountry() +
   " speaking " + Afr.getLanguage());

SimpleDateFormat Dshort = new SimpleDateFormat("yyyy/MM/dd");
System.out.println(Dshort.format(today));

SimpleDateFormat Dfull = new SimpleDateFormat
                 ("EEEE dd MMMM yyyy", DAfr);
System.out.println(Dfull.format(today));
```

Die Ausgabe würde folgendermaßen aussehen:

```
We are in SUID-AFRIKA speaking afrikaans
2000/07/04
Dinsdag 04 Julie 2000
```

Alle diese Klassen bieten auch noch weitere Möglichkeiten, die Sie in der API-Hilfe zu Java nachschlagen können.

7.6 Zusammenfassung

Im Java-Kontext sind Zeichenreihen keine Arrays, sondern von einer speziellen String-Klasse instanziierte Objekte. Sie besitzen ihre eigenen Eigenschaften und Charakteristika. Es gibt Methoden zur Umwandlung zwischen Zeichenreihen und Zeichen-Arrays sowie zwischen Zeichenreihen und Zahlen. Diese Umwandlungen benötigen jedoch manchmal die Unterstützung durch Wrapper-Klassen, die Variablen in Objekte umwandeln. Zeichenreihen lassen sich mit Tokenizern verarbeiten. Diese Möglichkeiten lassen sich so kombinieren, dass der Klasse Stream, die für alle einfachen Eingaben in diesem Buch verwendet wird, der erforderliche Funktionsumfang zur Verfügung steht.

Java bietet umfassende Möglichkeiten der Ausgabeformatierung. Zahlen, Währungen, Prozentsätze und Daten lassen sich an spezielle Formate und Gebietseinstellungen anpassen. Durch die Auswahl einer Gebietseinstellung werden Sprache und Format der Ausgabe an die Konventionen des betreffenden Landes angepasst. Auch Zeitzonen können spezifiziert und abgefragt werden.

In diesem Kapitel stellten wir keine neuen Schlüsselwörter vor, konzentrierten uns dabei jedoch auf die folgenden Java-APIs:

```
String                      Numberformat
   valueOf                     getInstance
   charAt                      getCurrencyInstance
   indexOf                     getNumberInstance
   substring                   getPercentInstance
   startsWith                  format
   toCharArray                 setMaximumIntegerDigits
   toLowerCase                 setMiniumumIntegerDigits
   trim                        setMaximumFractionDigits
StringBuffer                   setMinimumFractionDigits
StringTokenizer                setGroupingUsed
   nextToken                Date
   hasMoreTokens               after
   countTokens                 before
Integer                        getTime
   valueOf                     setTime
   intValue
   parseInt
```

Folgende Ausnahmen wurden erwähnt:

```
NoSuchElementException
ParseException
NumberFormatException
```

Folgende Schemata wurden angegeben:

- Zeichenreihen erzeugen
- Zeichenreihen manipulieren
- `StringTokenizer`: Deklaration und Zugriff
- Umwandlungen von `Integer` und `int`
- Die Klasse `Stream`
- Zahlenformatierer erzeugen
- Die Klasse `Locale`

- Zahlenformatierer einsetzen
- Zahlenformatierer anpassen
- Die Klasse `Date`

7.7 Übungen

7.1 Wenn `name` eine `String`-Variable ist, welcher Ausdruck wird dann die erste Position des Buchstaben 'e', falls er vorkommt, richtig zurückgeben?

(a) `name.indexOf('e')`

(b) `name.startsWith('e')`

(c) `indexOf(name,'e')`

(d) `name.charAt('e')`

7.2 Wenn wir in der Zeichenreihe `price` die Daten '$567.89' haben, wie würden wir dann die Cents als Zeichenreihe erhalten?

(a) `price.substring(price.indexOf('.'), price.length()-1);`

(b) `price.startsWith('.',price.endsWith('9'));`

(c) `price.substring(price.indexOf('.')+1,price.length())`

(d) `price.substring('.',price.leng3`

7.3 Wenn `tragic` ein `Calendar`-Objekt ist, wie würden wir es dann auf den 31. August 1997 einstellen?

(a) `tragic.set(1997,Calendar.August,31);`

(b) `tragic.set(31, 8, 1997);`

(c) `tragic.set (1997, 8, 31);`

(d) `tragic.set (1997, Calendar.AUGUST, 31)`

7.4 Um 10-stellige Schecknummern richtig einzulesen, mussten wir zuerst eine Zeichenreihe lesen und sie in ein `char`-Array umwandeln. Warum?

(a) In der `Stream`-Klasse gibt es keine Methode `readChar`.

(b) Beim Lesen müssen nach `chars` Leerstellen folgen.

(c) 10 Stellen sind zu lang, um sie als ganze Zahl zu lesen.

(d) Wir können Zeichenreihen und Zeichen nicht vergleichen.

7.5 Wenn eine Zeichenreihe und ein Tokenizer mit

```
String s = "A678230056 7";
StringTokenizer T = new StringTokenizer(s, "0123456789", false);
```

eingerichtet werden, wie lauten dann die Token, wenn wir alle mit einer Schleife abarbeiten?

(a) A67230056 und 7

(b) 7

(c) A und 7

(d) A und Leerzeichen

7.6 Wenn wir einen Preis als ein `int` haben und ihn in eine Hashtabelle eintragen möchten, muss er in ein Objekt verpackt werden. Dies tun wir mit folgendem Ausdruck:

(a) `(Integer) price`

(b) `new Integer (price)`

(c) `price.Intvalue()`

(d) `Integer (price)`

7.7 In der Klasse `Stream` werden die Formatmethoden als `static` deklariert, weil

(a) sie mit der Ausgabe, nicht mit der Eingabe zu tun haben

(b) sie mit keinem `Stream`- Objekt verbunden sind

(c) es zwei davon mit demselben Namen gibt

(d) sie `IOExceptions` auslösen

7.8 Was wird nach der folgenden Sequenz ausgegeben?

```
NumberFormat N = NumberFormat.getInstance();
N.setGroupingUsed(false);
N.setMaximumFractionDigits(4);
N.setMinimumIntegerDigits(4);
System.out.println(N.format(Math.PI)+" "+ N.format(10000));
```

(a) `3.1416 10000`

(b) `0003.1416 10000`

(c) `3.1416 10000.0000`

(d) `3 10000`

7.9 Eine Gebietseinstellung kann vorgenommen werden durch:

(a) ein Java-Programm

(b) den Anwender über das Betriebssystem

(c) beide

(d) keinen von beiden

7.10 Wenn unsere Gebietseinstellung für Deutschland eingerichtet ist und wir ein Datum wie z. B. 07-May-2000 eingeben, was wird dann geschehen, falls wir mit einem `DateFormat` parsen?

(a) Der Computer interpretiert das Datum wunschgemäß als. 7-5-2000.

(b) Eine `parseException` wird ausgelöst.

(c) 'May' wird auf die Grundeinstellung 0 zurückgesetzt, d. h. Januar.

(d) Wir werden aufgefordert, das Datum noch einmal einzugeben.

7.8 Aufgaben

Zum Umgang mit Zeichenreihen

7.1 **Codes bestätigen:** Vorlesungscodes haben in der Universität Savanna eine präzise Form: drei Großbuchstaben, unmittelbar gefolgt von drei Ziffern. Schreiben Sie eine Klasse für solche Codes, die auch Methoden enthält, die einen Code erstellen, in eine Zeichenreihe umwandeln und auf Zulässigkeit überprüfen. Testen Sie die Klasse mit einem kleinen Prüfprogramm.

7.2 **Palindrome:** Ein Palindrom ist ein Wort oder Satz, der, wenn man die Zeichensetzung außer Acht lässt, vorwärts und rückwärts gelesen gleich lautet. Bekannte Palindrome sind z. B:

Madam, I'm Adam
Able was I ere I saw Elba.

Schreiben Sie eine Boolesche Methode, die prüft, ob es sich bei einer gegebenen Zeichenreihe um ein Palindrom handelt oder nicht. Rufen Sie die Methode in einem Testprogramm auf.

7.3 **Namen umwandeln:** Eine sehr alte Datei wurde mit durchgehend in Großbuchstaben geschriebenen Personennamen angelegt. Wandeln Sie die Datei in die üblichen Groß- und Kleinbuchstaben um. Berücksichtigen Sie alle Initialen. Schreiben Sie Namenspräfixe wie Du oder Von groß. Beispiele hierfür sind:

M A STORE	M A Store
J. FOX-ROBINSON	J. Fox-Robinson
P DU PLESSIS	P Du Plessis

Zu den Tokenizern

7.4 **Programme indizieren:** Beim Programmieren ist es nützlich, zu wissen, wo die einzelnen Bezeichner vorkommen. Schreiben Sie ein Programm, das ein Programm auf diese Weise indiziert und eine alphabetisch geordnete Liste der Bezeichner mit den Nummern aller Zeilen des Programms, in denen sie vorkommen, aufstellt.

7.5 **Konkordanz:** Eine Konkordanz ist eine indexähnliche Wortliste, in der die Position jedes Wortes - seine Seiten- und Zeilennummer - in einem Textstück angegeben wird. Der Unterschied zu einem Index besteht darin, dass eine Konkordanz außer den häufigsten Wörtern wie z. B. „und", „das" und „ist" alle Wörter berücksichtigt. Schreiben Sie ein Java-System, das aus einem Ihnen zur Verfügung stehenden Textstück eine Konkordanz erstellt. Verwenden Sie Tokenizer und Hashtabellen. (Hinweis: Die Hashtabelle nimmt die Wörter als Schlüssel und die Seiten-/Zeilennummern als Werte. Da die Wörter mehr als einmal auftreten, muss der Wert ein Zahlen-Array mit einer Obergrenze, etwa 10maliges Auftreten, sein.)

7.6 **Egalitäre Sitzungsprotokolle:** Der Verwaltungsrat der Universität Savanna hat beschlossen, dass in Zukunft in Sitzungsprotokollen die Sprecher ohne Titel genannt werden. Die entsprechenden Komitees können je nach den Umständen statt Prof Brown entweder John Brown, Brown, JB oder John wählen. Allerdings darf in jedem Dokument nur eine Konvention verwendet werden. Ihre Aufgabe besteht darin, ein Dokument zu verarbeiten, indem Sie Titel wie z. B. Prof, Dr, Mr, Ms, Miss, Rev suchen, diese entfernen und den darauf folgenden Namen durch die jeweils gewählte Form ersetzen.

Um dieses Problem zu lösen, benötigt das Programm Informationen über die Namen der betreffenden Personen. Wird z. B. das Format ‚John Brown' gewählt und das Programm findet Prof Brown, muss es in der Lage sein, irgendwo auch John zu finden. Dazu gibt es zwei Möglichkeiten:

(a) Mit der Sekretärin oder einem anderen Anwender des Programms zu interagieren, um die Informationen von dort zu erhalten. Das lässt sich leicht einrichten, könnte aber, wenn das Programm läuft, lästig und fehleranfällig sein.

(b) Aus der Liste der Teilnehmer und entschuldigten Personen am Anfang des Dokuments eine Hashtabelle mit den entsprechenden Informationen zu konstruieren. Gehen Sie davon aus, dass auf diesen Listen vollständige Angaben zu jeder Person stehen, z. B. Prof John Brown (JB). Nutzen Sie die `String`-Methode `startWith` zum Auffinden der Listen.

Sie müssen selbst entscheiden, wie die Hashtabelle angelegt werden soll, d.h. mit welchem Schlüssel. Denken Sie aber daran, dass wir sowohl die Schlüssel als auch die Werte durchsuchen und auch verschiedene benutzerdefinierte Suchfunktionen einrichten können.

Zur Formatierung

7.7 **Namen aus mehreren Wörtern:** Ein schon früher (z. B. im Olympiamedaillen-Programm im Beispiel 4.10) erkanntes Problem besteht darin, dass Namen, die Leerzeichen enthalten, nicht zulässig sind. Der Grund dafür ist, dass ein Leerzeichen den gesamten Namen begrenzt, und daher nicht *im* Namen stehen kann. Wir lösten das Problem, indem wir die Daten so änderten, dass Namen wie z. B. United.States mit einem Punkt in der Mitte geschrieben wurden. Wie können wir nun, da wir uns besser mit Formatierungen auskennen, am besten eine Methode einsetzen, die derartige Namen lesen kann? Wir gehen davon aus, dass die Namen in Spalten von fester Größe ausgerichtet sind, in denen keine weiteren Daten vorhanden sind. Schreiben Sie eine passende Methode, um aus mehreren Wörtern bestehende Namen zu lesen, setzen Sie diese in eine Klasse namens `Formatters` in Ihrem `myutilities`-Paket ein und heben Sie mit ihr die Einschränkung für Daten im Olympiamedaillen-Programm auf.

7.8 **Bessere Preisformatierung:** Betrachten Sie noch einmal Aufgabe 5.9 (Kraftfahrzeugsteuer). Geben Sie die Fahrzeugpreise mit dem Zahlenformatierer im richtigen Format für die Währung eines Ihnen bekannten Landes aus.

7.9 **Variablenformatierung:** Um den Umgang mit Formatierern zu üben, schreiben Sie ein Programm, das reelle (zufällig generierte) Zahlen in einem über die Anzeige spezifizierten Format ausgibt. Dies bedeutet, dass Sie ein Muster der Form ###0.### benutzen, in der die Anzahl der #-Zeichen vor und nach dem Punkt variieren kann.

Zu Datum, Kalender und Uhrzeit

7.10 **Geburtstage:** Die Methoden `after` und `before` der `Calendar`-Klasse im Paket `java.util` geben je nach der Beziehung zwischen Instanzobjekt und Parameter `true` oder `false` zurück. Folgendes liefert z.B. `false`:

```
new Calendar (1951,Calendar.DECEMBER,14).before
          (new Calendar (1951,Calendar.DECEMBER,1))
```

Schreiben Sie ein Programm, das Ihren Geburtstag und den diesjährigen Ostersonntag einstellt und das Ergebnis jeder der drei möglichen Beziehungen dieser beiden Daten - vor, gleich oder nach - ausgibt.

7.11 **Datum nach Wunsch:** Wählen Sie ein von den Standard-Gebietseinstellungen nicht unterstütztes Land und passen Sie Java derart an, dass es Sprache und Konventionen dieses Landes wie in Beispiel 7.8 wiedergibt. Befragen Sie mit der Java-Hilfefunktion die APIs und versuchen Sie, auch das Währungsformat anzupassen. Das funktioniert ganz ähnlich wie beim Datum.

7.12 **Noch einmal Feiertage:** Bearbeiten Sie Aufgabe 6.6 mit `Date`, Javas Klasse für Daten. Finden Sie die Feiertage für eines der im Schema der Klasse `Locale` in Abschnitt 7.4 aufgeführten Länder. Erstellen Sie ein Programm, um die Daten im für dieses Land richtigen Format auszugeben. Die derzeit weltweit gültigen Feitertage können Sie auf folgender Website finden: http://www.globalsources.com/TNTLIST/TRAVEL/HOLIDAYS.HTM .

8 Objekte bei der Arbeit

Java ist eine objektorientierte Sprache, und in früheren Kapiteln haben wir Objekte und Klassen durch viele Beispiele eingeführt. Nachdem nun die grundlegenden Konstrukte von Java abgehandelt sind, ist es an der Zeit zu betrachten, wie leistungsfähig Objekte tatsächlich sind, und wie man sie in größeren Programmen einsetzt. In diesem Kapitel untersuchen wir Objekte mithilfe einer Fallstudie über ein typisches Inventurprogramm. Im nächsten Kapitel betrachten wir weitere Fähigkeiten von Objekten, wie z. B. Vererbung, Schnittstellen und abstrakte Klassen, und untersuchen noch einige weitere Beispiele. Dieses Kapitel beginnt mit einem Beispiel über ein Kaffeegeschäft, betrachtet dann noch einmal einige Grundprinzipien von Objekten und setzt das Beispiel schließlich als Fallstudie fort.

8.1 Entwerfen eines objektorientierten Programms

Wir betrachten nun den Entwurf und die Entwicklung eines Beispiels, das viel mit Klassen arbeitet und viele aus diesen Klassen instanziierte Objekte benutzt.

Beispiel 8.1: Nelsons Kaffeegeschäft

Aufgabe

Nelsons Kaffeegeschäft möchte sein Inventar mit dem Computer erfassen. Es möchte untersuchen, welche Informationen über die Lagerbestände an Kaffee es benötigt, und welche Operationen es für die Verwaltung des Lagers definieren sollte.

Lösung

Wir werden hier nicht das ganze Inventarprogramm schreiben! Wir sehen uns nur die Definition der Objekte an. Dabei behalten wir jedoch im Auge, dass das Kaffeegeschäft heute zwar in erster Linie Kaffee verkauft, in Zukunft aber möglicherweise auch Gebäck, Eis usw. anbieten wird.

Definition Das Kaffeegeschäft verkauft nicht bloß eine, sondern viele Sorten Kaffee, z. B. aus Java, Kolumbien, Kenia oder VIP-Kaffee. Kaffee wird eine Klasse sein, aus der wir mehrere Kaffee-Objekte erzeugen werden. Wenn wir uns die Lagerbestände an Kaffee anschauen, können wir die Daten auflisten, die bei der Beschaffung von Informationen über eine bestimmte Sorte zu berücksichtigen sind. Eine solche Liste ist der Ausgangspunkt für eine Objektdefinition. Zugleich überlegen wir, welchen Typ die jeweiligen Daten ungefähr haben. Die Tabelle 8.1 zeigt die erste solche Liste. `String`, `real`, `integer` und `date` besitzen alle in Java ein entsprechendes Äquivalent

Element	Typ
Name	string
Preis	`double` (Graz)
Lagermenge	`integer` (Kg)
Ebene	`integer` (Kg)
Barcode	string
Haltbarkeit	date

Tabelle 8.1

Wenn wir uns diese Liste ansehen, erkennen wir, dass sie zu einfach ist. Die ersten fünf Eigenschaften beziehen sich allgemein auf Kaffee, aber das Haltbarkeitsdatum, zu dem der Artikel spätestens verkauft werden soll (engl. *sell-by*), ist bei jeder neu eintreffenden Charge (engl. *batch*) anders. Dies bedeutet, dass die Charge ein weiteres Objekt ist, das nicht nur das Datum aufzeichnen muss, sondern auch die zu diesem Datum vorhandene Menge in Kilogramm. Das Hauptobjekt `Coffee` zählt die Gesamtsumme. Diese Beziehung wird in der Abbildung 8.1 dargestellt.

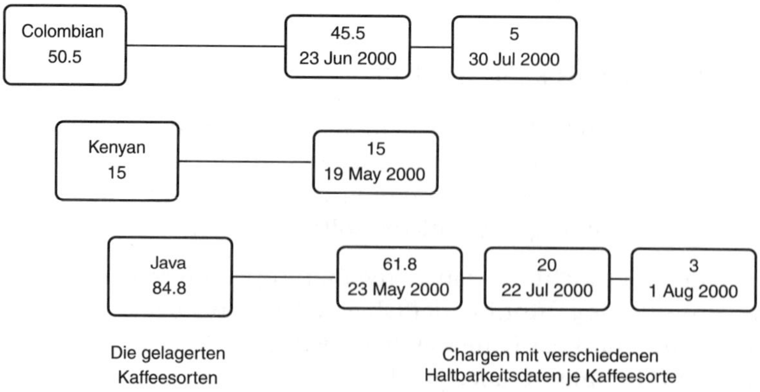

Abbildung 8.1: Mehrere Klassen und Objekte für das Kaffeegeschäft

Der nächste Teil der Definition betrifft die Operationen. Diese behandeln wir in zwei Gruppen: die für eine Kaffeesorte (Tabelle 8.2) und die für bestimmte Chargen (Tabelle 8.3). Beginnen wir mit dem Kaffee, so ist dies eine Liste von Operationen, die plausibel erscheinen. Einige davon wirken sich auch auf die Lieferungen aus.

Wir können sehen, dass es zwischen den beiden Objektarten eine Hierarchie gibt: Kaffeeoperationen rufen Chargenoperationen auf, aber nicht umgekehrt. Die Methode zum Aussondern alter Lagerbestände betrachtet alle Chargen nacheinander und verwirft diejenigen, die sie für zu alt erachtet. Auch das Verkaufen von Kaffee kann eine Charge auf null reduzieren.

Wie lässt sich ein Objekt entfernen? Das hängt ganz von der Anordnung der Chargenobjekte ab. Die einzige Gruppierungsstruktur, die wir bislang kennen, ist ein Array, und wir sehen sofort ein, dass dies zum Löschen von Elementen eine besonders ungeeignete Struktur ist: Entweder rücken alle nachfolgenden Elemente auf oder wir müssen mit Lücken arbeiten.

Natürlich gibt es eine bessere Möglichkeit. Um jedoch diesen Teil des Beispiels nicht zu sehr auszudehnen, werden wir diese Möglichkeit erst im Abschnitt 8.3 in Angriff nehmen und im Abschnitt 8.4 auf das Kaffeegeschäft zurückkommen. Also implementieren wir jetzt noch keine Methoden zum Verkaufen von Kaffee oder Entfernen alter Lagerbestände, sondern begnügen uns damit, die Chargen in einem Array festzuhalten.

Operationen auf Kaffee	Implikationen für Chargen
Bereitmachen, Lagerbestand einzugeben	
Daten zur Kaffeesorte anzeigen	
Nachbestellgrenze prüfen	
Preis ändern	
Ware zum Lager hinzufügen	neue Charge hinzufügen
Kaffee verkaufen	Lagerbestand von relevanten Chargen abziehen
überlagerte Ware entfernen	Haltbarkeitsdatum prüfen

Tabelle 8.2

Operationen auf Chargen	Implikationen für Kaffee
neue Charge hinzufügen	
Daten zu einer Charge anzeigen	
verfügbare Menge prüfen	
Haltbarkeitsdatum prüfen	
Verkaufen	

Tabelle 8.3

Klassen Nun können wir versuchen, den Entwurf in Java zu überführen. Wir beginnen mit der Spezifikation der Klasse `Batch`.

```
class Batch {

  /* The Batch class  von J M Bishop Okt 1996
   * ----------------  Java 1.1 Oktober 1997
   * für Produkte mit Verfallsdatum.
   * Kann mit der Klasse Coffee geprüft werden.
   */

 private double inStock;
 private Date sellByDate;
 private DateFormat DF = DateFormat.getDateInstance();

 Batch   (double k, Date d) {  }
 double  available ( ) {  }
 boolean sell (double k) {  }
 void    display () {  }
}
```

Es wurden noch keine Details zu den Methoden eingetragen. Sehen wir uns zunächst an, wie diese verwendet werden. Um ein neues `Batch` zu erzeugen, muss die Klasse `Coffee` eine Anweisung des folgenden Schemas enthalten:

```
freshBatch = new Batch (kilos, roastDay);
```

Die neue Charge muss in irgendeiner Form mit den vorhandenen verknüpft werden, womit wir uns im Moment allerdings nicht beschäftigen werdem. Wird Kaffee verkauft, so muss die zuständige Methode zunächst in der ältesten Charge den verfügbaren Bestand prüfen und davon so viel wie möglich verkaufen. Ist die Bestellung damit noch nicht komplett, wir die nächste Charge angeboten. Nehmen wir z. B. an, dass in einem Array von Chargen die Charge `B[i]` den ältesten Kaffee enthält. Mit der folgenden Anweisung ruft man sie auf, `k1` Kilo zu verkaufen:

```
B[i].sell(k1);
```

Müssten wir auch den Bestand einer zweiten, durch `B[j]` identifizierten Charge reduzieren, so würde sich die folgende Anweisungen auf einen anderen Lagerbestand und ein anderes Datum beziehen.

```
B[j].sell(k2);
```

Eine Verwechslung ist ausgeschlossen, da es sich um unterschiedliche Objekte handelt.

Im Hinblick auf die Sichtbarkeit wird man `Batch` immer im Zusammenhang mit `Coffee` nutzen, sodass einstweilen kein öffentlicher Zugriff notwendig ist. Daher können die vier Methoden, die `Batch` für die `Coffee`-Klasse zur Verfügung stellt, auch den Standardzugriff haben. Hingegen soll auf die Datenfelder, die eine Charge nutzt, kein Zugriff von außen bestehen. Sie werden folglich als `private` deklariert.

Die Definition des `Coffee`-Objektes geht ähnlich vor. Man kann sie wie folgt skizzieren:

```
class Coffee {

  /* The Coffee class          von J M Bishop Okt 1996
   * ----------------          Java 1.1 Oktober 1997
   *                           aktualisiert August 2000
   * unterhält ein Inventar von Kaffeechargen
   * einer bestimmten Sorte
   */

  Coffee () {  }

  Coffee (String s) {  } ;

  void    prepareToStock (Stream in) {  }
  boolean newBatchIn (Stream in) {  }

  void    display () {  }
  double  sell (double k) {  }
  boolean stocksLow () {  }
  void    changePrice (double p) {  }
  void    checkSellByDate () {  }

  private String name;
  private double price;   // pro kg
  private double stock; // kg
  private double reorder; // kg;
  private Batch B [ ] = new Batch [10];
  private int batches = 0;
  private DateFormat DF = DateFormat.getDateInstance(DateFormat.DEFAULT,
                         Locale.UK);
}
```

Wie bei den Chargen werden auch hier die Variablen alle als `private` deklariert, d. h. sie können nicht von außen, sondern lediglich durch Methoden innerhalb der Klasse selbst geändert werden. Der Konstruktor hat keine Parameter und macht auch eigentlich nichts: Alle Werte werden innerhalb von `prepareToStock` eingestellt. Warum sind wir so vorgegangen? Der Grund ist, dass die Einzelheiten zum Kaffee aus einer Datei eingelesen werden und nicht im Programm selbst zur

Verfügung stehen. In der nächsten Version des Programms werden wir einen zweiten Konstruktor hinzufügen.

Die beiden Methoden `prepareToStock` und `newBatchIn` lesen Daten ein, und sie öffnen und schließen ihre eigenen Datenströme. Das bisherige Modelldiagramm ist in der Abbildung 8.2 dargestellt. Alle Variablen beider Klassen sind als `private` deklariert (vgl. Kapitel 5), was durch ein Minuszeichen angezeigt wird. Das in `Coffee` enthaltene Array von Chargen ist als zur Klasse `Batch` gehörig deklariert; diese Instanziierung wird durch einen Pfeil angezeigt. Eines der Elemente des Array wurde als `Batch`-Objekt instanziiert.

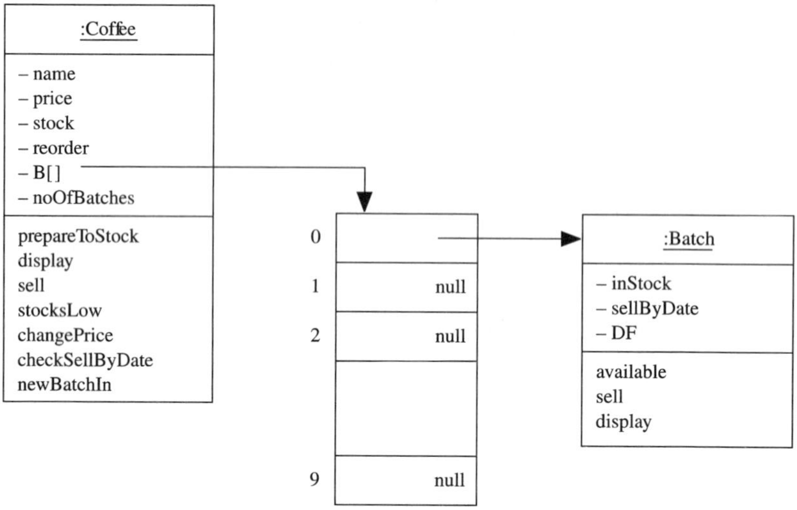

Abbildung 8.2: Modelldiagramm für die Klassen Coffee und Batch

Daten Für die Operation des Einlesens von Kaffee ist die Überlegung wichtig, wie die Daten angeordnet sein sollten. Vorläufig haben wir uns für eine Datei entschieden, da dies das Testen des Programms vereinfacht. Die Alternative, nämlich den Anwender auf jeder Bildschirmzeile zu einer Eingabe aufzufordern, ist ausgesprochen lästig.

In einer Datei können die Daten folgendermaßen angeordnet werden:

```
name
price reorder-level
stock sell-by-date     (für jede Charge neu)
0
```

Ein Beispiel, das der Abbildung 8.1 entspricht, sieht folgendermaßen aus:

```
Colombian
59.95 10
45.5 23-Jun-00
5 30-Jul-00
0
Kenyan
60.75 10
15 19-May-00
0
Java
63.50 30
61.8 23-May-00
20 12-Jul-00
3 1-Aug-00
0
```

Die Null hinter jeder Menge von Chargen ist notwendig, damit die Schleife anhalten kann. (Erläuterungen hierzu finden Sie im Abschnitt 5.2.) Das Datum wird als Zeichenreihe eingelesen und in ein `Date`-Objekt umgewandelt. Wie man das macht, wurde im Abschnitt 7.5 erläutert.

Programm

Und schließlich kommen wir zum Programm. Es besteht aus drei Klassen: `Batch`, `Coffee` und dem Hauptprogramm `CoffeeShop`. Letztere enthält ein kleines Hauptprogramm zum Testen, mit dem Daten eingelesen und ausgegeben werden. Vorläufig geschieht nichts weiter, aber wir haben natürlich eine Menge erreicht: Wir haben ein relativ großes, objektorientiertes Programm geschrieben, und dieses enthält zwei Arten von benutzerdefinierten Objekten. Rein interessehalber: Können Sie zählen, wie viele andere Objektarten es außerdem noch enthält?

```
import java.io.*;
import java.util.*;
import java.text.*;

class Batch {

  /* The Batch class                    von J M Bishop Okt 1996
   * ---------------                    Java 1.1 Oktober 1997
   * für Produkte mit Verfallsdatum.
   *
   * Soll mit der Coffee-Klasse verwendet werden.
   */

  Batch (double k, Date d) {
```

```
    inStock = k;
    sellByDate = d;
  }
  double available ( ) {
    return inStock;
  }

  boolean sell (double k) {
    inStock -= k;
    System.out.println("Sold "+ Stream.Format(k, 1, 1) +" from batch "+
                       DF.format(sellByDate));
    return inStock <= 0; // ausverkauft
  }

  void display () {
    System.out.println("\t\t"+DF.format(sellByDate) +
         " : " + Stream.Format(inStock, 4, 1) + "kg");
  }

  private double inStock;
  private Date sellByDate;
  private DateFormat DF = DateFormat.getDateInstance(DateFormat.DEFAULT,

                       Locale.UK);

}


//====================================================
import java.io.*;
import java.util.*;
import javagently.*;
import java.text.*;

class Coffee {

  /*  The Coffee class          von J M Bishop Okt 1996
   *  ----------------          Java 1.1 Oktober 1997
   *                            aktualisiert August 2000
   *  unterhält ein Inventar der Kaffeechargen
   *  einer bestimmten Sorte
   */

  Coffee () {
  }

  Coffee (String s) {
    name = new String (s);
  } ;
void prepareToStock (Stream in)
```

```
          throws IOException {
  name = in.readString();
  price = in.readDouble();
  reorder = in.readInt();
  batches = 0;
  stock = 0;
}

boolean newBatchIn (Stream in) throws IOException {
  double amount;
  Date sellby;
  String s;

  amount = in.readDouble();
  if (amount == 0) // Charge ist beendet
    return false;
  else {
    stock += amount;
    sellby = new Date ();
    s = in.readString();
    try {
      sellby = DF.parse(s);
    }  catch (ParseException e) {
      System.out.println("Error in date " + s);
    }
      B[batches] = new Batch (amount,sellby);
      batches ++;
      return true;
    }
  }

  void display () {
    System.out.println(name+" @ G"+
           Stream.format(price,1,2)+" per kg");
    for (int i = 0; i < batches; i++) {
      B[i].display ();
    }
    System.out.println("\t" + Stream.format(stock, 1, 1) +
           "kg in stock. Reorder level is "
           +reorder+"kg\n");
  }

  private String name;
  private double price;   // pro kg
  private double stock; // kg
  private double reorder; // kg;
  private Batch B [ ] = new Batch [10];
  private int batches = 0;
  private DateFormat DF = DateFormat.getDateInstance(DateFormat.
```

```
                                DEFAULT, Locale.UK);

}

// ===================================================

import java.io.*;
import java.util.*;
import java.text.*;
import javagently.*;
import myutilities.*;

class CoffeeShop {

  /* A test Coffee Shop program     von J M Bishop Okt 1996
   * --------------------------     Java 1.1 Oktober 1997
   *                                aktualisiert August 2000
   * prüft, dass Daten in die Klassen Coffee und Batch
   * eingelesen und wieder ausgegeben werden können.
   * Speichert in einem Array von jeder Klasse mehrere Objekte.
   */

 public static void main (String [] args) throws IOException {

   Stream in = Filer.open("coffee.dat");

   Coffee C [ ] = new Coffee [10];
   int kind;

   // Einleitende Meldungen
   System.out.println("Nelson's Coffee Shop");
   System.out.println("Inventory control");
   System.out.println("Stocking from coffee.data");

   // Lese die Daten für die Kaffeesorten ein
   for (kind=0; kind<10; kind++) {
     try {
       C[kind] = new Coffee ();
       C[kind].prepareToStock (in);
       boolean morebatches = true;
       while (morebatches)
         morebatches = C[kind].newBatchIn (in);
     }
     catch (EOFException e) {
       System.out.println("That's the shop stocked for today\n");
       break;
     }
   }

   // Zeige alle Einzelheiten an
```

```
    DateFormat DF = DateFormat.getDateInstance(DateFormat.FULL);
    System.out.println("The contents on " + DF.format(new Date()));
    for (int i = 0; i<kind; i++)
      C[i].display();
    }
  }
```

Die oben genannten Daten führen zur folgenden Ausgabe:

Test

```
Nelson's Coffee Shop
Inventory control
Stocking from coffee.data
That's the shop stocked for today

The contents on Thursday, August 3, 2000
Colombian @ G59.95 per kg
     23-Jun-00 : 45.5kg
     30-Jul-00 :  5.0kg
   50.5kg in stock. Reorder level is 10.0kg

Kenyan @ G60.75 per kg
     19-May-00 : 15.0kg
   15.0kg in stock. Reorder level is 10.0kg

Java @ G63.50 per kg
     23-May-00 : 61.8kg
     12-Jul-00 : 20.0kg
     01-Aug-00 :  3.0kg
     84.8kg in stock. Reorder level is 30.0kg
```

8.2 Eigenschaften von Objekten

Nun betrachten wir weitere Objekteigenschaften und wie sie in einem Programm manipuliert werden.

8.2.1 Mit Referenzen arbeiten

Ab Kapitel 3 haben wir bereits gesehen, wie Refernzen bei der Parameterübergabe benutzt werden, und Objektvariablen waren ein ganz natürlicher Bestandteil von Klassendeklarationen. Man kann mit Referenzen aber auch **Listen** gleichartiger Objekte bilden. Eine solche Liste wäre im vorigen Abschnitt nützlich gewesen, als wir die Anzahl der Kaffeesorten nach oben begrenzen mussten, weil wir ein Array verwendeten. Im folgenden Abschnitt werden wir uns noch näher mit vordefinierten Java-Klassen für die Listenerzeugung und -manipulation befassen; hier skizzieren wir nur eine einfache Möglichkeit, eine Liste von Anfang an selbst zu erstellen.

Listen

Um eine Liste von Kaffeesorten zu erstellen, fügen wir der Klasse Coffee eine Coffee-Variable hinzu, die zu dem folgenden Coffee-Objekt zeigen wird:

```
Coffee link;
```

Außerdem ändert sich der Konstruktor in der Klasse Coffee dergestalt, dass ein vorhandenes Coffee-Objekt bereitgestellt wird, mit dem dieses verkettet wird, z. B.:

```
Coffee (String s, Coffee c) {
  name = s;
  link = c;
}
```

Die Deklaration einer Variable des Typs Coffee liefert eine Variable mit einem Wert. Um eine Kaffeesorte zu instanziieren, verwenden wir:

```
Coffee coffees = new Coffee ("Java", null);
```

und erhalten ein Objekt, das sich durch die Verkettung mit einem anderen Coffee-Objekt verbinden kann. Die Abbildung 8.3 zeigt, wie das Objektdiagramm in diesem Stadium aussieht.

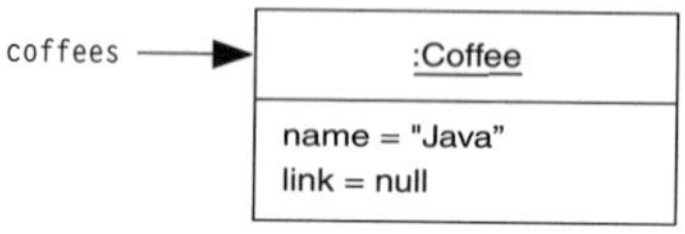

Abbildung 8.3: Das erste Element einer Liste

Nun wiederholen wir die Instanziierung für ein weiteres Objekt, wobei wir coffees als Verkettung verwenden, und weisen das Ergebnis wieder coffees zu, d. h.:

```
coffees = new Coffee ("Colombian", coffees);
```

Dadurch erhalten wir die Abbildung 8.4. Und so könnten wir weitermachen. Die Liste wächst weiter, wobei neue Kaffeesorten am Anfang hinzugefügt werden und Java immer an letzter Stelle kommt. Nach jeder Zuweisung enthält die Variable coffees die Referenz des ersten Objekts der Liste. Die übrigen Kaffee-Objekte sind nur über eine Verkettung erreichbar.

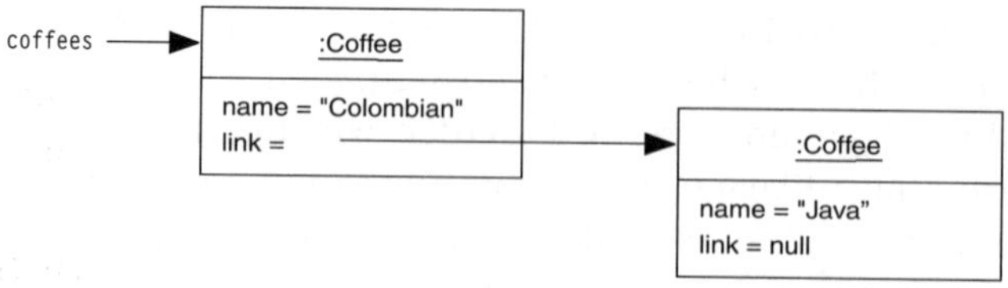

Abbildung 8.4: Zwei Elemente in der Liste

Beispiel 8.2: Eine Liste veranschaulichen

Aufgabe

Veranschaulichen Sie, wie eine Liste von Objekten aufgebaut werden kann.

Lösung

Wie diese Aufgabe zu lösen ist, wurde oben besprochen. Hier zeigen wir ein kleines Programm, das dieses Verfahren prüft, indem es eine Liste von fünf Kaffeesorten aus einer Datei liest und ausgibt.

Programm

```
import javagently.*;
import java.io.*;

class LinkTest {

  /* The LinkTest program       J M Bishop Aug 2000
   *
   * Kleines Prüfprogamm, um
   * das Verknüpfen von Objekten mit Referenzen zu veranschaulichen
   */

  LinkTest () throws IOException {
  Coffee coffees = null;
  String name;
  Stream in = new Stream ("names.dat", Stream.READ);

  // Erstelle eine Liste mit Kaffeesorten als Kopfzeile
  System.out.println("Coffees on the list");
  for (int i=0; i<=4; i++) {
    name = in.readString();
    System.out.println(name);
    coffees = new Coffee (name, coffees);
  }

  System.out.println("Coffees on the list");
  // Kopiere die Kopfzeile der Liste
  Coffee list = coffees;
  // Gib die Liste aus
  for (int i=0; i<=4; i++) {
    System.out.println(list.name);
    list = list.link;
  }
 }

  public static void main (String args []) throws IOException {
    new LinkTest();
 }

 static class Coffee {
   /* Kleine Testklasse mit einer Verknüpfung */
```

```
    Coffee (String s, Coffee c) {
      name = s;
      link = c;
    }

    String name;
    Coffee link;
  }

}
```

Ein interessantes Detail dieses Programms besteht darin, dass wir nach dem Einlesen der Namen und dem Erstellen der Liste deren Kopf in die Objektvariable `list` kopieren und mit dieser wiederum die Objekte verknüpfen können. Die Abbildung 8.5 veranschaulicht, was geschieht: Sie zeigt die Situation mit Variablen nach der Ausgabe des ersten Namens.

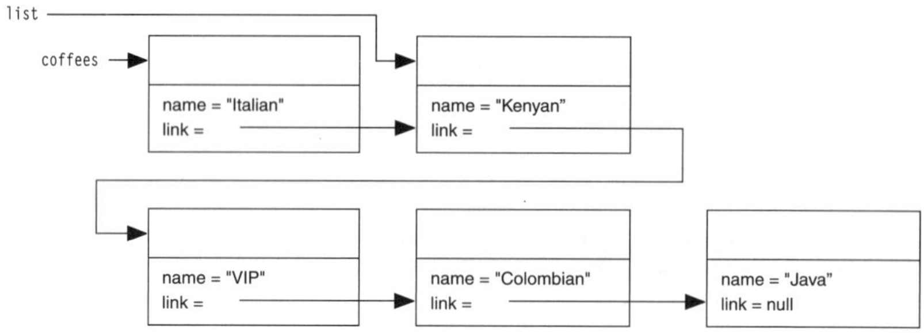

Abbildung 8.5: Eine verkettete Liste mit zwei Objektvariablen für Listenköpfe

Die Liste namens `list` nimmt demnach mit jeder Ausgabe eines Namens ab, bis sie schließlich leer ist. Wenn wir eine Liste auf diese Weise erzeugen, werden die Daten in die Liste „gestapelt" und in umgekehrter Reihenfolge ausgegeben, wie der Test zeigt.

Test

```
Coffees read in
Java
Colombian
VIP
Kenyan
Italian

Coffees on the list
Italian
Kenyan
VIP
Colombian
Java
```

Wir sollten auch überprüfen, was mit dem Programm geschieht, wenn die Datei leer ist. Um dies richtig zu machen, müssten wir die Leseschleife mit einem Ausnahmebehandler und die Ausgabeschleife mit einer While-Schleife neu schreiben. Mit dem letzten Punkt werden wir uns als Nächstes befassen.

8.2.2 Die *null*-Referenz

Wir wissen bereits, dass Objektvariablen bei ihrer Deklaration zunächst den speziellen Wert `null` haben.Wenn wir versuchen, auf Attribute eines `null`-Objektes zuzugreifen, löst Java eine Ausnahme namens `nullPointerException` aus.[1] Ehe wir fortfahren, können wir prüfen, ob ein Objekt den Wert `null` hat. Ist `s` z. B. ein `String`, so können wir sagen, ob `(s == null)`.

Einen solchen Vergleich kann man etwa bei der Ausgabe einer Liste verwenden, wenn man deren Länge nicht kennt. Anders ausgedrückt: Im Beispiel 8.2 könnte die zweite Schleife auch als eine While-Schleife mit einer Bedingung formuliert werden:

```
Coffee list = coffees;
// Gib die Liste aus
while (list != null) {
  System.out.println(list.name);
  list = list.link;
}
```

Bei der Betrachtung dieser Schleife sehen wir, dass sie den letzten Namen, Java, richtig ausgibt, dann zu einer Verkettung mit `null` weitergeht und abbricht. Rein interessehalber könnten wir die Schleife auch folgendermaßen mit einer Ausnahme formulieren:

```
Coffee list = coffees;
// Gib die Liste aus
try {
  while (true) {
    System.out.println(list.name);
    list = list.link;
  }
catch (NullPointerException e) { // Ende erreicht
}
```

1. Eigentlich sollte es natürlich eine `NullObjectException` sein, aber hier zeigt sich der Einfluss von C++ auf Java.

8.2.3 Der Bezeichner *this*

Jedes Objekt kann auf alle seine Attribute mit deren Namen zugreifen. Der vollständige Name eines Attributs ist `this.member`, wobei `this` ein Bezeichner ist, der für das aktuelle Objekt steht. Solange die Attributnamen nicht mehrdeutig sind, braucht `this` nicht benutzt zu werden. Wir würden `this` in einem Fall einsetzen, in dem eine Methode ein lokales Feld oder einen Parameter hat, das oder der gleichnamig mit dem in der Klasse definierten ist: Dann können wir uns auf das Klassenfeld mit seinem vollständigen Namen beziehen, indem wir `this` voranstellen.

Im Beispiel 8.2 könnten wir den `Coffee`-Konstruktor z. B. folgendermaßen umformulieren:

```
Coffee (String name, Coffee c) {
  this.name = name;
  link = c;
}
```

In diesem Buch haben wir uns dafür entschieden, den Konstruktorparametern Bezeichner zu geben, die nur aus einem Buchstaben bestehen, da sich ihre Bedeutung unmittelbar aus den Variablen erschließen lässt, in die sie hineinkopiert werden. Wie wir hier gezeigt haben, könnten wir einem Paramter und der zugehörigen Variable auch denselben Namen geben und die Zuweisung dann durch `this` eindeutig machen.

8.2.4 Die Oberklasse *Object*

In Java gibt es eine allen anderen Klassen übergeordnete Oberklasse namens `Object`, die wir im Abschnitt 6.5 bereits in Aktion gesehen haben. `Object` hat zentrale Bedeutung in der Klassentheorie von Java. Java erlangt dadurch Allgemeingültigkeit, dass man in denselben Programmteilen Objekte verschiedener Klassen verwenden kann, indem man sie einfach alle als Objekte der Klasse `Objects` bezeichnet. Dieses Prinzip ist für unser nächstes Thema, das Klonen, von Bedeutung.

8.2.5 Objektgleichheit

Gleichheit

Dass Objekte Referenzen haben, hat zwei Implikationen. Die erste betrifft die **Gleichheit** (engl. *equality*), die wir im Abschnitt 7.1 bereits erwähnten. Bei einem unmittelbaren Vergleich wie

```
B[i] == B[j]
```

werden die *Referenzen* der beiden Chargen verglichen, also: Beziehen sie sich auf dasselbe Objekt? Es werden nicht die Werte der Objekte verglichen, obwohl wir dies wahrscheinlich im Sinn hatten. Um die Werte selbst zu vergleichen (alle zusammen als Gruppe) nutzen wir eine `equals`-Methode, die wir für jede neue Klasse von Objekten definieren müssen. Da `equals` benutzerdefiniert ist, muss der Anwender (wir) entscheiden, worauf die Gleichheit beruhen soll. Angenommen, wir entscheiden, dass zwei Chargen dann gleich sind, wenn sie dasselbe Verkaufssolldatum haben: es spielt keine Rolle, wie viele Kilogramm Kaffee jede enthält. Die Methode `equals` lautet daher:

```
 boolean equals (Batch b) {
  return (sellByDate.equals(b.sellByDate));
}
```

Da auch Daten Objekte sind, mussten wir für den Vergleich der Daten die `equals`-Methode der Klasse `Date` einsetzen. Es gibt also eigentlich zwei Vergleiche auf zwei verschiedenen Ebenen.

8.2.6 Objektzuweisung

Die zweite Implikation der Art, wie Objekte gespeichert werden, betrifft die **Zuweisung**. Weist man eine Objektvariable einer anderen zu, wie z. B. in

```
tempBatch = B[i];
```

so wird eine *Referenz* kopiert. Um die Werte zu kopieren, müssen wir das Objekt mit einer Methode klonen[2], die auch hier wieder für jede neue Klasse definiert werden muss, wie es das folgende Schema zeigt

Zusätzlich ist zu beachten, dass es sich beim Klonen um eine spezielle Java-Operation handelt. Daher muss jede Klasse, die etwas klonen soll, das Interface `Cloneable` implementieren und dies in der Klassendeklaration anzeigen, wie es das Schema zeigt. Über Interfaces werden wir im nächsten Kapitel sprechen: An dieser Stelle müssen wir nur wissen, dass das Interface `Cloneable` eine Methode `clone` hat, die wir implementieren.

Die Abbildung 8.6 veranschaulicht den Unterschied zwischen der Zuweisung von Objektvariablen und dem Klonen von Objekten.

2. Wenn Sie möchten, können Sie statt klonen auch kopieren sagen.

Deklaration der Methode `clone`

```
class Klassenname implements Cloneable {

  Deklarationen der Klassennamenvariablen

  public Object clone ( ) {
    Klassenname obj = new Klassenname (Parameter);
    Anweisungen zum Kopieren
    return obj;
  }
}
```

Die prototypische Methode *clone* erzeugt ein neues Objekt dieser Klasse und enthält Anweisungen, um die Werte aller Variablen des aktuellen Objekts in die Variablen des neuen Objekts zu kopieren. Die Referenz des neuen Objekts wird als der Wert des `clone`-Aufrufs zurückgegeben.

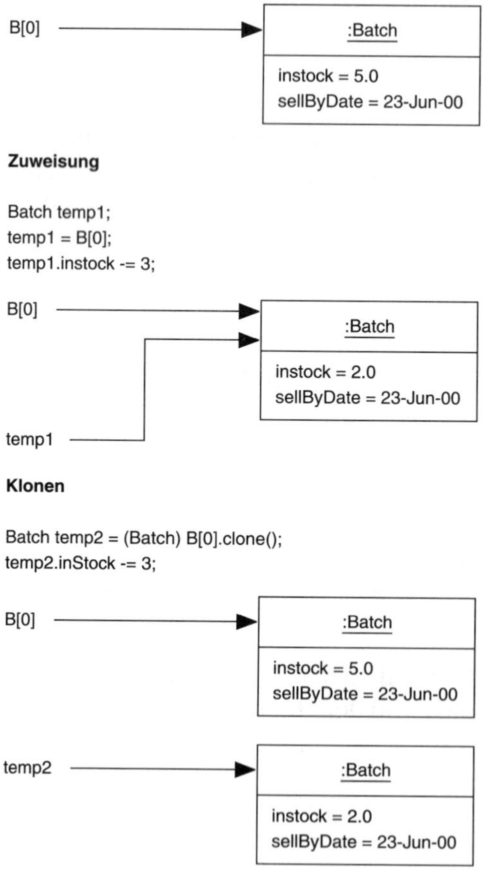

Abbildung 8.6: Der Unterschied zwischen Zuweisung und Klonen

Bei einer Zuweisung erhält temp1 dieselbe Referenz, die B[0] enthält. Jede Änderung an dem Objekt wird über B[0] und temp1 gleichermaßen sichtbar. Beim Klonen wird eine Kopie des Objekts angelegt, und temp2 referiert auf die Kopie. Jetzt können sich temp2 und B[0] unabhängig voneinander ändern.

Wie bereits erwähnt, obliegt es jeder Klasse, zu definieren, was mit equals und clone gemeint ist. In unserem Beispiel könnte ein clone für Batch folgendermaßen aussehen:

```
public Object clone () {
  Batch x = new Batch (inStock,null);
  x.sellByDate = new Date(sellByDate.getTime());
  return x;
}
```

Zum Klonen einer Charge gehört es, beide Datenelemente, nämlich den Lagerbestand und das Datum, zu kopieren. Da inStock eine Variable eines Grundtyps ist, kann sie zugewiesen oder, wie hier, dem neuen Objekt im Konstruktor übergeben werden. Für das Datum wird ein neues Datumsobjekt angelegt und das bereits vorhandene an seinen Konstruktor übergeben.

8.2.7 Typumwandlung von Referenzen

In Abschnitt 3.1 haben wir bereits gesehen, dass man Werte unterschiedlichen Typs ineinander umwandeln kann, wenn dies sinnvoll ist. Dasselbe gilt für Objektreferenzen. Insbesondere gibt es Methoden, deren Ergebnistyp die allgemeine Oberklasse Object ist. Allerdings muss vor einer Benutzung der Ergebnisse eine explizite Typumwandlung vorgenommen werden. clone ist eine dieser Methoden. Um also ein Batch zu klonen und auszugeben, müsste man folgendermaßen verfahren:

```
Batch tempBatch = (Batch) B[0].clone();
System.out.println(tempBatch);
```

Ein Aufruf der clone-Methode auf B[0] gibt zwar die Referenz eines neuen Batch-Objekts zurück, da wir das in der clone-Methode so programmiert haben. Wegen des Ergebnistyps wird sie jedoch zunächst als allgemeine Object-Referenz angesehen. Erst durch die Typumwandlung, die der vorangestellte Klassenname bewirkt, wird sie wieder zur Batch-Referenz. Die Umwandlung betrifft nur den Typ, das Objekt und seine Referenz bleiben unverändert. Wir können die clone-Methode in Batch und die obige Anweisung in Coffee einfügen und prüfen, ob alles so funktioniert.

8.2.8 Modifikatoren

Klassen und Klassenattribute kann man mit Modifikatoren versehen, die die Art ihrer Verwendung anzeigen. Nicht alle Modifikatoren lassen sich auf Klassen anwenden: Manche gelten nur für Attribute (Methoden, Variablen). Die Tabelle 8.4 fasst die Bedeutung der wichtigsten Modifikatoren in Java zusammen und sagt, in welchem Abschnitt dieses Buches das entsprechende Thema besprochen wird.

Modifikator	Klasse	in	Attribut	in
keiner	Nur in seinem Paket zugreifbar	5.1	Nur in seinem Paket zugreifbar	5.1
`public`	Überall, wo sein Paket ist, zugreifbar	4.6	Zugreifbar, wo seine Klasse zugreifbar ist	4.6
`private`	Nicht anwendbar		Nur in seiner Klasse zugreifbar	5.1
`protected`	Nicht anwendbar		In seinem Paket und den Unterklassen seiner Klasse zugreifbar	9.2
`abstract`	Keine Instanziierung möglich	9.4	Methoden sind nicht hier, sondern in den Unterklassen implementiert	9.4
`final`	Keine Unterklassen möglich		Eine Variable kann nicht geändert, eine Methode nicht überschrieben werden.	8.2 9.2
`static`	Klasse der obersten Ebene, obwohl in anderer Klasse geschachtelt	8.2	Zugriff auf Klassenattribut über dessen Klassennamen	3.1
synchronized	Nicht anwendbar	13.3	Andere `synchronized` Methoden können nicht gleichzeitig auf dem gleichen Objekt operieren	13.3

Tabelle 8.4: Die Bedeutung einiger auf Klassen und Attribute anwendbarer Modifikatoren und die Ab-schnitte, in denen sie besprochen werden.

`private` und `public` haben wir bereits in Klassen benutzt. Im folgenden Kapitel werden wir sie nach der Einführung der Vererbung noch einmal untersuchen, dann allerdings zusammen mit den anderen Zugriffsschutzmodifikatoren: dem voreingestellten und `protected`. `abstract` wird ebenfalls im Kapitel 9 besprochen, `synchronized` im Kapitel 13. Mit `static` und `final` befassen wir uns hier. Innere Klassen haben zwar keinen Modifikator, werden aber bei `static` erwähnt. Im Kapitel 11 kommen wir noch einmal auf sie zurück.

8.2.9 Klassenattribute

Wenn eine Klasse instanziiert wird, bekommt das so erzeugte Objekt Variablen dieser Klasse, auf die über die Objektreferenz zugegriffen werden kann. Mit diesem Prozess sind Sie inzwischen vertraut. Es gibt jedoch eine zweite Möglichkeit, nämlich die, dass Attribute nur einmal für alle Objekte dieser Klasse vorhanden sind. Solche Attribute werden als `static` deklariert und man greift über ihren Klassennamen in der Punkt-Notation auf sie zu. Sie werden auch **Klassenattribute** genannt. Der Modifikator `static` wurde bereits im Abschnitt 3.1 besprochen.

Wir wollen uns zwei Beispiele ansehen. Die im Kapitel 3.1 besprochene Klasse `java.lang.Math` hat mehrere gute Methoden für mathematische Berechnungen, die jedoch nicht an die Erzeugung von Objekten gebunden sind: Die Werte werden über Parameter geliefert und die Antworten als Ergebnisse der Methoden zurückgegeben, wie das folgende Beispiel zeigt:

```
y = Math.sin(x);
```

Bei Variablen würden wir `static` benutzen, wenn wir sie einer ganzen Klasse zuordnen möchten. So könnten wir z. B. in der Klasse `Curio`, wenn Waren verkauft werden, auch den gesamten Lagerbestand und den Umsatz im Laufe der Zeit im Auge behalten. Das Grundgerüst einer neuen Klasse `Curio` könnte folgendermaßen aussehen:

```
class Curio {
  // Eine innere Klasse, die Details zu und Aktionen auf Curio angibt.
  // Wurde mit einem stock-Parameter und zwei Methoden
  // zum Hinzufügen und Verkaufen ausgeweitet
  // Verfolgt nun auch Gesamtlagerbestand und Verkaufszahlen

  String name;
  int price;
  String description;
  int stock;

  static int totalStock = 0;
  static int totalSold = 0;

  // Der Konstruktor kopiert die Initialisierung in die Felder
  Curio (String n, int p, String d, int t) {
    name = n;
    price = p;
    description = d;
    display.prompt(name,t);
  }
```

```
  // Drei neue Aktionen auf Kuriositäten verfügbar
  void addStock (int n) {
    stock += n;
    totalStock += n;
  }

  void sell (int n) throws StockException {
    if (stock >= n) {
      stock -= n;
      totalstock -= n;
      totalSold += n;
    }
    else
      throw new StockException
        ("Not enough stock. "+stock+" available.");
  }

 ... other methods as before
}
```

In dem Programm, das `Curio` verwendet, also im `CurioShop`, können wir auf diese Gesamtwerte folgendermaßen zugreifen:

```
display.println("Total stock now: "+Curio.totalStock+
                " having sold "+ Curio.totalSold);
```

Bei `static` gibt es eine Schwierigkeit. Aus einer `static` Methode heraus kann man nur `static` Methoden aufrufen (oder Methoden von Objekten über die Punkt-Notation), nicht aber die Objektmethoden derselben Klasse. Dasselbe gilt für die in der Klasse deklarierten Variablen: Von einer `static` Methode können nur die `static` Variablen der Klasse (oder über die Punkt-Notation die Variablen von Objekten) benutzt werden. Das Problem besteht darin, dass die `main`-Methode `static` sein muss. Daher muss auch alles, was sie nicht über Objekte aufruft oder verwendet, `static` sein. Deshalb lassen wir in diesem Buch die Methode `main` nur den Konstruktor aufrufen und tun das anonym, ohne das Objekt in einer Variablen zu speichern.

8.2.10 Konstanten

Denken Sie an Kapitel 4 zurück: In Java werden Konstanten mit den Modifikatoren `static final` definiert, z. B.:

```
static final int retirementAge = 60;
```

Wir haben bereits gesehen, dass der Modifikator `static` aus dem Element ein Klassenattribut macht. Konstantendeklarationen können also nur auf der Ebene der Klassen vorkommen und nicht in Methoden, nicht einmal in `main`. Der zweite Modifikator, `final`, zeigt an, dass der Inhalt der Variablen im Verlauf des Programms nicht geändert werden kann; anders ausgedrückt: Er ist konstant.

Standardinitialisierung

Bei der Deklaration von Variablen haben wir die Möglichkeit, einen Initialwert festzulegen oder eine **Standardinitialisierung** zu erhalten. Der Standard für numerische Typen ist null. Im Allgemeinen ist es jedoch klarer, jeder Variable ausdrücklich einen Initialwert zuzuweisen. Wie unterscheidet sich solch eine initialisierte Variablendeklaration von einer Konstantendeklaration? Der Hauptunterschied ist, dass Konstanten, wenn sie einmal eingerichtet sind, nicht mehr verändert werden können. Bei Variablen können sich die Werte durch eine Zuweisung ändern.

Namen für Arrays und Objekte können ebenfalls als Konstante deklariert werden; so ist z. B. Folgendes zulässig:

```
static final int daysInMonth [] = {
31,28,31,30,31,30,31,31,30,31,30,31} ;
static final Time midnight = new Time (12, 0);
```

8.2.11 Innere Klassen

In Java 1.1 erhielten Klassen insofern einen „Erste Klasse"-Status, als sie nunmehr überall deklariert, als Parameter verwendet sowie als lokale Attribute anderer Klassen, Methoden und Blöcke eingesetzt werden können. In Tabelle 8.5 sind die vier verwendbaren Arten von inneren Klassen zusammengefasst:

Art der inneren Klasse	Definiert als	Einsatz	Kommentar
Geschachtelt auf Top-Level (static)	Klassenattribut einer umgebenden Klasse	Gruppieren von Klassen	Zugriff nur auf Klassenattribute der umgebenden Klassen
Attribut	Normales Attribut der umgebenden Klasse	Helferklasse oder, um Attribute der äußeren Klasse zu nutzen	Zugriff auf umgebende Instanz der umgebenden Klasse
Lokal	Attribut einer Methode oder eines Blocks	Spezialisierte Adapterklasse, z. B. zur Ereignisbehandlung	Wie bei Attribut-Klassen

Art der inneren Klasse	Definiert als	Einsatz	Kommentar
Anonym	Unbenanntes Attribut einer Methode oder eines Blocks	Klassen mit nur einer Objekterzeugung bei Bedarf instanziiert	Wie bei Attribut-Klassen kein Name und Konstruktor wird nur einmal instanziiert in einem Ausdruck definiert

Tabelle 8.5: Arten innerer Klassen

geschachtelte Klasse

Eine **geschachtelte Klasse** ist eine Klasse wie jede andere auch, wurde allerdings in eine andere Klasse eingebettet, um ihre Entwicklung und Handhabung zu vereinfachen. Es ist oft unbequem, wenn jede Klasse in einer anderen Datei steht, und durch Schachtelung können wir Klassen zusammenhalten. Indem wir die Klasse als `static` deklarieren, zeigen wir, dass sie genauso wie die umgebende Klasse eine „Top-Level-Klasse" sein soll, d.h. so, als ob sie auf äußerster Paketebene deklariert wäre. Aus solch einer geschachtelten Klasse darf man nicht auf Instanzvariablen einer umgebenden Klasse zugreifen. Geschachtelte Klassen lassen sich aus ihrer umgebenden Klasse heraus importieren. Diese Schachtelung von Klassen ähnelt in gewisser Weise Javas Paketkonzept.

Zwar darf eine innere Klasse nicht denselben Namen haben wie ihre umgebende Klasse, aber sie kann denselben Namen haben wie innere Klassen anderer Klassen. Auf diese Weise braucht man sich bei einem großen System nicht so viele Namen auszudenken. Geschachtelte Klassen gelten als elegant und nutzenswert. Das Beispiel 8.2 wurde bereits in diesem Stil geschrieben: Die Klasse `Coffee` befand sich in der Klasse `TestLinks`. In mehreren anderen bisher gezeigten Programmen hätten Klassen wie z. B. `Curio` oder `Rates` in den Hauptklassen `CurioStore` oder `Converter` enthalten sein können.

Attributklassen

Attributklassen sind typische Helferklassen für die umgebende Klasse. Außerhalb von dieser sind sie nicht sichtbar, können jedoch alle ihre Attribute, seien sie `private` oder nicht, nutzen. Ein Objekt der inneren Klasse ist immer mit einem Objekt der äußeren Klasse verbunden, und zwar im Allgemeinen mit dem, aus dem heraus es erzeugt wurde. Aufrufe von Methoden des inneren Objekts können dann Instanzvariablen des äußeren benutzen. Bei der Programmierung von Ereignissen werden wir davon Gebrauch machen.

Durch die Fähigkeit, sowohl die eigenen Attribute als auch die der umgebenden Klasse zu nutzen, können Attributklassen zwei Varianten von `this` unterscheiden. Ein unqualifiziertes `this` bezieht sich auf die Attributklasse, während einem `this`, das sich auf die umgebende Klasse bezieht, deren Name vorangestellt wird. Ähnliche Erweiterungen existieren für `new` und `super`. Eine bemerkenswerte Einschränkung von Attributklassen ist, dass sie keine Klassenattribute besitzen dürfen. Soweit eine Attributklasse Klassenattribute (einschließlich Konstanten) erfordert, müssen diese in der Top-Level-Klasse deklariert werden.

Anonyme Klassen

Anonyme Klassen kann man verwenden, wenn man nur an einer einzigen Stelle ein Objekt der Klasse erzeugt. Dann deklariert man die Klasse zusammen mit der `new`-Operation und gibt statt eines neuen Klassennamens den der Oberklasse oder eines Interface an. Anonyme Klassen stehen wie lokale Klassen in Methoden und Blöcken. Ihre Methoden können Variablen der umgebenden Klassen benutzen, nicht aber Variablen der umgebenden Methoden und Blöcke. Von großem Nutzen sind anonyme Klassen im Zusammenhang mit Javas Ereignisbehandlern, die im Kapitel 11 behandelt werden. Um einen Eindruck von einer solchen Klasse zu vermitteln, sehen Sie hier eine typische Anwendung:

```
f.addWindowListener(new WindowAdapter () {
  public void windowClosing(WindowEvent e) {
    System.exit(0);
  }
});
```

`WindowAdapter` ist ein Interface (siehe Abschnitt 9.2), das die Definiton einer Methode `windowClosing` fordert für das hier als `f` bezeichnete Fenster. Das Objekt wird als Parameter an den Aufruf der Methode `addWindowListener` übergeben und zum passenden Zeitpunkt wird `windowClosing`, wie hier definiert, aufgerufen. Anonyme Klassen werden in Kapitel 10 oft zum Einsatz kommen.

Lokale Klassen

Lokale Klassen ähneln den anonymen sehr, außer dass sie Namen erhalten und an mehreren Stellen instanziiert werden können. Welche von beiden man benutzt ist zu 90 Prozent Geschmackssache.

8.3 Listen und Iteratoren

Eine der Schwierigkeiten mit Arrays ist, dass sie hinsichtlich Größe und Anordnung starr sind. Man kann ein Element nicht entnehmen, ohne dass alle dahinter aufrücken, und dies kostet Zeit und Mühe. Die im Kapitel 6 behandelten Hashtabellen lösen sich zwar von diesen beiden Einschränkungen, speichern aber die Daten etwas unkonventionell („zerhackt"). Die klassische Alternative zu einem Array ist eine **verkettete Liste** (engl. *linked list*). In diesem Abschnitt sehen wir uns die in Java definierte an, und wie sie sich in das Beispiel 8.1 integrieren lässt.

verkettete Liste

In einem Array sind die Elemente sequenziell gespeichert, und wir wissen, dass Element *i*+1 auf Element *i* folgt. In einer verketteten Liste sieht man die Elemente als selbstständig, aber durch **Verkettungen** verbunden an. Diese Verkettungen lassen sich einrichten und zerstören, sodass wir zu einer Struktur kommen, die im Gegensatz zu einem Array während der Programmausführung wachsen und schrumpfen kann.

Angenommen, wir hätten einige Zeichenreihen-Objekte bereits in einer verketteten Liste erstellt:

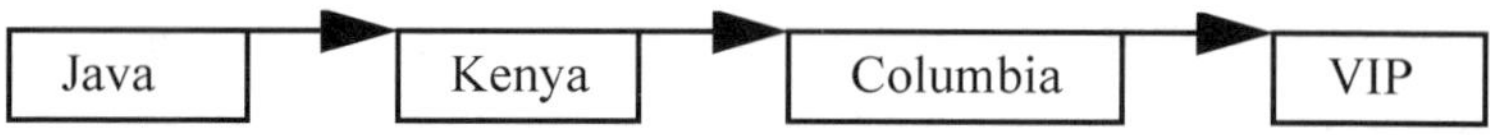

Muss das Objekt, das 'Columbia' enthält, daraus gelöscht werden, so sorgen wir einfach dafür, dass die Verkettungen wie im folgenden Diagramm umgeleitet werden. Java **bereinigt** dann den vom unerwünschten Objekt belegten **Speicher** (engl. *garbage collection*) und das Objekt verschwindet.

Speicher

Auf die gleiche Art können wir an jeder beliebigen Stelle neue Objekte zur Liste hinzufügen.

8.3.1 Javas Listenklassen

Wenn wir die im Beispiel 8.2 enthaltenen und hier erörterten Konzepte zu Hilfe nehmen, sollte es relativ einfach sein, eine Klasse zu definieren, die mit Listen solchermaßen verfährt. Beim Übergang von Java 1.1 zu Java 1.2 wurden dem Paket `java.util` jedoch zahlreiche Klassen hinzugefügt, die Listen sehr unterschiedlich behandeln. Daher lernen wir lieber, wie diese benutzt werden, damit wir dann das `CoffeeShop`-Programm entsprechend ändern können.

Der allgemeine Begriff für alle Arten von Listen und anderen Strukturen ist eine **Sammlung**. Da das Kapitel 15 Sammlungen ausführlicher behandelt, beschränken wir uns hier auf Listen. Unter dem allgemeinen Titel `AbstractList` stellt Java vier Klassen zur Verfügung: `LinkedList`, `ArrayList`, `Vector` und `Stack`. Wie wir im Kapitel 6 bereits kurz gesehen haben, stellt `Vector` eine indizierbare Folge von Objekten dar, die nicht unbedingt eine feste Größe hat. `Stack` stammt aus `Vector` und ist insofern eingeschränkt, als nur an einem Ende etwas hinzugefügt oder gelöscht werden darf. `ArrayList` hat starke Ähnlichkeit mit `Vector`. `LinkedList` entspricht unseren Bedürfnissen allerdings eher, da wir Elemente effizienter entfernen können, wenn wir, wie wir oben bereits gesehen haben, die Verkettungen ändern können.

Sammlung

Das folgende Schema zeigt die Spezifikation von `LinkedList`.

Die Klasse `LinkedList` (Kurzfassung)

```
void clear()
void add (Object Element)
boolean contains(Object Element)
boolean remove (Object Element)
int size ()
// plus 20 weitere, v.a. bezogen auf indizierte Listen
```

`clear` entfernt alle Elemente, die einem `LinkedList`-Objekt hinzugefügt wurden.

`add` fügt das Objekt am Ende der Liste hinzu.

`contains` sucht nach einem Auftreten des Objektparameters und gibt `true` oder `false` zurück. Es ist darauf angewiesen, dass für die Objekte der `equals`-Vergleich definiert ist.

`remove` entfernt das erste Auftreten des Objekts mit einem Wert, der gleich dem Parameter *`Element`* ist.

In den meisten Fällen ist es in Ordnung, etwas am Ende der Liste hinzuzufügen; wir werden jedoch gleich sehen, wie man auch mitten in der Liste etwas hinzufügen kann.

Wir könnten z. B. die folgende Liste von Kuriositäten erstellen:

```
LinkedList curioList ();
curioList.add(new Curio("Traditional mugs", 6,
            "beaded in Ndebele style",20));
curioList.add(new Curio("T-shirts", 30, "sizes M to XL", 50));
curioList.add(new Curio("Masks", 80, "carved in wood", 8));
```

Wenn wir die Gleichheit der Kuriositäten auf der Grundlage der Variable `name` wie folgt definieren,

```
public boolean equals (Curio c) {
  return name.equals(c.name));
}
```

so können wir mit `contains` nach einer Kuriosität suchen und sie aus der Liste entfernen.

```
System.out.println("T-shirts"+ are in the shop is "+
                    curioList.contains(new Curio("T-shirts",0,"", 0));
curioList.remove(new Curio("T-shirts",0,"", 0));
```

Unser Beispiel ist etwas ineffizient, da es besser wäre, ein Objekt für T-Shirts zu definieren und dieses dann für die Überprüfungen zu verwenden. Aber auch unsere Version wird funktionieren.

8.3.2 Listeniteratoren

Nun stellt sich natürlich die Frage, wie wir uns in der Liste bewegen. Angenommen, wir möchten die ganze Liste ausgeben. Im obigen Schema ließen wir bewusst diejenigen Methoden weg, die Indizes verwenden (wie es ein Array macht), und provozierten so die Frage, wie man an die einzelnen Elemente herankommt. Die Antwort lautet: mit einem Iterator. Ein **Iterator** verfolgt die Position in einer Liste und kann in einer For-, While- oder Do-Anweisung dazu verwendet werden, die Liste mit einer Schleife zu durchlaufen und dabei jedes Element einzeln zu betrachten. Iteratoren haben Interfaces, was in diesem Zusammenhang bedeutet, dass sie mit bestimmten Methoden durch Objekte von Sammlungsklassen, hier also `LinkedList`,iterieren können. Sie haben große Ähnlichkeit mit den Aufzählungen, die wir im Abschnitt 6.5 einführten.

Iterator

Einen Iterator erstellen wir nach dem folgenden Schema:

Einen Iterator erstellen
`ListIterator` *`listiter`* `=` **`list`**`.listIterator();`
Ist `list` gegeben, so stellt `listiter` dann die unten genannten Methoden zur Verfügung.

Dann stehen uns über die Klasse `ListIterator` die folgenden Methoden zur Verfügung:

Die Klasse `ListIterator`
boolean hasNext () **boolean** hasPrevious () Object next () Object previous () **void** add (Object item) **void** remove () **void** set (Object item)
`hasNext` und `hasPrevious` prüfen, ob das vordere oder hintere Ende einer Liste erreicht wurde. `next` und `previous` bewegen den Iterator vorwärts oder rückwärts. Die Methoden `add`, `remove` und `set` sind ein sicheres Mittel, die Liste zu verändern, während man sich in ihr bewegt. `add` fügt den Objektparameter direkt vor dem Objekt ein, das beim nächsten Aufruf von `next` zurückgegeben würde. `remove` entfernt das zuletzt von `next` zurückgegebene Objekt und `set` verändert den Wert des nächsten Objekts.

Insgesamt sieht das Schema für die Iteration durch eine Liste mit For-Schleifen folgendermaßen aus:

Eine For-Schleife mit einem Listeniterator

```
for (ListIterator listiter = list.listiterator(); listiter.
      hasNext(); ) {
  item = listiter.next();
  Rumpf
}
```

Sehen Sie sich als Beispiel eine Liste an, die auf einfachen Objekten mit nur einem numerischen Feld basiert. Um die Liste auf der Grundlage von Zufallszahlen zu erstellen, bis eine 3 gefunden wird, müssten wir Folgendes machen:

```
Random r = new Random ();
LinkedList list = new LinkedList ();
int number = 0;
while (number != 3) {
  number = r.nextInt();
// am Ende der Liste hinzufügen
  list.add(new Integer (number));
}
```

Um die Liste auszugeben, benutzen wir den Iterator in einer For-Schleife:

```
for (ListIterator listiter = list.listIterator(); listiter.hasNext();)
  System.out.println(listiter.next());
```

Um etwas Komplizierteres zu machen, nehmen wir an, wir wollten zu jeder Zahl in der Liste eins hinzuaddieren. Eine sichere Methode hierfür ist die Verwendung von `set`:

```
for (ListIterator listiter = list.listIterator(); listi-
ter.hasNext();){
  number = listiter.next().intValue();
  number++;
  // ersetzt das von next geholte Objekt
  listiter.set(new Integer(number));
}
```

Verkettete Listen und Iteratoren sind Werkzeuge, die wir benötigen werden, um `CoffeeShop` zu erweitern.

8.4 Fallstudie 3: Nelsons Kaffeegeschäft

8.4.1 Möglichkeit

Nelsons Kaffeegeschäft möchte den Vorrat an Kaffeesorten und -chargen dynamisch gestalten, d. h., die Anzahl braucht nicht von Anfang an eingestellt zu werden, und Chargen (wie auch Sorten) können gelöscht werden, wenn sie ausverkauft sind. Natürlich besteht die Lösung in der Anwendung der soeben definierten Klasse `LinkedList`.

8.4.2 Algorithmen

Der Algorithmus des Systems dreht sich um die Abwicklung von Verkäufen. Diese werden aus einer Datei mit Bestellungen eingelesen, die den Namen der Kaffeesorte gefolgt von der Anzahl der kg enthält. Als Erstes muss das Hauptprogramm den betreffenden Kaffee in seiner Liste finden und dann die Verkaufsmethode in dieser `Coffee`-Klasse aufrufen. Dabei kann zweierlei schiefgehen:

- Die Kaffeesorte lässt sich nicht finden.
- Es ist nicht genug davon auf Lager.

In beiden Fällen gibt das Programm eine geeignete Nachricht aus.

Wenn wir nun zum Verkaufen kommen, ist dieser Algorithmus komplizierter, als man sich zunächst vorstellt. Er muss nacheinander jede Charge prüfen, sie aufbrauchen und dann, falls zu der Bestellung noch Kilos fehlen, zur nächsten Lieferung übergehen. Der Algorithmus lässt sich auf das in der Abbildung 8.7 Gezeigte reduzieren. Der Rest des Programms folgt in ähnlichem Sinne oder ist ganz einfach.

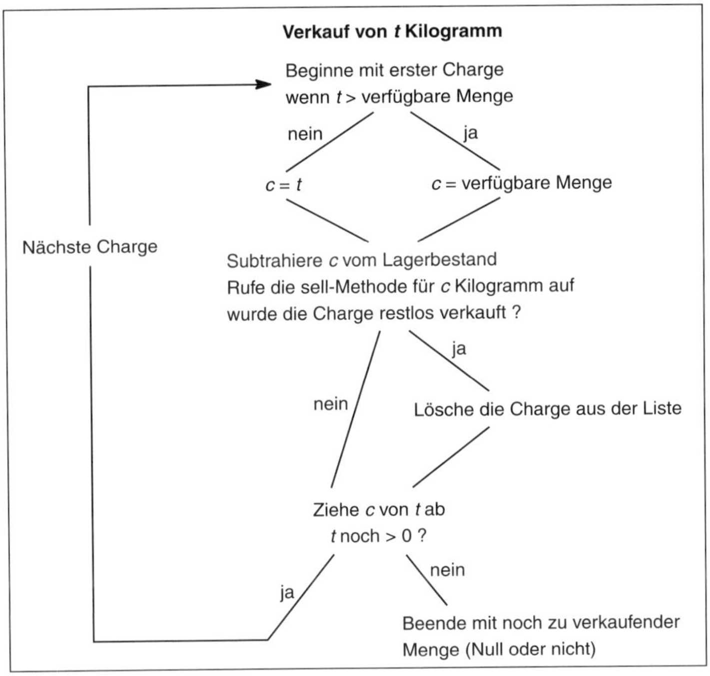

Abbildung 8.7: Der Algorithmus für den Verkauf von Kaffee

8.4.3 Umwandlung des Programms

Es zeigt sich, dass die Klasse `Batch` nicht davon abhängt, zu welcher Struktur sie zusammengesetzt wird. Anders ausgedrückt: Es spielt für `Batch` keine Rolle, ob wir Arrays von `Batch` oder Listen von `Batch` haben. Die `Coffee`-Klasse muss sich hingegen ein wenig ändern. Wir werden die neue Klasse `Coffee2` nennen. Wo es in der `Coffee`-Klasse ein Array gibt, wird dieses ersetzt durch

```
private LinkedList batchStock = new LinkedList ();
```

Diese Anweisung bewirkt die Erzeugung eines Objektes, das mit den Methoden der Klasse `LinkedList` und der Listeniteratoren verändert werden kann. Der Zähler, `noOfBatches`, wird gelöscht, da er nicht mehr benötigt wird.. Eine neue Charge wird durch Aufruf von `add` hinzugefügt:

```
BatchStock.add(new Batch (nextStock,stockDate));
```

Die Schleife am Ende, die alle Chargen ausgibt, verwendet einen Listeniterator, also:

```
for (ListIterator list = batchStock.listIterator(); list.hasNext(); ) {
  Batch batch = (Batch) list.next();
  batch.display();
}
```

Warum die zusätzliche lokale Variable `batch` notwendig ist, wird im Folgenden begründet. `batchStock` ist eine `LinkedList`-Variable und hat Zugriff auf alle Methoden von `LinkedList`. Ihre Ergebnisse und Parameter haben jedoch alle den Typ der Oberklasse `Object`. Nichts verbindet die `LinkedList` in `Coffee2` mit der Klasse `Batch`. Wir geben zwar Chargen hinein, um aber auch Chargen herauszubekommen, müssen wir Referenzen aus der Klasse `Object` in solche der Klasse `Batch` konvertieren. Danach kann die Zuweisung vorgenommen werden. Nun besitzen wir eine lokale Referenz auf das aktuelle Objekt in der Liste und können die `display`-Methode von `Batch` darauf aufrufen.

Eine weitere Stelle, an der wir aufpassen müssen, mit welchen Objekten wir eigentlich genau zu tun haben, befindet sich in dem Abschnitt des Programms, mit dem eine Kaffeesorte gefunden wird:

```
//Suche den richtigen Kaffee nach dem Namen in der Liste CoffeeStock
Coffee2 foundBlend = null;
Coffee2 orderBlend = new Coffee2(orderName);
ListIterator list = coffeeStock.listIterator();
boolean found = false;

while (list.hasNext()) {
  foundBlend = (Coffee2) list.next();
  if (foundBlend.equals(orderBlend)) {
    found = true;
    break;
  }
}
```

Natürlich können wir nicht `==` benutzen, um den Namen der verlangten Kaffeesorte mit allen vorrätigen Kaffeesorten zu vergleichen. Erstens ist der Name eine Zeichenreihe, und die Kaffeesorten gehören zur Klasse `Coffee2`. Daher müssen wir ein temporäres Kaffee-Objekt erzeugen. Zweitens müssen wir uns wie vorhin vergewissern, dass das aus der Liste entnommene Element ein `Coffee2`-Objekt ist, damit die für `Coffee2` definierte Methode `equals` aufgerufen wird. Diese Methode ist so definiert, dass sie nur den Sortennamen berücksichtigt, nicht aber den Preis usw.

Eine interessante Frage ist die, warum wir nicht die von `LinkedList` bereitgestellte Methode `contains` benutzt haben. Der Grund liegt darin, dass `contains` nur eine ja/nein-Antwort zurückgibt und uns keine Referenz auf das Objekt in der Liste liefert. Wir könnten seine Position zwar mit einigen der Indizierungsmethoden der Klasse `LinkedList` herausfinden, behandeln diese in diesem Buch jedoch nicht. Sie befinden sich in den online verfügbaren Dokumenten zum Java-API.

Die Liste der `Coffee2`-Objekte wird ebenso wie `Batch` mit der Methode `add` von `LinkedList` erstellt.

Die Abbildung 8.8 zeigt ein Diagramm mit den wichtigsten Klassen des Systems. Die gestrichelten Linien ohne Pfeile zeigen an, dass die Klasse Variablen der im Diagramm weiter unten gezeigten Klasse hat. `CoffeeShop2` besitzt also Objektvariablen von `LinkedList`, `Coffee2` und `Stream`. Die Linien mit Pfeilen weisen auf die Importe aus den beiden hier beteiligten Paketen hin. Der `ListIterator` wird in Verbindung mit der Klasse `LinkedList` gezeigt.

Aus dem Diagramm können wir ableiten, dass `Batch` keine Eingaben vornimmt. Es gibt noch weitere Klassen, die nicht gezeigt werden, insbesondere die aus `java.util` importierte Klasse `Date`, die von drei Hauptklassen genutzt wird. Eine weitere ist die aus `java.text` importierte Klasse `DateFormat`.

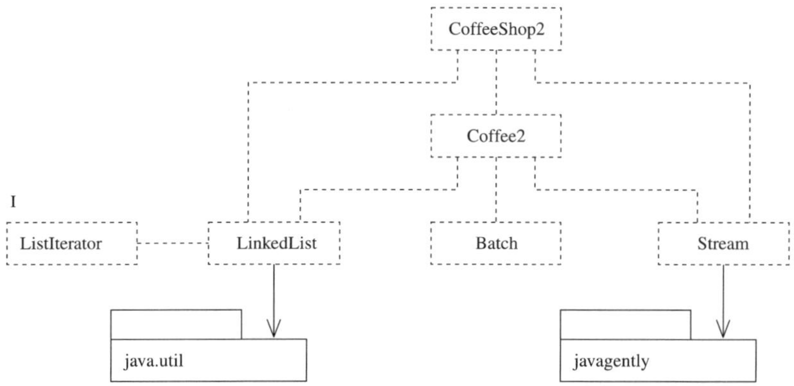

Abbildung 8.8: Die Klassen im dynamischen Kaffeegeschäft. Das I über ListIterator kennzeichnet diesen als Interface, wie im Abschnitt 9.3 beschrieben wird.

8.4.4 Programm

Wie sollten wir angesichts der im Abschnitt 8.2 erläuterten Möglichkeiten für innere Klassen unsere drei Klassen anordnen? CoffeeShop2 ist eine Klasse der obersten Ebene, also des Hauptprogramms. Sollten Coffee2 und Batch als innere Klassen deklariert werden? Die Antwort lautet nein. Batch kommt am ehesten für eine Schachtelung in Frage, aber bedenken Sie, dass sie auch von der Vorläuferversion des Systems genutzt wird, und daher separat bleiben sollte. (Sie muss dies allerdings nicht, denn sie könnte auch eine geschachtelte Klasse und somit für andere Klassen nutzbar sein.) Um Änderungen und die Übersetzung zu erleichtern, lassen wir auch `Coffee2` separat bestehen. Das Programm liegt daher in drei übersetzten Dateien vor:

```
import java.io.*;
import java.util.*;
import javagently.Stream;
import java.text.*;

class Coffee2 {

  /* The Improved Coffee class        von J M Bishop Okt 1996
   * -------------------------        Java 1.1 Oktober 1997
   *                                  wesentlich verändert
   *                                  und Java 2 Mai 2000
   * Unterhält ein Inventar von Kaffeechargen
   * einer bestimmten Sorte und benutzt
   * eine Verkettete Liste aus java.util.
   */
private String name;
 private double price;   // pro kg
 private double stock; // kg
 private double reorder; // kg;
 private LinkedList batchStock = new LinkedList ();

 public Coffee2() {
     /* leerer Konstruktor, da alle Werte
      * mit prepareToStock eingelesen werden
      */
 }

 public Coffee2(String s) {
     name = new String(s);
 }

 DateFormat DF = DateFormat.getDateInstance
                  (DateFormat.Default, Locale.UK);

 void prepareToStock(Stream in) throws IOException {
     name = in.readString();
     price = in.readDouble();
     reorder = in.readInt();
     stock = 0;
     newBatchIn(in);
 }
```

```
 boolean newBatchIn(Stream in) throws IOException {
   double nextStock = in.readDouble();
   if (nextStock == 0)
     return false;
   else {
     stock += nextStock;
     Date stockDate = new Date ();
     String dateString = in.readString();
     try {
       stockDate = DF.parse(dateString);
     }  catch (ParseException e) {
       System.out.println("Error in date " + dateString);
     }
     batchStock.add(new Batch(nextStock, stockDate));
     return true;
   }
}
double sell(double ordered) {
    double kgInBatch;
    Batch currentBatch;

    for (ListIterator list =
            batchStock.listIterator(); list.hasNext(); ) {
        currentBatch = (Batch) list.next();
        if (ordered > currentBatch.available())
            kgInBatch = currentBatch.available();
        else
            kgInBatch = ordered;
        stock -= kgInBatch;
        boolean soldOut = currentBatch.sell(kgInBatch);
        if (soldOut) {
            System.out.println("Batch now empty");
            list.remove();
        }
        ordered -= kgInBatch;
        if (ordered <= 0)
            break;
    }
    System.out.println("Stock report:");
    display();
    return ordered;
  }

  boolean equals(Coffee2 c) {
      return name.equals(c.name);
  }

  void display () {
```

```
    System.out.println(name+" @ G"+
         Stream.format(price,1,2)+" per kg");
    for (ListIterator list =
         batchStock.listIterator(); list.hasNext(); ) {
      Batch batch = (Batch) list.next();
      batch.display();
    }
    System.out.println(Stream.format(stock, 1, 1)+
            "kg in stock. Reorder

          level is "+ reorder+"kg\ n");
  }
}
import java.io.*;
import java.text.*;
import java.util.*;
import javagently.Stream;

class CoffeeShop2 {

  /* The Coffee Shop program Version 2  von J M Bishop Okt 1996
   * --------------------------------  Java 1.1 Oktober 1997
   *                                   Java 1.2 Mai 2000
   *
   * Umfasst die Fähigkeit, Chargen einer bestimmten
   * Kaffeesorte zu verkaufen, beginnend mit der ältesten.
   *
   * Veranschaulicht die Verwendund der Klassen  LinkedList
   * und ListIterator aus java.util
   */

 CoffeeShop2 () throws IOException {

   LinkedList coffeeStock = new LinkedList ();

   stockUp(coffeeStock);
   inventoryReport(coffeeStock);
   makeSales(coffeeStock);
 }

 void stockUp(LinkedList coffeeStock) throws IOException {
   Stream in = new Stream("coffee.dat",Stream.READ);
   System.out.println("Stocking the shop");
   while (true) {
     try {
       Coffee2 coffee = new Coffee2();
       coffee.prepareToStock(in);
       coffeeStock.add(coffee);
       boolean morebatches = true;
       while (morebatches)
```

```
        morebatches = coffee.newBatchIn(in);
      } catch (EOFException e) {
        System.out.println("That's the shop stocked for today");
        System.out.println();
        break;
      }
    }
  }
  void inventoryReport(LinkedList coffeeStock) {
    System.out.println("Nelson's Coffee Shop");
    System.out.println("Inventory control");
    System.out.println("The coffee stock on "+
          DateFormat.getDateInstance(DateFormat.FULL).
Format(new Date ());
    for (ListIterator list =
         coffeeStock.listIterator(); list.hasNext();) {
      Coffee2 current = (Coffee2) list.next();
      current.display();
    }
  }

  void makeSales(LinkedList coffeeStock) throws IOException {

    Stream orderFile = new Stream ("orders.dat",Stream.READ);
    System.out.println("Coffee sales");

    while (true) {
      try {
        String orderName = orderFile.readString();
        double orderAmount = orderFile.readDouble();
        System.out.println("Order for " + orderName + " "
           + orderAmount);
        System.out.println("=====");

        //Stelle sicher, dass die Sorte existiert
        Coffee2 foundBlend = null;
        Coffee2 orderBlend = new Coffee2(orderName);

        ListIterator list = coffeeStock.listIterator();
        boolean found = false;

        while (list.hasNext()) {
          foundBlend = (Coffee2) list.next();
          if (foundBlend.equals(orderBlend)) {
            found = true;
            break;
          }
        }

        if (!found)
```

```
          // Mit diesem Namen gibt es nichts
          System.out.println("Sorry, we're out of that blend.\n");
        else {
          // Beginne Verkauf
          double remainder = foundBlend.sell(orderAmount);
          if (remainder > 0) {
            System.out.println("Could not match "+remainder+"kg\n");
          }
        }

      } catch (EOFException e) {
           System.out.println("\nShop closed");
           break;
      }
    }
  }

  public static void main (String [] args) throws IOException {
    new CoffeeShop2 ();
  }
}
```

8.4.5 Test

Die ursprüngliche Datendatei war:

```
Colombian
59.95 10
45.5 23-Jun-00
5 30-Jul-00
0
Kenyan
60.75 10
15 19-May-00
0
Java
63.50 30
61.8 23-May-00
20 12-Jul-00
3 1-Aug-00
0
```

Wir wollen nun die folgende Bestelldatei hinzufügen:

```
VIP 2
Kenyan 15
Kenyan 2
Java 70
Colombian 46
Colombian 3
```

Wir bezwecken, dass der Name der ersten Bestellung nicht gefunden wird. Dann wird aller kenianische Kaffee für die zweite Bestellung verbraucht, und die dritte Bestellung kann nicht verarbeitet werden. Die Bestellung von Java-Kaffee wird Kaffee aus zwei Chargen nehmen müssen, die erste Bestellung kolumbianischen Kaffees ebenso. Die letzte Bestellung ist leicht auszuführen. Die Ausgabe sieht im Einzelnen folgendermaßen aus:

```
Stocking the shop
That's the shop stocked for today

Nelson's Coffee Shop
Inventory control
The coffee stock on Thursday, August 3, 2000
Colombian @ G59.95 per kg
     23-Jun-00 : 45.5kg
     30-Jul-00 :  5.0kg
50.5kg in stock. Reorder level is 10.0kg

Kenyan @ G60.75 per kg
     19-May-00 : 15.0kg
84.8kg in stock. Reorder level is 30.0kg

Java @ G63.50 per kg
     23-May-00 : 61.8kg
     12-Jul-00 : 20.0kg
     01-Aug-00 :  3.0kg
132.25kg in stock. Reorder level is 30.0kg

Coffee sales
Order for VIP 2.0
=====
Sorry, we're out of that blend.

Order for Kenyan 15.0
=====
Sold 15.0 from batch 19-May-00
Batch Now Empty
Stock report:
Kenyan @ G60.75 per kg
0.0kg in stock. Reorder level is 10.0kg

Order for Kenyan 2.0
=====
Stock report:
Kenyan @ G60.75 per kg
0.0kg in stock. Reorder level is 10.0kg

Could not match 2.0kg
```

```
Order for Java 70.0
=====
Sold 61.8 from batch 23-May-00
Batch now empty
Sold 8.2 from batch 12-Jul-00
Stock report:
Java @ G63.50 per kg
     12-Jul-00 : 11.8kg
     01-Aug-00 :  3.0kg
14.8kg in stock. Reorder level is 30.0kg

Order for Colombian 46.0
=====
Sold 45.5 from batch 23-Jun-00
Batch now empty
Sold 0.5 from batch 30-Jul-00
Stock report:
Colombian @ G59.95 per kg
     30-Jul-00 : 4.5kg
4.5kg in stock. Reorder level is 10.0kg

Order for Colombian 3.0
=====
Sold 3.0 from batch 30-Jul-00
Stock report:
Colombian @ G59.95 per kg
     30-Jul-00 : 1.5kg
1.5kg in stock. Reorder level is 10.0kg


Shop closed
```

Die Verwendung der Java-Klasse `LinkedList` haben wir detailliert erläutert. Im Kapitel 15 betrachten wir einige ähnliche, in Java verfügbare Klassen. Dieses Buch soll Ihnen mehr als nur die Syntax beibringen. Es verfolgt das Ziel, Ihnen auch die grundlegenden Programmierprinzipien nahezubringen. Zu wissen, wie man ein API aus einer der Bibliotheken benutzt, ist eines dieser Prinzipien. Selbst wenn Sie in einem Anfängerkurs noch nicht lernen, wie eine Listenklasse programmiert wird, haben Sie zumindest ihre Funktionsweise verstanden und sind in der Lage, dieses Wissen unter anderen Umständen später in ihrer Programmierkarriere einzusetzen.

8.5 Zusammenfassung

Dieses Kapitel war für die Entwicklung Ihrer Programmierfähigkeiten von entscheidender Bedeutung. Es enthielt spezielle Einzelheiten zu Objekten und ihrem Einsatz in einem größeren Plan und das Modell einer verketteten Liste als Alternative zur Datenstruktur eines Array. Die Bedeutung der Zugriffsschutzmodifikatoren sowie der inneren Klassen wurde in allen Einzelheiten dargelegt, wodurch die Beziehungen zwischen Paketen, Klassen und Methoden klarer wurde.

Die Deklaration von Objektvariablen hat eine Referenz auf ein Objekt zum Ergebnis, während die Werte von Grundvariablen direkt gespeichert werden. Dieses Modell impliziert, dass Objektgleichheit mit der Methode `equals` und das Kopieren von Objekten mit der Methode `clone` erzielt wird. `Clone` ist auf die Oberklasse `Object` angewiesen, wodurch Klassenumwandlungen erforderlich werden.

Zum Speichern von Datenfolgen sind Listen eine hervorragende Alternative zu Arrays. Sie besitzen den Vorteil, mit dem Kommen und Gehen von Daten dynamisch wachsen und schrumpfen zu können. Jeder Programmierer sollte wissen, wie eine Liste eingerichtet wird. Java stellt hierfür die Klassen `LinkedList` und `ListIterator` zur Verfügung.

In diesem Kapitel wurden die folgenden Schlüsselwörter erklärt:

```
this
final
static
```

Folgende Schlüsselwörter führten wir ein, um sie später zu erklären:

```
protected
abstract
synchronized
```

Die folgenden Java-APIs wurden vorgestellt:

```
Object
clone
Linked list
add
contains
remove
size
```

Folgende Schemata wurde gezeigt:

Deklaration der Methode `clone`
Die Klasse `LinkedList`
Einen Iterator erstellen

Die Klasse `ListIterator`
Eine For-Schleife mit einem Listeniterator

Und folgende Konzepte wurden erklärt:

Modifikator
innere Klasse

8.6 Übungen

8.1 Im ersten `CoffeeShop`-Programm (Beispiel 8.1) würde der Übersetzer den Zugriff auf `C[0].name` verweigern (d. h. ein statischer Fehler würde auftreten), weil

(a) `C[0]` noch nicht instanziiert wurde

(b) `name` als `private` deklariert ist

(c) `0` kein gültiger Index für das Array ist

(d) für `name` noch kein Wert eingelesen wurde

8.2 Wenn das Klonen für die Klasse `Time` definiert wurde und `today` eine `Time`-Variable ist, welche der folgenden Formulierungen ist dann zulässig?

(a) `Time temp = (Time) clone(today);`

(b) `Time temp = Time.clone(today);`

(c) `Time temp = (Time) today.clone();`

(d) `Time temp = today.clone();`

8.3 `LinkedList` stellt die Methode `contains` zur Verfügung, die wie in `L.contains(x)` verwendet wird. Sie ist darauf angewiesen,

(a) dass es eine Hashtabelle von Objekten gibt

(b) dass für die Objekte in der Liste `equals` definiert ist

(c) dass das Objekt `x` in der Liste steht

(d) dass das Objekt `x` nicht in der Liste steht

8.4 Welcher Unterschied besteht zwischen der Methode `add` in `LinkedList` und in `ListIterator`?

(a) keiner

(b) wo das Objekt in die Liste eingefügt wird

(c) ob eine Objektumwandlung durchgeführt werden muss oder nicht

(d) ob das Objekt hinterher entfernt werden kann

8.5 Wenn wir mit einem Listeniterator `Lit` durch eine Liste `L` iterieren, erhalten wir das nächste Element mit:

(a) `L.getNext( )`

(b) `L.next( )`

(c) `Lit.hasNext( )`

(d) `Lit.next( )`

8.6 Hinsichtlich der Operationen, die für ein Array zur Verfügung stehen, gleicht dieses mehr

(a) einem Objekt

(b) einer Zeichenreihe

(c) einem Wert eines Grundtyps

(d) es ist etwas völlig anderes

8.7 Wenn wir eine Methode `Coffee equals()` deklarieren, müssen wir

(a) sie auch als `public` deklarieren

(b) sie auch als `private` deklarieren

(c) für `Coffee` ein `clone` deklarieren

(d) nichts weiter machen

8.8 Ein Unterschied zwischen einer geschachtelten Klasse N und einer Attributklasse M ist:

(a) es gibt keinen

(b) M benötigt Konstruktoren

(c) M kann die Attribute der umgebenden Klasse sehen

(d) N kann keine Klassenattribute haben.

8.9 Beim Iterieren produzieren die `ListIterators` sowohl in `Coffee2` als auch in `Coffeeshop2` Variablen des Typs:

(a) `Batch`

(b) `Object`

(c) `Coffee2`

(d) `Date`

8.10 Am Ende des Programms in Beispiel 8.2 hat die Listenvariable den Wert

(a) `coffees`

(b) `Java`

(c) `null`

(d) nicht definiert

8.7 Aufgaben

8.1 Interaktive Bestellungen: Nelson betreibt nicht nur einen Versandhandel, er hat auch ein Geschäft, in dem die Kunden direkt einkaufen können. Fügen Sie dem Programm in Fallstudie 3 eine Funktion hinzu, um über die Anzeige eine Bestellung eingeben zu können.

8.2 Goldkunden: In der Bestelldatei gibt es einige Bestellungen, die von Kunden mit einer goldenen Kundenkarte stammen. Diese sollten jeden Tag vorrangig verarbeitet werden. Sorgen Sie dafür, indem Sie das Programm `Coffee2` dergestalt ändern, dass die Bestellungen in eine Liste gelesen werden, aber eine Bestellung von einem Goldkarten-Kunden nicht der Liste hinzugefügt, sondern sofort verarbeitet wird.

8.3 Chargen in der richtigen Reihenfolge: Die von Nelsons Kaffeegeschäft verwendete Klasse `LinkedList` fügt neue Knoten immer am Anfang der Liste hinzu. Die Daten in den Dateien `orders.dat` wurden sorgfältig arrangiert, sodass von allen Chargen die ältesten am Anfang aufgeführt und daher als erste verkauft werden. Treffen Chargen zu verschiedenen Tageszeiten ein, könnte man dies nicht immer gewährleisten. Fügen Sie der `Batch`-Klasse eine neue Methode hinzu, die die richtige Stelle für eine neue Charge auf Grund ihres spätesten Verkaufsdatums findet. Dann schreiben Sie eine weitere Methode für das Programm, z. B. `insert`, die eine neue Charge an der richtigen Stelle einsortiert.

8.4 Kaffeesorten in der richtigen Reihenfolge: Nach denselben Grundsätzen wie in Aufgabe 8.3 möchten wir die Kaffeesorten in alphabetischer Reihenfolge halten. Schreiben Sie für die Klasse `Coffee2` eine Methode, die die richtige Stelle für eine neue Kaffeesorte findet, und fügen sie diese dann mit derselben `insert`-Methode dort ein.

8.5 Vereinsdatenbank: Wählen sie eine Ihnen vertraute Aktivität und entwerfen Sie eine Klassen- und Objektstruktur, um Informationen über die mit dieser Aktivität zusammenhängenden Personen, Ausrüstungen oder Ereignisse zu speichern. Fügen Sie Methoden hinzu, um auf die Informationen zuzugreifen.

8.6 **Weight Watchers:** Erweitern Sie die Klasse aus Aufgabe 3.3 so, dass jede Person ein Zielgewicht hat. Erstellen Sie dann eine Liste mit mehreren Abnahmewilligen und ihren jeweiligen Werten und führen Sie das Programm aus. Wenn jemand sein Zielgewicht erreicht, gratulieren Sie ihm und entfernen Sie ihn aus der Liste. Es können jederzeit interaktiv neue Personen hinzugefügt werden.

8.7 **Savanna-Marathon:** Der Marathon von Savanna zieht jedes Jahr Tausende von Läufern an, verleiht aber nur den ersten 20, die das Ziel erreichen, Goldmedaillen. Verändern Sie die in Aufgabe 3.3 entwickelte Klasse dergestalt, dass sie keine Zeichenreihendaten enthält, sondern die Läufer nach ihren Nummern identifiziert. Dadurch können die Daten (auch die Laufdauer) im Programm zufällig generiert werden. Erstellen Sie eine verkettete Liste mit ca. 1000 Läufern und durchlaufen Sie sie mit einer Schleife, um die 20 Bestzeiten zu finden. Geben Sie diese für die Goldmedaillen aus.

8.8 **Noch einmal die Wetterstatistik:** In Beispiel 6.6 wird die Matrix für das Speichern von Daten mit einer festen Größe deklariert, nachdem das erste und das letzte Jahr eingelesen wurden. Angenommen, wir möchten diese nicht im Voraus lesen. Stellen Sie in einem Diagramm dar, wie die Daten stattdessen als ein Array verketter Listen gespeichert werden könnten. Überarbeiten Sie das Programm mit der einfachen Listentechnik aus Beispiel 8.2.

8.9 **Buchveröffentlichung**: Erstellen Sie auf der Grundlage der Aufgaben 6.5, 3.19 und 2.10 ein System, das in der beschriebenen Weise ein Manuskript für ein Buch erstellt; verwenden Sie diesmal jedoch eine verkettete Liste. Erstellen Sie dann eine Endversion des Buches, indem Sie jedes Kapitel in eine neue verkettete Liste klonen; halten Sie jedoch das Manuskript dabei intakt. Das Programm soll interaktiv sein, damit auch in letzter Minute noch Änderungen vorgenommen werden können und die Seitenzahlen usw. bei Bedarf automatisch aktualisiert werden.

8.10 **Kuriositätengeschäft:** Nun ist es Zeit für den Live-Auftritt des Kuriositätengeschäfts. Benutzen Sie das Kaffeegeschäft als Modell und erstellen Sie Daten, die jeden Tag eingelesen werden können; sorgen Sie sowohl für in Dateien gespeicherte als auch interaktive Bestellungen. Verarbeiten Sie diese entsprechend. Kennzeichnen Sie Neubestellungen nach ihren Ebenen und geben Sie regelmäßige Berichte aus.

9 Abstraktion und Vererbung

In der objektorientierten Programmierung gibt es mehrere Möglichkeiten, die Nutzung von Klassen leistungsfähiger zu gestalten. Schon bisher nutzten wir Klassen umfassend für eine so genannte **Zusammensetzung** (engl. *composition*), also um in einer Klasse Objekte einer anderen Klasse zu erzeugen und zu benutzen. Ein Beispiel dafür wäre das in der `Coffee`-Klasse angesiedelte Array von `Batch`-Objekten. Zwei andere Begriffe, die wir jetzt untersuchen werden, sind die Abstraktion (engl. *abstraction*) und die Vererbung (engl. *inheritance*).

Zusammensetzung

9.1 Mächtigkeit von Klassen

9.1.1 Abstraktion

Die **Abstraktion** ermöglicht es einer Klasse oder Methode, sich auf das Wesentliche ihres Tuns - ihr Verhalten und ihre Schnittstelle zur Außenwelt - zu konzentrieren und sich darauf zu verlassen, dass die Einzelheiten in einem späteren Stadium ausgefüllt werden. Wir können sie uns gewissermaßen als eine verfeinerte Form der Parameterübergabe vorstellen, diesmal jedoch auf der Ebene von Klassen. Java ermöglicht die Abstraktion in zweierlei Weise: in Form von abstrakten Klassen und Interfaces.

Bisher bezogen sich alle unsere Klassen auf konkrete Beschreibungen natürlich existierender Gegenstände, wie z. B. Kuriositäten, Noten, Kaffee etc. Wollten wir eine Operation auf all diesen Klassen ausführen, etwa Arrays von Kuriositäten, Arrays von Noten oder Arrays von Kaffeesorten sortieren, so benötigten wir bisher drei verschiedene Sortiermethoden oder mussten sie alle in die Oberklasse `Object` umwandeln und auf dieser Ebene mit ihnen arbeiten. Wir haben gesehen, wie `Object` für diesen Zweck bei Hashtabellen eingesetzt wird, aber diese Lösung ist nicht ideal, da die wesentliche Definition der ursprünglichen Klasse verloren geht. Die Abstraktion ermöglicht es uns, die Sicherheit des Klassenkonzepts zu wahren und gleichzeitig die Anzahl der Wiederholungen zu verringern und die Wiederverwendung zu unterstützen - beides gehörte von Anfang an zu unseren Zielen.

Abstrakte Klassen und Interfaces konzentrieren sich auf Methoden und erlauben es uns, eine Methode mit einem gemeinsamen Namen zu definieren und zu benutzen, sie aber auf vielerlei Weise zu implementieren. Die Unterschiede zwischen den beiden Verfahren werden im Verlauf des Kapitels deutlich werden.

9.1.2 Vererbung

Arbeiten wir mit **Vererbung**, so konzentrieren wir uns auf die Definition einer Klasse, über die wir etwas wissen, und eröffnen uns eine Möglichkeit, später noch weitere Versionen davon zu definieren. Diese Versionen erben die Eigenschaften und Merkmale der Ursprungsklasse und brauchen diese in ihrer eigenen Spezifikation nicht mehr zu wiederholen. So bauen wir Klassenhierarchien auf und können Änderungen und Ergänzungen konzentriert auf der richtigen Ebene einführen. Diese Technik nennt man **inkrementelle Entwicklung** und sie ist ein wichtiges Resultat der Vererbung. In der Fallstudie 4 werden wir ein Beispiel dafür sehen.

inkrementelle Entwicklung

Spezialisierung

Ein Resultat der Vererbung auf einer höheren Ebene ist die **Spezialisierung**. Da alle Klassen der Hierarchie zu derselben Familie gehören, haben sie im Datentypensystem von Java denselben Typ und man kann die eine einsetzen, wo die andere verlangt wird. Betrachten Sie das Diagramm in der Abbildung 9.1. Wie in Kapitel 1 setzen wir eine Klasse `Nature` voraus, die aus Tieren, Bäumen und Vögeln besteht. Tiere könnten entweder Pflanzen- oder Fleischfresser sein. Als Pflanzenfresser (engl. *herbivore*) kommen Elefanten und Nashörner in Frage. Nun könnte das Datenfeld mit dem Tiernamen direkt in der obersten Klasse, nämlich in `Nature` selbst, stehen, da ja alle Tiere, Bäume und Vögel einen Namen haben müssen. Ebenso würde dort eine Methode zum Ausgeben der Namen angesiedelt werden. Hätten wir ein `Elephant`-Objekt und wollten seinen Namen schreiben, wäre die aufzurufende Methode die in `Nature`. Eine Besonderheit eines Elefanten wäre allerdings die Länge seiner Stoßzähne. Dieses Feld und die dazugehörige Anzeigemethode würden in `Elephant` selbst untergebracht. Irgendwo in der Hierarchie könnte die von einem Pflanzenfresser täglich verzehrte Grasmenge verbucht werden. Da dies für alle Pflanzenfresser gilt, speichern wir diese Informationen in der Klasse `Herbivore`. Die Abbildung 9.1 verdeutlicht all diese Entwurfsentscheidungen.

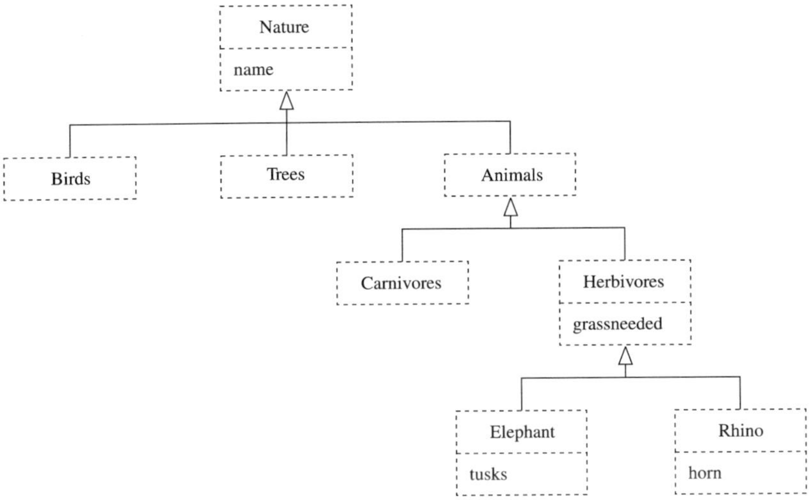

Abbildung 9.1: Eine Hierarchie in Nature

Die Abbildung 9.2 zeigt die Wirkung von zwei Deklarationen für die Klassen der untersten Hierarchie-Ebene, nämlich `Elephant` und `Rhino`. `jumbo` und `mafuta` haben je drei Instanzvariablen, wobei die letzte jedoch jeweils unterschiedlich ist. Die anderen beiden wurden von weiter oben angesiedelten Klassen geerbt.

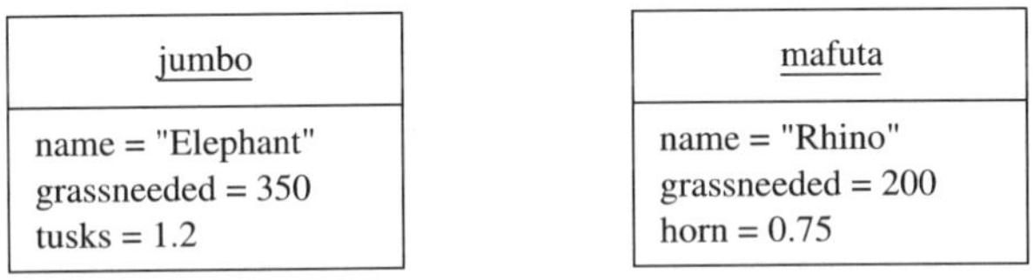

Elephant jumbo = new Elephant ("Elephant", 350, 1.2);

Rhino mafuta = new Rhino ("Rhino", 200, 0.75);

Abbildung 9.2: Objekte in der Hierarchie von Nature

9.1.3 Interfaces

Interfaces unterscheiden sich davon etwas. Ein Interface ist eine Spezifikation von Methoden und Konstanten, die von irgendwelchen Klassen implementiert werden können. Alle Klassen, die ein bestimmtes Interface implementieren, werden dann überall dort akzeptiert, wo dieses Interface als Typ angegeben wird. Dies bedeutet nicht, dass Objekte der Klassen einander zugewiesen oder in irgendeiner Form vermischt werden können. Das Interface ist nur dazu da, eine bestimmte wichtige Verhaltensweise zu garantieren. Wir haben bereits drei Interfaces kennen gelernt: `Enumeration` (Abschnitt 6.5),

`Cloneable` (Abschnitt 8.2) und `ListIterator` (Abschnitt 8.3). Schreiben wir eine Methode, die auf Objekten arbeiten soll, bei denen lediglich wichtig ist, dass sie `Cloneable` sind, so können wir Variablen in der Methode mit dem Typ `Cloneable` deklarieren. Ausführliche Beispiele zu Interfaces finden Sie im Abschnitt 9.3.

9.2 Vererbung

Nach der informellen Beschreibung von Vererbung im Abschnitt 9.1 wollen wir uns nun die Vererbung in der Praxis in Java anschauen. Jede neue Ebene in der Klassenhierarchie **erweitert** (engl. *extends*) die darüber befindliche Klasse. Dieser Begriff vermittelt den Eindruck, die neue Klasse könne mehr Datenfelder und Methoden umfassen als die ursprüngliche. Die Bezeichnungen für die verschiedenen Klassen

Klassen sind **Oberklasse** (engl. *superclass*) oder **Elternklasse** (das Original) und **Unterklasse** (engl. *subclass*) oder **Kindklasse**.

Die Vererbung ist auch transitiv. Das bedeutet, wenn eine Klasse *a* von *b* erweitert wird, die wiederum von *c* erweitert wird, dann hängt auch *c* durch Vererbung mit *a* zusammen. Ebenso wäre es auch in einer Familie: In diesem Fall wäre *a* ein Großelternteil, *b* ein Elternteil und *c* das Kind. Die Abbildung 9.1 zeigt diese Art von Vererbungshierarchie deutlich. Der Prozess des Vererbens wird auch manchmal als Ableiten (engl. *derive*) bezeichnet, aber der Java-Terminus - **erweitern** - gibt am anschaulichsten wieder, was tatsächlich passiert. In Zusammenhang mit der Vererbung müssen mehrere Begriffe definiert werden, die allerdings im folgenden, auf den Abbildungen 9.1 und 9.2 basierenden Beispiel gut erkennbar werden. Wir verschieben die Definitionen daher auf später.

Beispiel 9.1: Die Hierarchie von `Nature`

Wir möchten sehen, wie die Hierarchie von `Nature` in Java richtig ausgedrückt werden kann.

Aufgabe

Lösung Wir deklarieren für jede der Gruppen eine Klasse und konzentrieren uns dabei auf die direkte Linie von `Nature` abwärts zu `Elephant` und `Rhino`. Anschließend schreiben wir ein kleines Testprogramm, um die beiden Objekte wie in der Abbildung 9.2 zu erzeugen und auszugeben.

Programm Der Hauptteil des Testprogramms ist sehr kurz; wir haben die Hierarchieklassen jedoch als geschachtelte innere Klassen aufgenommen, da sie so kurz sind. Die unterstrichenen Deklarationen beziehen sich direkt auf das Definieren der Hierarchie. Der Rest des Programms hat damit zu tun, die Werte in die Objekte zu bringen, die wir in der Hierarchie instanziieren möchten, und derartige Objekte auszugeben.

```
class TestNature {

  TestNature () {
    Elephant jumbo = new Elephant ("Elephant",350, 1.2);
    Rhino mafuta = new Rhino ("Rhino", 200, 0.75);
    System.out.println (jumbo);
    System.out.println (mafuta);
  }

  public static void main (String [] args) {
    new TestNature ();
  }
  static class Nature {
    protected String name;

    Nature (String n) {
      name = n;
    }

    public toString () {
      return name;
    }
  }

  static class Animals extends Nature {
    Animals (String n) {
      super (n);
    }
  }

  static class Herbivores extends Animals {
    protected int grassneeded;

    Herbivores (String n, int g) {
      super (n);
      grassneeded = g;
    }
  }

  static class Elephant extends Herbivores {
    private double tusks; // their length
    Elephant (String name, int weight, double length) {
      super (name, weight);
      tusks = length;
    }
    public String toString () {
      return name+"  "+grassneeded + "  "+tusks;
```

```
    }
  }

  static class Rhino extends Herbivores {
    private double horn; // its length
    Rhino (String n, int w, double l) {
      super (n, w);
      horn = l;
    }
    public String toString () {
      return name+"  "+grassneeded + "  "+horn;
    }
    // und mehr über Rhinozerosse
  }

}
```

Test Eine Ausführung des Programms ergibt erwartungsgemäß die folgende Ausgabe:

```
Elephant  350  1.2
Rhino  200  0.75
```

9.2.1 Zugriffsart *protected*

Wir haben bereits mit verschiedenen Schutzmodifikatoren gearbeitet: privat, öffentlich und voreingestellt (vgl. Abschnitte 4.6, 5.1 und 8.2). Innerhalb einer Vererbungshierarchie benötigt man manchmal eine weitere Zugriffsart, die den paketweiten voreingestellten Zugriff auf alle Unterklassen ausdehnt. Jedes Attribut, das als `protected` deklariert ist, kann in seiner Klasse, seinem Paket und in jeder Unterklasse zugegriffen werden, sogar wenn sie in einem anderen Paket liegt. Stellen Sie sich zum Beispiel vor, die `Nature`-Hierarchie wäre auf Paketebene in einer Bibliothek definiert, um sie öffentlich benutzen zu können. Man möchte sie dann vielleicht um Unterklassen für neue Tiere erweitern, die in einem Paket außerhalb der Bibliothek deklariert werden. Innerhalb dieser Unterklassen sollen einige Attribute aus den Oberklassen zugreifbar sein. Zu diesem Zweck könnten z.B. die Variablen `name` und `grassneeded` als `protected` deklariert sein.

9.2.2 Arbeiten mit Oberkonstruktoren

Eine in Klassenhierarchien hilfreiche Technik ist das Arbeiten mit **Oberkonstruktoren** (engl. *superconstructing*). Eine Unterklasse kann den Konstruktor einer Elternklasse aufrufen, um Variablen, für die die Oberklasse verantwortlich ist, zu initialisieren. Dies erlaubt eine saubere Arbeitsteilung.

Im Beispiel 9.1 erhalten sowohl `Elephant` als auch `Rhino` für alle drei Parameter Werte, überlassen es aber ihren Elternklassen zu entscheiden, was mit denjenigen geschehen soll, die sie nicht selbst deklarieren. Es ist ein aufsteigender Prozess: `Herbivore` kümmert sich um `w`. Sie gibt `n` hinauf zu `Animals`. `Animals` macht momentan nichts anderes, als ihren Parameter hinauf an `Nature` zu übergeben.

Beachten Sie, dass der Aufruf des Oberkonstruktors die erste Anweisung in einem Konstruktor sein muss.

9.2.3 In einer Hierarchie arbeiten

Der Zweck einer Klassenhierarchie besteht darin, uns das Arbeiten auf verschiedenen Ebenen zu ermöglichen. Auf der obersten Ebene brauchen wir lediglich die Namen der Lebewesen zu kennen. Darunter besitzen wir mit jeder weiteren Ebene mehr Informationen und können in geeigneter Weise verfahren. Der Schlüssel zu dieser Arbeit auf mehreren Ebenen ist die Fähigkeit, Objekte innerhalb einer Hierarchie frei zuzuweisen. Formal ausgedrückt heißt dies:

- Jedes Objekt einer Unterklasse kann einer Variablen vom Typ seiner Oberklasse zugewiesen werden.
- Ein Objekt in einer Variablen vom Typ seiner Oberklasse kann nach einer geeigneten **Umwandlung** einer Variablen vom Typ der Unterklasse zugewiesen werden.

Umwandlung

Nimmt man diese Zuweisungen vor, so ändert sich das Objekt selbst überhaupt nicht: Lediglich die Sicht des Übersetzers ändert sich zum Zweck der Typzuordnung, z. B.:

```
Animals a;

a = jumbo;             // in Ordnung
mafuta = a;            // Nicht in Ordnung: statischer Fehler
mafuta = jumbo;        // Nicht in Ordnung: statischer Fehler
mafuta = (Rhino) a; // in Ordnung
```

Das Beispiel zeigt, dass wir Variablen nur zwischen Unter- und Oberklassen zuweisen können. `jumbo` und `mafuta` gehören zu recht unterschiedlichen Klassen, und es hätte überhaupt keinen Sinn, sie einander zuzuweisen. Aber wir können natürlich mit beiden unter dem Oberbegriff `Herbivore` oder einem noch höheren arbeiten. Dies zeigt das folgende Beispiel:

```
Herbivores greedier;

if (jumbo.grassneeded > mafuta.grassneeded)
  greedier = jumbo;
else
  greedier = mafuta;
```

Beachten Sie eine Einschränkung in Java, wonach eine Klasse nur eine einzige andere Klasse erweitern kann. Eine Vererbung aus mehreren Klassen ist nicht vorgesehen. Allerdings können Klassen mehrere Interfaces implementieren, wodurch fast derselbe Effekt erzielt wird. (Vgl. dazu den folgenden Abschnitt.)

9.2.4 Variablen verdecken

Eine Unterklasse kann nicht nur geerbten Daten etwas hinzufügen, sondern sich auch entschließen, Daten durch ihre eigene Version zu ersetzen. Dies macht sie, indem sie eine Variable deklariert, die denselben Namen hat wie die weiter oben angesiedelte. Meist tun wir dies, um den Typ durch einen besser geeigneten zu ersetzen. Wird das Objekt erstellt, existieren zwar alle Variablen nach wie vor, aber die höhere wird ausgeblendet. Dies bezeichnet man als **Verdecken** (engl. *shadowing*). Wenn zum Beispiel die Zoologen, die mit den Elefanten arbeiten, genauer wissen möchten, was diese fressen, so könnten sie beschließen, die Grasmenge als reelle Zahl festzuhalten. Wir würden zu `Elephant` also Folgendes hinzufügen:

Verdecken

```
double grassneeded;
```

Wenn wir mit Elefanten zu tun haben, erhalten wir diese Version der Variablen. Andere Klassen erhalten die ursprüngliche, ganzzahlige Version aus der Klasse `Herbivore`.

Es ist noch immer möglich, eine verdeckte Variable durch Verwendung des Präfixes **super** zu erhalten. Von `Elephant` aus würde sich also

```
super.grassneeded;
```

auf die Originalvariable in `Herbivores` beziehen.

9.2.5 Methoden überladen

Dort, wo es sinnvoll ist, können wir verschiedene Versionen einer Methode zur Verfügung stellen und dabei doch denselben Namen beibehalten. Voraussetzung hierfür ist, dass die formalen Parameterlisten eindeutig sind, damit keine Verwirrung darüber entsteht, welche Methode aufgerufen wird. Das beste Beispiel hierfür sind die beiden in der Klasse `Display` deklarierten `format`-Methoden:

```
String format (int number, int align)
String format (double number, int align, int frac)
```

9.2.6 Methoden überschreiben

Eine Unterklasse kann beschließen, ihre eigene Version einer bereits von der Oberklasse bereitgestellten Methode zu liefern. Dies bezeichnet man als **Überschreiben** (engl. *overriding*). Diese Fähigkeit würden wir nutzen, wenn wir zu Beginn eine allgemeine oder Standardmethode in einer Oberklasse definieren und dann, wenn wir die Hierarchie hinabsteigen, spezialisiertere Versionen davon zur Verfügung stellen können.

Das klassische Beispiel hierfür ist `toString`. In `Nature` gibt es eine `toString`-Methode, die einen Namen ausgibt. Sobald uns jedoch mehr Informationen über ein bestimmtes Tier zur Verfügung stehen, können wir eine detailliertere `toString`-Methode wie z. B. die in der Klasse `Elephant` definieren, die die Werte aller auf dieser Ebene sichtbaren Variablen ausgibt.

Beachten Sie, dass Überschreiben und Überladen zwei verschiedene Dinge sind. Beim Überladen werden mehrere Methoden mit demselben Namen, aber verschiedenen Parameterlisten zur Verfügung gestellt, sodass Java sie als unterschiedliche Entitäten ansieht. Beim Überschreiben sind hingegen die Parameterlisten die gleichen, aber die Methoden befinden sich in verschiedenen Klassen, zwischen denen eine hierarchische Beziehung besteht. In der Fallstudie weiter unten sehen wir uns ein Beispiel für die Vererbung in einem kleinen System an. In den folgenden Kapiteln werden noch wesentlich mehr Beispiele vorkommen, da die Java-Pakete die Vererbung häufig verwenden.

9.2.7 Dynamische Bindung

Überschriebene Methoden sind mächtiger als verdeckte Variablen. Denn wenn es in einer Hierarchie mehrere Instanzen einer Methode gibt, wird immer die in der tiefsten Unterklasse benutzt. Dies gilt selbst dann, wenn ein Objekt der Unterklasse einer Variablen der Oberklasse zugewiesen und von dort aus aufgerufen wird. Betrachten Sie das folgende Beispiel mit `jumbo`:

```
Animals a = new Animals("An animal");

System.out.println(a);     // ruft Animals-Version von toString auf
System.out.println(jumbo); // ruft Elephant-Version von toString
```

```
a = jumbo;
System.out.println(a);        // ruft noch immer Elephant-Version von
                              // toString auf
```

Das Überschreiben nutzt zum Auffinden der korrekten Methoden die **dynamische Bindung**. Jedes Objekt besitzt eine Tabelle mit seinen Methoden, und Java sucht zur Laufzeit die korrekten Versionen von überschriebenen Methoden. Normalerweise werden Methoden mit dynamischer Bindung aufgerufen, und dies kann die Gesamtleistung beeinträchtigen. Wenn wir wissen, dass eine Methode nicht überschrieben werden soll, können wir sie mit dem Modifikator `final` deklarieren und damit auch die Ausführungszeit verkürzen. Die dynamische Bindung wird in der folgenden Fallstudie sehr anschaulich dargestellt.

9.3 Abstraktion durch Interfaces

Wir haben bereits angedeutet, dass die Abstraktion Wiederholungen verringert und dazu beiträgt, die von uns geschriebenen Klassen allgemeingültig und wiederverwendbar zu machen. Java bietet zwei Möglichkeiten der Abstraktion: **Interfaces** und **abstrakte Klassen**. Beginnen wir mit den Interfaces und kommen dann im Abschnitt 9.4 zu den abstrakten Klassen.

Interface

Ein **Interface** definiert eine Menge von Methodenspezifikationen. Das ist alles. Zusammengenommen verkörpern alle diese Methoden eine Garantie: Jede Klasse, die das Interface implementiert, stellt garantiert alle diese Methoden zur Verfügung. Wir können uns ein Interface als Definition einer Menge von Normen vorstellen, und eine Klasse, die diese Normen implementiert, erhält einen „Genehmigungsstempel", da sie diesen Normen entspricht. Über Variablen vom Typ des Interface können wir daher Zugriff auf alle Methoden erhalten, die ein nach diesen Normen erstelltes Objekt verlangen.

Die Schemata für ein Interface und für eine Klasse, die es implementiert, lauten:

Deklaration eines Interface

```
interface Interfacename {
  Methodenspezifikationen
}
```

Implementierung eines Interface

```
class Klassenname implements Interfacename {
  Rümpfe der Interfacemethoden
  eigene Daten und Methoden
}
```

Die grafische Notation für ein Interface ist dieselbe wie die für eine Klasse, allerdings kommentieren wir sie mit einem I in der oberen linken Ecke und schreiben den Namen kursiv. Obwohl wir festgestellt haben, dass ein Interface nur über Methoden verfügt, kann es doch auch Konstanten haben, die im Variablenteil des Interface-Kastens aufgeführt werden.

Durch Interfaces können verschiedene Implementierungen derselben Idee gleichzeitig vorhanden sein. Das Hauptprogramm kann Variablen oder Arrays deklarieren, deren Typ das Interface ist. Dann kann jede Klasse, die das Interface implementiert, Objekte instanziieren. Das Array kann sogar Objekte verschiedener Klassen enthalten, sofern alle diese Klassen das Interface implementieren. Diese Technik wird im folgenden Beispiel, in dem es um das Sortieren geht, sehr anschaulich dargestellt und in der Fallstudie noch einmal aufgenommen. Auch in den folgenden Kapiteln wird es viele Gelegenheiten zur Verwendung von Interfaces geben. Java besitzt außerdem eigene vordefinierte Möglichkeiten, mithilfe von Interfaces zu sortieren; diese werden im Kapitel 15 mit Beispielen gezeigt.

Beispiel 9.2: Sortieren

Aufgabe

Offenbar ist die in Kapitel 6 entwickelte Sortiermethode außerordentlich nützlich. Wir möchten sie so anpassen, dass sie von den zu sortierenden Gegenständen unabhängig ist.

Lösung

Wir überlegen, wodurch eine Klasse von Objekten sortierbar wird, und kapseln diese Operation (oder Operationen) in ein Interface namens `Sortable` ein. Dann ändern wir die Methode `selectionSort` derart, dass sie mit sortierbaren Objekten funktioniert. Danach braucht eine Klasse, deren Objekte sortiert werden sollen, nur noch das Interface `Sortable` zu implementieren, und man kann für sie die Methoden des Interface `Sortable` aufrufen.

Ausgehend von der Annahme, dass wir Länder und Studenten sortieren möchten, fasst die Abbildung 9.3 die Beziehung zwischen den verschiedenen Klassen und dem Interface zusammen.

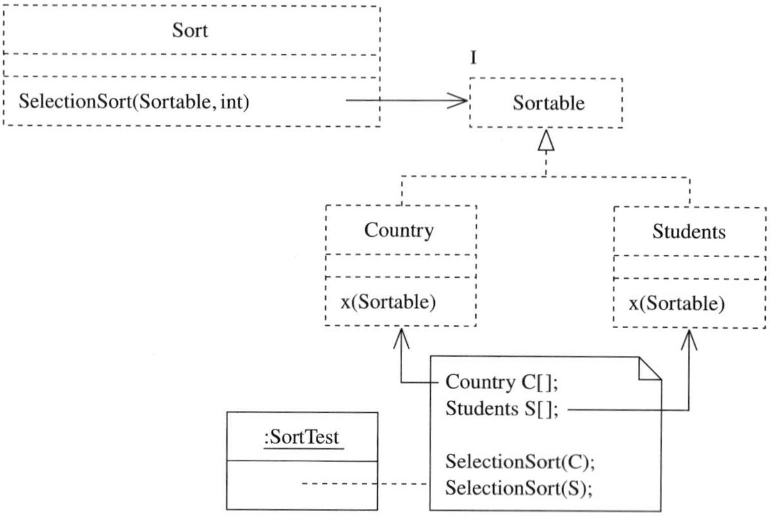

Abbildung 9.3: Die an der abstrakten Sortierung beteiligten Klassen

Was ist denn nun diese Methode `x`, auf die das Diagramm verweist? Was unterscheidet das Sortieren einer Klasse vom Sortieren einer anderen Klasse? Es ist nicht die Zuweisung der Objekte, denn diese ist für alle Typen und Klassen definiert. Die Antwort lautet: Es ist der Vergleich von zwei Elementen. Der Vergleich löst einen Austausch von Elementen aus; jede Sortierung funktioniert so. Wie dieser Vergleich durchgeführt wird, ist von Klasse zu Klasse verschieden. Es gibt zwei Ungleichheiten: „größer als" und „kleiner als". Im Folgenden werden wir „kleiner als" verwenden.

Algorithmus

Da das Sortieren natürlich ein häufig genutzter Dienst ist, werden wir ihn in das Paket `myutilities` integrieren. Zunächst definieren wir das Interface `Sortable`:

```
package myutilities;

public interface Sortable {
  public boolean lessThan (Sortable a);
}
```

Die im Abschnitt 6.4 definierte Klasse `Sort` muss ebenfalls leicht geändert werden:

```
package myutilities;

public class Sort {

    /* The Sort class   von J M Bishop  Feb 1997
     *                  überarbeitet Oktober 1997
```

```
    * Stellt eine einzige Sortiermethode bereit
    * für Arrays von Objekten beliebiger Länge
    * wobei die Klasse der Objekte das Interface
    * Sortable implementiert.
    */

  public static void selectionSort(Sortable a [], int n) {
    Sortable temp;
    int chosen;

    for (int leftmost = 0; leftmost < n-1; leftmost++) {
      chosen = leftmost;
      for (int j = leftmost+1; j < n; j++) {
        if (a[j].lessThan(a[chosen])) {
          chosen = j;
        }
      }
      temp = a[chosen];
      a[chosen] = a[leftmost];
      a[leftmost] = temp;
    }
  }
}
```

Sowohl der Array-Parameter als auch die temporäre Variable sind nun als `Sortable` deklariert. Auch der Vergleich, der vorher mit der Booleschen Relation < durchgeführt wurde, ruft nun die Methode `lessThan` auf dem einen Objekt auf und benennt das andere als Parameter.

Als Nächstes fügen wir der Klasse der zu sortierenden Objekte eine Implementierung der Methode `lessThan` hinzu. So wäre z. B. eine einfache `Country`-Klasse:

```
import myutilities.*;

class Country implements Sortable {
    /* The Country class   von J M Bishop Dez 1996
     * ----------------    Java 1.1
     * speichert einen Ländernamen und ist sortierbar
     */

    private String name;

    Country(String s) {
        name = s;
    }

    public boolean lessThan(Sortable a) {
        Country b = (Country) a;
        return (name.compareTo(b.name) < 0);
```

```
    }

    public String toString() {
        return name;
    }
}
```

In der Implementierung von lessThan müssen wir zuerst für das Sortable-Objekt, das einem Country als Parameter übergeben wurde, eine Typumwandlung vornehmen. Die Methode compareTo (die Bestandteil der Klasse String ist) operiert dann auf name des aktuellen Objekts und name des Parameters. compareTo liefert einen negativen Wert, wenn der Vergleich „kleiner" ergibt, einen positiven, wenn er „größer" ergibt und 0 bei Gleichheit.

Programm

Nun können Country, Sortable und Sort folgendermaßen in einem Testprogramm eingesetzt werden:

```
import java.io.*;
import javagently.*;
import myutilities.*;

class SortTest {

    /* The SortTest program    von J M Bishop Dez 1996
     * --------------------    Java 1.1 Oktober 1997
     *                         überarbeitet August 2000
     * Zum Sortieren einer Tabelle mit Ländern oder ganzen Zahlen.
     * Veranschaulicht Interfaces und
     * das Verknüpfen mit einem unabhängigen Sortierer.
     */

    public static void main(String[] args) throws IOException {
      new SortTest ();
    }

    SortTest () throws IOException {
        Country t [] = new Country[10];
        String s;

        Stream in = new Stream ("Countries.data", Stream.READ);
        for (int i = 0; i < t.length; i++) {
            s = in.readString();
            t[i] = new Country(s);
        }

        System.out.println("Original");
        System.out.println("========");
        for (int i = 0; i < t.length; i++) {
            System.out.println(t[i]);
```

```
        }

        Sort.selectionSort(t, t.length);

        System.out.println();
        System.out.println("Sorted");
        System.out.println("======");
        for (int i = 0; i < t.length; i++) {
            System.out.println(t[i]);
        }
    }
}
```

Beachten Sie, dass `Sortable` im Programm nicht erwähnt wird. Anders ausgedrückt hätte dieses Programm auch mit dem alten Sortiermechanismus laufen können. Die Änderung wurde zwischen der Klasse der Objekte und der Sortierung vorgenommen. Wir haben damit genug Flexibilität gewonnen, um auch andere Klassen zu sortieren.

Test

Nur um uns der Vorgehensweise zu vergewissern, geben wir die Daten und die Ausgabe des Programms an:

```
Japan
Russia
Argentina
Finland
Ukraine
Spain
Algeria
France
Iceland
Israel

Original
========
Japan
Russia
Argentina
Finland
Ukraine
Spain
Algeria
France
Iceland
Israel

Sorted
======
Algeria
```

```
Argentina
Finland
France
Iceland
Israel
Japan
Russia
Spain
Ukraine
```

Erweiterung

Eigentlich möchten wir testen, ob wir die gewünschte Unabhängigkeit erreicht haben. Eine schnelle Möglichkeit besteht darin, `SortTest` für die Sortierung von etwas anderem, z. B. von ganzen Zahlen abzuändern. Denken Sie aber daran, dass `Sortable` mit Objekten zu tun hat, sodass wir die ganzen Zahlen in eine Klasse verpacken müssen. Dabei kann es sich um eine innere Klasse handeln.

```
import java.io.*;
import javagently.*;
import myutilities.*;

class SortTestInt {

    /* The SortTestInt program   von J M Bishop Dez 1996
     *                           Java 1.1 Oktober 1997
     *                           überarbeitet August 2000
     * Zum Sortieren einer Tabelle mit ganzen Zahlen
     * Veranschaulicht das Verknüpfen miteinem unabhängigen Sortierer
     * sowie das Verpacken von ganzen Zahlen in Wrapper.
     */

    public static void main(String[] args) throws IOException {
      new SortTestInt();
    }

    SortTestInt () throws IOException {
        OurInteger[] t = new OurInteger[10];
        Stream in = new Stream(System.in);

        for (int i = 0; i < 10; i++)
            t[i] = new OurInteger(in.readInt());

        System.out.println("Original");
        System.out.println("========");
        for (int i = 0; i < t.length; i++) {
            System.out.print(t[i].val+"  ");
        }
        System.out.println();

        Sort.selectionSort(t,t.length);
```

```
        System.out.println();
        System.out.println("Sorted");
        System.out.println("======");
        for (int i = 0; i < t.length; i++) {
            System.out.print(t[i] +"  ");
        }
        System.out.println();
    }

  class OurInteger implements Sortable {

    /* Diese Attributklasse kapselt eine ganze Zahl
     * als ein Objekt und implementiert Sortable
     * für ganze Zahlen.
     */
    int val;

    public OurInteger(int i) {
      val = i;
    }

    public boolean lessThan(Sortable a) {
      OurInteger i = (OurInteger)a;
      return val < i.val;
    }

    public String toString () {
      return String.valueOf(val);
    }
  }

}
```

Die Ausführung des Programms (mit eingetippten Daten) würde ergeben:

```
Original
========
5 8 1 2 0 4 3 7 9 6

Sorted
======
0 1 2 3 4 5 6 7 8 9
```

Bevor wir das Thema Interfaces verlassen, möchten wir betonen, dass diese lediglich Methodenspezifikationen enthalten können - keine vollständigen Methoden oder Variablen. Sie dürfen jedoch bei Bedarf Konstanten enthalten.

9.4 Abstrakte Methoden und Klassen

Das letzte Mitglied im Leistungstrio für Klassen sind abstrakte Methoden und abstrakte Klassen. Setzt man sie zusammen mit Interfaces und Vererbung ein, ermöglichen sie einen klaren und verständlichen Aufbau großer Systeme.

9.4.1 Abstrakte Methoden

Abstrakte Methoden bieten „Platzhalter" für Methoden, bei denen die Vernunft gebietet, sie auf einer bestimmten Ebene einzuführen, die aber weiter unten in der Hierarchie in mehreren Formen implementiert werden. Nehmen wir z. B. eine Methode `sleep` im `Nature`-Beispiel. Es wäre wahrscheinlich wenig sinnvoll, mit einer allgemeinen Methode die Schlafgewohnheiten aller Tiere zu beschreiben. Aber wir wissen, dass alle Tierarten Schlafgewohnheiten haben, und im Umgang mit Objekten auf der Ebene der `Animals`-Klasse wäre es nützlich, die verschiedenen Methoden für die verschiedenen unten angesiedelten Klassen aufrufen zu können. Was wir hier suchen, ist das Konzept einer abstrakten Methode. Wir deklarieren also in `Animals`:

```
abstract void sleep ();
```

Schreibt man dies in `Animals` hinein, wird diese Klasse zu einer abstrakten Klasse.

9.4.2 Abstrakte Klassen

Eine abstrakte Klasse ist eine Klasse mit mindestens einer abstrakten Methode. Eine abstrakte Klasse kann nicht mehr zum Erzeugen von Objekten genutzt werden: Die Anwesenheit einer abstrakten Methode bedeutet, dass die Klasse unvollständig ist. Es müssen zuerst Unterklassen gebildet und die abstrakte(n) Methode(n) mit Inhalt gefüllt werden. Im obigen Beispiel wird `Animals` zu:

```
abstract class Animals extends Nature {
  // Hier gibt es alles mögliche.

  abstract void sleep ();

  // und hier noch mehr.
}
```

Nun kann jede Klasse der unteren Ebene, wie z. B. `Elephant` und `Rhino`, die Definition von `sleep` vervollständigen. Steht in `Herbivore` nichts über den Schlaf, folgert man, dass auch diese Klasse als abstrakt deklariert werden muss.

Wie würden wir nun die Hierarchie anwenden? Das Erzeugen von Objekten findet auf der untersten konkreten Ebene statt, z. B.:

```
Elephant E [] = new Elephants [10];
Rhino R [] = new Rhino [5];
```

Doch nun können wir keine `Herbivores` oder `Animals` mehr als solche erzeugen (sie sind abstrakt). Was wir erlangt haben, ist Abstraktion: Wir haben definiert, was getan werden sollte, und überließen die Verantwortung für das eigentliche Tun anderen Klassen.

In den Java-Paketen gibt es mehrere Beispiele abstrakter Klassen, von denen einige bereits in den vorangegangenen Kapiteln diskutiert wurden (z. B. `Date`, `TimeZone`, `NumberFormat` etc.). Diese Klassen bieten Klassenmethoden, mit denen eine Instanz der Klasse erzeugt werden kann, wie wir es bereits die ganze Zeit getan haben.

9.5 Fallstudie 4: Kennzeichen für Haustiere

Der Tierärzteverband von Savanna (SVA) entwickelte vor einigen Jahren ein System zur Kennzeichnung von Haustieren, um eventuell herumstreunende Tiere zu ihren Eigentümern zurückzuverfolgen. Die Kennzeichen (engl. *tag*) waren klein und einfach; es stand nur der Name des Tiers und die Telefonnummer des Halters darauf. Fand man ein Tier, konnte der Finder den Eigentümer telefonisch zu erreichen versuchen, um es zurückzubringen. Der SVA stellte jedoch fest, dass Eigentümer bei einem Umzug ihre Kennzeichen nicht immer aktualisierten, sodass es schwieriger wurde, sie zu finden.

Danach richtete der SVA ein Zentralregister für alle Kennzeichen ein, damit Anrufer herausfinden konnten, ob ein Tier als vermisst gemeldet war oder nicht. Zudem möchte er ein verbessertes Kennzeichen, `XTags`, einführen, auf dem auch der Name des Tierarztes (engl. *vet, veterinarian*) steht. Das alte System muss natürlich neben dem neuen weitergeführt werden. Das Register wird über einen Zeitraum von mehreren Monaten aufgebaut und besteht aus alten und neuen Kennzeichen zugleich.

9.5.1 Lösung 1 und Klassenentwurf

Die Lösung besteht darin, Vererbung zu nutzen. Das alte Programm existiert bereits und läuft mit den alten Kennzeichen. Wir definieren nun eine neue Kennzeichen-Klasse namens `XTags`, die die alte Klasse `Tags` erweitert und das neue Datenelement enthält. Beide lassen sich jedoch unter dem „Familiennamen" `Tags` im Register speichern.

Das Programm kann in einer Klasse enthalten sein, und für die Erzeugung der Objekte gibt es die Klassen `Tags` und `XTags`. `main` ruft drei Methoden auf, die die erforderliche Verarbeitung übernehmen. Die Methode `makeTags` erzeugt die eigentlichen `Tags`-Objekte und schreibt sie in das Array, das folgendermaßen deklariert wird:

```
static Tags register [] = new Tags [100];
```

`showTags` zeigt das aktuelle Register an und `checkTags` ist die der Öffentlichkeit zur Verfügung gestellte Funktion, um durch das Kennzeichen eines Tieres die Telefonnummer seines Besitzers zu finden.

Die ursprüngliche `Tags`-Klasse sieht folgendermaßen aus:

```
class Tags {

  /* The Tags class          von J M Bishop Januar 1997
   * Zum Speichern von Daten über ein Haustier.
   */

  String name, phone;

    public Tags(String n, String p) {
      name = n;
      phone = p;
    }
    public String toString() {
      return name+" tel: "+phone;
    }

}
```

Sie hat einen Konstruktor und eine Methode, nämlich die Standardmethode `toString`, die eine Konkatenation von Kennzeichen mit anderen Zeichenreihen und anderen Anweisungen ermöglicht, die Zeichenreihen erfordern. Der Teil von `makeTags`, der dem Register ein Kennzeichen hinzufügt, ist:

```
Tags tag = new Tags (petsName, ownersPhone);
register[index] = tag;
```

In `showTags` wird dies so ausgegeben:

```
display.println(i+"\ t"+ register[i]);
```

Die Daten für das Programm liegen in Form von Tiernamen und Telefonnummern vor und werden in einer Datei gespeichert. Das vollständige Veterinär-Programm befindet sich im Original auf der Website. Hier beeilen wir uns, zur Erweiterung zu kommen, um die Vererbung zu verdeutlichen.

9.5.2 Lösung 2

Jetzt möchten wir dem System die `XTags` hinzufügen. Ihre Klasse ist angegeben durch:

```
public class XTags extends Tags {

  /* The XTags class     von J M Bishop  Januar 1997
   * für erweiterte Tierkennzeichen mit der Nummer des Tierarztes.
   * Verwendet Vererbung */

  String vet;

  public XTags(String n, String p, String v) {
    super(n, p);
    vet = v;
  }

  public String toString() {
    return name+" tel: "+phone+" Vet's tel: "+vet;
  }

}
```

Hier sind mehrere Punkte zu beachten. `XTags` hat Zugriff auf die Variablen `name` und `phone` in `Tags`. Sie überschreibt die `toString`-Methode in `Tags` und deklariert ein eigenes neues Datenfeld, `vet`.

9.5.3 Programm

Bevor wir das komplette Veterinär-Programm betrachten, wollen wir uns den wichtigen Abschnitt anschauen, in dem es um die Vererbung geht.

```
char kind = fin.readChar();
petsName = fin.readString();
ownersPhone = fin.readString();
Tags tag;
switch (kind) {
  case 'p':
  case 'P':
    tag = new Tags(petsName, ownersPhone);
    break;
  default:
```

```
11.     case 'x':
12.     case 'X':
13.       String vetsPhone = fin.readString();
14.       tag = new XTags(petsName, ownersPhone, vetsPhone);
15.   }
16.   register[index] = tag;
```

Die allererste Zeile beschafft Informationen, ob das Haustier ein `Tags` oder ein `XTags` erhält. Dies wird entweder durch „P“ (für *„plain“*, dt. „einfach“) oder durch „X“ für `XTags` angezeigt. Die Zeilen 2 bis 3 beschaffen die allgemeinen Informationen über den Tiernamen und die Telefonnummer des Eigentümers. Nun erstellen wir mithilfe einer Switch-Anweisung die beiden Kennzeichenarten. `XTags` wird voreingestellt, da wir die Öffentlichkeit veranlassen möchten, auf die neue Version umzuschwenken. Indem wir einen Fall für Groß- und einen für Kleinbuchstaben verwenden, ermöglichen wir eine Anpassung an beide Schreibweisen.

Die Anweisung unter dem Fall „P“ stammt aus dem alten Programm und erzeugt ein neues `Tags`-Objekt. Wird jedoch eines der neuen Kennzeichen angefragt, so lesen wir mehr Daten ein und erstellen ein `XTags`-Objekt, **aber in demselben `tags`-Feld**. Jedes erstellte Kennzeichen wird dem Register zugewiesen, das nach wie vor mit der Oberklasse `Tags` deklariert ist. Da `XTags` von `Tags` erbt, mit anderen Worten also zur Familie gehört, wird es auch überall dort akzeptiert, wo ein `Tags` verlangt wird. So trägt Vererbung zur Wiederverwendbarkeit und Wartungsfreundlichkeit von Programmen bei.

Hier sehen Sie nun das vollständige, aktualisierte Programm. Das Hauptprogramm instanziiert eine geschachtelte Klasse namens `DataHandler`, in der der Großteil der Arbeit getan wird.

```
import java.io.*;
import javagently.*;
class VeterinaryTags {

    /* The Vet tagging program     von J M Bishop Jan 1997
     * ----------------------      Java 1.1 Okt 1997
     *                             Display-Klasse Juli 1999
     * Unterhält ein Register von Tierkennzeichen und ermöglicht,
     * dass damit geprüft wird, ob ein verlorenes Tier gefunden wurde.
     * Verwendet zwei Arten von Kennzeichen.
     * Veranschaulicht die Vererbung.
     */
  public static void main (String args []) throws IOException {
    TagDataHandler vetAssoc = new TagDataHandler ();
    vetAssoc.initialize();
    vetAssoc.makeTags();
```

```
    vetAssoc.showTags();
    while (true)
      // endet, wenn der close-Knopf in der Anzeige gedrückt wird
      vetAssoc.checkTags();
}
static class TagDataHandler {
  int index;
  Tags[] register = new Tags[100];
  Display display = new Display ("Veterinary tag system");
  BufferedReader fin = Text.open(System.in);

  void initialize () {
    // fin defaults to the keyboard in case there is no file

    display.println("Savanna Pet Tag System");
    display.prompt ("Pet file name", "tags.data");
    while (true) {
      display.ready("Set file name and press ready");
      String filename = display.getString("Pet file name");
      try {
        fin = Text.open(filename);
        break;
      } catch (FileNotFoundException e) {
        display.println("No such file, try again");
      }
    }
  }
  void makeTags( ) throws IOException {
    String petsName, ownersPhone;
    while (true) {
      try {
        char kind = fin.readChar(fin);
        petsName = fin.readString(fin);
        ownersPhone = fin.readString(fin);
        Tags tag;
        switch (kind) {
          case 'p':
          case 'P':
            tag = new Tags(petsName, ownersPhone);
            break;
          default:
          case 'x':
          case 'X':
            String vetsPhone = Text.readString(fin);
            tag = new XTags(petsName, ownersPhone, vetsPhone);
        }
        register[index] = tag;
        index++;
      }
      catch (EOFException e) {
```

```
          break;
        }
      }
      display.println("All "+index+" pets read in.\n");
    }
    void showTags() {
      display.println("The Pet Register\n");
      display.println("Pet No.  Name and phone no.");
      for (int i = 0; i < index; i++)
        display.println(i+"   "+register[i]);
      display.prompt("Found pet's tag name","Buster");
    }
    void checkTags() {
      display.ready("\nEnter pet's name as on tag and press ready");
      String info = display.getString("Found pet's tag name");
      boolean found = false;
      for (int i = 0; i < index; i++)
        if (register[i].name.equals(info)) {
          display.println("The pet called "+
            info+" is registered no. "+i);
          display.println("Full info: "+register[i]);
          found = true;
          break;
        }
        if (!found)
           display.println("The pet called "+
             info+" is not registered.");
     }
  }
}
```

Test Abbildung 9.4 zeigt eine Beispielausführung des Programms.

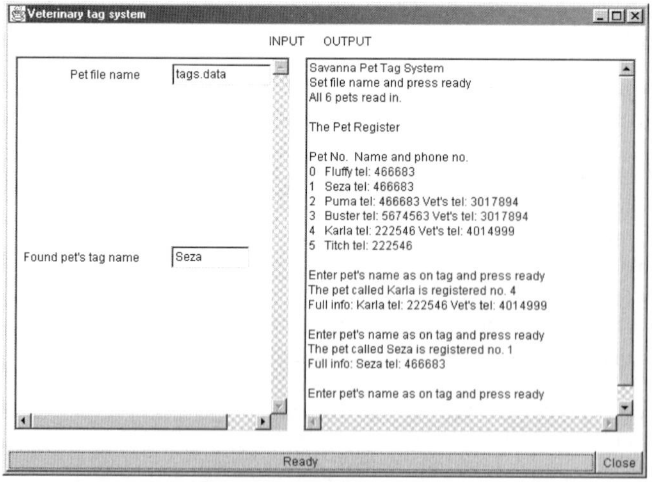

Abbildung 9.4: Die Anzeige des Veterinärprogramms

9.5.4 Sortieren des Registers

Im nächsten Schritt müssen wir unser Tags-Register sortierbar machen, was im Wesentlichen bedeutet, dass wir die Objekte der Klasse Tags sortierbar machen müssen. Die erste Frage lautet: Auf welchem Feld möchten wir sortieren? Wir könnten einfach auf den Tiernamen sortieren, wobei eine Methode lessThan folgendermaßen aussehen würde:

```
public boolean lessThan (Sortable secondTag) {
  Tags temp = (Tags) secondTag;
  return (name.compareTo(temp.name) < 0);
}
```

Die lokale Variable temp wird benötigt, da wir den Parameter (der den allgemeinen Interface-Typ hat) in den speziellen Typ Tags umwandeln müssen, ehe wir zu Tags gehörige Felder aufnehmen können. In diesem Fall würde nur Tags Sortable implementieren und alle XTags würden in der Vererbungshierarchie zurückgehen und lessThan verwenden. Ein XTag enthält nichts, was das Sortierverfahren beeinflussen würde.

Nehmen wir jedoch an, der Ärzteverband möchte auf Telefonnummern sortieren. Beim alten Tags-System werden hierbei Tiere für einen gegebenen Besitzer zu einer Gruppe zusammengefasst. Mit XTags möchten wir nun stattdessen die Telefonnummer des Tierarztes berücksichtigen. Jetzt unterscheidet sich das Sortieren der XTags von dem der Tags. Und wie definieren wir lessThan, wenn einer der Operanden ein Tag und der andere ein XTag ist?

Zuerst müssen wir uns klarmachen, dass selectionSort die Methode in der Klasse des ersten Operanden aufruft. Wenn der erste zu vergleichende Operand ein Tags-Objekt ist, werden wir an einer bestimmten Stelle im Sortiervorgang zu der Methode lessThan für Tags kommen. In diesem Stadium könnte der Parameter jeden der beiden Typen haben. Die Methode lessThan sieht folgendermaßen aus:

```
public boolean lessThan (Sortable secondTag) {
  Tags temp = (Tags) secondTag;
  // temp kann ein Tags oder ein xTags sein, daher holen wir
  // das relevante Telefonfeld durch den Aufruf einer Methode
  String secondString = temp.getPhone();
  return (phone.compareTo(secondString) < 0);
}
```

Wir erhalten den zweiten Operanden vom Parameter, wissen aber nicht mit Sicherheit, welchen Typ er hat. Daher wenden wir das Verfahren der dynamischen Bindung an und holen uns mit einer

Methode die gewünschte Telefonnummer. Ist der zweite Operand ein `Tag`, dann wird `getPhone` für `Tags` aufgerufen, was folgendermaßen aussieht:

```
String getPhone () {
  return phone;
}
```

Ist der zweite Operand jedoch ein XTag, so leitet Java getPhone zu dieser Klasse, die die Telefonnummer des Tierarztes folgendermaßen zurückgibt:

```
String getPhone () {
  return vet;
}
```

Die Methode `lessThan` in `XTags` entspricht genau der oben angeführten, allerdings bezieht sich die letzte Zeile auf `vet`:

```
return (vet.compareTo(secondString) < 0);
```

Wie bereits erklärt, nimmt der zweite Operand die Telefonnummer eines Besitzers oder eines Tierarztes auf, je nachdem, welchen Typ ein Objekt zur Laufzeit hat. Der Vollständigkeit halber zeigen wir hier die Klasse `Tags` insgesamt:

```
import myutilities.*;
class Tags implements Sortable {
    /* The Tags class          von J M Bishop Januar 1997
     * --------------          adaptiert Juli 1999
     * Zum Speichern von Daten über ein Haustier.
     */
    String name, phone;
    public Tags(String n, String p) {
        name = n;
        phone = p;
    }
    String getPhone () {
      return phone;
    }
    public boolean lessThan (Sortable secondTag) {
      Tags temp = (Tags) secondTag;
      // temp kann ein Tags oder ein xTags sein, deshalb holen wir
      // das relevante Telefonfeld durch den Aufruf einer Methode
      String secondString = temp.getPhone();
      return (phone.compareTo(secondString) < 0);
    }
    public String toString() {
        return "Owner: "+phone+"  "+name;
    }
}
```

Schließlich ist noch eine geringfügige Anpassung des Hauptprogramms erforderlich. `Sortable` wird dort weder implementiert noch erwähnt; all dies geschieht ausschließlich in den `Tag`-Klassen. Das Hauptprogramm muss lediglich den folgenden Aufruf absetzen:

```
Sort.selectionSort (register,index);
```

Abbildung 9.5 zeigt die Ausgabe des Programms nach dem Sortieren des Registers auf diesen Telefonnummern. Wir haben die Art, wie jede Zeile ausgegeben wird, verändert, um zu veranschaulichen, wie das Sortieren funktioniert. Der Ausgabe können wir entnehmen, dass Fluffy, Seza und Puma, die alle derselben Person gehören, getrennt sortiert werden, da Puma ein X-Tag hat und somit zuerst nach der Telefonnummer des Tierarztes sortiert wird.

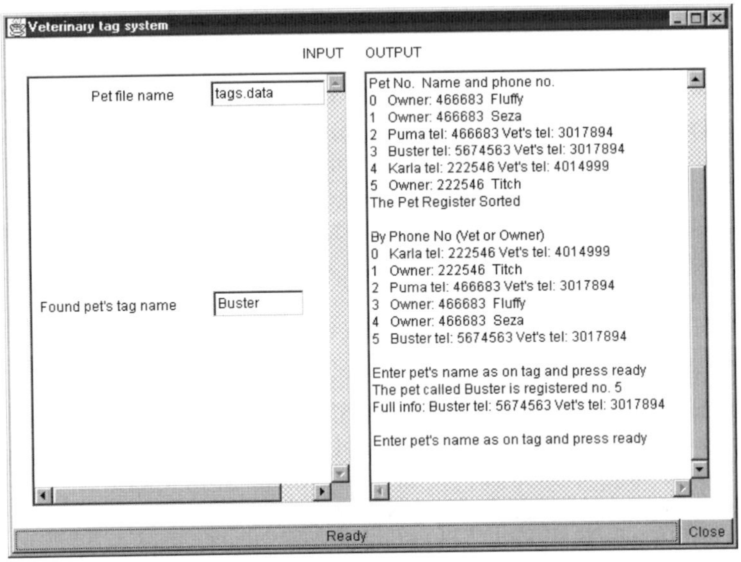

Abbildung 9.5: Das Haustierregister, sortiert nach den Telefonnummern von Tierärzten und Besitzern.

9.6 Serialisierung

Der aufmerksame Leser hat sicher bemerkt, dass bei den beiden letzten Fallstudien - dem Kaffeegeschäft und den Kennzeichen für Haustiere - ein Dateninventar gespeichert werden muss. Die Daten werden ursprünglich aus einer Textdatei eingelesen und können dann aktualisiert (wie beim Verkauf von Kaffee) oder abgefragt werden (wie beim Überprüfen der Kennzeichen). Es gibt jedoch keine Möglichkeit, den Zustand der Daten zwischen zwei Ausführungen des Programms aufzubewahren. Daher sind beide Programme etwas unrealistisch.

Offensichtlich müssen Daten sowohl während einer Programmausführung (für den Fall eines Systemzusammenbruchs) als auch am Ende der Ausführung (damit wir nicht von vorne anfangen müssen) gespeichert werden. In Java basiert das Sichern von Daten auf einer speziellen Funktion namens Serialisierung.

Serialisierung

Die **Serialisierung** ist ein Verfahren, mit dem man ein Objekt so in einen einfachen Byte-Strom umwandeln kann, dass es sich später korrekt rekonstruieren lässt. Sobald wir einen derartigen Byte-Strom haben, können wir ihn in eine Datei ausgeben und wieder neu einlesen. Das serialisierte Objekt ist üblicherweise zusammengesetzt aus vielen anderen Objekten, etwa einem Array oder einer Hashtabelle oder sogar einer verketteten Liste. Java kommt mit allen bisher behandelten Arten von Strukturen zurecht.

Die Serialisierung besteht aus zwei Teilen. Zuerst muss die Klasse des zu serialisierenden Objekts erklären, dass sie das Interface `Serializable` implementiert. Da dieses Interface für die Oberklasse `Object` bereits implementiert ist, brauchen die darin enthaltenen Methoden eigentlich nicht implementiert zu werden: Die Deklaration weist einfach darauf hin, dass die Klasse das Aufrufen dieser Methoden zulässt. Die Methoden heißen `writeObject` und `readObject`. Sie nehmen Objekte und geben sie zurück, und sie werden in den Klassen `ObjectOutputStream` und `ObjectInputStream` deklariert. Das folgende Schema gibt Syntax und Semantik der Serialisierung wieder.

Zusätzlich gibt es einige Ausnahmen, die durch den oben beschriebenen Prozess ausgelöst werden können. Diese beziehen sich im Allgemeinen auf Ein- und Ausgabe-Fehler (falsche Dateinamen usw.) oder Klassenfehler (das Objekt hat `Serializable` nicht implementiert). Die Methode, die die oben genannten Schemata verwendet, sollte daher die Ausnahmen `IOException` und `ClassNotFoundException` abfangen.

Im folgenden Beispiel und einigen der Aufgaben konzentrieren wir uns auf die Serialisierung von Daten in Dateien. In Kapitel 14 werden wir sehen, wie wir auch über ein Netzwerk serialisieren können.

Ein Objekt serialisieren

```
// Das Objekt schreiben
ObjectOutputStream outstream =
    new ObjectOutputStream (outputStreamObject);
outstream.writeObject(theObject);
outstream.close();

// Das Objekt wieder einlesen
ObjectInputStream instream =
   new ObjectInputStream (inputStreamObject);
theObject = (Serializable) instream.readObject();
instream.close();
```

Der Konstruktor für *outstream* liefert als Parameter einen Strom wie z. B. eine Datei, ein Array oder eine Netzwerkverbindung (vgl. Kapitel 14). Der entsprechende Konstruktor für den Eingabestrom liefert denselben konkreten Strom.

Die Methode `writeObject` nimmt den gegebenen Parameter, wandelt ihn in eine Byte-Strom um und übermittelt ihn an `outstream`.

Die Methode `readObject` holt die Bytes aus dem entsprechenden `instream` und rekonstruiert die Struktur des ursprünglichen Objekts, sei es ein Array, eine Liste oder was auch immer.

Beide Ströme sollten geschlossen werden, bevor man weitermacht.

Die Klasse von `theObject` muss so deklariert werden, dass sie das Interface `Serializable` implementiert.

Beispiel 9.3: *Serializable* veranschaulichen

Aufgabe

Die Anweisung lautet: „Veranschaulichen Sie `Serializable`“.

Lösung

Wir werden ein System einrichten, um ein Objekt zu serialisieren, und es dann mit einem Objekt-Array und einer Liste von Objekten prüfen, und zwar mit den Kaffeesorten aus dem Beispiel 8.2. Da wir also Allgemeingültigkeit anstreben, nutzt der Entwurf der Methode weitgehend das Interface `Serializable` als Typ. Die Methode lautet:

```
Serializable outAndInAgain (Serializable structure) {
  Serializable copy = null;
   try{
   // Serialisiere das Objekt
     ObjectOutputStream out =
           new ObjectOutputStream (new FileOutputStream("mydata"));
     out.writeObject(structure);
     out.close();

   // Lies das Objekt neu ein
     ObjectInputStream in =
           new ObjectInputStream (new FileInputStream("mydata"));
```

```
      copy = (Serializable) in.readObject();
      in.close();
    } catch (IOException e)
      { System.out.println("IO problem "+e.getMessage());}
      catch (ClassNotFoundException e)
      { System.out.println("Class problem "+e.getMessage());}
  return copy;
}
```

Dies ist lediglich eine Testmethode, da sie in eine Datei schreibt und sofort wieder daraus liest - was normalerweise wohl kaum geschehen wird. Beachten Sie, dass die als Parameter an die Konstruktoren für `ObjectOutputStream` und `ObjectInputStream` übergebenen Objekte Dateien sind, aber auf Klassen beruhen, die wir bisher noch nicht benutzt haben. Bei der Besprechung der Klasse `Stream` im Abschnitt 7.3 verwendeten wir `FileReader` und `FileWriter`. Der Unterschied besteht darin, dass die oben benutzten Klasssen mit rohen Byteströmen zu tun haben, während die in `Stream` verwendeten beiden Klassen auf der Ebene der Zeichen arbeiten.

Programm

Das Programm besteht aus zwei Teilen. Der erste Teil veranschaulicht die Serialisierung eines kleinen Arrays aus Namen und Noten von Studenten. Der zweite Teil zeigt an Hand der Testklasse `Coffee` aus dem Beispiel 8.2, wie eine Liste auch in einer einzigen Anweisung serialisiert werden kann.

```
import java.io.*;
import javagently.*;

class TestFiles implements Serializable  {

  /* Serializing files                J M Bishop  April 2000
   * =================
   *
   * veranschaulicht, wie leicht es ist, Datenstrukturen aus und in
   * eine Datei zu speichern und wieder zu lesen.
   * Das Programm und die Klasse von Objekten müssen deklarieren,
   * dass sie Serializable implementieren.
   */

  TestFiles ()  throws IOException {
    doItWithAnArray();
    doItWithAList();
  }

  Serializable outAndInAgain (Serializable structure) {
    Serializable copy = null;

     try{
```

```
    // Serialisiere das Objekts
      ObjectOutputStream out =
            new ObjectOutputStream (new FileOutputStream("mydata"));
      out.writeObject(structure);
      out.close();

    // Lies das Objekt neu ein
      ObjectInputStream in =
            new ObjectInputStream (new FileInputStream("mydata"));
      copy = (Serializable) in.readObject();
      in.close();
    } catch (IOException e)
      { System.out.println("IO problem "+e.getMessage());}
      catch (ClassNotFoundException e)
      { System.out.println("Class problem "+e.getMessage());}
      return copy;
  }

void doItWithAnArray () {

  Students [] table = new Students [10];
  Students [] copy = new Students [10];
   // Setze die Testdaten
  table[0] = new Students("Peter",84);
  table[1] = new Students("John",51);
  table[2] = new Students("Kathy",65);
  int n = 2;

  // Gib die ursprünglichen Daten aus
  System.out.println("\nThe original table");
   for (int i=0; i<=n; i++)
     System.out.println(table[i]);

  // Nimm einige Veränderungen vor
  table[1].marks = 58;
  table[2].name = "Cathy";
  table[3] = new Students("Sipho",70);
  n = 3;

  copy = (Students []) outAndInAgain (table);

   //Gib die Tabelle und die Kopie aus.
   System.out.println("\nThe copied table");
   for (int i=0; i<=n; i++) {
     System.out.println(copy[i]);
   }
  }

void doItWithAList () throws IOException {
  Coffee coffees = null;
```

```
    Coffee copy = null;
    String name;
    Stream in = new Stream ("names.dat", Stream.READ);

    // Lies die Kaffeedaten aus der Textdatei
    for (int i=0; i<=4; i++) {
      name = in.readString();
      coffees = new Coffee (name, coffees);
    }

    // Gib die Liste aus
    Coffee list = coffees;
    System.out.println("\ nCoffees on the list");
    for (int i=0; i<=4; i++) {
      System.out.println(list.name);
      list = list.link;
    }

    copy = (Coffee) outAndInAgain (coffees);

    //Gib die Liste so aus, wie sie neu eingegeben wurde
     list = copy;
     System.out.println("\nThe read back list");
     for (int i=0; i<=4; i++) {
       System.out.println(list.name);
       list = list.link;
     }
   }

   public static void main (String args []) throws IOException {
     new TestFiles ();
   }

class Students implements Serializable {

  String name;
  int marks;

  Students (String n, int m) {
    name = n;
    marks = m;
  }

  public String toString () {
    return name + " " + marks;
  }
}

  class Coffee implements Serializable {
    /* Kleine Prüfklasse mit einer Verknüpfung */
```

```
      Coffee (String name, Coffee c) {
      this.name = name;
      link = c;
    }
    String name;
    Coffee link;
  }

}
```

Test

Der folgende kleine Test veranschaulicht, dass der Prozess tatsächlich funktioniert.

```
The original table
Peter 84
John 51
Kathy 65

The copied table
Peter 84
John 58
Cathy 65
Sipho 70

Coffees on the list
Italian
Kenyan
VIP
Colombian
Java

The read back list
Italian
Kenyan
VIP
Colombian
Java
```

9.7 Zusammenfassung

Der Einsatz von Abstraktion und Vererbung erhöht die Leistungsfähigkeit der objektorientierten Programmierung deutlich. Abstraktion ermöglicht uns eine Konzentration auf das Wesentliche einer Methode oder Klasse: das, was sie dem Anwender garantieren soll. Die Einzelheiten können später - und möglicherweise durch mehr als eine Implementierung der Abstraktion - nachgetragen werden. Um Abstraktion zu erreichen, bietet Java Interfaces sowie abstrakte Klassen und Methoden.

Vererbung dient mindestens zwei Zwecken. Die Lebensdauer eines Systems erhöht sich durch die Erstellung neuer Klassenversionen, die neue Merkmale besitzen, aber die alten erben. Beide Klassen werden als zu derselben Familie gehörig betrachtet, sodass man die Unterklasse überall, wo die Oberklasse erwartet wird, einsetzen kann. Zudem können wir die Informationen danach aufteilen, was auf welcher Ebene wichtig ist, und eine Hierarchie von gemeinsam oder separat nutzbaren Klassen aufbauen.

Man braucht Objekte nicht immer im Hauptspeicher zu behalten: Durch den Serialisierungsprozess kann man sie leicht in ein dauerhaftes Speichermedium schreiben.

In diesem Kapitel definierten wir die folgenden Schlüsselwörter:

```
extends
interface
implements
abstract
protected
```

Wir benutzten die folgenden APIs:

```
Sortable
Serializable
FileOutputStream
FileInputStream
ObjectOutputStream
ObjectInputStream
```

Wir definierten die folgenden Schemata:

Deklaration eines Interface
Implementierung eines Interface
Ein Objekt serialisieren

9.8 Übungen

9.1 Wenn wir der `Nature`-Hierarchie noch hinzufügen möchten, wie lange die Jungen ausgetragen werden, in welche Klasse(n) würde dies dann logischerweise gehören?

(a) `Nature`

(b) `Animals`

(c) `Elephant` und `Rhino`

(d) `Herbivores`

9.2 `TestNature` kann die Variable `name` in der Klasse `Nature` nicht sehen, weil:

(a) `name protected` ist.

(b) `Nature` in `TestNature` nicht instanziiert wurde

(c) `Nature` eine Oberklasse und keine Unterklasse von `Elephant` und `Rhino` ist

(d) `name` nicht initialisiert wurde

9.3 In der `Nature`-Hierarchie ist die Methode `toString` ein Beispiel

(a) für das Überschreiben

(b) für das Überladen

(c) für das Verdecken

(d) für eine dynamische Bindung

9.4 Wollten wir die Liste der Kaffeesorten aus Beispiel 8.2 sortieren,

(a) könnten wir dies durch die Implementierung von `Sortable` machen.

(b) könnten wir dies machen, indem wir `Sortable` implementieren und eine `lessThan`-Methode definieren.

(c) könnten wir dies nicht machen, da `selectionSort` nur auf Arrays funktioniert.

(d) könnten wir dies nicht machen, da wir zwischen zwei Listenobjekten keine Methode `lessThan` definieren können.

9.5 Wenn `a` ein `Animal`-Objekt ist, hat es die folgenden Datenvariablen:

(a) `name`

(b) `name` und `grassNeeded`

(c) keine

(d) `name, grassNeeded` und entweder `tusks` oder `horn`

9.6 Die Regel für die Arbeit in einer Hierachie, ausgedrückt mit den Klassen P und Q, wobei Q erweitert P gilt, lautet:

(a) Q kann P zugewiesen werden

(b) P kann Q durch eine Typumwandlung zugewiesen werden

(c) sowohl (a) als auch (b)

(d) weder (a) noch (b)

9.7 Das Folgende stellt den Versuch dar, eine Methode `lessThan` für den Vergleich von `Rhino`-Hörnern zu implementieren.

```
public boolean lessThan (Sortable a) {
  return horn < a.horn;
}
```

Dies lässt sich nicht übersetzen, da

(a) `horn` als `private` deklariert ist

(b) `a` nicht unbedingt ein Horn hat

(c) `<` nicht für Variablen vom Typ `double` definiert ist

(d) `lessThan` bereits für Stoßzähne definiert wurde

9.8 Um ein in eine Datei geschriebenes Hashtabellen-Objekt namens `hash` wieder zu lesen, (wobei wir davon ausgehen, dass eine korrekte Verbindung zu einem Objektstrom `oos` hergestellt wurde), verwenden wir:

(a) `hash = (HashTable) oos.readObject();`

(b) `hash = (Serializable) oos.readObject();`

(c) `hash = oos.readObject();`

(d) `hash = new readObject ();`

9.9 Wenn der Serialisierungsprozess eine `ClassNotFoundException` auslöst, ist ein wahrscheinlicher Grund hierfür:

(a) Die Klasse wurde nicht übersetzt.

(b) Die Klasse wurde nicht instanziiert.

(c) Die Klasse wurde nicht so deklariert, dass sie `Serializable` implementiert.

(d) Die Klasse existiert nicht.

9.10 Um eine Instanz einer abstrakten Klassen zu erzeugen, müssen wir

(a) alle abstrakten Methoden implementieren und dann diese Klasse instanziieren

(b) die Klasse instanziieren

(c) ihre Oberklasse instanziieren

(d) eine Klassenmethode aufrufen, um die Instanz zu erzeugen.

9.9 Aufgaben

9.1 **Objekte veranschaulichen:** Nehmen Sie in Beispiel 9.1 für jede in den Abschnitten 8.2 oder 9.2 vorgestellte Objekteigenschaft ein Beispiel auf. Kommentieren Sie Ihr Programm vollständig.

9.2 **Ein Notensystem:** Richten Sie ein Notensystem mit einer Klasse `Students` ein, die aus der Nummer und den Noten der Studenten besteht. Je Student gibt es fünf Noten, und jeder Note ist eine Gewichtung zugewiesen. Die Gewichtungen ergeben insgesamt 100% und ermöglichen die Berechnung einer zusammengesetzten Endnote. Es soll möglich sein,

1. auf Anfrage für einen Studenten eine Endnote zu produzieren;
2. nach den Studentennummern zu sortieren;
3. nach Noten zu sortieren;
4. auf Anfrage eine vollständigen Ausgabe zu erstellen.

9.3 **Das Notensystem erweitern:** Die Universität Savanna führt beginnend mit dem Jahr 2001 kontinuierliche Beurteilungen ein und möchte das Benotungssystem aus Beispiel 9.2 so anpassen, dass für neue Studenten zwei Arten von Noten existieren: *offene* Noten für Aufgaben und Projekte und *kontrollierte* für Klausuren und Prüfungen. Die alten Notenarten sollen ebenfalls bestehen bleiben. Entscheiden Sie, wie die `Students`-Klasse dafür erweitert werden muss, und untersuchen Sie gründlich, was die `Marker`-Klasse selbst benötigt (falls sie etwas benötigt), um auf Grund dessen geändert zu werden. Machen Sie das neue System funktionstüchtig.

9.4 **Einen Graph zeichnen:** Wir möchten die abstrakten Methoden sorgfältiger untersuchen. Richten Sie ein System ein, das die Klasse `Graph` mit einer einfachen Methode aufruft, einen Graph zu zeichnen; allerdings sollen die Größenbeschränkung von x und die aufzurufende Funktion von instanziierten Objekten einer anderen Klasse zur Verfügung gestellt werden. Die Größenbeschränkung wird also in Form von Parametern geliefert und die Funktion ist eine abstrakte Methode. Instanziieren Sie mehrere solche Objekte für Funktionen, z. B. sin, 2x-l usw. Geben Sie passende Größenbeschränkungen über die Bildschirmanzeige ein.

9.5 **Nelson verkauft Eis:** Nelson überlegt, ob er in seinem Kaffeegeschäft während einer Hitzewelle auch Eis verkaufen sollte. Natürlich muss er seine Lagerhaltung überblicken und Haltbarkeitsdaten etc. im Auge behalten, sodass ein Großteil der Programmierarbeit für die Lagerung von Eis bereits im Kaffee-Programm erledigt wurde. Untersuchen Sie das Kaffeegeschäft-Programm und seine Klassen und überlegen Sie, wie man es anpassen könnte, damit es Eis umfasst. Soll man nun Interfaces, Vererbung, abstrakte Klassen oder eine Mischung daraus verwenden? Muss zunächst die Klasse `Coffee` größtenteils neu geschrieben werden?

9.6 **Das Kaffeegeschäft nachts**: Passen Sie das Kaffeegeschäft-Programm mithilfe der Serialisierung so an, dass der Lagerbestand zwischen zwei Programmausführungen aufbewahrt wird. Erweitern Sie es dann um eine Funktion, um neue Kaffeechargen interaktiv hinzuzufügen, damit das System wirklich dynamisch wird.

9.7 **Notensystem für das ganze Semester:** Verändern sie das `Marker`-Programm aus den Aufgaben 9.2 und 9.3 dergestalt, dass die Noten nicht in einem Array, sondern in einer Liste aufbewahrt werden. Dadurch kann die Anzahl der Noten im Verlauf des Semesters ansteigen. Serialisieren Sie das Benotungsprogramm, sodass Daten geschrieben, wieder gelesen und dann während einer Programmausführung hinzugefügt werden.

10 Grafik und Benutzungsschnittstellen

10.1 Einführung in das AWT

Die reale Welt wird heute mit Wysiwyg[1]- und GUI[2]-Interfaces bedient, und Java ist für diese Möglichkeiten vollständig ausgerüstet. Der GUI-Teil wird in zwei Paketen namens `java.awt` - *Abstract Windowing Toolkit* - und `javax.swing` zur Verfügung gestellt. Von jetzt ab nennen wir sie das Paket AWT (gesprochen wie das englische Wort „ought") und Swing und wissen, dass sie Javas plattformunabhängiger Ansatz für Benutzungsschnittstellen sind.

Außerdem werden diese Pakete vollständig aus dem Innern der Programmiersprache Java heraus gesteuert. Das bedeutet, dass die Werkzeuge für das grafische Layout, mit denen auf das erkennbare Aussehen einer Anwendung gezeigt und dieses ausgewählt werden kann, und die den Code dafür generieren, vom eigentlichen Java-Programm getrennt sind. Diese Werkzeuge sind vorhanden, aber ihre Ausführung erfordert einen größeren Computer und mehr Ressourcen, als man ursprünglich annahm.

Alle mit AWT und Swing zur Verfügung gestellten Möglichkeiten vollständig vorzustellen, würde den Rahmen dieses Buchs sprengen. Was wir bezwecken ist, die Gesamtstruktur des Pakets zu enthüllen und dann einige seiner meistgenutzten Eigenschaften durch Beispiele einzuführen.

1. *What you see is what you get*, gesprochen „wisiwig".
2. Graphical User Interface, Grafische Benutzungsschnittstelle, gesprochen „Gui".

10.1.1 Gesamtstruktur von AWT

Die Klassen im Paket AWT lassen sich wie folgt einordnen:

- Grafik;
- Komponenten einschließlich Fenster und Menüs;
- Layoutmanager;
- Ereignisbehandler;
- Bildmanipulation.

Die **Grafik** erlaubt das Zeichnen von Formen, Linien und Bildern, die Auswahl von Schriftarten, Farben usw. **Komponenten** sind Elemente wie z. B. Knöpfe, Textfelder, Menüs und Schiebebalken. Diese können wir in **Behälter** (engl. *container*) setzen und dann einen aus einer Palette von **Layoutmanagern** wählen, um sie auf dem Bildschirm in geeigneter Weise anzuordnen. Das Unterpaket `java.awt.event` behandelt externe **Ereignisse** wie z. B. das Betätigen eines Knopfs oder Mausbewegungen mit einer Reihe von **Ereignisbehandlern**, **Listenern** und **Adaptern**. Schließlich ist `java.awt.image` noch ein weiteres Unterpaket, das von AWT zum Einbinden von **Bildern** in verschiedene Formate verwendet wird. Die Abbildung 10.1 vermittelt einen Gesamteindruck vom Hauptpaket AWT.

Es gibt vier wichtige abstrakte Klassen: `Component`, `Container`, `MenuComponent` und `Graphics`. Weitere abstrakte Klassen sind `FontMetrics`, `Image`, `PrintJob` und `Toolkit`. `LayoutManager` ist ein Interface (zusammen mit fünf weiteren spezialisierten Interfaces, die hier nicht gezeigt werden), und der Rest sind Klassen, die aus den weiter oben gezeichneten Klassen erben. Also ist `Frame` ein `Window`, das ein `Container` ist, der eine `Component` ist.

Bei all diesen verschiedenen Teilen zur Erstellung grafischer Benutzungsschnittstellen ist es tatsächlich schwer, zu wissen, womit man anfängt. Wir werden ein sehr einfaches Beispiel nehmen - nämlich das aus Kapitel 2, das auf dem Bildschirm eine Flagge zeichnet - und die verschiedenen Teile des AWT einführen, wo sie notwendig werden. Insbesondere werden wir feststellen, dass es mehrere Wege gibt, um sehr ähnliche Effekte zu erzielen, und dass AWT eine reichhaltige Palette von Möglichkeiten zur Auswahl bietet.

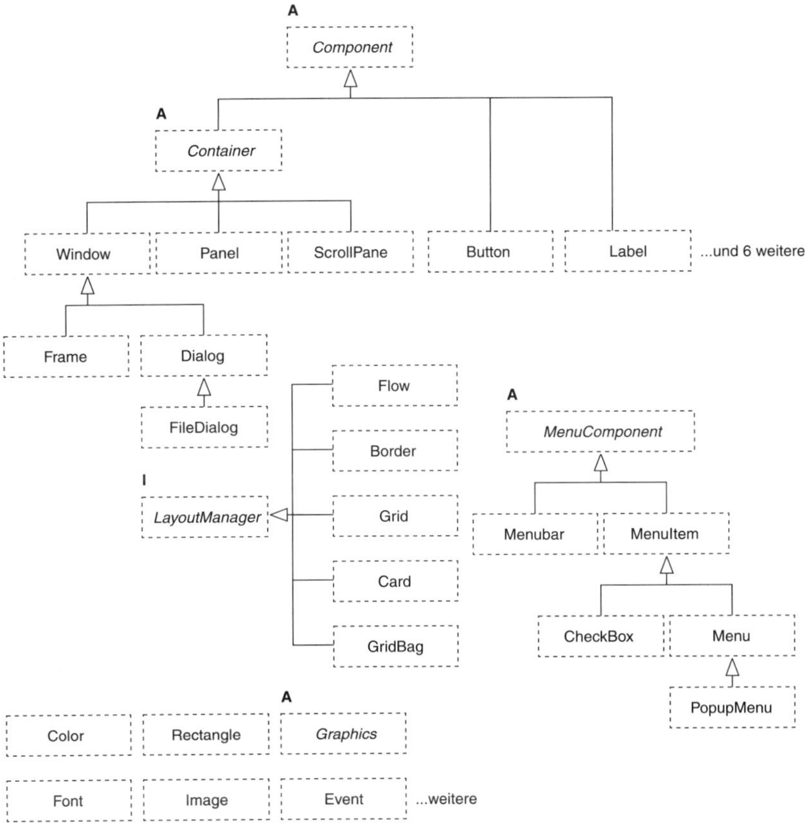

Abbildung 10.1: Die Klassenstruktur des AWT (A weist auf eine abstrakte Klasse hin und I auf ein Interface)

10.1.2 Swing

Swing ist der Name für einen weiteren von Java zur Verfügung gestellten Satz von GUI-Tools. Während das AWT, wie sein Name bereits sagt, eine allgemeine Abstraktion von GUI-Tools bietet, die mit den Funktionen jedes Betriebssystems implementiert werden können, bietet Swing einen Satz ähnlicher Werkzeuge, die unabhängig vom Betriebssystem implementiert werden. So entsprechen zum Beispiel ein Fenster oder ein Knopf, die mit dem AWT erzeugt sind, dem „Look and Feel" der Maschine, auf der das AWT läuft. Der Grund hierfür ist, dass sich das AWT mit den GUI-Funktionen des Betriebssystems zusammenschließt. Dadurch werden AWT-Programme zur Laufzeit natürlich kleiner, da ein Großteil des Codes auf das Betriebssystem abgeladen wird.

Die Swing-Komponenten werden dagegen ausschließlich in Java implementiert. Unabängig davon, auf welchem Computer Swing ausgeführt wird, haben ein Swing-Fenster und ein Swing-Knopf auch immer den „Look and Feel" von Swing. Swing-Programme sind umfangreicher, haben allerdings den Vorteil, dass allein der Autor über das GUI-Design entscheidet und nicht unversehens Elemente am Fensterrand verschwinden, weil z. B. die Knöpfe des einen Betriebssystems ein wenig größer sind als die des anderen. Man kann jedoch auch das Aussehen einer GUI zur Laufzeit verändern, um ein anderes Betriebssystem widerzuspiegeln.

In diesem Buch haben wir weiterhin das AWT verwendet, da es einfach und schlank ist und die Prinzipien des GUI-Entwurfs und der Ereignisbehandlung dieselben sind wie beim Swing. Weiter unten führen wir ein Swing-Beispiel vor, das eine Vorstellung von diesem Paket vermittelt. Auf der Website von Sun (www.javasoft.com) finden Sie eine ausgezeichnete Einführung in Swing.

10.2 Ein Fenster mit Grafik versehen

Fenster

Grafische Benutzungsschnittstellen werden dem Anwender in **Fenstern** (engl. *windows*) dargeboten. Zwar verfügt Java über eine `Window`-Klasse, aber in der Praxis verwenden wir normalerweise eine ihrer Unterklassen, `Frame`.

10.2.1 *Frame* – die Grundlage für Fenster

Wir beginnen bei `Frame` (dt. „Rahmen"), der grundlegenden Darstellungsform für GUI-Elemente. Jede Anwendung kann mehrere Fenster haben, und für jedes dieser Fenster deklarieren wir eine Klasse, die `Frame` erbt und Aufrufe der notwendigen Methoden enthält, um Informationen im Fenster anzuzeigen und andere Aktionen auszuführen. Haben wir es nur mit einem Fenster zu tun, wie im Beispiel 2.2., das eine Flagge zeigt, so deklariert die Klasse des Hauptprogramms zugleich das Fenster. Das Schema sieht folgendermaßen aus:

Einen Frame erzeugen

```
import java.awt.*;

class Klassenname extends Frame {
```

Einen Frame erzeugen

<pre> *Klassenname* {
    setTitle ("*Titel*"); // optional
    setSize (*Breite*, *Höhe*);
    setVisible (true);
  }
 	
... irgendwo (z. B. in main) haben wir
 	
  new *Klassenname* ();</pre>

Importieren Sie zuerst das Paket `java.awt`. Dann erbt die Klasse, die das `Frame`-Objekt enthält, die Klasse `Frame`. Zuletzt erzeugt die Klasse ein Objekt von sich selbst (wie üblich). Ihr Konstruktor erfüllt drei Funktionen: Er richtet den Titel und die Größe des Fensters ein und aktiviert mit `setVisible` das Zeichnen der Frames.

Die drei Methoden sind in `Frame` und `Component` (die `Frame` erbt) deklariert. Zum Beispiel sieht ein Teil der Klassendeklaration und des Konstruktors für den im Beispiel 2.2 gezeigten `FlagMaker` folgendermaßen aus:

```
import java.awt.*;

class FlagMaker extends Frame {
  public FlagMaker ( ) {
    add ("Center", new Flags());

    // Setze Titel und Größe des Frames und aktiviere die Zeichnung,
    // die von der paint-Methode in der von uns hinzugefügten
    // Komponente beschrieben wird
    setTitle ("A Flag");
    setSize (300, 200);
    setVisible (true);
  }

  public static void main (String args []) {
    new FlagMaker ();
  }
}
```

10.2.2 Grafik zu einem Fenster hinzufügen

An diesem Punkt sucht das AWT eine `paint`-Methode, um dem Fensterinhalt noch mehr Grafik hinzuzufügen. `paint` wird an der folgenden Stelle definiert:

- entweder in der Klasse, die `Frame` erweitert (wie wir im Beispiel 10.1 sehen werden);
- oder in einem anderen Objekt einer Klasse, die `Canvas` erweitert und die wir zu unserem Frame hinzugefügt haben (wie in Beispiel 2.2).

Das Schema einer `paint`-Methode, die die in Component definierte überschreibt, sieht folgendermaßen aus:

Überschreiben der Methode `paint`

```
public void paint (Graphics g) {
  Aufrufe von Methoden aus Graphics, mit dem Präfix g.
}

public void repaint (Graphics g) {
  Aufrufe von Methoden aus Graphics, mit dem Präfix g.
}
```

`paint` wird aufgerufen, sobald eine Komponente sichtbar gemacht wurde, und jedesmal, wenn das Fenster, in dem sie sich befindet, verborgen wurde und neu gezeichnet werden muss.

`repaint` kann ausdrücklich von einem Programm aufgerufen werden und hat dieselbe Wirkung.

Das Laufzeitsystem, das für die spezielle Plattform (d. h. für den Computer und sein Betriebssystem), auf der das Programm ausgeführt wird, angepasst wurde, ruft die `paint`-Methode auf und versorgt sie mit einem `Graphics`-Objekt als Parameter. Auf diese Weise kann Java die Pluspunkte jeder Plattform nutzen und dem AWT das „Look and Feel" verleihen, mit dem die Anwender der verschiedenen Plattformen vertraut sind.

Die Klasse `Graphics` ist recht umfangreich, aber eine Zusammenfassung ist in folgendem Schema gegeben:

Spezifikation der Klasse `Graphics`

```
clearRect (int x, int y, int width, int height)
copyArea  (int x, int y, int height, int width, int dx, int dy)
drawChars (char [ ] data, int offset, int length,int x, int y)
drawLine  (int x1, int y1, int x2, int y2)
drawOval  (int x, int y, int width, int height)
drawRect  (int x, int y, int width, int height)
drawString(String str, int x, int y)
```

Spezifikation der Klasse `Graphics`

`fillOval (int x, int y, int width, int height)`
`fillRect (int x, int y, int width, int height)`
`setColor (Color c);`
`setFont (Font f);`
`// und 38 weitere`

Die fünf Methoden zum Zeichnen (`draw`...) sind die gebräuchlichsten und ermöglichen die Anzeige von Formen und Text. Die Parameter *x* und *y* sind Pixel-Werte, die von der oberen linke Ecke des Bildschirms aus berechnet werden. Breite und Höhe werden ebenfalls in Pixel angegeben. `clearRect` löscht einen Teil des Bildschirms und `copyArea` kopiert einen Ausschnitt an eine andere festgelegte Stelle, die (*dx*, *dy*) entfernt ist. `setColor` und `setFont` sind Beispiele für ähnliche Methoden, die das Erscheinungsbild der Zeichnung anpassen. `Color` ist eine Klasse, die Konstanten für die 13 gebräuchlichsten Farben (siehe unten) sowie Möglichkeiten zum Erstellen neuer Farben enthält.

Graphics stellt die folgenden Farben zur Verfügung: Schwarz, Blau, Zyan, Dunkelgrau, Grau, Grün, Hellgrün, Magentarot, Orange, Rosa, Rot, Weiß und Gelb. Um zum Beispiel ein rotes Rechteck zu zeichnen (und weiter nichts auszugeben) würden wir sagen:

```
public void paint (Graphics g) {
  g.setColor (Color.red);
  g.fillRect (10, 10, 200, 100);
}
```

Dadurch wird von einem Punkt, der 10 Pixel von der oberen linken Bildschirmecke entfernt liegt, aus ein mit Rot gefülltes, 200 breites und 100 hohes Rechteck gezeichnet (Abbildung 10.2).

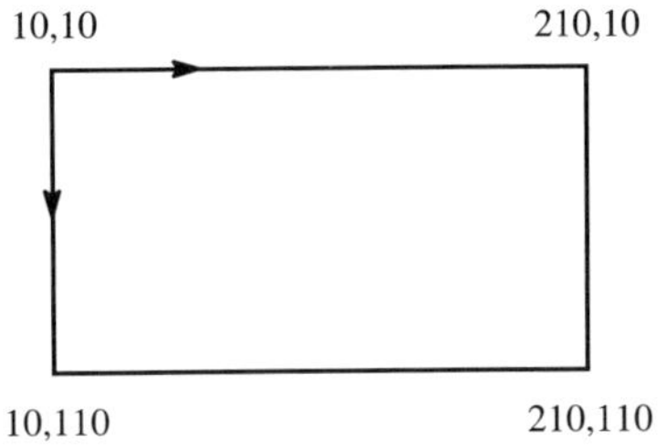

Abbildung 10.2: Mit dem Graphics-Paket ein Rechteck zeichnen

10.2.3 Mit *drawString* in ein AWT-Fenster schreiben

In der Arbeit mit dem Paket `Graphics` ist das AWT-Äquivalent von `println` die Methode `drawString`. So könnten wir z. B. sagen:

```
g.drawString ("Hello Pierre",30,15);
```

Dies würde die Zeichenreihe „Hello Pierre" 30 Pixel innerhalb des linken und 15 Pixel unter dem oberen Bildschirmrand ausgeben. Die Größe und Anzahl der Pixel variiert von einem Bildschirm zum anderen. Typisch wäre jedoch ein Bildschirm mit 600x400 Pixel.

Der Unterschied zwischen `println` und `drawString` besteht darin, dass `drawString` eine Auswahl von Schriftarten, -stilen und -größen gibt, und dass diese die Größe jedes Buchstabens beeinflussen. Also kann es schwerfallen, die Stelle festzulegen, an der eine Zeichenreihe beginnt. Wir müssen tatsächlich Zahlen verwenden, um die *x*- und *y*-Koordinaten des Beginns eines Textstücks festzulegen (wie wir es auch oben gemacht haben). Beim Versuch, ein Programm zur allgemeinen Zufriedenheit lauffähig zu machen, können sich diese Zahlen oft ändern. Daher ist es besser, alle darin enthaltenen Elemente von der relativen Größe der Buchstaben abhängig zu machen. `FontMetrics` ist eine abstrakte AWT-Klasse mit Methoden zur Ermittlung der Buchstabengröße. Bei kleinen Programmen ist es allerdings manchmal auch akzeptabel, absolute Pixelzahlen zu benutzen. Jetzt sind wir bereit für unser erstes, sehr einfaches Beispiel.

Beispiel 10.1: Viruswarnung

Aufgabe

Wir möchten auf dem Bildschirm eine Viruswarnung ausgeben.

Lösung

Verwenden Sie ein AWT-Fenster und die oben beschriebenen `drawString`- und Rechteck-Techniken. Wir brauchen Farbe, damit das Rechteck auffällig wird. Farbe wird von den Methoden `setForeground` und `setBackground` in der Klasse `Component` mit den in der Klasse `Color`[3] definierten Farbkonstanten zur Verfügung gestellt. Wir verwenden einen Hintergrund in der Farbe Zyan, `Color.cyan`.

Programm

Daraus lässt sich das Programm sehr einfach ableiten.

```
import java.awt.*;
import java.awt.event.*;
class VirusWarning extends Frame {

    /* The Graphic warning Program    von J M Bishop Okt 1996
     *                          Java 1.1 von T Abbott Okt 1997
     *                          aktualisiert 1.2 von J Bishop Mai 2000
     * Erzeugt auf dem Bildschirm eine Warnmeldung in Zyan
     * und Schwarz.
     * Veranschaulicht die Einrichtung eines Fensters, das Zeichnen
     * in diesem Fenster und das Aktivieren des close-Kästchens.
```

3. Beachten Sie die amerikanische Schreibweise von „Color" ohne „u".

```
  */

  VirusWarning () {
    setTitle("Draw Warning");
    setSize(220,150);
    setBackground(Color.cyan);
    setForeground(Color.black);
    addWindowListener(new WindowAdapter () {
      public void windowClosing(WindowEvent e) {
        System.exit(0);
      }
    } );
    setVisible(true);
  }

  public void paint(Graphics g) {
    g.setColor(Color.pink);
    g.fillRect(25, 30, 150, 90);
    g.setColor(Color.black);
    g.drawString("W A R N I N G",            70, 60);
    g.drawString("Possible virus detected", 45, 75);
    g.drawString("Reboot and run virus",    50, 90);
    g.drawString("remover software",        60, 105);
  }

  public static void main(String[] args) {
    new VirusWarning ();
  }
}
```

Test

Abbildung 10.3 zeigt die Ausgabe des Programms (leider nur in Schwarzweiß). Um das Programm zu beenden, klicken wir auf den Knopf `Close` rechts[4]. Das Fenster wird geschlossen, und die letzte Anweisung ist ein Aufruf von `System.exit(0)`. Wie das Beenden des Programms ermöglicht wird, behandeln wir als Nächstes.

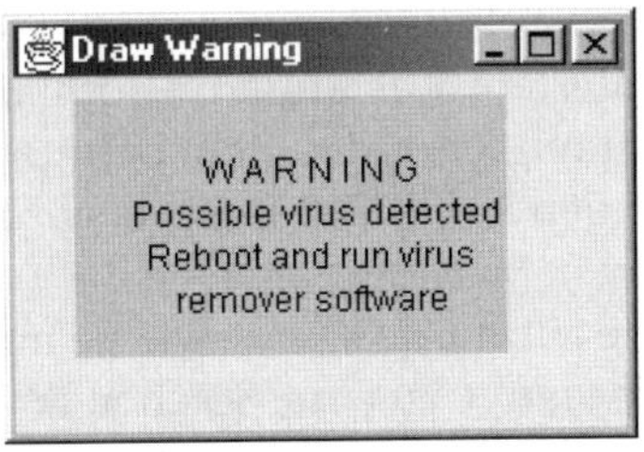

Abbildung 10.3: Grafische Ausgabe für das Viruswarnungs-Programm

4. Dieses Bild zeigt eine Ausgabe in Windows, die der von Unix ähnelt; beim Macintosh würde sich der `Close`-Knopf links befinden.

10.2.4 Ein Fenster schließen

Ein Programm, das in einem Fenster abläuft, muss sich auf irgendeine Weise anhalten lassen. Eine weithin akzeptierte Möglichkeit besteht darin, dass der Anwender in einer oberen Ecke des Fensters auf einen Knopf zum Schließen des Fensters drückt. Das Drücken ist ein **Ereignis** (engl. *event*) und kann von einem der **Listener** im AWT-Paket `Event` entdeckt werden. In der `main`-Methode schaffen wir eine Verknüpfung von dem aufzubauenden Frame zu einem solchen Fenster-Listener, indem wir die Methode `addWindowListener` aufrufen und eine neue Version eines Fenster-Adapters instanziieren. In der folgenden Implementierung des Adapters überschreiben wir die `WindowAdapter`-Methode namens `windowClosing` und führen die passende Aktion durch, in diesem Fall einen Aufruf von `System.exit(0)`.

Ereignis

Die Folge von Definitionen und Aktionen, mit denen ein Fenster geschlossen wird, ist im folgenden Schema zusammengefasst:

Ein Fenster schließen

```
addWindowListener(new WindowAdapter () {
  public void windowClosing(WindowEvent e) {
   System.exit(0);
  }
 });
```

`WindowAdapter` ist eine einfache abstrakte Klasse, die das Interface `WindowListener` implementiert und für verschiedene darin enthaltene Methoden Rumpfattrappen bereitstellt. Wir können entscheiden, welche wir überschreiben möchten, und in diesem Fall ist die einzige interessante Methode `windowClosing` (es gibt noch sechs weitere). Die Instanziierung eines neuen `WindowAdapter`-Objekts und das Überschreiben von `windowClosing` werden als Teil des Parameters von `addWindowListener` geschrieben.

Dieses Schema besteht ausschließlich aus Schlüsselwörtern (fettgedruckt) und bereits im AWT-Paket definierten Bezeichnern (normal gedruckt) - mit Ausnahme des Ereignisparameters `e`, der nicht benutzt wird, und folglich ohnehin immer `e` bleiben kann. Das Schema wird zu einer Art Mantra, das sich in die `main`-Methode aller GUI-Programme einfügen lässt. Es verwendet eine anonyme Klasse, wie sie im Abschnitt 8.2 eingeführt wurde. Die Alternative zu einer solchen anonymen Klasse wäre gewesen, `(new x())` als Parameter zu schreiben und `x` als lokale Klasse zu definieren, und zwar mit einer Kopfzeile, die `WindowAdapter` erweitert und einem Rumpf, der genauso aussieht, wie der eben gezeigte, d. h. eine Implementierung der Methode `windowClosing`. Die anonyme Klasse ist insgesamt aufgeräumter.

Beispiel 10.2: in Wetterdiagramm

Aufgabe

Zeichnen Sie auf Grund der Daten in Beispiel 6.6 ein Histogramm der Niederschlagsmengen von Savanna.

Lösung

Wenn wir Beispiel 6.6 nutzen, können wir die Daten für mehrere Jahre erhalten, den Mittelwert für jeden Monat berechnen (wie zuvor) und diese Zahl dann zum Zeichnen eines Grafik-Histogrammbalkens verwenden.

Algorithmus

Das Programm folgt dem oben beschriebenen Muster. Die Klasse erbt `Frame`. Ihr Hauptprogramm enthält genau dieselben Instruktionen wie im vorigen Beispiel, um das Fenster korrekt einzurichten.

Der Konstruktor ist ziemlich neu. Wir werden ihn zum Einlesen aller Daten verwenden, eine Aufgabe, die vorher von einer Methode `readIn` übernommen wurde. Der Inhalt ändert sich jedoch nicht. Der wichtigste Programmteil behandelt die Frage, wie sich ein zufriedenstellender Graph zeichnen lässt. Wir hätten gerne eine Ausgabe wie in Abbildung 10.4.

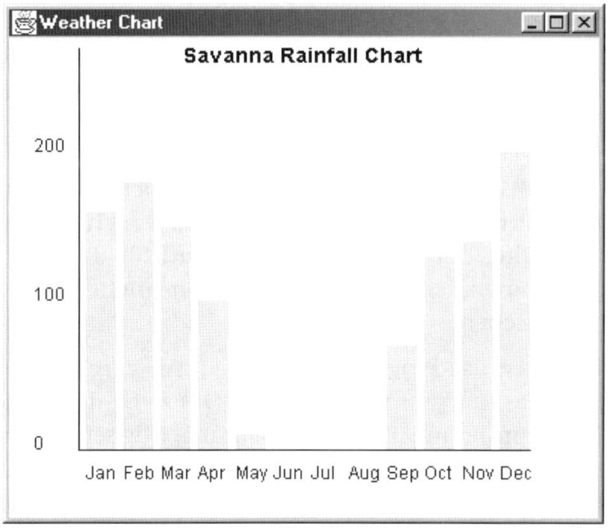

Abbildung 10.4: Mit Grafik erstelltes Wetterdiagramm

Wir wollen uns alle Bestandteile des Schaubilds nacheinander anschauen.

1. **Die Achsen:** Das Zeichnen der Linien für die Achsen schafft zunächst eine Basis für die anderen Bestandteile. Beim Graph befindet sich „Null" am Punkt x=50, y=300. Dabei sind die Werte in Pixel und die Ausrichtung ist wie Abbildung 10.2 angegeben.

2. **Die Balken:** Um die Balken zu zeichnen, verwenden wir als Nächstes `fillRect` und müssen Parameter wie im zu Beginn dieses Abschnitts angegebenen `Graphics`-Schema bereitstellen. Mit anderen Worten benötigen wir einen unteren Punkt, eine Breite und eine Höhe. Die Breite ist eine Konstante, etwa 20. Die Höhe ist der tatsächliche Wert der Niederschlagsmenge dieses Monats. Wir multiplizieren ihn mit 10, damit er auf dem Bildschirm angemessen dargestellt wird (also werden für 10 mm Niederschlag 100 Pixel aufgewendet). Der *y*-Anfangspunkt des Rechtecks ist dann *y*-Höhe, wobei *y* unser Nullpunkt ist (300, wie oben definiert). Der Anfangspunkt von *x* schließlich ist ein wenig kompliziert, weil er sich für jeden Monat ändert. Die Formel basiert auf der Breite und einer Lücke zwischen den Balken wie folgt:

   ```
   g.fillRect(month*(width+gap)+gap+x, y-a, width, a);
   ```

3. **Die Beschriftungen:** Die Beschriftung der Achsen erfordert zwei Schleifen, die ziemlich leicht zu verstehen sind; aber zugegebenermaßen dauert es etwas, bis man sie von Grund auf entwickeln kann. Die *x*-Achse nutzt ein Array von Zeichenreihennamen für die Monate.
4. **Der Titel:** Abschließend zeigt das Schreiben des Titels, wie wir in Java Schriftarten wechseln können. Es gibt eine `Font`-Klasse, die sich mit drei Parametern instanziieren lässt: der Schriftart, dem Schriftstil und der Schriftgröße. Als Schriftarten stehen zur Verfügung: `Serif`, `SansSerif`, `Monospaced`, `Dialog` und `DialogInput`. Die Stile sind `PLAIN`, `BOLD` und `ITALIC` und die Größen die üblichen Punktmaße, wobei z. B. 12 normal und 24 groß ist und 8 nicht unterschritten werden sollte. Ein Schriftartwechsel wird für das letzte `drawString` vorgenommen, sodass wir die Schrift nicht wieder zurückzuändern brauchen.

Programm

Für das, was es leistet, ist das Programm sehr klein im Vergleich zu dem in Beispiel 10.1, das nur sehr wenig macht. Das zeigt, dass Grafik, wie jegliche Programmierung überhaupt, sehr mächtig sein kann, wo Wiederholungen notwendig sind. Muss jedoch jede Kleinigkeit maßgeschneidert und extra aufgeführt werden, kann die Programmieren auch langatmig und lästig sein, wie wir in späteren Beispielen sehen werden.

```
import java.io.*;
import javagently.*;
import java.awt.*;
import java.awt.event.*;
import myutilities.*; // für die Klasse Stats

class WeatherChart extends Frame {
```

```
/* The Weather Charting program    von J M Bishop Dez 1997
 *                                 Java 1.1
 *                                 aktualisiert Mai 2000
 * Zeichnet ein Histogramm monatlicher Niederschlagsmengen
 * mit über mehrere Jahre aufgenommenen Daten.
 * Die Daten müssen die folgende Form haben:
 * das Jahr, dann die 12 Niederschlagszahlen für
 * die Monate dieses Jahres.
 * Veranschaulicht einfache Grafik.
 * Verwendet die Klasse Stats aus myutilities.
 */

int        base = 1950;
int        startYear, endYear, nYears = 0;
double[][] rainTable = new double[12][70];
String     months [] = { "Jan","Feb","Mar","Apr","May","Jun",
                        "Jul","Aug","Sep","Oct","Nov","Dec"} ;

WeatherChart () throws IOException {
  getData ();
  setTitle("Weather Chart");
  setSize(400,350);
  setVisible(true);
  addWindowListener(new WindowAdapter() {
    public void windowClosing(WindowEvent e) {
      System.exit(0);
    }
  } );
}

public void paint (Graphics g) {
  int x = 50;
  int y = 300;
  int width = 20;
  int gap = 5;
// die Achsen
  g.drawLine (x,y,x+12*(width+gap),y);
  g.drawLine (x,y,x,30);
// die Achsen beschriften
  for (int m = 0; m < 12; m++)
    g.drawString(months[m],m*(width+gap)+gap+x,y+20);
  for (int i = 0; i <y; i+=100)
    g.drawString(String.valueOf(i),20,y-i);
// der Titel
  Font heading = new Font("SansSerif",Font.BOLD,14);
  g.setFont(heading);
  g.drawString("Savanna Rainfall Chart",120,40);
  g.setColor(Color.cyan);
// die Balken
```

```
      for (int month = 0; month < 12; month++) {
        int a = (int) Stats.mean
                (rainTable[month], nYears)*10;
        g.fillRect(month*(width+gap)+gap+x, y-a,width,a);
      }
    }

  void getData () throws IOException {
    Stream fin = new Stream ("rain.dat", Stream.READ);

    int actualYear = 0;        /* z.B. 1997 */
    int yearIndex = 0;         /* z.B. 0 */
    try {
      while (true) {
        actualYear = fin.readInt();
        if (yearIndex == 0)
          startYear = actualYear;
        for (int m = 0; m < 12; m++)
          rainTable[m][yearIndex] = fin.readDouble();
        yearIndex++;
      }
    } catch (EOFException e) {
   /* Nimm das letzte Jahr, für das Daten eingelesen wurden. */
    endYear = actualYear;
    nYears = endYear-startYear+1;
  }
}

public static void main(String[] args) throws IOException {
  new WeatherChart ();
}

 }
```

10.2.5 Mit Zeichenflächen arbeiten

Möchten wir mehr als eine einzige Zeichenaufgabe ausführen und haben entweder mehrere Fenster oder eine bessere Kontrolle über das verwendete Fenster, so müssen wir die Grafiken zu einer Zeichenfläche (engl. *canvas*) zusammenfassen. Eine Zeichenfläche ist eine Komponente, die zu einem Frame hinzugefügt werden kann und mit der Methode `paint` des Frames gezeichnet oder in Form von Bildern bereitgestellt wird.

Beispiel 10.3: Viele Flaggen

Aufgabe

Wir möchten mit dem Programm FlagMaker noch andere Flaggen darstellen können.

Lösung

Viele Flaggen haben dasselbe Muster wie die deutsche, also drei Querbalken in verschiedenen Farben. Die holländische Flagge ist z. B. rot-weiß-blau und die äthiopische grün-gelb-rot. Wir können die Klasse Flags mit Parametern versehen, sodass die Farben dann übergeben werden, wenn eine Flagge konstruiert wird. Dazu verändern wir paint so, dass es sich auf diese Parameter statt auf absolute Farben bezieht.

Programm

Wir erstellen eine Klasse Flags, die canvas erweitert und den verbesserten Konstruktor sowie die Methode paint enthält. Anschließend müssen wir für jede Flagge einen neuen Frame einrichten, d. h. jede Flagge in einem eigenen Fenster darstellen. Um diese Operation zu verallgemeinern, erstellen wir eine Methode makeFlag, die einen neuen Frame instanziiert und dann wieder dieselben Schritte durchläuft: Einrichten von Titel, Größe usw. Diesmal fügen wir jedoch ausdrücklich die Zeichenfläche als Komponente in den Frame ein.

Ein weiterer Aspekt eines Programms mit mehreren Frames besteht darin, dass wir die Frames mit

```
setLocation(x, y);
```

auf dem Bildschirm anordnen können, wobei sie bei einer bestimmten *x*-*y*-Koordinate beginnen. Wir nummerieren also alle Flaggen und staffeln die Fenster wie in der Abbildung 10.5 auf dem Bildschirm.

```
import java.awt.*;
import java.awt.event.*;

public class FlagMaker2 extends Frame {

  /** General Flag drawing program       J M Bishop April 2000
   *  ===================
   * Funktioniert für verschiedene Entwürfe und mehrere Flaggen.
   * Veranschaulicht die Vererbung
   **/

  public FlagMaker2() {
    FlagCanvas flag;
    flag = new FlagCanvas
          ("Germany",Color.black,Color.red,Color.yellow,0);
    makeFlag(flag);
    flag = new FlagCanvas
          ("The Netherlands",Color.red,Color.white,Color.blue,1);
    makeFlag(flag);
```

```
    flag = new FlagCanvas
          ("Ethiopia",Color.green,Color.yellow,Color.red,2);
    makeFlag(flag);
  }

  public static void main(String [] args) {
     new FlagMaker2();
  }
  public static void makeFlag (FlagCanvas canvas) {
    Frame f = new Frame();
    f.add(canvas);
    f.setTitle(canvas.country);
    f.setSize(300,200);
    f.setLocation(75*canvas.flagNo,75*canvas.flagNo);
    f.setVisible(true);
    f.addWindowListener(new WindowAdapter() {
      public void windowClosing(WindowEvent e) {
        e.getWindow().dispose();
      }
    } );
  }
}

//===========================
  class FlagCanvas extends Canvas {

    String country;
    Color bar1, bar2, bar3;
    int flagNo;

     FlagCanvas (String c, Color b1, Color b2, Color b3,int f) {
       country = c;
       bar1 = b1;
       bar2 = b2;
       bar3 = b3;
       flagNo = f;
     }
     public void paint (Graphics g) {
      // Zeichne die Flagge mit farbigen Rechtecken
      g.setColor (bar1);
      g.fillRect (40,40,200,40);
      g.setColor (bar2);
      g.fillRect (40,80,200,40);
      g.setColor (bar3);
      g.fillRect (40,120,200,40);
      // Label the drawing
      g.setColor (Color.black);
      g.drawString(country,100,180);
    }
  }
```

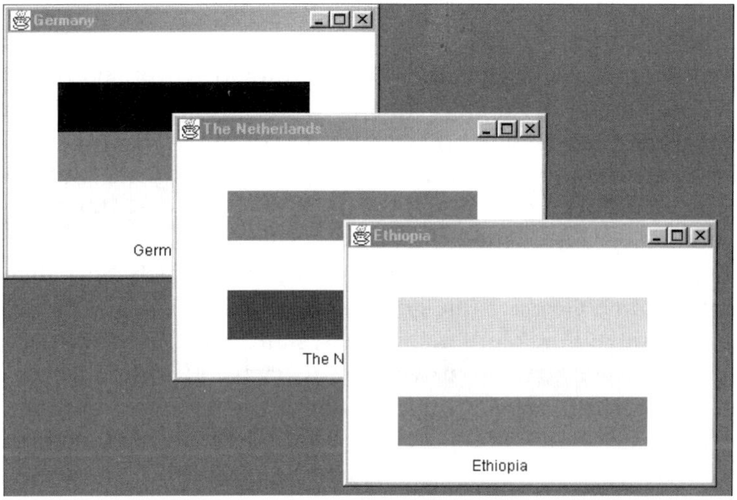

Abbildung 10.5: Ausgabe des Programms FlagMaker2

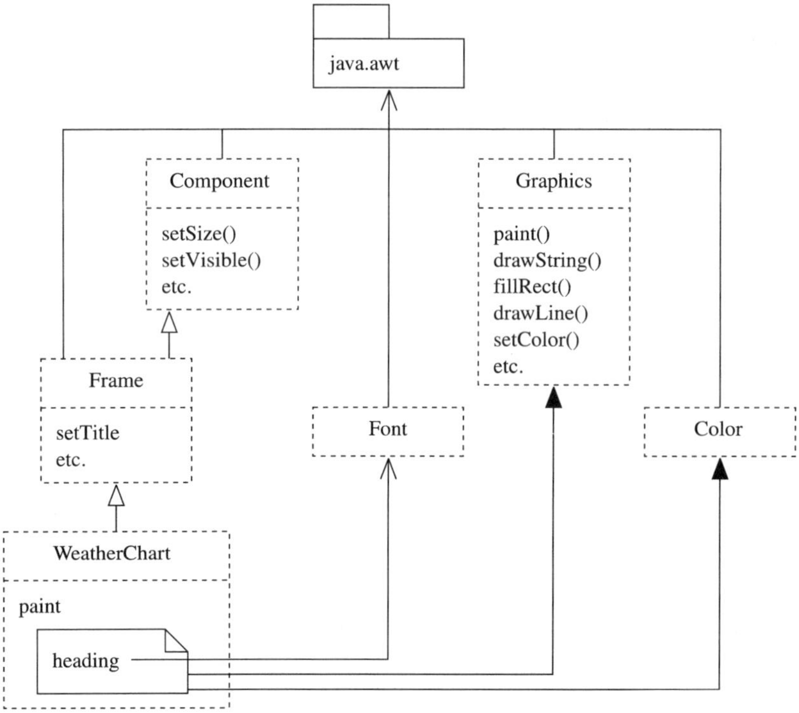

Abbildung 10.6: Das Modelldiagramm des Programms WeatherChart mit den AWT-Verbindungen

10.2.6 Zusammenfassung der Klassen und Methoden aus AWT

Bevor wir diesen Abschnitt verlassen, verknüpfen wir noch schnell ein paar lose Enden im Zusammenhang damit, wo die Hauptklassen von AWT ihren Platz haben, und welche der von ihnen bereitgestellten Methoden unserer Ansicht nach die nützlichsten sind. Anhand der kurzen Einführung im Abschnitt 10.1, die von der Abbildung 10.1 untermauert wird, sehen wir, dass wir `Frame`, `Window`, `Container`, `Component` sowie `Graphics` hätten nutzen können. In Wirklichkeit haben wir hauptsächlich `Component` (die grundlegende Klasse von AWT) und `Graphics` eingesetzt. Eine Methode, `setTitle`, stammt aus `Frame`, und `Container` wird erst genutzt, wenn wir die im nächsten Abschnitt dargestellte Gruppierung von Komponenten zu betrachten beginnen. Alles in allem zeigt die Abbildung 10.6 ein vollständiges Modelldiagramm für das Beispiel 10.2 mit all seinen Verbindungen zu Klassen im AWT-Paket von Java.

10.3 GUI-Layout

Die Grafiken sind nur der eine Teil einer GUI: Der andere Teil besteht in der Herstellung einer anpassungsfähigen Umgebung, die dem Anwender die Interaktion mit dem Programm ermöglicht. Java bietet hierfür zahlreiche Komponenten, die in der Abbildung 10.1 dargestellt sind. Diese Komponenten werden nicht von der Methode `paint` gezeichnet, sondern werden als Objekte mit bestimmten Konstruktorwerten erzeugt und dann nach einem Layout-Schema, das gerade in Kraft ist, dem Frame hinzugefügt.

Die beiden einfachsten Komponenten sind `Label`, die eine beschränkte Textausgabe ermöglicht, und `Button`, das Grundelement zur Interaktion mit einem Programm. Es gibt noch mehr derartige Komponenten, von denen einige in den folgenden Abschnitten untersucht werden. Am Ende dieses Abschnitts sind sie alle zusammengefasst.

Die Klasse `Label` ermöglicht die Ausgabe von einfachem Text über einen Parameter ihres Konstruktors, wie z. B. in

Ein `Label` erzeugen
`add(new Label ("ein Text"));`
Ein `Label`-Objekt wird mit dem gegebenen Text erzeugt und dem aktuellen Behälter (in der Regel ist dies der aktuelle Frame) hinzugefügt.

Um die Beschriftung `School:` auf dem Bildschirm ausgeben zu lassen, könnten wir also sagen:

```
add(new Label ("School:"));
```

`Button` funktioniert ähnlich, hat aber die zusätzliche Eigenschaft, reaktiv zu sein. Das heißt, wir können den beschrifteten Knopf auf dem Bildschirm drücken und das Programm lässt etwas geschehen. Das Schema sieht folgendermaßen aus:

Einen `Button` erzeugen

`// eine Variable für die Komponente deklarieren`
`Button` *`Knopfname`*`;`
 	
`// das Objekt instanziieren`
`Knopfname` `=` **`new`** `Button ("`*`ein Text`*`");`
  `add(`*`Knopfname`*`);`

Knopfname wird deklariert und dann ein Objekt mit einem gegebenen Textwert instanziiert und zugewiesen. Anschließend wird es dem aktuellen Behälter (in der Regel dem aktuellen Frame) hinzugefügt.

Die Methode `add` ist in der Klasse `Container` definiert. Was wir hier tun ist also, den Knopf dem Standardbehälter des Frames, in dem wir arbeiten, hinzuzufügen. Wir werden bald sehen, wie wir andere Behälter erzeugen können.

Der Unterschied zwischen dem Erzeugen von Beschriftungen und Knöpfen besteht darin, dass Beschriftungen passiv sind: Man kann nicht auf sie reagieren, sodass es nur selten nötig ist, sie in Objektvariablen zu speichern. Auf Knöpfe hingegen wird mit Sicherheit weiter unten im Programm noch Bezug genommen; sie benötigen also Variablen mit dauerhaften Bezeichnern. Außerdem wird der Bezeichner außerhalb des Konstruktors verwendet, weshalb wir ihn schon vor der Erstellung des Knopfs deklariert haben.

Um z. B. einen `SubmitButton` einzurichten und in das Fenster einzusetzen, könnten wir Folgendes sagen:

```
Button submitButton;

submitButton = new Button ("Submit");
  add(submitButton)
```

Warum gibt es keine Parameter für *x*,*y*-Koordinaten auf dem Bildschirm, wenn wir dem Frame Komponenten hinzufügen? Das liegt daran, dass diese Komponenten (im Gegensatz zu Grafikzeichnungen) mit **Layoutmanagern** arbeiten.

10.3.1 Layoutmanager

Layoutmanager übernehmen die Kontrolle über die Positionierung von Komponenten, die einem Fenster hinzugefügt werden, und ordnen diese sinnvoll an. Ändert der Anwender die Fenstergröße, bemüht sich der Layoutmanager, die Komponenten in dem neuen Bereich so zu verschieben, dass sie alle immer noch sichtbar und in einem ähnlichen Verhältnis zueinander angeordnet sind.

Java hat fünf solche Manager, aber wir werden nur die ersten drei betrachten: Fluss (engl. *flow*), Rand (engl. *border*) und Raster (engl. *grid*). Wie in der Abbildung 10.1 gezeigt wurde, implementieren sie alle das Interface `LayoutManager`. Dieses Interface gehört zum Paket AWT und wird durch den Import von AWT zugänglich gemacht. Das Schema zur Einbindung eines Layoutmanagers sieht folgendermaßen aus:

Einen Layoutmanager einbinden
`setLayout (new Manager(parameter));`
Einer der fünf Layoutmanager wird als Objekt instanziiert und an die Methode `setLayout` des aktuellen Behälters (i.d.R. `Frame`) übergeben, der dann aufzeichnet, wie die Komponenten anzuordnen sind.

Der voreingestellte Layoutmanager für ein Java-Programm ist `BorderLayout`, aber `FlowLayout` ist für unsere Zwecke sinnvoller. Er besitzt auch die wünschenswerte Eigenschaft, der Standardmanager für Applets zu sein. Ein Beispiel für die Einrichtung eines Layout ist:

```
setLayout (new FlowLayout(FlowLayout.CENTER,horigap,vertigap));
```

Der erste Parameter zeigt an, dass die dem Frame hinzugefügten Elemente zentriert sein sollten: Ebenso gut könnten sie rechts- oder linksbündig ausgerichtet sein. Die Parameter `horigap` und `vertigap` sind Konstanten, die (wieder in Pixel) den Mindestabstand zwischen den Elementen im Frame angeben. Alle drei Parameter sind optional und CENTER ist die Voreinstellung für die erwartete Anordnung. In den folgenden Musterprogrammen gibt es Beispiele für das Fluss-Layout.

10.3.2 Auf Knöpfe reagieren

Es reicht nicht mehr, nur das Fenster schließen zu können; wir müssen nun auch auf die Betätigung eines Knopfs reagieren. Analog zum `WindowListener` ist in `awt.event` auch ein `ActionListener` definiert. Dieses Listener-Interface implementiert nur eine einzige Methode: `actionPerformed`. Die richtige Vorgehensweise für Knöpfe ist also, sie mit dem `actionListener` zu verknüpfen und eine Version von `actionPerformed` bereitzustellen. Unmittelbar nachdem der Knopf erzeugt und dem Behälter hinzugefügt worden ist, wird die Verknüpfung im Konstruktor ausgeführt. Die drei Anweisungen für einen `Submit`-Knopf wären:

```
submitButton = new Button ("Submit");
  add(submitButton);
  submitButton.addActionListener (this);
```

Die Referenz auf `this` zeigt an, dass der aktuelle Frame für die Definition der `actionPerformed`-Methode zuständig ist. Wenn wir im Modelldiagramm eine solche Verknüpfung einrichten, wäre es sinnvoll, GUI-Komponenten und Listener von anderen Klassen unterscheiden. Als Komponentensymbol wählen wir ein doppelt umrandetes Kästchen und als Listener-Symbol einen auf der Seite liegenden Kegel. Der Behandler wird durch ein normales Methodensymbol wiedergegeben. Die obige Anweisung ließe sich also wie in Abbildung 10.7 darstellen.

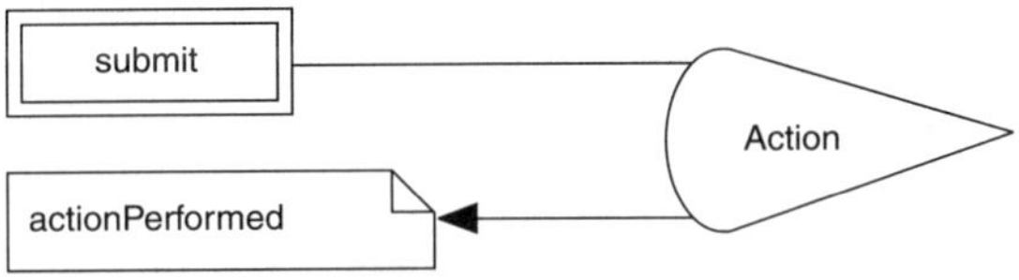

Abbildung 10.7: Das Modell für einen Knopf, einen Listener und einen Behandler

`actionPerformed` hat einen Parameter, der ein `ActionEvent` ist. Es kann sukzessive abgefragt werden, um zu prüfen, ob es einem der Knöpfe entspricht, die gedrückt werden können. Das folgende Schema gibt diese Sequenz wieder:

Auf einen Knopf reagieren

```
public void actionPerformed (ActionEvent e) {
  if (e.getSource () == knopfname1) {
    Anweisungen
  } else
  if (e.getSource () == knopfname2) {
    Anweisungen
  }  // etc
}
```

Sind mehrere Knöpfe mit jeweils unterschiedlichen Zeichenreihen-Beschriftungen vorhanden, kann man diese nur unterscheiden, indem man mit einer Folge von If-Else-Anweisungen jede Möglichkeit prüft. Da das Betätigen eines Knopfs nur ein Ereignistyp ist, wird ein Diagramm wie dieses dann sehr nützlich, wenn die Logik der Ereignisbehandlung komplizierter ist. Wie andere Ereignisse behandelt werden, besprechen wir im Abschnitt 11.2

10.3.3 Erweiterte Richtlinien für Einrückungen

Bislang hielten wir uns mit den Einrückungen in unseren Programmen an den traditionellen Ansatz, der auf Sprachen wie Pascal und C zurückgeht, d. h. wir rücken ein, wenn ein neuer Methoden- oder Anweisungsblock beginnt. Anweisungen innerhalb desselben Blocks bleiben auf derselben Einrückungsebene.

Bei der GUI-Programmierung stellt man rasch fest, dass mit dem Einrichten einer Anzahl von Bildschirmkomponenten oft lange Folgen von Anweisungen verbunden sind. Zu jeder Komponente können drei oder mehr Anweisungen gehören. Zwar gibt es keine vorgeschriebene Reihenfolge, in der die Anweisungen auszuführen sind, aber normalerweise behandeln wir die Komponenten nacheinander und folgen einem Erstellen-Verknüpfen-Hinzufügen-Schema. Daher wurde für Java-Programme ein neues Einrückungsschema eingeführt, das die Erstellung einer Komponente wie die Einführung einer neuen Ebene behandelt. Dann sind alle zu dieser Komponente gehörenden Anweisungen leicht erkennbar. Dieser Effekt wurde im `submitButton`-Beispiel weiter oben bereits genutzt und tritt im nächsten und den folgenden Beispielen klar zutage.

Beispiel 10.4: Warnung mit zwei Reaktionsmöglichkeiten

Aufgabe

Verbessern Sie die Viruswarnung durch Hinzufügen zweier Knöpfe. Mit dem einen sollte der Anwender die Nachricht bestätigen, aber abwarten können. In diesem Fall soll das ganze Fenster rot werden. Der andere Knopf sollte so tun, als ob er einen Neustart erzwingt.

Algorithmus

Erzielen Sie den notwendigen Effekt durch Einsatz des Fluss-Layoutmanagers, von Beschriftungen und Knöpfen. Wählen Sie die Vorder- und Hintergrundfarben aus der Klasse `Color`. Was die Aktionen betrifft, so simuliert das Betätigen des `Reboot`-Knopfs einen simulierten Neustart genauso, als würde das Fenster geschlossen. Drückt man den Knopf `Wait`, so ändern sich die Farben in der angegebenen Weise. Der Konstruktor stellt die Verbindungen zwischen den Komponenten und Listenern her. Ein Listener aktiviert `actionPerformed`, damit er auf die Ereignisse reagieren kann.

Programm

Das Programm ist ziemlich einfach und verdeutlicht die im Wesentlichen sequenzielle Natur der GUI-Programmierung. Die auszugebende Nachricht wird als Array aus Zeichenreihen erstellt. Jede Zeile wird angezeigt, indem sie als Beschriftung zum Frame hinzugefügt wird. Das Modell wird in Abbildung 10.8 dargestellt.

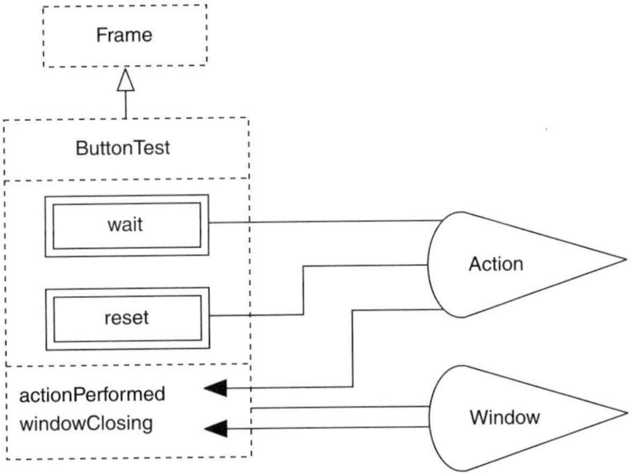

Abbildung 10.8: Das Modelldiagramm des Programms ButtonTest.

```
import java.awt.*;
import java.awt.event.*;

class ButtonTest extends Frame implements ActionListener {

    /* The Graphic warning Program    von J M Bishop Okt 1996
     *                         Java 1.1 von T Abbott Okt 1997
     *                         aktualisiert 1.2 von J Bishop Mai 2000
     * Erzeugt eine Warnmeldung, aber wenn ein Knopf
     * gedrückt wird, macht sie das Fenster rot.
     * Veranschaulicht Knöpfe, Listener und Ereignisbehandlung.
     */

    Button waitButton;
    Button rebootButton;

    String[] message = {
      "W A R N I N G",
      "Possible virus detected.",
      "Reboot and run virus",
      "remover software" } ;

    ButtonTest ( ) {
```

```
    /* Der Konstruktor ist für die Einrichtung der anfänglichen
     * Knöpfe und des Farbhintergrunds verantwortlich.
     */
     setBackground(Color.cyan);
     setForeground(Color.black);
     setLayout(new FlowLayout(FlowLayout.CENTER, 15, 10));
     for (int i = 0; i < message.length; i++)
       add(new Label(message[i]));
     waitButton = new Button("Wait");
       waitButton.addActionListener(this);
       add(waitButton);
     rebootButton = new Button("Reboot");
       rebootButton.addActionListener(this);
       add(rebootButton);
     setTitle("Draw Warning");
     setSize(220,150);
     setBackground(Color.cyan);
     setForeground(Color.black);
     addWindowListener(new WindowAdapter () {
       public void windowClosing(WindowEvent e) {
         System.exit(0);
       }
     } );
     setVisible(true);
  }

  public void actionPerformed(ActionEvent e) {
    if (e.getSource() == rebootButton) {
      setVisible(false);
      dispose();
      System.exit (0);
    }  else
    if (e.getSource() == waitButton) {
      setForeground(Color.white);
      setBackground(Color.red);
    }
  }

  public static void main(String[] args) {
    new ButtonTest ();
  }
}
```

Test Abbildung 10.9 zeigt die erste von diesem Programm ausgegebene Anzeige.

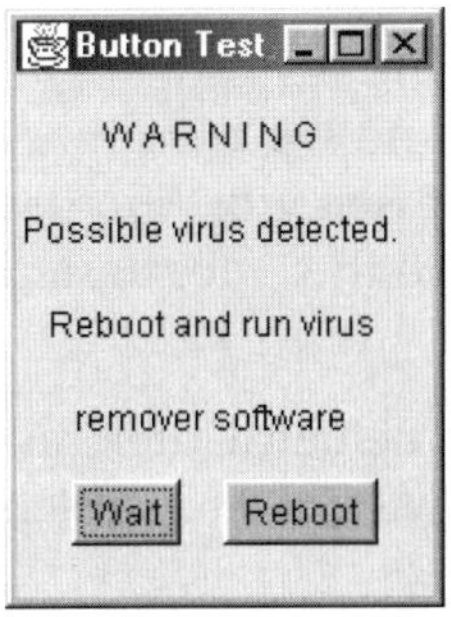

Abbildung 10.9: Ausgabe des ButtonTest-Programms

10.3.4 Weitere Layoutmanager

Neben dem für den Fluss (`flow`) gibt es weitere Layoutmanager, die wir im Folgenden mit ihren Eigenschaften anführen.

- **Rand** (`border`): Ermöglicht das Positionieren von Elementen (Schiebebalken, Menüs, Knöpfe etc.) in festen Grenzen. Diese werden durch einen Parameter angegeben, der die Ränder `North`, `South`, `East` und `West` des Fensters einsetzt, wobei der Rest des verfügbaren Raumes `Center`[5] ist.
- **Karte** (`card`): Überlappende Registerkarten mit Informationen lassen sich durch Klicken auf den Karteireiter oben an der Registerkarte auswählen.
- **Raster** (`grid`): Die Fläche ist in eine spezifizierte Anzahl von Zeilen und Spalten aufgeteilt, die man nach Nummern auswählen kann.
- **Kasten** (*box*): Ein Layout für mehrere Komponenten, die entweder vertikal oder horizontal angeordnet werden sollen. Da die Komponenten nicht verschoben werden, bleibt zum Beispiel eine vertikale Anordnung von Komponenten auch dann vertikal angeordnet, wenn die Größe des Frames verändert wird. Kasten gehört zu Swing, ist jedoch mit dem AWT voll kompatibel.
- **Grid Bag**: Feinkörniges Layout, bei dem jede Komponente pixelgenaue Grenzen erhält. Dies ist zwar kompliziert in der Anwendung, aber die vielseitigste und portabelste Lösung.

Da `LayoutManager` ein Interface ist, ist es möglich, eigene Layoutmanager mit benutzerdefinierten (und manchmal sehr ansprechenden) Auswirkungen zu definieren.

5. Beachten Sie auch hier wieder die amerikanische Schreibweise von `Center`.

10.3.5 Weitere Möglichkeiten für Komponenten

Beschriftungen und Knöpfe sind Komponenten, und wir wiesen bereits darauf hin, dass es noch andere, ähnliche Klassen gibt. Um das Bild abzurunden, möchten wir sie hier nennen und ihre wichtigsten Funktionen aufführen.

1. `TextComponent` behandelt zusammen mit seinen beiden Unterklassen `TextArea` und `TextField` mehrzeiligen Text sowie das Auswählen und Bearbeiten von Text.
2. `Scrollbar` ist nützlich im Zusammenhang mit Text und ermöglicht es, den Inhalt des Behälters im Fenster zu bewegen.
3. `ScrollPane` ist ein Behälter, unter den man eine Komponente größeren Ausmaßes mithilfe von Schiebebalken so schieben kann, dass immer ein Stück davon zu sehen ist.
4. `Canvas` ist ein zusätzlicher Fensterbereich, in dem man zeichnen kann, ohne mit Knöpfen in Konflikt zu kommen.
5. `Checkbox` ermöglicht das Umschalten zwischen Ja/Nein oder Ein/Aus. Ein Beispiel dafür ist, auf der Symbolleiste eines Textverarbeitungsprogramms den Fettdruck ein- oder auszuschalten.
6. `Choice` stellt Dropdown-Listen bereit, aus denen man etwas wählen kann. Nur ein Punkt der Liste kann ausgewählt werden.
7. `List` ist wie `Choice`, außer dass die Elemente immer auf dem Bildschirm zu sehen sind und mehrere Punkte ausgewählt werden können.
8. `Menus` mit Pulldown-Elementen kann man auf der Menüleiste des Fensters erstellen. Man kann immer jeweils nur eines wählen. Einige Optionen kann man nötigenfalls deaktivieren.
9. `Popup menus` lassen sich überall in einem Fenster erstellen und auch mit Untermenüs ausstatten. Auch hier kann man Elemente deaktivieren.
10. `Print` ist ein Befehl, mit dem sich das gesamte Fenster oder ein Teil davon auf einem Drucker ausdrucken lässt - eine äußerst nützliche Einrichtung, da man so außerhalb von Java keine Bildschirmausgabe mehr anzustoßen braucht.

Einige dieser Möglichkeiten kommen in anderen Beispielen in diesem oder den nächsten Kapiteln zum Einsatz.

10.3.6 Panels und Zeichenflächen zum Gruppieren

Java ermöglicht Gruppierungen von Komponenten auf einer höheren Ebene, die sich dann gemeinsam in einem Fenster verschieben lassen und davor geschützt sind, sich gegenseitig zu überschreiben. Die erste dieser Gruppierungen ist ein Panel, das man nutzt, um Gruppen von ähnlichen Komponenten wie Knöpfen zu bilden. Das Panel wird dann dem Layoutmanager als Einheit übergeben. So könnte man z. B. Knöpfe zum Bestätigen (engl. *submit*) und Löschen (engl. *clear*) folgendermaßen gruppieren:

```
Panel p = new Panel ( );
  p.add (new Button ("Submit"));
  p.add (new Button ("Clear"));
add(p);
```

(Beachten Sie, wie auch hier das Panel eingerückt wird). Danach kann das Panel dem Frame in seinem Konstruktor hinzugefügt werden. Um die Knöpfe immer an den unteren Bildschirmrand zu setzen, können wir `BorderLayout` nutzen und das Panel im Bereich `South` positionieren. `BorderLayout` ist bereits der voreingestellte Manager für Frames, während der für Panels `FlowLayout` ist. Also brauchen wir nichts aufzurufen, um diese einzurichten, solange wir nicht Zwischenräume etc. verändern möchten. Fügen wir dem `BorderLayout` etwas hinzu, so wählt der erste Parameter einen der fünf in Abbildung 10.10 gezeigten Bereiche aus.

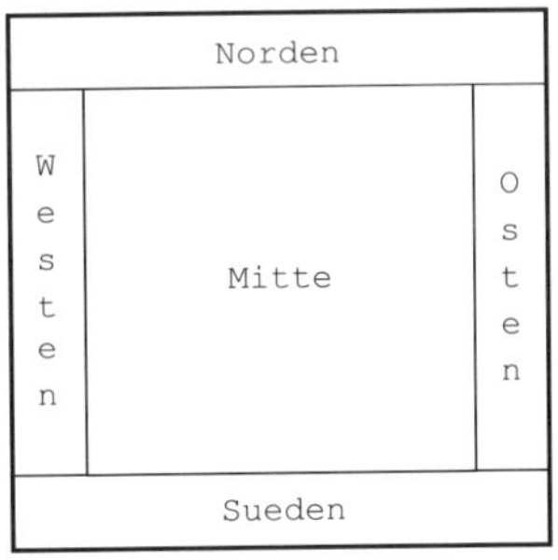

Abbildung 10.10: Bereiche, die BorderLayout anerkennt.

Die Ränder sind schmal und bieten in der Breite nur einer Komponente Platz. Also passt entweder eine Anzahl Knöpfe oder eine Überschrift oder ein Schiebebalken hinein, mehr jedoch nicht. Ein Äquivalent zum Konstruktor in Beispiel 10.3 ist:

```
ButtonTest() {
   // verwende BorderLayout als Standardeinstellung
   setBackground(Color.cyan);
   setForeground(Color.black);
```

```
Panel m = new Panel ();
  for (int i = 0; i < message.length; i++)
    m.add(new Label(message[i]));
  add ("Center", m);
Panel p = new Panel p ();
  // verwende Flow layout als Standardeinstellung
  waitButton = new Button("Wait");
    waitButton.addActionListener(this);
    p.add(waitButton);
  rebootButton = new Button("Reboot");
    rebootButton.addActionListener(this);
    p.add(rebootButton);
add ("South", p);
// andere Anweisungen, die mit dem Frame zu tun haben
```

Beispiel 10.5: Verkehrsampeln

Aufgabe

Das Verkehrsministerium von Savanna möchte Ampelphasen simulieren und die Auswirkungen auf den Wechsel der Ampelphasen beobachten, wenn jemand auf den Knopf der Fußgängerampel drückt.

Lösung

Entwerfen Sie nach den Grundzügen von Abbildung 10.11 einen Bildschirm. Behandeln Sie dann in der erforderlichen Weise die Interaktion von Ampel und Knöpfen. Da eine derartige Interaktion ereignisorientiertes Programmieren erfordert, werden wir sie im Abschnitt 11.1 wieder aufgreifen und das Beispiel dort zu Ende führen. Einstweilen werden wir daran arbeiten, das Fenster für die erforderliche Aktion einzurichten.

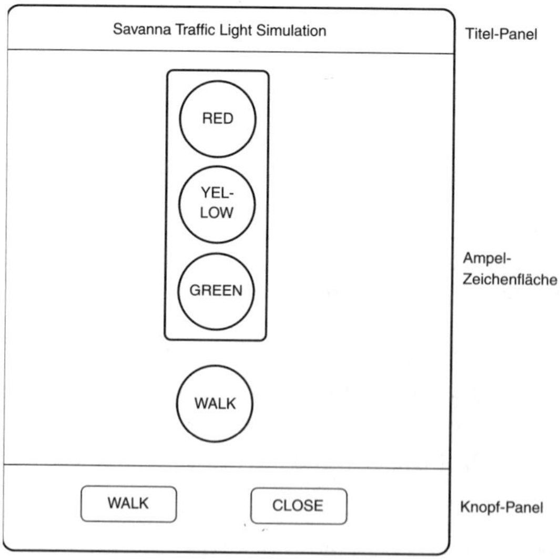

Abbildung 10.11: Nachahmung des Bildschirms für die Ampelsimulation

Zeichnen Sie mithilfe der Methoden aus Graphics die Ampel mit den Kreisen usw. in eine Zeichenfläche. Setzen Sie die Knöpfe in ein Panel und den Titel in ein anderes. Abbildung 10.12 zeigt das Modelldiagramm für dieses Programm. Um die Diagramme einfacher zu halten, werden wir von nun an den Listener für das Ereignis ‚Fenster schließen' beiseite lassen. Beachten Sie, dass das Diagramm zeigt, dass der Walk-Knopf für die Fußgängerampel bisher noch mit nichts verbunden ist.

Klassenentwurf

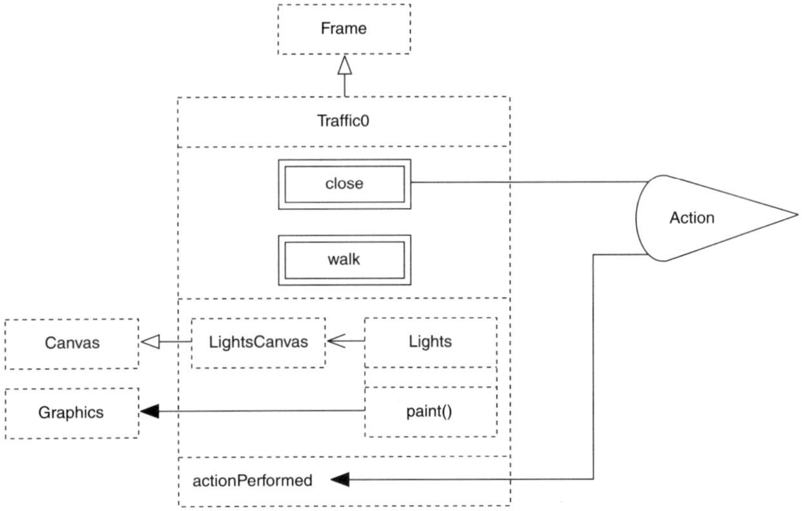

Abbildung 10.12: Modelldiagramm für die Anfangsversion der Ampelsimulation

Traffic erweitert Frame, wie es zur Darstellung von Grafik auch erforderlich ist. Die Variablen buttons und title enthalten beide Instanzen der Klasse Panel. lights ist eine private Variable, die eine Instanz einer kleineren Attributklasse namens LightsCanvas enthält. LightsCanvas erbt aus Canvas und besitzt eine einzige Methode, paint, die Methoden in Graphics aufruft.

In diesem Programm verknüpfen wir den Close-Knopf mit dem passenden Listener, stellen jedoch noch keine Aktion für Walk bereit; das kommt später.

Programm

```
import java.awt.*;
import java.awt.event.*;

class Traffic0 extends Frame implements ActionListener {

    /* The first Traffic light program
     *                                 von J M Bishop Okt 1996
     *                        Java 1.1 von T Abbott Oktober 1997
     *                             aktualisiert J M Bishop Mai 2000
```

```
 * Zeigt eine Darstellung einer Ampel,
 * als Vorbereitung auf eine Simulation.
 *
 * ACHTUNG: Der Walk-Knopf ist noch nicht aktiviert.
 * Veranschaulicht Zeichenflächen und Panels und
 * den BorderLayout-Manager.
 */

  LightsCanvas lights;
  Button close;
  Button walk;

  Traffic0() {
    // Füge die Komponenten hinzu
    Panel title = new Panel();
      title.add (new Label("Savanna Traffic Light Simulation"));
    add("North", title);
    lights = new LightsCanvas();
      add("Center", lights);
    Panel buttons = new Panel();
      walk = new Button("WALK");
        buttons.add(walk);
      close = new Button("CLOSE");
        close.addActionListener(this);
        buttons.add(close);
    add("South", buttons);

    // Richte den Frame ein
    setTitle("Traffic Lights version 0");
    setSize(300,200);
    setVisible(true);
    addWindowListener(new WindowAdapter () {
      public void windowClosing(WindowEvent e) {
        System.exit(0);
      }
    } );
  }

  public void actionPerformed(ActionEvent e) {
    // Muss der close-Knopf sein
    setVisible(false);
    dispose();
    System.exit(0);
  }

public static void main(String[] args) {
    new Traffic0 ();
}

class LightsCanvas extends Canvas {
```

```
    public void paint(Graphics g) {
      g.drawOval(97, 10, 30, 68);
      g.setColor(Color.red);
      g.fillOval(105, 15, 15, 15);  // rot
      g.setColor(Color.yellow);
      g.fillOval(105, 35, 15, 15);  // gelb
      g.setColor(Color.green);
      g.fillOval(105, 55, 15, 15);  // grün
      g.fillOval(105, 85, 15, 15);  // gehe
      g.setColor(Color.black);
      g.drawString("RED", 15, 28);
      g.drawString("YELLOW", 15, 48);
      g.drawString("GREEN", 15, 68);
      g.drawString("WALK", 15, 98);
    }
  }
}
```

Test

Siehe Abbildung 10.13. In Farbe heben sich die drei Lichter gut ab; in Schwarzweiß hingegen sind die Farben nicht leicht zu erkennen. Um für jede Ampel wenigstens einen Umriss herzustellen, sollten wir dem `fillOval` ein `drawOval` mit demselben Zentrum hinzufügen, das in jede Richtung ein Pixel mehr hat und in schwarz gezeichnet wird. Z. B.:

```
g.setColor (Color.red);
g.fillOval (105, 15, 15, 15);
setColor (Color.black);
g.drawOval (105, 15, 16, 16);
```

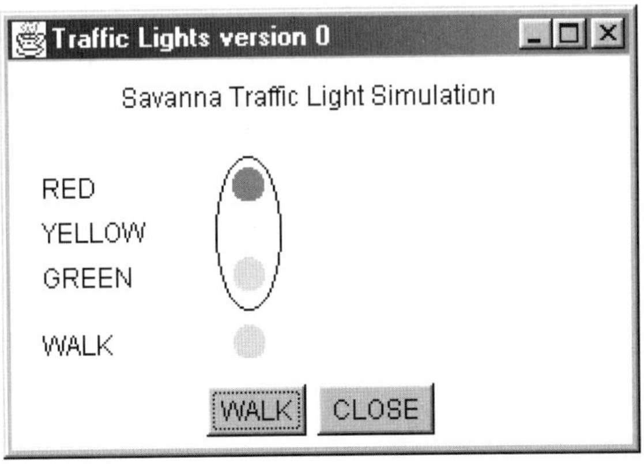

Abbildung 10.13: Die Ausgabe der Anfangsversion der Ampelsimulation

10.4 Zusammenfassung

Das Paket **Graphics** ermöglicht das Zeichnen von Formen, Linien und Bildern und die Auswahl von Schriftarten, Farben usw. **Komponenten** sind Elemente wie Knöpfe, Textfelder, Menus und Schiebebalken. Wir können sie in **Behälter** einsetzen und einen **Layoutmanager** wählen, um sie auf dem Bildschirm angemessen anzuordnen. Das Unterpaket `java.awt.event` behandelt externe **Ereignisse** wie das Drücken eines Knopfes oder das Schließen eines Fensters mit einer Reihe von **Ereignisbehandlern**, **Listenern** und **Adaptern**. `java.awt.image` ist ebenfalls ein Unterpaket, mit dem das AWT **Bilder** in verschiedene Formate einbaut.

In funktioneller Hinsicht unterscheiden wir zwischen grafischem Zeichnen und grafischen Benutzungsoberflächen. Die Grafikprogrammierung macht Spaß, ist aber zeitaufwändig. Javas Grafikmethoden sind in der Klasse `Graphics` enthalten. Man greift durch Aufrufe in den überschriebenen Methoden `paint` und `repaint` auf sie zu. Alles Zeichnen findet in einem `Frame` statt, einer Unterklasse der abstrakten Klasse `Component`. Bei der Einrichtung einer GUI kann man zahlreiche Komponenten auswählen, z. B. `Button`, `Scrollbar`, `TextField` usw. Swing ist eine Alternative zum AWT und stattet eine GUI mit einem plattformunabhängigen „Look and Feel" aus.

In diesem Kapitel wurden keine neuen Schlüsselwörter eingeführt, dafür aber Javas AWT-API intensiv genutzt. Die folgenden Klassen und Methoden wurden in diesem Kapitel besprochen:

```
java.awt
java.awt.event
javax.swing
ActionListener
  actionPerformed
BorderLayout
Button
  addActionListener
Canvas
Component
  paint
  repaint
  setBackGround
  setForeGround
  setLocation
Container
  add
  setLayout
FlowLayout
FontMetrics
Frame
  setTitle
  setSize
  setVisible
Graphics
  drawOval
  drawRect
  drawString
  fillOval
  fillRect
  Color
  setColor
Label
LayoutManager
Panel
System.exit
Window
  addWindowListener
WindowAdapter
  windowClosing
WindowEvent
```

Die folgenden Schemata wurden definiert:

Einen Frame erzeugen
Überschreiben der Methode `paint`
Spezifikation der Klasse `Graphics`
Ein Fenster schließen
Ein `Label` erzeugen
Einen `Button` erzeugen
Einen Layoutmanager einbinden
Auf einen Knopf reagieren

10.5 Übungen

10.1 Damit ein GUI-Programm übersetzbar ist, muss es

(a) von `Window` erben,

(b) von `Frame` erben,

(c) `setVisible(true)`,

(d) `repaint` aufrufen.

10.2 Wenn wir in einem Frame von 600 x 400 mit `drawOval` (300, 20, 50, 50) einen Kreis zeichnen, wo wird er dann positioniert sein?

(a) unten links im Frame,

(b) oben links im Frame,

(c) in der oberen Mitte des Frames,

(d) genau in der Mitte.

10.3 Um die Schriftart auf Sanserif fett zu ändern, verwenden wir:

(a) `setFont (sanserif, bold);`

(b) `g.setFont(Font.sanSerif, Font.Bold, size);`

(c) `g.setFont(new Font (Font.SanSerif, Font.BOLD, size));`

(d) `g.setFont(new Font ("SanSerif", Font.BOLD, size));`

10.4 Der voreingestellte Layoutmanager für eine GUI-Anwendung in Java ist:

(a) `Flow`

(b) `Border`

(c) `Flow centred`

(d) keine Voreinstellung

10.5 Bei der Ausführung eines GUI-Programms blieb das Drücken eines Knopfes ohne Wirkung. Der Grund hierfür ist wahrscheinlich, dass

(a) der Knopf nicht instanziiert wurde,
(b) der Knopf nicht mit einem Listener verbunden war,
(c) es für das Ereignis des Knopfes keinen Behandler gab,
(d) die Variable des Knopfes einem anderen Knopf zugewiesen war.

10.6 `ActionListener` ist

(a) eine Methode, die vom Programm aufgerufen wird,
(b) ein Interface, das das Programm implementieren muss,
(c) eine Klasse, die das Programm erben muss,
(d) eine Methode, die das Programm bei Eintreten eines Ereignisses aufruft.

10.7 In diesen beiden Anweisungen in der Alternative zu Beispiel 10.3 (vgl. Abschnitt 10.3) gilt:

```
 p.add (new Button ("Reboot"));
add("South", p);
```

Welche der folgenden Antworten sind richtig?

(a) `p` könnte vor `add` oder als Parameter stehen.
(b) Das erste `add` bezieht sich auf ein Panel und das zweite auf einen Frame.
(c) Wollten wir das zweite `add` einrücken, so müssten wir dafür `p.` angeben.
(d) `p` benutzt das Rand-Layout.

10.8 Wie würde eine Anweisung lauten, die das Rand-Layout anfordert?

(a) `setLayout (BorderLayout);`
(b) `setLayout(new BorderLayout);`
(c) `setLayout (new BorderLayout());`
(d) `setLayout(new BorderLayout(), CENTER);`

10.9 Wie viele Frames gibt es am Ende des Programms `FlagMaker2` (Beispiel 10.3)?

(a) einen
(b) drei
(c) vier
(d) keinen

10.10 Welches ist der wichtigste Unterschied zwischen dem AWT und Swing?

(a) Swing-Methoden beginnen mit einem J.

(b) Swing-Methoden nutzen das „Look and Feel“ einer bestimmten Plattform.

(c) Swing-Methoden sind effizienter.

(d) Swing-Methoden werden unabhängig von einer bestimmten Plattform implementiert.

10.6 Aufgaben

Die ersten drei Aufgaben beziehen sich auf den Entwurf und die Programmierung von GUIs. Die Behandlung von Ereignissen ist hier nicht wesentlich: Um die GUI zu testen, könnte der Behandler einfach melden, dass ein bestimmtes Ereignis eingetreten ist. Eine solche Meldung kann mit `System.out.println` erstellt werden und ist dann auf der Java-Konsole oder im MSDOS-Kommandofenster zu sehen.

10.1 **Digitaluhr:** Entwerfen Sie die Anzeige und die Knöpfe einer Digitaluhr. Machen Sie die Uhr funktionstüchtig, indem Sie die Zeit in regelmäßigen Abständen in einer Schleife verändern.

10.2 **Fernbedienung:** Implementieren Sie eine Benutzungsschnittstelle für die Fernbedienung eines Fernsehgeräts.

10.3 **Handy:** Entwerfen und programmieren Sie eine Bildschirmversion eines Handys.

10.4 **Türschloss:** Savanna Security stellt digitale Türschlösser her, die aus neun von 0 bis 9 nummerierten Schlüsseln und zwei mit „Löschen“ und „Öffnen“ beschrifteten Schlüsseln bestehen. Wird eine richtige Folge von vier Zahlen und dann „Öffnen“ gedrückt, so leuchtet ein grünes Licht auf. Andernfalls leuchtet ein rotes Licht. Entwerfen und programmieren Sie eine GUI, die ein derartiges Schloss darstellt, und testen Sie sie, indem Sie in das Programm fünf voreingestellte Codes einbauen, die der Anwender auswählen kann, um das grüne Licht zu bekommen.

10.5 **Sicherheitssystem:** Die Schlösser, deren Prototyp Sie in Aufgabe 10.4 entworfen haben, sollen verkauft werden und benötigen dafür noch Software. Schreiben Sie ein kleines Programm für eine Liste von Zimmernummern, Personennamen und damit verbundenen Codes. Wenn neue Schlösser eingerichtet oder die Codes vorhandener Schlösser verändert werden, soll die Eingabe neuer Einzelheiten zu den Schlössern möglich sein.

Setzen Sie bei der Veränderung von Codes den Passwortschutz ein.

10.6 **Verbessertes Schloss:** Savanna Security möchte ein neues Schloss mit drei zusätzlichen Schlüsseln namens X, Y und Z einführen. Erben Sie aus der GUI in Aufgabe 10.4 einen neuen Frage und nehmen Sie die zusätzlichen Informationen auf. Zeigen Sie, wie das System in Aufgabe 10.5 mit nur geringfügigen Änderungen für beide Schlossarten ausgeführt werden kann.

10.7 **Zwei Ampeln:** Verbessern Sie das Ampelsystem so, dass es zwei identische Verkehrsampeln auf dem Bildschirm anzeigt. Untersuchen Sie dabei das Zeichnen beider Ampeln in zwei verschiedenen Frames und als zwei Zeichenflächen in demselben Frame.

10.8 **Verbesserter FlagMaker:** Das Programm `FlagMaker2` aus Beispiel 10.3 wird im Kapitel 11 aktualisiert werden. Doch auch jetzt können wir schon einige interessante Verbesserungen einführen. Ersetzen Sie die drei festgelegten Testobjekte im Konstruktor, indem Sie eine GUI entwerfen und implementieren, bei der die vier Parameter (Ländername und drei Farben) interaktiv eingegeben werden können.

11 Ereignisgesteuerte Programmierung

Ein wichtiger Teil der GUI-Programmierung ist offenbar das Reagieren auf Ereignisse. Das Java-Paket `awt.event` ermöglicht es, Ereignisse zu erkennen, Informationen über auftretende Ereignisse aufzuzeichnen und die Ereignisse mit benutzerdefinierten Ereignisbehandlern zu verknüpfen. In diesem Kapitel wird Folgendes behandelt:

- Wie werden Ereignisse klassifiziert und die entsprechenden Listener und Behandler eingerichtet?
- Wie werden Ereignisfolgen verwaltet?

Zur Vorbereitung schließen wir zunächst unsere Betrachtung der Komponenten ab, wobei wir ein besonderes Augenmerk auf die Textfelder richten, einen wichtigen Teil der Anwenderinteraktion.

11.1 Interaktion mit Textfeldern

Für die Texteingabe in ein GUI-Programm bietet Java eine Komponente namens `TextComponent` mit den beiden Unterklassen `TextField` und `TextArea`. `TextArea` ist für mehrzeilige Texte bestimmt und arbeitet mit Bildlaufleisen. Wir betrachten nur die einzeiligen Textfelder. Um eine Komponente als `TextField` zu erzeugen, verwenden wir folgendes Schema

Ein Textfeld erstellen

```
TextField t;

t = new TextField("Anfangstext",n);
 add(t);
```

Ein Textfeld erstellen
Die Deklaration erzeugt eine Objektvariable *t*. Dann wird ein Objekt mit einer initialen Text-Zeichenreihe und einer gegebenen Zeichenanzahl instanziiert, die die Länge des Kastens um den Text beeinflusst (siehe unten). `add` fügt das Textfeld in den aktuellen Behälter ein.

n steht für die Anzahl der für das Feld erwarteten Zeichen, ohne jedoch dessen Breite genau zu definieren, da diese auch von der gewählten Schriftart und dem verwendeten Layoutmanager abhängt. Gibt der Anwender jedoch mehr als *n* Zeichen ein, so lässt das Feld den Text durchlaufen, sodass selbst bei falscher Einschätzung von *n* keine Probleme auftreten. Einige der für ein `TextField` verfügbaren Methoden sind:

Textfeldmethoden

```
String   getText ();
void     setText (String Wert);
void     selectText (int Anfang, int Ende);
void     selectAll ();
void     setEditable (boolean Wert);
boolean  isEditable ();
```

`getText` holt den in das Textfeld eingefügten oder eingetippten Text und gibt ihn als Ergebnis des Methodenaufrufs zurück.

`setText` ersetzt den gesamten Text im Feld durch die gegebene Zeichenreihe.

`selectText` hebt einen Teil des Textfeldes hervor, ohne etwas zu verändern; `selectAll` hebt den gesamten Text hervor.

Ein Textfeld kann veränderbar sein oder auch nicht, und dieser Status kann durch die nächsten beiden Methoden eingestellt und überprüft werden.

`getText` und `setText` sind die entsprechenden Lese- und Schreibmethoden für ein `TextField`. Außerdem kann das Feld für Eingabe zur Verfügung stehen, also bearbeitbar sein (dies ist die Voreinstellung), oder es kann gesperrt sein. Im ersten Zustand ist das Feld weiß, und der Anwender muss die Maus darauf ziehen, klicken, zu tippen beginnen und mit der Eingabetaste beenden. Wenn das Feld nicht bearbeitbar ist, könnte das Feld z. B. grau sein, und es können keine Daten eingegeben werden - diese Option hängt vom jeweiligen Computer ab. Die Notwendigkeit beider Zustände wird im nächsten Abschnitt veranschaulicht. `selectText` schließlich ermöglicht das Hervorheben eines gegebenen Teils des Feldes, normalerweise in Blau.

Textfelder haben normalerweise Beschriftungen. Um Textfelder einzurichten, mit denen der Name und das Alter einer Person in einem Panel zusammengefasst werden, verwenden wir:

```
Panel p = new Panel ();
  TextField name = new TextField("",40);
    p.add (new Label ("Name"));
    p.add (name);
  TextField age = new TextField("",5);
    p.add (new Label ("Age"));
    p.add (age);
```

Das würde Folgendes ergeben:

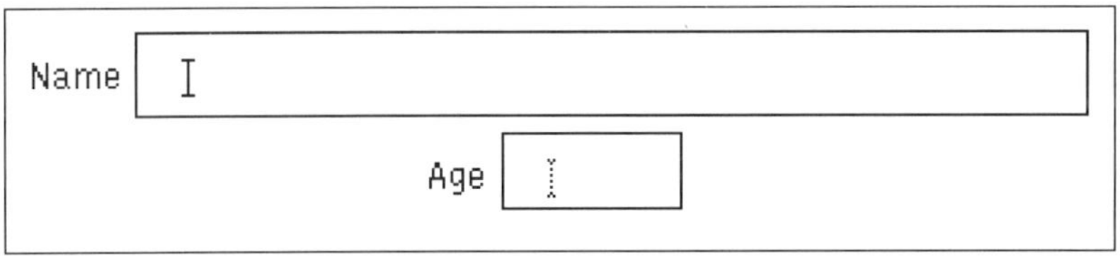

Beachten Sie, dass der Fluss-Layoutmanager die Kästchen sauber in einen Frame der richtigen Größe einpassen würde. Wenn der Frame größer ist, kann es passieren, dass die Beschriftung „Age" in der oberen Zeile landet, sodass Korrekturen notwendig werden könnten, um den gewünschten Effekt zu erzielen.

11.1.1 Zahlen eingeben

Wie Sie sicher schon bemerkt haben, gibt es nur eine get-Methode für TextField, und diese gibt ein String-Objekt zurück. Somit stehen wir erneut vor der Aufgabe, den Inhalt einer Zeichenreihe im Bedarfsfall in eine Zahl zu übersetzen. Dieser Vorgang wurde im Abschnitt 7.2 besprochen, wobei für ganze Zahlen folgende zentrale Anweisung verwendet wurde:

Eine Zeichenreihe in eine ganze Zahl übersetzen
i = Integer.parseInt(*s*);
Übersetzt die Zeichenreihe *s* in die ganze Zahl *i*. Löst eine ParseException aus, wenn die Zeichenreihe nicht die richtige Form hat.

Genau dieselbe Technik kann für die GUI-Programmierung verwendet werden. Eine einfache Anweisung wie diese setzt jedoch voraus, dass bei der Konvertierung kein Fehler, wie z. B. ein nichtnumerisches Zeichen in der Zeichenreihe, unterläuft. Bisher war die Stream-

Klasse für diese Aufgaben zuständig. Man könnte sich vorstellen, eine ähnliche Klasse, z. B. `GUIText`, zu schreiben, die genau dieselbe Funktion ausführen würde, allerdings ihre Eingabe aus einem `TextField` und nicht aus einem `BufferedReader` erhält. Im Moment wollen wir es riskieren, die Entwicklung von `GUIText` dem Leser als lohnende Übung zu überlassen.

11.1.2 Die Eingabe vermeiden

Am Ende des Abschnitts 10.3 erwähnten wir, dass es im AWT weitere Komponenten gibt, von denen einige die Auswahl aus Listen und Alternativen ermöglichen. Diese dienen hauptsächlich dazu, dem Anwender die Eingabe großer Datenmengen zu ersparen, und schaffen außerdem eine sicherere Umgebung, da keine unerwarteten Eingaben möglich sind. Dazu ein einfaches Beispiel. Wenn uns der Nutzer einen Wochentag angeben soll, verlangen wir nicht, dass Text in ein Textfeld eingegeben wird, der hinterher nachgeprüft werden muss. Stattdessen bieten wir eine `Choice`-Liste mit den sieben Möglichkeiten, und der Anwender wählt einfach mit der Maus eine davon aus. `CheckBox`, `List`, `Menu` und `Popup` lassen sich ähnlich einsetzen. Ein Beispiel für die Verwendung von `Choice` liefert die folgende Weiterentwicklung des Ampelprogrammes.

Beispiel 11.1: Ampeln mit Knöpfen

Aufgabe

Im Ampelbeispiel dient die Simulation dazu, die Wirksamkeit verschiedener Ampelphasen zu betrachten. Sollte die Rotphase beispielsweise länger andauern als die Grünphase usw.?

Lösung

Für eine anwenderfreundliche Simulation benötigen wir die Möglichkeit, jede Ampelphase verändern zu können. Mit anderen Worten, wir müssen neue Werte einlesen. Folgendes ist dazu erforderlich:

- die Auswahl eines der vier Lichter,
- die Eingabe der neuer Zeitdauer.

Die benötigten Komponenten können dem `Panel` mit den Knöpfen hinzugefügt werden und unten auf dem Bildschirm erscheinen. Es handelt sich dabei um eine Auswahlliste für die vier Lichter und um ein Textfeld für die Eingabe der Dauer in Sekunden.

Programm

Noch haben wir nicht gelernt, wie man die Ampel aufleuchten lässt: Dies wird im Kapitel 13 behandelt. Wir können aber immerhin auf das Auswählen des Lichts und das Festlegen der Dauer reagieren indem wir neben dem Licht eine passende Meldung ausgeben. Für einen solchen Frame eignet sich der folgende überarbeitete Konstruktor:

```
 Traffic1() {
  setTitle("Traffic Lights Version 1");
  Panel title = new Panel();
    title.add(new Label("Savanna Traffic Light Simulation"));
    add("North", title);

  lights = new LightsCanvas();
  add("Center", lights);

  Panel buttons = new Panel();
    colours = new Choice ();
    colours.addItem("Red");
    colours.addItem("Yellow");
    colours.addItem("Green");
    colours.addItem("Walk");
    buttons.add(colours);

    duration = new TextField("", 3);
      buttons.add(new Label("Duration"));
      duration.setEditable(true);
      buttons.add(duration);

    walkButton = new Button("Walk");
      buttons.add(walkButton);

    closeButton = new Button("Close");
      closeButton.addActionListener(this);
      buttons.add(closeButton);
    add("South", buttons);
 }

 private TextField duration;
 private Choice colours;
 private Button walkButton;
 private Button closeButton;
}
```

Test

Abbildung 11.4 im nächsten Beispiel zeigt die Ausgabe des Konstruktors.

Dieser Konstruktor richtet zwar Komponenten zur Auswahl von Farbe und Dauer ein, zeigt aber nicht, wie die mit einer derartigen Auswahl verbundenen Ereignisse zu behandeln sind. Für den `Close`-Knopf ist wie üblich eine Verknüpfung mit einem Behandler eingerichtet, aber nun müssen wir überlegen, wie wir die Ereignisbehandlung auf weitere Arten von Komponenten ausdehnen, und kompliziertere Ereignisfolgen betrachten.

11.2 Ereignisse, Listener und Behandler

Die Klassifizierung von Ereignissen hängt von den Komponentenarten ab, die diese Ereignisse generieren, aber es gibt nicht eine Ereignisart für jede Komponentenart. Vielmehr teilen sich die vielen **Komponenten**arten 11 **Ereignis**arten. Jede Ereignisart ist mit einem **Listener** verbunden (beim `MouseEvent` sind es allerdings zwei). Jeder Listener erfordert, dass ein entsprechender **Behandler** eine oder mehrere seiner Methoden implementiert.

Ereignis	Listener	Methoden	Komponenten

`ActionEvent`	`ActionListener`	`actionPerformed`	`Button`
			`List`
			`MenuItem`
			`TextField`

`AdjustmentEvent`	`AdjustmentListener`	`adjustmentValue-Changed`	`ScrollBar`

`ComponentEvent`	`ComponentListener`	`componentHidden`
		`componentMoved`
		`componentResized`
		`componentShown`
			`Component`

`ContainerEvent`	`ContainerListener`	`componentAdded` `componentRemoved`	`Container`
`FocusEvent`	`FocusListener`	`focusGained` `focusLost`	`Component`

`ItemEvent`	`ItemListener`	`itemStateChanged`	`CheckBox`
			`Choice`
			`List`

`KeyEvent`	`KeyListener`	`keyPressed`
		`keyReleased`
		`keyTyped`
			`Component`

`MouseEvent`	`MouseListener`	`mouseClicked`
		`mouseEntered`
		`mouseExited`
		`mousePressed`
		`mouseReleased`
			`Component`

	`MouseMotionListener`	`mouseDragged` `mouseMoved`	
`TextEvent`	`TextListener`	`textValueChanged`	`TextComponent`

`WindowEvent`	`WindowListener`	`windowActivated`
		`windowClosed`
		`windowClosing`
			`Window`

Tabelle 11.1

Wir haben z. B. bereits gesehen, dass eine Knopfkomponente mit einem ActionEvent und einem ActionListener verbunden ist und die Methode actionPerformed implementiert sein muss. In Tabelle 11.1 finden Sie alle Ereignisse, Listener und Methoden von Java und die von diesen behandelten Komponenten. Da alle Listener Interfaces sind, müssen alle Listener, auf die ein Programm Bezug nimmt, im Kopf der Klasse eingetragen werden.

Auswahlkästchen

Um die Tabelle 11.1 zu verstehen, sehen wir uns ein Beispiel aus dem vorherigen Programm an. Darin haben wir ein Auswahlkästchen (engl. *choice box*) definiert, auf das wir natürlich reagieren müssen. Choice ist eine Komponente, die mit einem ItemEvent zusammenhängt und einen ItemListener erfordert. Die Methode itemStateChanged muss implementiert werden. Wie sieht eine solche Implementierung aus? Dafür betrachten wir einen Behandler, den wir bereits kennen gelernt haben. Als wir die Methode actionPerformed im Beispiel 10.4 implementierten, sah sie folgendermassen aus:

```
public void actionPerformed(ActionEvent e) {
  if (e.getSource() == rebootButton) {
      setVisible(false);
      dispose();
      System.exit (0);
  } else if (e.getSource() == waitButton) {
      setForeground(Color.white);
      setBackground(Color.red);
  }
}
```

Somit verwendet ActionEvent die Methode getSource, um das Objekt zurückzugeben, das das Ereignis ausgelöst hat. Diese Objektreferenz kann wiederholt abgefragt werden, um festzustellen, welches Ereignis aufgetreten ist, und dann kann die entsprechende Aktion erfolgen. Die Methode getSource ist in einer Klasse namens EventObject definiert, die in der Hierarchie so weit oben steht, dass sie nicht in java.awt, sondern in java.util zu finden ist! In jeder Ereignisklasse gibt es eine entsprechende speziellere Methode, die statt getSource verwendet werden kann. Das Problem ist, sich alle Namen und Ergebniswerte zu merken, da diese nicht wie die in Tabelle 11.1 dargestellten Listener und anderen Methoden einem Muster folgen. Beispielsweise kann für ein ActionEvent die Methode getActionCommand, die eine Zeichenreihe zurückgibt, als Alternative zu getSource verwendet werden. Somit würde

```
if (e.getSource() == rebootButton) {
```

zu

```
if (e.getActionCommand() == "Reboot") {
```

Für ein (z. B. von einer `Choice` generiertes) `ItemEvent` ist die richtige Methode allerdings `getItemSelectable`, und diese gibt einen Wert zurück, der auf einem Interface namens `ItemSelectable` basiert. Um die Dinge nicht komplizierter zu machen, setzen wir zum Identifizieren von Ereignissen weiterhin `getSource` ein.

11.3 Fallstudie 5: Der Flaggendesigner

11.3.1 Aufgabe

In den Beispielen 2.2 und 10.3 haben wir gesehen, dass das Zeichnen von Flaggen sehr einfach ist und mit Parametern für verschiedene Farben eingerichtet werden kann. Nun möchten wir untersuchen, wie wir mit Parametern dafür sorgen können, dass die Flaggen auch andere Muster wie z. B. Flaggen mit vertikalen Streifen (z. B. Frankreich) einschließen; außerdem möchten wir ein GUI-Interface bereitstellen, um eine völlig neue Flagge zu gestalten.

11.3.2 Lösung

Die Lösung besteht aus zwei Teilen:

- Definition der Flaggenarten, die angepasst werden können;
- Bereitstellung eines GUI-Interface, um die Komponenten für die Herstellung solcher Flaggen auszuwählen.

Wir beginnen mit drei Arten von Flaggen: Die erste hat horizontale Streifen, die zweite vertikale Streifen und die dritte horizontale Streifen mit einem Motiv in der Mitte. Die Abbildung 11.1 zeigt Beispiele für die letzten beiden Flaggenmuster. Als Nächstes müssen wir vier Farben (die vierte ist für das Motiv, sofern wir eines haben), das Motiv und den Namen der Flagge wählen. Als Motive stehen zur Verfügung: keines, ein Kreis, ein Stern oder ein Davidstern. So gelangen wir zu einer einfachen GUI, wie sie in der Abbildung 11.2 dargestellt wird. Mit diesem Interface könnten wir eine kunstvolle Flagge wie die zweite in der Abbildung 11.1 gestalten.

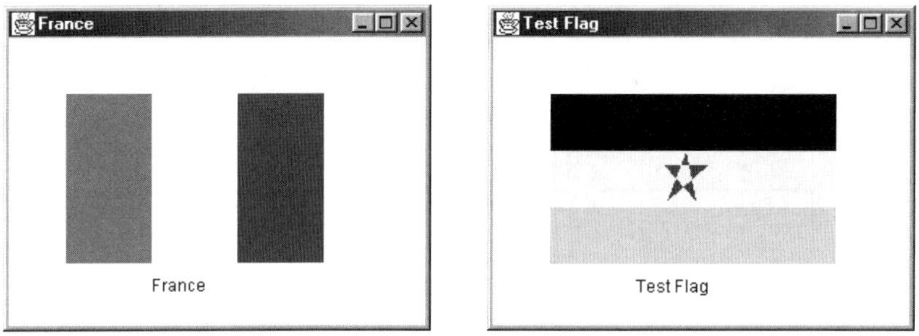

Abbildung 11.1: Zwei Arten von Flaggen

Für die Einstellung der Farben verwenden wir ein Kontrollkästchen (engl. *check box*) und wählen dann die Farbe aus einer Auswahlliste aus: Dies ist effizienter, als wenn wir für die Farben vier Auswahllisten hätten. Die Auswahlliste für die Farbe bezieht sich jeweils auf das Element, das in den Kontrollkästchen gerade ausgewählt ist.

Das Programm kann man in drei Teile zerlegen:

- Konstruktion des Fensters;
- Reaktion auf Ereignisse;
- Zeichnen der Flagge.

11.3.3 Konstruktion der GUI

Hier handelt es sich um eine relativ einfache GUI mit einer Beschriftung und sechs weiteren Komponenten. Diese werden folgendermaßen durch die GUI-Variablen identifiziert:

```
CheckboxGroup          flagParts;
Checkbox []            colourCheck = new Checkbox[4];
Choice                 colourChoice;
Choice                 flagChoice;
Choice                 motifChoice;
TextField              nameField;
Button                 drawButton;
```

Die `CheckboxGroup` und das `Checkbox`-Array liefern zusammen die vier Kontrollkästchen am oberen Rand der GUI. Außerdem gibt es die drei Auswahllisten, das Textfeld und den Knopf. Es ist mühsam, alle diese Elemente in die GUI einzufügen, und der Konstruktor wird dadurch ziemlich lang, aber es gibt keine andere Möglichkeit. Später werden sich Gelegenheiten zum Einsatz von Parametern ergeben.

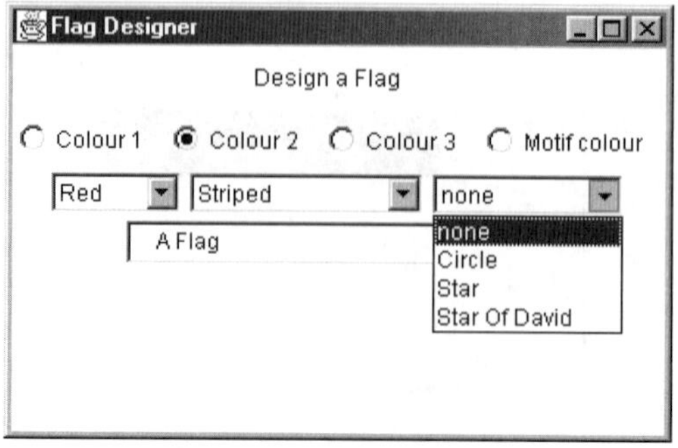

Abbildung 11.2: Die GUI für das Flaggendesigner-Programm

11.3.4 Reaktion auf Ereignisse

Während wir die Komponenten zum Frame hinzufügen, verbinden wir sie auch mit den Listenern. Entsprechend Tabelle 11.1 ist `ItemListener` sowohl für die Auswahllisten als auch für die Prüfkästchen der richtige Listener, und für die anderen beiden Ereignisse ist es `ActionListener`. Dies bedeutet, dass wir zwei Behandler implementieren müssen: `ItemStateChanged` und `ActionPerformed`. In den Behandlern müssen wir entscheiden, welche Komponente das Ereignis ausgelöst hat.

Die Methode zur Behandlung der Auswahllisten und der Prüfkästchen ist relativ komplex. Es gibt vier Blöcke, die auf If-Anweisungen folgen, und jeder davon behandelt eine andere Komponente. In jedem Block holen wir uns die getroffene Entscheidung beispielsweise mit folgendem Code:

```
flagPicked = ((Choice) picked).getSelectedIndex();
```

`getSelectedIndex` ist eine Methode, die auf ein `Choice`-Objekt anwendbar ist. `picked` wird von `getSource` zurückgegeben und gehört zur Oberklasse `Object`, weshalb auch die Typumwandlung zu `Choice` nötig ist. Bei der Farbauswahl zeichnen wir das Ergebnis des speziellen Streifens oder Motivs auf, wobei standardmäßig der zweite Streifen eingestellt ist. Anders ausgedrückt: Es ist in Ordnung, zuerst eine Farbe auszuwählen und danach ihren Zweck zu wählen. Schließlich werden die Kontrollkästchen selbst überprüft, um herauszufinden, welches davon aktiviert wurde. Die dazugehörige ganze Zahl wird gespeichert.

```
public void itemStateChanged(ItemEvent e) {
  Object picked = e.getSource();

  // Zwischen den vier Komponenten unterscheiden
```

```
  // Auswahl der Farbe
  if (picked == colourChoice) {
    int selectedColour = ((Choice) picked).getSelectedIndex();
    colour[checkBoxPicked] = listedColours[selectedColour];
  }

  // Auswahl der Flagge
  else if (picked == flagChoice)
    flagPicked = ((Choice) picked).getSelectedIndex();

  // Auswahl des Motivs
  else if (picked == motifChoice)
    motifPicked = ((Choice) picked).getSelectedIndex();
  else

  // Kästchen prüfen (standardmäßig)
  for (int i=0; i<4; i++) {
    if (picked == colourCheck[i]) {
      checkBoxPicked = i;
    }
  }

}
```

Die Methode actionPerformed funktioniert etwas anders, da sie auf den Knopf „Draw It" („Zeichnen") reagieren muss. Dazu gehört die Erstellung neuer Flaggen-Objekte, wie sie auch in den früheren Programmversionen vorgenommen wurde. Was sind Flaggen-Objekte? Wir gehen davon aus, dass actionPerformed ansonsten einfach strukturiert ist, und machen gleich mit dem Zeichnen der Flaggen weiter.

11.3.5 Die Flaggen zeichnen

Wir haben eine Klasse für das Zeichnen von Flaggen mit drei horizontalen Streifen und eine Methode makeFlag, die für alle Einzelheiten des Frames zuständig ist:

```
public void makeFlag (FlagCanvas canvas) {
  Frame f = new Frame();
  f.add(canvas);
  f.setTitle(canvas.country);
  f.setSize(300,200);
  f.setLocation(200,200);
  f.setVisible(true);
  f.addWindowListener(new WindowAdapter() {
  public void windowClosing(WindowEvent e) {
  e.getWindow().dispose();
    }
  } );
```

```
}
```

Es ist nicht weiter schwer, eine Flagge mit vertikalen Streifen zu zeichnen. Um jedoch die Methode `makeFlag` einfach zu halten, möchten wir, dass die Methode sowohl diese als auch die dritte Option (eine Flagge mit einem Motiv) akzeptiert. Dies können wir durch Vererbung erreichen. Haben wir:

```
class FlagCanvas extends Canvas
class FlagCanvasVerti extends FlagCanvas
class FlagCanvasMotif extends FlagCanvas
```

so akzeptiert `makeFlag` alle Objekte der drei Klassen als Parameter.

Der einzige interessante Teil des Zeichnens sind die Sterne in den Motiven. Um sie zu zeichnen, verwenden wir vordefinierte Arrays von Punkten, die an Methoden übergeben werden können, die `fillPolygon` oder `drawPolygon` heißen und in der Klasse `Graphics` definiert sind.

11.3.6 Programm

Abschließend zeigen wir hier das vollständige Programm:

```
import java.awt.*;
import java.awt.event.*;

public class FlagMakerGUI extends Frame
                          implements ActionListener, ItemListener {

  /** General Flag designer program       J M Bishop Mai 2000
   * =====================
   *
   *  Zeigt eine einfache GUI zur Auswahl eines von
   * drei Flaggenstilen, sowie drei Motive und
   * sieben Farben für jeden horizontalen oder vertikalen Streifen.
   *
   * Veranschaulicht geerbte Klassen und GUI-Komponenten,
   * insbesondere Choices, Checkboxes und Buttons.
   *
   **/

  static final int none = 0, circle = 1, star = 2, starOfDavid = 3;
  static final int stripes = 0, bars = 1, motif = 2;
  static final Color listedColours [] = { Color.red, Color.blue,
                  Color.white, Color.black, Color.green,
                  Color.orange, Color.yellow} ;

  // GUI-Variablen
  // ************
```

```
CheckboxGroup flagParts;
Checkbox []   colourCheck = new Checkbox[4];
Choice        colourChoice;
Choice        flagChoice;
Choice        motifChoice;
TextField     nameField;
Button        drawButton;

public FlagMakerGUI() {

// Die GUI einrichten
// *****************

  setLayout(new BorderLayout());
  Panel intro = new Panel();
    intro.add(new Label("Design a Flag"));
    add("North",intro);
  Panel middle = new Panel();
    middle.setLayout(new FlowLayout());
    flagParts = new CheckboxGroup();
      for (int i=0; i<3; i++)
       colourCheck[i] = new Checkbox("Colour "+(i+1),i==1,flagParts);
      colourCheck[3] = new Checkbox("Motif colour",false,flagParts);
      for (int i=0; i<4; i++) {
        colourCheck[i].addItemListener(this);
        middle.add(colourCheck[i]);
      }
    colourChoice = new Choice ();
      colourChoice.addItem("Red");
      colourChoice.addItem("Blue");
      colourChoice.addItem("White");
      colourChoice.addItem("Black");
      colourChoice.addItem("Green");
      colourChoice.addItem("Orange");
      colourChoice.addItem("Yellow");
      colourChoice.addItemListener(this);
      middle.add(colourChoice);
    flagChoice = new Choice ();
      flagChoice.addItem("Striped");
      flagChoice.addItem("Bars");
      flagChoice.addItem("Striped with motif");
      flagChoice.addItemListener(this);
      middle.add(flagChoice);
    motifChoice = new Choice();
      motifChoice.addItem("none");
      motifChoice.addItem("Circle");
      motifChoice.addItem("Star");
      motifChoice.addItem("Star Of David");
      motifChoice.addItemListener(this);
```

```
        middle.add(motifChoice);
      nameField = new TextField("    A Flag ",20);
        nameField.addActionListener(this);
        middle.add(nameField);
      drawButton = new Button("Draw it");
        drawButton.addActionListener(this);
        middle.add(drawButton);
    add("Center",middle);
  setTitle("Flag Designer");
  setVisible(true);
  addWindowListener(new WindowAdapter() {
    public void windowClosing(WindowEvent e) {
      System.exit(0);
    }
  } );
}

// Variablen für die Ereignisbehandler
int       flagPicked = 0;
int       checkBoxPicked = 0; // Farbe 1
int       motifPicked = circle;
Color [ ] colour = { Color.red, Color.white, Color.blue, Color.black} ;
String    name = "A Flag";
public void actionPerformed (ActionEvent e) {
  if (e.getSource() == drawButton) {
    switch (flagPicked) {
      case stripes : makeFlag (
           new FlagCanvas (name, colour[0], colour[1], colour[2]));
           break;
      case bars : makeFlag (
         new FlagCanvasVerti (name, colour[0], colour[1], colour[2]));
           break;
       case motif : makeFlag (
          new FlagCanvasMotif (name, colour[0], colour[1], colour[2],
            motifPicked, colour[3]));
    } }
  else if (e.getSource() == nameField)
    name = nameField.getText();
}

public void itemStateChanged(ItemEvent e) {
  Object picked = e.getSource();

  // Zwischen den vier Komponenten unterscheiden
  // Auswahl der Farbe
  if (picked == colourChoice) {
    int selectedColour = ((Choice) picked).getSelectedIndex();
    colour[checkBoxPicked] = listedColours[selectedColour];
  }
  // Auswahl der Flagge
```

```
    else if (picked == flagChoice)
      flagPicked = ((Choice) picked).getSelectedIndex();
    // Auwahl des Motivs
    else if (picked == motifChoice)
      motifPicked = ((Choice) picked).getSelectedIndex();
    else
    // Kästchen prüfen (standardmäßig)
    for (int i=0; i<4; i++) {
      if (picked == colourCheck[i]) {
        checkBoxPicked = i;
      }
    }

  }

  public static void main(String [] args) {
    new FlagMakerGUI();
  }
    public static void makeFlag (FlagCanvas canvas) {
      Frame f = new Frame();
      f.add(canvas);
      f.setTitle(canvas.country);
      f.setSize(300,200);
      f.setLocation(200,200);
      f.setVisible(true);
      f.addWindowListener(new WindowAdapter() {
        public void windowClosing(WindowEvent e) {
          e.getWindow().dispose();
        }
      } );
    }
  }

  //===========================
    class FlagCanvas extends Canvas {

      String country;
      Color bar1, bar2, bar3;

       FlagCanvas (String c, Color b1, Color b2, Color b3) {
         country = c;
         bar1 = b1;
         bar2 = b2;
         bar3 = b3;
       }

       public void paint (Graphics g) {
        // Zeichne die Flagge mit farbigen Rechtecken
        g.setColor (bar1);
        g.fillRect (40,40,200,40);
```

```
      g.setColor (bar2);
      g.fillRect (40,80,200,40);
      g.setColor (bar3);
      g.fillRect (40,120,200,40);
      // Beschrifte die Zeichnung
      g.setColor (Color.black);
      g.drawString(country,100,180);
    }
  }

  class FlagCanvasVerti extends FlagCanvas {

    FlagCanvasVerti (String c, Color b1, Color b2, Color b3) {
      super (c,b1,b2,b3);
    }
    public void paint (Graphics g) {
      // Zeichne die Flagge mit farbigen Rechtecken
      g.setColor (bar1);
      g.fillRect (40,40,60,120);
      g.setColor (bar2);
      g.fillRect (100,40,60,120);
      g.setColor (bar3);
      g.fillRect (160,40,60,120);
      // Beschrifte die Zeichnung
      g.setColor (Color.black);
      g.drawString(country,100,180);
    }
  }


  class FlagCanvasMotif extends FlagCanvas {

    int motif;
    Color motifColor;

   FlagCanvasMotif (String c, Color b1, Color b2, Color b3, int m,
                    Color mc) {
    super (c,b1,b2,b3);
    motif = m;
    motifColor = mc;
  }

  public void paint (Graphics g) {

    int [] xpoints = { 120,150,122,135,142,120} ;
    int [] ypoints = { 90,90,115,80,115,90} ;
    // Zeichne die Flagge mit farbigen Rechtecken
    g.setColor (bar1);
    g.fillRect (40,40,200,40);
    g.setColor (bar2);
```

```
    g.fillRect (40,80,200,40);
    g.setColor (bar3);
    g.fillRect (40,120,200,40);
    // Beschrifte die Zeichnung
    g.setColor (Color.black);
    g.drawString(country,100,180);
    if (motif != 0) {
      g.setColor (motifColor);
      switch (motif) {
      case 1: g.fillOval(125,90,20,20); break;
      case 2: g.fillPolygon(xpoints,ypoints,6); break;
      case 3: g.drawPolygon(xpoints,ypoints,6); break;
      default: break;
      }
    }
  }
}
```

11.3.7 Test

Das Überprüfen eines GUI-Programmes ist ziemlich mühsam, da der Anwender alle Kombinationsmöglichkeiten durchgehen sollte. Selbstverständlich sollte die Interaktion jeder Komponente mit allen anderen getestet werden. Dies können wir hier nicht vorführen, empfehlen es dem Leser jedoch. Eine Beispielausgabe wurde in Abbildung 11.2 bereits gezeigt.

11.4 Ereignisfolgen organisieren

In der Interaktion zwischen AWT und Nutzer sind Ereignisse einzelne Vorgänge, aber zusammengenommen können sie eine Ereigniskette bilden. Mit anderen Worten, ein bestimmtes Ereignis muss nicht immer dieselbe Reaktion hervorrufen. Je nach den vorausgegangenen Ereignissen können es auch zwei oder drei Reaktionen sein.

Wie registrieren wir, was vorangegangen ist? In den meisten Fällen verwenden wir Boolesche Variablen mit sprechenden Namen, die anzeigen, ob ein Ereignis bereits eingetreten ist oder nicht. In dem Panel im Beispiel 10.4, das die Auswahl eines Lichts und danach die Eingabe der neuen Zeitdauer ermöglichte, könnten wir z. B. erzwingen, dass die beiden Ereignisse in dieser Reihenfolge stattfinden. Eventuell möchten wir auch beide Komponenten deaktivieren, bis ein `Change`-Knopf gedrückt wird.

Der springende Punkt ist, dass wir unabhängig davon, welcher Logik wir folgen, diese eindeutig verfolgen, und dass die Logik nicht in

Sackgassen führen darf. Es ist unüblich, dem Nutzer eine Anleitung zu liefern, wie er vorzugehen hat, da die Abfolge durch das Drücken der Knöpfe bald klar wird.

Beispiel 11.2: Ampelkalibrierung

Aufgabe

Wir machen mit dem Beispiel 10.4 weiter, indem wir die Benutzungsschnittstelle für die Änderung der Zeitdauer einer Ampelphase vorbereiten.

Lösung

Die grafische Darstellung wurde bereits in dem geänderten Konstruktor eingerichtet, den wir im vorherigen Beispiel entwickelten. Wir müssen die verschiedenen Komponenten mit den Listenern verbinden und geeignete Ereignisbehandler für ihre Aktivierung festlegen. Die drei Komponenten sind das Kästchen für die Auswahl der Farbe, das Textfeld für die Zeitdauer und der Anforderungsknopf für Fußgänger (der `Walk`-Knopf). Im Moment können wir am `Walk`-Knopf nichts machen, deshalb bleibt er deaktiviert.

Um eine Änderung der Ampelphasen als Reaktion auf einen eingegebenen Wert zu simulieren, schreiben wir den Wert einfach neben das Licht. Das bedeutet, dass die zentrale Grafik bei jeder Eingabe einer neuen Zeitdauer mit den neuen Werten neu gezeichnet werden muss. Das Ereignis `actionPerformed` ist somit für den Aufruf von `repaint` zuständig.

Algorithmus

Abbildung 11.3 zeigt einen passenden Algorithmus für die Ereignisbehandlung des neuen Programms.

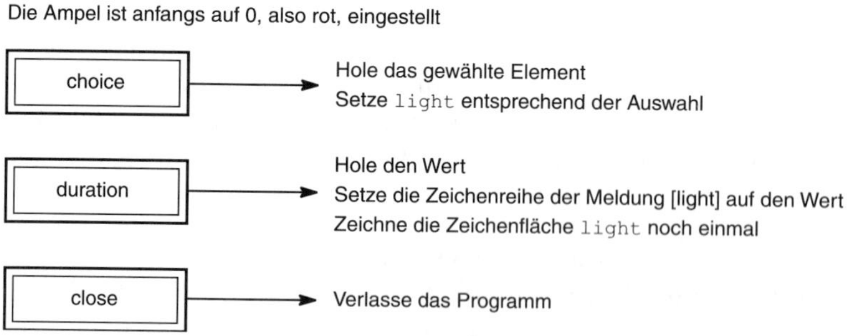

Abbildung 11.3: Ereignisbehandler für Version 1 des Ampel-Kalibrierungsprogramms

Abbildung 11.4 zeigt das verbesserte Modelldiagramm für das neue Programm.

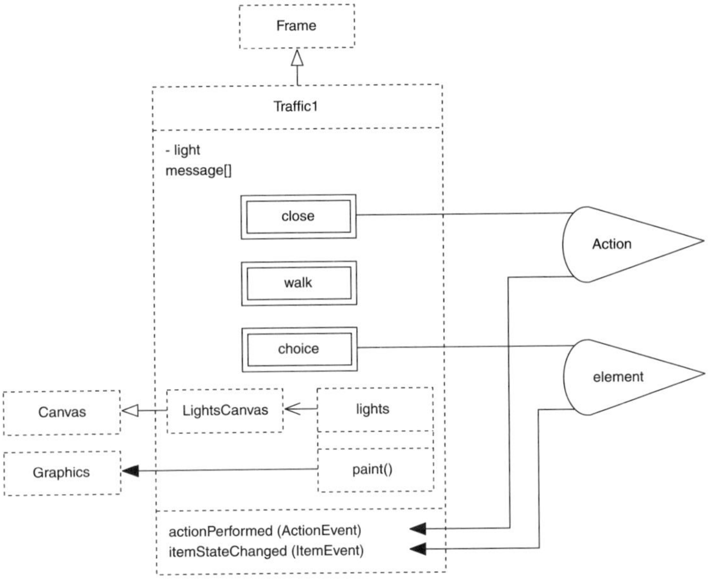

Abbildung 11.4: Das Modelldiagramm des Ampel-Kalibrierungsprogramms

Programm

```
import java.awt.*;
import java.awt.event.*;
public class Traffic1 extends Frame
                      implements ActionListener, ItemListener {

    /* The second Traffic Light program
     *                         von J M Bishop Okt 1996
     *              Java 1.1 Version von T Abbott Okt 1997
     *        erweitert und überarbeitet von J M Bishop Okt 1997
     *                       aktualisiert J M Bishop August 2000
     *
     * Fügt Optionen hinzu, die Dauer einzustellen, die ein Licht
     * leuchtet, aber die Entscheidung wird nur registriert, hier
     * aber noch nicht umgesetzt.
     */

  private LightsCanvas lights;
  private TextField duration;
  private Choice colours;
  private Button walkButton;
  private Button closeButton;

  public Traffic1() {
    setTitle("Traffic Lights Version 1");

    add("North",new Label("Savanna Traffic Light Simulation"));
    lights = new LightsCanvas();
    add("Center", lights);
```

```
    Panel buttons = new Panel();
      colours = new Choice ();
        colours.addItem("Red");
        colours.addItem("Yellow");
        colours.addItem("Green");
        colours.addItem("Walk");
        buttons.add(colours);
        colours.addItemListener(this);

      buttons.add(new Label("Duration"));

        duration = new TextField("", 3);
        duration.setEditable(true);
        duration.addActionListener(this);
        buttons.add(duration);

      walkButton = new Button("Walk");
        // noch keine Aktion
        buttons.add(walkButton);

      closeButton = new Button("Close");
        closeButton.addActionListener(this);
        buttons.add(closeButton);
    add("South", buttons);

    // richte den Frame ein
    setSize(350, 210);
    setVisible(true);
    addWindowListener(new WindowAdapter () {
      public void windowClosing(WindowEvent e) {
        System.exit(0);
      }
    } );
  }

  public void actionPerformed(ActionEvent e) {
    if (e.getSource() == closeButton) {
    setVisible(false);
    dispose();
     System.exit (0);
   }  else if (e.getSource() == duration) {
     message[light] = duration.getText();
     lights.repaint();
   }
  }

  public void itemStateChanged(ItemEvent e) {
    if (e.getItemSelectable()==colours) {
     String s = (String) e.getItem();
```

```
    if (s=="Red") { light = 0;}  else
    if (s=="Yellow") { light = 1;}  else
    if (s=="Green") { light = 2;}  else
    if (s=="Walk") { light = 3;}
   }
 }

 public static void main(String[] args) {
   new Traffic1();
 }

 private int light = 0;
 String [ ] message = { "default","default","default","default"} ;

 class LightsCanvas extends Canvas {
   public void paint(Graphics g) {
   g.drawOval(87, 10, 30, 68);
   g.setColor(Color.red);
   g.fillOval(95, 15, 15, 15);
   g.setColor(Color.yellow);
   g.fillOval(95, 35, 15, 15);
   g.setColor(Color.green);
   g.fillOval(95, 55, 15, 15);
     // das Fußgängerlicht ist ebenfalls grün
   g.fillOval(95, 85, 15, 15);
   g.setColor(Color.black);
   g.drawString("RED", 15 ,28);
   g.drawString("YELLOW", 15, 48);
   g.drawString("GREEN", 15, 68);
   g.drawString("WALK", 15, 98);
   g.drawString(message[0], 135 ,28);
   g.drawString(message[1], 135, 48);
   g.drawString(message[2], 135, 68);
   g.setColor(Color.black);
   g.drawString(message[3], 135, 98);
   }
  }

}
```

Test

Abbildung 11.5 zeigt die zu erwartende Ausgabe, wobei zwei Ampelphasen geändert wurden und die übrigen noch die Voreinstellung beibehalten.

Die Formulierung der Ampelsimulation blieb bei der Frage, wie die Ampel eigentlich den Countdown und den Wechsel der Lichter bewerkstelligt, absichtlich vage. Um eine derartige Animation laufen zu lassen, benötigen wir Javas Fähigkeit, mehrere Threads gleichzeitig zu verarbeiten. Threads behandeln wir im Kapitel 13, wo auch das vorliegende Beispiel wieder aufgegriffen wird.

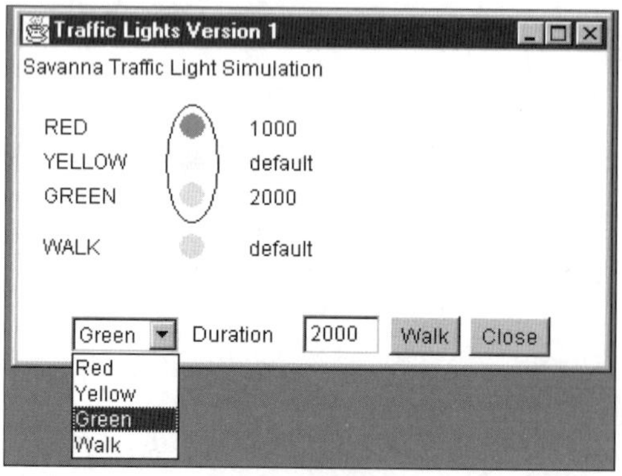

Abbildung 11.5: Die Ausgabe des Ampel-Kalibrierungsprogramms

Betrachten wir ein weiteres Beispiel: den Währungsumrechner (Beispiel 6.8). In diesem Beispiel verwendeten wir als Ein-/Ausgabe-Mechanismus die Anzeige, die allerdings recht beschränkt war. Jetzt können wir das Programm mit einer individuell eingerichteten GUI professioneller machen.

Beispiel 11.3: Der Währungsumrechner mit einer GUI

Aufgabe

Wir meinen, dass das im Beispiel 6.8 entwickelte Programm für die Währungsumrechnung wahrscheinlich aus der Klasse `Display` herausgewachsen ist. Daher möchten wir eine bessere GUI entwerfen und das Programm erweitern, damit es auch Umrechnungen von einer beliebigen Währung in eine andere vornehmen kann.

Bildschirmentwurf

Bei allen GUI-Programmen fangen wir mit dem Bildschirmentwurf an. Um die Dinge zu beschleunigen, zeigt die Abbildung 11.7 das Ergebnis unserer Vision: das angestrebte Design. Der Textbereich für die Ausgabe bleibt in der Mitte des Bildschirms und auf beiden Seiten davon werden zwei Auswahlkästchen eingerichtet. Über dem Textbereich liegt das Textfeld für den Betrag und darunter ein Knopf „Convert" („Umrechnen"), der die Umrechnung und die Ausgabe aktiviert.

Um dieses Ziel zu erreichen, müssen wir, wie in Abbildung 11.6 gezeigt wird, das Interface in Panels zerlegen und uns bei jedem Panel für ein Layout entscheiden. Das Gesamtlayout ist ein Rand-Layout, sodass wir die drei Hauptpanels in den Westen, die Mitte und den Osten legen können. Der Süden und Norden des Hauptpanels bleiben ungenutzt, könnten jedoch eine Überschrift oder Anweisungen enthalten.[1]

1. Anm. d. Übers.: Die Bezeichung mit Himmelsrichtungen ist eine Besonderheit des Layoutmanagers BorderLayout. Man kann auch links, rechts, oben und unten dafür lesen.

Die westlichen und östlichen Panels basieren ebenfalls auf dem Rand-Layout und haben im Norden die Beschriftung und in der Mitte das Auswahlkästchen. Das mittlere Panel ist ähnlich angelegt, allerdings ist der Norden hier selbst ein Panel mit einer Beschriftung und dem Textfeld für den Betrag.

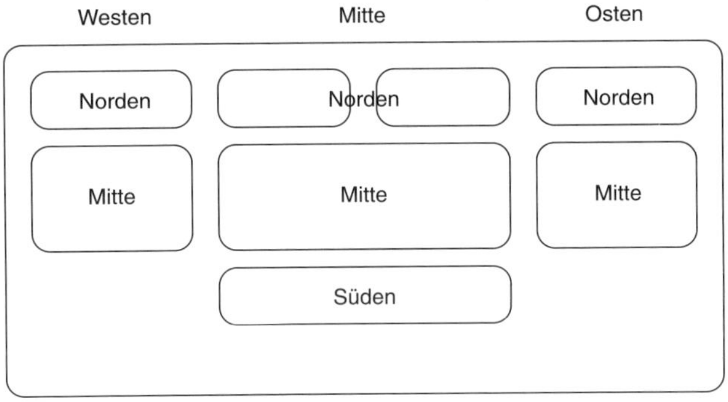

Abbildung 11.6: Das Bildschirm-Layout der GUI für den Umrechner

Programmentwurf

Ohne die Klasse `Display` nimmt die Struktur des Programms eine andere Form an. Mit `Display` sind wir noch immer an die Abfolge Eingabe - fertig - Ausgabe gebunden. Sobald wir jedoch unsere eigene GUI haben, müssen wir darauf eingestellt sein, jederzeit auf Ereignisse reagieren zu können. Außerdem bedeutet die Auswahl zweier Länder noch nicht, dass auch eine Transaktion stattfinden wird. Wir müssen in der Lage sein, die Ereignisse so zu steuern, dass aus jeder Liste etwas ausgewählt sein muss, ehe eine Transaktion stattfinden darf.

Dem liegt die Logik zu Grunde, dass es zwei Boolesche Variablen gibt: für jede Auswahlliste eine. Anfangs lauten sie beide „`false`". Wird ein Land aus der Auswahlliste gewählt, so wird die Boolesche Variable auf „`true`" gesetzt, wie im Folgenden:

```
public void itemStateChanged(ItemEvent e) {
   String s = (String) e.getItem();
   if (e.getItemSelectable() == fromChoice) {
     fromSelected = true;
     fromCountry = s;
  }
  else {
     toSelected = true;
     toCountry = s;
  }
```

Die Booleschen Variablen werden geprüft, wenn versucht wird, eine Umrechnung vorzunehmen (wenn die Schaltfläche Convert betätigt wird), und nach einer erfolgreichen Umrechnung auf „falsch" zurückgesetzt.

Das Hauptprogramm initialisiert im Wesentlichen die GUI und liest die erste Wechselkurs-Datei ein. Und das ist alles. Es gibt keine Endlosschleife, die die Transaktionsmethode aufruft. Stattdessen wird die Transaktionsmethode von `actionPerformed` aufgerufen, wenn der „Convert"-Knopf gedrückt wird.

```
import java.awt.*;
import java.awt.event.*;
import java.util.*;
import java.io.*;
import javagently.*;
class ConverterGUI extends Frame {

  /* The Converter Program     von J M Bishop Dez 1998
   * ---------------------     Anzeige-Version Juli 1999
   *                           GUI-Version Juli 1999
   *                           aktualisiert August 2000
   * Speichert die Wechselkurse von einer Währung in
   * viele andere und ermöglicht die Schätzung der
   * Wechselbeträge.
   *
   * Veranschaulicht die Verwendung einer individuellen GUI
   * und von verwalteten Ereignisfolgen
   */

   ConverterGUI () throws IOException {
      DataHandler data = new DataHandler ();
      data.initialize();
      data.readIn();
}

class DataHandler extends Frame
            implements ActionListener, ItemListener {
  Hashtable table = new Hashtable();

  // lies jede Datenzeile und speichere sie
  // in der Hash-Tabelle mit dem Land als Schlüssel

  Choice fromChoice, toChoice;
  boolean fromSelected, toSelected;
  TextField amountField;
  TextArea resultField;
  String toCountry, fromCountry;
  Button goButton;
```

```
  void initialize () {
    Panel p = new Panel (new BorderLayout());

      // linkes Panel
      Panel q = new Panel();
        q.add ("North",new Label ("From"));
        fromChoice = new Choice();
          fromChoice.addItemListener (this);
         q.add("Center",fromChoice);
        p.add ("West", q);
      // rechtes Panel
      q = new Panel();
        q.add ("North",new Label ("To"));
        toChoice = new Choice();
          toChoice.addItemListener (this);
          q.add("Center",toChoice);
        p.add ("East",q);
      // mittleres Panel
      q = new Panel(new BorderLayout());
        Panel r = new Panel();
          r.add(new Label("Amount"));
          amountField = new TextField("1000 ");
            amountField.addActionListener(this);
            r.add(amountField);
            q.add("North",r);
          resultField = new TextArea(8,20);
            q.add ("Center",resultField);
            resultField.append("First select the countries\n");
          goButton = new Button ("Convert");
            goButton.addActionListener(this);
            q.add("South",goButton);
        p.add("Center",q);
    add(p);
    setTitle("Currency Converter");
    setSize(610,300);
    addWindowListener(new WindowAdapter() {
      public void windowClosing(WindowEvent e) {
         System.exit(0);
      }
    } );
  }

  public void actionPerformed (ActionEvent e) {
    int amount = 1000;
    if (e.getSource() == amountField)
      amount = (int) Integer.parseInt(amountField.getText());
    else
    if (e.getSource() == goButton) {
      if (fromSelected && toSelected)
```

```
        transaction(amount);
      else
        resultField.append("First select the countries\n");
    }
  }

  public void itemStateChanged(ItemEvent e) {
    String s = (String) e.getItem();
    if (e.getItemSelectable() == fromChoice) {
      fromSelected = true;
      fromCountry = s;
    }
    else {
      toSelected = true;
      toCountry = s;
    }
  }

  void transaction (int amount) {
    Rates fromRate = (Rates) table.get(fromCountry);
    Rates toRate = (Rates) table.get(toCountry);
    resultField.append(amount+" "+fromRate.country+" "+
        fromRate.currency+
        "\n in "+toRate.country+" "+toRate.currency+"\n was "+
        Stream.format(amount/fromRate.conversion*
                  toRate.conversion,10,3)+"\n\n");
    fromSelected = false;
    toSelected = false;
  }

  void readIn() throws IOException {
   Stream fin = new Stream("Rates.dat", Stream.READ);
   Rates rate;
   try {
     for (int i = 0; ; i++) {
       rate = new Rates();
       rate.setRate(fin);
       table.put(rate.country, rate);
       toChoice.addItem(rate.country);
       fromChoice.addItem(rate.country);
     }
   }
   catch (EOFException e) { }
   fromSelected = false;
   toSelected = false;
   setVisible(true);
   }
 }
```

```
  public static void main(String[] args) throws IOException {
    new ConverterGUI();
  }

}
```

Test

Abbildung 11.7 zeigt die GUI für den Umrechner nach einigen Durchläufen. Beachten Sie, dass wir das Programm veranlasst haben, einen falschen Umrechnungsversuch zu identifizieren.

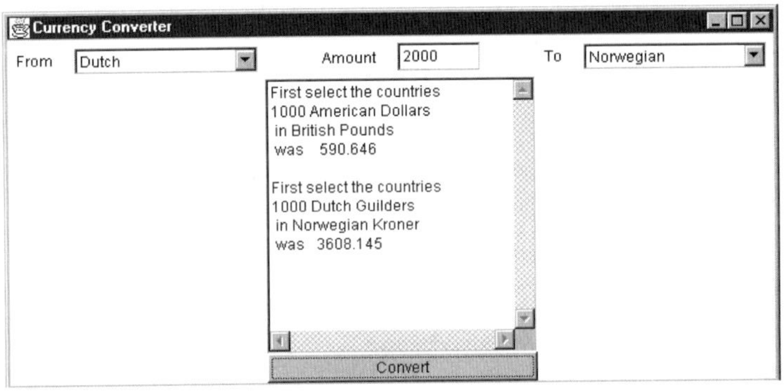

Abbildung 11.7: Die grafische Benutzungsschnittstelle für das Umrechnungsprogramm

Auch die Fallstudie 6 setzt die in diesem Abschnitt entwickelten Konzepte der Ereignisbehandlung in die Praxis um.

11.5 Fallstudie 6: Eine Supermarktkasse

Die Lösung der folgenden Aufgabe nutzt verschiedene Komponenten eines GUI-Interfaces sowie die Ereignisbehandlung und Ereignisfolgen.

11.5.1 Aufgabe

Die Lebensmittelkette *Savanna Grocers* möchte das Wiegen von Obst und Gemüse an den Kassen mit dem Computer erledigen. Angestrebt ist eine Anzeige mit Knöpfen für die verschiedenen Produkte und unter einem Feld zum Eingeben des Gewichts. Zurzeit sind die Waagen noch nicht unmittelbar mit der Kasse verbunden, und es gibt auch noch keine spezielle Vorrichtung zum Drucken eines Preisetiketts, aber der Preis für jede Ware sollte auf dem normalen Kassenzettel eingegeben sein.

11.5.2 Lösung

Abbildung 11.8 zeigt die notwendige Ereignisfolge. Wiegen z. B. die Erdbeeren 3 kg, geben wir im Gewichtsfeld 3 ein. Der Preis pro Einheit ist in Graz angegeben, z. B. G12 pro Kilogramm. Der Preis für Gewicht mal Einheit, hier also G36, erscheint im Preisfeld, und für den gesamten Vorgang wird eine Zeile ausgegeben.

Die Lösung lässt sich wunderbar in zwei Teile gliedern: den Bildschirmentwurf und die Einrichtung der Ereignisbehandlung.

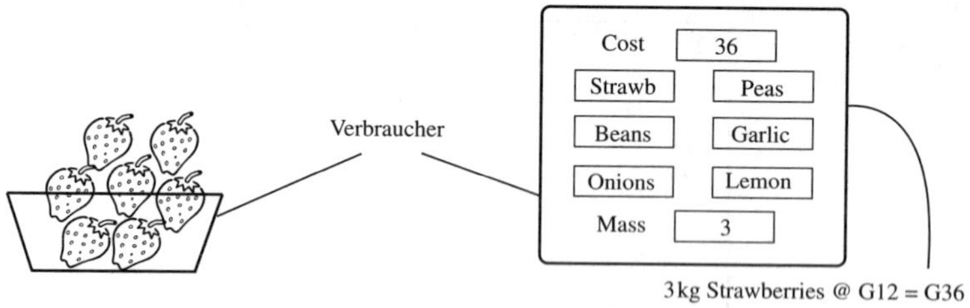

Abbildung 11.8: Ein Modell für die Supermarktkasse

11.5.3 Bildschirmentwurf

Neben den Textfeldern für Gewicht (engl. *mass*) und Preis (engl. *cost*) mit ihren Beschriftungen muss für jedes Produkt ein Knopf vorhanden sein. Diese kann man wie die Knöpfe eines Taschenrechners in Zeilen und Spalten anordnen. In diesem Fall ist Raster ein besserer Layoutmanager als Fluss. Beim `GridLayout` legen wir die erwartete Anzahl von Zeilen und Spalten fest, und Java reiht die entsprechenden Komponenten in diesen Rastern auf, wenn sie hinzugefügt werden. Das Ergebnis ist symmetrischer und stabiler, als es mit `FlowLayout` wäre.

Alles in allem haben wir einen Bildschirm mit drei Panels, die sich folgendermaßen in ein `BorderLayout` einpassen lassen:

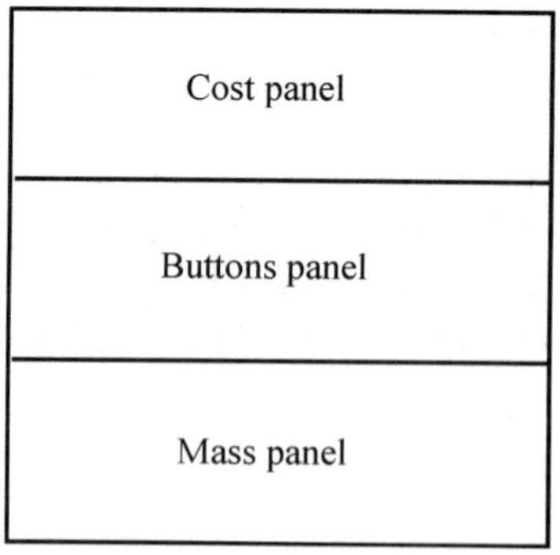

Das Knopf-Panel enthält einen Knopf pro Produkt und zum Steuern der Kasse drei weitere namens WEIGH, PRINT und CLOSE. CLOSE ist eigentlich nicht notwendig, da das System anhält, wenn wir das Fenster schließen; es könnte jedoch für die Ausgabe einer Zwischensumme oder dergleichen eingesetzt werden.

11.5.4 Ereignisbehandlung

Wir beginnen damit, die möglichen Ereignisse aufzulisten.

WEIGH gedrückt

Produktknopf gedrückt (z. B. peas)

Gewicht eingegeben

PRINT gedrückt

CLOSE gedrückt

Fenster schließen

Nicht alle Ereignisse sind jederzeit gültig. Wir möchten für das Wiegen von Waren eine Ereignisabfolge erzwingen, damit vor Drücken von PRINT alle Eingaben getätigt sind. Also:

diese drei in beliebiger Reihenfolge	WEIGH drücken
	einen Produktknopf drücken
	Gewichtsfeld klicken, Gewicht eingeben, RETURN drücken
dann	PRINT drücken

Nun führen wir die Ereignisse tabellarisch mit ihren Auswirkungen auf:

WEIGH	öffnet Gewichtsfeld
ein Produktknopf	stellt Produktpreis und „gewählt“ ein
Text im Gewichtsfeld	stellt Gewicht und „gewogen“ ein
PRINT	gibt den Preis aus und stellt alle Felder zurück

Diese Wirkungen lassen sich allerdings nicht erzielen, wenn die Abfolge der Ereignisse nicht stimmt. Also müssen wir auch dies mit einigen Booleschen Variablen vordefinieren. (Abbildung 11.9).

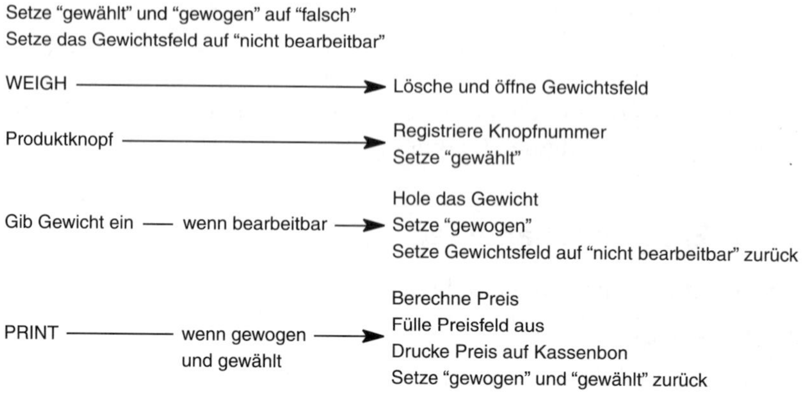

Abbildung 11.9: Ereignisbehandlung an der Lebensmittelkasse

11.5.5 Dateneingabe

Es bleibt die Frage, wie man die Grunddaten in das Programm hineinbekommt, also die Namen der Produkte und ihren Preis pro Einheit. Da die Produkte von Tag zu Tag wechseln können und ihre Preise dies ganz sicher tun werden, wäre es sinnvoll, diese Daten in einer Datei zu speichern. Um das Programm leichter einrichten zu können, werden wir vorläufig jedoch einige Elemente in das Programm einbetten und die Erweiterung um eine Datei dem Leser als Aufgabe stellen.

11.5.6 Programm

Das Programm sieht folgendermaßen aus. Beachten Sie, dass wir im Konstruktor nur eine `Panel`-Variable, `p`, deklarieren, ihr jedoch die instanziierten Objekte jedes der drei benötigten Panels nacheinander zuweisen.

```
import java.awt.*;
import java.awt.event.*;

public class Till extends Frame implements ActionListener {

  /* The Grocery Till program  von J M Bishop Okt 1996
   * ------------------------ Java 1.1 T Abbott und J M Bishop Okt 1997
   *                           aktualisiert August 2000
   *
   * Simuliert den Betrieb einer Supermarktkasse für
   * bis zu 12 Produkte, zusammen mit dem Preis je Kilogramm.
   *
   * Veranschaulicht Panel, unterschiedliche Layout-Manager,
   * (auch Grid), Ereignisbehandler des Anwenders und die
```

```
* Behandlung von Ereignissen, die in einer bestimmten
* Reihenfolge erfolgen sollten.
*/

 private TextField weighField, totalField;
 private Button[] itemButtons;
 private Button weighButton, printButton, closeButton;

 public Till() {
   setLayout(new BorderLayout());

   Panel p = new Panel();
     p.setLayout(new FlowLayout());
     totalField = new TextField(6);
     totalField.setEditable(false);
     p.add(new Label("COST"));
     p.add(totalField);
   add("North", p);

   p = new Panel();
     p.setLayout(new GridLayout(5, 3));
     itemButtons = new Button[items.length];
     for (int i = 0; i < items.length; i++) {
       itemButtons[i] = new Button(items[i]);
       itemButtons[i].addActionListener(this);
       p.add(itemButtons[i]);
     }
     weighButton = new Button("WEIGH");
       weighButton.addActionListener(this);
       p.add(weighButton);
     printButton = new Button("PRINT");
       printButton.addActionListener(this);
       p.add(printButton);
     closeButton = new Button("CLOSE");
       closeButton.addActionListener(this);
       p.add(closeButton);
   add("Center", p);

   p = new Panel();
     p.setLayout(new FlowLayout());
     weighField = new TextField(4);
       weighField.setEditable(false);
       weighField.addActionListener(this);
       p.add(weighField);
     p.add(new Label("MASS"));
     p.add(new Label("Type return after the amount"));
   add("South", p);

   // richte den Frame ein
   addWindowListener(new WindowAdapter() {
```

```
      public void windowClosing(WindowEvent e) {
        System.exit(0);
      }
    } );
    setTitle("Savanna Grocers");
    setVisible(true);
    pack();
  }

  public void actionPerformed(ActionEvent e) {
    Object source = e.getSource();
    if (source == closeButton) {
      System.exit(0);
    }  else
    if (source == printButton) {
      printItems();
    }  else
    if (source == weighButton) {
      resetWeighField();
    }  else
    if (source == weighField) {
      readWeighField();
    }  else
      selectItem(e.getActionCommand());
    }

   /* Hier folgt die Hauptsteuerung des Programms.
    * Die obigen Ereignis- und Aktionsbehandler rufen diese
    * Methoden auf, die sicherstellen, dass nur reagiert wird,
   * wenn bestimmte Bedingungen (z.B. andere vorhergehende Ereignisse)
    * bereits erfüllt sind.
    */

    public void resetWeighField() {
      weighField.setText("");
      weighField.setEditable(true);
    }
      public void readWeighField() {
      if (weighField.isEditable()) {
        weighField.setEditable(false);
        weighField.selectAll();
        kg = (double)Integer.valueOf(
        weighField.getText().trim()).intValue();
          weighed = true;
      }
   }

   public void printItems() {
     if (weighed && chosen) {
       total = kg*unitCosts[select];
```

```
      totalField.setText("G "+total);
      System.out.println(kg+"kg "+items[select]+" @ G"+
              unitCosts[select]+" = G"+total);
      kg = 0;
      weighed = false;
      chosen = false;
      total = 0;
      weighField.select(0,0);
      }
   }

   public void selectItem(String item) {
     select = 0;
     while (!item.equals(items[select]))
       select++;
     chosen = true;
   }

   public static void main(String[] args) {
     new Till();
   }

   private String[] items = {  "Apples", "Pears", "Oranges",
                               "Potatoes", "Lemons", "Squash",
                               "Onions", "Garlic", "Avocados",
                               "", "", "" } ;
   private double[] unitCosts = {  6.00, 5.00, 7.00,
                                   3.00, 10.00, 4.00,
                                   4.00, 12.00, 15.00,
                                   0, 0, 0 } ;
   private double total;
   private double kg;
   private boolean chosen = false;
   private boolean weighed = false;
   private int select = 1;
}
```

Bei genauerer Betrachtung der actionPerformed-Methode sehen wir, dass sie fünf If-Anweisungen enthält. Diese entsprechen den fünf Ereignissen, abgesehen vom Schließen eines Fensters, das wie üblich separat im Konstruktor behandelt wird. Drei der Ereignisse sind nicht an Bedingungen geknüpft, nämlich CLOSE, WEIGH und das Drücken eines Produktknopfs. Sie veranlassen immer, dass die angegebene Aktion ausgeführt wird. Die anderen beiden hängen von vorangegangenen Ereignissen ab. Daher kann das weighField nur dann Eingabe aufnehmen, wenn es bearbeitbar ist, und der PRINT-Knopf ruft nur dann eine Reaktion hervor, wenn weighed und chosen bereits gesetzt wurden.

11.5.7 Test

Die Abbildung 11.10 zeigt den Bildschirm, nachdem die Zwiebeln ausgewählt wurden. Es sind noch wesentlich mehr Tests nötig, die online durchgeführt werden können. Auf der Java-Konsole würde die folgende Ausgabe erscheinen:

```
12.0kg Onions @ G4.0 = G48.0
```

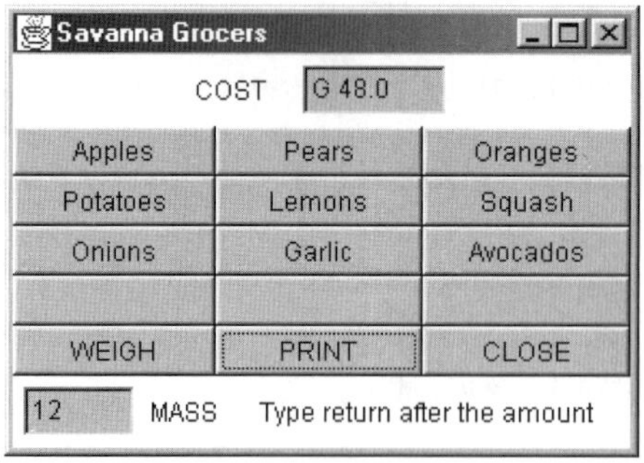

Abbildung 11.10: Der Bildschirm des Kassenprogramms

11.6 Fallstudie 7: Der Umrechner mit Swing

Nachdem wir nun das meiste von dem gesehen haben, was das AWT zu bieten hat, können wir uns dem Swing zuwenden. Wie im Abschnitt 10.1 besprochen wurde, bietet Swing eine plattformunabhängige Alternative zum AWT. Über die Swing-Programmierung wurden ganze Bücher geschrieben, aber auf der Ebene eines Anfängerkurses erweitern diese Konzepte die Prinzipien, die wir kennen müssen, nicht wesentlich. Die wichtigen Aspekte in Swing sind die folgenden:

- Im Vergleich zum AWT gibt es mehr und etwas andere Komponenten, von denen die meisten mit dem Präfix J identifiziert werden.
- Swing hat die Fähigkeit, den „Look and Feel" einer ganzen GUI mit einer einzigen Anweisung zu verändern.
- Es verfügt über umfangreiche Funktionen für den Umgang mit Text auf dem Bildschirm, besonders mit Hypertext Markup Language-Text (HTML).
- Es trennt die Darstellung einer Datenstruktur von ihrer Erscheinungsform.

Der letzte Punkt bedeutet, dass es in Swing die Möglichkeit zur Einrichtung einer GUI gibt, die Daten sukzessive darstellt (z. B. ein Adressbuch), aber nicht weiß, welche Form die Struktur genau hat. Die Daten könnten sich in einem Array, einer Liste, einer Hashtabelle oder sogar einer Datenbank befinden. Dieser faszinierende Fortschritt in der Programmierung beruht auf dem Modell-Sicht-Steuerung-Konzept (engl. *model-view-controller*) früher objektorientierter Sprachen und geht über den Rahmen dieses Buches hinaus. Wir werden uns auf die beiden ersten Punkte konzentrieren. Um die Verwendung von Swing zu veranschaulichen, werden wir das Programm zur Währungsumrechnung (Beispiel 11.3) umschreiben und dabei Swing benutzen.

11.6.1 Die Komponenten von Swing

Eine Auswahl der wichtigsten Swing-Komponenten:

```
JButton             JProgressBar
JCheckBox           JRadioButton
JColorChooser       JScrollBar
JComboBox           JScrollPane
JComponent          JSlider
JDesktopPane        JSplitPane
JDialog             JTabbedPane
JEditorPane         JTable
JFileChooser        JTextArea
JFrame              JTextField
JLabel              JTextPane
JLayeredPane        JToggleButton
JList               JToolBar
JMenu               JToolTip
JOptionPane         JTree
JPanel              JViewport
JPopupMenu          JWindow
```

Zu vielen dieser Komponenten, z. B. `JButton` und `JLabel`, gibt es entsprechende Klassen im AWT. Andere, wie z. B. `JSlider` und `JColorChooser`, sind neu. Bei der Umwandlung des Umrechnungsprogramms werden wir eine neue Komponente benutzen: `JComboBox`.

`JComboBox` ersetzt im Wesentlichen die AWT-Komponente `Choice` und bietet einen allgemeineren Ansatz, in einer GUI Objekte in Listen zu zeigen. In einer Combobox wird das ganze Objekt als ein Element gespeichert, aber nur die von der `toString`-Methode der Klasse aufgenommenen Werte werden in der Liste gezeigt. Im Umrechnungsprogramm möchten wir also die Länder in zwei Auswahllisten zeigen. Wir fügen die Ländernamen nicht als Elemente hinzu und haben auch keine eigene (wenn auch entsprechende) Datenstruktur aller Einzelheiten der Wechselkurse jedes Landes, sondern speichern die gesamten `Rates`-Objekte in der Combobox. Wir definieren die Methode `toString` so, dass der Name des Landes angezeigt wird, und dann können bei Bedarf die restlichen Informationen abgerufen werden.

11.6.2 Die Klasse *Rates* aktualisieren

Angesichts der Forderung nach einer toString-Methode müssen wir die Klasse Rates offenbar aktualisieren. Wir haben zwei Möglichkeiten: Einfach eine weitere Klasse desselben Namens mit einer Methode toString zu erstellen oder eine neue Klasse zu schreiben, die aus Rates erbt und der eine toString-Methode hinzugefügt wird. Theoretisch ist die zweite Lösung die richtigere. Hierbei benötigen wir jedoch einen neuen Namen für die erweiterte Klasse. Entsprechend dem Kennmarken-Beispiel (Fallstudie 4) könnten wir sie XRates oder auch SRates oder JRates nennen. Dann müsste Rates jedesmal, wenn es im Programm auftaucht, durch den neuen Namen ersetzt werden.

Wenn es nur um die Definition einer Standardmethode wie toString geht, erscheint ein derartiger Aufwand unnötig. Die Verwendung der neuen Version von Rates in einem der älteren Umrechnungsprogramme würde keinerlei Probleme verursachen. Daher entscheiden wir uns dafür, Rates beizubehalten, und die neue Version lautet:

```
import java.io.*;
import javagently.*;

class Rates {
  /* The Rates class   von J M Bishop Dez 1998
   * ---------------   aktualisiert von B Worrall Aug 2000
   * Speichert einen Ländernamen mit Währung, Code und Wechselkurs
   */

  String country;
  String code;
  String currency;
  double conversion;

  void setRate (Stream in) throws IOException {
    code = in.readString();
    country = in.readString();
    currency = in.readString();
    // den ersten Wechselkurs wollen wir nicht,
    // ignoriere ihn durch Überlesen
    conversion = in.readDouble();
    conversion = in.readDouble();
  }
  public String toString () {
    return country;
  }
}
```

Die Methode toString gibt nur den Ländernamen zurück, also den Wert, der in der Liste der Combobox verwendet wird.

11.6.3 Die Datenstruktur

In den früheren Versionen des Währungsrechners waren das Land (als Schlüssel) und die Rates-Objekte (als Werte) in einer Hashtabelle gespeichert. Da nun das ganz Objekt in der Combobox gespeichert wird und die Auswahl direkt durch Anklicken des gewünschten Landes erfolgt, ist nun keine getrennte Datenstruktur mehr nötig, Die Combobox *ist* die Datenstruktur.

Von diesem Punkt abgesehen bleiben die Programmabschnitte, die das Einlesen und die Transaktionsverarbeitung betreffen, beinahe unverändert. Die Deklaration der beiden Auswahllisten lautet:

```
JComboBox fromChoice, toChoice;
```

Die Schleife, mit der die Objekte in die Listen eingefügt werden, lautet:

```
  for (int i = 0; ; i++) {
    rate = new Rates();
    rate.setRate(fin);
    toChoice.addItem(rate);
    fromChoice.addItem(rate);
  }
```

Und mit den folgenden Anweisungen erhalten wir die Wechselkurse:

```
void transaction () {
  // Die Wechselkurse in und aus der Währung werden direkt aus der
  // JComboBox geladen und zur Erzeugung der Ausgabe verwendet
  Rates fromRate = (Rates) fromChoice.getSelectedItem();
  Rates toRate = (Rates) toChoice.getSelectedItem();
  resultField.append(amount+" "+fromRate.country+" "+
    fromRate.currency+
    "\n in "+toRate.country+" "+
    toRate.currency+"\n was "+
    Stream.format(amount/fromRate.conversion*
    toRate.conversion,10,3)+"\n\n");
  }
```

11.6.4 Look and Feel

Da Java-Programme portierbar sind und auf jedem Computer ausgeführt werden können, verfügt Swing über ein Mittel, um den „Look and Feel" einer GUI entweder in Abhängigkeit vom ausführenden Computer oder unabhängig davon zu gestalten. Im ersten Fall ist die GUI den Benutzern dieses Computers vertraut, sieht aber auf einem anderen Computer anders aus. Im zweiten Fall bleibt die GUI unter allen Umständen gleich, sieht dabei aber für manche Anwender möglicherweise ungewohnt aus. Die beiden Optionen erhält man mit den folgenden Aufrufen:

```
UIManager.setLookAndFeel
        (UIManager.getSystemLookAndFeelClassName());

UIManager.setLookAndFeel
        (UIManager.getCrossPlatformLookAndFeelClassName());
```

Zusätzlich zu diesen Optionen kann man auch spezielle Look-and-Feel-Varianten auswählen, die von den sie umgebenden Klassen identifiziert werden:

```
"javax.swing.plaf.metal.MetalLookAndFeel"
"javax.swing.plaf.mac.MacLookAndFeel"
"com.sun.java.swing.plaf.windows.WindowsLookAndFeel"
"com.sun.java.swing.plaf.motif.MotifLookAndFeel"
```

Da ein Macintosh-Look-and-Feel aus urheberrechtlichen Gründen nur auf einem Macintosh-Rechner läuft, sollte man eine Voreinstellung in das Programm aufnehmen. Beispiele für diese GUIs werden bei der Prüfung des Programms weiter unten gezeigt.

11.6.5 Icons

Über Bilder werden wir im Abschnitt 12.3 sprechen. In Swing sind sie besser integriert als im AWT. Ist ein Dateiname gegeben, so wird das Bildobjekt erzeugt, die Datei geholt und (wenn die Datei ein Bild ist) das Bild gezeigt. Da `JLabel` ein Bild neben einer Beschriftung anzeigen kann, haben wir diese Funktion im folgenden Programm verwendet, um eine Kopfzeile für die GUI des Umrechners zu erstellen. Die Anweisungen lauten:

```
JLabel label = new JLabel ("Savannah Travel",
                new ImageIcon("Elephant.gif"),CENTER);
  p.add("North", label);
```

11.6.6 Das Programm

Wir können das ganze Programm zeigen, da es nicht lang ist. Dank der Combobox ist diese Version sogar kürzer als die vorherige. Sie enthält eine Option für einen Kommandozeilen-Parameter, um ein „Look and Feel" mit den folgenden Werten auszuwählen:

1. Cross Platform (gibt die Java-Plattform als Voreinstellung an – dasselbe wie 3)
2. System (wählt die des Systems, d. h. 4, 5 oder 6)

3. Metal (Java's eigene)
4. Windows (von Microsoft)
5. Motif (von Sun und Unix)
6. Macintosh (von Apple)

Die Logik des Programms unterscheidet sich ein wenig von der im Beispiel 11.6, da die Ereignisbehandlung fortfällt. Mit einer Combobox ist es schwieriger, Veränderungen zu entdecken.

```
import java.awt.*;
import javax.swing.*;
import java.awt.event.*;
import java.util.*;
import java.io.*;
import javagently.*;

class ConverterSwing extends JFrame {

  /* The Converter Program      von J M Bishop Dez 1998
   * --------------------      Anzeigeversion Juli 1999
   *                            GUI-Version Juli 1999
   *                            Swing-Version B Worrall
   *                            und J Bishop Aug 2000
   * Speichert die Wechselkurse von einer Währung in
   * viele andere und ermöglicht die Schätzung der
   * Wechselbeträge.
   *
   * Veranschaulicht die Verwendung einer individuellen Swing-GUI
   */

  public static void main(String[] args) throws IOException {
    int look = 0;
    if (args.length > 0)
      look = Integer.parseInt(args[0]);
    new ConverterSwing(look);
  }
  ConverterSwing (int look) throws IOException{
    try {
      switch (look) {
        case 1: UIManager.setLookAndFeel
          (UIManager.getCrossPlatformLookAndFeelClassName()); break;
        case 2: UIManager.setLookAndFeel
          (UIManager.getSystemLookAndFeelClassName()); break;
        case 3: UIManager.setLookAndFeel
          ("javax.swing.plaf.metal.MetalLookAndFeel"); break;
        case 4: UIManager.setLookAndFeel
          ("com.sun.java.swing.plaf.windows.WindowsLookAndFeel");
          break;
        case 5: UIManager.setLookAndFeel
```

```
        ("com.sun.java.swing.plaf.motif.MotifLookAndFeel"); break;
      case 6: UIManager.setLookAndFeel
        ("javax.swing.plaf.mac.MacLookAndFeel"); break;
    }
  }
  catch (Exception c) {
    System.out.println("Could not use the specified look and feel"
      + "- defaulting to cross-platform");
  }

    DataHandler data = new DataHandler ();
    data.initialize();
    data.readIn();
  // Nun übernimmt der Anwender die Steuerung und Ereignisse werden
  // mit den Methoden actionPerformed und transaction() behandelt
}

class DataHandler extends JFrame
                implements ActionListener, SwingConstants {

  JComboBox fromChoice, toChoice;
  JTextField amountField;
  JTextArea resultField;
  JButton goButton;

  void initialize () {
    JPanel p = new JPanel (new BorderLayout());
    // Kopfzeile
    JLabel label = new JLabel ("Savannah Exchange",
      new ImageIcon("Elephant.gif"),CENTER);
      p.add("North", label);
      // linkes Panel
      JPanel q = new JPanel();
        q.add ("North",new JLabel ("From"));
        fromChoice = new JComboBox();
          q.add("Center",fromChoice);
        p.add ("West", q);
      // rechtes Panel
      q = new JPanel();
        q.add ("North",new JLabel ("To"));
        toChoice = new JComboBox();
          q.add("Center",toChoice);
        p.add ("East",q);
      // mittleres Panel
      q = new JPanel(new BorderLayout());
        JPanel r = new JPanel();
          r.add(new JLabel("Amount"));
          amountField = new JTextField("1000 ");
            amountField.addActionListener(this);
            r.add(amountField);
```

```
          q.add("North",r);
        resultField = new JTextArea(8,20);
          q.add ("Center",resultField);
        goButton = new JButton ("Convert");
          goButton.addActionListener(this);
          q.add("South",goButton);
      p.add("Center",q);
  getContentPane().add(p);
  setTitle("Currency Converter");
  setSize(610,300);

  setDefaultCloseOperation(JFrame.DISPOSE_ON_CLOSE);
}

public void actionPerformed (ActionEvent e) {
  int amount;
  if (e.getSource() == amountField)
    amount = (int)
      Integer.parseInt(amountField.getText().trim());
  else
  if (e.getSource() == goButton)
    transaction(amount);
}
void transaction (int amount) {
  // Die Wechselkurse aus und in die Währung werden direkt aus der
  // JComboBox geladen und zur Erzeugung der Ausgabe verwendet
  Rates fromRate = (Rates) fromChoice.getSelectedItem();
  Rates toRate = (Rates) toChoice.getSelectedItem();
  resultField.append(amount+" "+fromRate.country+" "+
                      fromRate.currency+
                      "\n in "+toRate.country+" "+
                      toRate.currency+"\n was "+
  Stream.format(amount/fromRate.conversion*
                toRate.conversion,10,3)+"\n\n");
}

void readIn() throws IOException {
  Stream fin = new Stream ("Rates.data", Stream.READ);
  Rates rate;
  try {
    for (int i = 0; ; i++) {
      rate = new Rates();
      rate.setRate(fin);
     // Hier speichern wir die Wechselkurselemente in den JComboBoxes.
     // Beachten Sie, dass der ganze Wechselkurs gespeichert wird,
     // aber nur die in der toString()-Methode von Rates gespeicherten
     // Elemente in der Liste erscheinen.
     toChoice.addItem(rate);
      fromChoice.addItem(rate);
    }
```

```
        }
        catch (EOFException e) { }
        setVisible(true);
      }
    }
  }
```

11.6.7 Test

Die Logik des Programms braucht nicht geprüft zu werden, aber man muss die Wirkung des „Look and Feel" sehen. Wir zeigen drei Bildschirmbilder (Abbildungen 11.11 bis 11.13); sie zeigen das Aussehen von Javas Metal Cross Platform (Optionen 1 oder 3), das Aussehen der System-Plattform (Option 2 oder 4), die der Windows-Plattform entspricht, auf der der Test durchgeführt wurde, und das Aussehen der Motif-Plattform (Option 5).

Wie bereits gesagt ist Swing eine Sammlung von Paketen, die für die GUI-Programmierung viel zu bieten hat, eigentlich aber ein Thema für einen eigenen Kurs ist.

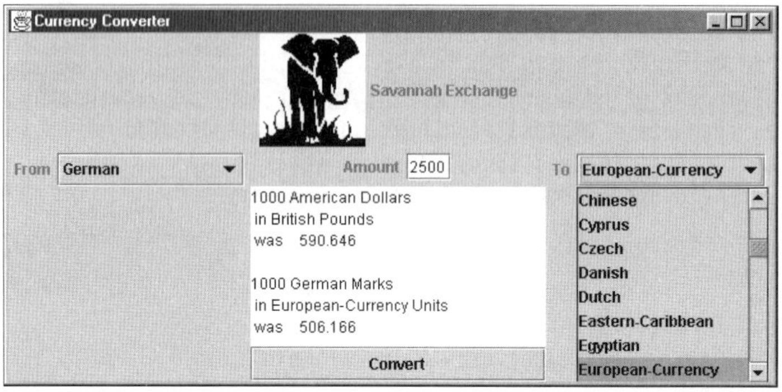

Abbildung 11.11: Der Swing-Umrechner mit einem Metal-Look-and-Feel

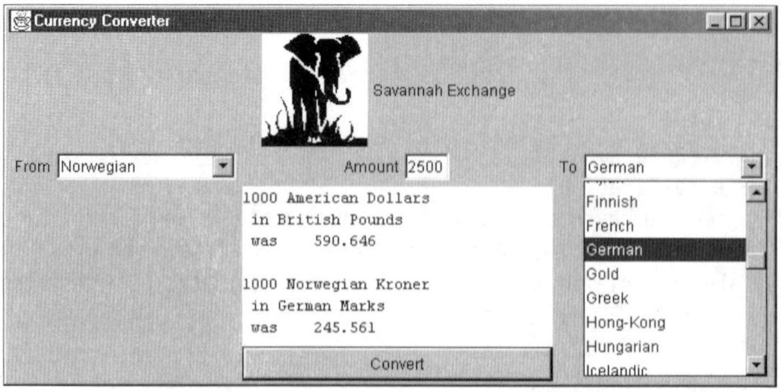

Abbildung 11.12: Der Swing-Umrechner mit einem Windows-Look-and-Feel

Abbildung 11.13: Der Swing-Umrechner mit einem Motif-Look-and-Feel

11.7 Zusammenfassung

Benutzereingaben werden mit Textfeldern, Menüs Kontrollkästchen, Auswahllisten etc. behandelt. Eine Auswahl schränkt die Möglichkeiten des Nutzers ein, kann aber die Interaktion genauer und schneller machen.

Sobald die Komponenten auf dem Bildschirm angeordnet sind und angezeigt werden, beginnt die Interaktion mit dem Nutzer. Mausbewegungen, Texteingaben und das Betätigen von Knöpfen sind Ereignisse. Ereignisse sind mit Listenern verknüpft, die ihrerseits Behandler aufrufen, die die richtigen Aktionen ausführen. Die ereignisgesteuerte Programmierung erfordert eine sorgfältige Algorithmusentwicklung, besonders wenn die Ereignisse in eine bestimmte Reihenfolge (z. B. erst wiegen, dann drucken) gezwungen werden müssen.

In diesem Kapitel gab es keine neuen Schlüsselwörter. Wir erörterten die folgenden neuen Bestandteile des AWT-API. Weitere Klassen und Methoden wurden in der Tabelle 11.1 erwähnt.

```
TextField
   getText
   setText
   selectText
   selectAll
   setEditable
   isEditable
parseInt
ActionEvent
ItemEvent
ItemListener
itemStateChanged
CheckBox
CheckBoxGroup
Choice
   getSelectedIndex
   getItemSelectable
getSource
getActionCommand
TextArea
   append
javax.swing.*
   JButton
   JTextField
   JComboBox
   JTextArea
   JLabel
UIManager
```

Drei neue Schemata wurden entwickelt:

- Ein Textfeld erstellen
- Textfeldmethoden
- Eine Zeichenreihe in eine ganze Zahl übersetzen

11.8 Übungen

11.1 Ein `String`-Wert `s` wird aus einem `Textfield t` eingelesen mit:

(a) `s = t.readString();`

(b) `s = readString(t);`

(c) `s = t.getText();`

(d) `t.getText(s);`

11.2 Dem Ampel-Programm soll ein neues Licht mit einem grünen Pfeil hinzugefügt werden. Welche Anweisung(en) wird/werden benötigt, um es zur GUI-Anzeige hinzuzufügen, ohne es zu aktivieren?

(a) `buttons.add(walkButton);`

(b)
```
walkButton = new Button("Walk");
     buttons.add(walkButton);
```

(c) `walkButton = new Button("Walk");`

(d) `buttons.add (new Button("Walk"));`

11.3 Welches ist die beste Methode, eine Sequenz zu steuern, in der Ereignisse auf bestimmten Komponenten stattfinden?

(a) alle Komponenten außer der benötigten unsichtbar machen

(b) alle Komponenten außer der benötigen deaktivieren

(c) Boolesche Variablen definieren, die an geeigneten Stellen eingestellt und überprüft werden

(d) jede Komponente in ein eigenes Panel setzen

11.4 Welches Ereignis wird durch eine Eingabe in ein `Textfield` ausgelöst?

(a) `TextEvent`

(b) `ActionEvent`

(c) `FieldEvent`

(d) `MouseClickedEvent`

11.5 Mit welcher Methode wird in `actionPerformed` entschieden, welche Art von Ereignis stattgefunden hat?

(a) `getEvent()`

(b) `getSource()`

(c) `getText()`

(d) `getAction()`

11.6 In Java ist ein Ereignis

(a) ein Objekt

(b) eine Klasse

(c) eine Variable

(d) eine Komponente

11.7 Wann erscheint ein neu konstruierter `Frame` auf dem Bildschirm?

(a) sofort

(b) wenn `setVisible(true)` ausgeführt wird

(c) am Ende des Konstruktors

(d) jedesmal, wenn die Methode `paint` ausgeführt wird.

11.8 Wie kann eine Anweisung wie

```
closeButton.addActionListener(this)
```

am besten interpretiert werden?

(a) Speichere mit `closeButton` eine Referenz auf das aktuelle Objekt, damit ein `ActionEvent` auf `closeButton` die Methode `actionPerformed` im aktuellen Objekt aktiviert.

(b) Speichere mit `amountField` eine Referenz auf das aktuelle Objekt, damit der `ActionListener` aufgerufen wird, wenn `closeButton` gedrückt wird.

(c) Speichere mit dem `actionListener` eine Referenz auf `closeButton`, damit der Ereignisbehandler von `closeButton` aufgerufen werden kann, wenn `closeButton` gedrückt wird.

(d) Speichere mit dem aktuellen Objekt eine Referenz auf `closeButton`, damit der `ActionListener` den Ereignisbehandler dieses Objekts aufrufen kann, wenn `closeButton` gedrückt wird.

11.9 Im Umrechnungs-Programm benötigten wir keine Hashtabelle, da die Daten nicht dort gespeichert waren, sondern in

(a) einem Array

(b) den Swing-Komponenten

(c) der Datei

(d) einer verketteten Liste

11.10 Wodurch konnten wir im Kassen-Programm einen ausgewählten Produktknopf grün werden lassen?

(a) `itemButtons[select].setBackground(green);`

(b) `itemButtons[i].setBackground(green);`

(c) `(Color.green) itemButtons[select];`

(d) `itemButtons[select].setBackground(Color.green);`

11.9 Aufgaben

11.1 **Form wählen:** Ein Lehrer möchte von Kleinkindern (Kreise, Rechtecke, Dreiecke) Formen in drei Farben (Rot, Blau, Gelb) zeichnen lassen. Die Kinder können nicht lesen. Erstellen Sie ein geeignetes GUI-Interface, um eine Form und eine Farbe auszuwählen und das Objekt an eine durch Mausklick angegebene Stelle zu zeichnen.

11.2 **Spielraum des Lebensmittelhandels verbessern:** Ändern Sie das Kassen-Programm, sodass die Waren und Preise in einer Datei gespeichert sind und beim Starten des Hauptprogramms noch vor Aktivieren des Fensters eingelesen werden. Beeinflusst dies die Größe des `GridLayout`, oder bietet dieses automatisch Platz für mehr Knöpfen?

11.3 **Kassenbon:** Erzeugen Sie in einem separaten Fenster einen richtigen Kassenbon für eine gewogene Ware. Verwenden Sie dazu ein ansprechendes Design wie in Ihrem örtlichen Supermarkt.

11.4 **GUI-Text:** Implementieren Sie für Eingaben aus `TextFields` eine Begleiterklasse zu `Stream` (Abschnitte 4.2 und 7.3).

11.5 **GUI-Kaffeegeschäft:** Erstellen Sie einen Entwurf für eine vollständige Bildschirmversion von Nelsons Programm zur Inventarkontrolle. Schreiben Sie die Klassen für einen wirkungsvollen Bildschirmzugriff um. Stellen Sie fest, welche Ereignisse auftreten können, und richten Sie einen passenden Behandler ein.

11.6 **Skandinavische Flaggen:** Die Flaggen der vier skandinavischen Länder (Norwegen, Schweden, Dänemark und Finnland) folgen demselben Muster: Ein nicht in der Mitte stehendes Kreuz mit einer doppelten Umrandung. Erweitern Sie das Flaggendesigner-Programm aus Fallstudie 5 so, dass es diese Flaggen als Option enthält

11.7 **Flaggendiagramm:** In Fallstudie 5 wird die Vererbung sinnvoll eingesetzt. Zeichnen Sie dafür ein vollständiges Modelldiagramm, das das Programm in dem Moment nach der Auswahl der Details für eine Flagge zeigt.

11.8 **Swing-Kasse:** Wandeln Sie das Kassen-Programm aus Fallstudie 6 so um, dass Swing benutzt wird. Untersuchen Sie, ob es sinnvoll wäre, das Kasten-Layout von Swing zu benutzen. Details zum Kasten-Layout finden Sie im Dokumentationssystem der Java-API.

11.9 **Swing-GUIs:** Wandeln Sie andere GUIs, die Sie für die Aufgaben im Kapitel 10 geschrieben haben, in Swing um; statt dieser GUIs können Sie auch das Flaggendesigner-System aus Fallstudie 5 benutzen.

11.10 **Zeichenfelder verstehen:** Im Ampel-Programm (Beispiel 10.5 und 11.2) erklären wir, wie eine zusätzliche Klasse für Grafikobjekte verwendet werden kann, die dann in Zeichenfeldern in der Haupt-GUI angezeigt werden. Passen Sie mit dieser Technik das Flaggendesigner-Programm aus Fallstudie 5 so an, dass die Flagge nicht in einem eigenen Fenster, sondern in demselben wie die GUI angezeigt wird.

12 Applets im Einsatz

12.1 Von Anwendungen zu Applets

Java erregte vor allem durch seine Integration ins World Wide Web großes Aufsehen. Sobald wir jedoch die Mechanismen des Internetzugriffs auf Java beiseite lassen und uns die in Standardpaketen von Java verfügbaren Möglichkeiten anschauen, stellen wir fest, dass es ein Leichtes ist, selbstständig Applets zu entwickeln, denen nur die Fantasie Grenzen setzt.

Was ist nun eigentlich ein Applet? Ein Applet ist ein Java-Programm, das innerhalb eines Browsers arbeitet und folglich in einer Web-Seite auftreten kann. Das Applet läuft auf dem Computer des Benutzers, obwohl es eventuell von weither geladen wurde.

Java Virtual Machine

Diese spezielle (und nur in Java vorhandene) Arbeitsweise wird durch eine Kombination von Faktoren möglich: Dadurch, dass Programme nicht vollständig übersetzt, sondern **interpretiert** werden, und dadurch, dass die **Java Virtual Machine** auf allen Webbrowsern läuft. Interpretieren heißt, dass die (bislang untersuchten) Java-Anwendungen durch das Internet reisen und auf verschiedenen Maschinen ausgeführt werden können. Javas Browser-Tauglichkeit erweitert diese Fähigkeit zum Konzept der Applets. Wie schon der Name sagt, sind Applets normalerweise kleine Programme, von denen jedes eine einzige Aufgabe auf einer einzigen Web-Seite ausführt. An dieser Stelle sollte der Leser eventuell noch einmal zu den Diagrammen und Bildschirmdarstellungen in den Abbildungen 1.1 bis 1.6 zurückblättern, wo zum ersten Mal in diesem Buch Applets eingeführt wurden.

Das Integrieren von Applets in eine Web-Seite hat folgende Vorteile:

1. Die Arbeit wird auf der Maschine ausgeführt, auf der die Ergebnisse benötigt werden, statt die Ergebnisse dorthin zu senden. Dies **mindert die Netzbelastung**.

2. Die Maschine des Nutzers kann sich wirklich dem Applet **widmen** und es viel schneller ausführen, als eine Partition auf dem Server, auf dem das Applet angesiedelt ist.
3. Anders als bei manchen speziell für das Internet entwickelten Sprachen mit eingeschränkter Rechen- und Strukturierungsleistung stehen alle Möglichkeiten der Programmiersprache Java zur Verfügung[1]. Vor allem wird für die Kommunikation mit der Benutzungsschnittstelle das Standard-AWT eingesetzt.

Um eine Vorstellung davon zu bekommen, inwiefern sich ein Applet von einer Anwendung unterscheidet, wollen wir noch einmal auf das erste AWT-Beispiel im Kapitel 9 zurückkommen und es in ein Applet umwandeln.

12.1.1 Eine Anwendung in ein Applet umwandeln

Die Umwandlung lässt sich mit folgenden Schritten erreichen:

1. Stellen Sie sicher, dass jegliche für den Anwender relevante **Ein- und Ausgabe** über das AWT-Interface vorgenommen wird. So muss z. B.
   ```
   System.out.println("This is a warning");
   ```
   ersetzt werden durch:
   ```
   g.drawString("This is a warning", 0,0);
   ```
2. Entfernen Sie jegliche Möglichkeit, das Programm **anzuhalten** (z.B. `Close`-Knöpfe). Applets enden dann, wenn die Viewer- oder Browser-Seite, in die sie eingebunden sind, endet. Sie dürfen nicht `System.exit()` aufrufen.
3. Das **Standard-Layout** von `Applet` ist das Fluss-Layout. Wenn also der Frame standardmäßig auf einem Rand-Layout beruht, fügen Sie einen Aufruf hinzu, der diesen spezifiziert und damit das Fluss-Layout überschreibt. Fügen Sie z. B. Folgendes hinzu:
   ```
   setLayout (new BorderLayout ());
   ```
4. Importieren Sie das Paket `applet` und erweitern Sie im **Hauptfenster** `Applet`[2] an Stelle von `Frame`. Ersetzen Sie z. B.
   ```
   class GraphicWarning extends Frame {
   ```
   durch
   ```
   class AppletWarning extends Applet {
   ```

---

1. Abgesehen von einigen Sicherheitseinschränkungen, die weiter unten behandelt werden.
2. `applet` mit kleinem a ist der Name des importierten Pakets; `Applet` mit großem A der Name der Klasse, die erweitert wird.

5. Ersetzen Sie den **Konstruktor** der Klasse durch eine überschreibende Definition der Methode `init`, die von `Applet` für einmalig auszuführende Initialisierungen aufgerufen wird.

   ```
   GraphicWarning ()
   ```

   wird zu

   ```
   void init ()
   ```

6. Entfernen Sie die `main`-**Methode** aus dem Programm, da das Applet-Paket deren Funktionen übernimmt, wie z. B. ein Fenster zu erzeugen und seine Größe und Sichtbarkeit einzustellen.
7. Erstellen Sie eine **HTML**-Datei, die sich auf die Klassendatei des Applets bezieht, oder fügen Sie in eine bestehende Web-Seite HTML-Instruktionen (so genannte **Tags**) ein (siehe unten stehendes Schema).
8. **Führen** Sie die HTML-Datei über einen Applet-Viewer oder einen Webbrowser wie z. B. HotJava, Netscape, Mosaic oder Explorer **aus**.

Es ergeben sich einige Konsequenzen daraus, dass `Frame` nicht mehr importiert wird (Punkt 4). Einen Aufruf von `setTitle` muss man entfernen (Applets verwenden als Standardtitel den Dateinamen) und etwaige weitere `Frame`-spezifische Methodenaufrufe muss man durch solche ersetzen, die für `Applet` da sind. So wird z. B. `dispose` zu `destroy`.

12.1.2 Einfaches HTML

HTML steht für Hypertext Markup Language. Die Ausführung von Applets erfordert nur elementare Grundkenntnisse darin. Eigentlich besteht das Schema zur Aktivierung eines Applets nur aus einem einzigen Tag:

HTML-Tags für ein Applet
<APPLET code="*Name*" width=*n* height=*m*> </APPLET>

Zwar kann eine über einen Browser-Editor erstellte HTML-Seite weitere Tags generieren, um den Anfang und das Ende von HTML-Code und -Rumpf anzuzeigen, aber das obige Schema genügt.

Punkt 8 der obigen Liste weist darauf hin, dass sich ein Applet auf zweierlei Weise ausführen lässt. Wir wollen zuerst betrachten, wie man dies mit dem von Java bereitgestellten Applet-Viewer macht. In den folgenden Abschnitten schauen wir uns an, wie Applets mit einem Browser eingebunden werden.

Beispiel 12.1: Ein Applet als Viruswarnung

Gelegenheit Das Warnprogramm hat sich herumgesprochen, und auch andere möchten es nutzen.

Reaktion Wenn das Programm in ein Applet umgewandelt wird, kann man es auf jede andere Maschine herunterladen und dort ausführen. (Dieses Programm ist natürlich sehr einfach und nimmt auf keiner Seite viele Ressourcen in Anspruch. Es dient hier nur der Veranschaulichung.)

Entwurf Mit den oben beschriebenen Schritten können wir die Anwendung aus Beispiel 10.1 in ein Applet umwandeln. Dazu muss eine HTML-Datei mit folgendem Inhalt erstellt werden:

```
<APPLET code="WarningApplet.class" width=200 height=200>
</APPLET>
```

Programm Das Programm war schon von vornherein relativ einfach, daher ist kein großer Konvertierungsaufwand erforderlich. Die oben genannten Punkte 2, 3 und 5 kommen hier gar nicht zur Anwendung. Beachten Sie, dass das Programm als Applet kürzer ist als im Original, weil das Hauptprogramm fort ist. Seine Funktion wurde vom Laufzeitsystem von Java im Browser oder Viewer übernommen.

```
import java.awt.*;
import java.applet.*;

public class WarningApplet extends Applet {

  /* A Warning box in an applet   von J M Bishop Okt 1996
   * ========================     Java 1.1
   * Muss über die zugehörige html-Datei in einem
   * Browser oder Appletviewer ausgeführt werden
   */

  static private final int line = 15;
  static private final int letter = 5;

  public void paint(Graphics g) {
    g.drawRect(2*letter, 2*line, 33*letter, 6*line);
    g.drawString("W A R N I N G", 9*letter, 4*line);
    g.drawString("Possible virus detected", 4*letter, 5*line);
    g.drawString("Reboot and run virus", 5*letter, 6*line);
    g.drawString("remover software", 7*letter, 7*line);
  }
}
```

Test Die Ausgabe des Applets (Abbildung 12.1) sieht genauso wie die Ausgabe einer Anwendung aus, außer dass die Titelleiste des Fensters vom Applet-Viewer als Name der Datei eingerichtet wurde und ein klarer Hinweis vorhanden ist, dass das Fenster von einem Applet erzeugt wurde. Die Abbildung 12.1 zeigt das Fenster zusammen mit einer Auflistung der HTML-Datei.

Abbildung 12.1: Appletausgabe für das Warnprogramm

12.1.3 Funktionsweise von Applets

Wenn ein Applet kein Hauptprogramm hat, wie wird es dann gestartet und angehalten? Gestartet wird es aus einem Browser (z. B. Netscape oder Explorer) oder einem speziellen Programm namens Applet-Viewer heraus durch das Laufzeitsystem von Java. Die Java Virtual Machine (JVM) ruft dann zu geeigneten Zeitpunkten eine der vier im folgenden Schema gezeigten Methoden auf - falls das Applet sie zur Verfügung stellt:

Applet-Methoden

```
init()
destroy()
start()
stop()
```

Alle oder einige dieser vier Methoden sollten von jeder Unterklasse von `Applet` implementiert werden. Sie werden bei Bedarf von der JVM aufgerufen.

`init` initialisiert jede GUI, die zu dem Applet gehört, und startet auch alle Threads (siehe Kapitel 13); `destroy` hingegen vernichtet sie wieder und beendet das Applet.

`start` stößt jedesmal, wenn das Applet von der Web-Seite aus wieder gestartet wird, Aktionen wie Animationen an, und `stop` unterbricht solche Aktionen.

Abbildung 12.2 zeigt den Zusammenhang zwischen einem Applet und der in einem Webbrowser ausgeführten `Applet`-Klasse. Wenn der Browser zum ersten Mal dem Tag für das Applet begegnet, wird die Methode `init` an Stelle eines Konstruktors aufgerufen. `init` ist für die erste Einrichtung des Applets, seiner Benutzungsschnittstelle, seiner Knöpfe und Menüs und möglicher weiterer Steuerungs-Threads verantwortlich. (Threads werden im nächsten Kapitel besprochen.) Dagegen wird die Methode `start` immer dann aufgerufen, wenn die Web-Seite, in der das Applet vorkommt, erneut erscheint. `start` könnte zum Beispiel eine angehaltene Animation wieder in Gang setzen.

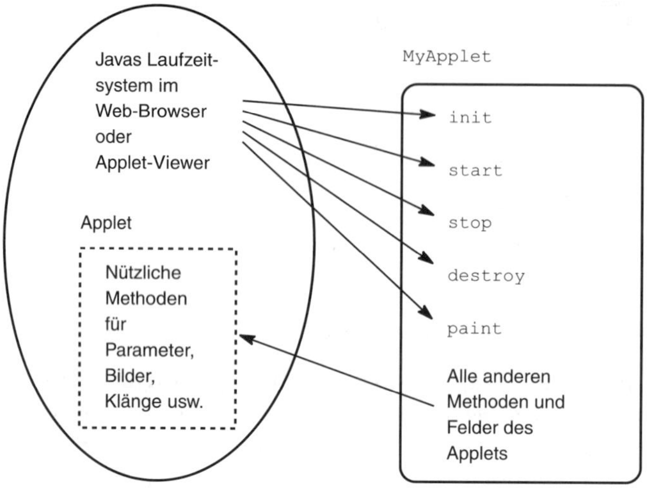

Abbildung 12.2: Der Zusammenhang zwischen einem Applet und der Klasse `Applet`

An diesem Punkt ruft das System weitere Methoden auf, die das Programm (als Anwendung oder als Applet) überschrieben hat, wie z. B. `paint`. Im Beispiel 12.1 ist nur die Methode `paint` vorhanden, da das Applet keinen Anlass hatte, eine der anderen Methoden zu definieren. Dann kehrt das Applet in einen passiven Zustand zurück und wartet, dass etwas passiert. Es gibt zwei Möglichkeiten: Das Applet kann unsichtbar werden, indem der Nutzer es aus der Seite im Browser hinausschiebt, oder es kann ein normales GUI-Ereignis wie z. B. das Drücken einer Maustaste oder eines Knopfs stattfinden. Wird ein Applet unsichtbar, wird seine `stop`-Methode aufgerufen, die dazu da ist, eventuelle Animationen etc. anzuhalten. Wird es wieder sichtbar, so wird `start` aufgerufen. Alle übrigen Ereignisse werden ganz normal über die im Originalprogramm neu definierten AWT-Methoden (z. B. `actionPerformed`) behandelt.

Zum Schluss kann eine `destroy`-Methode bereitgestellt werden, damit das Applet seine Ressourcen freigibt, bevor der Viewer endet oder der Browser zu einer anderen Seite kommt. Wenn wir zu der Web-Seite mit unserem Applet zurückkehren, startet dieses von vorne und durchläuft seine `init`-Sequenz.

Die vier oben aufgeführten Methoden sind durch die Klasse `Applet` definiert, werden aber von dem Nutzer, der die Funktionalität bereitstellt, überschrieben. Außerdem ist in der `Applet`-Klasse eine Gruppe von Methoden definiert, die wir unmittelbar verwenden können. Darunter sind Methoden, die Bilder, Klang und HTML-Parameter laden und ermitteln, wo sich das Applet befindet und von wo es kam. Diese Methoden werden in späteren Abschnitten und Kapiteln eingeführt.

12.2 Applets in Browsern

Bevor Java kam, waren Webbrowser im Wesentlichen statisch und zeigten dem Betrachter die Daten genau so, wie sie auf der Original-Website gespeichert waren. Es gab Funktionen, um dem Host per Formular oder E-Mail Daten zurückzugeben, aber Javas Konzept, Berechnungen auf der Hostsite ausführen zu lassen, ist neu. Da Applets sich in Web-Seiten einbinden lassen, kann das, was über die Verknüpfung kommt, dem Nutzer nunmehr ein dynamische Schnittstelle zur Verfügung stellen (vgl. Abbildung 1.1).

Die Arbeit kann erledigt und die Ergebnisse an die Host-Maschine zurückgegeben werden. Ohne Java tritt beim Browsen im Internet dieselbe Folge von Ereignissen wie in der Abbildung 1.1 auf, mit der Einschränkung, dass der Bildschirm nur Text und Bilder enthält.

12.2.1 Wo sind die Applets?

Wird ein Applet auf einer Host-Maschine gespeichert, so kann man von jeder anderen mit dem Internet verbundenen Maschine über sein WWW-Protokoll und seinen Namen oder seine URL[3] zugreifen. Die URL des `warningApplet` wäre z. B.:

```
http://www.cs.up.ac.za/javagently/Examples/Ch12/WarningApplet.html
```

Hier ist die HTML-Datei in einem über das Internet zugänglichen Verzeichnis gespeichert. Die Klassendatei, auf die sie sich bezieht, muss in demselben Verzeichnis sein, wenn sie den einfachen, im folgenden Tag angegebenen Namen hat:

---

3. URL steht für Universal Resource Locator.

```
<APPLET code="WarningApplet.class" width=200 height=200>
```

Befindet sich das Applet in einem anderen Verzeichnis, so muss der Tag seine vollständige URL spezifizieren.

Nun untersuchen wir als Beispiel ein Applet, das tatsächlich mit dem Nutzer interagiert, und vergleichen, wie es lokal mit dem Applet-Viewer und entfernt über einen Browser funktioniert.

Beispiel 12.2: Das Supermarktkassen-Applet

Gelegenheit

Die Direktoren der Lebensmittelkette Savanna Grocers sehen eine Möglichkeit, die Hauptversion des Supermarktkassen-Programms an einem Ort zu lassen, von dem die einzelnen Kassen sie nach Bedarf herunterladen. Daraus können sich bei Aktualisierungen, beim Franchising und bei einem Computer-Wechsel durchaus Vorteile ergeben.

Reaktion

Wandeln Sie das Programm nach den oben beschriebenen Regeln in ein Applet um. Erstellen Sie eine HTML-Datei und greifen Sie mit einem Browser, der auf jeder Kasse läuft, darauf zu.

Programm

Die Änderungen sind minimal. Der Konstruktor ändert seinen Namen in `init` und die `main`-Methode wird entfernt. Da Applets sich nicht selbst schließen können, entfernen wir auch den `Close`-Knopf und seinen entsprechenden Behandler aus `actionPerformed`.

```
import java.awt.*;
import java.awt.event.*;
import java.applet.*;

public class TillApplet extends Applet implements ActionListener {


  /* The Grocery Till applet   von J M Bishop Okt 1996
   *      Java 1.1 Version     von T Abbott und J M Bishop Okt 1997
   *
   * Simuliert die Operation einer Supermarktkasse für
   * bis zu 12 Produkte, zusammen mit dem Preis je Kilogramm
   * Läuft als Applet über die zugehörige html-Datei.
   */

   private TextField weighField, totalField;
   private Button[] itemButtons;
   private Button weighButton, printButton, closeButton;

   public void init () {
      setLayout(new BorderLayout());
```

```
  Panel p = new Panel();
            p.setLayout(new FlowLayout());
    totalField = new TextField(6);
    totalField.setEditable(false);
    p.add(new Label("COST"));
    p.add(totalField);
  add("North", p);

  p = new Panel();
    p.setLayout(new GridLayout(5, 3));
    itemButtons = new Button[items.length];
    for (int i = 0; i < items.length; i++) {
      itemButtons[i] = new Button(items[i]);
      itemButtons[i].addActionListener(this);
      p.add(itemButtons[i]);
    }
    weighButton = new Button("WEIGH");
      weighButton.addActionListener(this);
      p.add(weighButton);
    printButton = new Button("PRINT");
      printButton.addActionListener(this);
      p.add(printButton);
  add("Center", p);

  p = new Panel();
    p.setLayout(new FlowLayout());
    weighField = new TextField(4);
      weighField.setEditable(false);
      weighField.addActionListener(this);
      p.add(weighField);
    p.add(new Label("MASS"));
    p.add(new Label("Type return after the amount"));
  add("South", p);

}

public void actionPerformed(ActionEvent e) {
  Object source = e.getSource();
  if (source == printButton) {
  printItems();
} else
if (source == weighButton) {
  resetWeighField();
} else
if (source == weighField) {
  readWeighField();
} else
  selectItem(e.getActionCommand());
```

```
  }
 /* Hier folgt die Hauptsteuerung des Programms.
  * Die obigen Ereignis- und Aktionsbehandler rufen diese
  * Methoden auf, die sicherstellen, dass nur dann reagiert
  * wird, wenn bestimmte Bedingungen (d.h. andere
  * vorausgehende Ereignisse) bereits erfüllt sind.
  */

  public void resetWeighField() {
    weighField.setText("");
    weighField.setEditable(true);
  }

  public void readWeighField() {
    if (weighField.isEditable()) {
      weighField.setEditable(false);
      weighField.selectAll();
      kg = (double)Integer.valueOf(
            weighField.getText().trim()).intValue();
      weighed = true;
  }

}

public void printItems() {
  if (weighed && chosen) {
    total = kg*unitCosts[select];
    totalField.setText("G "+total);
    System.out.println(kg+"kg "+items[select]+" @ G"+
            unitCosts[select]+" = G"+total);
    kg = 0;
    weighed = false;
    chosen = false;
    total = 0;
    weighField.select(0,0);
  }
}
  public void selectItem(String item) {
    select = 0;
    while (!item.equals(items[select]))
      select++;
    chosen = true;
  }


  private String[] items = {  "Apples", "Pears", "Oranges",
                             "Potatoes", "Lemons", "Squash",
                             "Onions", "Garlic", "Avocados",
                             "", "", "" } ;
```

```
  private double[] unitCosts = {  6.00, 5.00, 7.00,
                                 3.00, 10.00, 4.00,
                                 4.00, 12.00, 15.00,
                                 0, 0, 0 } ;

  private double total;
  private double kg;
  private boolean chosen = false;
  private boolean weighed = false;
  private int select = 1;
}
```

Test

Führen wir das Applet über den Applet-Viewer aus, gleicht die Ausgabe des Kassen-Applets der der Original-Anwendung, mit der Einschränkung, dass der `Close`-Knopf fehlt. Die Abbildung 12.3 zeigt den Bildschirm zusammen mit der Ausgabe, die nach wie vor auf den Kassenbon gedruckt wird und im Kommandozeilen-Fenster erscheint. Das Applet entspricht der Anwendung in gleicher Weise, wird jedoch durch das Schließen des Applet-Viewers selbst geschlossen: Ein `Close`-Knopf ist nicht vorhanden.

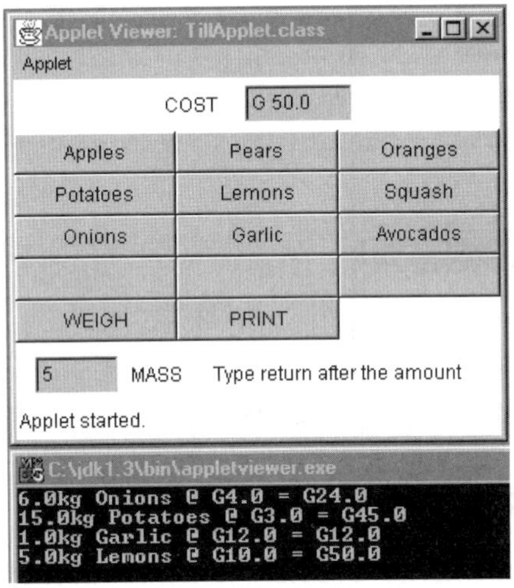

Abbildung 12.3: Applet-Ausgabe des Kassenprogramms über einen Viewer

Wenn wir nun die HTML-Datei an einem über das Internet zugänglichen Ort speichern, können wir einen Browser (hier ist es Netscape) starten und den spezifizierten Ort anfordern. Abbildung 12.4 zeigt das Ergebnis. Zwei Unterschiede bestehen zwischen dem, was der Nutzer in der Viewer- und in der Browser-Umgebung sieht:

- Der Applet-Viewer ermöglicht zu Ausgabezwecken immer noch den Zugriff auf den Bildschirm. Im Browser muss man, um die Ausgabe zu sehen, das (normalerweise im Dateimenü vorhandene) Java-Konsolenfenster öffnen.
- Den Applet-Viewer kann man anhalten, indem man sein Fenster schließt, während das in einem Browser ausgeführte Applet erst endet, wenn man die Seite schließt, in der es ausgeführt wird.

In jeder anderen Hinsicht verhalten sich Applets in beiden Umgebungen gleich.

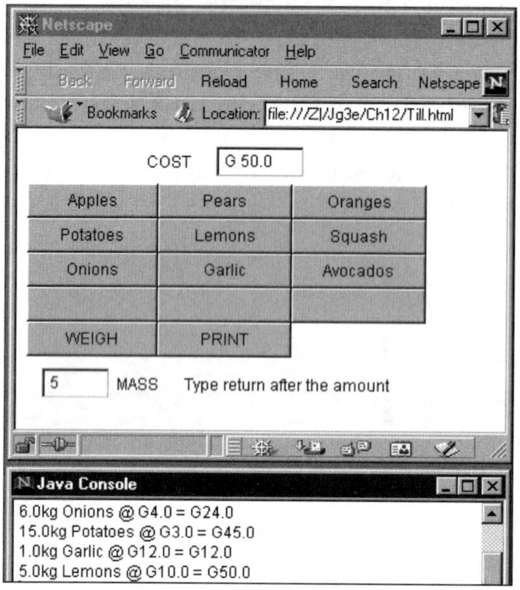

Abbildung 12.4: Das Kassen-Applet wird unter Netscape ausgeführt

12.2.2 Sicherheit von Applets

Bei der Benutzung von Applets im Internet können Bedenken auftreten, dass ein heruntergeladenes Programm eventuell infiziert ist und das System beschädigen könnte. Java beugt dem mit allen Mitteln vor. Zunächst wird der auf Ihrem Computer eintreffende Bytecode auf seine Gültigkeit geprüft. Wurde er unterwegs verfälscht, führt Ihre Java Virtual Machine ihn nicht aus. Zweitens führt die JVM selbst keinerlei Operationen aus, die Ihr System beschädigen könnten. So kann z. B. ein von weither stammendes Applet weder Ihr Passwort herausfinden noch Ihre Dateien löschen. Tabelle 12.1 fasst das gesamte Regelwerk zusammen.

Operation	Java-Anwendung	Applet im Applet-Viewer	Lokales Applet im Browser	Entferntes Applet im Browser
Zugriff auf lokale Dateien	✓	✓		
Löschen lokaler Dateien	✓			
Anderes Programm ausführen	✓	✓		
Eigenen Namen finden	✓	✓	✓	
Mit Host neu verbinden	✓	✓	✓	✓
Mit anderem Host verbinden	✓	✓	✓	
Java-Bibliothek laden	✓	✓	✓	
Exit aufrufen	✓	✓		
Pop-Up-Fenster erstellen	✓	✓	✓	✓

Tabelle 12.1: Sicherheit von Applets

Wir wollen untersuchen, welche Folgen sich aus dieser Tabelle ergeben. Eine Java-Anwendung ist ein vollständiges Programm und kann als solches alles machen, was Ihr Computer verlangt. Ein Applet ist etwas ganz anderes: Es unterliegt einer Kontrolle und den oben genannten Regeln. In einem Applet-Viewer ausgeführte Applets können alles, was auch eine Anwendung kann, außer Dateien löschen. Laufen sie allerdings in einem Browser, werden ihre Aktivitäten etwas beschnitten.

In einem Browser hält ein Applet nicht an: Es endet erst, wenn die Seite, in der es sich befindet, durch eine andere Seite ersetzt wird. Also ruft es `exit` nicht auf und es gibt auch kein `Close`-Kästchen. Applets sind, wie die Fallstudie zeigt, **nahtlos** in Web-Seiten integriert. Dass Applets nichts aus dem lokalen Dateisystem lesen oder in dieses schreiben können, kann von Nachteil sein. Diese Einschränkung kann der Nutzer des Applets jedoch aufheben, indem er einen speziellen Sicherheitsmanager definiert. Zum Schluss zeigt die letzte Tabellenspalte, dass für entfernt (engl. *remote*) geladene Applets zusätzliche Einschränkungen gelten, die alle zu ihrem Besten sind.

Diese Einschränkungen dienen einem guten Zweck, können aber dem Programmierer das Leben schwer machen. Die Umwege, die man beschreiten muss, wenn ein Applet keine lokale Datei lesen kann, werden im Folgenden beschrieben und in Beispiel 12.3 veranschaulicht.

12.2.3 Die PARAM-Funktion

Wir sind uns bereits darüber im Klaren, dass man einem Applet Daten nicht immer durch einfaches Lesen einer Datei übermitteln kann. Wird das Applet in einem Browser ausgeführt, so gibt es eine Einrichtung, mit der Daten in die Web-Seite gebracht und dann vom Applet dort abgeholt werden. Der Mechanismus dazu ist recht umständlich, also verwendet man ihn am besten für Daten, die nur einmal zur Initialisierung dienen.

Eine Interaktion zwischen Applets und Web-Seiten lässt sich durch die `PARAM`-Funktion herstellen. `PARAM` stellt Listen benannter Parameter im HTML-Dokument bereit, die das Applet mit einer Methode namens `getParameter` aus der Klasse `Applet` lesen kann. Die Parameter sind zwischen den Tag-Klammern `<APPLET>` und `</APPLET>` aufgelistet und jederParameter muss die folgende Form haben:

HTML-Parameter
`<PARAM NAME = "`*formal*`" VALUE = "`*actual*`">`

`NAME` weist darauf hin, dass die nachfolgende Zeichenreihe der Name des gesuchten Parameters ist. In demselben Paar von spitzen Klammern gibt es einen Wert, `VALUE`, der diesem Parameter zugewiesen wird. Bei dem Wert handelt es sich ebenfalls um eine Zeichenreihe, aber er kann natürlich auch als Zahl oder als ein beliebiger anderer geforderter Typ gelesen werden. Im Kassenbeispiel wäre eine mögliche Anwendung von `PARAM`, die Produktpreise vom Applet auf die Web-Seite zu verlagern, indem man sie folgendermaßen spezifiziert:

```
<PARAM NAME="garlic" VALUE="12">
```

Für den Zugriff auf die Parameter nutzen wir die Zeichenreihenmethode `getParameter` wie folgt:

```
unitCosts[i] = Integer.parseInt(getParameter(items[i]));
```

Hier ist `items[i]` eine Zeichenreihe wie etwa `"garlic"`, und `getParameter` findet den Parameter dieses Namens und gibt den entsprechenden Wert zurück, hier also die Zeichenreihe `"12"`. Die Funktion `PARAM` wird im Beispiel 12.3 und in der Fallstudie eingesetzt und in einigen der nachfolgenden Aufgaben verlangt.

12.2.4 Signierte Applets

Alle oben beschriebenen Einschränkungen gelten für verdächtigen Code. Einige davon könnten dort hinderlich sein, wo in einer einzelnen Firma Applets in der Zentrale geschrieben und von den Niederlassungen heruntergeladen werden. Es ist z. B. gut möglich, dass in den Niederlassungen lokale Dateien gelesen werden müssen. Das JDK bietet mit einem speziellen Dienstprogramm namens Keytool die Möglichkeit, Applets mit digitalen Signaturen zu erstellen. Das Unternehmen muss eine kleine Datenbank mit vertrauenswürdigen Applets unterhalten, die mit ihren öffentlichen und privaten Schlüsseln in diese Datenbank eingegeben werden können. Das Applet wird dann als Archiv oder JAR[4] gespeichert und die JAR-Datei durchläuft das Keytool. Danach enthält die HTML-Datei, die das Applet ausführen wird, ein zusätzliches Tag, um die signierte Archivdatei zu holen, bevor die in ihm enthaltene Code-Datei ausgeführt wird. *JAR*

Das oben Gesagte gilt für das JDK; andere IDEs und Browser bieten eventuell andere Möglichkeiten, vertrauenswürdige Applets zu deklarieren und zu behandeln.

12.2.5 JAR-Dateien

Bei Applets muss weiterhin ihr Zugriff auf benutzerdefinierte Pakete wie etwa `javagently` und `jgeslib` berücksichtigt werden. Normalerweise kann der Applet-Klassenlader die benötigten Klassen nicht finden, wenn sie sich in anderen Verzeichnissen befinden. Andererseits können wir nicht alle benötigten Klassendateien in unser Arbeitsverzeichnis kopieren, da wir damit das Paket und die Importstruktur unseres Programms so beeinträchtigen würden, dass man es nicht mehr übersetzen könnte.

Zum Glück kann Java dieses Problem lösen. Wir können ein Java-Archiv (JAR) eines Paketes anlegen und dann in der HTML-Datei, die das Applet einrichtet, darauf verweisen. Um ein JAR anzulegen, gehen Sie in das dem Paket übergeordnete Verzeichnis und aktivieren das JAR-Tool wie im folgenden Schema:

Kommando für das JAR-Tool
`jar cf` *`Paketname`*`.jar` *`Paketname`*`\*.class`

4. JAR steht für Java archive.

Dadurch wird ein komprimiertes Archiv aller Klassendateien im Paket erstellt, z. B.:

```
jar cf javagently.jar javagently\ *.class
```

Fügen Sie dann in der HTML-Datei für das Applet das folgende Tag hinzu:

```
archive = javagently.jar
```

Nun wird nicht nur die Paketstruktur auf dem entfernten Computer beibehalten, sondern die Komprimierung von JAR führt auch dazu, dass der Applet-Code schlanker ist und wesentlich schneller geladen werden kann.

Beispiel 12.3: Preisausschreiben in der Zeitung

Aufgabe

Die *Savanna News* veranstaltet ein wöchentliches Preisausschreiben, bei dem es um die Namen der Leser geht. Jedem Buchstaben im Alphabet wird ein Wert zugewiesen, und eine bestimmte Punktzahl gewinnt. Gehören Sie zu den Lesern, deren Name die prämierte Punktzahl ergibt, so können Sie einen Preis gewinnen. Damit es gerecht zugeht, wird jeder Name so erweitert oder zusammengezogen, dass er ohne Zwischenräume und Interpunktion 20 Zeichen umfasst. Das Preisausschreiben wird jede Woche mit anderen Buchstabenwerten und einer anderen Gewinn-Punktzahl wiederholt. Jeder, der mitmacht, hat eine Chance, den wöchentlichen Preis in Höhe von 1000 Graz zu gewinnen.

```
Alphabet       a b c d e f g h i j k l m n o p q r s t u v w x y z
Values         5 1 3 6 7 9 2 3 7 5 4 1 3 8 9 7 5 4 3 2 1 3 2 4 5 4
Winning score  100
Names                        Letters used            Score
Judy Bishop                  JudyBishopJudyBishop    94
John Smith                   JohnSmithJohnSmithJo    100
Roelf van den Heever         RoelfvandenHeeverRoe    118
Timothy Fox-Fox-Robinson     TimothyFoxFoxRobinso    116
```

Also kann diese Woche John Smith in die Endausscheidung kommen. Die anderen können es erneut versuchen, wenn sich die Buchstabenwerte in der nächsten Woche ändern.

Der Herausgeber möchte das Preisausschreiben nun gerne ins Internet stellen, sodass jeder seinen Namen ausprobieren und sofort einen Antwort erhalten kann.

Lösung

Sie schreiben natürlich ein Java-Applet! Dieses Preisausschreiben eignet sich ideal für ein Applet, denn es enthält zentral gespeicherte Daten (die Buchstabenwerte) und diese müssen geschützt werden, aber dennoch soll jeder in der Lage sein, die Berechnung auszuführen. Da es außerdem lästig wäre, diese von Hand auszuführen, sind die Rechenfähigkeiten von Applets hier von großem Wert.

Bildschirmentwurf

Als Erstes entwerfen wir sinnvollerweise einen Bildschirm für das Applet und geben an, welche Felder wir für die Ein- und Ausgabe während der Interaktion mit dem Nutzer reservieren müssen. Außerdem können wir entscheiden, welche Informationen sich auf der Web-Seite befinden können und welche in das Applet gehören. Einfacher Text lässt sich leichter mit HTML als über ein Applet anzeigen. Die Abbildung 12.5 zeigt, wie der Bildschirm aussehen könnte.

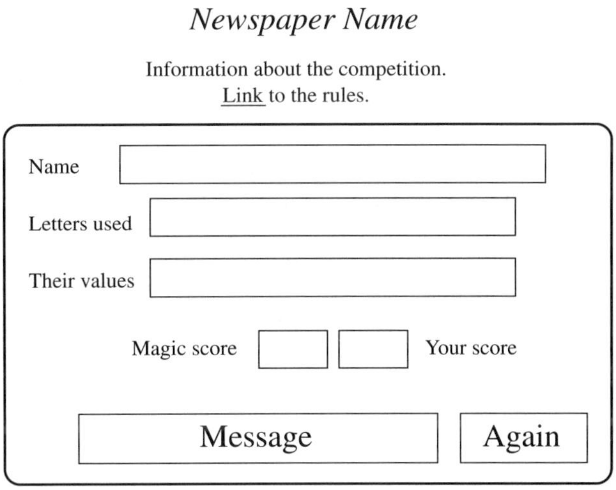

Abbildung 12.5: Bildschirmentwurf für das Zeitungs-Preisausschreiben

Algorithmus

Das Preisausschreiben-Applet lässt sich in zwei Teile zerlegen. Im ersten Teil werden der Bildschirm und die Daten eingerichtet, und der zweite behandelt die Eingabe der Namen und die Berechnung des Ergebnisses über ein GUI-Interface. Die Abbildung 12.5 vermittelt eine Vorstellung vom Layout. Das Einrichten der Daten erfordert mehr Nachdenken.

Wir möchten Werte mit Zeichen verbinden. Mit anderen Worten, wir benötigen eine Tabelle, die den Zeichen ganze Zahlen zuordnet. Wie wir im Abschnitt 6.4 gesehen haben, erlaubt Java für Arrays keinen anderen Indextyp als ganze Zahlen. Wir müssen also stattdessen eine Hashtabelle verwenden, in der die Zeichen und die entsprechenden Werte mit `put` gespeichert, und aus der sie mit `get` geholt werden.

Die nächste Frage ist: Wie bekommen wir die Werte in das Applet hinein? Wir möchten, dass sich die Werte durch Zeitungsmitarbeiter, die vermutlich keine Programmierer sind, leicht ändern lassen.

Wenn wir die Werte als starre Konstanten erzeugen, dann müssen wir jede Woche, wenn die Werte sich ändern, das Programm mühsam neu übersetzen. Zwei andere Möglichkeiten sind:

1. Speichern Sie die Werte in der Web-Seite als Parameter, und holen Sie sie von dort.
2. Stellen Sie mit einer Datei auf dem Zentralcomputer der Zeitung eine Verbindung her und lesen Sie die Daten aus der Entfernung.

Beide Vorschläge sind machbar. Da erst im Kapitel 14 behandelt wird, wie man eine Verbindung zu einer entfernten Ressource herstellt, wählen wir hier die Parameter-Funktion. Die Parameternamen sind `Score` und `a`, `b`, `c`, `d` usw. für die Buchstaben des Alphabets.

Die GUI hat zwei Eingabefelder – den Namen und einen `Again`-Knopf – sowie fünf Anzeigefelder für die verwendeten Buchstaben, ihre Werte, die Gewinner-Punktzahl, die Punktzahl des Nutzers und eine Nachricht. Wie die anzuzeigenden Zeichenreihen eingerichtet werden, beschreibt am besten der Java-Code im untenstehenden Applet.

Beim Eingeben muss die Methode `actionPerformed` die Ereignisse in dem Feld und auf dem Knopf behandeln. Durch Anklicken des Knopfes `Again` werden die Felder in ihren Ursprungszustand zurückversetzt. Das ist leicht. Die Behandlung des Namens ist komplizierter und erfordert folgenden Algorithmus:

Prüfen, ob ein Name gewinnt

Text einlesen
Nachfolgende Zwischenräume entfernen
In Kleinbuchstaben umwandeln
Zwischenräume und Interpunktionszeichen entfernen
Namen auf max. 20 Zeichen kürzen oder wiederholen, bis 20 Zeichen erreicht sind
Wert jedes Buchstabens in der Hashtabelle suchen und den Gesamtwert berechnen
Ist der Gesamtwert gleich der Gewinner-Punktzahl?

ja → Nachricht: Glück gehabt!

nein → Nachricht: Pech gehabt!

Zum Bearbeiten des Namens verwenden wir mehrere in der `String`-Klasse bereitgestellte Methoden, wie z. B. `trim`, `toLowerCase` und `toCharArray`. Letztere wandelt eine Zeichenreihe in ein äquivalentes Zeichen-Array um, das für unsere Zwecke bequemer ist. Auch der herausgeholte Name ist ein Zeichen-Array, ebenso wie das ihm entsprechende Array von Buchstabenwerten. Beides wird in der Ausgabe angezeigt.

Web-Seite

In der Web-Seite befinden sich die Titelzeilen und die Parameter. Hier sehen Sie sie so, wie sie durch den Editor eines Browsers wiedergegeben wird.

```
<HTML>
<HEAD>
  <META HTTP-EQUIV="Content-Type" CONTENT="text/html; charset=iso-
8859-1">
  <META NAME="GENERATOR" CONTENT="Mozilla/4.01 [en] (WinNT; I)
   [Netscape]">
  <TITLE>Competition</TITLE>
</HEAD>
<BODY>

<CENTER>
<H1>
<B><FONT COLOR="#3366FF"><FONT SIZE=+2>
<I>Savanna News </I>Competition</FONT></FONT></B>
</H1>
</CENTER>

<CENTER>
<P>
<B>Win G1000 if your name matches the magic score.</B>
</CENTER>
</P>
<CENTER>
<B><A HREF="Rules.html">Rules</A> of the competition.</B>
</CENTER>

<CENTER>
<APPLET CODE="Competition.class" WIDTH=400 HEIGHT=200>
<PARAM NAME="Score" VALUE="100">
<PARAM NAME="a" VALUE="5"><PARAM NAME="b" VALUE="1">
<PARAM NAME="c" VALUE="3"><PARAM NAME="d" VALUE="6">
<PARAM NAME="e" VALUE="7"><PARAM NAME="f" VALUE="9">
<PARAM NAME="g" VALUE="2"><PARAM NAME="h" VALUE="3">
<PARAM NAME="i" VALUE="7"><PARAM NAME="j" VALUE="5">
<PARAM NAME="k" VALUE="4"><PARAM NAME="l" VALUE="1">
<PARAM NAME="m" VALUE="3"><PARAM NAME="n" VALUE="8">
<PARAM NAME="o" VALUE="9"><PARAM NAME="p" VALUE="7">
```

```
<PARAM NAME="q" VALUE="5"><PARAM NAME="r" VALUE="4">
<PARAM NAME="s" VALUE="3"><PARAM NAME="t" VALUE="2">
<PARAM NAME="u" VALUE="1"><PARAM NAME="v" VALUE="3">
<PARAM NAME="w" VALUE="2"><PARAM NAME="x" VALUE="4">
<PARAM NAME="y" VALUE="5"><PARAM NAME="z" VALUE="4">
</APPLET>
</CENTER>
</BODY>
</HTML>
```

Applet

Zum interessantesten Code dieses Applets gehört, wie der Name aus dem Textfeld herausgeholt und in ein Zeichen-Array umgewandelt wird. Dies geschieht folgendermaßen:

```
c = nameField.getText().trim().toLowerCase().toCharArray();
```

`getText` gibt eine Zeichenreihe zurück. `trim` und `toLowerCase` sind beides Zeichenreihenmethoden, die Zeichenreihen zurückgeben. Zum Schluss nimmt `toCharArray` eine Zeichenreihe und wandelt sie in ein Zeichen-Array um.

Der folgende Code-Abschnitt sucht für jedes Element dieses Arrays in der Hashtabelle seinen Buchstabenwert. Die Hashtabelle speichert Zeichenreihen, sodass das Ergebnis von

```
String s = (String) values.get(String.valueOf(d[i]));
```

eine Zeichenreihe ist. Um aus den Buchstabenwerten (die alle unter 10 liegen und somit einzelne Ziffern sind) ein weiteres Zeichen-Array zu erstellen, können wir einfach mit `charAt` das erste Zeichen aus der Zeichenreihe herausholen. Um allerdings die Punktzahl zu erstellen, müssen wir die Zeichenreihe abschließend in ein `int` umwandeln. Diese beiden Code-Zeilen führen dies aus:

```
e[i] = s.charAt(0);
total += Integer.parseInt(s);
```

Ein weiterer interessanter Punkt ist, dass wir im Applet verschiedene Schriftarten verwenden. Die Standardschriftart ist:

```
Font g = new Font("SanSerif",Font.PLAIN,12);
```

Doch für die Buchstaben und ihre Werte verwenden wir eine Schrift mit festen Zeichenabständen, die folgendermaßen eingerichtet wird:

```
Font h = new Font("Monospaced",Font.PLAIN,12);
```

Und dann verwenden wir für die Nachricht eine noch größere Schrift:

```
Font f = new Font("Serif",Font.BOLD,20);
```

Nun folgt das Java-Applet. Es ist nicht übermäßig lang, aber effektiv.

```
import java.util.*;
import java.awt.*;
import java.applet.*;
import java.awt.event.*;
public class Competition extends Applet implements ActionListener {
  /* The Competition applet      von J M Bishop Okt 1996
   * =====================       Java 1.1 Jan 1998
   * Führt einen Anzeigemechanismus für den Wettbewerb aus.
   * Veranschaulicht die Interaktion zwischen einem Applet
   * und einer Web-Seite.
   */
  private static int winningScore;
  private TextField targetField, nameField,
          lettersField, valuesField, scoreField, resultField;
  private Button againButton;
  private Hashtable values = new Hashtable ();
  private String openingMessage = "See if your name is a winner!";
  private static final int lettersCounted = 20;
  String letters [] = { "a","b","c","d","e","f","g","h","i","j",
        "k","l","m","n","o","p","q","r","s","t","u","v","w",
        "x","y","z"} ;

  public void init () {
    // Generiere zuerst die Buchstabenwerte und
    // Erzeuge die Hash-Tabelle mit Werten in den
    // PARAM-Tags der Web-Seite.
    // Der Schlüssel und die Werte sind Zeichenreihen.
    winningScore = Integer.parseInt(getParameter("Score"));
    for (int i = 0; i<26; i++)
      values.put(letters[i], getParameter(letters[i]));

    // zeichne die Benutzungsschnittstelle
    setLayout (new BorderLayout ());
    Panel p = new Panel ();
      Font g = new Font("SanSerif",Font.PLAIN,12);
        p.setFont(g);
      nameField = new TextField ("",40);
        p.add (new Label ("Your name is?"));
        p.add (nameField);
        nameField.addActionListener(this);
      Panel r = new Panel();
        Font h = new Font("Monospaced",Font.PLAIN,12);
        r.setLayout(new GridLayout(2,2));
        lettersField = new TextField("",20);
          lettersField.setEditable(false);
          r.add(new Label("Letters used:"));
          r.add (lettersField);
          lettersField.setFont(h);
```

```
          valuesField = new TextField("",20);
        valuesField.setEditable(false);
          r.add(new Label("Their values are:"));
          r.add (valuesField);
          valuesField.setFont(h);
      p.add(r);
      targetField = new TextField
                  (Integer.toString(winningScore),4);
        targetField.setEditable(false);
        p.add (new Label ("Magic score"));
        p.add (targetField);
      scoreField = new TextField ("",4);
        p.add (scoreField);
        p.add (new Label ("Your score"));
        scoreField.setEditable(false);
    add ("Center", p);

    Panel q = new Panel ();
      resultField = new TextField (openingMessage);
        resultField.setEditable(false);
        Font f = new Font("Serif",Font.BOLD,20);
        resultField.setFont(f);
        q.add (resultField);
      againButton = new Button("Again");
        q.add (againButton);
        againButton.addActionListener(this);
    add ("South", q);
  }
  public void actionPerformed (ActionEvent evt) {
    Object source = evt.getSource();

    // Setze wieder alles zurück. Es ist immer verfügbar.
    if (source == againButton) {
      nameField.setText("");
      scoreField.setText("");
      resultField.setText(openingMessage);
    }
    // Ein Name wurde eingegeben
    else
      handleName();
}
  void handleName() {
    char c [];
    char d [] = new char[lettersCounted];
    char e [] = new char[lettersCounted];
    // Wandle den Namen in Kleinbuchstaben und entferne Leerzeichen
    c = nameField.getText().trim().toLowerCase().toCharArray();
    int n=0;
    for (int i=0; i<c.length & n<lettersCounted; i++) {
      if (Character.isLetter(c[i])) {
```

```
        d[n] = c[i];
        n++;
      }
      if (i==c.length-1) i=-1;
    }
    // Das verkürzte Array ist nun in d[0] bis d[n]
    // und wir speichern die entsprechenden Werte in e[].
    int total = 0;
    for (int i=0; i<n; i++) {
      String s = (String) values.get(String.valueOf(d[i]));
      e[i] = s.charAt(0);
      total += Integer.parseInt(s);
    }
    // Berechne und vergleiche die Punktzahl. Zeige die Meldung an.
    scoreField.setText(Integer.toString(total));
    lettersField.setText(String.valueOf(d));
    valuesField.setText(String.valueOf(e));
    if (total == winningScore)
      resultField.setText("Good luck in the lucky draw");
    else
      resultField.setText("Bad luck! Try again next week");
  }
}
```

Test

Das Applet kann mit den obigen Namen oder mehreren anderen Namen getestet werden. Die Programmausführung in Abbildung 12.6 ist auf einen Namen mit der Gewinner-Punktzahl gestoßen.

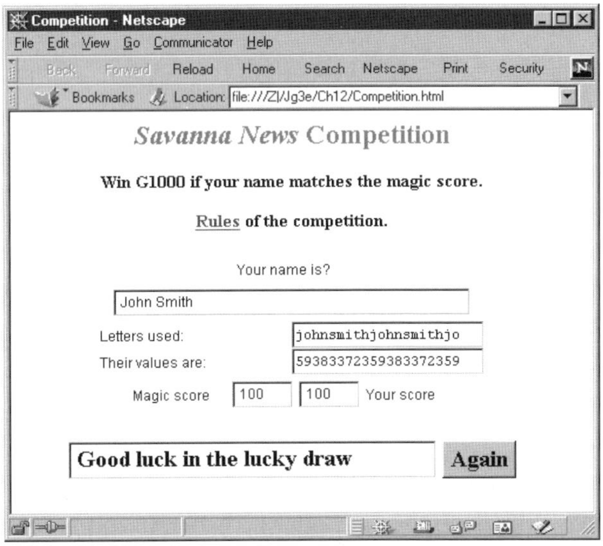

Abbildung 12.6: Das Preisausschreiben-Applet wird unter Netscape ausgeführt

12.3 Klänge und Bilder

Eine der Freuden bei Java ist, Klänge und Bilder einfach und wirkungsvoll in ein Programm integrieren zu können.

12.3.1 Klänge

Das Paket `applet` enthält ein Interface namens `AudioClip`, das über drei Methoden verfügt: `play`, `stop` und `loop`. Die `Applet`-Methode `getAudioClip` gibt ein Objekt zurück, das dieses Interface implementiert, und das wir dann abspielen können. Das Schema ist:

`AudioClip`: Deklaration und Ausführung

```
AudioClip name;
name = getAudioClip (getCodeBase (), dateiname);
name.play();
```

Die Methode `getCodeBase` in `Applet` stellt fest, wo das Applet ausgeführt wird, damit der Klang dort abgespielt werden kann. Derzeit muss die entsprechende Datei noch eine .au Datei sein, und keine .wav-Datei.

Angenommen, wir hätten eine Datei namens „ouch.au" und möchten sie abspielen. Dies lässt sich mit folgenden Anweisungen erreichen:

```
AudioClip ouch;
ouch = getAudioClip (getCodeBase (), "ouch.au");
ouch.play();
```

Für diesen Code gibt es auch eine Kurzversion mit anonymen Audioclips:

```
play(getCodeBase (), "ouch.au");
```

Die erste Version ist vorzuziehen, wenn Sie den Clip mehr als einmal in einem Programm nutzten. Im Beispiel 12.4 werden Klänge eingesetzt.

12.3.2 Bilder

Bilder sind aus Pixeln bestehende Daten, die in einer Datei gespeichert, über ein Netzwerk weitergegeben oder in Echtzeit von einem Grafik-Rechner oder einer Videokamera erzeugt werden. Java verfügt über umfassende Funktionen, all diese zu handhaben und insbesondere Probleme zu lösen, die die Arbeit in einer verteilten Netzwerkumgebung mit sich bringt. Vermutlich haben Sie bereits erlebt, wie unterschiedlich schnell Bilder in einem Browser heruntergeladen werden. Eine der nützlicheren Browser-Optionen ist die Einstellung, mit der Bilder automatisch geladen werden, sodass weiterhin Text ankommt, während zugleich das Bild angezeigt wird. So werden wir nicht von einem Bild aufgehalten, das wir vielleicht schon gesehen haben, und auf das wir keinen besonderen Wert legen.

Java kann dieselbe Kontrolle mit Objekten, die `Observers` (dt. Beobachter) genannt werden, ausüben. Wir können auch Bilder animieren, das Flackern und Filtern steuern und Videos mit verschiedenen Geschwindigkeiten abspielen. All dies ist ein Thema für sich. In diesem Kapitel untersuchen wir, wie wir nur ein Einzelbild holen und es in der üblichen Weise auf dem Bildschirm bewegen können.

Java hat für Bilder ebenso eine Klasse wie für Audioclips, und um eines zu bekommen, folgt man genau demselben Schema wie oben, wobei `AudioClip` durch `Image` ersetzt wird. Ein Bild könnte man also zum Beispiel folgendermaßen bekommen:

```
Image me;
me = getImage (getCodeBase (), "bishop.gif");
```

Zum Darstellen des Bildes greifen wir in der AWT-Klasse `Graphics` auf die Methode `drawImage` zu. Ein Bild wird nach folgendem Schema angezeigt:

Ein Bild anzeigen
`g.drawImage (Image` *`bildname`*`, int` *`x`*`, int` *`y`*`,` `ImageObserver` *`beobachter`*`);`

Die *x*- und *y*-Koordinaten geben die obere linke Ecke der Stelle an, an der das Bild auf dem Bildschirm gezeichnet werden soll. Meistens ist unser Browser der Beobachter, also verwenden wir als vierten Parameter `this`. Z. B.:

```
g.drawImage (me, 0, 0, this);
```

12.3.3 Bilder laden

Beobachter ermöglichen es uns zwar, während des Ladens von Bildern weiterzuarbeiten, aber vielleicht wünschen wir uns auch das Gegenteil: Sicherzustellen, dass ein Bild geladen wurde, ehe wir fortfahren. Dies ist wichtig, wenn ein Applet Bilder in seiner `init`-Methode lädt. Wenn dort ein zu ladendes Bild eingestellt ist und das Applet nach dessen Größe fragt, erhält es sonst möglicherweise eine falsche Antwort. Also versehen wir es nach folgendem Schema mit einem MediaTracker:

Der MediaTracker

```
MediaTracker tracker = new MediaTracker(applet);
tracker.addImage(Image bildname, 0);
try {tracker.waitForID(0);}
catch (InterruptedException e) {}
```

Der MediaTracker beobachtet das Bild, und wenn ein (von uns gewähltes) Signal, z. B. null, zurückgegeben wird, fangen wir es ab und folgern daraus, dass das Bild vollständig geladen wurde. Dieses Verfahren wird in der Fallstudie erfolgreich angewendet.

12.3.4 Bilder verschieben

Die Technik zum Bewegen eines Bildes auf dem Bildschirm ist bekannt. Java erleichtert sie lediglich. In vielen anderen Systemen muss man, wenn man ein Bild nimmt und verschiebt, auch darauf achten, das alte Bild zu tilgen. Die Nutzung der paint-Methode in Java hat zur Folge, dass der Bildschirm jedesmal korrekt geschrieben wird, wie wir es möchten. Unsere Aufgabe ist es, dafür zu sorgen, dass die Koordinaten zum Verschieben von Bildern in relativer Form spezifiziert werden: Die Koordinaten sind also Variablen und keine Konstanten. Beispiel 12.4 zeigt, wie dies gemacht wird.

12.3.5 Auf Mausereignisse reagieren

Im Abschnitt 11.2 haben wir die verschiedenen Ereignisse, Listener und Behandler in Java beschrieben. Danach haben wir hauptsächlich das ActionEvent mit seinem ActionListener und seiner Behandlungsmethode actionPerformed benutzt. Der ActionListener ist eigentlich etwas Besonderes, weil er nur eine einzige Behandlungsmethode hat. In Tabelle 11.1 sehen Sie, dass die meisten anderen Ereignisse über mehrere Methoden verfügen.

Der wesentliche Punkt ist, dass Listener abstrakte Interfaces sind, und dass man, wenn man ein Interface verwendet, von **allen** seinen abstrakten Methoden, auch den nicht verwendeten, konkrete Versionen bereitstellen muss. Um also das Drücken einer Maustaste zu entdecken, müssen wir nicht nur eine mousePressed-Methode definieren (das ist klar), sondern auch Attrappen der anderen vier Maus-Methoden in der Klasse `MouseListener`. Um solche überflüssige Programmierarbeit zu vermeiden, stellt das Paket `java.awt.event` für jedes der abstrakten Listener-Interfaces eine Implementierung in Form eines so genannten **Adapters** zur Verfügung. Die abstrakte Adapter-Klasse bietet Attrappen aller Methoden im Listener. Statt den Listener zu implementieren, erben wir also den Adapter und überschreiben nur die wirklich benötigten Methoden. Die Abbildung 12.7 zeigt, wie sich diese Abfolge auf die beiden für Mausereignisse verfügbaren Maus-Listener anwenden lässt.

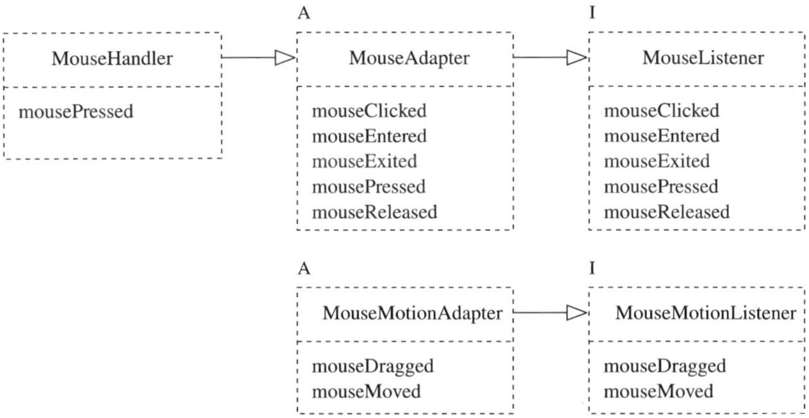

Abbildung 12.7: Das Modelldiagramm von Maus-Listenern und Adaptern

Soll also ein Applet auf die Maus Acht geben, enthält seine `init`-Methode Folgendes

```
this.addMouseListener(new MouseHandler());
```

sowie eine innere Klasse namens `MouseHandler` mit dem Code für das `mousePressed`-Ereignis. Das folgende Beispiel zeigt, wie der Maus-Listener und der Mausbewegungs-Listener eingesetzt werden.

Beispiel 12.4: Das Spiel „Catching the Duke"

Aufgabe

Wir hätten gerne ein kleines Spiel, bei dem sich ein Bild auf dem Bildschirm bewegt, und wir durch Bewegen unserer Maus das Bild zu fangen versuchen. Zu dem Spiel soll auch Klang gehören.

Lösung

Zuerst benötigen wir eine gif- und zwei au-Dateien: eine für Erfolg und eine für Misserfolg. Meiner Erfahrung nach sollten die gif-Dateien höchstens 10 Kbyte und die au-Dateien, wenn sie noch spielbar sein sollen, mindestens 6 Kbyte groß sein. Dies sind jedoch nur Richtlinien: Ihr Computer kann möglicherweise mit verschiedenen Größen umgehen. Wir werden dann das Bild zeichnen und es vom Nutzer mit der Maus verfolgen lassen. Es gibt ein Geräusch für Erfolg und eines für Misserfolg. Um die Geräusche zu untermauern, werden wir auch entsprechende Meldungen ausgeben.

Algorithmus

Die Applet-Methode zum Verschieben des Bildes funktioniert folgendermaßen: Sobald das Bild geladen und gezeichnet worden ist, können wir seine Breite und Höhe ermitteln. Wenn der Nutzer seine Maus drückt, tritt ein `mouseDown`-Ereignis auf, und wir können prüfen, ob sich die aktuellen Mauskoordinaten innerhalb des Bildes befinden. Nachdem wir mit einem Erfolgs- oder Misserfolgsgeräusch und einer entsprechenden Meldung reagiert haben, zeichnen wir den Bildschirm mit verschobenem Bild neu. Um das Bild zu verschieben, addieren wir eine Zufallszahl zu den Koordinaten, die wir an `drawImage` übergeben. Die Meldung wird mit der `showStatus`-Methode in einem speziellen Browserbereich, der Statusleiste (engl. *status bar*), ausgegeben. Dies hat zur Folge, dass die Meldung nicht angezeigt wird, wenn das Programm in einem Viewer abläuft.

Betrachten Sie nun genau die Dynamik des Systems. Wann bewegen sich die Dinge eigentlich? In dem Applet passiert erst dann etwas, wenn wir ein Ereignis aktivieren. Das Bild bleibt also an seiner Stelle, bis wir die Maus bewegen. Immer wenn das Applet ein `mouseMove`-Ereignis (nicht das `mouseDown`-Ereignis) erkennt, kann es den Bildschirm neu zeichnen. Dazu gehört, die x- und y-Koordinaten so zu verändern, dass sich das Bild willkürlich zu bewegen scheint, während wir die Maus bewegen, und wir es „jagen" müssen. Damit das Spiel realistisch wird, verschieben wir das Bild nur, wenn eine Koordinate der aktuellen Position ein Vielfaches von 3 ist. So kann sich die x-Koordinate verändern, ohne dass sich die y-Koordinate ändert.

Programm

Das Programm folgt aus dem obigen Algorithmus und den Schemata.

```
import java.awt.*;
import java.applet.*;
import java.awt.event.*;

public class CatchM extends Applet {

  /* Catching the Duke program von J M Bishop Dez 1996
   * ========================    Java 1.1 Jan 1998
   *
   * Versuchen Sie, den Duke zu fangen und abzuschlagen, indem
   * Sie die linke Maustaste drücken.
   * Veranschaulicht Klang, Bilder und Bewegung
   * und die Behandlung von Mausereignissen. */

    int mx, my, limitx, limity ;
```

```
int wins;
int boardSize;
Image duke;

public void init() {
  wins = 0;
  boardSize = getSize().width - 1;
  duke = getImage(getCodeBase(),"duke.gif");
  this.addMouseListener (new mousePressHandler());
  this.addMouseMotionListener (new mouseMotionHandler());
}

class mousePressHandler extends MouseAdapter {

  public void mousePressed (MouseEvent e) {
    int x = e.getX();
    int y = e.getY();
    requestFocus();
    if (mx < x && x < mx+limitx &&
        my < y && y < my+limity) {
      wins++;
      getAppletContext().showStatus("Caught it! Total " + wins);
      play(getCodeBase(), "sounds/ouch.au");
    }
    else {
      getAppletContext().showStatus("Missed again.");
      play(getCodeBase(), "sounds/haha.au");
    }
    repaint();
  }
}

public class mouseMotionHandler extends MouseMotionAdapter {
  public void mouseMoved(MouseEvent e) {
    if (e.getX() % 3 == 0 && e.getY() % 3 == 0)
      repaint();
  }
}

public void paint(Graphics g) {
  // warte mit dem Holen der Größe, bis das Bild hereinkommt.
  // Diese Anweisungen können nicht in init gesetzt werden.
  limitx = duke.getWidth(this);
  limity = duke.getHeight(this);
  int change = boardSize-limitx;

  // zeichne eine Umrandung
  g.drawRect(0, 0, boardSize, boardSize);

   // berechne einen neuen Ort für den Duke
```

```
        // und zeichne ihn.
        mx = (int)(Math.random()*1000) % change;
        my = (int)(Math.random()*1000) % change;
        g.drawImage(duke, mx, my, this);
      }
   }
```

Test Offensichtlich ist es sehr schwierig, einen Testlauf des Programms im Buch zu zeigen. Abbildung 12.8 zeigt einen Bildschirm mit dem zu fangenden Java-Duke und der Meldung im Netscape-Browser. In diesem Fall müssen Sie jedoch, um es zu sehen und zu hören, ins Internet gehen! Das Programm liegt auf der *Java Gently*-Website.

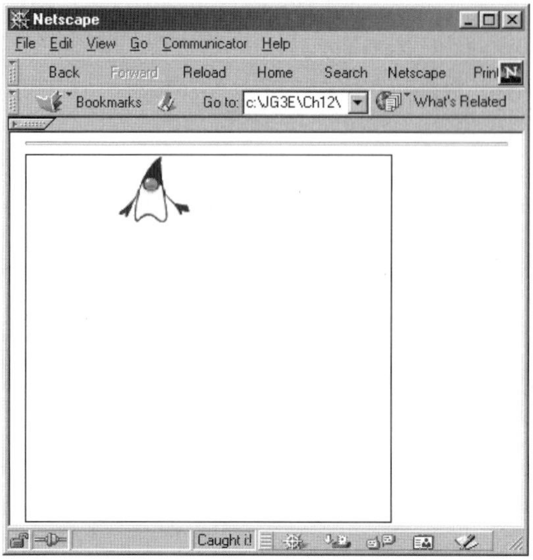

Abbildung 12.8: „Catching the Duke" in Netscape

12.4 Fallstudie 8: Das Projekt „Erhaltung der Natur"

Das Projekt zur Erstellung einer Website mit Tieren, Vögeln und Bäumen von Savanna wurde bereits im Kapitel 1 vorgestellt und beschrieben. Nun besitzen wir genug Kenntnisse, um zu untersuchen, wie sich ein solches System zusammensetzt, und welche Beziehungen zwischen den HTML-Skripten, den Java-Applets und den zur Illustration der Website vorhandenen Bildern bestehen.

12.4.1 Web-Seiten

In der Abbildung 1.3, die die erste Seite dieser Website zeigt, sehen wir, dass diese eine einfache Bildschirmdarstellung ist, die aus einer Kopfzeile, etwas Text, einem Bild und zwei Verknüpfungen – zu Tieren und Bäumen – besteht. Eine dritte Verknüpfung – zu Vögeln – wird zwar in Aussicht gestellt, ist aber noch nicht implementiert. Um eine solche Seite zu erstellen, kann man den interaktiven Editor eines Browsers wie etwa Netscape verwenden oder direkt HTML schreiben. In jedem Fall entsteht ein HTML-Dokument, das in seiner einfachsten Form folgendermaßen aussieht:

```
<HTML>
<BODY>

<CENTER><P><FONT COLOR="#0000FF"><FONT SIZE=+3>
Savanna Nature Conservation
</FONT></FONT></P></CENTER>

<P></P>

<CENTER><P><IMG SRC="Elephant.jpg" HSPACE=20 HEIGHT=117 WIDTH=178
ALIGN=LEFT></P></CENTER>

<P><FONT COLOR="#000000">Savanna's Nature Conservation Department
aims to help you find out about animals that inhabit the Grasslands
of Africa.
</P>

<P>You can also interact with us, register sightings
and add to our data interactively.</P>

<P>Version 1 of our homepage has sections on
<A HREF="Animals.html">animals</A>,
birds and
<A HREF="Trees.html">trees</A>.
</FONT></P>

</BODY>
</HTML>
```

Das Dokument beginnt mit Header-Informationen. Danach wird die Kopfzeile in einer größeren als der normalen Schrift ausgegeben. Das Bild des Elefanten sollte in demselben Verzeichnis liegen, wie die HTML-Datei selbst, und es liegt im JPG-Format vor. Es gibt mehrere Größenangaben und den Hinweis, dass sich das Bild links von etwaigem nachfolgendem Text befinden soll. In den nächsten drei Absätzen steht der Text, wobei der letzte Absatz zusätzlich zwei Verknüpfungen zu weiteren Seiten mit den Dateinamen `Animals.html` and `Trees.html` enthält.

`Animals.html` folgt einem ähnlichen Muster, zeigt jedoch sechs Bilder. An diesem Punkt lässt sich ein schematisches Diagramm des Systems wie in der Abbildung 12.9 aufbauen. Die Pfeile zeigen HTML-Verknüpfungen an, und die einfachen Linien die enthaltenen Bilder und Applets.

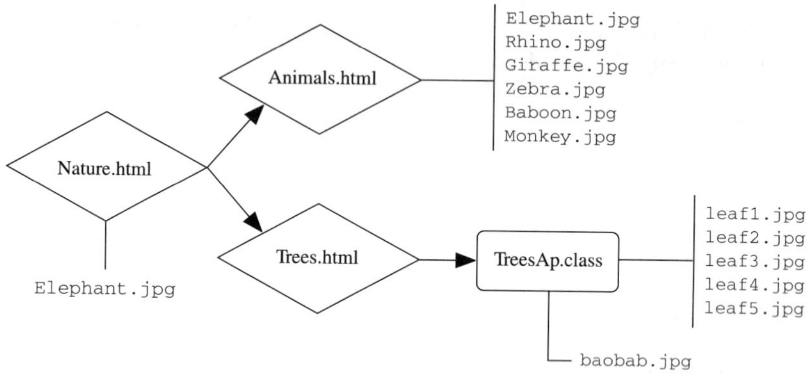

Abbildung 12.9: Schema des Systems „Erhaltung der Natur"

12.4.2 Ein Applet einbinden

Das Dokument `Trees.html` präsentiert die in der Abbildung 1.5 gezeigte Web-Seite. Eine verkürzte Version des HTML-Codes davon ist:

```
<HTML>

<BODY>
<CENTER><P><FONT COLOR="#008000"><FONT SIZE=+2>
Trees of Savanna</FONT></FONT></P></CENTER>

<P>With a twig in hand, find out what your tree is by selecting the
leaf type and giving the leaf measurements in millimetres. Some of the
trees we can identify so far are:</P>

<TABLE BORDER=1 WIDTH="100%">

<TR>
<TD><APPLET CODE="TreesAp.class" WIDTH=350 HEIGHT=300>
<PARAM NAME="entries" VALUE="19">
<PARAM NAME="tree-1" VALUE="Protea">
<PARAM NAME="codes-1" VALUE="165 175 176">
<PARAM NAME="tree-2" VALUE="Milkplum">
<PARAM NAME="codes-2" VALUE="156 166">
```

```
... und weitere Parameter

NAME="tree-19" VALUE="Candle acacia">
<PARAM NAME="codes-19" VALUE="666">

</APPLET>

</TD>

<TD ALIGN=RIGHT><FONT COLOR="#0080FF"><FONT SIZE=-1>
Protea<BR>
Milkplum <BR>
Wild fig<BR>
... und weitere Bäume

Fever tree<BR>
Camel thorn<BR>
Umbrella thorn<BR>
Candle acacia
</FONT></FONT>
</TD>
</TR>
</TABLE>
<FONT COLOR="#0080FF"></FONT>
</BODY>
</HTML>
```

Wir beginnen wieder mit einer Überschrift und einem kurzen Textstück. Danach möchten wir neben eine Liste mit Baumnamen ein Applet setzen. Dies lässt sich leicht erreichen, indem man eine Tabelle einrichtet, in der man das Applet in die eine Zelle und den Text in die andere einsetzt. Die Tabelle hat den Nebeneffekt, dass ohne weiteren Aufwand ein schöner Rahmen gezeichnet wird.

Der Applet-Tag spezifiziert, dass das Applet der Klasse `TreesAp.class` entstammt und eine bestimmte Höhe und Breite einnimmt. Dann folgt eine lange Liste von Baumnamen und Werten. Diese werden weiter unten besprochen. Auch die Liste der 19 Bäume wird als HTML angegeben. Diese Liste ist es, die rechts in der Tabelle in blau gezeigt wird.

12.4.3 Ein Applet mit Daten versehen

Betrachten Sie noch einmal das Baum-Applet, dessen Ausgabe in der Abbildung 1.5 gezeigt wurde. Das Applet dient dazu, drei Daten aufzunehmen - die Länge und Breite eines Blattes und ein entsprechendes Blattmuster - und ein Bild des eventuell als Ergebnis gefundenen Baumes zu zeigen. Abbildung 1.5 zeigt die Eingabe von Besonderheiten des Baobab, und die Abbildung 1.6 zeigt das Resultat. Dies ist die eine Möglichkeit, einem Applet Daten zu übergeben: Indem man Werte in Felder eingibt und Knöpfe drückt.

Dieses Applet muss jedoch auch eine vollständige Liste der Bäume und ihrer besonderen Merkmale führen. Wie macht man das? Es gibt drei Möglichkeiten:

- Man initialisiert ein Array mit Daten, wie wir es im Kassenbeispiel gemacht haben.
- Man nutzt die PARAM-Funktion des Browsers.
- Man liest die Daten über eine entfernte Verbindung aus einer Datei.

Hier scheint die PARAM-Funktion angemessen zu sein. Wenn wir ein Array aus Parametern (wie unseren 19 Bäumen) bilden möchten, dann müssen für die Parameter 19 verschiedene Namen vorhanden sein. Wenn wir ihnen ähnliche Namen geben, z. B. tree-1, tree-2 etc., können wir die Parameter durch geschicktes Programmieren herauspicken, ohne jeden namentlich im Applet aufführen zu müssen. Der Wert eines Parameters ließe sich mit der folgenden Anweisung ermitteln:

```
String tree = getParameter("tree-"+(i+1));
```

12.4.4 Baum-Codes

Das Applet konstruiert aus den vom Benutzer eingegebenen Daten einen dreistelligen Code. Jeder Baum könnte mehrere (vielleicht bis zu vier) solcher Codes haben, da Blätter in mehreren Größen auftreten könnten. Also benötigen wir für jeden Baum den Namen, wie oben beschrieben, und eine Code-Menge, um ihn zu identifizieren. Der zweite Baum (tree-2), Milkplum, hat z. B. Blätter, deren Länge zwischen 40 und 80 cm und deren Breite zwischen 20 und 30 cm schwankt. Dies lässt sich (in einem Codierungssystem, das auf dem von Moll, Moll und Page[5] beruht) auf zwei Codes, nämlich 156 und 166, reduzieren. Für den oben gezeigten tree-2-Parameter benötigen wir also einen codes-2-Parameter wie diesen:

```
<PARAM NAME="codes-2" VALUE="156 166">
```

Selbstverständlich ist die Natur äußerst schwer zu codieren, und in Wirklichkeit existieren möglicherweise weitere Bäume, auf die ebenfalls ein Code von 156 oder 166 passt. Doch im Wesentlichen funkti-

5. Eugene und Glen Moll und Nicci Page, *Common Trees*, Struik, 1989.

oniert das Moll-System gut, sodass wir nun eine Liste von Bäumen mit eigenartigen Namen auswählen, sie mit den jeweiligen Codes in das HTML-Dokument eingeben und das Applet aktivieren können.

12.4.5 Das Innere des Applets

Um dieses Beispiel abzuschließen, sollten wir die Einzelheiten des Applets anschauen:

- wie das Layout zustande kommt;
- wie die Baumnamen und -Codes in einer Hashtabelle gespeichert werden und wie dort auf sie zugegriffen wird; und
- die Ereignisbehandlung, mit der die Benutzereingabe gelesen und ein Bild zurückgegeben wird.

Diese Punkte werden in den Kommentaren des nachfolgenden Java-Quelltexts erklärt.

Ein weiterer Aspekt dieses Applets ist, dass wir auf eine Benutzereingabe reagieren, indem wir die Felder grün werden lassen. Wurden alle Daten eingegeben und der Baum gesucht, drückt der Benutzer den Knopf `Again`, und das Feld wird wieder weiß. Im Kassen- und im Preisausschreiben-Applet hätte man ein ähnliches Verfahren einsetzen können.

```
import java.applet.*;
import java.awt.*;
import java.awt.event.*;
import java.net.*;
import java.util.*;

public class TreesAp extends Applet implements ActionListener {

  /* The Trees applet      von J M Bishop Januar 1997
   * ================      Java 1.1 Jan 1998

     Fragt nach Informationen über die Blätter eines Baums.
     Codiert die Informationen und verknüpft mit einem URL,
     an dem weitere Informationen über den Baum gespeichert sind.
     Holt die Baumnamen und -codes von einer HTML-Seite.
     Veranschaulicht die Interaktion mit einem Browser,
     Knopf-Arrays, Verfolgung von Bildern,
     geschachtelten Panel-Layouts und Zeichenreihen-Tokenizern.
  */

  // Ein TextField, ein Boolescher Wert und eine ganze Zahl
  // für jeden Teil des Blatts.
  private TextField widthField, lengthField, messageField;
```

```
private Button againButton;
private boolean gotChoice = false;
private boolean gotWidth = false;
private boolean gotLength = false;
private int c, w, l;

private Hashtable table = new Hashtable ();

private String patterns [] = {
  "Alternate", "Opposite",
 "Whorled", "Palmate",
 "Complex", "Bipinnate"} ;

private Button patternButton [] = new Button[6];


public void init () {
//===================
  // Lies zuerst die Parameter von der HTML-Seite ein
     setUpTable();

  // Erzeuge den Applet-Bildschirm mit zwei Textfeldern darüber
  // und einem darunter. In der Mitte ist das Raster mit den neun
  // Blattmustern, von denen jedes selbst ein Border-Panel ist,
  // mit einem Knopf im Süden und einer Zeichenfläche, die den Rest
  // einnimmt. Die Zeichenfläche wird von der Klasse leafPattern
  // gezeichnet. Die Schriftgröße ist auf 10pt eingestellt.

  Font f = new Font ("SanSerif",Font.PLAIN,10);
  this.setFont (f);
  setLayout(new BorderLayout(0,0));
  Panel p = new Panel ();
    p.add (new Label ("Leaf width"));
    widthField = new TextField (8);
      p.add (widthField);
     widthField.addActionListener(this);
    p.add (new Label ("Leaf length"));
    lengthField = new TextField (8);
      p.add (lengthField);
     lengthField.addActionListener(this);
  add ("North",p);

  // Erzeuge ein Panel für die neun Blattmuster
  Panel q = new Panel ();
    q.setLayout(new GridLayout(2,3));
    for (int b = 0; b<patterns.length; b++) {
      Panel s = new Panel ();
        s.setLayout(new BorderLayout(0,0));
        s.add ("Center",new leafPattern (this,b));
      patternButton[b] = new Button(patterns[b]);
```

```
          patternButton[b].addActionListener(this);
          s.add ("South",patternButton[b]);
        q.add (s);
     }
   add ("Center",q);
// Schließe eine Meldung und einen Again-Knopf am unteren
   // Ende des Applets an.
   Panel r = new Panel();
     messageField = new TextField (30);
       r.add (messageField);
     againButton = new Button ("Again");
       r.add(againButton);
       againButton.addActionListener(this);
   add("South",r);
 }

 private void setUpTable() {
 //========================
     String s, item;
     StringTokenizer t;
     int code;
     s = getParameter("entries");
     int n = Integer.parseInt(s);
     for (int i = 0; i<n; i++) {
     // ziehe aus dem HTML-Code einen Baumnamen heraus
       String tree = getParameter("tree-"+(i+1));
     // lies seine Codes
       s = getParameter("codes-"+(i+1));
       t = new StringTokenizer (s);
     // speichere jedes Code-Baum-Paar in der Tabelle.
       while (true) {
         try {
           item = t.nextToken();
           code = Integer.parseInt(item.trim());
           table.put(new Integer(code),tree);
         }
         catch (NoSuchElementException e) {
           break;
         }
      }
   }
}

public void actionPerformed (ActionEvent e) {
//==========================================
  Object source = e.getSource();
  String name = e.getActionCommand();
    if (source == widthField) {
      w = readValue(widthField);
      gotWidth = true;
```

```
    } else if (source == lengthField) {
      l = readValue(lengthField);
      gotLength = true;
    } else if (source == againButton) {
      resetFields();
    } else if (name instanceof String) {
      c = 0;
      while (!name.equals(patterns[c])) c++;
      gotChoice = true;
      patternButton[c].setBackground(Color.green);
    }
    if (gotChoice & gotLength & gotWidth)
      findTree ();
  }

  private void findTree () {
  //=======================
  // Berechne den dreiteiligen Code
    int part2=convertLength();
    int part3=convertWidth();
    int code = 100*(c+1)+10*part2+part3;
  // Hole den Baumnamen aus der Tabelle, falls es ihn gibt
    String tree = (String) table.get(new Integer (code));
    if (tree == null)
      setMessage("No information on code "+code+" yet.");
    else
      fetchTree (tree);
  }

  private void fetchTree (String treeName) {
  //==================================
  // Versuche eine Web-Seite mit Informationen
  // über den Baum zu holen.
    try {
     AppletContext context = getAppletContext ();
      String s = treeName+".html";
      setMessage("Looking for "+s);
      URL u = new URL (getCodeBase(),s);
      context.showDocument(u,"_self");
    }
    catch (MalformedURLException e) {
      setMessage("No information for that tree yet");
    }
  }
  // Methoden zur Code-Umwandlung
  //===========================

  private int convertLength () {
  // gibt basierend auf der angegebenen Blattlänge einen Code zurück
    if (l<=25) return 4; else
```

```
  if (l<=50) return 5; else
  if (l<=100) return 6; else
  if (l<=200) return 7; else
            return 8;
}
private int convertWidth () {
// gibt basierend auf der angegebenen Blattbreite einen Code zurück
  if (w<=10) return 4; else
  if (w<=20) return 5; else
  if (w<=40) return 6; else
  if (w<=80) return 7; else
           return 8;
}

// Dienstmethoden
// ==============
private int readValue (TextField t) {
    int x = Integer.parseInt(t.getText());
    t.setEditable(false);
    t.setBackground(Color.green);
    return x;
}

private void clearField(TextField t) {
  t.setEditable(true);
  t.setBackground(Color.white);
  t.setText("");
}

private void resetFields () {
  gotChoice = false;
  patternButton[c].setBackground(Color.lightGray);
  gotWidth = false;
  clearField(widthField);
  gotLength = false;
  clearField(lengthField);
  clearField(messageField);
  messageField.setEditable(false);
}
private void setMessage(String s) {
  messageField.setText(s);
  messageField.setBackground(Color.green);
}

class leafPattern extends Canvas {
//================================
  Image im;

  leafPattern(Applet a, int b) {
    weAre = a;
```

```
    // Konstruiere den URL-Namen
      pattern = "leaf"+Integer.toString(b)+".jpg";
    // Hole das Bild
      im = weAre.getImage(weAre.getCodeBase(),pattern);
    // Stelle sicher, dass das Bild erhalten wurde, bevor
    // der Konstruktor zurückkehrt.
      MediaTracker tracker = new MediaTracker(weAre);
      tracker.addImage(im, 0);
      try {  tracker.waitForID(0);}
      catch (InterruptedException e) { }
    }
    public void paint (Graphics g) {
      g.drawImage(im,0,0,this);
    }
    private Applet weAre;
    private String pattern;
  }
}
```

12.4.6 Test

Die Ausgabe des Applets wird in der Abbildung 12.10 noch einmal gezeigt. Wenn Sie sicher sein möchten, dass Bäume gefunden werden, sollten Sie die HTML-Datei untersuchen. Die Abbildung zeigt die Ergebnisse der richtigen Werte für den Baobab.

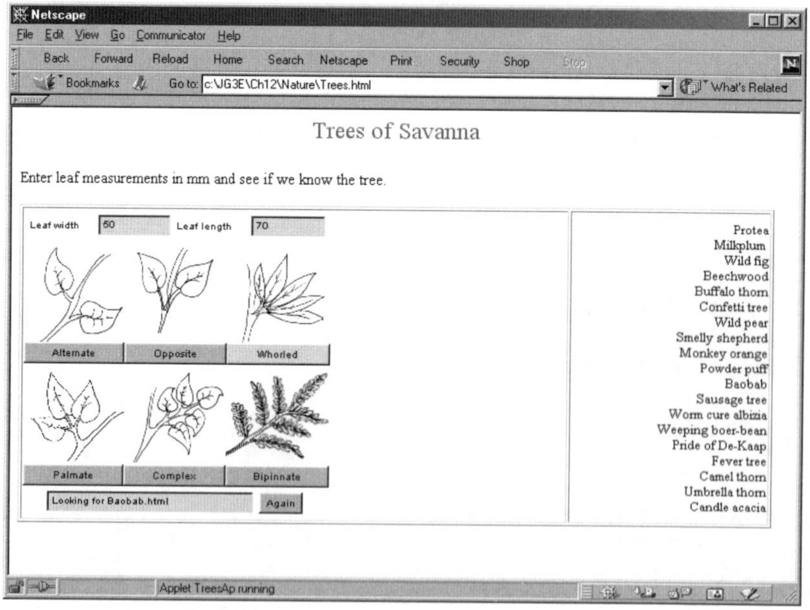

Abbildung 12.10: Das Baum-Applet wird unter Netscape ausgeführt

12.4.7 Juristische Fragen

Das Schreiben von Applets, die Bilder integrieren, mag zwar ein bestechender Gedanke sein, man muss jedoch bedenken, dass die Bilder anderer Leute normalerweise urheberrechtlich geschützt sind. Dies hat zur Folge, dass wir sie in unseren eigenen Web-Seiten – auch in experimentellen – nicht gratis verwenden dürfen. Wir müssen Bilder verwenden, die in unserem Eigentum stehen. Daher habe ich die Fotos aus dem Kapitel 1 selbst aufgenommen, und die Diagramme wurden speziell für dieses Buch gezeichnet.

Die Multimediafunktionen von Java stellen eine so mächtige und bedienungsfreundliche Infrastruktur zur Verfügung, dass man leicht vergisst, dass auch der Inhalt eines Applets oder einer Web-Seite erst einmal erstellt werden muss. Suchen Sie nach Shareware-Bildern und holen Sie im Zweifel die Erlaubnis des Autors, Künstlers, Produzenten oder Verlages ein.

12.5 Zusammenfassung

Applets sind so etwas Ähnliches wie Anwendungen, aber da sie im Kontext der `Applet`-Klasse und eines Browsers oder Viewers ausgeführt werden, benötigen sie die `main`-Methode nicht, und die Ein- und Ausgabe muss durch das AWT vorgenommen werden. Zu einem Applet gehört eine HTML-Datei, die es aufruft. Diese HTML-Datei kann einem Applet-Viewer oder einem Browser übergeben oder von einer Web-Seite aus aufgerufen werden. In einem Browser ausgeführte Applets enden erst, wenn die Seite, in der sie sich befinden, geschlossen wird. Über die `PARAM`-Funktion können Applets Daten aus einer Web-Seite erhalten. Java bietet beträchtliche Sicherheitsvorkehrungen rund um die Nutzung von Applets, damit diese keinen Schaden verursachen können, wenn sie über das Netz geladen werden.

Applets können ebenso wie Anwendungen Klänge und Bilder nutzen. Beide lassen sich in Java leicht einrichten, indem man durch Objekte eine Verbindung zu au- und gif- oder jpeg-Dateien herstellt. Die Bilder lassen sich auf dem Bildschirm verschieben, indem man diesen mit neuen Koordinaten neu einrichtet. Bilder zu beobachten und abzuwarten, bis sie geladen sind, erfordert zusätzlichen Programmieraufwand.

In diesem Kapitel gab es keine neuen Schlüsselwörter, aber die folgenden neuen API-Klassen und -Methoden wurden eingeführt:

```
java.applet.*
Applet
   nit
   destroy
   start
   stop
   getCodeBase
   getAppletContext
getParameter
Image
   getImage
   drawImage
MediaTracker
   addImage
   waitforID
Observer
InterruptedException
MouseEvent
MouseListener
   mousePressed
   mouseMove
   mouseDown
MouseAdapter
```

Sieben neue Schemata wurden vorgestellt:

- HTML-Tags für ein Applet
- Applet-Methoden
- HTML-Parameter
- Kommando des JAR-Tools
- `AudioClip`: Deklaration und Abspielen
- Ein Bild anzeigen
- MediaTracker

12.6 Übungen

12.1 Welche der folgenden Formulierungen beschreibt am besten, was ein Applet ist?

(a) ein auf einer Festplatte gespeichertes Programm, das von der Kommandozeile aus ausgeführt wird

(b) ein auf einem entfernten System gespeichertes Programm, das zum lokalen System übertragen und in einem Webbrowser ausgeführt wird

(c) ein entfernt gepeichertes und ausgeführtes Programm, dessen Ergebnisse zum lokalen System übertragen und im Webbrowser angezeigt werden

(d) ein entfernt gespeichertes und ausgeführtes Programm, dessen Ergebnisse zum lokalen System übertragen und im Java-Konsolenfenster oder im Kommandozeilenfenster angezeigt werden

12.2 Was bedeutet „Interpretation“ im Sinne eines Java-Programms?

(a) Der Übersetzer entscheidet, was Ihr Code zu bedeuten hat, und erstellt dann mit einem Übersetzungswörterbuch eine ausführbare Datei, die das Programm ausführt.

(b) Der Übersetzer generiert als Zwischenschritt einen Bytecode, der dann als ausführbare Datei auf der Festplatte gespeichert wird.

(c) Der Übersetzer generiert aus dem Quellcode einen Bytecode und speichert ihn in binärer Form in einer Klassendatei. Bei der Ausführung des Programms liest ein Modul namens Java Virtual Machine den Bytecode und wandelt ihn in einen Maschinencode um, der dann auf normale Art ausgeführt wird. Dies garantiert, dass das Programm überall ausgeführt werden kann.

(d) Der Übersetzer liest alle in Ihrem Code vorhandenen Zeichenreihen und übersetzt sie in alle Sprachen der Welt, damit Ihr Programm überall ausgeführt werden kann.

12.3 Welche Vorteile hat es, in einer Web-Seite Applets zu haben?

(a) Weniger Netzwerkverkehr, wegen der lokalen Ausführung eine schnellere Ausführung des Codes und voller Zugriff auf alle Java-Funktionen.

(b) Ihre Web-Seite wird häufiger besucht

(c) Antwort (a) und zusätzlich verbesserte Sicherheit.

(d) Ein entfernter Programmierer erhält Zugriff auf die Maschine des Anwenders.

12.4 Die Ausführung eines Applets endet,

(a) wenn eine neue Web-Seite in den Browser geladen wird

(b) wenn der Anwender den Knopf `Close` des Applets betätigt

(c) wenn `System.exit()` aufgerufen wird

(d) wenn der Anwender über das Applet hinausscrollt

12.5 Das Standard-Layout für ein Applet ist

(a) `GridLayout`

(b) `BoxLayout`

(c) `BorderLayout`

(d) `FlowLayout`

12.6 HTML steht für

(a) Hyperspace Marketing for Mobile Links

(b) Hypertext Mark-up Language

(c) How To Make Links

(d) Hyperlinks, Tables, Movies and Lists

12.7 Was ist das Neueste an Javas Umgang mit Applets?

(a) wie viele Bücher man braucht, um ihn zu beschreiben

(b) dass die ganze Arbeit auf den Hostsites durchgeführt wird

(c) dass aus den Web-Surfern mehr Geld herausgeholt werden kann

(d) dass die Dinge mit Genmanipulation kleiner gemacht werden

12.8 Wenn ein Applet Zeilen enthält, die auf einer Konsole (`System.out.println()`) ausgegeben werden sollen, wo ist die Ausgabe dann zu finden?

(a) im Drucker

(b) im Kommandozeilenfenster

(c) sie wird nirgends angezeigt

(d) im Java-Konsolenfenster des Browsers

12.9 Welche der folgenden Formulierungen beschreibt am besten, welche Schutzrechte ein Applet hat, das auf einer entfernten Maschine gespeichert ist und in einem Browser geladen wird?

(a) Verbindung zurück zum Host und Erstellen eines Pop-up-Fensters

(b) Zugriff auf lokale Dateien, Ausführen eines anderen Programms, Aufrufen von Exit und Erstellen eines Pop-up-Fensters

(c) Herausfinden des Namens und des Passworts der lokalen Maschine, Formatieren der Festplatte und Laden einer Java-Bibliothek

(d) keine Schutzrechte

12.10 Was sind im Kontext eines Java-Applets Beobachter?

(a) Java-Objekte, die im Auge behalten, wie viel von einem Bild geladen wurde, wodurch das Applet die Ausführung fortsetzen kann.

(b) Java-Objekte, die im Auge behalten, wie viel von einem Bild geladen wurde, wodurch die Ausführung des Applet angehalten wird, bis das Bild vollständig geladen ist und angezeigt werden kann

(c) Java-Methoden, die für die Behandlung entfernter Ereignisse aufgerufen werden können

(d) Java-Methoden auf der entfernten Maschine des Applets, die automatisch aufgerufen werden, wenn ein entsprechender lokaler Listener aufgerufen wird

12.7 Aufgaben

12.1 **Ihre eigenen Bäume:** Das `Nature`-Projekt steckt noch in den Kinderschuhen und muss noch stark erweitert werden, bis es seinen Zweck erreicht, Besuchern der Website das Hinzufügen von neuen Exemplaren zu ermöglichen. Wenn Sie die *Java Gently*-Website beobachten, können Sie die neuen Versionen sehen, sobald sie zugänglich sind. Eine Verbesserung, die Sie selbst vornehmen können, besteht darin, die Baumliste auf Ihre eigene Umgebung zuzuschneiden. Dies sollte Ihnen gelingen, indem Sie lediglich den HTML-Code ändern.

12.2 **Anwendungshinweise zum Kassen-Applet:** Die Nutzung des Kassen-Applets ist nicht sehr intuitiv. Erstellen Sie eine HTML-Seite, auf der sich links Instruktionen und rechts das Applet befindet.

12.3 **Fahne für Savanna News:** Wenn Sie über einen Scanner verfügen, scannen Sie den Kopf Ihrer Zeitung ein und betten Sie ihn in eine HTML-Seite ein, die das Preisausschreiben-Applet enthält. Ansonsten erstellen Sie eine große Titelzeile mit einer interessanten neuen Schriftart. Geben Sie unter dem Preisausschreiben in kleiner Schrift die Regeln an.

12.4 **Viele Java-Dukes:** Fügen Sie dem Fangen-Applet mehrere Java-Dukes hinzu, die sich alle unterschiedlich schnell bewegen.

12.5 **Buchstabenwerte aktualisieren:** Erstellen Sie ein separates Applet mit einem Passwort, das auf der Preisausschreiben-HTML-Seite über ein Menü oder einen Knopf angesteuert werden kann, und mit dem ein Zeitungsmitarbeiter interaktiv die Buchstabenwerte ändern kann.

12.6 **Nelsons Applet:** Besinnen Sie sich auf Aufgabe 11.5 und stellen Sie die GUI-Version von Nelsons Kaffeegeschäft in ein Applet und ein HTML-Dokument.

12.7 **Interaktive Wechselkurse:** Erstellen Sie auf der Grundlage von Fallstudie 7 ein Applet, das eine Schnittstelle zur Wechselstube darstellt.

12.8 **Preise ändern:** Die Preise für Obst und Gemüse ändern sich oft. Fügen Sie dort, wo sich früher im Kassenprogramm der `Close`-Knopf befunden hat, einen Knopf namens `Reset` hinzu. Diese soll ein neues Fenster mit einer Liste der Produkte und ihrer aktuellen Preise öffnen, in das der Nutzer Preisänderungen der Produkte eingeben kann. Der neue Preis sollte sofort in Kraft treten, wenn das Fenster geschlossen wird. Schützen Sie dieses Fenster durch ein Passwort.

12.9 **Entlaufene und gefundene Haustiere:** Auf der Grundlage des für den Tierärzteverband von Savanna entwickelten Kennzeichnungssystem (Fallstudie 4 im Kapitel 9) möchte die Savanna News eine neue Online-Version ihrer beliebten Entlaufen-Gefunden-Spalte einrichten. Der Grundgedanke ist, dass Halter von entlaufenen Tieren Einzelheiten und ein Foto eingeben. Wer ein Tier gefunden hat, kann wie üblich die Details des Kennzeichens eingeben und die anderen Daten zurück bekommen. Entwerfen und implementieren Sie ein solches System mit Applets und Web-Seiten. Auf der *Java Gently*-Website stehen Ihnen unter „Other Material" Bilder von Haustieren zur Verfügung.

12.10 **Handy-Applet:** Wandeln Sie die Handy-GUI, die Sie in Aufgabe 10.3 entwickelt haben, in ein Applet um. Fügen Sie Ereignisbehandler hinzu, damit das Eingeben der Schlüssel eine Meldung im Java-Konsolenfenster hervorbringt. Im Kapitel 14 werden wir sehen, wie man eine Kommunikation zwischen zwei Handys ermöglichen kann.

13 Mehrere Threads

13.1 Einführung in die Arbeit mit mehreren Threads

Prozess

Für ein Betriebssystem ist ein laufendes Programm ein **Prozess**. Ein Betriebssystem kann für verschiedene Benutzer jederzeit mehrere Prozesse gleichzeitig ausführen. Diese brauchen nicht alle aktiv zu sein: Sie könnten ebenso gut auf ihren Anteil an der Prozessorzeit oder auf Daten wie z. B. eine Benutzereingabe warten.

Threads

Innerhalb eines einzelnen Prozesses kann man in gleicher Weise separat ausführbare Teilprozesse unterscheiden. Diese bezeichnet man in Java als **Threads**, und ein Programm mit mehreren Threads nennt man **multithreaded**. Jeder Thread sieht so aus, als liefe er selbstständig ab. Er kann mit anderen Threads desselben Prozesses kommunizieren, wobei man allerdings Acht geben muss, wenn dies mittels einer Änderung von Werten gemeinsam genutzter Variablen geschieht.

Das Betriebssystem muss die Rechenzeit zwischen den Threads ebenso aufteilen wie die Zeit zwischen Prozessen. Die Aufteilung ist am gerechtesten, wenn jeder Thread einen Zeitabschnitt erhält, an dessen Ende er aussetzen muss und der nächste ausführbereite Thread an die Reihe kommt. Eine weniger gute Möglichkeit ist, den Thread laufen zu lassen, bis er Informationen von anderer Stelle (etwa von einem anderen Thread oder vom Benutzer) benötigt, und erst dann die Steuerung an den Prozessor zurückzugeben. Bei diesem Verfahren besteht das Problem darin, dass ein einzelner Thread den ganzen Prozessor mit Beschlag belegen kann. Mittlerweile arbeiten die meisten Systeme mit dem ersten Verfahren.

13.1.1 Warum Threads?

Wozu brauchen wir eigentlich mehrere Threads? Ihr Wert tritt in zwei speziellen Situationen zu Tage.

1. **Schnittstellen zum Benutzer.** Wenn ein Applet oder eine Grafikanwendung gerade mit Zeichnen oder dem Anzeigen von Text beschäftigt ist, möchte der Benutzer dies vielleicht beenden. Steht ein `Cancel`-Knopf zur Verfügung, können wir diesen zwar betätigen, aber das Programm erkennt den Tastendruck erst, wenn es einen passiven Zustand erreicht hat, d. h. wenn es seine Berechnungen oder Ausgaben beendet hat und auf Ereignisse wartet. Wird der Knopf jedoch in einem separaten Thread behandelt, besteht in regelmäßigen Abständen eine Reaktionsmöglichkeit, auch dann, wenn die übrigen Berechnungen noch laufen. Die Abbildung 13.1 veranschaulicht den zeitlichen Ablauf von zwei solchen Threads.

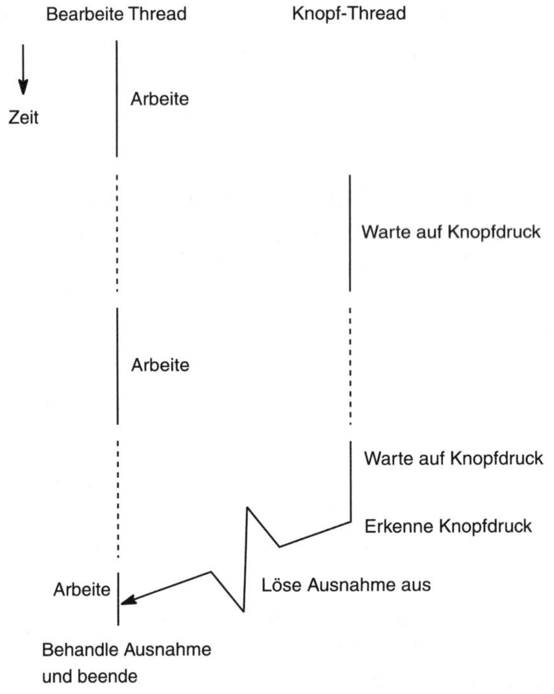

Abbildung 13.1: Multithreading für eine Benutzungsschnittstelle

2. **Viele Exemplare.** Manchmal möchte man mehrere identische Kopien eines Bilds oder mehrerer Fenster oder verschiedener Versionen einer Berechnung gleichzeitig verfügbar machen. So könnte man z. B. die Ampel aus dem Beispiel 10.4 verdoppeln und beobachten, wie zwei oder drei Ampeln gleichzeitig funktionieren. Jede würde durch einen separaten Thread gesteuert. Im einfa-

chen Fall sind die Threads exakte Kopien voneinander und werden unabhängig voneinander ausgeführt. Doch Java ermöglicht auch eine Kommunikation und Synchronisierung ihrer Aktivitäten, wie im Abschnitt 13.3 dargestellt wird.

Aus der Sicht des Anwenders sollte klar ersichtlich sein, dass mehrere Threads vorhanden sind. Doch aus der Sicht des Programmierers muss zunächst Arbeit investiert werden, um die Threads einzurichten, ihre Ausführung zu gewährleisten und zu erkennen, wann sie enden sollten. Während der Lebensdauer eines Prozesses können Threads nach Gutdünken erzeugt und zerstört werden. Sie ermöglichen eine effizienten Nutzung der Prozessorleistung und des Speicherplatzes bei nichttrivialen Programmen.

13.2 Threads einrichten

Um ein Programm in Threads aufzugliedern, müssen wir zuerst feststellen, welche Methoden unabhängig laufen können. Diese befinden sich normalerweise bereits in einer Klasse, und diese Klasse ist es, die zum Thread wird, möglicherweise in mehreren Exemplaren.

`Thread` ist eine Klasse im Paket `java.lang`, was bedeutet, dass sie immer verfügbar ist und nicht eigens importiert werden muss. Soll eine Klasse zur Thread-Klasse werden, so muss sie aus `Thread` erben. Außerdem implementiert `Thread` das Interface `Runnable` mit seiner einzigen Methode, `run`. Daher muss auch die geplante Thread-Klasse `run` implementieren. Im Grunde wird der ausführbare Teil der Klasse in eine `run`-Methode eingesetzt (wobei `run` natürlich wie üblich Hilfsmethoden aufrufen kann).

Die `main`-Methode ist gemäß Voreinstellung ein Thread. Von ihr oder von einer anderen aktiven Methode wie z. B. der `init`-Methode aus `Applet` werden die anderen Threads angestoßen. Wie wir in späteren Beispielen sehen werden, können Threads auch eigene Threads hervorbringen. Sehen wir uns zunächst ein Beispiel für einen einfachen Thread an und kehren dann zur Theorie zurück.

Beispiel 13.1: Punkte zeichnen

Aufgabe

Veranschaulichen Sie die Funktionsweise von Threads.

Lösung Wir wählen ein einfaches Beispiel: das Zeichnen von farbigen Punkten in einem Applet-Frame. Hierbei werden drei Threads gleichzeitig laufen, von denen jeder Punkte in einer anderen Farbe zeichnet.

Programm Das Programm ist als ein Applet geschrieben, in dem die Methode `init` drei Threads instanziiert und in Gang setzt. Diese Threads gehören zur inneren Klasse `Spots`, die aus `Thread` erbt. Jeder der `Spots`-Threads protokolliert seine Farbe und beginnt dann mit seiner Ausführungsschleife. Die Schleife ruft die Methode `draw` auf, um einen Punkt zu zeichnen, wartet anschließend eine Weile (sie schläft) und zeichnet dann einen weiteren Punkt.

```
import java.awt.*;
import java.applet.*;
import java.awt.event.*;

public class SpotTest extends Applet {
  /* SpotTest              J M Bishop Aug 2000
   * ========
   *
   * Zeichnet Punkte in verschiedenen Farben
   *
   * Veranschaulicht einfache Threads
   */

    int mx, my;
    int radius = 10;
    int boardSize = 200;
    int change;

    public void init() {
      boardSize = getSize().width - 1;
      change = boardSize-radius;

      //erzeugt und beginnt drei neue Threads
      new Spots(Color.red).start();
      new Spots(Color.blue).start();
      new Spots(Color.green).start();
    }


  class Spots extends Thread {

    Color colour;
    // der Konstruktor registriert die Farbe des Threads
    Spots(Color c) {
      colour = c;
    }
```

```
    // eine sehr einfache run-Methode
    public void run () {
      while (true) {
        draw();
        try {
          sleep (500); // Millisekunden
        }
        catch (InterruptedException e) {
        }
      }
  }

  public void draw() {
    Graphics g = getGraphics();
    g.setColor(colour);
    // berechne einen neuen Ort für einen Punkt
    // und zeichne ihn.
    mx = (int)(Math.random()*1000) % change;
    my = (int)(Math.random()*1000) % change;
    g.fillOval(mx, my, radius, radius);
  }
}
}
```

Test

Bei der Ausführung des Programms werden wir feststellen, dass die Punkte scheinbar gleichzeitig erscheinen (Abbildung 13.2). Wir sagen „scheinbar", weil die Threads zwar gleichzeitig laufen, sich die Prozessorleistung aber in Wirklichkeit teilen. Es ist lediglich so, dass diese Aufteilung schneller abläuft, als wir sie wahrnehmen können.

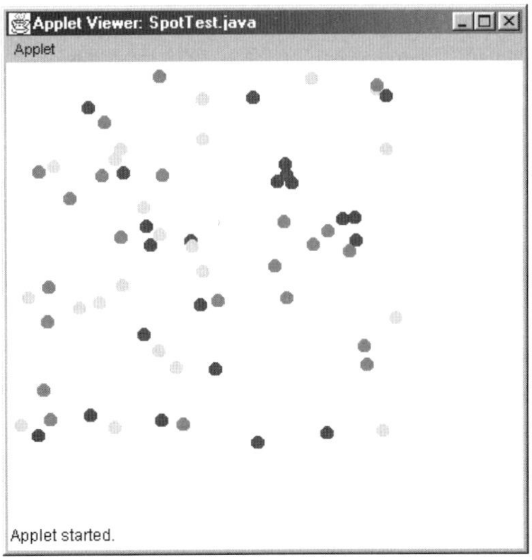

Abbildung 13.2: Die Ausgabe des Applets `SpotTest`

13.2.1 Die Klasse Thread

Nach der obigen informellen Einführung in Threads wollen wir die Thread-Klasse etwas spezieller untersuchen. Einen Thread können wir auf zweierlei Weise erzeugen:

Einen Thread erzeugen
Threadklasse threadname = **new** *Threadklasse* (*parameter*); **new** *Threadklasse* (*parameter*)
Im ersten Schema wird ein Thread-Objekt erzeugt und der Variable threadname zugewiesen. Im zweiten Schema wird das Objekt erzeugt, aber seine Referenz nicht gespeichert.

Die Klasse Thread verfügt über viele Methoden; die folgenden sind wichtig:

Thread-Methoden

```
Instanzmethoden:
----------------
start ();
run ();
Klassenmethoden:
-------------
sleep (millisekunden);
yield ();
```

start wird aus einem bereits aktiven Thread aufgerufen (etwa main oder der Methode init eines Applets) um einen Thread in Gang zusetzen. Dadurch erfährt die JVM, dass dieser Thread zur Ausführung bereit ist, und seine run-Methode wird aufgerufen, sobald der Prozessor frei ist.

Der Thread selbst kann sleep oder yield aufrufen, wenn er einige Arbeit erledigt hat. Sleep hält den Thread für die festgelegte Anzahl von Millisekunden an, während yield einen anderen Thread zum Zug kommen lässt, falls einer darauf wartet, weiter zu laufen.

Wie das erste Schema zeigt, funktioniert die Erzeugung eines neuen Threads genauso wie jede andere Objekterzeugung. Braucht der Thread keine Variable, in der seine Eltern ihn speichern, können wir alternativ auch nach dem zweiten Schema vorgehen, das einfach einen Thread der angegebenen Klasse erzeugt. Threads werden in Java dynamisch erzeugt: Wir brauchen im Vorfeld nicht anzugeben, wie viele Threads einer bestimmten Art es geben wird. Immer wenn eine neue Thread-Erzeugung ausgeführt wird, entsteht ein neues Thread-Objekt.

Die drei wichtigen Thread-Methoden sind `start`, `run` und `sleep`. Nachdem ein Thread über seinen Konstruktor erzeugt wurde, ruft die erzeugende Methode die in der `Thread`-Klasse definierte Methode `start` auf. `start` veranlasst einen Aufruf von `run`, wodurch das Betriebssystem diesen Thread seiner Liste mit wartenden Threads hinzufügt. Nach einiger Zeit erhält er beim Prozessor seine Chance und beginnt selbstständig mit seiner Ausführung.

`run` besteht in der Regel aus einer Schleife, die solange läuft, bis irgendeine Bedingung erfüllt ist, und dann endet. An diesem Punkt kommt die `run`-Methode an ihr natürliches Ende und infolgedessen stirbt auch der Thread.

`sleep` und `yield` sind Klassenmethoden. Beide veranlassen den Thread, den Prozessor freizugeben. `sleep` wartet so lange wie angegeben, und dann ist der Thread wieder ausführbereit. `yield` ist unnötig, wenn das Betriebssystem die Zeit zwischen Prozessoren aufteilt. Ist dies jedoch nicht der Fall, kann ein Aufruf von `yield` einen Thread zurückstehen lassen und anderen eine Chance geben.

Java unterstützt auch Prioritäten für Threads. Diese können als Werte zwischen 1 (niedrig) und 10 (hoch) eingestellt werden und weisen das Betriebssystem an, welcher Thread als nächster ausgeführt werden soll, wenn eine Wahl besteht. Wartende Threads mit höherer Priorität werden immer zuerst ausgeführt.

13.2.2 Umwandlung in Threads

Sehen wir uns nun an, wie man ein Programm so umwandelt, dass es mit Threads arbeitet. Wir wollen dazu das Beispiel 11.2 betrachten: die Ampelkalibrierung. Wir möchten, dass die Ampellichter die ihnen zugewiesene Abfolge rot-gelb-grün durchlaufen, während die Knöpfe und die anderen Auswahlmöglichkeiten am unteren Ende des Bildschirms weiterhin aktiv sind. Im ursprünglichen Programm richtet der Konstruktor die Kopfzeilen und Knöpfe ein und erzeugt dann eine Zeichenfläche, die eine `paint`-Methode hat, um die Lichter zeichnen zu können.

Zunächst müssen wir `LightsCanvas` in einen Thread umwandeln. Anders ausgedrückt müssen wir

- `Thread` erweitern und
- eine `run`-Methode aufnehmen, die wiederholt Aktionen ausführt.

Da eine Klasse jedoch nur aus einer anderen Klasse erben kann, müssen wir uns die folgende Strategie aneignen:

1. `LightsCanvas` muss `Thread` erweitern.
2. Ein Objekt der Zeichenfläche soll an einen neuen `LightsCanvas`-Konstruktor übergeben werden.
3. Wir wollen die Referenz auf die Instanz der Zeichenfläche lokal im Thread speichern.
4. Wir werden `getGraphics` aufrufen, um die Zeichenfläche in dem Fenster einzurichten, mit dem der Thread zu tun hat.

Die Methode `paint` in ihrer oben gezeigten Form wird automatisch über das AWT aufgerufen. Da nun in einem einzelnen Fenster separat gezeichnet wird, sollten wir diesen Vorgang effektiver kontrollieren. Anders ausgedrückt sollte die Methode `run` das Zeichnen ausdrücklich veranlassen.

Das folgende Schema stellt die einfachste `run`-Methode vor, die auch im Beispiel 13.2 gezeigt wird:

Die `run`-Methode eines Threads

```
public void run () {
  while (!ended) {
    draw (); // oder andere Anweisungen
     try {
        sleep (500);
     }
     catch (InterruptedException e) {}
  }
}
```

Die Methode `run` wird aufgerufen, wenn ein Thread beginnt.

Die Boolesche Variable `ended` kann von einem anderen Thread oder einem Hauptprogramm gesetzt werden, um die Beendigung des Threads zu veranlassen.

Bei jeder Wiederholung der Methode `run` werden einige Anweisungen ausgeführt (z. B. `draw`) und der Thread gibt die Steuerung dann an die JVM zurück, indem er eine Weile schläft. Nun bekommen andere Threads die Chance zur Ausführung.

Der Thread kann auch mit `InterruptedException` aufgeweckt und fortgesetzt werden.

Hier zeichnen wir das Bild wiederholt, wobei wir vor jeder Wiederholung mindestens 500 Millisekunden warten. Die `InterruptedException` kann vom System ausgelöst werden, um den Thread erneut zu beginnen, falls er in der Zwischenzeit an die Reihe kommt.

Setzen wir dies alles zusammen, so sieht die neue Version von `LightsCanvas`, die auch einen neuen Namen trägt, folgendermaßen aus:

```
class SetOfLights extends Thread {

  SetOfLights (Canvas c) {
    area = c;
  }

  public void run () {
    while (true) {
      draw ();
      try { sleep (500);}  catch (InterruptedException e) { }
    }
  }

  void draw ( ) {
    Graphics g = area.getGraphics();
    ... der Inhalt von paint wie zuvor
    }
  }
private Canvas area;
```

Um einen Thread zu erzeugen und seine Ausführung zu beginnen, rufen wir seinen Konstruktor und anschließend `start` auf:

```
SetOfLights lights = new SetOfLights (area);
lights.start();
```

Um einen Thread anzuhalten, müssen wir ihn elegant beenden. Dies geschieht am besten mit einer Booleschen Variablen, die in der While-Anweisung der Methode `run` geprüft wird. Signalisiert der Anwender, dass das Programm beendet werden muss, so wird die Boolesche Variable auf `false` gesetzt und der Thread kann seine While-Schleife verlassen und enden.

Im Beispiel 13.2 wird das vollständige Programm des neuen Verkehrssystems gezeigt.

Beispiel 13.1: Leuchtende Ampeln

Aufgabe

Die statische Darstellung der Ampel im Beispiel 11.2 muss so verbessert werden, dass sie das Aufleuchten der Lichter anzeigt. Außerdem möchten wir mehr als eine Ampel gleichzeitig betreiben, um Änderungen vergleichen zu können.

Lösung

Das Aufleuchten zu implementieren ist eine Frage der AWT-Grafikprogrammierung. Die Anzeige mehrerer Lichter funktioniert mit Threads. Wie oben beschrieben können wir für die Lichter eine neue Klasse erzeugen, die `Thread` erweitert, und immer wieder die ganze Ampel zeichnet, wenn ein `New-Set`-Knopf gedrückt wird. Die für den `sleep`-Aufruf angegebene Zeitspanne entspricht dann der Zeit, die ein

Licht der Ampel ein- und alle anderen ausgeschaltet sind. Mit einer Switch-Anweisung können wir die benötigte Grün-Gelb-Rot-Sequenz implementieren.

Klassenentwurf

Da wir mit Threads arbeiten, müssen wir die Beziehung zwischen den Klassen im AWT und den von uns definierten etwas verändern. Die Abbildung 13.3 zeigt das neue Modelldiagramm (vgl. auch die Abbildung 11.4). Einige Knöpfe und weitere in diesem Beispiel nicht benötigte Komponenten wurden weggelassen.

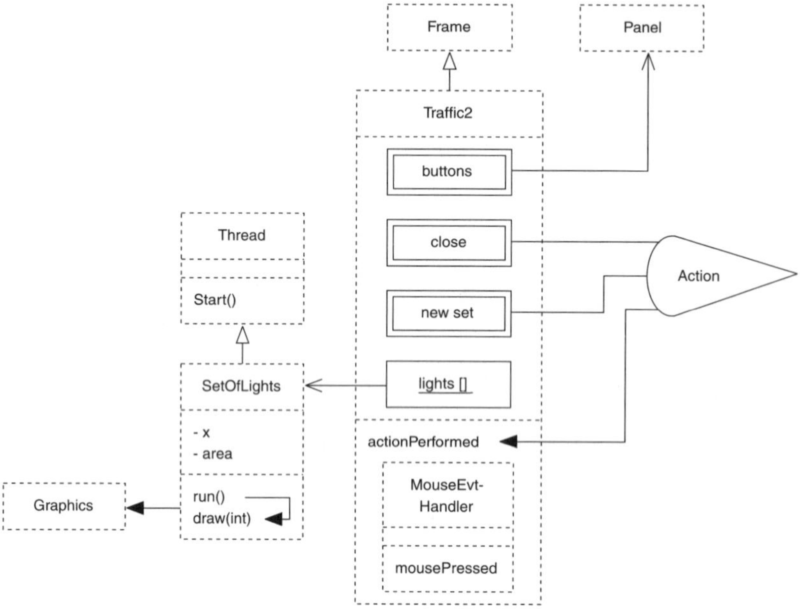

Abbildung 13.3: Das Modelldiagramm für die leuchtenden Ampeln

Die Unterschiede wurden bereits erklärt. `SetOfLights` erbt `Thread`, kann also nicht zugleich `Canvas` erben. Stattdessen wird die Zeichenfläche unter dem Namen `area` als Parameter von der `actionPerformed`-Methode in `Traffic2` an den Konstruktor von `SetofLights` übergeben. Es wird gezeigt, dass die Ampelobjekte innerhalb von `actionPerformed` entstehen, da sie dort auch instanziiert werden, wenn ein `New- Set`-Knopf dies fordert. Die `draw`-Methode nutzt die Referenz auf diese Zeichenfläche für den erfolgreichen Zugriff auf die Methoden der `Graphics`-Klasse.

Programm

Die Klasse `SetofLights` sieht folgendermaßen aus:

```
class SetOfLights extends Thread {

   private int red = 0;
   private Canvas area;
   private int x;
```

```
private boolean alive = true;

public SetOfLights(Canvas c, int x) {
  area = c;
  this.x = x;
}
public void run() {
  while (alive) {
    for (int light = 0; light < 3; light++) {
      draw(light);
      try {  sleep(500);}
      catch (InterruptedException e) {  }
    }
  }
}
void draw(int light) {
  Graphics g = area.getGraphics();
  g.setColor(Color.black);
  g.drawOval(x-8, 10, 30, 68);
  g.drawOval(x, 85, 15, 15);
  g.drawString("RED", x-90, 28);
  g.drawString("YELLOW", x-90, 48);
  g.drawString("GREEN", x-90, 68);
  g.drawString("WALK", x-90, 98);

  switch (light) {
    case 0:
      g.setColor(Color.red);
      g.fillOval(x, 15, 15, 15);
      g.setColor(Color.lightGray);
      g.fillOval(x, 35, 15, 15);
      g.fillOval(x, 55, 15, 15);
      break;
    case 1:
      g.setColor(Color.green);
      g.fillOval(x, 55, 15, 15);
      g.setColor(Color.lightGray);
      g.fillOval(x, 15, 15, 15);
      g.fillOval(x, 35, 15, 15);
      break;
    case 2:
      g.setColor(Color.yellow);
      g.fillOval(x, 35, 15, 15);
      g.setColor(Color.lightGray);
      g.fillOval(x, 15, 15, 15);
      g.fillOval(x, 55, 15, 15);
      break;
    }
  }
}
```

run-*Methode* Die run-Methode hat ihre eigene innere Schleife, die über die drei Ampelphasen iteriert. Je nachdem, welches Licht aufleuchten soll, füllt die Switch-Anweisung einen Kreis mit der entsprechenden Farbe und gibt die beiden anderen in Grau wieder. Diese Threads werden durch das folgende Programm aktiviert:

```
import java.awt.*;
import java.awt.event.*;

public class Traffic2 extends Frame
       implements ActionListener {

  /* The third Traffic Light program
   *                             von J M Bishop Okt 1996
   *              Java 1.1 Version von T Abbott Okt 1997
   *        verbessert und überarbeitet von J M Bishop Okt 1997
   *                     aktualisiert J M Bishop Aug 2000
   * Damit können mehrere Ampeln
   * gleichzeitig operieren.
   *
   * Veranschaulicht Threads und Graphics.
   */

    private Canvas area;
    private int lightsPosition = 105;
    private static final int lightsWidth = 150;
    private SetOfLights[] lights = new SetOfLights[3];
    private int nLights = 0, setWanted = 0;
    private Choice colours;
    private Button newSetButton;
    private Button walkButton;
    private Button closeButton;
    private TextField duration;

    public Traffic2() {
      setTitle("Traffic Lights Version 2");
      add("North",
         new Label("Savanna Traffic Light Simulation", Label.CENTER));
      area = new Canvas();
        area.addMouseListener(new MouseEvtHandler());
        add("Center",area);

      Panel buttons = new Panel();
        newSetButton = new Button("New Set");
          newSetButton.addActionListener(this);
          buttons.add(newSetButton);
        colours = new Choice ();
          colours.addItem("Red");
          colours.addItem("Yellow");
```

```
      colours.addItem("Green");
      colours.addItem("Walk");
      buttons.add(colours);

    buttons.add(new Label("Duration"));

    duration = new TextField("", 3);
      duration.setEditable(true);
      duration.addActionListener(this);
      buttons.add(duration);

    walkButton = new Button("Walk");
      // bisher noch keine Aktion
      buttons.add(walkButton);

    closeButton = new Button("Close");
      closeButton.addActionListener(this);
      buttons.add(closeButton);
    add("South", buttons);

    // richte den Rahmen ein
    setSize(350, 210);
    setVisible(true);
    addWindowListener(new WindowAdapter () {
    public void windowClosing(WindowEvent e) {
      System.exit(0);
    }
  } );

}

class MouseEvtHandler extends MouseAdapter {
  public void mousePressed(MouseEvent e) {
    int n = e.getX() / lightsWidth;
    if (n < nLights)
    setWanted = n;
    }
}

public void actionPerformed(ActionEvent e) {
  Object event = e.getSource();
  if (event == newSetButton) {
    lights[nLights] = new SetOfLights(area, lightsPosition);
    lights[nLights].start();
    lightsPosition += lightsWidth;
    nLights++;
    if (nLights == 3)
    newSetButton.setEnabled(false);
  }  else if (event == closeButton) {
    for (int i = 0; i<nLights; i++)
```

```
          lights[i].alive = false;
        setVisible(false);
        dispose();
        System.exit(0);
      }
    }

    public static void main(String[] args) {
      new Traffic2();
    }
  }
```

Dem Knopf-Panel wird ein Knopf `New Set` hinzugefügt. Wenn man ihn betätigt, startet er einen neuen Thread für eine weitere Ampel. Um die Ampeln nebeneinander zu zeichnen, liefern wir für *x* eine neue Anfangsposition, die sich für jede Ampel um 150 Pixel erhöht.

Test Abbildung 13.4 zeigt den Bildschirm mit drei Ampeln in verschiedenen Phasen.

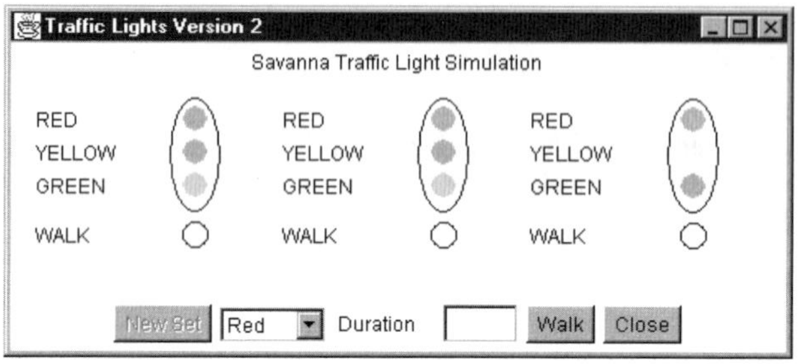

Abbildung 13.4: Die Ampeln leuchten.

13.2.3 Kommunikation zwischen Threads

Im obigen Beispiel sind die Threads ziemlich unabhängig. Oft müssen Threads einander jedoch Informationen übermitteln, z. B. Ergebnisse von Teilberechnungen oder ein Signal zum Umschalten auf einen anderen Arbeitsmodus. Da Threads Objekte sind, kann eine solche Kommunikation wie bei Objekten üblich ablaufen, also z. B. durch Methodenaufrufe oder Aktualisierung nicht privater Variablen. Oberflächlich betrachtet scheint keine dieser Kommunikationstechniken bei Threads Probleme aufzuwerfen. Es können jedoch Konflikte auftreten, durch die das Programm insgesamt falsche Resultate ausgibt. Dies ist das Thema des Abschnitts 13.4. Einstweilen machen wir mit dem Ampelbeispiel weiter und zeigen, wie man mit einfacher, konfliktfreier Kommunikation umgeht.

Beispiel 13.2: Fußgängerampeln

Ganz zu Anfang der Ampelsimulation (im Beipiel 10.5) haben wir das Ziel formuliert, zu untersuchen, welche Auswirkungen es hat, wenn Fußgänger auf den Anforderungsknopf der Ampel drücken. Der Fußgängerknopf befindet sich bereits jetzt im Steuerungs-Panel der Simulation. Nun möchten wir, dass er die Fußgängerampel aufleuchten lässt, sobald die nächste Rotphase beginnt. Außerdem möchten wir das Auswahlkästchen und das Feld mit der Zeitdauer reaktivieren und diese Informationen an die aufleuchtenden Ampellichter übergeben, damit die Simulation realistisch wird.

Änderungen am Algorithmus

Die erste Überlegung ist, ob man für alle Ampeln auf dem Bildschirm einen einzigen Fußgängerknopf beibehalten soll, oder ob man den Bildschirm so abändert, dass sich unter jeder Ampel ein Fußgängerknopf befindet. Die zweite Variante erscheint vernünftiger, ist aber schwieriger zu implementieren, da wir ein sehr einfaches Rand-Layout verwenden, mit dem wir die Ampel im mittleren Panel und die Knöpfe im Süden halten. Daher entscheiden wir uns dafür, den einen Knopf beizubehalten, wählen aber die Ampel, die davon betroffen werden soll, indem wir irgendwo in diesen allgemeinen Bereich hineinklicken. Hier ist ein Maus-Listener mit einem `mousePressed`-Ereignis von Nutzen.

Zweitens

Was tun wir eigentlich, wenn der Fußgängerknopf gedrückt wird? Wir müssen die Informationen an den speziellen, für genau diese Ampel zuständigen Thread übergeben. Der Thread braucht nicht sofort zu reagieren, denn die Anforderung lautet, dass er seinen Zyklus fortsetzt, bis er bei Rot ankommt, und dann die Fußgängerampel aufleuchten lässt. Wir können daher die Kommunikation erreichen, indem wir im Ampel-Thread eine Booleschen Variable namens `walk` einrichten und diese auf `true` setzen, sobald der Fußgängerknopf gedrückt wird.

Woran erkennen wir, mit welchem Thread wir es zu tun haben? Jeder Thread muss im Hauptprogramm in einer Variablen gespeichert werden, und zwar am einfachsten in einem Thread-Array. Aus dem Mausklick in die zentrale Zeichenfläche folgern wir, welche Ampel gemeint ist, und können das Betätigen der Fußgängerampel dem entsprechenden Thread im Array zuordnen.

Bisher wurden die Ampelobjekte in `actionPerformed` erzeugt und die Variable `lights` für jedes neue Ampelobjekt wiederverwendet. Da wir nun Referenzen der Threads über die gesamte Lebensdauer des Programms aufbewahren müssen, deklarieren wir ein Thread-Array als private. Jeder neue Thread in diesem Array wird mit einem Aufruf von start aktiviert.

Die letzte Änderung besteht darin, mit dem Auswahlkästchen und dem Feld für die Zeitdauer den Zeitraum einer Ampelphase zu ändern. Die Änderung ist recht einfach. Wir lassen ein Licht jetzt nicht mehr jedesmal 500 ms, sondern time[light] Millisekunden ruhen. In actionPerformed werden die Werte des time-Array geändert, wenn dies nötig ist.

Diesmal geben wir kein Modelldiagramm an; der Leser ist aufgefordert, selbst eines zu zeichnen, um das Programm besser zu verstehen.

Programm

Das letzte Simulationsprogramm entfernt die Beschriftungen der Ampeln und ersetzt sie durch die aktuelle Zeitdauer.

```
import java.awt.*;
import java.awt.event.*;

public class Traffic3 extends Frame
      implements ActionListener, ItemListener {

  /* The fourth Traffic Light program
   *                                          von J M Bishop Okt 1996
   *                               Java 1.1 Version von T Abbott Okt 1997
   *                    erweitert und überarbeitet von J M Bishop Okt 1997
   *                                          verbessert J M Bishop Aug 2000
   * Damit können die verschiedenen Ampelperioden
   * als in der Praxis verwendbare Zeitdauern
   * eingegeben werden.
   */

    private Canvas area;
    private int lightsPosition = 105;
    private static final int lightsWidth = 150;
    private SetOfLights[] lights = new SetOfLights[3];
    private int nLights = 0, setWanted = 0;
    private TextField duration;
    private Choice colours;
    private int light;
    private Button newSetButton;
    private Button walkButton;
    private Button closeButton;

    public Traffic3() {
      setTitle("Traffic Lights Version 3");

      add("North",new Label
         ("Savanna Traffic Light Simulation",Label.CENTER));
```

```
area = new Canvas();
area.addMouseListener(new MouseEvtHandler());
add("Center",area);

Panel buttons = new Panel();
  newSetButton = new Button("New Set");
    newSetButton.addActionListener(this);
    buttons.add(newSetButton);
  colours = new Choice ();
    colours.addItem("Red");
    colours.addItem("Green");
    colours.addItem("Yellow");
    colours.addItem("Walk");
    colours.addItemListener(this);
    light = 0;
    buttons.add(colours);

  buttons.add(new Label("Duration"));

  duration = new TextField("", 4);
    duration.addActionListener(this);
    buttons.add(duration);
  walkButton = new Button("Walk");
    walkButton.addActionListener(this);
    buttons.add(walkButton);
  closeButton = new Button("Close");
    closeButton.addActionListener(this);
    buttons.add(closeButton);
  add("South",buttons);

 // Richte den Rahmen ein
    setSize(450, 210);
    setVisible(true);
    addWindowListener(new WindowAdapter () {
    public void windowClosing(WindowEvent e) {
      System.exit(0);
    }
  } );

}

public void itemStateChanged(ItemEvent e) {
    String s = (String) e.getItem();
    if (s=="Red") { light = 0;}  else
    if (s=="Green") { light = 1;}  else
    if (s=="Yellow") { light = 2;}  else
    if (s=="Walk") { light = 3;}
}
class MouseEvtHandler extends MouseAdapter {
  public void mousePressed(MouseEvent e) {
```

```
        int n = e.getX() / lightsWidth;
        if (n < nLights)
        setWanted = n;
      }
    }

    public void actionPerformed(ActionEvent e) {
      Object event = e.getSource();
      if (event == newSetButton) {
        lights[nLights] = new SetOfLights(area, lightsPosition);
        lights[nLights].start();
        lightsPosition += lightsWidth;
        nLights++;
        if (nLights == 3)
        newSetButton.setEnabled(false);
      } else if (event == walkButton) {
        lights[setWanted].walk = true;
      } else if (event == duration) {
        lights[setWanted].time[light]=
          Integer.parseInt(duration.getText());
      } else if (event == closeButton) {
        for (int i = 0; i<nLights; i++)
          lights[i].alive = false;
        setVisible(false);
        dispose();
        System.exit(0);
      }
    }

    public static void main(String[] args) {
      new Traffic3();
    }
}
```

Als Reaktion auf den Fußgängerknopf wird die `walk`-Variable im richtigen Thread auf `true` gesetzt. Der gewünschte Thread wurde durch einen Mausklick irgendwo auf dem Bildschirm und Dividieren durch die Breite einer gesamten Ampel, die wir auf 150 Pixel eingestellt haben, vorgewählt.

Die Ampel funktioniert nach folgender Logik: Jedesmal, wenn eine rote Ampelphase unmittelbar bevorsteht, müssen wir prüfen, ob die `walk`-Variable gesetzt wurde. Ist dies der Fall, treten wir für 10 Zyklen in eine separate Schleife ein, die die Rotphase fortdauern und die Fußgängerampel zwischen grün und grau wechseln lässt. Hier zeigen wir die `run`-Methode in der gesamten Klasse:

```
import java.awt.*;
class SetOfLights extends Thread {
```

```
private int red = 0;
private Canvas area;
private int x;
private int light;
private boolean alive = true;

// public-Variablen
boolean walk = false;
boolean walkOn = false;
int time [] = { 500, 500, 500, 500} ;

public SetOfLights(Canvas c, int x) {
  area = c;
  this.x = x;
}

public void run() {
  while (alive) {
    for (int light = 0; light < 3; light++) {
      if (light == red & walk) {
        walkOn = false;
        for (int i = 0; i < 11; i++) {
          draw(light);
          try {  sleep(time[3]);}
          catch (InterruptedException e) {  }
          walkOn = !walkOn;
          }
          walk = false;
        }  else {
          draw(light);
          try {  sleep(time[light]); }
          catch (InterruptedException e) {  }
        }
      }
   }
}

void draw(int light) {
  Graphics g = area.getGraphics();
  g.setColor(Color.black);
  g.drawOval(x-8, 10, 30, 68);
  g.setColor(Color.cyan);
  g.fillRect(x-90,10,70,100);
  g.setColor(Color.black);
  g.drawString(""+time[0], x-70, 28);
  g.drawString(""+time[2], x-70, 48);
  g.drawString(""+time[1], x-70, 68);
  g.drawString(""+time[3], x-70, 98);
```

```
    switch (light) {
      case 0:
      g.setColor(Color.red);
      g.fillOval(x, 15, 15, 15);
      g.setColor(Color.lightGray);
      g.fillOval(x, 35, 15, 15);
      g.fillOval(x, 55, 15, 15);
      break;
    case 1:
      g.setColor(Color.green);
      g.fillOval(x, 55, 15, 15);
      g.setColor(Color.lightGray);
      g.fillOval(x, 15, 15, 15);
      g.fillOval(x, 35, 15, 15);
      break;
    case 2:
      g.setColor(Color.yellow);
      g.fillOval(x, 35, 15, 15);
      g.setColor(Color.lightGray);
      g.fillOval(x, 15, 15, 15);
      g.fillOval(x, 55, 15, 15);
      break;
  }

  if (light == red & walk) {
    if (walkOn)
    g.setColor(Color.green);
  else
    g.setColor(Color.white);
    g.fillOval(x+1, 85, 14, 14);
  } else {
    g.setColor(Color.black);
    g.drawOval(x, 85, 15, 15);
  }
 }
}
```

Die Variable walkOn wird ein- und ausgeschaltet, um das Aufleuchten der Fußgängerampel zu steuern. Nach zehn Iterationen wird walk zurückgesetzt, und die Ampel kann mit der nächsten normalen Ampelphase, also mit Grün, fortfahren. Die entsprechende Änderung befindet sich am Ende der draw-Methode.

Test

Das Programm lässt sich wie zuvor ausführen und der Fußgängerknopf für jede Ampel zu verschiedener Zeit betätigen, wie in der Abbildung 13.5 gezeigt wird. Verschiedene Zeitdauern wurden eingegeben, und die Simulation ist nun tatsächlich sehr hilfreich.

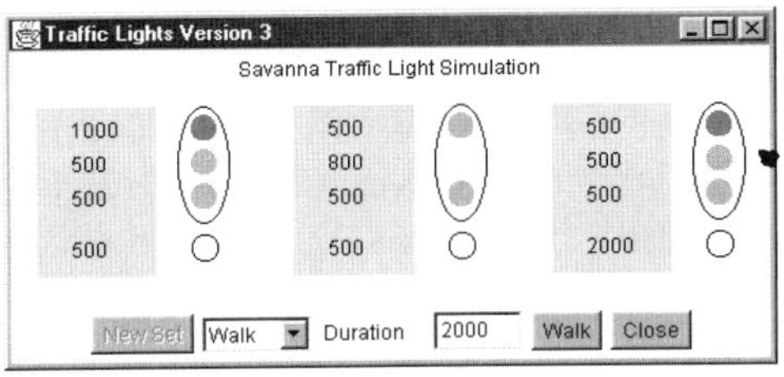

Abbildung 13.5: Die endgültige Ampelsimulation mit variablen Ampelphasen

13.3 Threads synchronisieren

Im obigen Beispiel kommunizierte das Hauptprogramm mit jedem Thread einzeln. Anders ausgedrückt hatten wir die in der Abbildung 13.6 dargestellten Kommunikationswege. Es konnte also nicht passieren, dass z. B. ein Aufruf von `lights[0]` durch `Traffic` einem Aufruf von `lights[1]` durch `Traffic` in die Quere kam. Nehmen wir aber zur Verdeutlichung an, dass alle Ampel-Threads dieselbe Variable in `Traffic` ändern müssen (z. B. einen Zähler, wie oft Gelb aufleuchtet). Dann würde das Aufrufdiagramm wie in der Abbildung 13.7 aussehen.

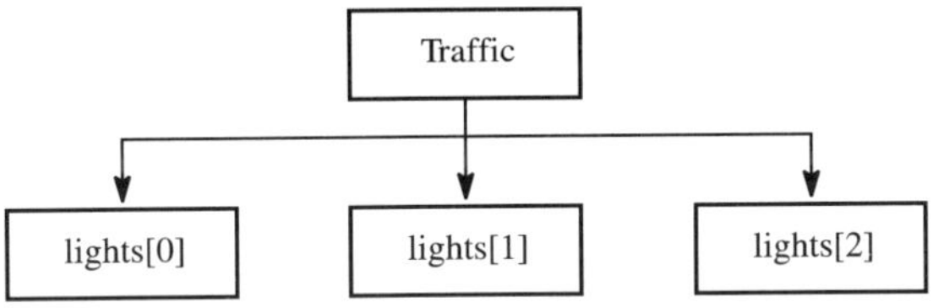

Abbildung 13.6: Threads, die einander nicht behindern können.

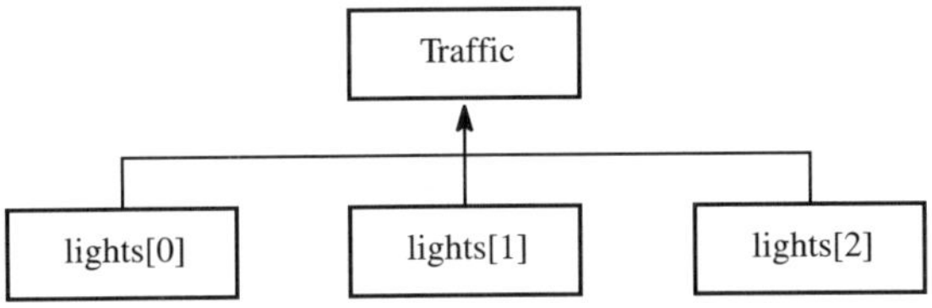

Abbildung 13.7: Threads, die einander behindern könnten.

Nun gibt es allerdings die Möglichkeit, dass Threads in Operationen anderer Threads eingreifen, wodurch Werte verfälscht werden. Zu dieser Verfälschung könnte es auf die folgende Art kommen: Thread 1 beginnt, den Wert einer Variablen z. B. von 52 auf 53 zu inkrementieren. Er ist damit erst zur Hälfte fertig, als das Betriebssystem ihn unterbricht und den Prozessor an Thread 2 weitergibt. Thread 2 liest den gegenwärtigen Wert der Variablen, der immer noch 52 beträgt, aktualisiert ihn auf 53 und macht weiter. Schließlich wird die Steuerung wieder an Thread 1 zurückgegeben, der noch mitten in der Aktualisierung steckt. Er hat bereits den Wert der Variablen als 52 gelesen und schreibt daher 53 hinein. Richtig wäre (nach zwei Aktualisierungen) 54 gewesen, aber die Störung führte dazu, dass Thread 1 die von Thread 2 vorgenommene Aktualisierung überschrieb.

Synchronisieren

Um dies zu verhindern, bietet Java ein Verfahren zum **Synchronisieren** von Thread-Aktivitäten. Es gibt zwei Ebenen der Synchronisation:

- Gemeinsam genutzte Ressourcen werden geschützt.
- Threads signalisieren sich gegenseitig veränderte Bedingungen.

13.3.1 Schutz gemeinsam genutzter Ressourcen

Um Ressourcen wie z. B. Variablen zu schützen, auf die mehrere Threads gleichzeitig zugreifen könnten, schleusen wir Aktualisierungen durch eine Methode und markieren diese mit einem speziellen Modifikator, der im folgenden Schema gezeigt wird:

Synchronisierte Methode
`synchronized` *`Modifikatoren Methodenname (Parameter)`*
Diese Methode darf nicht von mehr als einem Objekt gleichzeitig ausgeführt werden.

Java gewährleistet dann, dass ein Thread, sobald er Zugriff auf eine synchronisierte Methode erhalten hat, diese Methode beendet, bevor ein anderer Thread Zugriff auf diese oder eine andere synchronisierte Methode in dem betreffenden Objekt erhält. Solche Threads bilden eine Schlange, in der sie warten, bis sie an der Reihe sind. Der Thread hat somit aus der synchronisierten Methode heraus einen Exklusiv-Zugriff auf das Objekt. Ein Objekt mit einer oder mehreren synchronisierten Methoden fungiert als ein **Monitor** für seine Daten.[1]

Monitor

Um die anderen Threads nicht zu lange aufzuschieben, sollten synchronisierte Methoden auf ein Minimum reduziert werden und nur solche Anweisungen enthalten, die wirklich störungsanfällig sind.

1. Monitore sind ein sehr wichtiges Betriebssystemkonzept, das in den frühen Siebzigerjahren von Per Brinch Hansen und Tony Hoare erfunden wurde.

Beispiel 13.3: Parkplätze für einen Aussichtspunkt

Im Weinanbaugebiet von Savanna gibt es einen berühmten Aussichtspunkt mit zwei Parkplätzen an seinen beiden Zufahrtstraßen. Wir möchten festhalten, wie viele Autos auf jeden der Parkplätze fahren und wie viele Fahrzeuge insgesamt den Aussichtspunkt ansteuern.

Lösung

Erstellen Sie ein Applet, das ein Bild der Aussicht und Zähler für die Anzahl der Fahrzeuge auf den drei Plätzen zeigt. Später kann *Savanna Conservation* eventuell beschließen, die Anzahl der Fahrzeuge am Aussichtspunkt zu begrenzen. In diesem Fall würden die Parkplätze als Puffer fungieren. Dies sollten wir beim Entwurf des Systems im Gedächtnis behalten. Statt einer Anwendung wurde ein Applet gewählt, um zu zeigen, wie Threads in Applets integriert werden. Wir werden keine Browser-Funktionen verwenden; das Applet kann in einem Applet-Viewer ausgeführt werden.

Entwurf

Drei Zähler sind zu berücksichtigen. Der wichtigste, nämlich der des Aussichtspunktes, „gehört" dem Applet selbst. Die beiden anderen sollen unabhängig arbeiten und sind daher in zwei zusätzlichen, separaten Threads angesiedelt. Da diese Threads jedoch mit Ausnahme ihrer Namen (West- und Ostparkplatz) in jeder Beziehung identisch sind, können wir eine Thread-Klasse definieren und sie zweimal instanziieren.

Algorithmus

Der Hauptalgorithmus betrifft den Betrieb der Parkplätze. Den Aussichtspunkt kann man betreten, indem man eine Methode aufruft, die die Gesamtzahl der Autos aktualisiert und anzeigt. Da die Methode `enter` von zwei Threads aufgerufen werden kann, die möglicherweise gleichzeitig ablaufen, und eine Variable aktualisiert, deklarieren wir sie als synchronisiert und stellen dadurch sicher, dass die Variable nicht verfälscht wird.

Programm

Das Programm folgt.

```
import java.io.*;
import java.applet.*;
import java.awt.*;
import java.util.*;

public class CarPark extends Applet {

  /* The Car-Park applet von J M Bishop Januar 1998
   * ================== Java 1.2 August 2000
   *
   * Simuliert einen Aussichtspunkt mit zwei Parkplätzen.
   * Liest und zeigt ein Bild der Aussicht.
   * Veranschaulicht Threads und eine synchronized-Methode.
```

```
 * Kann einfach in einem Appletviewer ausgeführt werden.
 */

Image im;
ViewPoint view;
Random delay = new Random();

public void init () {

  // Hole das Bild
    im = getImage(getCodeBase(),"reserve.jpg");
  // Stelle sicher, dass das Bild erhalten wurde,
  // bevor der Konstruktor zurückkehrt.
    MediaTracker tracker = new MediaTracker(this);
    tracker.addImage(im, 0);
    try {  tracker.waitForID(0);}
    catch (InterruptedException e) { }
    Font f = new Font ("SanSerif",Font.PLAIN,24);
    setFont(f);

    view = new ViewPoint("View",150);
    new CarThread("West",0).start();
    new CarThread("East",300).start();
}

class CarThread extends Thread {
//----------------------------

  int cars;
  int x;
  String pos;

  CarThread (String s,int n) {
    pos = s;
    x = n;
  }

  public void run () {
    while (true) {
      cars++;
      show(x,cars,pos);
      view.enter();
      try { sleep (factor(x));}
      catch (InterruptedException e) { }
    }
  }
}

class ViewPoint {
//-------------
```

```
    int x;
    int cars;
    String pos;

    ViewPoint (String s,int n) {
      x = n;
      pos = s;
    }

    synchronized void enter () {
      cars++;
      show (x,cars,pos);
    }
  }

// Dienstmethoden
// --------------
  public void paint (Graphics g) {
    g.drawImage(im,0,0,this);
  }

  void show(int x, int cars, String s) {
    Graphics g = getGraphics();
    g.setColor(Color.orange);
    g.fillRect(x,300,120,50);
    g.setColor(Color.black);
    g.drawString(s+" "+cars,x+5,330);
  }

  int factor (int x) {
    return Math.abs(delay.nextInt()%5000+x);
  }

}
```

Sollte show ebenfalls synchronisiert sein? Nein, show ist eine passive Methode, die lediglich Parameter nimmt und darstellt. Da sich die Rechtecke an verschiedenen Stellen auf dem Bildschirm befinden, ist kein Konflikt möglich. Wenn show außerdem Anweisungen zur Ausgabe von Werten (print) hätte, würden dann die Ausgabezeilen durcheinander gebracht werden? Glücklicherweise nicht, da print und alle ähnlichen Methoden der Klasse PrintWriter als synchronized deklariert sind. Daher kann immer nur eine Methode zur Zeit zur Beeinflussung des System.out-Objektes verwendet werden.

Test

Abbildung 13.8 zeigt die Ausgabe des unter einem Applet-Viewer laufenden Programms. Die HTML-Datei enthält nur den Applettag, da das Bild nicht durch HTML, sondern vom Applet selbst gezeichnet wird.

Abbildung 13.8: Die Parkplätze für den Aussichtspunkt mit den Zählern

13.3.2 Signale zwischen Threads

Der Schutz gemeinsam genutzter Ressourcen ist nur der eine Aspekt der Synchronisierung. Der andere ist, einem Thread anzuzeigen, wenn eine Bedingung erfüllt ist, auf die er gewartet hatte. Die daran beteiligten Methoden werden im folgenden Schema gezeigt:

Synchronisierungsmethoden

`wait ();`
`notify ();`
`notifyAll()`

`wait` hält den aktuellen Thread an und fügt ihn der Schlange der Threads zu, die darauf warten, auf dem Objekt ausgeführt zu werden. `notify` weckt einen Thread aus der Schlange auf, der darauf wartet, auf dem Objekt ausgeführt zu werden. `notifyAll` weckt alle Threads in der Schlange auf.

Kann ein Thread nicht weitermachen, weil sich das Objekt, mit dem er zu tun hat, nicht im richtigen Zustand befindet, ruft er aus einer zu diesem Objekt gehörenden, synchronisierten Methode heraus `wait` auf. Dann wird der Thread in eine mit diesem Objekt verbundene Warteschlange eingefügt.

Ein Thread, der in einem Objekt relevante Daten oder Bedingungen verändert hat, sollte `notifyAll` aufrufen. Dadurch erhalten alle wartenden Threads die Gelegenheit, ihre Bedingungen für den Eintritt in die Warteschlange erneut zu prüfen. Vielleicht sind einige von ihnen bei der nächsten vom Betriebssystem gebotenen Gelegenheit lauffähig.

Theoretisch sollten wartende Threads irgendwann benachrichtigt werden, dass sie ablaufen dürfen. In der Praxis hängt dies jedoch von sorgfältiger, alle möglichen Kombinationen in Betracht ziehender Programmierarbeit ab. Es ist gut möglich, ein Programm zu erstellen, in dem eine bestimmte Bedingung nie wahr wird, und Thread 1 auf Thread 2 wartet, der seinerseits auf Thread 1 wartet. Diese Situation bezeichnet man als **Verklemmung** (engl. *deadlock*). Wie man sie erkennen und verhüten kann, wird in Kursen über Betriebssysteme und Nebenläufigkeit (engl. *concurrency*) abgehandelt. Java kann einige logische Fehler entdecken, insbesondere die Verwendung von `wait` und `notify` mit unsynchronisierten Methoden. Dann wird eine `IllegalMonitorStateException` ausgelöst.

Verklemmung

Das nächste, sehr ausführliche Beispiel zeigt, wie verschiedene Arten von Threads zur Laufzeit gestartet und für einen gemeinsamen Zweck synchronisiert werden können.

13.4 Innenansicht der Klasse Display

Die Klasse `Display` war eine der Hauptstützen der bisherigen Entwicklung unserer Progammierfertigkeit. Nun werden wir endlich auch in sie hineinsehen. Sie verfügt zwar nicht über zusätzliche Threads, nutzt jedoch Thread-Methoden, um einen kleinen Monitor zur Überwachung des Knopfes „Ready" einzurichten. Sehen wir uns nun zunächst die Struktur der Klasse `Display` an und danach diese und andere interessante Techniken, die diese Klasse nutzt.

13.4.1 Die Struktur der Klasse Display

Die Klasse `Display` verfügt über 220 Zeilen und ist damit ein wirklich sehr bescheidenes Hilfsprogramm. Sie besteht aus den acht öffentlichen Methoden (durch Überladen kommen einige Extras hinzu), nur drei privaten Methoden und zwei Hilfsklassen. Die privaten Methoden und ihre Funktionen lauten:

- `initializeDisplay`: Diese Methode ist für die GUI-Initialisierung des Fensters, die Einrichtung einer Lauffläche für die Eingabe, eines Textfeldes für die Ausgabe sowie der Knöpfe Ready und Close zuständig.

– `getEntry`: Diese Methode erledigt die Arbeit, die den drei öffentlichen `get`-Methoden gemeinsam ist.
– `insertPrompt`: Diese Methode macht dasselbe für die drei überladenen öffentlichen `prompt`-Methoden.

13.4.2 Die Tabelle mit den Eingabewerten

Die über das `Display` eingegebenen Werte werden von ihm in einer Hashtabelle gehalten, wie Abbildung 6.16 zeigt. Die Tabelle ist interessant strukturiert. Der Schlüssel ist, wie wir bereits gesehen haben, eine Zeichenreihe und könnte auch relativ lang sein, etwa „Haustierkennzeichenname“. Die Werte sind Objekte der folgenden Klasse:

```
private class Data {
  TextField field;
  String value;
}
```

Sobald durch `prompt` ein neues Eingabefeld gefordert wird, wird ein Feld erzeugt und dem Eingabeteil hinzugefügt. Die Referenz auf dieses Feld bildet ist Teil des Tabelleneintrags. Der andere Teil ist der von der Methode `prompt` zur Verfügung gestellte Wert. Beachten Sie, dass wir den Wert als eine Zeichenreihe beibehalten. Dadurch wird seine Neueingabe in das Textfeld vom Standpunkt des Anwenders aus gesehen genauer. Hätten wir Zahlen gespeichert, so müssten wir uns bei ihnen für ein Format entscheiden; dieses Format ist aber möglicherweise nicht das, das der Anwender gerne hätte, und es könnte nie allgemein genug sein.

Die Methode `getEntry` ist interessant. Sie wird von `getInt`, `getDouble` und `getString` genutzt, um zu überprüfen, ob die gelieferte Beschriftung gültig ist, und um eine Kopie der aktuellen Daten aus der Tabelle zu holen. Mit einem dieser `gets` sieht die Methode folgendermaßen aus:

```
private Data getEntry (String s) {
  if (table.containsKey(s))
    return (Data) table.get(s);
  else {
    outDisplay.append("\nERROR: No such input label: "+s+"\n");
    return null;
  }
}

public int getInt (String s) {
  Data d = getEntry(s);
  return Integer.valueOf(d.value).intValue();
```

```
}
```

Beachten Sie, dass die Fehlermeldung an den Ausgabeteil geschickt wird, was sehr benutzerfreundlich ist.

Wann wird die Tabelle aktualisiert? Zuerst haben wir festgestellt, dass es nicht nötig ist, die Eingabetaste zu drücken, nachdem wir ein Datenfeld verändert haben. Die Betätigung des Ready-Knopfs fungiert jedoch als ein allgemeines „return“, und als Reaktion auf dieses Ereignis wird der Eingabeteil überprüft. Die Methode `ready` enthält die folgende Schleife:

```
// kopiere alle Werte aus den Kästchen in die Tabelle
  for (Enumeration e = table.keys(); e.hasMoreElements();) {
    String name = (String) e.nextElement();
    Data d = (Data) table.get(name);
    d.value = d.field.getText();
    table.put(name, d);
  }
```

Nachdem wir die Referenz auf jedes Textfeld in der Tabelle gespeichert haben, können wir die Werte leicht aus der GUI herausholen.

13.4.3 Der ready-Beobachter

Einer der interessantesten Teile der Klasse `Display` ist ihre Klasse `Watcher`. Dieser Klasse liegt die folgende Logik zu Grunde: Wenn das Programm auf einen Aufruf von `ready` stößt, übergibt es die Ablaufsteuerung an die Klasse `Display`, die sich bereitmacht, die Werte aus dem Eingabeteil zu lesen. Die Klasse `Display` muss jedoch warten, bis der Anwender den Knopf physisch betätigt. Anders ausgedrückt müssen wir sie mit der Methode `actionPerformed` synchronisieren, die auf eine Betätigung des Knopfs reagiert.

Die Synchronisation erfolgt in einem Monitor, der die folgende Form hat:

```
class Watcher {

  private boolean ok;

  Watcher () {
    ok = false;
  }

  synchronized void watch () {  // aufgerufen von ready
    while (!ok) {
      try { wait(500); }
      catch(InterruptedException e) { }
```

```
    }
    ok = false;
  }

  synchronized void ready () {  // aufgerufen von actionPerformed
    ok = true;
    notify();
  }
}
```

Die Methode `watch` benutzt einen Aufruf der Thread-Methode `wait`, um immer wieder zu prüfen, ob die Boolesche Variable `ok` gesetzt wurde oder nicht. Sobald der Knopf gedrückt und das Ereignis von `actionPerformed` aufgenommen wurde, wird die Methode `ready` aufgerufen, die `ok` setzt und irgendeinen Thread benachrichtigt, der in diesem Monitor wartet. Dann kommt `watch` an die Reihe, prüft `ok` noch einmal und kann fortfahren.

Die vollständige Auflistung von `Display` sieht folgendemaßen aus:

```
package javagently;

import java.awt.*;
import java.awt.event.*;
import java.util.*;
import java.io.*;

public class Display extends Frame implements ActionListener {

  /* Display by J M Bishop Juli 1999
     ******
   * ist eine einfache Klasse, die Möglichkeiten zur
   * Ein- und Ausgabe in einem Fenster bereitstellt.
   * Die Datenwerte werden in Kästchen im Eingabeteil eingegeben.
   * Andere Daten können eingegeben werden, falls
   * das Treiberprogramm nach ihnen fragt.
   * Es gibt eine optionale Integration mit der Klasse Graph.

   * Interface
   * =========
   * new Display (title)   - richet ein neues Display-Objekt mit Titel ein
   * println (string)       - gibt eine Zeichenreihe im Ausgabeteil aus
   * prompt (label, value) - setzt ein Kästchen im Eingabeteil mit der
   *                          gegebenen Beschriftung
   * ready (message)       - gibt eine Meldung aus, ermöglicht dann das
   *                          Lesen aus den Kästchen
   * getDouble (label)      - Liest den double-Wert, der mit dieser
   *                          Beschriftung gesetzt wurde
   * getInt (label)         - holt den int-Wert, der mit dieser
   *                          Beschriftung gesetzt wurde
```

```
 * getString (label)     - holt den string-Wert, der mit dieser
 *                         Beschriftung geesetzt wurde
 * reposition (graph)   - holt einen Graph und setzt ihn an das untere
 *                         Ende des Eingabeteils
 */

private String title;

public Display (String t) {
  /* der alternative Konstruktor -
     hat einen Titel */
  title = t;
  initializeDisplay();
}

private Hashtable table = new Hashtable(10);
private int xwidth, yheight;
private Button okButton, closeButton;
private TextArea outDisplay;
private Panel inDisplay;
private ScrollPane inPane, outPane;
private Watcher okWatcher = new Watcher();
private boolean graphInFront;
private Graph graph;


private void initializeDisplay () {
  xwidth = 640;
  yheight = 480;
  setSize(xwidth,yheight);
  setTitle(title);
  setLayout(new BorderLayout());
  Panel p = new Panel ();
    p.add(new Label("INPUT"));
    p.add(new Label("OUTPUT"));
  add(p,"North");
  p = new Panel (new FlowLayout(FlowLayout.CENTER,15,0));
    inPane = new ScrollPane(ScrollPane.SCROLLBARS_ALWAYS);
      inPane.setSize(xwidth/2 - 40, yheight - 100);
      inDisplay = new Panel(new GridLayout (0,2,10,10));
      inPane.add(inDisplay);
    p.add(inPane);
    outDisplay = new TextArea(24, 40);
    p.add(outDisplay);
  add(p,"Center");
  p = new Panel(new BorderLayout());
    okButton = new Button("Ready");
    okButton.addActionListener(this);
    okButton.setEnabled(false);
    p.add("Center",okButton);
```

```
    closeButton = new Button("Close");
      closeButton.addActionListener(this);
      closeButton.setEnabled(true);
      p.add("East",closeButton);
    add("South",p);
      addWindowListener (new WindowAdapter () {
      public void windowClosing(WindowEvent e) {
         System.exit (0);
      }
    } );
    setVisible(true);
    graphInFront = false;
   }

public void reposition (Graph g) {
  // macht den Graph kleiner und setzt ihn in die untere
  // Hälfte des Eingabeteils
  g.setLocation (30, yheight/2-30);
  g.setSize(xwidth/2 - 40, yheight/2-15);
  graphInFront = true;
  graph = g;
}

public void actionPerformed (ActionEvent e) {
  if (e.getSource() == okButton) {
    okWatcher.ready();
  }  else
  if (e.getSource() == closeButton) {
    System.exit(0);
  }
}

private class Data {
  TextField field;
  String value;
}

private Data getEntry (String s) {
  if (table.containsKey(s))
    return (Data) table.get(s);
  else {
    outDisplay.append("\nERROR: No such input label: "+s+"\n");
    return null;
  }
}
public int getInt (String s) {
  Data d = getEntry(s);
  return Integer.valueOf(d.value).intValue();
}
```

```
public double getDouble (String s) {
  Data d = getEntry(s);
  return Double.valueOf(d.value).doubleValue();
}

public String getString (String s) {
  Data d = getEntry(s);
  return d.value;
}

private void insertPrompt(Data d, String s, TextField t) {
  Panel p;
  p = new Panel(new FlowLayout(FlowLayout.RIGHT));
   p.add(new Label(s));
   inDisplay.add(p);
   t.addActionListener(this);
   t.setEditable(true);
   p = new Panel(new FlowLayout(FlowLayout.LEFT));
   p.add(t);
   inDisplay.add(p);
 d.field = t;
}

public void prompt (String s, int n) {
  Data d = new Data();
  TextField t = new TextField(10);
  insertPrompt(d, s, t);
  d.value = Text.writeInt(n,0);
  t.setText(d.value);
  table.put(s, d);
}

public void prompt (String s, double n) {
  Data d = new Data();
  TextField t = new TextField(10);
  insertPrompt(d, s, t);
  d.value = Double.toString(n);
  t.setText(d.value);
  table.put(s, d);
}

public void prompt (String s, String n) {
  Data d = new Data();
  TextField t = new TextField(n.length()+2);
  insertPrompt(d, s, t);
  d.value = n;
  t.setText(d.value);
  table.put(s, d);
}
public void ready (String s) {
```

```
    outDisplay.append(s+"\n");
    okButton.setEnabled(true);
    setVisible(true);
    if (graphInFront) graph.toFront();
    okWatcher.watch();
    // kopiert alle WErte aus den Kästchen in die Tabelle
    for (Enumeration e = table.keys(); e.hasMoreElements();) {
      String name = (String) e.nextElement();
      Data d = (Data) table.get(name);
      d.value = d.field.getText();
      table.put(name, d);
    }
  }
   public void println (String s) {
      outDisplay.append(s+"\n");
  }

  class Watcher {

  private boolean ok;

  Watcher () {
    ok = false;
  }

  synchronized void watch () {
    while (!ok) {
      try { wait(500); }
      catch(InterruptedException e) { }
    }
    ok = false;
  }
  synchronized void ready () {
    ok = true;
    notify();
   }
  }
}
```

13.5 Fallstudie 9: Walkmanverleih

Das Museum von Savanna führt ein modernes System ein, Walkmen zu verleihen, denen die Besucher zuhören können, anstatt an einer Führung teilzunehmen. Am Museumseingang befindet sich ein Schalter, wo die Walkmen jederzeit von unterschiedlich vielen ehrenamtlichen Helfern ausgegeben werden. Die Gebühr beträgt einen Graz. Die Besucher treffen in Gruppen zwischen 1 und 10 Personen ein und warten, bis die richtige Anzahl von Walkmen verfügbar ist.

Wir möchten das System vorab simulieren, um festzustellen, wie viele Walkmen für eine gegebene Besucherzahl erforderlich sind.

13.5.1 Besprechung der Lösung

Wie nimmt man eine solche Simulation in Angriff? Der Ausgangspunkt ist das Übertragen der realen Gegebenheiten in ein Diagramm, mit dessen Hilfe dann die Objekte und ihre Wechselwirkungen identifiziert werden. Die Abbildung 13.9 ist ein Anfang.

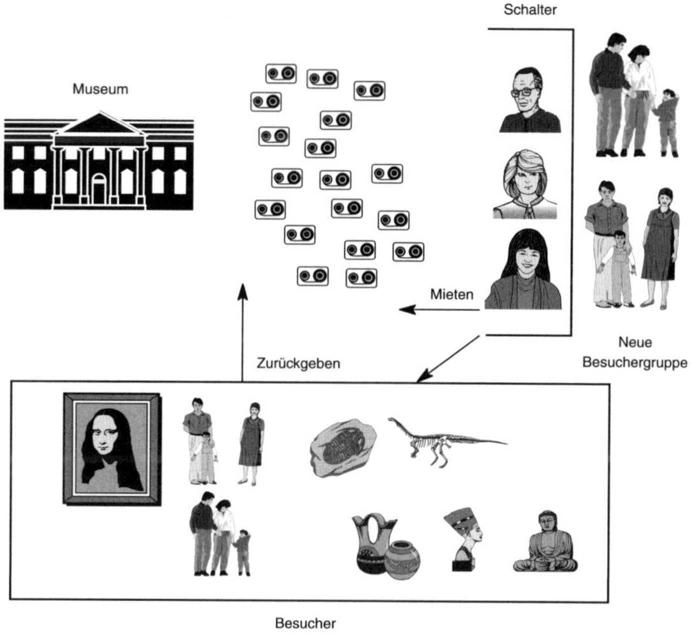

Abbildung 13.9: Die Darstellung der Museumssimulation

Zu Beginn des Tages öffnet das Museum mit einer gegebenen Anzahl von Walkmen. Dann werden Schalter-Threads erzeugt, und zwar für jeden Helfer einer. Das Museum ist eine Monitorklasse mit zwei synchronisierten Methoden: `hire` und `replace`. Die Helfer am Schalter rufen `hire` auf, und wenn ihrer Anforderung einer bestimmten Anzahl von Walkmen nachgekommen wird, erzeugen sie einen neuen Besucher-Thread der eine selbstständig im Museum herumwandernde Besuchergruppe simuliert. Die Besucher geben ihre Walkmen direkt am Ausgang ab, ohne noch einmal am Schalter Schlange zu stehen. Dadurch wird die Anzahl der zu verleihenden Walkmen wieder aufgefüllt und versetzt möglicherweise einen Helfer in die Lage, einer Anforderung nachzukommen.

Angenommen, es sind z. B. nur noch zwei Walkmen übrig. Im Diagramm kann keine der am Schalter wartenden Gruppen weitergehen und beide müssen warten. Nehmen wir weiter an, die Gruppe, die die Mona Lisa betrachtet, beschließt, nach Hause zu gehen. Sie gibt ihre Walkmen ab, und eine der wartenden Gruppen wird zufrieden gestellt, wenn auch nicht unbedingt in der Reihenfolge ihres Eintreffens. Der Bestand sinkt dann wieder auf eins oder null.

13.5.2 Klassenentwurf

Anstatt ein ausführliches Modelldiagramm zu zeichnen, zeigen wir diesmal die Interaktionen zwischen den Objekten der vier beteiligten Klassen auf einer höheren Ebene. Die Abbildung 13.10 gibt ein derartiges Diagramm an. Synchronisierte Methoden können mit einem `S` in der Ecke gekennzeichnet werden. `WalkmanHire` instanziiert die Klasse `Museum` und startet die Verleihschalter (engl. *counters*) in Form von Threads. Die Schalter starten ihrerseits nach Bedarf `Visitor`-Threads. Die Schalter mieten (`hire`) Walkmen aus dem `Museum`-Objekt, die von den Besuchern zurückgegeben werden (`replace`).

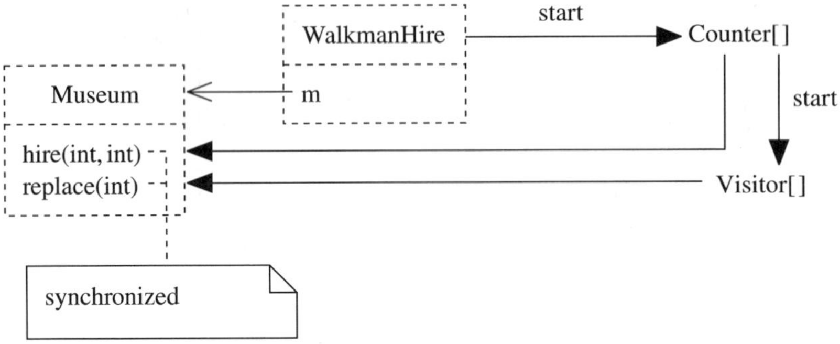

Abbildung 13.10: Das Objekt-Diagramm für das Walkman-Programm auf einer hohen Ebene

13.5.3 Synchronisierte Objekte

Betrachten Sie nun eingehender die Synchronisierungsteile des Programms. `hire` und `replace` sind die beiden Methoden, die die Anzahl der Walkmen und die als Pfand hinterlassenen Bargeldbeträge kontrollieren. Natürlich muss die Summe aus beiden gleich dem Ursprungsbetrag sein. Die Klasse sieht folgendermaßen aus. Lesen Sie die Kommentare, um die Interaktion von `hire` und `replace` zu verstehen. In `Museum` findet der Anwender rudimentäre Kommentare dazu, wie der Verleihprozess fortschreitet.

```
import java.io.*;

class Museum {
    Museum (int w) {
    walkmen = w;
    cash = 0;
  }

  synchronized void hire (int c,int n) {
    // Wenn nicht mehr genügend Walkmen vorhanden sind,
    // warte bis jemand an einem anderen Schalter welche
    // zurückgibt und benachrichtige uns entsprechend.
    // Wenn nicht genügend zurückgegeben werden,
    // warten wir weiter.
    System.out.println("Counter "+c+" wants "+n);
    while (walkmen < n) {
      try {  wait(); }
      catch (InterruptedException e) { }
    }

    // Vermiete die Walkmen, nimm das Pfand entgegen.
    // Lasse die Kunden an diesem Schalter "weggehen",
    // indem die Kontrolle über den Monitor mit einem
    // notify-Aufruf freigegeben wird.
    walkmen -= n;
    cash += n;
    System.out.println("Counter "+c+" acquires "+n);
    System.out.println("Pool status:"+
      " Deposits "+cash+" Total "+(walkmen+cash)
      + " Walkmen "+walkmen);
    notify ();
  }

  synchronized void replace (int n) {

    // Nimmt jeden Rückgabe immer sofort entgegen.
    // Sobald der Pool und die Pfandzahlungen aktualisiert sind,
    // benachrichtige alle anderen auf Walkmen wartenden Helfer.
    System.out.println("Replacing "+n);
    walkmen +=n;
    cash -= n;
    notify ();
  }

 private static int walkmen;
 private static int cash;
}
```

Die Counter-Threads rufen den hire-Teil von Museum auf. Sobald ihre Erfordernisse befriedigt sind, erzeugen sie einen neuen Visitor-Thread.

Danach ruhen sie, bis sie eine neue Besuchergruppe bedienen müssen. Die Anzahl der Besucher pro Gruppe und die Zeitabstände zwischen den Gruppen basieren auf Zufallszahlen.

```
class Counter extends Thread {

  Counter (Museum m, int q) {
    museum = m;
    queue = q;
  }

   public void run () {

     // Entscheide, wie viele Walkmen für eine Besuchergruppe
     // benötigt werden und versuche sie zu mieten
     // (bis zum Erfolg warten). Die Besucher werden
     // auf ihren Rundgang geschickt (durch Starten eines
     // neuen Besucher-Threads, der unabhängig ausgeführt wird)
     while (true) {
       int w = a(7);
       museum.hire(queue, w);
       new Visitors (museum, w).start();

       // Warte kurz, bevor die nächsten Personen ankommen
       try { sleep(a(100));}  catch(InterruptedException e) { }
     }
   }

   Museum museum;
   int queue;
}
```

Die `Visitor`-Threads simulieren, wie Besuchergruppen eine zufällig gewählte Zeit lang im Museum herumspazieren, die Ausstellungsobjekte betrachten und danach die Walkmen unmittelbar an das `Museum`-Objekt zurückgeben. Da die Methode `replace` synchronisiert ist, kann es zu kurzen Wartezeiten kommen, wenn ein `Counter`-Thread gerade in diesem Moment dabei ist, einen Walkman zu verleihen. Anderenfalls können die Besucher jedoch weitergehen, ohne Schlange stehen zu müssen.

```
class Visitors extends Thread {

  Visitors (Museum m, int w) {
    museum = m;
    groupSize = w;
  }
public void run () {
```

```
    // Die Gruppe geht 50 Zeiteinheiten lang alleine herum.
    // Möglicherweise müssen Sie diese Zahl für Ihren Computer ändern.
    // Dann geben sie alle ihre Walkmen zurück und gehen weg.
    // Der Thread stirbt mit ihnen.
    try { sleep((int) (Math.random()*1000)+1);}
         catch(InterruptedException e) { }
    museum.replace(groupSize);
  }

  Museum museum;
  int groupSize;
}
```

Abschließend zeigen wir das Hauptprogramm. Es ist für das Starten der Threads `Museum` und `Counter` zuständig. Damit der Nutzer die Größe der Simulation ändern kann, lassen sich die Anzahl der Walkmen und der Verleihschalter auf der Kommandozeile einsetzen. Die voreingestellten Werte betragen 50 und 3.

```
class WalkmanHire {

 /* The Museum Walkman Hire program      J M Bishop Jan 1997
    simuliert das Mieten von Walkmen aus einem festen Pool für
    je G1. Mehrere Helfer an verschiedenen Schaltern sind für das
    Mieten und Zurückgeben der Walkmen zuständig.

    Die Anzahl der Walkmen im ursprünglichen Pool beträgt 50
    und die Anzahl der Helfer beträgt 3,
    aber diese Zahlen können zur Laufzeit von Parametern
    überschrieben werden, z.B. java WalkmanHire 100 8.
    Die Barbewegungen beginnen bei null.

    Veranschaulicht Monitore mit synchronize, wait und notify.
    Zeigt ein Hauptprogramm und zwei verschiedene Thread-Arten,
    die gleichzeitig ausgeführt werden.
  */

 public static void main (String [] args) {

    // Hole die Anzahl der Walkmen im Pool
    // und öffne das Museum.
    if (args.length >= 1)
      pool = Integer.parseInt(args[0]);
    else pool = 50;
    Museum m = new Museum (pool);
    // Hole die Anzahl der Helfer
    // und öffne die Schalter.
    if (args.length >= 2)
      helpers = Integer.parseInt(args[1]);
    else helpers = 3;
```

```
    for (int i=0; i<helpers; i++)
      new Counter (m,i).start();
    }
    static int pool;
    static int helpers;
  }
```

13.5.4 Test

Das Programm produziert eine Textausgabe. Wir betrachten nur einen kleinen Ausschnitt davon, nämlich einen Punkt, an dem die Walkmen zur Neige gehen. Wir nummerieren die Zeilen, um uns darauf beziehen zu können.

```
1.  Pool status: Deposits 15 Total 20 Walkmen 5
2.  Counter 1 wants 5
3.  Counter 1 acquires 5
4.  Pool status: Deposits 20 Total 20 Walkmen 0
5.  Counter 2 wants 7
6.  Counter 0 wants 2
7.  Counter 1 wants 4
8.  Replacing 1
9.  Replacing 2
10. Counter 0 acquires 2
11. Pool status: Deposits 19 Total 20 Walkmen 1
12. Replacing 6
13. Counter 2 acquires 7
14. Pool status: Deposits 20 Total 20 Walkmen 0
15. Counter 0 wants 5
16. Counter 2 wants 1
17. Replacing 1
18. Replacing 5
19. Counter 0 acquires 5
20. Pool status: Deposits 19 Total 20 Walkmen 1
21. Counter 2 acquires 1
22. Pool status: Deposits 20 Total 20 Walkmen 0
23. Counter 2 wants 2
24. Counter 0 wants 7
25. Replacing 7
26. Counter 1 acquires 4
27. Pool status: Deposits 17 Total 20 Walkmen 3
28. Counter 2 acquires 2
29. Pool status: Deposits 19 Total 20 Walkmen 1
```

Das Programm wurde mit einem Bestand von 20 Walkmen und drei Schaltern (0, 1 und 2) begonnen. Zu Beginn dieses Auszugs sind noch fünf Walkmen übrig. Schalter 1 benötigt 5 Walkmen und bekommt sie auch, sodass keine mehr übrig sind. In diesem Moment geben alle Schalter Anforderungen ein, die alle blockiert werden, bis Besuchergruppen mit der Rückgabe von Walkmen beginnen. In Zeile 8 wurden Walkmen in den Bestand zurückgegeben, was jedoch für keinen der wartenden Threads ausreichte; also warten sie weiter. In Zeile 9 werden zwei weitere Walkmen zurückgegeben. In Zeile 10 sind drei Walkmen im Bestand, und der Thread von Schalter 0 kann weiterlaufen. Beachten Sie, dass dieser Thread nicht der erste in der Warteschlange war: Bereits in Zeile 5 hat Schalter 2 fünf Walkmen angefordert, muss aber weiterhin warten. In Zeile 12 werden glücklicherweise noch sechs Walkmen zurückgegeben, sodass nun insgesamt sieben vorhanden sind und diese Gruppe nun eintreten kann. Der Bestand ist allerdings wieder auf null gesunken.

Untersuchen Sie den Rest der Ausgabe und führen Sie das Programm selbst mit anderen Parametern aus, um ein Gefühl für seine Dynamik zu bekommen.

13.6 Zusammenfassung

Um besser mit Netzwerken und Benutzerinteraktion umgehen zu können, ermöglicht Java das Arbeiten mit mehreren Threads. Eine Klasse kann von `Thread` erben und Objekte dieser Klasse lassen sich über ihre eigenen `run`-Methoden unabhängig voneinander ausführen. Eine `run`-Methode hat in der Regel eine Schleife und sollte normal enden können. Threads kommunizieren durch Methoden- und Variablenzugriff miteinander. Besteht die Gefahr einer gegenseitigen Beeinflussung von Threads, werden die von ihnen aufgerufenen Methoden als `synchronized` deklariert. Java gewährleistet daraufhin, dass ein Thread in einer synchronisierten Methode beendet wird, bevor ein anderer in irgendeine synchronisierte Methode desselben Objektes eintreten darf. Um Threads so zu steuern, dass einer auf den anderen wartet, gibt es drei Thread-Methoden: `wait`, `notifyAll` und `notify`.

In diesem Kapitel wurde ein neues Schlüsselwort eingeführt:

`synchronized`

Außerdem gaben wir das API für die `Thread`-Klasse folgendermaßen an:

```
Thread     wait
start      notify
run        notifyAll
sleep      Display
yield
```

Die folgenden neuen Schemata wurden dargestellt:

- Erzeugen eines Threads
- Thread-Methoden
- Die `run`-Methode eines Threads
- Die synchronisierte Methode
- Synchronisierungsmethoden

Und es gab zwei neue Ausnahmen:

- `InterruptedException`
- `IllegalMonitorStateException`

13.7 Übungen

13.1 Ein Thread kann inaktiv sein, weil

(a) er Pech hat,

(b) er vielleicht auf seinen Anteil an der Prozessorzeit wartet,

(c) er vielleicht auf Informationen wartet,

(d) Antwort (b) oder (c).

13.2 Um Threads zu implementieren, muss ein Programmierer

(a) nichts tun, da Threads unsichtbar sind,

(b) nur die Thread-Objekte initiieren und laufen lassen,

(c) sicherstellen, dass ausreichend Speicherplatz und andere Ressourcen vorhanden sind, damit die Threads funktionieren können,

(d) die Threads instanziieren, ihren synchronisierten Ablauf überwachen und feststellen, wann sie enden sollten.

13.3 Das Kernstück eines Threads ist.

(a) die Methode `run`

(b) die Methode `start`

(c) die Klasse `Thread`

(d) das Interface `Runnable`

13.4 Welche Wirkung hätten die folgenden Codezeilen im Thread `Spots` im Beispiel 13.1?

```
try {
   sleep (500);
}
catch (InterruptrdException e) {
}
```

(a) Nach 200 Wiederholungen der Schleife verlangsamt sich das Programm.

(b) Nach 500 Sekunden wird der Rechner in den Standby-Modus gestellt.

(c) Der Thread hält für 500 Millisekunden an, und danach wird durch die Methode `sleep` eine `InterruptedException` ausgelöst und die Ausführung fortgesetzt.

(d) Der Thread lässt für eine halbe Sekunde die Ausführung eines anderen Threads zu.

13.5 In einem Programm mit Threads müssen bestimmte Operationen synchronisiert werden,

(a) damit es keine Verklemmung gibt ,

(b) damit die Systemzeit verändert werden kann,

(c) damit die synchronisierte Methode, die einen Code zur Modifizierung globaler Variablen oder des Programmzustands enthält, die Ausführung vollständig beenden kann, ehe eine andere Methode aufgerufen wird,

(d) damit Sie nicht an jeder Kreuzung auf eine rote Ampel treffen und warten müssen.

13.6 Die Klasse `Display` hat weder eine innere Klasse, die `Thread` erweitert, noch eine Methode `run`. Wieso verfügt sie dennoch über die Attribute eines Threads?

(a) Sie hat eine `ready`-Methode.

(b) Sie hat eine Klasse namens `Watcher`, die `wait` und `notify` aufruft

(c) Alle `main`-Methoden sind Threads.

(d) Antworten (a) und (b).

13.7 In welchem Paket wird die Klasse `Thread` deklariert?

(a) `java.util`

(b) `java.lang`

(c) `java.io`

(d) `java.applet`

13.8 Ein Thread endet, wenn

(a) das Programm, von dem er erzeugt wurde, endet,

(b) er `stop()`aufruft,

(c) er sein natürliches Ende erreicht, z. B. das Ende seiner Schleife,

(d) alle anderen Threads dieser Klasse enden.

13.9 Um im Beispiel 13.4 einen neuen Parkplatz einzurichten, würden wir sagen:

(a) `new CarThread ("North", 450);`

(b) `new CarThread ("North", 450).start();`

(c) `new ViewPoint ("View2"), 450);`

(d) `new ViewPoint ("View2"), 450).start();`

13.10 Mit den folgenden Datenstrukturen behält die Klasse `Display` die Datenelemente im Auge, die eingegeben werden können:

(a) Verkettete Liste

(b) Array

(c) Hashtabelle

(d) Vektor

13.8 Aufgaben

13.1 **Englische Ampeln:** In England hat jede Ampel noch eine vierte Ampelphase: Zwischen Rot und Grün leuchten das gelbe und rote Licht gleichzeitig auf. Ändern Sie das Programm im Beispiel 13.2 entsprechend.

13.2 **Realistische Java-Dukes:** Das Duke-Programm (Beispiel 12.4) benutzte insofern eine Pseudoanimation, als sich das Bild nur bewegte, wenn auch die Maus bewegt wurde - wenn auch auf scheinbar zufällige Art. Verändern Sie das Programm so, dass der Duke durch einen Thread bewegt wird.

13.3 **Formen animieren:** Das System zur Auswahl von Formen aus Aufgabe 11.1 ermöglicht das Platzieren von Formen auf einem Bildschirm. Machen Sie sich die Konzepte des Punkte-Programms (Beispiel 13.1) und des Duke-Programms (Beispiel 12.4) zunutze und verbessern Sie das Programm dergestalt, dass die Formen jederzeit auf dem Bildschirm bewegt werden können. Machen Sie dies in Swing und fügen Sie einen Regler hinzu, um die Geschwindigkeit der Bewegung zu kontrollieren.

13.4 **Laufende Uhr:** In Aufgabe 10.1 entwarfen wir das Zifferblatt einer Digitaluhr. Nun möchten wir diese mit einem Thread laufen lassen, wobei die Ziffern durchlaufen und zugleich die `Reset`- und `Display`-Knöpfe aktiv sind.

13.5 **Sichtbare Walkmen:** Das Walkman-Programm (Fallstudie 9) sollte eine Benutzungsschnittstelle erhalten, die (a) zeigt, wie die Walkmen ausgehändigt und zurückgegeben werden und (b) ein Steuerungspanel hat, damit die Ankunft von Gruppen nicht mehr automatisch generiert, sondern vom Benutzer gesteuert wird. Erstellen Sie eine solche Schnittstelle als zusätzlichen Thread im System.

13.6 **Beschädigte Walkmen:** Es ist gut möglich, dass Besucher am Ende ihres Rundgangs feststellen, dass Walkmen nicht mehr funktionieren. Wir bitten darum, diese nicht unmittelbar zurückzugeben, sondern am Schalter separat abzugeben. Wie müssten wir, um dies zu tun, das Modelldiagramm ändern, und welche Methoden wären notwendig? Implementieren Sie diese Änderungen und fügen Sie außerdem eine `Curator`-Klasse hinzu, die in regelmäßigen Abständen schadhafte Walkmen einsammelt und später zurückgibt.

13.7 **Prominente Besucher:** Manche Besucher sind prominent und sollten nicht so lange nach Walkmen anstehen müssen. Fügen Sie der `Curator`-Klasse eine neue Funktion hinzu, die gelegentlich Gruppen von Prominenten eintreffen lässt und an diese mit höherer Priorität Walkmen ausgibt. Zeigen Sie die Auswirkungen, indem Sie Beispielausgaben vergleichen.

13.8 **Aussichtspunkt ist voll!** Savanna Conservation ist beunruhigt über die Anzahl von Fahrzeugen, die den Aussichtspunkt aus dem Beispiel 13.4 ansteuern. Können Sie das Programm so erweitern, dass der Aussichtspunkt über eine Höchstzahl von Plätzen verfügt und von den Parkplätzen nur dann Fahrzeuge eintreffen können, wenn Platz vorhanden ist? Ist kein Platz frei, stehen sie mithilfe der Synchronisationsmethode `wait` Schlange. Fährt (nach einer zufällig ausgewählten Verweildauer auf dem Aussichtspunkt) ein Auto weg, werden die Parkplätze benachrichtigt (`notifyAll`), dass ein weiteres Auto Zufahrt erhält.

14 Netzwerkprogrammierung

14.1 Verbindung über das Internet

Java wurde für den Zugriff auf das Netzwerk geschaffen. Es hat umfangreiche Funktionen für die Netzwerkprogrammierung auf verschiedenen Ebenen von der Verbindung über URLs oder Sockets bis hin zum Zugriff auf entfernt gespeicherte Methoden (RMI) und zur Java-Datenbankanbindung (JDBC). Da Java die Nutzung dieser Verbindungen so einfach macht, können wir es verantworten, sie in ein Einführungsbuch wie dieses aufzunehmen, zumal wir diese neuen Konzepte wie in *Java lernen* üblich mithilfe von Beispielen untersuchen.

Alle vier Verbindungsmethoden sind Teil der Kern-APIs von Java und stehen im Standard-JDK und jedem Browser, der Java 1.2 unterstützt, zur Verfügung. Insbesondere werden wir die Pakete `java.net`, `java.rmi` und `java.sql` verwenden.

14.1.1 URL-Verbindungen

Java verfügt über eine Klasse namens `URL`, die es ermöglicht, die von einem Internet-URL referenzierten Daten herunterzuladen und mit der betreffenden Ressource zu interagieren. Aus einer gegebenen Zeichenreihe erstellt Java einen geeigneten URL, den man dann zum Einrichten einer `URLConnection` nutzen kann. Die Verbindung ermöglicht eine Interaktion, wie sie vom Protokoll der betreffenden Ressource definiert wird, z. B. über Eingabe-Ausgabeströme.

Ein URL wird nach dem folgenden Schema erzeugt:

Erzeugung eines URL

```
URL URLName = new URL (URLZzeichenreihe);
URL URLName = new URL (URLBasis, URLZeichenreihe);
```

Das erste Schema versucht, aus einer gegebenen Zeichenreihe einen URL zu erstellen. Existiert kein solcher URL, so wird eine `MalformedURLException` ausgelöst.

Das zweite Schema lässt relative URLs zu, sodass aus einem vorhandenen URL-Objekt neue, erweiterte gebildet werden können.

Ein Beispiel:

```
URL info = new URL
 ("http://u/java/Book/chap13/Spots.java");
```

Wir können auch eine URL-Verbindung zu unserer lokalen Maschine herstellen, um die Beschränkung zu umgehen, dass Applets keine lokalen Dateien lesen dürfen. Wenn wir nämlich auf das Laufwerk C zugreifen, ist klar, dass wir eigentlich eine lokale Datei verwenden, dies aber über die Internet-Technologie tun. Wir könnten also Folgendes einrichten:

```
URL data = new URL
 ("file:///C|/books/jges/chap8/rates.data");
```

Um die Unabhängigkeit der Applets und ihrer Dateien zu bewahren, können wir relative URLs verwenden, was auch der Normalfall ist. Dabei holen wir zuerst mit der Applet-Methode `getCodeBase` den URL, von dem das Applet kam, und dann die zugehörige Datei, z. B.:

```
URL info = new URL (getCodeBase(),"rates.data");
```

URLs können demach relativ zu der Seite sein, die das Applet geladen hat, und dabei eine weitere Applet-Methode, `getDocumentBase()`, benutzen. Der Konstruktor gewährleistet, dass bei der Formulierung des URL die richtige Syntax verwendet wird. Ist dies nicht der Fall, so wird eine `MalformedURLException` ausgelöst. Daher ist es üblich, die Deklaration in eine Try-Anweisung einzubauen und die Ausnahme abzufangen.

Um auf die Ressource am URL zuzugreifen, müssen wir eine Verbindung einrichten. Ist die Ressource eine Textdatei, so können wir einen Eingabestrom zu ihr erstellen. Das betreffende Schema lautet:

Eine URL-Verbindung erzeugen

`URLConnection` *`Verbindung`* `=` *`URLname`*`.openConnection ();`
`BufferedReader` *`Readername`* `=` **`new`** `InputStreamReader (`*`Verbindung`*`.getInputStream());`
`Stream` *`Stromname`* `=` **`new`** `Stream (`*`Verbindung`*`.getInputStream())`

Vom `URLNamen` wird ein Objekt erzeugt und in *Verbindung* gespeichert. Mit der *Verbindung* wird ein Eingabestrom geholt, der dann entweder zur Erzeugung eines `BufferedReader` an `InputStreamReader` oder zur Erzeugung eines `Stream`-Objekts an `Stream` weitergegeben wird.

Nunmehr fungiert der Reader oder Strom als normale Eingabequelle. Wir können das Gesagte zusammenfassen, indem wir eine Methode erstellen, die einen Dateinamen erhält, alles, was das Verbinden betrifft, regelt und einen `BufferedReader` zurückgibt. Sie würde folgendermaßen aussehen:

```
BufferedReader connectTo (String fileName) {

/* Eine Methode, um einen Dateinamen über das Internet
 * mit einem BufferedReader zu verbinden. Verwendet für
 * Fehlermeldungen die Anzeige
 */
   BufferedReader fin = null;
   try {
     URL dataFileURL = new URL(getCodeBase()+fileName);
     display.println("Connecting to "+dataFileURL);
     URLConnection con = dataFileURL.openConnection();
     try {
       fin = new BufferedReader(new InputStreamReader
             (con.getInputStream()));
     }
     catch (IOException e) {
       display.println("File "+fileName+" could not be opened");
     }
   }
   catch (Exception e) {
     display.println("Unexpected error when connecting");
   }
   return fin;
 }
```

ConnectTo sendet eine Nachricht an den Bildschirm, könnte aber auch so verändert werden, dass sie die Nachricht über System.out an die Konsole sendet.

Beispiel 14.1: Das Umrechnungs-Applet

Gelegenheit

Die Direktoren von Savanna Travel sehen eine Gelegenheit, das Programm zur Umrechnung von Währungen im Internet anzubieten, damit zukünftige Reisende sehen können, welchen Betrag sie in der Fremdwährung für ihre Reise zur Verfügung haben.

Reaktion

Wandeln Sie das im Beispiel 11.3 entwickelte Programm mithilfe der Anweisungen aus dem Abschnitt 12.1 in ein Applet um. Erzeugen Sie eine HTML-Datei und greifen Sie über einen Browser von irgendwo im Internet darauf zu. Das Applet wird dann in die HTML-Seite geladen.

Programmentwurf

Anfangs folgen die Veränderungen des Programms aus Beispiel 11.3 den im Abschnitt 12.1 und im Beispiel 12.1 skizzierten Schritten. Sobald das Hauptprogramm jedoch entfernt wird, braucht der Rest des Programms nicht mehr in einer eigenen Klasse bewahrt zu werden. Also können wir ebenso gut alles zu einer einzigen Klasse zusammenfassen.

Es ist nur eine weitere Änderung notwendig: Da das Applet möglicherweise auf einem Computer in der einen Stadt läuft, das Reisebüro sich jedoch in der anderen Stadt befindet, verursacht die Datei rates.dat ein Problem. Sie befindet sich auf dem Rechner des Reisebüros und kann nicht auf die übliche Art geöffnet werden. Die gute Nachricht ist, dass die Datei ganz normal gelesen werden kann, wenn wir zuvor wie oben beschrieben über das Internet eine Verbindung zu ihr hergestellt haben.

Die Klasse Rates ändert sich für die Applet-Version nicht. Diese Applet-Version sieht folgendermaßen aus (die unveränderten Methodenrümpfe werden hier nicht vollständig angegeben):

```
import java.awt.*;
import java.awt.event.*;
import java.util.*;
import java.io.*;
import java.applet.*;
import java.net.*;
import javagently.*;

public class ConverterGUIApplet extends Applet
        implements ActionListener, ItemListener{
```

```
/* The Converter Applet     von J M Bishop Dez 1998
 * --------------------      Display-Version Juli 1999
 *                           GUI-Version Juli 1999
 *                           Java 1.2 August 2000
 * Speichert die Wechselkurse von einer Währung in viele
 * andere und ermöglicht  eine Schätzung der
 * Währungsumrechnung.
 *
 * Veranschaulicht die Verwendung einer einfachen GUI
 * mit Auswahlkästchen, Textfeld, Knöpfen, Textbereich
 * und Beschriftungen.
 */
  ... Deklarationen wie zuvor
  public void init () {
    ... wie zuvor
  }

  public void actionPerformed (ActionEvent e) {
    ... wie zuvor
  }

  public void itemStateChanged(ItemEvent e) {
    ... wie zuvor
  }

  void transaction () {
    ... wie zuvor
  }
 void readIn() {
    try {
   // Den Zugriff auf die Kurse über das Internet einrichten
   URL ratesFileURL = new URL(getCodeBase()+"rates.data");
   URLConnection con = ratesFileURL.openConnection();
   Stream fin = null;
   try {
     fin = new Stream(con.getInputStream());
   }
   catch (IOException e) {
     resultField.append("rates.data file not found\n");
   }
 }
 ... wie zuvor
}
}
```

Test

Wir haben das Applet mit etwas Text umgeben, um zu veranschaulichen, wie es in HTML eingebettet wird. Der HTML-Code wurde im Netscape-Editor als Wysiwyg-Version erstellt und die Datei mit dem Ergebnis dann als `Converter.html` gespeichert. Genau diese Datei öffnen wir, wenn wir auf das Applet zugreifen möchten. Würde sie auf einem Webserver gespeichert, so könnten wir über eine Internetadresse darauf zugreifen. Abbildung 14.1 zeigt, wie die Ausgabe im Microsoft Internet Explorer aussieht.

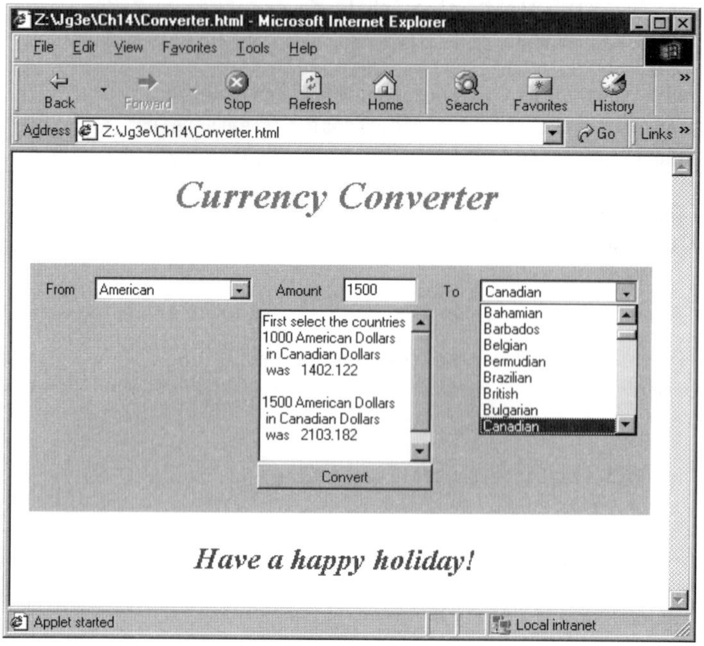

Abbildung 14.1: Das Converter-Applet im Microsoft Internet Explorer

14.1.2 Bilder holen

Wie kommen wir zu Bildern? Ganz einfach, indem wir die Dienste des AWT und insbesondere des Pakets `awt.image` in Anspruch nehmen. Das Schema hierfür lautet:

Ein Bild holen
`Image` *`Bildname`* `= createImage((ImageProducer)`   *`BildURL`*`.getContent());`
`getContent` gibt den gesamten Inhalt der Datei als Objekt zurück. Die Referenz darauf wird in eine vom Typ des Interface `ImageProducer` umgewandelt. In einem `Frame`-Objekt wird die Methode `createImage` aufgerufen, um mit dem `ImageProducer`-Objekt ein `Image`-Objekt zu erzeugen.

Ist all dies erledigt und der Frame sichtbar gemacht, dann wird die Methode `paint` aufgerufen und das Bild angezeigt.

Beispiel 14.2: Ein Bild holen

Darstellung

Das folgende Programm stellt dar, wie man ein Bild von einem URL holt.

```
import java.awt.*;
import java.awt.event.*;
import java.awt.image.*;
import java.net.*;

public class FetchImage extends Frame {

  /* Fetch an image program  von J M Bishop Jan 1997
   * =====================  Java 1.1
   *                        aktualisiert B Worrall Aug 2000

   * Holt ein jpg- oder gif-Bild in ein Fenster.
   * Veranschaulicht die Verwendung von awt.image. */

  private Image image;

  public void paint(Graphics g) {
    g.drawImage(image, 50, 50, this);
  }

  public static void main(String[] args) throws Exception {
    new FetchImage(args[0]);
  }

  FetchImage (String name) throws Exception {
    URL imageURL = new URL(name);
    image = createImage((ImageProducer) imageURL.getContent());
    setSize(300, 300);
    setVisible(true);
    addWindowListener(new WindowAdapter () {
      public void windowClosing(WindowEvent e) {
        System.exit(0);
      }
    } );
  }
}
```

Test

Um das Programm zu testen, führen wir es mit einer bekannten Bilddatei aus:

```
java FetchImage file:/u/java/Book/chap14/Fluffy.jpg
```

Ein Fenster wird geöffnet (wie bei AWT-Programmen üblich) und das Kätzchenbild wird darin angezeigt. Das Fenster lässt sich durch Drücken des `close`-Kästchens schließen, da wir zu diesem Zweck eine `windowClosing`-Methode bereitgestellt haben.

14.2 Ports und Sockets

Port

Im vorherigen Abschnitt konzentrierten wir uns auf Verbindungen über URLs auf hohem Niveau. Java bietet noch eine andere Ebene der Verbindung, nämlich Ports und Sockets. Ein **Port** ist eine Abstraktion eines physischen Ortes, über den Client und Server miteinander kommunizieren können. Der Server stellt den Port zur Verfügung, mit dem sich der Client verbindet.

Betriebssysteme ordnen bestimmten Ports bestimmte Prozesse zu, wobei ständig eine Server-Software läuft, die auf bestimmte Arten von Nachrichten achtet, die erwartet werden. Ports bekommen im Allgemeinen Nummern zugewiesen. So liefert z. B. unter Unix eine Verbindung mit Port 13 Datum und Uhrzeit des Computers zurück. Über andere Ports kann man E-Mails senden und empfangen, den Status des Computers überprüfen, feststellen, wer eingeloggt ist etc. Den einfachen Anwendern stehen diese Ports aus Sicherheitsgründen meist nicht zur Verfügung. Es stehen jedoch viele freie Ports zur Verfügung, die wir nutzen können, um eigene Dienste einzurichten.

Socket

Ein solcher Dienst wird ein Java-Programm mit mehreren Threads sein, das auf dem angegebenen Port Sockets zur Verfügung stellt. Ein **Socket** ist eine Abstraktion der Netzwerk-Software, die eine Kommunikation in dieses Programm hinein und aus diesem Programm heraus ermöglicht. Wenn wir über eine gültige Internet-Adresse für unseren Computer und eine gültige Port-Nummer verfügen, können wir einen Java-Socket erzeugen. Auf einem einzigen Port können mehrere Sockets erzeugt werden, damit viele Clients den angebotenen Dienst nutzen können (vgl. Abbildung 14.2).

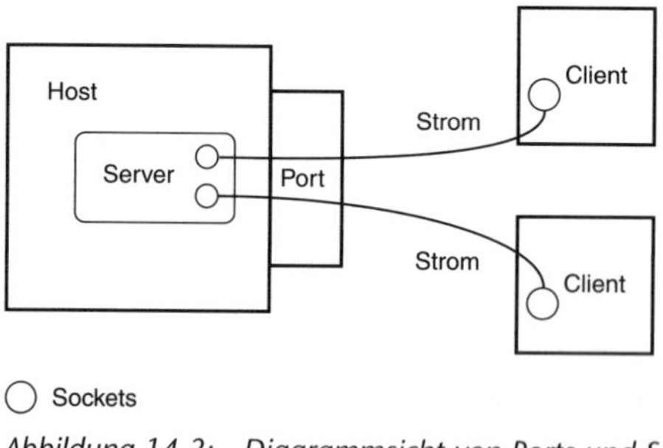

Abbildung 14.2: Diagrammsicht von Ports und Sockets

Sobald ein Socket erzeugt worden ist, können Client und Server auf jede vereinbarungsgemäße Art kommunizieren. In Java ist der einfachste Weg, einen einfachen Strom vom Server zum Client einzurichten. Danach kann der Server mit Lese- und Schreibmethoden Daten empfangen und versenden.

Ist der Client ein Java-Programm, verfügt er auch über einen Socket und Ströme, die zu denen des Servers passen. Alternativ könnte der Client auch ein bestehendes Programm wie z. B. Telnet sein und der Server könnte ein Dienst wie etwa die Uhrzeitangabe sein. Ein Socket wird nach folgendem Schema eingerichtet:

Sockets einrichten

```
ServerSocket Listener = new ServerSocket (Port);
Socket Socketname = listener.accept();
Socket Socketname = new Socket (Host, Port);
```

Und nach folgenden Schemata verbindet man Ein- und Ausgabeströme mit dem Socket:

Ströme für Sockets

```
BufferedReader Eingabestromname = new InputStreamReader (name.getIn-
putStream());
PrintWriter Ausgabestromname = new PrintWriter(name.getOutputSt-
ream(),true);
```

Wie bereits erwähnt wurde, können wir Sockets auch über die Klasse `Stream` verbinden. Erstellen wir einen Socket auf der Server-Seite, richten wir auf diesem Port als Erstes einen permanent wachsamen Socket ein, der auf der Klasse `ServerSocket` basiert. Danach wird über die Methode `accept` für jeden auf diesen Port zugreifenden Client ein eigener Socket aus der Klasse `Socket` eingerichtet. Auf Seiten des Client erzeugen wir solch einen Socket, indem wir die Klasse `Socket` unmittelbar instanziieren und den Host angeben, mit dem dieser Verbindung aufnehmen muss.

Diese beiden Stromverbindungen folgen demselben Muster wie alle Stromverbindungen. Der einzige Unterschied ist, dass der Ausgabestrom der Klasse `PrintWriter` (durch den Parameter `true`) mitteilt, dass sie jede Zeile sofort ausgeben muss.

Beispiel 14.3: Einen Port öffnen

Darstellung

Das folgende Beispiel ist ein einfaches Programm, das als Client auf einen bestehenden Server zugreifen soll, der sich auf einem Host befindet. Hier verwenden wir Port 13, der die Uhrzeit des Computers zurückgibt. Das Programm erzeugt einen Socket nach dem zweiten der oben genannten Schemata.

```
import java.io.*;
import java.net.*;
import javagently.*;

class Ports {
  /* The Ports program              J M Bishop 1997
   * -----------------              aktualisiert August 2000
   *
   * Zur Prüfung der Reaktion verschiedener Ports
   * auf einem entfernten Rechner.
   * Veranschaulicht Sockets
   */

  public static void main(String[] args) {
    String computer;
    int port;

    if (args.length > 0) computer = args[0];
    else computer = "syd.cs.up.ac.za";
    if (args.length > 1) port = Integer.parseInt(args[1]);
    else port = 13; // der Uhr-Port

    new Ports (computer, port);
  }

  Ports (String computer, int port) {

   System.out.println("Accessing port "+port+" on "+ computer+"\ n");
    try {

    // Erstelle ein Socket für einen gegebenen Port.
    // Richte einen Eingabestrom ein, der liest, was
    // das Socket auf dieser Seite bereitstellt.

    Socket t = new Socket(computer, port);
    Stream in = new Stream(t.getInputStream());

    // Lies vom Server, bis readLine
    // keine Daten mehr zurückgibt
    while (true) {
      String s = in.readLine();
      if (s == null) break;
      else System.out.println(s);
    }
  }
  catch(IOException e) {  System.out.println("Error" + e); }
 }
}
```

Test

Wenn wir dieses Programm ohne Parameter ausführen würden, würde es standardmäßig auf den Computer syd.cs.up.ac.za und auf Port 13 zurückgreifen. Das Ergebnis wäre eine Ausgabe von Datum und Uhrzeit wie die folgende:

```
Accessing port 13 on syd.cs.up.ac.za
Sun Aug 26 15:57:14 2000
```

Nun überlegen wir, wie wir auf einem freien Port unser eigenes Server-Programm einrichten können. Da Ports über 8000 normalerweise frei sind, können wir einen von diesen verwenden.

Beispiel 14.4: Einen Geldautomaten-Server einrichten

Aufgabe

Wir möchten die Arbeit der mit einer Bank verbundenen Geldautomaten (engl. *automated teller machines, ATMs*) sowie das anfängliche Prüfen der PIN-Nummer simulieren.

Lösung

Wir richten auf einem freien Port einen Server ein. Dieser Dienst sollte mehrere Verbindungen von Clients, die Geldautomaten repräsentieren, ermöglichen. Zwischen dem Server und einem Client sollte ungefähr folgendes Protokoll herrschen:

Server	Client
Willkommen bei der Bank von Savanna	
Bitte geben Sie Ihre PIN oder CANCEL ein	1234
Ungültige PIN. Bitte wiederholen.	5678
Bitte beginnen Sie Ihre Transaktionen	

Da dies lediglich eine Simulation ist, ist keine Kundendatenbank mit dem Dienst verbunden, und für alle Kunden gilt die PIN 5678!

Entwurf

Wenn mehrere Clients vorhanden sein sollen, kann man sicher sein, dass sie unterschiedlich schnell laufen und innerhalb des Servers ihre eigenen Threads benötigen. Das ist kein Problem, denn die Einrichtung von Threads haben wir bereits im Kapitel 13 vollständig behandelt. Die Frage ist vielmehr, wie der Dienst getestet werden soll. Wir könnten ein ähnliches Java-Client-Programm wie im Beispiel 14.3 schreiben, aber eigentlich geht es auch einfacher: Wir können einen anderen vorhandenen Client, nämlich Telnet, benutzen. Telnet ist ein Software-Programm mit einem einfachen Protokoll, das, wenn nichts anderes angegeben ist, Zeile für Zeile in einen Host einliest und schreibt. Wir können uns also per Telnet mit dem Host unserer Wahl verbinden und nacheinander Zeilen eingeben.

Programm Das Programm nutzt eine Klasse namens `InetAddress`, die Internetadressen und deren Zeichenreihen-Äquivalente repräsentiert. Der Server folgt (wobei die Geschehnisse auf jeder Stufe kommentiert sind):

```
import java.io.*;
import java.net.*;
import javagently.*;

class ATMServer {

  /* A simple server program  by J M Bishop December 1996
   * ======================
   *                          Java 1.1 überarbeitet Januar 1998
   *                          Java 1.2 B Worrall August 2000
   * Ermöglicht mehrere Verbindungen gleichzeitig.
   * Veranschaulicht Sockets und die Arbeit mit einem Netzwerk.
   */

  static final String magicPIN = "5678";
  static int port = 8190;
  InetAddress serverAddress = null;
  private boolean done = false;

  public static void main(String[] args) {
  // Richtet die Port-Adresse von der Befehlszeile aus
  // oder mit der Standardadresse 8190 ein
   if (args.length > 0)
      port =Integer.parseInt(args[0]);
      new ATMServer (port);
  }


  ATMServer (int port) {

     try {
       serverAddress = InetAddress.getLocalHost();
     }  catch (UnknownHostException e) { }

   // Anfangs nur Ausgabe auf der Server-Seite
   // mit System.out

     System.out.println("***** SAVANNA BANK ********");
     System.out.println("Simulate an ATM session by "
           + "telnetting in to ");
     System.out.println(serverAddress.getHostName() +
           " on port "+port);
    System.out.println("from any number of different computers or");
     System.out.println("from different active Windows.");
```

```
    // Richte das Serversocket ein

       try {
         ServerSocket listener = new ServerSocket(port);

         int c = 0;
         while (!done) {

           // Hier wartet das Programm auf neue Clients
           Socket client = listener.accept( );
           c ++;

           System.out.println("Card inserted on " +
                     client.getInetAddress().getHostName());

           System.out.println("Starting a new client, numbered "
                  +c);
           new handler(client, c).start();
         }

         listener.close();

       }
       catch (IOException e) {
         System.out.println("Port "+port+
           " may be busy. Try another.");
       }
    }
   void closeDown () {
     done = true;
   }
 class handler extends Thread {

   private Socket toClient;
   private int id;

   handler(Socket s, int i) {
   // Speichere die Nummer des Clientsocket und
   // die Kennnummer des Client
     toClient = s;
     id = i;
   }

   public void run() {
   try {
     Stream conin = new Stream (toClient.getInputStream());
     PrintWriter conout = new
       PrintWriter(toClient.getOutputStream(),true);
```

```
        conout.println( "Welcome to Savanna Bank");
        for (int tries = 0; tries < 3; tries++) {
          conout.println("Please type in your PIN "+
             "number or type CANCEL");
          String s = conin.readLine();
          System.out.println("Client "+id+":"+s);
          if (s.equals("SHUTDOWN")) closeDown();
          else if (s.equals("CANCEL")) {
            conout.println("Transactions halted. Goodbye.");
            break;
          }
          else if (s.equals(magicPIN)) {
            conout.println("Please start your transactions");
            break;
          }
          else
            conout.println("Incorrect PIN. Try again.");
        }
        System.out.println("Simulation complete. Thanks.");
      }
      catch (IOException e) { System.out.println("IO Error");}
    }
  }
}
```

Jeder Thread registriert, wenn er konstruiert wird, seine Socket-Referenz. Dann fordert er die mit diesem Socket verbundenen Ein- und Ausgabeströme an, durch die er auf den Client auf der anderen Seite zugreifen kann. Als Einleitung sendet der Behandler dem Geldautomaten eine Nachricht, tritt dann in seine Schleife ein und fragt dreimal nach einer PIN. Darüber hinaus kann der Kunde auch CANCEL eingeben, oder es besteht die Möglichkeit, den Server anzuhalten (im Allgemeinen nicht ratsam). Endet die Schleife, wird der Socket zum Client hin geschlossen und der Thread stirbt.

Test Um den Server auszuführen, lassen wir ihn einfach als normales Java-Programm laufen. Möchten wir uns als Client derselben Maschine per Telnet mit dem Server verbinden (was durchaus möglich ist), dann sollten wir den Server im Hintergrund mit `java ATMServer &` oder einem separaten Fenster in einer Fensterumgebung laufen lassen. Die Abbildung 14.3 zeigt eine typische Sitzung. Die in diesem Beispiel dargestellte Server-Art wird in der Fallstudie 10 weiter ausgebaut.

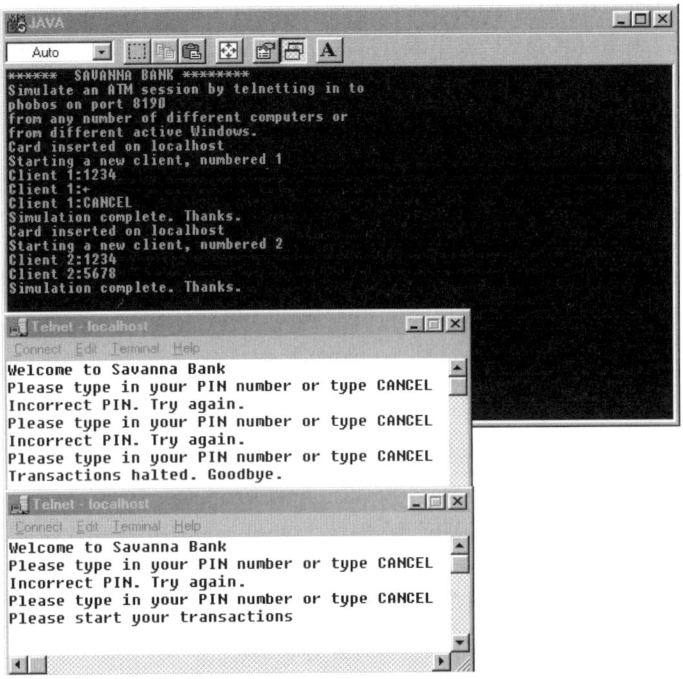

Abbildung 14.3: Die Ausgabe des Geldautomaten-Servers und zwei gleichzeitiger Clients

14.3 Fallstudie 10: Das Chat-System

Im Beispiel 14.4 waren alle Clients völlig unabhängig voneinander. Eine schöne Erweiterung des Systems wäre, wenn der Server die von einem eingegebenen Nachrichten an alle anderen weitergeben würde. Einen derartigen Server nennt man „Chat-Programm".

14.3.1 Clients im Auge behalten

Als Erstes stellt sich die Frage, wie man innerhalb des Servers die Clients im Auge behalten kann. Clients können sich nach Wunsch an- und abmelden, und ihre Zahl lässt sich kaum vorhersagen oder steuern. Es ist also sinnvoll, für Clients statt eines Arrays eine verkettete Liste einzurichten, denn wir wissen, dass wir in einer solchen Liste Zu- und Abgänge haben können, ohne uns um die Anzahl der Elemente kümmern zu müssen.

Wenn wir deklarieren:

```
private static LinkedList clientList = new LinkedList();
```

wobei `LinkedList` die Klasse im (im Abschnitt 8.3 besprochenen) Paket `myutilities` ist, dann lässt sich der Liste folgendermaßen eine Referenz auf einen neuen Client-Thread hinzufügen:

```
clientList.add(client);
```

Aber wie löschen wir einen Client aus der Liste? Der Client muss eine solche Löschung natürlich verlangen, sobald ein BYE entdeckt wurde. Er kennt seine Socket-Referenz und diese ist unter den aktuellen Clients eindeutig. Der Server kann also seine Methode `LinkedList` folgendermaßen einsetzen, wobei `s` die Socketreferenz ist:

```
clientList.remove(s);
```

14.3.2 An alle Clients senden

Um eine Nachricht an alle Clients zu senden, benötigen wir eine Schleife. Da die Nachricht auch an ihren Urheber zurückgeht, brauchen wir nicht zwischen diesem und den übrigen Clients zu unterscheiden und durchlaufen lediglich alle Clients mit einer Schleife.

```
for (ListIterator list = clientList.listIterator();
                         list.hasNext();) {
  s = (Socket) list.next();
  p = new PrintWriter(s.getOutputStream(), true);
  p.println(name+": "+message);
}
```

Wir erhalten für jeden Client in der Liste den entsprechenden Ausgabestrom und senden diesem die Nachricht.

14.3.3 Aktivitäten synchronisieren

Die Lösch- und Sende-Operationen greifen beide auf die vom Server geführte Liste der Clients zu. Da die Lösch-Operation an dieser Liste tiefgreifende Änderungen vornimmt, wäre es unklug, beide Operationen zugleich agieren zu lassen. Daher sind sie als `synchronized` deklariert und Java sorgt dafür, dass eine dieser Operationen, wenn sie begonnen wurde, auch zu Ende geführt wird, bevor die andere begonnen wird.

14.3.4 Ein Modelldiagramm

Diesmal möchten wir ein Modelldiagramm des Servers und seiner Behandler festhalten, wie es in der Abbildung 14.4 gezeigt wird.

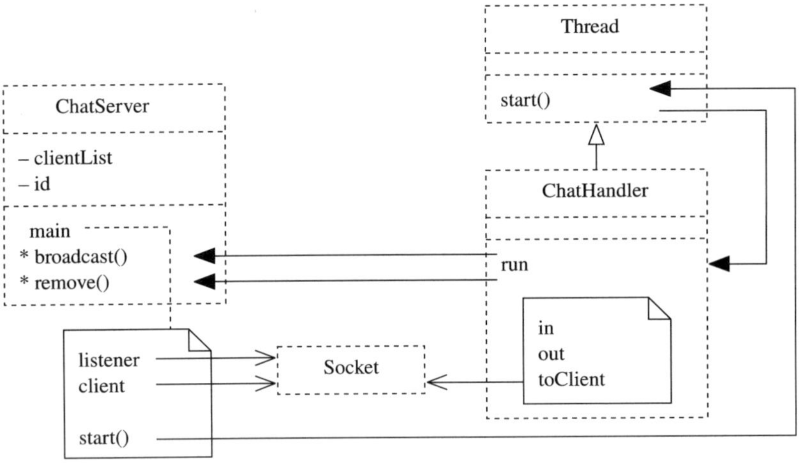

Abbildung 14.4: Das Modelldiagramm für das Chatsystem (die Sternchen zeigen synchronisierte Methoden an).

14.3.5 Der Server

Der vollständige Code des Chat-Servers folgt:

```
import java.io.*;
import java.net.*;
import java.util.*;
import javagently.*;

public class ChatServer {

  /* The Chatter program      von J M Bishop Januar 1997
   * ==================       Java 1.1 Januar 1998
   *                          aktualisiert August 2000
   *
   * Richtet einen Server für mehrere Unterhaltungen ein.
   *
   * Schließe dich an durch Eingabe von
   * telnet x y,
   * wobei x und y der Name und Port des Computers sind wie sie
   * zu dem Zeitpunkt, wenn der Chatter anfängt, gegeben sind.
   *
   * Veranschaulicht Sockets, Ströme auf Sockets,
  * Threads, Synchronisierung und die Verwendung von Lichtern (wieder).
   */

  private static LinkedList clientList = new LinkedList();
  private static int id = 0;

  public static void main(String[] args) throws IOException {
```

```
    // Hole den Port und das dort erzeugte Socket.
    int port = 8190;
    if (args.length > 0)
      port = Integer.parseInt(args[0]);
    new ChatServer (port);
  }

  ChatServer (int port) throws IOException {
    ServerSocket listener = new ServerSocket(port);
    System.out.println("The Chat Server is running on port "+port);

    // Warte auf Clients. Starte für jeden einen neuen Behandler.
    // Füge jeden Client zu der verketteten Liste hinzu.
    while (true) {
      Socket client = listener.accept();
      new ChatHandler(client).start();
      System.out.println("New client no."+id+
          " from "+ listener.getInetAddress()+
          " on client's port "+client.getPort());
      clientList.add(client);
      id++;
    }
  }

  synchronized static void broadcast(String message, String name)
      throws IOException {
    // Sende die Meldung an jeden Client, auch an den Absender.
    Socket s;
    PrintWriter p;
    for (ListIterator list = clientList.listIterator();
    list.hasNext();) {
      s = (Socket) list.next();
      p = new PrintWriter(s.getOutputStream(), true);
      p.println(name+": "+message);
    }
  }

  synchronized static void remove(Socket s) {
  /* Entfernt mit der remove-Method der LinkedList das
   * erste Auftreten des gegebenen Socket-Objekts
   */
    clientList.remove(s);
    id--;
  }
}
```

Für jeden Client gibt es ein ChatHandler-Objekt. Ein Thread mit der Methode run richtet anfänglich die Ströme ein und durchläuft dann die Schleife, bis ein Client BYE eingibt.

```
class ChatHandler extends Thread {
  /* Die Klasse ChatHandler wird vom ChatServer aufgerufen:
   * ein Thread für jeden in den Chat kommenden Client.
   */

  private BufferedReader in;
  private PrintWriter out;
  private Socket toClient;
  private String name;

  ChatHandler(Socket s) {
    toClient = s;
  }
  public void run() {
    try {
      /* Erzeuge Ein-/Ausgabeströme durch das Socket, das wir
       * bei der Instanziierung des Threads erhalten haben
       * und begrüße den neuen Client.
       */

      in = new BufferedReader(new InputStreamReader(
        toClient.getInputStream()));
      out = new PrintWriter(toClient.getOutputStream(), true);
      out.println("*** Welcome to the Chatter ***");
      out.println("Type BYE to end");
      out.print("What is your name? ");
      out.flush();
      String name = in.readLine();
      ChatServer.broadcast(name+" has joined the discussion.",
        "Chatter");

      // Lies Zeilen und sende sie zur Verbreitung weiter.
      while (true) {
        String s = in.readLine().trim();

        if (s.equals("BYE")) {
          ChatServer.broadcast(name+" has left the discussion.",
          "Chatter");
          break;
        }
        ChatServer.broadcast(s, name);
      }
      ChatServer.remove(toClient);
      toClient.close();
    }
    catch (Exception e) {
    System.out.println("Chatter error: "+e);
  }
  }
}
```

14.3.6 Beispiel für eine Chat-Sitzung

Wieder werden wir für die Clients Telnet nutzen. Das Folgende könnte ein Beispiel einer Chat-Sitzung sein, wie sie auf dem Bildschirm des Servers aufgezeichnet wird.

```
Chat/Chatter>java ChatServer 8191 &
[2] 5802
Chat/Chatter>The Chat Server is running on port 8191

Chat/Chatter>telnet syd 8191
Trying 137.215.18.16 ...
Connected to syd.cs.up.ac.za.
New client no.0 on client's port 57889
Escape character is "^]".
*** Welcome to the Chatter ***
Type BYE to end
What is your name?
Nelson
Chatter: Nelson has joined the discussion.
Anyone out there?
Nelson: Anyone out there?
New client no.1 on client's port 1026
Chatter: Seagull has joined the discussion.
Hi Seagull
Nelson: Hi Seagull
Seagull: Hi Nelson, how's the coffee shop?
Great. Business is booming.
Nelson: Great. Business is booming.
Seagull: Oh well, bye for now
Seagull - you must type BYE to end
Nelson: Seagull - you must type BYE to end
Seagull: BYE
Try again
Nelson: Try again
Seagull: BYE
Chatter: Seagull has left the discussion.
BYE
Nelson: BYE
Chatter: Nelson has left the discussion.
Connection closed by foreign host.
```

Beachten Sie, dass wir Telnet angewiesen haben, einen Host namens „syd“ zu suchen, und dass es dies in eine numerische Internet-Adresse - 137.215.18.16 - übersetzt hat. Der Server kann nach Annahme des Clients diese Internetadresse nehmen und sie in ihr vollständiges Zeichenreihen-Äquvalent zurückverwandeln, in diesem Fall also „syd.cs.up.ac.za". Wir können auch die spezielle Internetadresse „127.0.0.1" verwenden, um uns per Telnet mit unserer eigenen Maschine zu verbinden.

Wenn wir den Chat-Server mit Telnet betreiben, können seltsame Dinge geschehen, wenn man versucht, sich abzumelden oder lokal Zeilen wiederzugeben oder auch nicht wiederzugeben. Es lohnt sich, damit zu experimentieren, um die Reaktionen Ihres Computers zu sehen.

14.4 Datenbankanbindung

Datenbanken sind mittlerweile ein Eckpfeiler jeder Computernutzung. Über die JDBC (Java Database Connectivity) ermöglicht es Java, sich mit Datenbanken zu verbinden. JDBC macht es möglich, sich mit einer Datenbank ebenso leicht zu verbinden wie mit einer Ressource oder einem Bild. Allerdings ermöglicht Java auch das Senden von SQL-(Standard Query Language)-Anweisungen sowie die Interpretation der zurückgegebenen Anfrage-Ergebnisse.

Um auf eine Datenbank zuzugreifen, benötigen wir einen Treiber, der sowohl das Protokoll der Java-JDBC als auch das der Datenbank selbst interpretieren kann. Stellt der Datenbankhersteller keinen JDBC-Treiber zur Verfügung, so ist mit Sicherheit stattdessen ein ODBC (open database connectivity)-Treiber vorhanden, und Sun bietet eine Brücke zwischen beiden an. Um also einen Treiber zu laden, verwenden wir das folgende Schema:

Einen Datenbanktreiber laden

```
try {
  Class.forName ("Treibername");
} catch (ClassNotFoundException c) {
    System.out.println("Could not load database driver.");
}
```

Der Treibername könnte etwa `sun.jdbc.odbc.JdbcOdbcDriver` lauten. Der Treiber wird als Teil der im nächsten Schema benutzten Klasse `DriverManager` geladen.

Als Nächstes öffnen wir mit dem Treiber eine Verbindung mit der Datenbank:

Mit einer Datenbank verbinden

```
Connection con = DriverManager.getConnection (URL, Nutzer, Passwort);
Connection con = DriverManager.getConnection (Datenbank);
```

Das erste Schema dient der Verbindung mit einer entfernten Datenbank. Das zweite greift auf eine lokale Datenbank zu (dies wird im folgenden Beispiel beschrieben). Beide verwenden den zuvor in den `DriverManager` geladenen Treiber.

Sobald die Verbindung erfolgreich hergestellt wurde, können wir SQL-Anweisungen senden und Ergebnisse erhalten. Die Anweisungen haben die Form von Zeichenreihen (was bedeutet, dass sie nicht auf eine korrekte SQL-Syntax hin überprüft werden). Es gibt zwei Möglichkeiten:

Eine Anweisung an eine Datenbank senden

```
Statement stat = con.createStatement ();
int Ergebnis = stat.executeUpdate("SQL-Insert");
ResultSet rs = stat.executeQuery("SQL-Anfrage");
```

Mit der zuvor eingerichteten Verbindung wird ein `Statement`-Objekt instanziiert.

Die Methode `executeUpdate` sendet eine SQL-Anweisung des Typs INSERT und gibt einen Ergebniscode zurück, der sagt, ob sie erfolgreich war oder nicht.

Die Methode `executeQuery` sendet eine SQL-SELECT-Anweisung und gibt ein `ResultSet`-Objekt zurück. Die Ergebnismenge kann dann Datensatz für Datensatz in einer Schleife verarbeitet werden.

Beispiel 14.5: Die Umrechnungsdatenbank

Aufgabe

Savanna Travel hat beschlossen, dass die Wechselkurse für das Währungsumrechnungsprogramm in einer Datenbank gespeichert und aktualisiert werden sollen. Die Kunden sollen auf die Datenbank zugreifen können, um die aktuellsten Werte zu erhalten.

Lösung

Da wir bereits über ein Umrechnungsprogramm verfügen (es wurde in den Beispielen 6.8, 11.3 und 14.1 entwickelt), müssen wir es nur noch so verändern, dass es auf eine Datenbank zugreift. Die Abbildung 14.5 zeigt in allgemeiner Form, wie das Programm in zwei Teile zergliedert wird: Ein Teil zum Erstellen der Datenbank aus der vorhandenen Textdatei und der andere, um Anfragen an die Datenbank zu richten.

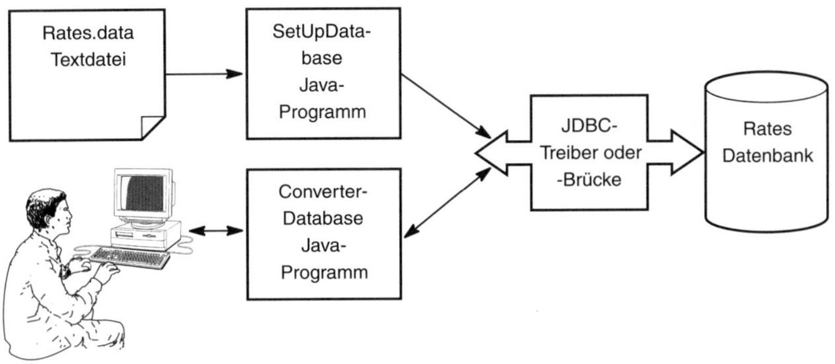

Abbildung 14.5: Eine Datenbank erstellen und darauf zugreifen

Vor der Einrichtung

Wir entscheiden uns für eine sehr einfache Datenbank, die auf allen Windows-Systemen zur Verfügung steht. Bevor Java den entsprechenden JDBC-ODBC-Treiber laden kann, muss dieser auf dem Rechner aktiviert werden. Die folgenden Schritte führen Sie durch diesen Prozess. Öffnen Sie die Systemsteuerung von Windows und wählen Sie die ODBC-Datenquellen (32bit) mit einem Doppelklick aus. Nun sollte sich ein Fenster öffnen, das eine Liste der Datenquellen des Anwenders zeigt. Dies wird in der Abbildung 14.6 dargestellt.

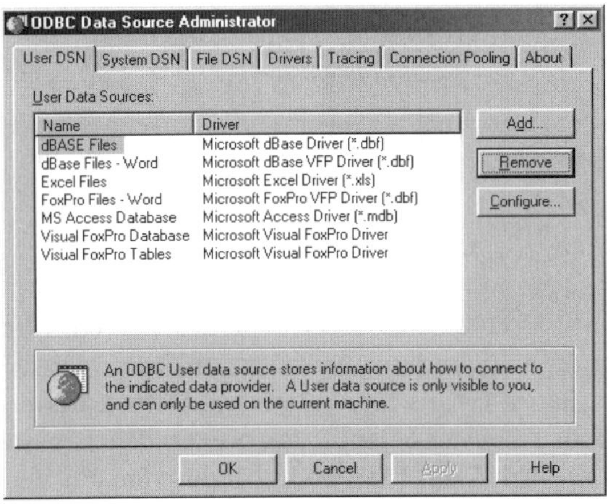

Abbildung 14.6: Die Verwaltung der ODBC-Datenquellen unter Windows

Hier finden Sie Einträge wie etwa MS Access-Datenbank und DBase-Dateien. Zu dieser Liste müssen Sie Ihre eigene Datenbank hinzufügen. Dafür drücken Sie Add... auf der rechten Seite des Dialogfensters. Dann wählen Sie den Treiber aus, mit dem Sie auf Ihre Datenbank zugreifen. In unserem Beispiel verwenden wir eine MS Access-Datenbank und müssen daher den Microsoft Access-Treiber (*.mdb) wählen (Abbildung 14.7).

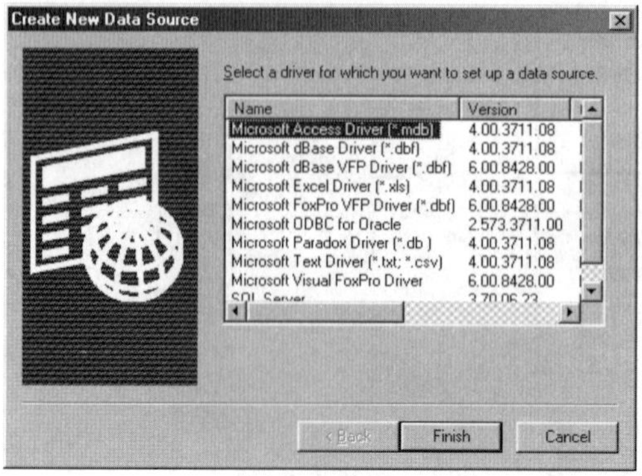

Abbildung 14.7: Einen Datenbanktreiber auswählen

Nun erscheint ein weiteres Dialogfeld, in dem Sie Ihre Datenquelle mit einem Namen, einer Beschreibung und einer gültigen Datenbankdatei angeben (Abbildung 14.8).

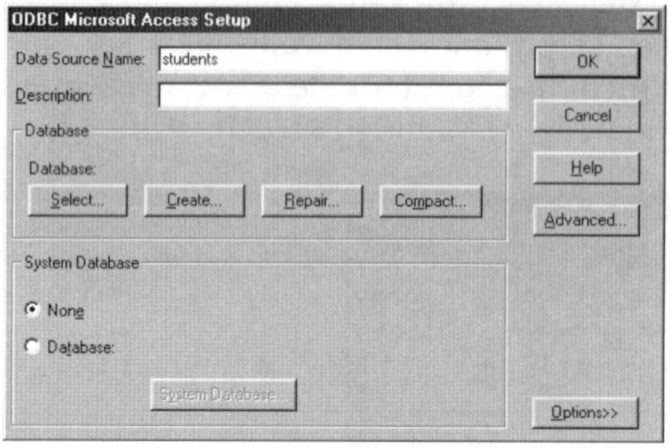

Abbildung 14.8: Die neue Datenquelle benennen

Geben Sie den Namen in das Feld „Name der Datenquelle" ein (der Screenshot zeigt „Students", verwenden Sie für das Beispiel `converterGUI` jedoch den Namen „Rates"). Falls Sie schon eine Datenbank erstellt haben, wählen Sie als Nächstes Select..., ansonsten drücken Sie Create... . Beide Optionen öffnen ein Dialogfeld, in dem Sie ein Verzeichnis und den Namen der Datenbank wählen können. Wurde die Datenbank bereits erstellt, so brauchen Sie nur nach ihrem Speicherort zu suchen und dann OK zu drücken. Handelt es sich hingegen um eine neue Datenbank, so gehen Sie zu dem Verzeichnis, in dem sie gespeichert werden soll, und geben dann einen Namen in das Feld „Name der Datenbank" ein.

Möchten Sie für die Datenbank einen Benutzernamen und ein Passwort angeben, so drücken Sie Advanced... auf der rechten Seite des Dialogfeldes und geben einen Benutzernamen und ein Passwort für

Ihre Datenbank ein (Abbildung 14.9). Diese können Sie im Text verwenden, indem Sie `DriverManager.getConnection` wie im ersten Schema dieses Abschnitts ändern. Zum Schluss können Sie alle Ihre Einstellungen speichern, indem Sie in allen Dialogfeldern auf OK drücken.

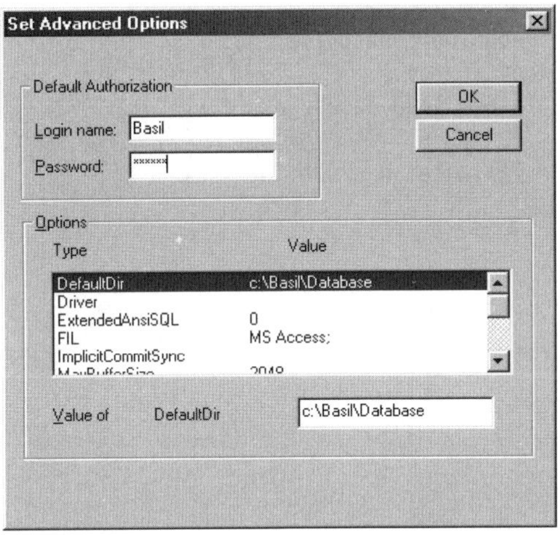

Abbildung 14.9: Die Zugriffsmöglichkeiten auf die Datenbank verändern

Entwurf des Setup-Programms

Das Setup-Programm muss die folgenden wichtigen SQL-Anweisungen an die Datenbank senden:

```
DROP TABLE Kurse
   löscht die Daten aus der Datenbank
CREATE TABLE Kurse (Metadaten)
   gibt das Format als Spalten je Feld an
INSERT INTO Kurse VALUES (Werte)
   gibt die Werte für einen Datensatz an
```

Ansonsten folgt das Programm den in den oben genannten Schemata dargestellten Schritten. Es lautet:

```
import java.sql.*;
import javagently.*;
import java.io.*;

class SetUpDatabase {

  /* Database setup program con B Worrall August 2000
   * ===================== verbessert von J M Bishop
   *
   * Richtet eine Datenbank mit eingelesenen Wechselkursdaten
   * ein. Die Datenbank verbindet mithilfe von Suns
   * jdbc:odbc-Treiber mit einer textbasierten
   * Access-Datenbank.
   */
```

```
private Connection conn;

SetUpDatabase() {
  // Lade JDBC-ODBC-Bridge-Treiber
  try {
    Class.forName("sun.jdbc.odbc.JdbcOdbcDriver");
  } catch (ClassNotFoundException c) {
    System.out.println("Could not load database driver.");
  }
  // Lies die Daten aus der Textdatei und speichere sie
  // in der Datenbank.
  try {
    OpenConnection();
    WriteData();
  } catch (SQLException s) {
    System.out.println(s);
  } catch (IOException i) {
    System.out.println(i);
  }
}

void OpenConnection() throws SQLException {
  conn = DriverManager.getConnection("jdbc:odbc:Rates");
  Statement s = conn.createStatement();
  String state = "DROP TABLE rates";
  try {
    // Lösche alte Daten, falls nötig (gibt es solche Daten nicht,
    // erhält die Ausnahme einen Flag und wir machen weiter)
    int temp = s.executeUpdate(state);
  } catch (SQLException q) { }

  // Erzeuge in der Datenbank eine Tabelle mit Spalten
  state =
    "CREATE TABLE rates (Code VARCHAR(3), Country VARCHAR(80), " +
    "Curr VARCHAR(30), Conv DOUBLE)";
  int temp = s.executeUpdate(state);
}

void WriteData() throws IOException, SQLException {
  Stream fin = new Stream("rates.data", Stream.READ);
  try {
    for (; ;) {
      Rates r = new Rates();
      r.setRate(fin);
      // und füge die Umtauschkurse hinzu
      Statement s = conn.createStatement();
      String state = "INSERT INTO rates VALUES ("" +
                     r.code + "", "" +
                     r.country + "", "" +
```

```
                      r.currency + "", " +
                      r.conversion + ")";
       int rs = s.executeUpdate(state);
     }
   } catch (EOFException e) { }
  }
  public static void main (String [] args) {
    new SetUpDatabase();
  }
}
```

Das Programm sollte jede Zeile der Datei `rates.data` lesen und die Werte Datensatz für Datensatz im sogenannten kommabegrenzten Format in die Datenbank übertragen.

Aktualisierung des Umrechnungsprogramms

Der wesentliche Unterschied zwischen dem Umrechnungsdatenbank-Programm und seinen Vorläufern besteht darin, dass es hier keine Hashtabelle gibt. Allerdings gibt es noch immer einen Abschnitt für das Einlesen, da das Programm die Datenbank durchsuchen muss, um alle Ländernamen herauszuholen, die in die beiden Auswahlkästchen in der grafischen Benutzungsoberfläche gesetzt werden müssen. Der Code hierfür lautet:

```
conn = DriverManager.getConnection("jdbc:odbc:rates");

  // Mache eine SQL-Anfrage, um alle Daten aus der Tabelle zu holen
  Statement s = conn.createStatement();
  String command = "SELECT Country FROM rates";
  ResultSet rs = s.executeQuery(command);

  while (rs.next()) {
    String temp = rs.getString(1).trim();
    toChoice.addItem(temp);
    fromChoice.addItem(temp);
  }
```

`ResultSet`-Objekte benötigen keine Zähler: Sie können einfach mit dem Methodenaufruf `rs.next()` durchlaufen werden. Die Transaktionsmethode ähnelt ihren Vorläufern, wobei der Zugriff auf die Hashtabelle durch Anweisungen wie die folgenden ersetzt wurde, die die geforderten Werte holen:

```
Statement s1 = conn.createStatement();
String command = "SELECT Country,Curr,Conv FROM rates " +
                 "WHERE Country = "" + fromCountry +""";
```

Das vollständige Programm folgt:

```
import java.awt.*;
import java.awt.event.*;
import java.util.*;
import java.io.*;
import java.sql.*;
import javagently.*;

class ConverterDatabase extends Frame
  implements ActionListener, ItemListener {

  /* The ConverterDatabase Program    von J M Bishop Dez 1998
   * ----------------------------    Display-Version Juli 1999
   *                                 GUI-Version Juli 1999
   *                    B Worrall Datenbankversion August 2000
   * Speichert die Wechselkurse von einer Währung in viele andere
   * und ermöglicht eine Schätzung der Währungsumrechungen
   *
   * Veranschaulicht die Verwendung einer jdbc-Verbindung
   * mit einer Datenbank.
   */

  private Connection conn;

  Choice    fromChoice, toChoice;
  TextField amountField;
  TextArea  resultField;
  int       amount = 1000;
  String    toCountry, fromCountry;
  Button    goButton;
  public ConverterDatabase () throws SQLException {
    // Richte zuerst das GUI-Interface ein, aber nicht
    // setVisible.
    Panel p = new Panel (new BorderLayout());

      // linkes Panel
      Panel q = new Panel();
        q.add ("North",new Label ("From"));
        fromChoice = new Choice();
          fromChoice.addItemListener (this);
          q.add("Center",fromChoice);
        p.add ("West", q);
       // rechtes Panel
       q = new Panel();
         q.add ("North",new Label ("To"));
         toChoice = new Choice();
           toChoice.addItemListener (this);
           q.add("Center",toChoice);
         p.add ("East",q);
```

```
    // mittleres Panel
    q = new Panel(new BorderLayout());
      Panel r = new Panel();
        r.add(new Label("Amount"));
        amountField = new TextField("1000 ");
          amountField.addActionListener(this);
          r.add(amountField);
          q.add("North",r);
        resultField = new TextArea(8,20);
          q.add ("Center",resultField);
        goButton = new Button ("Convert");
          goButton.addActionListener(this);
          q.add("South",goButton);
      p.add("Center",q);
  add(p);
  setTitle("Currency Converter");
  setSize(610,300);
  addWindowListener(new WindowAdapter() {
    public void windowClosing(WindowEvent e) {
      System.exit(0);
    }
  } );
  // Rufe die Funktion readIn auf, um die Verbindung zur
  // Datenbank zu öffnen und die Auswahllisten
  // mit den Ländernamen auszufüllen.
  readIn();
}

public void actionPerformed (ActionEvent e) {
  if (e.getSource() == amountField)
    amount = (int) Integer.parseInt(amountField.getText().trim());
  else
  if (e.getSource() == goButton)
    transaction();
}

public void itemStateChanged(ItemEvent e) {
  String s = (String) e.getItem();
  if (e.getItemSelectable() == fromChoice)
    fromCountry = s;
  else toCountry = s;
}

void transaction () {
  // Wird aufgerufen, wenn der go-Knopf gedrückt wird
  try {
    // Erzeuge eine Anweisung, um die fromCountry-Einzelheiten
    // für die Umwandlung anzufragen. Führe dann die Anfrage
    // aus und speichere die Ergebnisse in rs.
    Statement s1 = conn.createStatement();
```

```
      String command = "SELECT Country,Curr,Conv FROM rates " +
        "WHERE Country = "" + fromCountry +""";
      ResultSet rs = s1.executeQuery(command);
      rs.next();

      // Wie oben, aber für toCountry, und die Ergebnisse
      // werden in rs2 gespeichert.
      Statement s2 = conn.createStatement();
      command = "SELECT Country, Curr, Conv FROM rates " +
        "WHERE Country = "" + toCountry + """;
      ResultSet rs2 = s2.executeQuery(command);
      rs2.next();

      // Füge den Umwandlungstext zum resultField hinzu.
      // Beachte, wie die Datenbankmethoden verwendet werden,um
      // auf die Daten zuzugreifen, im Gegensatz zur get-Methode
      // einer Hashtabelle.
      resultField.append(amount+" "+rs.getString(1)+" "+
        rs.getString(2)+
        "\n in "+rs2.getString(1)+" "+rs2.getString(2)+"\n was "+
        Stream.format(amount/rs.getDouble(3)*
          rs2.getDouble(3),10,3)+"\n\n");
    } catch (SQLException q) {
      q.printStackTrace();
      System.exit(0);
    }
  }

  void readIn() throws SQLException {
    // wird am Ende des Konstruktors aufgerufen
    // Öffne eine Verbindung mit der Datenbank
    conn = DriverManager.getConnection("jdbc:odbc:rates");

    // Mache eine SQL-Anfrage, um alle Daten aus der Tabelle zu holen
    Statement s = conn.createStatement();
    String command = "SELECT Country FROM rates";
    ResultSet rs = s.executeQuery(command);

    // Iteriere durch die Zeilen in der Tabelle, füge die
    // nötigen Ländernamen zur den Auswahllisten hinzu
    while (rs.next()) {
    String temp = rs.getString(1).trim();
      toChoice.addItem(temp);
      fromChoice.addItem(temp);
    }

    // Nun können wir den Rahmen sichtbar machen
    setVisible(true);
  }
```

```
  public static void main(String[] args) {

    // Lade den JDBC-ODBC-Bridge-Treiber
    try {
      Class.forName("sun.jdbc.odbc.JdbcOdbcDriver");
    } catch (ClassNotFoundException c) {
      System.out.println("Error loading JDBC-ODBC driver.");
      System.exit(0);
    }
    try {
      new ConverterDatabase();
    } catch (SQLException s) {
      s.printStackTrace();
    }
  }
}
```

Test

Beim Testen des Programms stellen wir fest, dass sich die neue Datenbankversion hinsichtlich der sichtbaren Ausgabe auf der GUI nicht von den vorhergehenden Programmen unterscheidet. Der Unterschied besteht nun darin, dass uns eine Trennung der Zuständigkeiten gelungen ist: Ein Administrator kann die Datei `rates.data` aktualisieren und das Programm `SetupDatabase` ausführen, während die `ConverterGUI`-Programme im Internet ausgeführt werden. Solange keine neuen Länder hinzugefügt werden (was die Auswahlkästchen beeinflussen würde), stehen alle Wechselkurse unmittelbar zur Verfügung.

14.5 Zugriff auf entfernt gespeicherte Objekte

Sockets versetzen uns in die Lage, Rohdaten über Rechner hinweg zu übermitteln, und die Verbindung mit Datenbanken ermöglicht uns die Übermittlung strukturierter relationaler Daten. Zwischen diesen beiden Extremen liegt der sehr häufige Fall, dass Daten übermittelt werden, die zwar eingegeben und geprüft wurden, aber eher nach den Bedürfnissen des Programmierers als nach denen der Datenbank formatiert sind. Im Java-Modell liegen solche Daten natürlich in Form von Objekten vor.

Java kann nicht nur Objekte im Netz versenden, sondern auch ihren Versand unterbinden! Das bedeutet, dass wir Objekte auf einem Computer haben können, auf die wir auch nur dort zugreifen können, indem wir ihre Methoden aufrufen, um die erforderlichen Operationen auf ihnen auszuführen.

Registrierungsdatei

Diese Beschreibung passt exakt zum Client-Server-Modell. Der Server verfügt über ein Objekt, das die Clients erlangen oder auf das sie zugreifen wollen. Java verlangt, dass der Server das Objekt in einer zentralen **Registrierungsdatei** des Computers registriert oder **bindet**. Der Client muss dann wissen, an welchen Computer er sich wenden muss und unter welchem Namen das Objekt registriert wurde. Dann kann er das Objekt **nachschlagen** (engl. *look up*) und eine Referenz darauf erhalten. Danach kann das Objekt wie ein lokales Objekt genutzt werden und das RMI-System von Java (Remote Method Invocation) übernimmt alle Protokoll-, Transport- und Datenprüfungsaufgaben in beiden Richtungen. `java.rmi` ist ein Kernpaket im JDK und steht daher auf allen Java-Systemen zur Verfügung. Die folgenden Schemata zeigen, wie das Binden und das Nachschlagen durchgeführt werden.

Deklaration eines entfernten Objekts

```
// gemeinsam für Server und Clients
interface EntferntesInterface {
  ... Methoden
}

// im Server
class EntfernteKlasse extends UnicastRemoteObject
                      implements EntferntesInterface {
  .. Implementierung der Methoden
}
```

Die *EntfernteKlasse* definiert die Klasse von Objekten, die das für die Clients sichtbare Interface einhalten, und ist auch Teil des RMI-Systems.

RMI-Bindung

```
EntfernteKlasse entferntesObjekt;
try {
  Naming.rebind ("Dienstname", entferntesObjekt);
catch (Exception e) {
  System.out.println("Registry not found etc.\n"+e);
}
```

Auf dem Server ist die Referenz eines Objektes in der Variablen `entferntesObjekt` enthalten, das von den Clients benutzt werden soll. Der `Dienstname` wird zusammen mit der Objektreferenz in die Registrierungsdatei eingetragen. Das Objekt muss aus einer Klasse stammen, die das Interface `Entferntes Interface` implementiert.

Alle vorhandenen Dienste zu demselben Namen werden überschrieben. Um dies zu vermeiden, verwenden Sie `bind` statt `rebind`.

Die Registrierungsdatei muss zugänglich sein, d. h. sie muss irgendwo im Pfad des aktuellen Programms laufen; ansonsten wird eine Ausnahme ausgelöst.

RMI-Nachschlagen

```
EntferntesInterface lokalesObjekt;
try {
 lokalesObjekt = (EntferntesInterface)
 Naming.lookup (url + "Dienstname");
}
catch (Exception e) {
 System.out.println("No such service or no registry\n"+e);
}
```

Der Client sieht den Typ des entfernten Dienstes nur durch ein Interface, das er mit dem Server gemeinsam hat: *`EntferntesInterface`*.

Der Client schlägt den *`Dienstnamen`* in der Registrierungsdatei nach, um eine Referenz auf das entfernte Objekt in die Variable *`lokalesObjekt`* zu bekommen.

Ist die Registrierungsdatei oder der betreffende Dienst nicht verfügbar, werden Ausnahmen ausgelöst.

Nach erfolgreicher Beendigung des Nachschlagens enthält `lokalesObjekt` eine direkte Referenz auf `entferntesObjectName`, die zwar über das Internet hinweg reicht aber wie jedes andere lokale Objekt eingesetzt werden kann.

Beispiel 14.6: Gewinnzahlen-Server

Aufgabe

Veranschaulichen Sie RMI mit einem möglichst einfachen Programm.

Lösung

Über einen Server soll auf ein entferntes Objekt zugegriffen werden und dieses soll Zufallszahlen generieren. Clients kommen herein, um ihre „Gewinnzahlen" abzuholen.

Entwurf

Das System besteht aus einem Server auf dem einen Computer und mehreren Clients auf demselben oder einem anderen Computer. Beide nutzen das Paket `java.rmi`. Der Server bindet in seiner Registrierung ein Objekt, und der Client schlägt es nach. Wir entwickeln das System schrittweise:

1. Definieren Sie die Klasse `MagicNumber`, aus der die entfernten Objekte instanziiert werden.
2. Definieren Sie ein entsprechendes Interface `Transferable`, das ein Client benutzen kann, da er die Klasse `MagicNumber` nicht direkt sehen kann.
3. Definieren Sie den `MagicNumberServer` auf einer Maschine oder in einem Verzeichnis auf einer Maschine.

4. Definieren Sie einen `MagicNumberClient` auf einer anderen Maschine oder in einem anderen Verzeichnis.
5. Übersetzen Sie alles und behandeln Sie dann die entfernte Objektklasse, d. h. `MagicNumber`, mit dem Tool **rmic**, um dessen Rümpfe (*stubs*) und Gerüste (*skeletons*) zu erzeugen. Durch diese kann aus der Entfernung auf die Klasse zugegriffen werden.
6. Führen Sie das Tool **rmiregistry** aus, um die Regiestrierungsdatei des Objekts zu erzeugen.
7. Lassen Sie den Server und dann die Clients laufen.

Programm Als Erstes haben wir also die Objektklasse:

```
import java.rmi.*;
import java.rmi.server.*;

/* A remote object    von J M Bishop Okt 1997
 * ===============    Java 1.2 August 2000
 *
 * Diese Objekte können auf einer Maschine registriert werden und
 * von anderen Maschinen kann darauf über das Internet und rmi-Protokoll
 * kann darauf zugegriffen werden.
 * Die Übersetzung läuft in zwei Schritten ab:
 *   javac MagicNumber.java
 *   rmic MagicNumber
 * Letzteres erzeugt Gerüste und Rümpfe für das entfernte
 * Objekt. Um den Zugriff darauf über das Internet zu ermöglichen:
 * gib im Fenster 1 ein:
 *   rmiregistry
 * Die Registrierung wird weiterlaufen.
 * Aktiviere dann die Server- und Client-Teile des Systems.
 */

class MagicNumber extends UnicastRemoteObject implements Transferable {

  MagicNumber () throws RemoteException {
  }
  public String getNumber () throws RemoteException {
    return "Your magic number is "+ (int) (Math.random()*100);;
  }

}
```

Passend zu dieser Objektart haben wir das folgende Interface:

```
import java.rmi.*;

interface Transferable extends Remote {
  String getNumber () throws RemoteException;
}
```

Außerdem haben wir folgenden Server:

```
import java.rmi.*;
public class MagicNumberServer {
  /* The Magic Number client-server system von J M Bishop Aug 2000
   * ====================================
   *                          adaptiert von the ThingServer Okt 1997
   *
   * Veranschaulicht Clint-Server mit RMI
   * Ausführen durch Eingabe von:
   * Im Fenster 2:
   *    java MagicNumberServer
   */
  public static void main (String args []) throws RemoteException {
    MagicNumber number = new MagicNumber ();
    try {
      Naming.rebind ("Magic Number Service", number);
    }
    catch (Exception x) {
      System.out.println("Could not bind or no such host etc"+x);
    }
    System.out.println("The Magic number service is running");
  }
}
```

Zum Schluss folgt der Client:

```
import java.rmi.*;
import java.rmi.server.*;

public class MagicNumberClient {

  /* The client part  con J M Bishop Okt 1997
   * ==============  Java 1.2 aktualisiert August 2000
   *
   * Aktiviere den Client durch Eingabe von
   * Im Fenster 3:
   *   java MagicNumberClient
   * was standardmäßig mit der aktuellen Maschine verbindet, oder
   *   java MagicNumberClient serverid
  * falls der Client auf einer anderen Maschine als dem Server läuft.
   */

  public static void main (String args []) {

  String computer;
  if (args.length == 0) computer = "127.0.0.1";
  else computer = args[0];
```

```
        try {
          Transferable t = (Transferable) Naming.lookup
      ("rmi://"+computer + "/Magic Number Service");
          System.out.println(t.getNumber());
      }
      catch (Exception e) {
        System.out.println("Error "+e);
      }
    }
  }
```

Da viele Gewinnzahlen im ganzen Netzwerk benutzt werden, müssen sie speziell behandelt werden und Java möchte darüber Bescheid wissen. Daher importiert `MagicNumber rmi` und `rmi.server` und zeigt in seinen Methoden und im Konstruktor an, dass eine `RemoteException` ausgelöst werden könnte, wenn z. B. der Server abstürzt.

Test Man kann das System auf einem Computer mit mehreren Fenstern oder Hintergrund-Jobs oder auf unterschiedlichen Computern testen, ohne etwas verändern zu müssen. Als Erstes starten wir die Registrierung, indem wir Folgendes ausführen:

```
rmiregistry
```

Danach führen wir den Server aus:

```
java MagicNumberServer
```

Nun können sich Clients melden. Geben wir Folgendes in ein neues Fenster ein,

```
java MagicNumberClient
```

dann kommt folgende Ausgabe zurück:

```
Your magic number is 69
```

Fallstudie 11 zeigt ein realistisches Beispiel für RMI.

14.6 Fallstudie 11: Das Flughafendurchsagen-System

Die Flughafengesellschaft von Savanna hat sich entschlossen, ihre Durchsagen nicht mehr vom Personal, sondern durch den Computer machen zu lassen. Die Durchsagen stammen aus zwei Quellen: von den Fluggesellschaften und von der Flughafengesellschaft selbst. Die Fluggesellschaften machen nach Bedarf Durchsagen, wenn Flüge aufgerufen oder Verspätungen gemeldet werden etc. Der Flughafen ist für Sicherheitsmeldungen zuständig, die in der Regel automatisch in regelmäßigen Abständen gesendet werden. Wir betrachten also ein System, dessen Ausgangsmodell wie in der Abbildung 14.10 entworfen werden kann. Der Monitor behandelt die Verbreitung der Meldungen im Flughafen über Lautsprecher und Fernsehschirme. Um unser Beispiel einfach zu halten, verwenden wir einen einzelnen Monitor, der als durchlaufende Textzeile arbeitet.

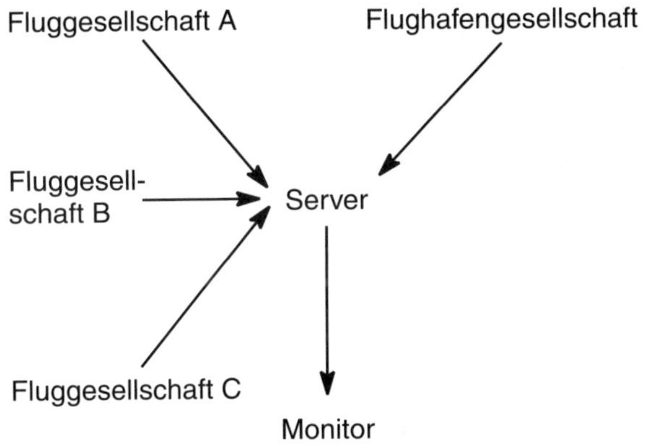

Abbildung 14.10: Das Modell für das Flughafendurchsage-System

14.6.1 Die Applets der Fluggesellschaften

Das System bietet den Fluggesellschaften Zugriff auf verschiedene Applets. Jedes Applet richtet einen Bildschirm ein und fragt Informationen ab, die dann zur Erstellung einer Meldung eingesetzt werden. Das Checkin-Applet z. B. fragt nach einer Flugnummer und einem Reiseziel. Dann sendet es die Meldung ab, z. B.:

„Will all passengers not yet in possession of boarding passes for flight SA567 to San Francisco please leave the queue and move directly to check-in 35 or 36."

Wieder andere Applets machen Durchsagen für den Aufruf, an Bord zu gehen, für den letzten Aufruf, für Verspätungen etc. In jedem Fall werden nur die notwendigen Informationen abgefragt. Die Abbildung 14.11 zeigt das Applet `Checkin` mit dem Ergebnis seiner Durchsage.

Das Applet wird rechts in einen Doppelrahmen gesetzt, wobei sich auf der linken Seite das Menü der verfügbaren Applets befindet. Anfangs zeigt die rechte Seite bloß ein Hintergrundbild wie in Abbildung 14.12.

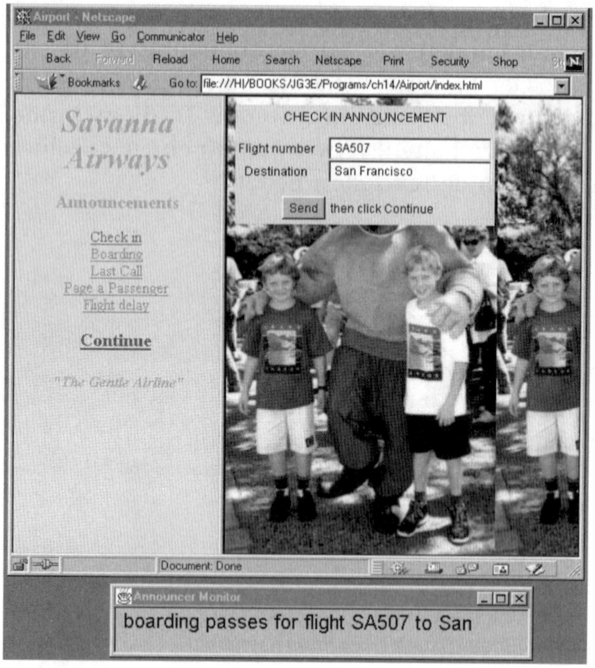

Abbildung 14.11: *Das Applet Checkin für das Flughafendurchsage-System; unten der Monitor*

Abbildung 14.12: *Der erste Bildschirm für das Flughafendurchsage-System mit einem Sicherheitshinweis*

14.6.2 HTML der Fluggesellschaften

Die Applets für die Fluggesellschaften laufen über Browser, die die Frames, das Menü und die Hintergrundbilder handhaben. Die `index.html`-Datei des Systems ist sehr kurz:

```
<HTML>
<HEAD>
  <TITLE>Airport</TITLE>
</HEAD>


<FRAMESET COLS="215,*">
<FRAME SRC="Contents.html" NORESIZE SCROLLING="NO">
<FRAME SRC="Applets.html" NAME="Applets">
</FRAMESET>

</HTML>
```

Der Contents-Frame präsentiert das Menü. Er wird angegeben durch:

```
 <HTML>
     <HEAD>
       <META NAME="Author" CONTENT="JM Bishop">
       <TITLE>Contents</TITLE>
     </HEAD>
     <BODY TEXT="#CE5831" BGCOLOR="#F1D7BE" LINK="#EF5310"
           VLINK="#974D0F" ALINK="#EF5310" SCROLLING="NO">
     <CENTER>
     <H1>
     <I><FONT COLOR="#00CC00"><FONT SIZE=+3>Savanna Airways
       </FONT></FONT></I></H1>

     <H2>
    <FONT FACE="Arial, Helvetica"><FONT COLOR="#00CC00"><FONT SIZE=+1>
     Announcements</FONT></FONT>
     </H2>

     <FONT COLOR="#E17100">
     <A HREF="checkin.html" target="Applets">Check in</A>
     <A HREF="Board.html" target="Applets">Boarding</A>
     <A HREF="Last.html" target="Applets">Last Call</A>
     <A HREF="Page.html" target="Applets">Page a Passenger</A>
     <A HREF="Delay.html" target="Applets">Flight delay</A>
     </FONT><BR>
     <BR>
     <H2>
     <FONT COLOR="#00CC00"><FONT SIZE=+1>
     <A HREF="Applets.html" target="Applets">Continue</A>
     </FONT>
```

```
     <I><FONT SIZE=+0>"The Gentle Airline"
  </FONT></FONT></FONT></I></H2>
  </CENTER>
     
</BODY>
    </HTML>
```

Das target-Attribut in einer HTML-Verknüpfung gibt den Frame an, in den die Seite geladen werden soll. Da wir zwei Frames deklariert haben, Contents und Applets, gibt der obige Code an, dass jedes der Applets in den rechten, den Applets-Frame zu laden ist.

Beachten Sie, dass die Verknüpfung Continue den ursprünglichen Hintergrund des rechten Frames herstellt und dadurch das soeben verwendete Applet überschreibt. Jede der HTML-Verknüpfungen zeigt auf eine andere HTML-Datei, die sehr einfach ist und lediglich einen Hintergrund einrichtet und das passende Applet aufruft. Checkin sieht so aus:

```
<HTML>
  <HEAD>
    <TITLE>Check in</TITLE>
  </HEAD>

  <BODY TEXT="#CE5831" BGCOLOR="#F1D7BE" LINK="#A76330"
        VLINK="#974D0F" ALINK="#EF5310" BACKGROUND="Genishot.jpg"
        SCROLLING="NO">

 <APPLET CODE="Checkin.class" WIDTH=260 HEIGHT=120></APPLET>
 </BODY>
 </HTML>
```

Nun ist das System für das Hinzufügen der Applets und Server bereit.

14.6.3 Die Applets

Die Applets sind insofern einfach, als sie Textkästchen haben, die ausgefüllt werden müssen. Um ein besseres Layout als das Raster-Layout (vgl. Abbildung 14.11) zu erhalten, verwenden wir das Grid Bag-Layout. Obwohl wir Grid Bag bisher vermieden haben, ist daran nichts sonderlich Schwieriges. Die Komponenten sind im Raster so angeordnet, dass die linken den Platz erhalten, den sie benötigen, und die rechten den restlichen Platz. Diese Anordnung eignet sich ideal für Paare von Beschriftungen und Textfeldern. Der vollständige Quelltext des Checkin-Applets ist:

```
import java.awt.*;
import java.applet.*;
import java.awt.event.*;

public class Checkin extends Applet implements ActionListener {

  /* The Check in Message Applet   von L Botha und J Bishop
   * ==========================   Java 1.1 Januar 1998
   * erhält die Felder für die Check-in-Nachricht
   * konstruiert und sendet sie an den
   * rmi-Server, der zuerst in Gang gesetzt
   * werden muss.
   */
  private Button sendButton;
  private TextField flight, to;

  public void init() {
    // die Farbe ist das spezielle Orange von Java Gently, das
    // als vom HTML übernommene Hexadezimalzahl spezifiziert ist

    setBackground(new Color(0xF1D7BE));
    setLayout(new BorderLayout());

    add("North",new Label("CHECK IN ANNOUNCEMENT",Label.CENTER));

    Panel p = new Panel();
      // Wir verwenden Gridbag, damit die Beschriftungen und Felder
      // verschiedene Größen haben können

      GridBagLayout layout = new GridBagLayout();
      p.setLayout(layout);
      GridBagConstraints c = new GridBagConstraints();
      c.gridwidth = 1; c.gridheight = 1;
      Label flightLabel = new Label("Flight number");
        c.gridx = 0; c.gridy = 0;
        layout.setConstraints(flightLabel, c);
        p.add(flightLabel);
      Label toLabel = new Label("Destination");
        c.gridx = 0; c.gridy = 1;
        layout.setConstraints(toLabel, c);
        p.add(toLabel);
      flight = new TextField("", 20);
        flight.addActionListener(this);
        c.gridx = 1; c.gridy = 0;
        layout.setConstraints(flight, c);
        p.add(flight);
      to = new TextField("", 20);
        to.addActionListener(this);
        c.gridx = 1; c.gridy = 1;
        layout.setConstraints(to, c);
```

```
        p.add(to);

      add("Center",p);

    Panel q = new Panel();
      sendButton = new Button("Send");
        sendButton.addActionListener(this);
        q.add(sendButton);
        q.add(new Label("then click Continue"));
    add("South",q);
  }

  public void actionPerformed(ActionEvent e) {
    Object source = e.getSource();
    if (source == sendButton) {
      String message =
        "Will all passengers not yet in possession of "
      + "boarding passes for flight " + flight.getText() + " to "
      + to.getText() + " please leave the queue and move "
      + "directly to check-in 35 or 36.";
      AnnouncerClient.sendMessage(message);
      flight.setText("");
      to.setText("");
    }
  }
}
```

14.6.4 Verbindung über RMI

Dieses System könnte sich auf viele Computer erstrecken. Drei sind es mindestens: ein Server für die Fluggesellschaft, ein Durchsage-Server plus Monitor und ein Server für die Flughafengesellschaft, und für jede weitere Fluggesellschaft kommt einer hinzu. Die Frage ist: Wie kommunizieren die Computer miteinander? Zwar könnten wir Sockets öffnen, aber RMI ist die elegantere Lösung und lässt sich außerdem überraschend einfach einrichten und anwenden.

Abbildung 14.13 zeigt auf hoher Ebene ein Diagramm der verschiedenen notwendigen Klassen. Das System ist nicht symmetrisch. Die Fluggesellschafts-Applets sind mit einem Client gepaart, der einem lokalen Client auf derselben Maschine eine Nachricht sendet. Der Client der Flughafengesellschaft befindet sich hingegen am Standort des Durchsagen-Servers (engl. *announcer server*), da er dann aktiviert wird, wenn der Durchsagen-Server es wünscht. Dieser ruft den Server der Flughafengesellschaft auf, eine passende Meldung auszugeben

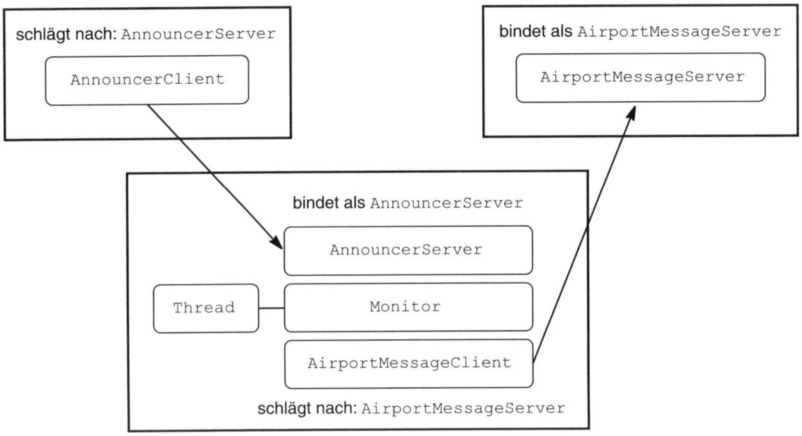

Abbildung 14.13: Das Modelldiagramm auf höchster Ebene des Flughafendurchsage-Systems zeigt die verschiedenen Computer

Das Applet ruft seinen Client folgendermaßen auf:

```
AnnouncerClient.sendMessage (message);
```

Der Client reagiert, indem er ein entfernt gespeichertes Interface zum Durchsagen-Server nachschlägt und die Meldung weitergibt:

```
Announcer an = (Announcer)Naming.lookup
               ("rmi://localhost/AnnouncerServer");
an.sendMessage(message);
```

Die Server-Version von `sendMessage` speichert die Meldung in einem Meldungs-Array. Dies ist erforderlich, weil die Meldungen mitunter gedrängt und schnell hereinkommen könnten, schneller als ein Monitor sie anzeigen kann. Dennoch ist der Server passiv: Er empfängt Meldungen und wartet dann, bis der Monitor diese anfordert, wenn er anzeigebereit ist.

Der Monitor ist ein Thread und kann daher laufen, während der Server weitere Meldungen annimmt. Er erhält eine Meldung von einem der Server, wenn dies angebracht ist. Wenn der Durchsagen-Server Meldungen hat, holt er eine, andernfalls wartet er einige Sekunden ab und erbittet dann eine Meldung vom Flughafen-Client. Der Client verbindet sich mit dem Server und holt sich eine Meldung. Die Methode `run` des Monitors ist aktiv und sieht folgendermaßen aus:

```
public void run() {
boolean startdelay;
while (true) {
  startdelay = true;
  if (server.hasMessage()) {
    String msg = server.getMessage();
```

```
        while (msg.length() > 0) {
        String displaymsg = formatString(msg);
        message.setText("");
        message.setText(displaymsg);
        if (startdelay == true) {
        try {  Thread.sleep(1000); }  catch (Exception e) { }
           startdelay = false;
        }
        try {  Thread.sleep(200); }  catch (Exception e) { }
          msg = msg.substring(1);
        }
        message.setText("");
        server.removeMessage();
      }
      try {  Thread.sleep(5000); }  catch (Exception e) { }
      String newmsg = AirportMessageClient.getMessage();
      if (newmsg != null)
        server.sendMessage(newmsg);
  }
}
```

`Server` bezieht sich auf den `AnnouncerServer`. `Monitor` fragt diesen nach einer Meldung. Ist keine vorhanden, wartete er eine Zeit lang und erhält dann eine Meldung aus seiner anderen Quelle, nämlich der Flughafengesellschaft, die einen lokalen Client und einen entfernten Server nutzt. Die Flughafengesellschaft, die den entfernten Server betreibt, kann zu verschiedenen Zeitpunkten unterschiedliche Nachrichten hinzufügen und deren Timing ändern. Zurzeit ist das System so eingerichtet, dass es abwechselnd die folgenden Durchsagen macht:

„This is a security announcement. Do not leave baggage unattended at any time. Baggage left unattended will be removed and destroyed."

„Children are not allowed to play on the escalators or in the lifts."

„The Airports Company welcomes you and trusts you will have a safe and pleasant journey."

Der vollständige Code des Systems ist auf der Website angegeben. Die Abbildung 14.14 fasst das System mit einem kompletten Modelldiagramm zusammen.

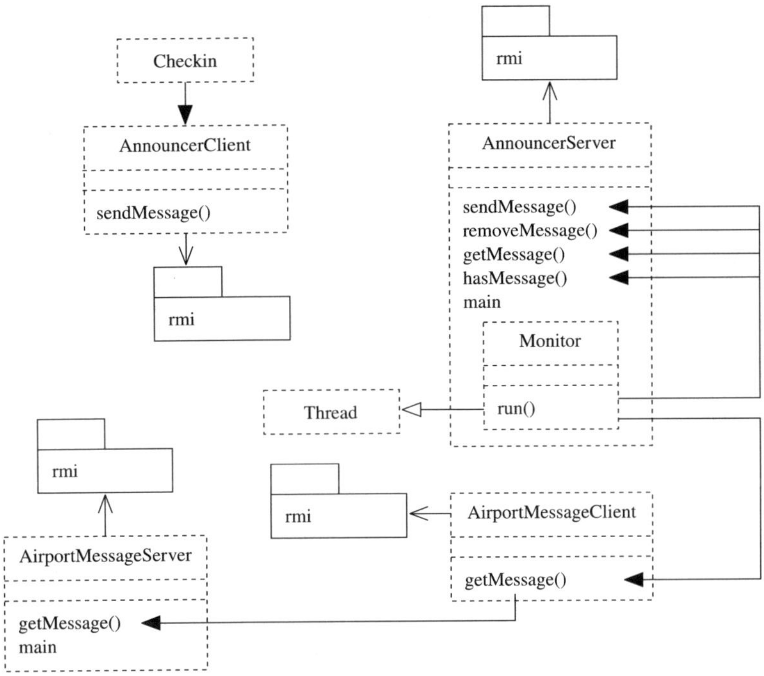

Abbildung 14.14: Das Modelldiagramm für das Flughafendurchsage-System

14.6.5 Das System ausführen

Damit das System läuft, benötigen wir das Äquivalent dreier Hintergrundprozesse (oder Fenster) sowie einen Browser. Im ersten Fenster erstellen wir die RMI-Registrierung, indem wir Folgendes eingeben:

```
rmiregistry
```

In den nächsten beiden Fenstern aktivieren wir die beiden Server, die sich an die Registrierung binden, also:

```
java AnnouncerServer
```

```
java AirportMessageServer
```

Dann gehen wir in den Browser und öffnen `index.html`. Der Bildschirm sollte die Abbildung 14.12 anzeigen. Wenn wir auf `check in` drücken, erhalten wir die Abbildung 14.11 usw. Das Monitor-Fenster wird vom `AnnouncerServer` gestartet; es ist ein kleines, schmales Fenster, durch das die Meldungen durchlaufen. Viel Spaß beim Ausprobieren!

14.7 Zusammenfassung

Mit Java kann man auf verschiedene Art Maschinen im Netzwerk verbinden: von URLs zu Ressourcen, Ports und Sockets, Datenbanken und entfernt gespeicherten Objekten. Jedes Verfahren wird von speziellen Klassen und Bibliotheken unterstützt, und alle sind Teil der Java-Standardsprache.

In diesem Kapitel wurden einige neue Pakete (`java.net`, `java.sql`, `java.rmi` und `java.rmi.server`) und ihre Methoden vorgestellt:

```
URL
  openConnection
  getContent
URLConnection
  getInputStream
Image
  createImage
ImageProducer
ServerSocket
  accept
Socket
InetAddress
  getHostName
  getLocalHost
```

```
Class
  forName
DriverManager
  getConnection
Connection
  createStatement
Statement
  executeUpdate
  executeQuery
ResultSet
Naming
  rebind
  lookup
```

Die folgenden neuen Schemata wurden vorgestellt:

- Erzeugung eines URL
- Eine URL-Verbindung erzeugen
- Ein Bild holen
- Sockets einrichten
- Ströme für Sockets
- Einen Datenbanktreiber laden
- Mit einer Datenbank verbinden
- Eine Anweisung an eine Daenbank senden
- Ein entferntes Objekt deklarieren
- RMI-Bindung
- RMI-Nachschlagen

Und es gab einige neue Ausnahmen:

```
MalformedURLException
ClassNotFoundException
SQLException
RemoteException
```

14.8 Übungen

14.1 elephant.jpg ist eine Bilddatei in demselben Verzeichnis wie ein momentan laufendes Applet. Mit welcher Java-Anweisung wird darauf zugegriffen?

(a) `Image e = elephant.getImage();`

(b) `Image e = getImage(this, elephant);`

(c) `Image e = getImage(getCodeBase(), "elephant.jpg");`

(d) `Image e = (MediaTracker) getImage("elephant.jpg");`

14.2 Zu welcher Klasse gehört imagename in der folgenden Anweisung?

```
a.b = a.createImage((ImageProducer) imagename.getContent());
```

(a) URL

(b) ImageProducer

(c) Image

(d) Object

14.3 Im Beispiel 14.4 (Geldautomaten-Server) kann ein Behandler-Thread server.closeDown() aufrufen, wenn eine spezielle Nachricht empfangen wird. Wann reagiert der Server auf die Nachricht?

(a) sofort

(b) wenn er wieder zu seiner While-Schleife kommt

(c) nachdem der nächste Client hinzugekommen ist

(d) b und c

14.4 Wodurch unterscheiden sich in der Java-API ein Socket und ein Serversocket?

(a) Ein Socket befindet sich auf dem Client und ein Serversocket auf dem Server.

(b) Beide befinden sich auf dem Server, aber der Serversocket kann nach neuen Clients Ausschau halten.

(c) ServerSocket ist eine Klasse and socket ein Objekt.

(d) Serversockets warten auf neue Clients und Sockets befinden sich auf beiden Seiten, um die Verbindung herzustellen.

14.5 Mit welchem HTML-Tag wird ein Bild angezeigt?

(a) <IMAGE = ...>

(b) <IMG SRC = ...>

(c) <IMG = ...>

(d) <DISPLAY .= ...>

14.6 Angenommen, wir haben in Beispiel 14.6 eine weitere Klasse namens `Secret`, die auch das Interface `Transferable` implementiert. Wenn wir die Behandlung von Ausnahmen unberücksichtigt lassen, wie würde dann eine Anweisung zur Bindung von `s`, einem Objekt der Klasse `Secret`, in der RMI-Registrierung lauten?

(a) `Naming.rebind (Secret, s);`

(b) `Naming.rebind ("Secret Service", s);`

(c) `s.rebind ("Secret Service");`

(d) `Naming.rebind (s);`

14.7 In welchem Java-Paket wird die Klasse `Socket` deklariert?

(a) `java.lang`

(b) `java.net`

(c) `java.util`

(d) `java.rmi`

14.8 Wenn `con` eine Datenbankverbindung ist, mit welcher Java-Anweisung wird dann ein Objekt erzeugt, das eine SQL-Anfrage enthalten soll?

(a) `String s = con.readln();`

(b) `Statement s = con.createStatement();`

(c) `Statement s = con ("SELECT");`

(d) `String s = con.create("SELECT");`

14.9 Bevor wir in Java Datenbankprogramme schreiben können, müssen wir

(a) einen geeigneten JDBC-Treiber einrichten

(b) einen geeigneten JDBC- oder OBDC-Treiber einrichten

(c) einen geeigneten JDBC-Treiber oder eine JDBC:OBDC-Brücke einrichten

(d) `Class.forName()` aufrufen

14.10 Wo muss der RMI-Übersetzer (rmic) ausgeführt werden?

(a) auf allen Klassen, die Teil eines RMI-Systems sind

(b) nur auf den Client-Klassen

(c) nur auf den Server-Klassen

(d) nur auf den entfernten Objekt-Klassen

14.9 Aufgaben

Verbindungen und Sockets

14.1 **Auflistung über HTML:** Erstellen Sie ein `Lister`-Programm als Applet, das den Namen einer Datei aus einem Textfeld entgegennimmt, das der GUI des Applets hinzugefügt wird. Integrieren Sie das Applet in eine HTML-Seite und geben Sie in HTML eine Auswahl von vorgeschlagenen Dateien zu einem bestimmten Thema an, die geholt werden können.

14.2 **Chat unter Clients:** Das Chat-Programm (Fallstudie 10) stellt nur einen Server zur Verfügung. Schreiben sie auf der Grundlage des Ports-Programms aus Beispiel 14.3 ein Java-Programm, das sich auf der Seite des Clients starten lässt und ähnliche Möglichkeiten zur Verbindung über Telnet bietet.

14.3 **Chatten im Web:** Selbst wenn Aufgabe 14.2 gelöst wurde, ist die Benutzungsschnittstelle des Chat-Programms immer noch sehr einfach. Versuchen Sie, den Server in ein Applet umzuwandeln und in eine HTML-Seite zu integrieren, die Instruktionen gibt, die Ausgabe anzeigt und eine separate Eingabezeile zur Verfügung stellt.

14.4 **Knock knock!** Schreiben Sie auf der Grundlage des Geldautomaten-Servers (Beispiel 14.4) einen Server, der Knock! Knock! spielt. Das Spiel geht so:

Client	Server
Knock knock	
Amos	Who's there?
Amos Quito.	Amos who?

Verwenden Sie für den Client wieder Telnet.

14.5 **Handy-Nachrichten:** Richten Sie ein System zur Handhabung von Handy-Nachrichten ein. Dabei gibt es einen zentralen Server, der die registrierten Handys im Auge behält. Jedes Handy ist ein Client, der eine Nachricht aufnimmt. Eine Telefonnummer sendet die Nachricht an den Server, der sie dann an das richtige Telefon weitergibt. Dieses System ist dem Chat-System (Fallstudie 10) sehr ähnlich, allerdings werden die Nachrichten nicht an alle Teilnehmer weitergegeben, sondern an eine bestimmte

Person. Die Handys können Sie mithilfe der Kommandozeile darstellen oder ein GUI-Interface wie das in den Aufgaben 10.3 und 12.10 entwickelte benutzen.

14.6 **Voice-Mail:** Wird ein Telefon abgestellt, so sollte im Server eine Nachricht gespeichert werden. Sobald ein Telefon angeschaltet wird, wird eine Systemmeldung darüber ausgegeben, wie viele gespeicherte Nachrichten vorhanden sind. Der Anwender kann diese dann einzeln abrufen. Implementieren Sie ein derartiges System für das Handy aus Aufgabe 14.5.

Für Datenbankanbindung

14.7 **Haustierdatenbank:** Wandeln Sie mit den im Abschnitt 14.4 beschriebenen Methoden das System zur Kennzeichnung von Haustieren (Fallstudie 4 in Kapitel 9 und Aufgabe 12.9) so um, dass es mit einer Datenbank läuft. Das Client-Applet sollte Anfragen und Aufträge an einen separaten, für Aktualisierungen zuständigen Manager-Thread zulassen. Der Manager kann dann vermutlich zuerst prüfen, dass die Aktualisierungen zulässig sind, bevor er sie zur Datenbank hinzufügt.

14.8 **Haussuche:** Ein Immobilienmakler hat eine Datenbank mit verfügbaren Häusern. Kommt ein Kunde, so kann eine Liste geeigneter Immobilien ausgedruckt werden, die nach Preisen und/oder Gebieten sortiert ist. Richten Sie ein derartiges System ein. Beginnen Sie damit, ein Hausobjekt zu definieren, und vollziehen Sie die in Abschnitt 4.4 beschriebenen Schritte.

14.9 **Kaffeegeschäft-Datenbank:** Nelson möchte untersuchen, ob eine Datenbank besser als die Serialisierung verketteter Listen (wie in Aufgabe 9.6) für eine kontinuierliche Aufzeichnung seiner Lagerbestände geeignet wäre. Die Inventarliste soll nur Kunden für Anfragen zur Verfügung stehen, und Nelson selbst soll sie in seinem Geschäft aktualisieren können. Programmieren Sie eine Datenbank für das Kaffeegeschäft und schreiben Sie einen Bericht, der die beiden Verfahren vergleicht.

14.10 **Raumbelegung:** Kehren Sie zum Raumbelegungssystem aus den Aufgaben in Kapitel 4 und 5 zurück und untersuchen Sie, wie das System auf einer Datenbank arbeiten könnte. Alle Anfragen und Aktualisierungen sollten allen Personen zur Verfügung stehen.

Über RMI

14.11 **Raumbelegungs-Statistik:** Betrachten Sie das Programm aus Aufgabe 14.10 als einen Server und fügen Sie ihm eine Klasse namens `RoomStats` hinzu, die auf die Datenbank zugreift, um statistische Angaben über die Raumbelegung zu erhalten. Richten Sie dann ein eigenes Applet ein, das über RMI-Aufrufe der Methoden von `RoomStats` mit dem Server kommuniziert. Ein solches Applet könnte durch das Management verwendet werden und sollte leicht bedienbar sein.

14.12 **Flughafen-Applets:** Schreiben sie den Rest der Applets, die zum Flughafen-System gehören.

15 Datenstrukturen und Algorithmen

15.1 Über Datenstrukturen

Wir beenden unseren Java-Lehrgang mit einer Vorschau auf einen Informatik-Kurs für Fortgeschrittene und lernen außerdem etwas über Datenstrukturen.

Eine **Datenstruktur** ist eine Sammlung von **Knoten** derselben Klasse oder desselben Typs, deren Organisation und Zugriff klar definiert sind.

Normalerweise ist ein Knoten ein Objekt; er kann aber auch so etwas Einfaches wie eine ganze Zahl sein. Die Tatsache, dass laut Definition die Knoten dieselbe Klasse oder denselben Typ haben müssen, bedeutet, dass wir auf eine Struktur dieses Typs Bezug nehmen können, z.B. eine Liste von Kaffeesorten oder eine Hashtabelle aus Zeichenreihen.

Im Abschnitt 8.2 haben wir die Datenstruktur einer verketteten Liste für diesen Zweck *ad hoc* entworfen. Eine andere Aufgabe könnte eine ganz andere Datenstruktur erfordern. Doch in der Informatik gibt es mehrere anerkannte Datenstrukturen, die in Aufgabenlösungen immer wieder auftauchen. Sie haben Namen und definierte Eigenschaften und können in gewissem Sinne als eine Erweiterung der Grundtypen einer Programmiersprache betrachtet werden.

Java hat die Bedeutung von Datenstrukturen erkannt und stellt für viele davon Klassen in den Standard-Paketen bereit. Als Checkliste zeigt die Tabelle 15.1 eine Liste der wichtigsten Datenstrukturen und gibt an, welche in Java verfügbar sind und welche in dieser Ausgabe des Buches behandelt werden.

In diesem Kapitel gehen wir nochmals auf verkettete Listen ein, um zusätzliche Möglichkeiten aufzuzeigen, und geben ein weiteres Anwendungsbeispiel. Außerdem behandeln wir zwei weitere Klassen von

Java-Datenstrukturen, `Stack` und `BitSet`, und sehen uns an, wie Schlangen auf der Grundlage von Arrays implementiert werden können.

Datenstruktur	Beispielklasse in Java (wenn vorhanden)	Abschnitt in *Java lernen*
Array	vordefiniert	6.1, 6.2
Erweiterbares Array	java.util.Vector	6.5
Verkettete Liste	java.util.LinkedList	8.1, 8.3, 15.5
Keller	java.util.Stack	15.4
Schlange		15.4
Baum	java.util.TreeMap	
Hashtabelle	java.util.Hashtable	6.5
Menge	java.util.Set,BitSet	15.6
Wörterbuch	java.util.Dictionary	
sequenzielle Datei	java.io.File...Stream	4.5
Datei mit Direktzugriff	java.io.RandomAccessFile	

Tabelle 15.1: Tabelle der Datenstukturen

15.1.1 Eigenschaften

Jede Datenstruktur hat Eigenschaften bezogen auf:

- das Verhältnis der Knoten zueinander;
- die Zusammensetzung eines Kopfknotens;
- den Punkt, an dem sich Knoten hinzufügen lassen – vorne, hinten oder beliebig;
- den Punkt, an dem Knoten gelöscht werden – vorne, hinten oder beliebig;
- die Durchlaufrichtung – keine, vorwärts, rückwärts oder sonstige.

Auf diese Themen gehen wir ein, wenn wir zu den jeweiligen Datenstrukturen kommen.

15.1.2 Darstellung

Datenstrukturen können entweder als **Arrays** von Objekten dargestellt werden oder, wie im Abschnitt 8.2 gezeigt, als Knoten, die durch ihre Referenzen **verkettet** sind. Welches Verfahren eingesetzt wird hängt von zwei Faktoren ab. Eine verkettete Darstellung hat den Vorteil, dass die Anzahl der Knoten in der Struktur völlig flexibel sein kann; bei einer Array-Darstellung hingegen wäre die maximale Anzahl festgelegt. Andererseits erfordern verkettete Strukturen Platz für die Verkettungen, was den Gesamtumfang der Struktur vergrößert.

Keine der beiden Varianten ist kompliziert zu programmieren. Wir zeigen beide Darstellungen und versuchen dabei, die zu Grunde liegenden Algorithmen als von der Darstellung unabhängig zu zeigen. Dadurch erzeugen wir **abstrakte Datentypen**, die wiedererkennbare Formen und Eigenschaften besitzen und nur in der spezifizierten Weise verwendet werden können.

abstrakte Datentypen

15.1.3 Algorithmen

Zwei Operationen, die häufig für eine ganze Datenstruktur benötigt werden, sind Sortieren und Suchen. Daher schließen wir zuerst unsere Untersuchung der grundlegenden Algorithmen ab, die jeder Informatiker kennen sollte, bevor wir die Details von Datenstrukturen betrachten. Diese sind:

- ein lineares und ein schnelleres Suchverfahren;
- ein einfaches und ein schnelleres Sortierverfahren.

Im Abschnitt 6.4 wurde eine lineare Suche für Arrays vorgestellt und im Abschnitt 8.3 eine für verkettete Listen, die mit Iteratoren arbeitete. Das einfache Sortieren wurde ebenfalls im Abschnitt 6.4 behandelt. Die beiden schnelleren Algorithmen, die wir uns nun ansehen werden, verwenden ein grundlegendes Berechnungsverfahren, die **Rekursion**, ohne die kein Programmierlehrbuch vollständig wäre.

15.1.4 Was Java bietet

Java trifft nicht nur für die Datenstrukturen (siehe Tabelle 15.1) Vorsorge, sondern auch für die grundlegenden Algorithmen, die wir nun besprechen werden. Es gibt eine Klasse namens `Arrays`, die für die Arrays der acht Grundtypen und die Oberklasse `Object` die Methoden `binarySearch`, `sort`, `equals` und `fill` zur Verfügung stellt. Das folgende Schema definiert diese Methoden für ganze Zahlen:

Methoden der Klasse `Arrays` für `int`

```
int binarySearch(int [] a, int key)
boolean equals (int [] a1, int [] a2)
void fill (int [] a, int val)
void sort (int [] a)
```

Es wäre zwar möglich, diese Methoden einfach nur zu nutzen, aber es ist durchaus nützlich, ihre Funktionsweise zu kennen. Die nächsten beiden Abschnitte beschreiben das Innenleben der binären Suche und des schnellen Sortierens und vergleichen ihre Leistung mit der der linearen Versionen.

15.2 Lineares und binäres Suchen

Folge

Eine **Folge** (engl. *sequence*) kann man als eine Datenstruktur definieren, die die Eigenschaft hat, dass jedes Element nach dem vorherigen ereichbar ist. Mit anderen Worten, auf die Struktur kann sequenziell zugegriffen werden. Ein Array, eine Liste oder ein Dateistrom sind Beispiele für solche Strukturen. Eine Hashtabelle ist zwar keine Folge, in Java kann auf eine Hashtabelle jedoch mit einer Enumeration sequenziell zugegriffen werden.

Wenn wir eine Folge von Werten haben, können wir einen bestimmten Wert suchen, indem wir am Anfang der Folge beginnen und die Elemente nacheinander vergleichen. Dies wird als **lineare** Suche bezeichnet, weil wir die Folge linear durchsuchen.

Der lineare Suchalgorithmus ist ein Beispiel für eine Schleife mit zwei Ausgängen (engl. *double-exit loop*): Entweder wird der Wert in der Folge gefunden, oder das Ende der Folge wird erreicht, ohne dass der Wert gefunden wurde. Dieser Schleifentyp wurde ausführlich im Abschnitt 5.2, wobei die Folge der Eingabedatenstrom war, und im Abschnitt 8.3 für eine verkettete Liste untersucht. Wir möchten nun dieses Verfahren auf das Durchsuchen eines Arrays übertragen.

Der Vorteil beim Durchsuchen eines Arrays ist, dass wir seine Länge kennen. Deshalb können wir eine For-Schleife verwenden, die eine zusätzliche Bedingung hat, um abzubrechen, wenn ein Element nicht gefunden wurde. Ein erster Versuch einer linearen Suche ist:

```
int i;
for (i = 0; i< a.length; i++)
  if (a[i] == x) break;
```

Obwohl sie klar und einfach ist, hat diese Schleife leider einen Fehler: Wir wissen am Ende nicht, ob wir die Schleife verlassen haben, weil wir das Element gefunden haben, oder weil wir es nicht gefunden haben. Dies stellt kein Problem dar, solange wir sicher sind, das Element zu finden. In der Regel besteht diese Sicherheit allerdings nicht. Beachten Sie auch, dass wir `i` absichtlich außerhalb der Schleife deklariert haben, um danach auf `a[i]` zugreifen zu können.

Das bedeutet, dass der Algorithmus zwei Werte zurückgibt: einen Ja/Nein-Indikator (oder Booleschen Wert) und einen Index. Dies macht es sehr schwierig, die Suche in eine Methode zu integrieren, da eine

Methode nur einen Wert zurückgeben kann (es sei denn, wir geben ein Objekt mit mehreren Werten zurück).

Eine mögliche Technik besteht darin, den Index zurückzugeben, ihn aber auf einen Wert außerhalb des zulässigen Wertebereichs zu setzen, wenn das Element nicht gefunden wurde. Mögliche Werte sind -1 oder die Array-Länge. Dies sieht jedoch nach einem schlechten Programmierstil aus. Ein insgesamt besserer Ansatz ist die Verwendung einer benutzerdefinierten Ausnahme. Betrachten Sie folgenden Vorschlag:

```
class ItemNotFoundException extends Exception {  }

item a [] = new a[n];

static int LinearSearch (item a [], item x)
                        throws ItemNotFoundException {
  for (int i = 0; i< a.length; i++)
    if (x.equals(a[i])) return i;
  // Element nicht gefunden: keine normale Rückkehr
  throw new ItemNotFoundException();
}

//Prüfe die Methode
try {
  int found = LinearSearch (a, x);
  // mache alles Nötige mit a[found]
   ...
}
catch (ItemNotFoundException e ) {
  // reagiere darauf, dass x nicht vorhanden ist
   ...
}
```

Das Array und das gesuchte Element werden an die Methode übergeben. Diese durchläuft das Array, wobei sie dessen Länge als Abbruchbedingung verwendet (wodurch die Methode angenehm allgemein wird) und jedes Element mit *x* vergleicht. Der Vergleich erfolgt durch den Aufruf von `equals`, da wir hier annehmen, dass die Elemente Objekte sind. Wenn ein Element gefunden wurde, geben wir seinen Index sofort zurück. Ist die Schleife schließlich beendet, lösen wir die Ausnahme aus.

Die aufrufende Methode hat eine Try-Catch-Anweisung. Ist die Suche erfolgreich, wird die nächste Anweisung ausgeführt, welche auch immer dies sein mag. Ist die Suche nicht erfolgreich, wird die Ablaufsteuerung an den Behandler im Catch-Teil weitergegeben, und es müssen andere Maßnahmen erfolgen. Auf der Website befindet sich ein Testprogramm, das diese Methode in Aktion zeigt. Es wird hier nicht aufgeführt, da wir schnell zum nächsten Suchalgorithmus – zur binären Suche – kommen möchten.

15.2.1 Binäre Suche

Wenn die gesuchten Daten geordnet, d. h. sortiert sind, gibt es effizientere Suchmethoden als die lineare Suche. Der Urtyp ist die so genannte **binäre Suche**. Dabei wird die Folge halbiert und nur der Teil durchsucht, in dem sich der Wert befinden muss. Da wir voraussetzen, dass die Folge geordnet ist, kann man sicher sagen, in welcher Hälfte sich der Wert befindet.

Angenommen, wir haben z. B. die geordnete Folge:

```
23 45 61 65 67 70 82 89 90 99
```

und suchen den Wert 90. Informell gesagt, könnten wir die Folge zwischen 67 und 70 aufteilen und feststellen, dass sich 90 im rechten Teil befinden muss:

```
23 45 61 65 67 70 82 89 90 99
```

Diese Teilsequenz spalten wir zwischen 89 und 90 in zwei Teile auf und gehen wieder nach rechts:

```
               70 82 89 90 99
```

Die für uns interessante Folge besteht nun aus zwei Elementen; wir teilen sie jedoch nochmals und gehen nach links, wo wir 90 finden:

```
                        90 99
```

Hier haben wir viermal geteilt und verglichen, während in der linearen Suche neun Schritte erforderlich gewesen wären.

Sicherlich ist die binäre Suche *im Durchschnitt* schneller, aber nicht immer. Wäre der gesuchte Wert 23 (der erste in der Folge), so würde die binäre Suche dennoch in der Mitte beginnen und schrittweise nach links fortschreiten, um den Wert zu finden. Eine solche binäre Suche formuliert man am besten mit der so genannten **Rekursion**:

Die **Rekursion** ermöglicht es uns, eine Operation durch sich selbst zu beschreiben, und zwar basierend auf modifizierten Daten und mit einer Abbruchbedingung.

Unter diesem Gesichtspunkt sieht ein Algorithmus für die binäre Suche folgendermaßen aus:

Eine Folge binär nach x durchsuchen

Wenn die Folge aus einem Element besteht,
dann vergleiche dieses mit *x* und gib „gefunden"
  oder „nicht gefunden" zurück.
Andernfalls betrachte das Element in der Mitte der Folge.
Wenn $x <$ mittleres Element,
dann setze die **binäre Suche** nach *x* in der linken Teilsequenz fort,
sonst erfolgt die **binäre Suche** nach *x* in der rechten Teilsequenz.

Häufig besteht die zu teilende Folge oder Teilsequenz nicht aus einer geraden Anzahl von Elementen, und deshalb gilt die Konvention, dass das zusätzliche Element in der linken Teilsequenz untergebracht wird. Betrachten wir den Algorithmus, so wird deutlich, dass es besser wäre, im zweiten Teil eine zusätzliche Bedingung einzufügen, die untersucht, ob der gesuchte Wert zu diesem Zeitpunkt in Wirklichkeit der mittlere ist.

15.2.2 Bedingungen für die binäre Suche

Für die binäre Suche müssen die Werte geordnet sein, und es muss auch möglich sein, die Folge zu indizieren. Somit ist die binäre Suche in Dateien und Listen nicht durchführbar. Sie kann nur auf Arrays angewendet werden.

Beispiel 15.1: Animation einer binären Suche

Aufgabe

Zur Veranschaulichung der binären Suche entwickeln wir ein Java-Programm, um den obigen Algorithmus zu implementieren, und zeigen die Suchschritte nacheinander.

Lösung

Wir beginnen mit einer Zahlenfolge, und geben jedesmal, wenn wir eine Folge teilen, nur die in der Folge verbliebenen Zahlen aus. Nun stellt sich die Frage, wie eine Folge aufgeteilt wird. Die Antwort ist: gar nicht! Wir machen Folgendes: Wir behalten nur eine einzige Teilsequenz und markieren jedesmal deren rechte und linke Grenze neu.

Algorithmus

Bei der Aufteilung einer Folge gibt es einen etwas schwierigeren Teil. Wenn die Folge mit 0 beginnt, liegt die Mitte bei *n/2*, wobei *n* der letzte Index ist. Zum Beispiel ist bei einem Array, das von 0 bis 9 reicht, 9/2 = 4 die Mitte. Reicht eine Teilsequenz in einer längeren Folge jedoch von *j* bis *k*, so befindet sich die Mitte der Folge an der Stelle $(j + k)\ /2$. Sie sollten sich klarmachen, warum dies so ist.

Programm

Nun folgt das Programm zur Animation der binären Suche. Wir haben beschlossen, als Objekte gespeicherte Zeichen zu verwenden, diese jedoch im Programm voreinzustellen. Denken Sie daran, dass die Daten sortiert sein müssen, da sonst das Programm nicht richtig funktioniert. (Zur Sicherheit können Sie auch ein Sortierverfahren einsetzen und damit zuerst die Daten sortieren.)

Der wichtigste Teil der binären Suchmethode ist die Rekursion. Daher listen wir diesen Teil zuerst einzeln mit Zeilennummern auf.

```
1.  static int binarySearch (item a [], item x, int left, int right)
2.            throws ItemNotFoundException {
3.   display(a,left,right);
4.   if (left==right)
5.     if (x.equals(a[left]))
6.       return left;
7.     else
8.       throw new ItemNotFoundException ();
9.   else {
10.    int mid = (int) ((left+right) / 2);
11.    if (x.equals(a[mid]))
12.      return mid;
13.    else
14.    if (x.less(a[mid]))
15.      return binarySearch (a, x, left, mid);
16.    else
17.      return binarySearch (a, x, mid+1, right);
18.  }
19. }
```

`BinarySearch` ruft sich mit der linken oder rechten Teilsequenz (Zeile 15 und 17) so lange selbst auf, bis die Teilsequenz die Länge eins hat (dies wird in Zeile 4 festgestellt). Dann endet sie entweder mit einer Ausnahme (Zeile 6), oder sie gibt den Index dieser Teilsequenz zurück (Zeile 5). Da der Aufruf aus Zeile 15 oder Zeile 17 kam, kommt die Rückgabe bei einem dieser beiden Aufrufe an. Beide führen dazu, dass die Methode auf natürliche Weise endet (Zeile 19), sodass wieder an den Punkt des vorherigen Methodenaufrufs zurückgeliefert wird. Dies kann noch einmal Zeile 15 oder 17 sein. Der erste Aufruf von `BinarySearch`, der mit der kompletten Folge durchgeführt wurde, endet schließlich auf natürliche Weise, und die Ablaufsteuerung wird wieder an die aufrufende Methode übergeben. Die ganze Zeit über wird der Wert des Index, der das gewünschte Element *x* enthält, als Ergebnis der Methode zurückgeliefert.

`binarySearch` ist als `static` deklariert, da sie eine Methode wie `mean` oder `stdDev` ist: Sie nimmt Parameter auf und gibt einen Wert zurück. Allerdings verwendet sie auch eine Hilfsmethode, `display`, und eine Variable, `counter`. Diese müssen also auch statisch sein. Warum wird `counter` nicht in `binarySearch` deklariert? Der Grund hierfür ist, dass sie einen von der Rekursion unabhängigen Wert halten muss. Befände sie sich in der rekursiven Methode, so würde sie bei jedem Schleifendurchlauf auf null zurückgesetzt werden und könnte nicht mitzählen, wie oft die Suche bereits wiederholt wurde.

Das Hauptprogramm und die dazugehörigen Klassen sehen folgendermaßen aus:

```
 import javagently.*;
import java.io.*;

class Animated {

  /* The animated binary search program von J M Bishop Jan 1997
   * ================================= Java 1.1
   *                                   verbessert August 2000
   * durchsucht eine sortierte Folge für einen gegebenen Wert
   * und zeigt die Funktionsweise der binären Suche.
   *
   * Veranschaulicht die Rekursion und benutzerdefinierte Ausnahmen
   */

  static item a [] = new item [10];
  static int counter;

  static int binarySearch (item a [], item x, int left, int right)
  //---------------------
                         throws ItemNotFoundException {
    display(a,left,right);
    if (left==right)
      if (x.equals(a[left])) return left;
      else throw new ItemNotFoundException ();
   else {
     int mid = (int) ((left+right) / 2);
     if (x.equals(a[mid]))
       return mid;
     else
       if (x.less(a[mid]))
     return binarySearch (a, x, left, mid);
       else
     return binarySearch (a, x, mid+1, right);
    }
   }

   public static void main (String args [])
                    throws IOException {

     BufferedReader in = new Stream(System.in);
     System.out.println("**** Testing the binary search ****");
     System.out.println("Type in 10 sorted characters "+
           "separated by spaces");
```

```
for (int i=0; i<a.length;i++)
  a[i] = new item (Stream.readChar(in));

// Schleife, um mehrere Suchen auszuprobieren
while (true)
  try {
    counter = 0;
    Text.prompt("Find what value?");
    item x = new item(Stream.readChar(in));
    System.out.println("The array is:");
    System.out.println("0 1 2 3 4 5 6 7 8 9");

    try {
      int found = BinarySearch (a, x, 0, a.length-1);
      // mache alles Notwendige mit a[found]
      System.out.println((char) x.data+
             " was found at position "+found
             +" in "+counter+" probes.");
    }
    catch (ItemNotFoundException e ) {
      // reagiere darauf, dass x nicht vorhanden ist
      System.out.println((char) x.data+" was not found in "
        +counter+" probes.");
    }
  }
  catch (EOFException e) { break;}
}

static void display (item [] a, int left, int right) {
  for (int j = 0; j < left; j++)
    System.out.print(" ");
  for (int j = left; j <= right; j++)
    System.out.print((char) a[j].data+" ");
  System.out.println();
  counter++;
}
}
class item {
// ---------
// die zu sortierenden Objekte

  item (char i) {
    data = i;
  }

  boolean equals (item x) {
    return data==x.data;
  }
  boolean less (item x) {
    return data < x.data;
```

```
        }

        char data;
    }
class ItemNotFoundException extends Exception {  }
```

Es werden mehrere Testläufe gezeigt, darunter einer, in dem die Zahl gefunden wurde, und einer, in dem sie nicht gefunden wurde. Beachten Sie, dass `e` und `j` mit weniger Versuchen gefunden wurden als bei einer linearen Suche, aber dass die Suche nach `b` etwas länger gedauert hat. Ein echter Vorteil der binären Suche ist, dass man mit ihr immer in weitaus weniger Versuchen feststellen kann, dass ein Element nicht vorhanden ist, als mit einer linearen Suche. Die genaue Anzahl von Versuchen wird mit einer Formel ermittelt, die wir im nächsten Abschnitt behandeln werden.

Test

```
**** Testing the binary search ****
Find what value?e
The array is:
0  1  2  3  4  5  6  7  8  9
e g h j k m r t w y
e  0  9  4
e  0  4  2
e  0  2  1
e  0  1  0
e was found at position 0 in 4 probes.
Find what value?f
The array is:
0  1  2  3  4  5  6  7  8  9
e g h j k m r t w y
f  0  9  4
f  0  4  2
f  0  2  1
f  0  1  0
f was not found in 5 probes.
Find what value?k
The array is:
0  1  2  3  4  5  6  7  8  9
e g h j k m r t w y
k  0  9  4
k was found at position 4 in 1 probes.
Find what value?t
The array is:
0  1  2  3  4  5  6  7  8  9
e g h j k m r t w y
t  0  9  4
t  5  9  7
t was found at position 7 in 2 probes.
Find what value?
```

15.3 Quicksort und Leistung

Für das Sortieren gibt es viele verschiedene Algorithmen, doch **Quicksort** gilt auf Grund seiner hohen Leistungsfähigkeit als Klassiker. Das Sortieren basiert auf paarweise auftretenden Vergleichs- und Austauschoperationen, Quicksort auf dem Prinzip, dass jeder Austausch über die größtmögliche Entfernung erfolgen soll. Somit tauschen wir nicht angrenzende Elemente aus, sondern wählen Elemente, die praktisch an entgegengesetzten Enden der Folge stehen. Hierzu übernehmen wir das in der binären Suche verwendete Prinzip der Aufteilung in zwei Hälften. Wir teilen die Folge an einem bestimmten Punkt und bewegen mit einem „langen Austausch" alle größeren Elemente nach rechts und die kleineren Elemente nach links. Danach führen wir dasselbe mit einer Teilsequenz nach der anderen durch, und zwar so lange, bis in jeder nur noch ein Element übrig ist. Quicksort teilt nicht jede Teilsequenz genau in der Mitte, wie das bei der binären Suche der Fall war, sondern trennt ungefähr an der Stelle, wo der letzte Austausch vorgenommen wurde.

Als Algorithmus sieht Quicksort folgendermaßen aus:

```
Quicksort
Wenn die Folge mehr als ein Element hat, dann
   Wähle ein Element als Angelpunkt (z.B. den Mittelpunkt)
   Bewege alle kleineren Elemente nach links
   Bewege alle größeren Elemente nach rechts
   Sortiere mit Quicksort die linke Folge
   Sortiere mit Quicksort die rechte Folge
```

Abbildung 15.1 zeigt den Algorithmus zum Aufteilen der Elemente.

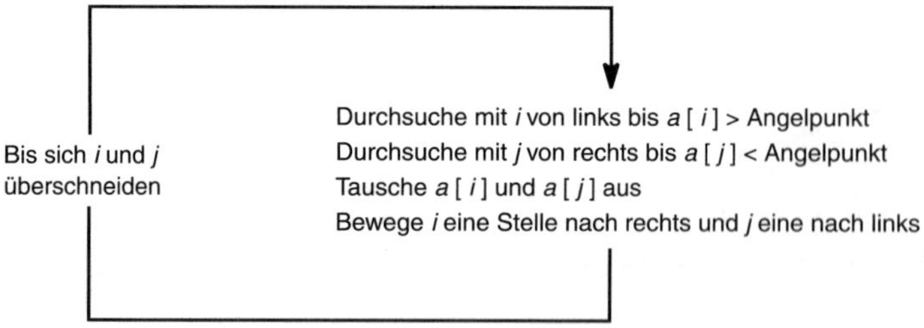

Abbildung 15.1: Der Algorithmus zum Aufteilen der Elemente in Quicksort

Quicksort ist ziemlich kompliziert und wird seltsamerweise durch Animationen oder detaillierte Beispiele nicht einfacher. Es ist einer dieser Algorithmen, die man in der Theorie verstehen und dann als richtig hinnehmen muss. In Java jedoch kann man ihn recht konkret umsetzen.

In Java sieht ein rekursiver Quicksort folgendermaßen aus:

```
1. static item [] quicksort (Item [] a, int l, int r) {
2.   if (l < r) {
3.     display(a,l,r);
4.     int i = l;
5.     int j = r;
6.     int k = (int) ((l+r) / 2);
7.     Item pivot = a[k];
8.     do {
9.       while (a[i].less(pivot)) i++;
10.      while (pivot.less(a[j])) j--;
11.       if (i<=j) {
12.         item t = a[i];
13.         a[i] = a[j];
14.         a[j] = t;
15.         i++; j--;
16.       }
17.     }  while (i<j);
18.     a = quicksort (a, l, j);
19.     a = quicksort (a, i, r);
20.   }
21.   return a;
22.}
```

In Zeile 7 speichern wir die Referenz auf das mittlere Objekt als Angelpunkt für die Vergleiche in den While-Schleifen. In den Zeilen 12 bis 14 werden die Referenzen der beiden Elemente `a[i]` und `a[j]` vertauscht.

Ebenso wie `binarySearch` ist auch `quicksort` eine Methode mit Ergebnis, allerdings geben wir hier nicht nur einen Index zurück, sondern eine Array-Referenz. Wenn also Quicksort aufgerufen wird, verwendet es das Array als Parameter und gibt dieselbe Referenz auf das nun veränderte Array-Objekt als Ergebnis zurück.

Auf der Website gibt es ein `quicksort`-Testprogramm. Hier ein einige typische Ausgaben:

```
**** Testing Quicksort ****
27 91 42 23 40 74 96 28 31 59
27 31 28 23
27 23 28
   27 28
      28 31
               74 96 42 91 59
               42 96
                  96 74 91 59
                        91 96
23 27 28 31 40 42 59 74 91 96
```

Die Methode zeigt in jeder Zeile die Teilsequenz an, die sie sortieren sollte. Der ursprüngliche Angelpunkt von 40 wird nach der ersten Zeile nicht mehr berücksichtigt, da wir alle größeren Elemente nach rechts und alle kleineren Elemente nach links verschoben haben. Das heißt, 91 und 42, beide ursprünglich links von 40, wurden mit 31 und 28 ausgetauscht. Das Ergebnis können Sie in den Zeilen 2 und 6 sehen, die die ersten beiden Teilsequenzen zeigen.

15.3.1 Ein Blick auf die Leistung

Die Notwendigkeit, nach anderen Algorithmen zu suchen, um dasselbe Problem lösen, beruht auf dem Wunsch nach mehr Schnelligkeit: Neuere Algorithmen sind möglicherweise schneller und deshalb für alle besser. Wie groß sind die Unterschiede in der Geschwindigkeit? Bei Algorithmen zum Suchen und Sortieren mitunter beträchtlich. Außerdem hängt die Geschwindigkeit des Algorithmus von der Anzahl der beteiligten Elemente ab und kann deshalb sehr wichtig sein, wenn es um Tausende oder Millionen von Elementen geht.

Es gibt zwei Möglichkeiten, Leistung zu vergleichen: die theoretische und die experimentelle. Betrachten wir die Leistung zunächst theoretisch. Wir berechnen die Geschwindigkeit eines Algorithmus basierend auf der Anzahl der durchzuführenden „Basisoperationen". Zur Vereinfachung umfassen diese Basisoperationen nur Vergleichs- und Austauschvorgänge, und zur Bewertung der Leistung zählt man die Anzahl der Operationen innerhalb dieser Schleifen.

15.3.2 Sortierverfahren im Vergleich

Betrachten wir das Sortieren durch Auswählen (engl. *selection sort*), das in Abschnitt 6.4 behandelt wurde. Die äußere Schleife wird $n - 1$ Mal durchlaufen und enthält n–1 Austauschvorgänge. Die innere Schleife bewegt sich von *ganz links* nach n–1 und zählt bei jeder Iteration immer um eins herunter. Die Anzahl der Vergleiche ist also:

$$(n - 1) + (n - 2) + (n - 3) + \ldots + 1 = n\,(n - 1)\,/\,2$$

$$= (n^2 - n)\,/\,2$$

Um die Sache zu vereinfachen, ignorieren wir die Koeffizienten bei der Anzahl der Austauschvorgänge und gehen einfach von n^2 aus. Wenn wir mehr Austauschvorgänge hinzufügen, wird der gesamte Prozess weiterhin von n^2 bestimmt.

Quicksort hingegen verwendet einen Aufteilungsalgorithmus, der grob gesagt $\log_2$ Iterationen umfasst. Bei jeder Iteration finden n Vergleiche und etwa $n/6$ Austauschvorgänge statt. Man geht deshalb davon aus, dass die Geschwindigkeit von Quicksort im Mittel proportional zu $n \log_2 n$ ist. Wie lässt sich dies nun in der Realität mit dem Leistungsniveau des Sortierens durch Auswählen vergleichen? In Tabelle 15.2 werden beide Formeln für mehrere Werte von n ausgewertet und hierbei erkennen wir einen erheblichen Unterschied. Angenommen, die Zeiteinheit für eine Iteration ist eine Mikrosekunde (10^{-6} s). Dann benötigt Quicksort für eine Million Elemente 20 Sekunden, das Sortieren durch Auswählen hingegen würde ungefähr $11\frac{1}{2}$ Tage dauern! Interessant ist jedoch, dass bei bei dieser Geschwindigkeit von 1 µs der Unterschied zwischen den beiden Sortierverfahren erst dann spürbar wird, wenn n 1000 überschreitet. An diesem Punkt dauert das Sortieren durch Auswählen eine volle Sekunde, Quicksort hingegen braucht nur eine 1/100 Sekunde. In einer interaktiven Umgebung wäre der Unterschied möglicherweise überhaupt nicht zu spüren.

n	Sortieren durch Auswählen: n^2	Quicksort: $n \log_2 n$
10	100	30
50	2 500	300
100	10 000	700
1 000	1 000 000	10 000
10 000	100 000 000	130 000
100 000	10 000 000 000	1 600 000
1 000 000	1 000 000 000 000	20 000 000

Tabelle 15.2: Geschwindigkeitsvergleich von Sortieren durch Auswählen und Quicksort

Warum verwenden wir nicht einfach immer Quicksort? Die Anwort liefert uns der andere Leistungsfaktor, den wir kennen gelernt haben, nämlich der Speicherplatz. Java-Methoden benötigen nicht nur für ihre Instruktionen Speicherplatz, sondern auch für ihre Daten. Beide Algorithmen haben ungefähr dieselbe Anzahl von Anweisungen, sodass es in hinsichtlich der Instruktionen nicht viel zu wählen gibt. Was den Speicherplatz für die Daten betrifft, besteht allerdings ein großer Unterschied. Das Sortieren durch Auswählen deklariert vier lokale Variablen und verwendet diese überall. Quicksort deklariert acht lokale Variablen und Parameter für jeden rekursiven Aufruf. Da rekursive Aufrufe gekellert werden, wären bei Quicksort im Mittel für eine Million Elemente 160 gekellerte Elemente vorhanden.

Doch selbst das ist eigentlich nicht viel und wir können daher vermuten, dass das leichte Misstrauen, mit dem normale Programmierer Quicksort betrachten, wahrscheinlich daher rührt, dass sie mit der Rekursion nicht vertraut sind. Natürlich muss Quicksort nicht unbedingt rekursiv programmiert werden; die nichtrekursive Version ist allerdings noch umständlicher.

15.3.3 Suchverfahren im Vergleich

Bei den beiden bisher betrachteten Suchverfahren hing die Leistung mit n (linear) oder $\log_2 n$ (binär) zusammen. Hier ist der Geschwindigkeitsunterschied noch viel größer als beim Sortieren (siehe Tabelle 15.3). Konkret bedeutet das, dass wir, wenn wir mit der binären Suche ein Telefonbuch mit einer Million Einträge durchsuchen, jeden Eintrag in maximal 20 Versuchen finden. Dies ist wesentlich effizienter als die lineare Suche, bei der ein Eintrag nach dem anderen durchsucht wird!

n	Lineare Suche: n	Binäre Suche: $\log_2 n$
10	10	3
50	50	6
100	100	7
1 000	1 000	10
10 000	10 000	13
100 000	100 000	16
1 000 000	1 000 000	20

Tabelle 15.3: Geschwindigkeitsvergleich von linearer and binärer Suche

15.3.4 Konsequenzen

Die Untersuchung von Algorithmen und deren Leistungsanalyse ist ein Grundpfeiler der Informatik und ein wesentlicher Teil eines Informatik-Aufbaukurses. Außer den beiden hier behandelten Sortieralgorithmen werden Sie noch weitere Sortierverfahren kennenlernen, wie z. B. Bubblesort (sehr langsam), Sortieren durch Verschmelzen (engl. *merge sort*) und Baumsortieren (engl. *tree sort*) (sehr schnell) und Fächersortieren (extrem schnell, aber nur begrenzt anwendbar). Sie werden lernen, für eine vorgegebene Lösung den passenden Algorithmus auszuwählen, und Sie werden die Grenzen der Algorithmen sehen: Wie schnell können sie tatsächlich werden? Dies ist ein faszinierendes Thema, das wir hier nur gestreift haben.

15.4 Keller und Schlangen

Nun beginnen wir mit unserer ersten Datenstruktur, dem einfachen **Keller**. Informell ausgedrückt ist ein Keller ein Stapel von Elementen, bei dem Elemente oben hinzugefügt oder entfernt werden. Wie die Abbildung 15.2(a) zeigt, wird ein Keller häufig aufrecht gezeichnet, obwohl man ihn auch, wie in der Abbildung 15.2(b), liegend darstellen kann.

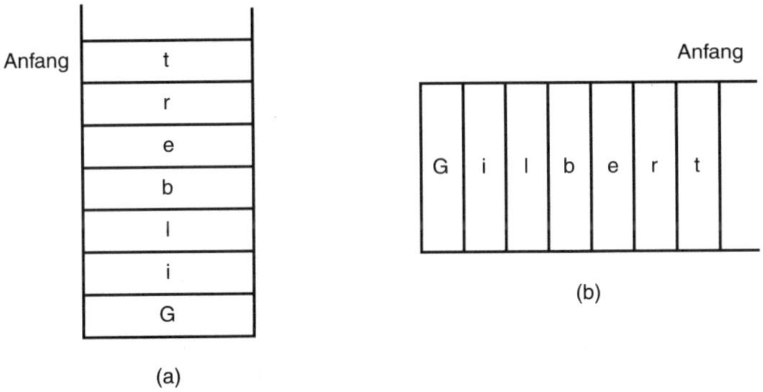

Abbildung 15.2: Diagramme von Kellern

15.4.1 Eigenschaften von Kellern

Formal können wir die Eigenschaften eines Kellers nach den im Abbschnitt 15.1 aufgeführten Kriterien auflisten:

- Knoten sind in einer Folge angeordnet.
- Nur der **Anfang** des Kellers ist zugänglich.
- Knoten werden am **Anfang** hinzugefügt.
- Knoten werden vom **Anfang** entfernt.
- Der Keller kann nicht durchsucht werden: Nur der Knoten am **Anfang** ist sichtbar.[1]

Ein Keller kann auch als LIFO-Liste (engl. *Last-In First-Out*) bezeichnet werden.

LIFO

1. Genau genommen wird hier in Java ein wenig gemogelt: Es gibt eine Suchmethode für Keller („search" genannt), die wir an dieser Stelle jedoch ignorieren.

15.4.2 Die Klasse *Stack*

Nun sind wir an einer Stelle, wo wir einen Keller als Klasse definieren müssen. Zum Glück liefert Java mit dem Paket `util` eine derartige Klasse mit den im folgenden Schema aufgeführten Methoden.

Stack-Klasse

```
public class Stack extends Vector {
  public Object push (Object Element);
  public Object pop () throws EmptyStackException;
  public Object peek () throws EmptyStackException;
  public boolean empty ();
```

Die Methode `push` nimmt das Element und setzt es an den Anfang des Kellers. Die Methode `pop` gibt das oberste Element zurück, wobei es gleichzeitig aus dem Keller entfernt wird. Die Methode `peek` hingegen gibt nur das oberste Element zurück, ohne dass der Keller verändert wird. Die Methode `empty` stellt fest, ob der Keller Elemente enthält oder nicht. Da die Klasse `Stack` auf `Vector` basiert, ließe sich ein Keller effizient als Array implementieren, ohne auf eine bestimmte Größe beschränkt zu sein.

Die Methoden der Klasse `Stack` sind für die Oberklasse `Object` definiert, sodass die Objekte aller Klassen zu einem Keller hinzugefügt oder aus ihm entfernt werden können, vorausgesetzt wir nehmen eine entsprechende Typumwandlung vor. Obwohl Java es nicht erzwingt, sollten wir jeden Keller auf Elemente derselben Klasse beschränken.

Das nächste Beispiel ist einfach, aber es veranschaulicht die Wirkung eines Kellers.

Beispiel 15.2: Einen Satz umkehren

Aufgabe

Kehren Sie einen beliebig langen Satz Wort für Wort um.

Lösung

Keller haben die Eigenschaft, eine Folge umkehren zu können. Jedes Wort wird beim Einlesen in den Keller gelegt. Wenn der Satz dann schließlich zu Ende ist, sind alle Wörter aufeinander gestapelt. Nun können wir den Keller wieder durchgehen, die Wörter herausholen und ausgeben.

Progamm

```
import java.io.*;
import javagently.*;
import java.util.Stack;
```

```
public class Reverser {

  /* Testing the stack class  von J M Bishop Jan 1997
   * ----------------------  Java 1.1
   *                          aktualisiert August 2000
   * Liest eine Folge und kehrt sie mit einem Keller um.
   * Veranschaulicht push, pop und empty in Javas Klasse Stack.
   */

  public static void main (String args [])
    throws IOException {
    new Reverser();
  }

  Reverser () throws IOException {

    Stream in = new Stream (System.in);

    Stack S = new Stack();
    System.out.println("**** Testing the Stack class ****");
    System.out.println("Type in a sentence and end the input " +
       "(cntrl-D or cntrl-Z)");
    System.out.println("The original sentence is: ");

    while (true) {
      try {
        String word = in.readString();
        S.push(word);
      }
      catch (EOFException e) { break;}
    }

    System.out.println("The reversed sentence is:");
    while (!S.empty())
      System.out.print (S.pop()+" ");
    System.out.println();
  }
}
```

Die Ein- und Ausgabe würde folgendermaßen aussehen: *Test*

```
**** Testing the Stack class ****
Type in a sentence and end the input (cntrl-D or cntrl-Z)
The original sentence is:
The curfew tolls the knell of parting day,
The reversed sentence is:
day, parting of knell the tolls curfew The
```

15.4.3 Anwendungen von Kellern

Keller sind sinnvoll zum Aufzeichnen unterschiedlicher Stadien einer Berechnung. Ein typisches Beispiel ist die Auswertung von Ausdrücken, bei denen Präzedenz und Schachtelung eine Rolle spielen. Zudem ist ein Keller die Datenstruktur, mit der die Rekursion implementiert wird. Bei einer Sprache wie Java ist es normalerweise möglich, statt eines expliziten Kellers die Rekursion mit ihrem impliziten Keller zu verwenden. Wahrscheinlich ist die nächste Datenstruktur in der Praxis gebräuchlicher.

15.4.4 Schlangen

Keller sind zwar die einfachsten Strukturen, über die wir verfügen, aber ihre Eigenschaft, alles umzukehren, ist nicht immer sinnvoll. Eine gebräuchlichere Datenstruktur ist eine, in der die Elemente in derselben Reihenfolge entfernt werden können, in der sie eingefügt wurden. Eine solche Struktur nennt man **Schlange** oder FIFO-Liste (engl. *First-In First-Out*).

FIFO

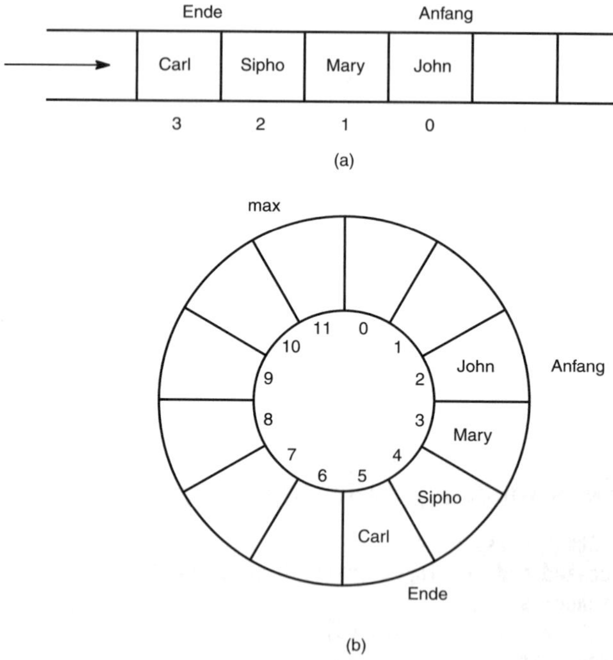

Abbildung 15.3: Eine gerade und eine kreisförmige Schlange

Um diese Eigenschaft zu implementieren, muss eine Schlange zwei Enden haben, die den Anfang und das Ende markieren. Neue Elemente werden am Ende hinzugefügt und entfernt werden Elemente am Anfang. Normalerweise werden Schlangen wie in der Abbildung 15.3(a) gezeigt, liegend gezeichnet. Eine inhärente Eigenschaft von Schlangen ist jedoch, dass sie sich vorwärtsbewegen: Wenn ein Element vom Anfang entnommen wird, rücken alle anderen nachfolgenden Elemente um eins auf. Wir erkennen sofort, dass dieses Aufrücken in einer Array-Implementierung nicht effizient wäre, und betrachten deshalb als eine weitere Darstellungsform einer Schlange den Kreis. Hier gibt es eine bestimmte Anzahl von Plätzen im Kreis und die Schlange bewegt sich, wie die Abbildung 15.3(b) zeigt, um sie herum.

15.4.5 Eigenschaften von Schlangen

Formal können wir die Eigenschaften einer Schlange folgendermaßen definieren:

1. Knoten sind in einer Folge angeordnet.
2. Es gibt zwei Enden, den **Anfang** und das **Ende**.
3. Knoten werden am **Ende** hinzugefügt.
4. Knoten werden vom **Anfang** entfernt.
5. Die Schlange kann vom **Anfang** bis zum **Ende** durchsucht werden.

15.4.6 Der abstrakte Datentyp *Queue*

Nun können wir die Schlange als Datentyp definieren. Wie schon den Keller definieren wir auch sie über die Oberklasse `Object`. Da Java jedoch nicht über eine vordefinierte Klasse für Schlangen verfügt, müssen wir diese implementieren. Worauf sollte sie basieren? Zur Auswahl stehen das Array, die Klasse `Vector` und die Klasse `LinkedList`. Die beiden letzteren ermöglichen Schlangen von variabler Länge. `LinkedList` ist wahrscheinlich leistungsfähiger als nötig, da wir die Elemente nicht an beliebigen Stellen, sondern nur am Anfang entfernen möchten. `Vector` bietet volle Erweiterungsfähigkeit, aber eigentlich möchten wir die Schlange zirkulär steuern, indem wir, wie in Abbildung 15.3(b) gezeigt, frei gewordene Elemente wiederverwenden. Ein einfaches Array ist also eine gute Wahl.

Was ist zu tun, wenn eine Schlange voll ist oder wenn versucht wird, ein Element zu entfernen, obwohl die Schlange leer ist? Dann ist es richtig, eine Ausnahme auszulösen. Wir verwenden also eine Ausnahme mit einem Parameter für „voll" oder „leer". Ebenso wie Javas

Klasse Stack definieren wir Queue mit der allgemeinen Oberklasse Object für die Elemente.

Begrenzte Queue

```
public class Queue {
  Queue(int n);
  void add (Object x);
  Object remove ();
  boolean empty ();
  boolean full ();

  void reset ();
  void succ ();
  boolean eol ();
  Object current ();
}
```

Eine Eigenschaft einer zirkulären Schlange ist, dass sie begrenzt ist, und diese Grenze können wir im Konstruktor festlegen. Bei einer Array-Implementierung muss die festgelegte Grenze unter der maximalen Größe des Arrays liegen, das innerhalb der Klasse Queue selbst deklariert ist. Die Methode add (manchmal auch als enqueue bezeichnet) fügt ein Element am Schlangenende hinzu. remove entnimmt das Element vom Anfang (sofern dort ein Element existiert). Dies wird manchmal als dequeue bezeichnet. empty prüft, ob die Schlange leer ist, und full prüft, ob alle Speicherstellen, die der Schlange zugewiesen wurden, aufgebraucht sind.

Die fünfte der oben genannten Eigenschaften bestand darin, dass es möglich sein sollte, die Schlange zu durchsuchen, wobei gegebenenfalls mit jedem Element etwas gemacht wird. Wir könnten z. B. den Wunsch haben, die Schlange auszudrucken oder nach einem bestimmten Element zu suchen. Wenn keine anspruchsvolleren Sprachfunktionen zur Verfügung stehen, lässt sich die Suchoperation nur schwer verallgemeinern. Daher müssen wir dem Anwender Zugriff auf die Schlange selbst ermöglichen. Dies lässt sich in kontrollierter Form bewerkstelligen, indem wir darauf bestehen, dass alle Suchoperationen die vier bereits bekannten Iteratormethoden verwenden, die mit der Klasse zur Verfügung gestellt werden.

Nun untersuchen wir ein Anwendungsbeispiel für die oben genannte Schlangendefinition, und betrachten *erst dann*, wie die Schlange selbst implementiert wird. Da Java keine vordefinierte Klasse für Schlangen hat, zeigen wir hier, wie eine Datenstruktur von Anfang an aufgebaut wird.

Beispiel 15.3: Wartezimmer beim Arzt

Aufgabe

Ein Arzt hat ein kleines Wartezimmer mit nur wenigen - vielleicht sieben – Plätzen. Die Patienten können eintreten und dort warten, aber wenn alle Plätze besetzt sind, gehen die Patienten in der Regel fort und kommen später wieder. Simulieren Sie dieses Verhalten, damit der Arzt entscheiden kann, ob er ein größeres Wartezimmer bauen muss.

Lösung

Wir können eine Schlange mit einer Maximalgröße einrichten und die Patienten nach einem Zufallsprinzip eintreffen und vom Arzt empfangen lassen. Der Zustand der Schlange kann kontinuierlich angezeigt werden. Wenn sie voll ist, kann man dies signalisieren und weitere eintreffende Patienten ignorieren, bis wieder Platz frei ist.

Algorithmus

Mit dem in Abbildung 15.4 gezeigten Algorithmus können wir die Abläufe simulieren. Bei jeder Iteration gibt es eine Chance von 1:1, dass ein Patient kommt (angezeigt wird dies, indem geprüft wird, ob der Würfel eine gerade Zahl zeigt), und eine Chance von 1:2 (wenn der Würfel 1 oder 2 zeigt), dass der Arzt bereit ist, einen weiteren Patienten zu empfangen. Desweiteren gibt es eine Chance von 1:2 (wenn der Würfel 3 oder 5 zeigt), dass gar nichts passiert. Wir stellen ein, wie oft die Simulation ablaufen soll, und schauen, was geschieht.

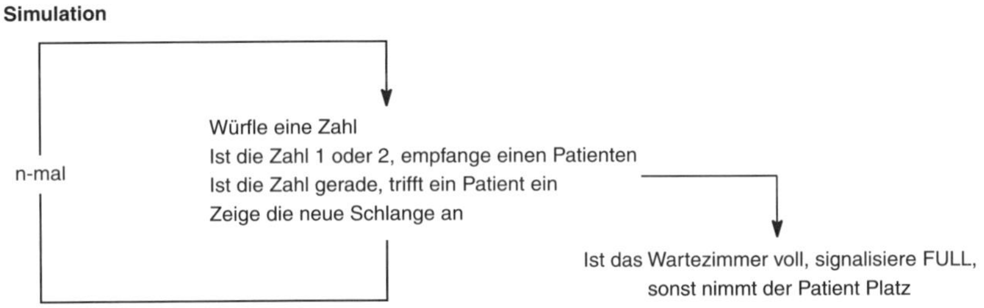

Abbildung 15.4: Simulation eines Arztwartezimmers

Programm

Die Schlange enthält dieselben einfachen ganzzahligen Elemente. Wir wissen, dass die Schlange ihre Elemente als `Objects` behandelt, und nehmen deshalb die notwendige Typumwandlung vor.

```
import myutilities.*;

class WaitingRoom {
  /* Simulation the Waiting Room   von J M Bishop Jan 1997
   * --------------------------   Java 1.1
   * Zeigt eine Schlange, die als Folge zufälliger Ereignisse
   * wächst und schrumpft.
   *
   * Veranschaulicht Schlangen und selbstgemachte Schlageniteratoren.
   */
```

```
public static void main (String args []) throws QueueException {
    new WaitingRoom ();
}

WaitingRoom () throws QueueException {
  Queue chairs = new Queue (7);
  int patient;
  int choice;

  System.out.println("*** Doctor's Waiting Room Simulation ***");
  System.out.println("There are 7 chairs");
  System.out.println("Arrivals on 2,4,6; patients seen on 1,2");
  System.out.println();
  System.out.println("Time\tChoice\tPatient numbers");

  for (int i = 2; i<30; i++) {
    choice = (int) (Math.random()*6+1);
    System.out.print(i+"\t"+choice+"\t");
    display(chairs);
    try {
      if (choice == 1 || choice == 2)
        if (!chairs.empty())
          patient = ((Integer) chairs.remove()).intValue();
      if (choice == 2 || choice == 4 || choice == 6)
        chairs.add(new Integer(i));
    }
    catch (QueueException e) {
      System.out.println("\t\t\ tWaiting room "+e.getMessage());
    }
  }
}

void display (Queue q) {
  if (q.empty()) System.out.print("Empty"); else
  for (q.reset(); !q.eol(); q.succ())
    System.out.print(((Integer) q.current()).intValue() +" ");
  System.out.println();
}
}
```

Test

Ein Durchlauf des Programms könnte folgendermaßen aussehen:

```
*** Doctor's Waiting Room Simulation ***
There are 7 chairs
Arrivals on 2,4,6; patients seen on 1,2

Time  Choice Patient numbers
2     1  Empty
3     1  Empty
```

```
4    6  Empty
5    5  4
6    4  4
7    4  4  6
8    5  4  6  7
9    5  4  6  7
10   1  4  6  7
11   4  6  7
12   4  6  7  11
13   6  6  7  11  12
14   4  6  7  11  12  13
15   1  6  7  11  12  13  14
16   4  7  11  12  13  14
17   6  7  11  12  13  14  16
18   6  7  11  12  13  14  16  17
           Waiting room Full
19   1  7  11  12  13  14  16  17
20   1  11  12  13  14  16  17
21   5  12  13  14  16  17
22   2  12  13  14  16  17
23   1  13  14  16  17  22
24   6  14  16  17  22
25   3  14  16  17  22  24
26   1  14  16  17  22  24
27   1  16  17  22  24
28   1  17  22  24
29   4  22  24
```

Das Zimmer wurde in diesem kurzen Durchlauf nur einmal voll. Da der „Würfel" jedoch zufällige Ergebnisse liefert, wären auch völlig andere Programmabläufe denkbar. Beachten Sie, dass der Schlange, wenn eine 2 gewürfelt wird, in derselben Iteration etwas entnommen und etwas hinzugefügt wird. Dieser Fall tritt in Zeile 22-23 auf.

15.4.7 Mit Arrays implementierte Schlangen

Ein Array für eine Schlange implementiert man am besten zirkulär. Das Ende der Schlange beginnt bei 0, danach wird schrittweise die Maximalgröße erreicht. Ist man dort angelangt, ist die nächste für eine Einfügeoperation infragekommende Position wieder 0, falls eine Entnahme stattgefunden hat und keine lebenden Daten an dieser Stelle stehen. Daher hängen die Bedingungen für „voll" und „leer" nicht davon ab, ob die Indikatoren 0 oder `max` sind, sondern von einer Zählung der lebenden Datenelemente. Die vollständige Klassendefinition für eine Schlange, die dem Paket `myutilities` hinzugefügt werden kann, lautet:

```
package myutilities;

public class Queue {
  /* Queue abstract data type  von J M Bishop Jan 1997
   *                           aktualisiert August 2000
  * Implementiert eine Schlage als ein begrenztes, kreisförmiges Array.
   * Hat ein festes Maximum von 100 Elementen. */

  public Queue (int m) {
    if (m <= maxQueue)
      size = m;
    else size = maxQueue;
    front = 0;
    back = -1;
    live = 0;
    reset();
  }

  public void add (Object x) throws QueueException {
    // löst eine Ausnahme aus, falls die Schlange voll ist
    if (live < size) {
      back = (back + 1) % maxQueue;
      Q[back] = x;
      live++;
    }
    else
      throw new QueueException("Full");
  }

  public Object remove () throws QueueException {
    // löst eine Ausnahme aus, falls die Schlange leer ist
    if (live >=1) {
      Object x = Q[front];
      front = (front + 1) % maxQueue;
      live--;
      return x;
    }
    else
      throw new QueueException("Empty");
    }

    public boolean empty () {
      return live == 0;
    }

    public boolean full () {
      return live == size;
    }
```

```
// Iteratormethoden
public void reset () {
  now = front;
}

public void succ () {
  now = (now+1) % maxQueue;
}

public boolean eol () {
  if (back==maxQueue)
    return now == 0;
  else
    return now > back;
}

public Object current () {
  return Q[now];
}

private
int size, // gesamte Vektorkapazität;
    front, back, // Indikatoren
    live, // Anzahl der verwendeten Stellen in der Kreisschlange
    now; // Position, an der die Schlange angezeigt wird
private Object Q [] = new Object [maxQueue];
static private int maxQueue = 100;

}

public class QueueException extends Exception {
  QueueException (String s) { super(s);}
}
```

Beachten Sie, dass alle Datenelemente in der Schlange als `private` deklariert und außerdem Instanzvariablen sind, die für jedes Objekt neu angelegt werden.

15.4.8 Auf Listen basierende Schlangen

Genau wie Keller lassen sich auch Schlangen nicht in ihrem Inneren verändern. Eine Schlange mit einer Liste zu implementieren bringt also nur den Vorteil, dass ihre Größe flexibel wird. Beachten Sie, dass wir dennoch eine Grenze einziehen, damit die Schlange nicht endlos weiterwächst. Die obige Klassendefinition lässt sich sehr einfach in eine auf Listen basierende Version umwandeln. Diese Aufgabe soll der Leser allein lösen. Das `WaitingRoom`-Programm dürfte ohne Änderungen laufen, wenn die eine Klasse durch die andere ersetzt wird.

15.5 Noch einmal verkettete Listen

Der im Beispiel 8.2 entwickelte einfache Listeniterator besaß eine merkwürdige Eigenschaft: Indem er neue Elemente am Anfang hinzufügte, speicherte er Daten rückwärts. In Wirklichkeit haben wir also einen Keller erzeugt - eine sehr einfache Datenstruktur, da sie nur über einen einzigen Zeiger verfügt. Möchten wir die Daten jedoch lieber in der richtigen Reihenfolge speichern, so benötigen wir zwei Zeiger: einen für den Anfang und einen für das Ende, wie bei einer Schlange.

Verkettete Listen können tatsächlich allgemeiner als ein Keller oder eine Schlange sein sie können Operationen nicht nur an den beiden Enden, sondern an jedem Punkt dazwischen ermöglichen. Dies haben wir festgestellt, als wir im Abschnitt 8.3 mit der Verwendung der Klasse `LinkedList` begannen. Um die Besprechung der Listen in derselben Weise abzuschließen wie die der Keller und Schlangen, machen wir mit den Eigenschaften verketteter Listen und einem Beispiel weiter.

15.5.1 Eigenschaften verketteter Listen

Formal lassen sich die Eigenschaften einer Liste folgendermaßen definieren:

- Knoten werden linear in beide Richtungen, also vorwärts und rückwärts, verkettet.
- Die Liste hat zwei Enden: den Anfang und das Ende.
- Knoten lassen sich an jedem Punkt der Liste einfügen.
- Knoten lassen sich an jedem Punkt der Liste löschen.
- Die Liste kann vorwärts oder rückwärts durchsucht werden.

Diese Eigenschaften sind in die im Kapitel 8 bereits erwähnte Klasse `LinkedList` eingebaut; allerdings benötigen wir mehr Methoden aus dieser Klasse, um alle Anforderungen zu erfüllen. Diese zusätzlichen Methoden lauten:

`LinkedList` **(zusätzliche Methoden)**
void addFirst(Object *Objektname*) **void** addLast(Object *Objektname*) **void** removeFirst() **void** removeLast() **void** add(int index, Object *Objektname*) **void** remove (int *Index*) **int** size()

`LinkedList` **(zusätzliche Methoden)**

Mit den ersten vier Methoden kann an den Enden einer Liste etwas effizient hinzugefügt oder weggenommen werden.

Um an anderen Stellen Veränderungen vorzunehmen, iterieren wir durch die Liste, wobei wir mitzählen, und verwenden dann die Methode `add` mit `index`.

`size` unterstützt diesen Iterationsprozess.

Das folgende Beispiel verwendet die verbesserten Eigenschaften der Klasse `LinkedList` sehr sinnvoll.

Beispiel 15.4: Aufstellung für ein Gruppenbild

Aufgabe

Ein Fotograf möchte Kursteilnehmer fotografieren. Alle sollen sich ordentlich der Größe nach aufstellen, sodass die größten Studenten in den hinteren Reihen stehen und die Personen in jeder Reihe von der Mitte nach außen hin kleiner werden. Die Kursteilnehmer mit ihrer jeweiligen Körpergröße sind vorgegeben. Wir möchten planen, wo sich jeder aufstellen sollte.

Jede Reihe sollte wie in Abbildung 15.5 angeordnet sein.

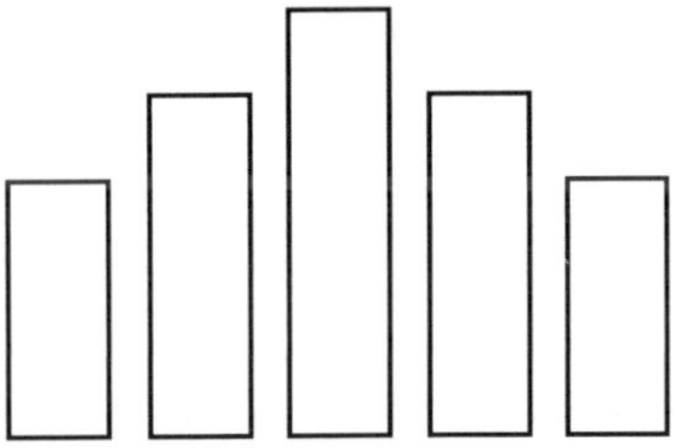

Abbildung 15.5: Fünf Studenten in einer Reihe auf einer Fotografie

Lösung

Als Erstes erzeugen wir eine einzige Reihe, in der alle Teilnehmer nach der Körpergröße geordnet stehen. Beginnend beim Größten ziehen wir dann die Anzahl ab, die wir in jeder Reihe haben möchten, und erzeugen eine neue Liste, bei der wir in der Mitte beginnen und abwechselnd links und rechts Studenten hinzufügen. Angenommen, wir nennen die Studenten A, B, . . ., wobei A der größte ist. Dann würde eine Reihe von sieben Studenten folgendermaßen aussehen:

G E C A B D F

Algorithmus

In den Algorithmen werden die oben definierten Listenmethoden sehr gut genutzt. Zuerst überlegen wir, wie wir eine nach Größe geordnete Liste erzeugen können. Das Ergebnis ist eine Liste, deren Anfang auf die größte Person zeigt (Abbildung 15.6).

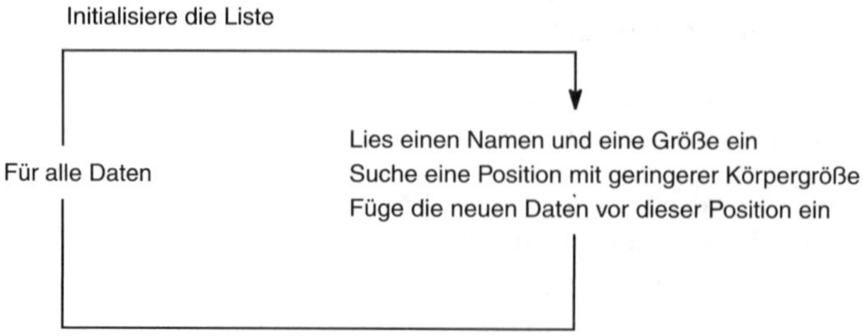

Abbildung 15.6: Erstellung einer geordneten Liste

Als Nächstes betrachten wir, wie wir eine Reihe abziehen und den Links-Rechts-Effekt erzielen können. Damit die Berechnung leichter fällt, setzen wir voraus, dass die Anzahl der Personen in einer Reihe ungerade ist. Abbildung 15.7 zeigt den Algorithmus.

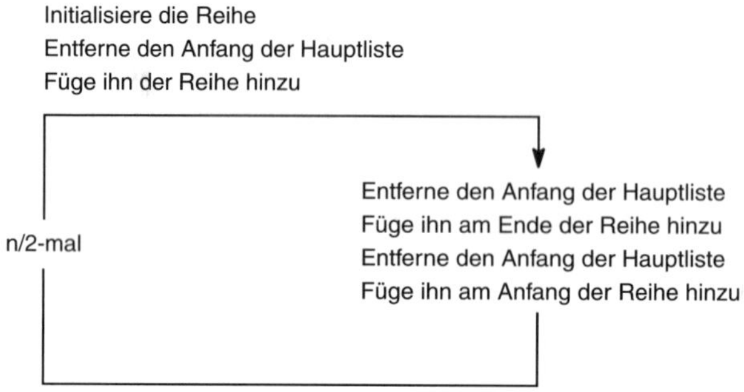

Abbildung 15.7: Erstellung einer abwechselnd links-rechts sortierten Liste.

Hinten wird mit `addLast(s)`etwas hinzugefügt, und vorne mit `addFirst(s)`. Durch Aufruf der Iteratormethoden können wir die Reihe ausdrucken oder anzeigen. Danach können wir die Reihe löschen und eine neue beginnen. Man löscht eine Liste in Java einfach, indem man sie auf null setzt, denn alle mit ihr verbundenen Knoten werden innerhalb kurzer Zeit durch die Speicherbereinigung entfernt.

Programm

Zuerst sehen wir uns den Typ der Objekte an, die in der Liste gespeichert werden sollen:

```
class Student {

  double height;
  String name;

  Student(double h, String s) {
    height = h;
    name = s;
```

```
  }

  public int compareTo (Object x) {
    if (name.equals(((Student) x).name))
      return 0;
    else if (height < ((Student) x).height)
      return -1;
    else
      return 1;
  }

  public String toString () {
    return ("\t"+height+"\t"+name);
  }
}
```

Die Methode compareTo ist so definiert, dass die Studenten gleich sind, wenn ihre Namen gleich sind, und ansonsten ihre Größe verglichen wird. Anders ausgedrückt: So wie die Klasse hier gegeben ist, lässt sie nicht zwei Personen mit demselben Namen zu.

Wie zuvor ist das Programm überraschend klar und kurz, da die ganze Arbeit in den gut definierten Listenmethoden ausgeführt wird.

```
import java.io.*;
import javagently.*;
import myutilities.*;
import java.util.*;

class Photo {
  /* The class photo program   von J M Bishop  Januar 1997
   * ======================    überarbeitet Januar 1998
   *                           überarbeitet für JFC August 2000
   *
   * Richtet mit verketteten Listen die Aufstellung für ein
   * Klassenfoto ein, basierend auf der Körpergröße.
   *
   * Veranschaulicht den Umgang mit List.
   */

  LinkedList studentList = new LinkedList();

  public static void main (String args []) throws IOException{
    new Photo();
  }

  Photo () throws IOException {
    System.out.println("**** The Class Photo ****");
    lineUp();
```

```
    for (int row = 1; studentList.size() > 0; row++)
      pickOff (row);
  }

  void lineUp () throws IOException {

    Stream in = new Stream ("students.dat", Stream.READ);
    System.out.println("The students as read in are:");
    while (true) {
      try {
        double h = in.readDouble();
        String n = in.readString();
        Student s = new Student (h, n);
        System.out.println(s);

        // Findet den Ort für den neuen Eintrag
        int before = 0;
     for (ListIterator e = studentList.listIterator(); e.hasNext();) {
          if (s.compareTo(e.next()) > 0)
            break;
          before++;
     }
        // fügt den neuen Eintrag hinzu
        studentList.add(before,s);
      }
      catch (EOFException e) { break;}
   }
   System.out.println("The students in height order are:");

   for (ListIterator e = studentList.listIterator(); e.hasNext();)
     System.out.println(e.next());
   }
   void pickOff (int row) {
     System.out.println("Row "+row+"\t");
     LinkedList line = new LinkedList ();
     Student s;
     s = (Student) studentList.removeFirst();
     line.addLast(s);
     for (int i = 0; i<rowSize/2; i++) {
       s = (Student) studentList.removeFirst();
       line.addLast(s);
       s = (Student) studentList.removeFirst();
       line.addFirst(s);
    }
    for (ListIterator e = line.listIterator(); e.hasNext();)
      System.out.println(e.next());
   }

   static final int rowSize = 7;
}
```

Das Programm würde dies verarbeiten und die Studenten folgendermaßen anordnen:

Test

```
**** The Class Photo ****
The students as read in are:
     1.8         Danie
     1.58        Petra
     1.9         John
     1.55        Harry
     1.81        Mary
     1.75        Craig
     1.71        Sipho
     1.77        Diamond
     1.4         Tiny
     1.79        Michael
     1.76        Robert
     1.69        Elizabeth
     1.68        Lucy
     1.5         Sarah
The students in height order are:
     1.9         John
     1.81        Mary
     1.8         Danie
     1.79        Michael
     1.77        Diamond
     1.76        Robert
     1.75        Craig
     1.71        Sipho
     1.69        Elizabeth
     1.68        Lucy
     1.58        Petra
     1.55        Harry
     1.5         Sarah
     1.4         Tiny
Row 1
     1.75        Craig
     1.77        Diamond
     1.8         Danie
     1.9         John
     1.81        Mary
     1.79        Michael
     1.76        Robert
Row 2
     1.4         Tiny
     1.55        Harry
     1.68        Lucy
     1.71        Sipho
     1.69        Elizabeth
     1.58        Petra
     1.5         Sarah
```

Das Programm hat die Einschränkung, dass die Anzahl der Studenten ein Vielfaches der Anzahl der Reihen sein muss, aber dieses Detail ist nicht so wichtig.

15.6 Bitsets

Die letzte Datenstruktur, die wir untersuchen möchten, ist das Bitset. Wie wir aus der Mathematik wissen, ist eine Menge (engl. *set*) eine ungeordnete Sammlung von Elementen desselben Typs, für die Operationen definiert sind, um z.B. eine Vereinigungsmenge, eine Schnittmenge oder eine Teilmenge zu bilden. Java verfügt über eine Klasse `Set`, die diese Operationen auf Objekten enthält.

Davon unterscheidet sich das Bitset insofern, als man es sich wie eine Folge von Bits vorstellen kann, von denen jedes eine Nummer hat und ein- und ausgeschaltet werden kann. Mengen und Bitsets ähneln sich in ihrer Wirkung sehr, werden jedoch unterschiedlich eingesetzt. Für eine Menge von ganzen Zahlen kann man prüfen, ob die 8 vorhanden ist, in einem Bitset hingegen würde man prüfen, ob die 8 eingeschaltet ist.

Das nachfolgende Schema gibt einige der Methoden an, die für Bitsets in Java zur Verfügung stehen.

Bitsets

```
BitSet ();
BitSet (int n);

boolean get (int b);
void set (int b);
void clear (int b);
void and (BitSet s);
void or (BitSet s);
void xor (BitSet s);
```

Nachdem ein Bitset mit einer definierten oder der Standardgröße erzeugt worden ist, kann man einzelne Bits setzen (`set`), lesen (`get`) oder zurücksetzen (`clear`). Mit den drei dargestellten Operationen können wir auch zwei Bitsets kombinieren. Im Abschnitt 3.6 über Boolesche Werte finden Sie eine Erklärung der Ergebnisse von Bit-Operationen.

Bitsets sind relativ restriktiv, da sie ausschließlich ganze Zahlen aufnehmen können. Wir können also beispielsweise keine Zeichenmengen definieren. Nun betrachten wir ein Anwendungsbeispiel für Mengen, und zwar in diesem Fall für Arrays von Bitsets.

Beispiel 15.5: Schulungspläne

Aufgabe

Die Angestellten von Savanna Inc. nehmen an Schulungen teil, und jeder Kurs, der besucht wurde oder besucht werden soll, wird in einer Datei gespeichert. Wir möchten herausfinden, welche Angestellten sich für welche Kurse angemeldet haben, und welche Kurse insgesamt genutzt worden sind. Da in einigen Kursen Computer eingesetzt werden, möchten wir außerdem wissen, welche Angestellten Benutzernummern für die Computer benötigen.

Lösung

Man könnte Arrays mit dem Namen jedes Angestellten, der einen Kurs besucht hat, konstruieren. Wenn sich jedoch sowohl der Angestellte als auch der Kurs mit Nummern identifizieren lassen, kann man als Alternative auch eine Menge verwenden.

Algorithmus

Angenommen, die Daten bestehen aus Personalnummern, gefolgt von einer Liste von Kursnummern: Eine typische Datei würde dann folgendermaßen aussehen:

50	1 2 3
44	3 8 7
99	1
61	1 7

Das heißt, dass der Angestellte Nr. 50 die Kurse 1, 2 und 3 besuchen soll, der Angestellte Nr. 99 nur den Kurs Nr. 1 etc. Wir müssen für jeden Kurs eine Menge von Personalnummern und für jeden Angestellten eine Menge der insgesamt belegten Kursen anlegen. Dafür verwenden wir die folgenden Datenstrukturen:

```
BitSet courses [];
BitSet schedules [];
```

Der Algorithmus besteht dann darin, eine Nummer, gefolgt von den zugehörigen Kursen, einzulesen. Für jeden Kurs fügen wir die Personalnummer der Menge im Array `courses` hinzu, die von diesem Kurs indiziert wird. Dann fügen wir den Kurs noch dem Datensatz des Angestellten im Array `schedules` hinzu. Die wichtigsten Anweisungen sind:

```
// Setzt Angestellten n auf Kurs c
     courses[c].set(n);
// Setze Kurs c auf den Zeitplan des Angestelltn n
     schedules [n].set(c);
```

Bevor wir die Bits in einem Bitset setzen können, müssen wir allerdings sichergehen, dass das Objekt erzeugt worden ist. Eine neue Kursmenge würde z. B. folgendermaßen erzeugt werden:

```
// Erzeuge Kurs c, falls er noch nicht begonnen wurde
     if (courses[c] == null)
        courses[c] = new BitSet (employeeMax);
```

Programm

Das Programm gliedert sich in drei Abschnitte mit jeweils einer eigenen Methode: `readIn`, `display` und `userCodes`. Ein Aspekt dieses Programms, der nichts mit Bitsets zu tun hat, ist das Einlesen von Daten, die ein vordefiniertes Ende, z. B. das Zeilenende, haben. In diesem Fall wird die Klasse `Text` nicht funktionieren, da sie nicht auf Zeilenenden achtet. Keine Sorge: Inzwischen sind wir in der Lage, eigene Eingaberoutinen zu schreiben, die nach Bedarf Zahlen aus einem `StringTokenizer` herauslesen.

Um etwas einzulesen, holen wir zuerst eine ganze Zeile, zerlegen sie in Token und zählen diese Token (mit einer vordefinierten Methode). Wenn wir die Personalnummer haben, können die einzelnen Kurse wie oben beschrieben mit einer For-Schleife verarbeitet werden. Dies geschieht in der Methode `readIn`.

In ähnlicher Weise erhalten wir die Liste der Kurse, die einen Computer verwenden. Die für diesen Kurs eingetragenen Studenten werden einem weiteren Bitset folgendermaßen hinzugefügt:

```
codesNeeded.or(courses[c]);
```

Im Rest des Programms geht es darum, die Mengen ordentlich auszugeben.

```
import java.util.*;
import java.io.*;
import javagently.*;

public class Training {

 /* Training schedules program    von J M Bishop Jan 1997
  * =========================    Java 1.1
  *                              aktualisiert August 2000
  * Erzeugt Klassenlisten und Zeitpläne für Angestellte, darunter
  * auch eine Liste derjenigen mit speziellen Kursen.
  *
  * Verwendet Bitsets und eigene StringTokenizers statt der
  * Text-Klasse von javagently.
  */

  BitSet courses [];
```

```
BitSet schedules [];
int employeeMax, courseMax;
Stream in = new Stream (System.in);

public static void main (String arg []) throws IOException {
  new Training ();
}

Training () throws IOException {

  // Das Hauptprogramm deklariert zwei Arrays von Mengen und
  // ruft die drei statischen Methoden zum Lesen und Ausgeben
  // der Daten auf.
  System.out.println ("*** Training Schedules ****");
  System.out.print("What is the highest course number? ");
  courseMax = in.readInt();
  System.out.print("What is the highest employee number?");
  employeeMax = in.readInt();

  // Erzeuge ein Array von Mengen, eines für jeden Kurs
  // Jede Menge wird so groß sein wie EmployeeMax,
  // wird aber erst später erzeugt, wenn die Daten
  // eingelesen werden
  courses = new BitSet [courseMax];

  // Erzeuge ein Array von Mengen, eines für jeden Angestellten
  // Jede Menge wird so groß sein wie CourseMax
  // Wird aber erst später erzeugt, wenn die Daten
  // eingelesen werden
  schedules = new BitSet [employeeMax];

  System.out.println("Enter each employee's schedule as follows:");
  System.out.println("Employee number course numbers");
  System.out.println("Example 100 12 7 4 15");
  System.out.println("End with a blank line");

  readIn();
  display();
  userCodes();
}

void readIn () throws IOException {
 // Verwendet eigene StringTokenizer, da die Daten zeilenweise
 // eingelesen werden. Eine leere Zeile bedeutet null Token und
 // beendet das Lesen der Daten.

 String s;
 StringTokenizer T;
 int n, c, ntokens;
```

```
    while(true) {
      s = in.readLine();
      T = new StringTokenizer (s);
      ntokens = T.countTokens ();
      if (ntokens == 0) break; // keine weiteren Angestellten
      n = getInt(T);

      //Erzeuge einen Zeitplan für den Angestellten n
      schedules [n] = new BitSet (courseMax);
      for (int i=0; i<ntokens-1; i++) {
        c = getInt(T);

       // Erzeuge Kurs c, falls noch nicht begonnen
       if (courses[c] == null)
         courses[c] = new BitSet (employeeMax);

       // Setze Angestellten n auf Kurs c
       courses[c].set(n);

       // Setze Kurs c auf den Zeitplan des Angestellten n
       schedules [n].set(c);
     }
   }
   System.out.println("Data read in successfully.");
  }

  void display () {
  // Gibt jedes Mengen-Array etwas anders aus.
  // Ruft printSet auf, um eine einzelne Menge auszugeben

  System.out.println("The course lists");
  System.out.println("================");
  for (int c =0; c<courseMax; c++) {
    System.out.print(c+': ");
    if (courses[c]==null) System.out.println("No students");
    else
      printSet(courses[c]);
  }
  System.out.println("The schedules");
  System.out.println("=============");
  for (int n = 0; n < employeeMax; n++) {
    if (schedules[n] != null) {
      System.out.print(n+": ");
      printSet(schedules[n]);
    }
   }
  }

  void userCodes () throws IOException {
    // Eine Methode, die eine Bitset-Operation veranschaulicht.
```

```
    // Erzeuge bei einer gegebenen Teilmenge von Kursnummern,
    // die Vereinigung (or) aller Angestellten,
    // die für sie eingetragen sind und gib die Menge aus.

    Text.prompt("Which are the computer-related courses?");
    BitSet codesNeeded = new BitSet(employeeMax);

    String s;
    StringTokenizer T;
    int c, ntokens;

    s = in.readLine();
    T = new StringTokenizer (s);
    ntokens = T.countTokens ();
    for (int i=0; i<ntokens; i++) {
      c = getInt(T);
      codesNeeded.or(courses[c]);
     }
    System.out.println("Employees needing usercodes");
    System.out.println("==========================");
    printSet(codesNeeded);
  }

  void printSet (BitSet b) {
    // Gibt die Elemente eines einzelnen Bitsets aus

    for (int i = 0; i < b.size(); i++)
      if (b.get(i)) System.out.print(i+" ");
    System.out.println();
   }

   int getInt (StringTokenizer T) {
     String item = T.nextToken();
     return Integer.valueOf (item.trim()).intValue();
   }
}
```

Ein Testlauf würde Folgendes ergeben:

Test

```
*** Training Schedules ****
What is the highest course number? 10
What is the highest employee number? 100
Enter each employee's schedule as follows:
Employee number course numbers
Example 100 12 7 4 15
End with a blank line
50 1 2 3
44 3 8 7
99 1
61 1 7
```

```
Data read in successfully.
The course lists
================
0: No students
1: 50 61 99
2: 50
3: 44 50
4: No students
5: No students
6: No students
7: 44 61
8: 44
9: No students
The schedules
=============
44: 3 7 8
50: 1 2 3
61: 1 7
99: 1
Which are the computer-related courses? 2 3
Employees needing usercodes
===========================
44 50
```

15.7 Zusammenfassung

Dieser kurze Überblick über Algorithmen und Datenstrukturen hat gezeigt, dass es immer mehr als eine Möglichkeit gibt, eine Aufgabe zu lösen. Für Sortier- und Suchoperationen haben wir lineare und binäre Verfahren kennengelernt, deren Leistung sich immens unterscheidet. Außerdem wurde die Rekursion eingeführt, mit der man Problemlösungen einfach und elegant formulieren kann.

Datenstrukturen können wir mittels Arrays oder verketteter Listen implementieren. Die Auswirkungen sind unterschiedlich. Allerdings haben wir es geschafft, für jede der Datenstrukturen einen Satz von Eigenschaften zu definieren, die unabhängig von der gewählten Implementierung eingehalten werden.

Wir haben vier Datenstrukturen behandelt: Keller, Schlangen, verkettete Listen und Bitsets. Die drei in Java implementierten Strukturen – Keller, verkettete Listen und Bitsets – dienten als Anleitung für die Definition der anderen. In den Beispielen zur Verdeutlichung der Datenstrukturen traten wieder einige weniger gebräuchliche Java-Konstrukte hervor: Interfaces, Tokenizer und benutzerdefinierte Ausnahmen.

15.8 Übungen

15.1 Welche Zeile müsste geändert werden, wenn mit der linearen Suche in Abschnitt 15.2 ein Array von ganzen Zahlen durchsucht werden sollte?

(a) `throw new ItemNotFoundException();`

(b) `for (int i=0; i<a.length;i++)`

(c) `if (x.equals(a[i])`

(d) keine

15.2 Wie viele Vergleiche benötigt eine binäre Suche, um in der folgenden Liste von Zahlen die 35 zu finden?:

8 17 25 35 41 52 60 75 86

(a) 4

(b) 3

(c) 5

(d) 2

15.3 Die binäre Suche ist immer schneller als die lineare, wenn das gesuchte Element sich

(a) am Ende der Liste befindet

(b) am Anfang der Liste befindet

(c) nicht in der Liste befindet

(d) in der zweiten Hälfte der Liste befindet

15.4 Was würde ausgegeben werden, wenn wir die Zahlen 1 bis 10 abwechselnd in den beiden Kellern S1 und S2 speichern, und dann zuerst alles aus S1 und danach alles aus S2 herausholen würden? Der Code lautet:

```
Stack S1 = new Stack(5);
Stack S2 = new Stack(6);
for (int i = 1; i<=10; i+=2) {
  S1.push(i);
  S2.push(i+1);
}
while (!S1.empty())
 System.out.print(S1.pop()+" ");
while (!S2.empty())
 System.out.print(S2.pop()+" ");
```

(a) 10 9 8 7 6 5 4 3 2 1

(b) 9 10 7 8 5 6 3 5 1 2

(c) 9 7 5 3 1 10 8 6 4 2

(d) 10 8 7 6 4 2 9 7 5 3 2 1

15.5 Für das Beispiel „Wartezimmer beim Arzt" (15.3) gehen wir nun davon aus, dass jeder Zeitabschnitt 2 Minuten dauert. Wie lange hat im hier gezeigten Programmlauf der Patient, der nun der erste in der Warteschlange ist, gewartet, wenn die Simulation endet?

(a) 2

(b) 12

(c) 10

(d) 20

15.6 Wie fügen wir ein neues Element irgendwo in der Mitte einer Liste ein?

(a) Wir müssen die Liste vom Anfang an durchlaufen, um die richtige Stelle zu finden, an der wir `add(index, object)` verwenden können.

(b) Antwort (a); oder wir könnten die aktuelle Position beibehalten und sie, falls sie relevant ist, mit `add(index, object)` verwenden.

(c) Mit `contains` finden wir die richtige Position als Referenz und verwenden diese.

(d) Mit `binarySearch` finden wir die richtige Position und verwenden dann `add(index, object)`.

15.7 Wie viele Behandlungen musste Patient 12 im Wartezimmerbeispiel (15.3) abwarten, ehe er vom Arzt empfangen wurde?

(a) 10

(b) 9

(c) 11

(d) 1

15.8 Das Verfahren, durch das sich eine Methode selbst aufrufen kann, nennt man

(a) Iteration

(b) Rekursion

(c) Introspektion

(d) Inversion

15.9 Geben Sie die Definition eines neuen Bitsets an, das im Schulungsplanbeispiel 15.5 alle Kurse registriert, die von irgendjemandem belegt werden.

(a) `Bitset allCourses = new BitSet (courseMax);`

(b) `BitSet allCourses [] = new BitSet (courseMax);`

(c) `Bitset allCourses = new BitSet [courseMax];`

(d) `BitSet allcourses.setMax (courseMax);`

15.10 Welche Anweisung kann der Methode `readIn` hinzugefügt werden, damit sie während jeder Verarbeitung der Daten eines Teilnehmers die Menge aller Kurse aktualisiert.

(a) `allCourses.bitOn(c)`

(b) `allCourses [c].set()`

(c) `allCourses.set(c)`

(d) keine davon

15.9 Aufgaben

15.1 **Schnellere Konkordanz:** Wie kann man die Konkordanz aus Aufgabe 7.5 durch schnelleres Suchen und Sortieren beschleunigen?

15.2 **Kellerspion:** Wir möchten den Inhalt eines Kellers ausgeben, ohne ihn zu zerstören und ohne etwas anderes als Push- und Pop-Operationen einzusetzen. Schreiben Sie ein Programm, das dies kann.

15.3 **Wartezeitstatistik:** Es ist klar, dass manche Patienten aus Beispiel 15.3 lange darauf warten müssen, vom Arzt empfangen zu werden. Berechnen Sie bei jeder Ausgabe die Gesamtwartezeit aller Patienten in dieser Schlange und geben Sie sie auf der rechten Seite aus.

15.4 **Schlangen mit Listen:** Implementieren Sie eine auf verketteten Listen beruhende Schlangenklasse und testen Sie sie.

15.5 **Palindrom mit Keller:** Lösen Sie die Aufgabe mit dem Palindrom (7.2), indem Sie statt eines Arrays einen Keller verwenden.

15.6 **Tombolagewinn:** Auf einem Fest erhält jeder ein nummeriertes Los. Nach dem Abendessen wird eine Nummer gezogen und wer die betreffende Losnummer hat, gewinnt mit seiner ganzen Familie den Preis. Schreiben Sie ein Programm, das die Gäste nach Familien geordnet in Listen einträgt, eine Ziehung organisiert und den Gewinner mit Familie ausgibt.

15.7 **Listen sortieren:** Verkettete Listen kann man folgendermaßen sortieren: Erzeugen Sie eine neue Liste derselben Art und fügen Sie ihr jedes neue Element mit dem passenden Vergleich hinzu. Die neue Liste ist dann eine sortierte Version der alten Liste. Fügen Sie eine solche Sortieroperation, die Listen aus Kapitel 8 verwendet, hinzu und prüfen sie, ob sie funktioniert.

15.8 **Elektronischer Terminkalender:** Studenten der Universität Savanna müssen im dritten Studienjahr ein Gruppenprojekt durchführen. Die Anzahl der Gruppen und der Studenten pro Gruppe variiert von Jahr zu Jahr. Eine der schwierigeren Aufgaben zu Beginn des Jahres ist, festzustellen, wann sich die Mitglieder einer Gruppe treffen und ihr Projekt besprechen können, da sie möglicherweise unterschiedliche Kurse belegen und somit verschiedene Stundenpläne haben. Bei der Planung von Gruppentreffen hätten sie gerne Computer-Unterstützung. Entwickeln Sie mithilfe von Bitsets und verketteten Listen ein Programm für einen solchen elektronischen Terminkalender.

A Modellnotation für Java lernen

A.1 Teil 1 – Grundbestandteile

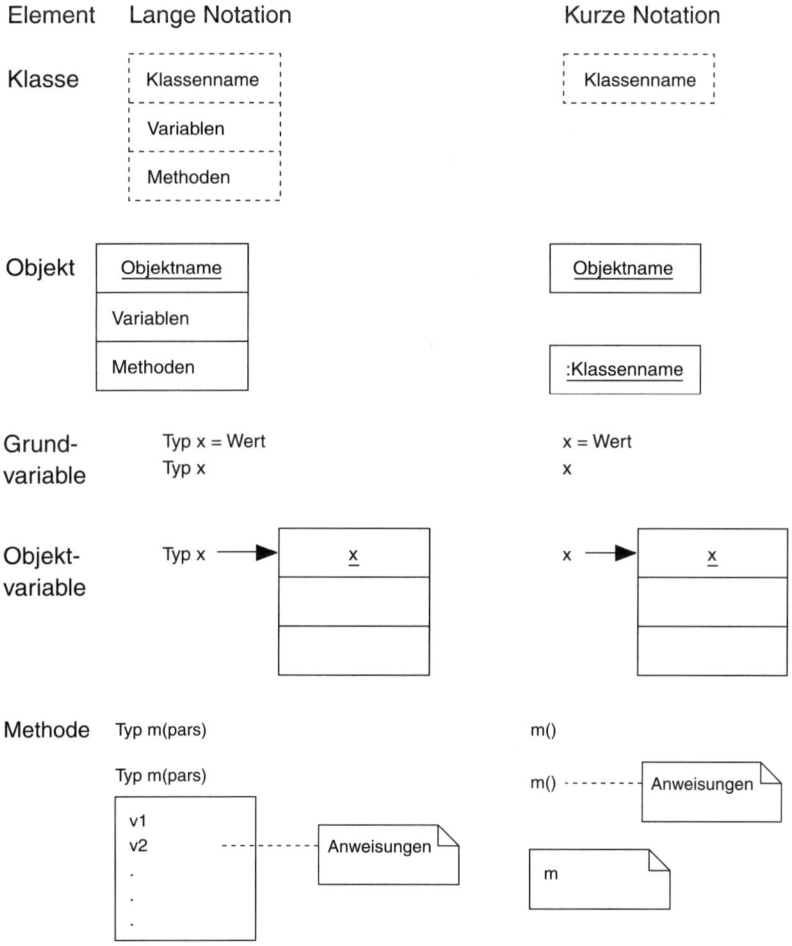

Paket

Array

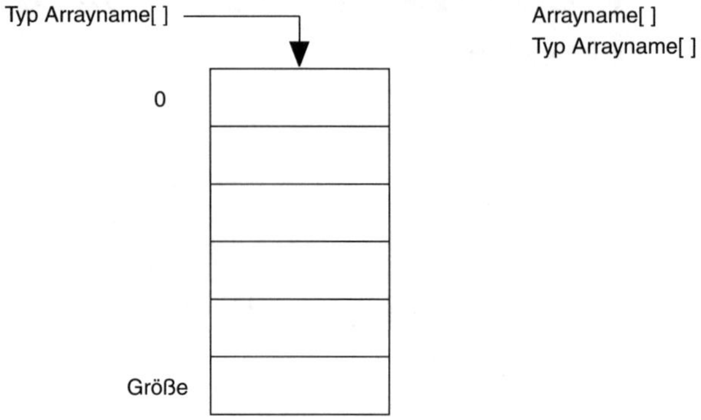

Hashtabelle

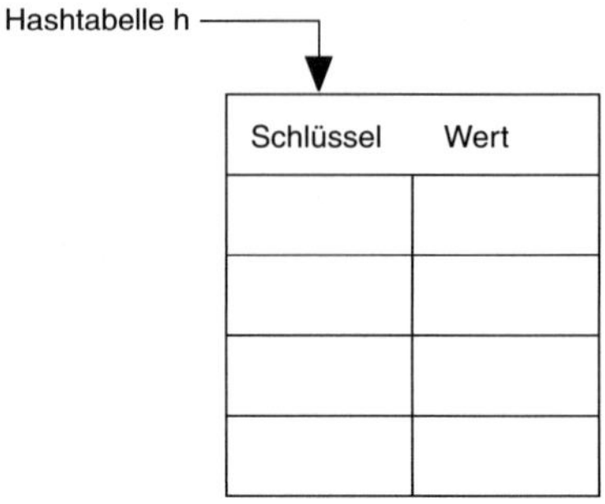

Interface

abstrakte Klasse

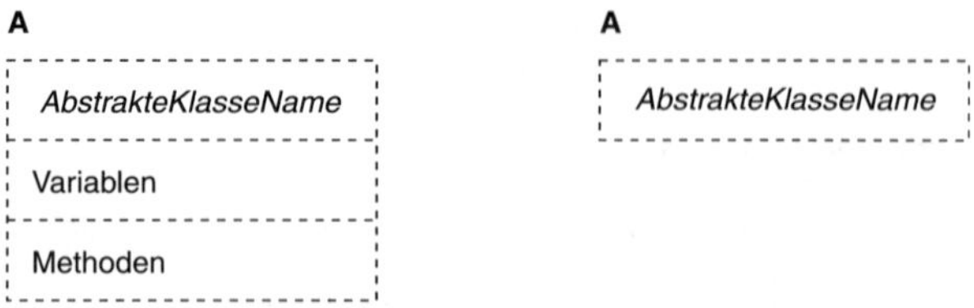

A.2 Teil 2 – Assoziationen

Symbol

Vererbung

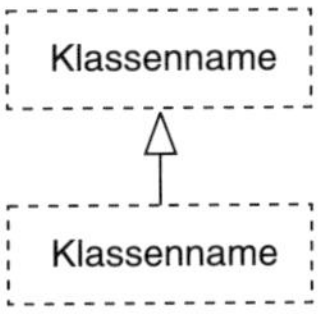

instanziiert

importiert

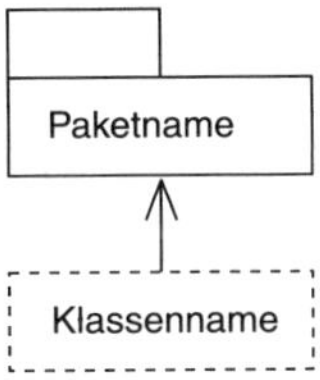

Methodenaufruf

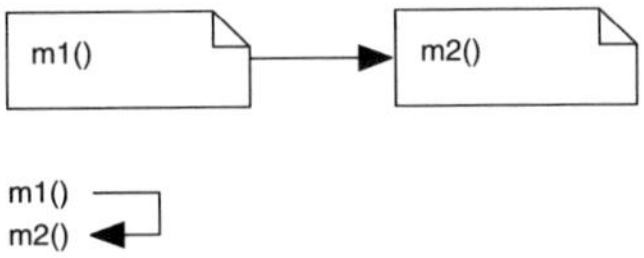

private
- Variable
- Methode

public
+ Variable
+ Methode

Referenz

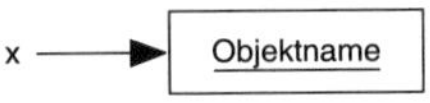

implementiert

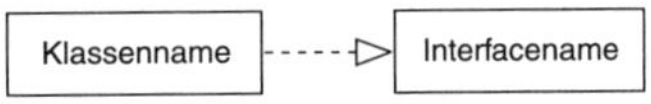

B Lösungen zu den Übungen

2.1	(c)	2.2	(c)	2.3	(b)	2.4	(a)	2.5	(d)
2.6	(b)	2.7	(b)	2.8	(b)	2.9	(a)	2.10	(d)
3.1	(c)	3.2	(b)	3.3	(c)	3.4.	(a)	3.5	(b)
3.6	(b)	3.7	(c)	3.8	(d)	3.9	(c)	3.10	(d)
4.1	(b)	4.2	(c)	4.3	(c)	4.4	(d)	4.5	(a)
4.6	(b)	4.7	(d)	4.8	(b)	4.9	(b).	4.10	(a)
5.1	(b)	5.2	(d)	5.3	(d)	5.4	(d)	5.5.	(b)
5.6	(a)	5.7	(c)	5.8	(a)	5.9	(c)	5.10	(a)
6.1	(c)	6.2	(b)	6.3	(b)	6.4	(c)	6.5	(a)
6.6	(b)	6.7	(b)	6.8	(d)	6.9	(c)	6.10	(c)
7.1	(a)	7.2	(c)	7.3	(d)	7.4	(d)	7.5	(d)
7.6	(b)	7.7	(b)	7.8	(b)	7.9	(c)	7.10	(b)
8.1	(b)	8.2	(c)	8.3	(b)	8.4	(b)	8.5	(d)
8.6	(d)	8.7	(d)	8.8	(c)	8.9	(b)	8.10	(c)
9.1	(b)	9.2	(a)	9.3	(b)	9.4	(c)	9.5	(a)
9.6	(c)	9.7	(b)	9.8	(b)	9.9	(c)	9.10	(a)
10.1	(b)	10.2	(c)	10.3	(d)	10.4	(b)	10.5	(b)
10.6	(b)	10.7	(b)	10.8	(c)	10.9	(c)	10.10	(d)
11.1	(c)	11.2	(b)	11.3	(b)	11.4	(a)	11.5	(b)
11.6	(a)	11.7	(b)	11.8	(a)	11.9	(b)	11.10	(d)

12.1	(b)	12.2	(c)	12.3	(c)	12.4	(c)	12.5	(d)
12.6	(b)	12.7	(b)	12.8	(d)	12.9	(b)	12.10	(a)
13.1	(d)	13.2	(d)	13.3	(a)	13.4	(d)	13.5	(c)
13.6	(b)	13.7	(b)	13.8	(c)	13.9	(b)	13.10	(b)
14.1	(c)	14.2	(a)	14.3	(b)	14.4	(d)	14.5	(b)
14.6	(b)	14.7	(b)	14.8	(b)	14.9	(c)	14.10	(c)
15.1	(c)	15.2	(b)	15.3	(d)	15.4	(c)	15.5	(b)
15.6	(b)	15.7	(a)	15.8	(b)	15.9	(c)	15.10	(d)

Stichwortverzeichnis

B

E

F

G

H

I

L

M

N

O

P

Q

R

S

T

U

V

W

Z

Lizenzvereinbarung

Sun Microsystems, Inc. Binary Code License Agreement

READ THE TERMS OF THIS AGREEMENT AND ANY PROVIDED SUPPLEMENTAL LICENSE TERMS (COLLECTIVELY "AGREEMENT") CAREFULLY BEFORE OPENING THE SOFTWARE MEDIA PACKAGE. BY OPENING THE SOFTWARE MEDIA PACKAGE, YOU AGREE TO THE TERMS OF THIS AGREEMENT. IF YOU ARE ACCESSING THE SOFTWARE ELECTRONICALLY, INDICATE YOUR ACCEPTANCE OF THESE TERMS BY SELECTING THE "ACCEPT" BUTTON AT THE END OF THIS AGREEMENT. IF YOU DO NOT AGREE TO ALL THESE TERMS, PROMPTLY RETURN THE UNUSED SOFTWARE TO YOUR PLACE OF PURCHASE OR, IF THE SOFTWARE IS ACCESSED ELECTRONICALLY, SELECT THE "DECLINE" BUTTON AT THE END OF THIS AGREEMENT.

1. LICENSE TO USE. Sun grants you a non-exclusive and non-transferable license for the internal use only of the accompanying software and documentation and any error corrections provided by Sun (collectively "Software"), by the number of users and the class of computer hardware for which the corresponding fee has been paid.

2. RESTRICTIONS Software is confidential and copyrighted. Title to Software and all associated intellectual property rights is retained by Sun and/or its licensors. Except as specifically authorized in any Supplemental License Terms, you may not make copies of Software, other than a single copy of Software for archival purposes. Unless enforcement is prohibited by applicable law, you may not modify, decompile, or reverse engineer Software. You acknowledge that Soft-

ware is not designed, licensed or intended for use in the design, construction, operation or maintenance of any nuclear facility. Sun disclaims any express or implied warranty of fitness for such uses. No right, title or interest in or to any trademark, service mark, logo or trade name of Sun or its licensors is granted under this Agreement."

3. LIMITED WARRANTY. Sun warrants to you that for a period of ninety (90) days from the date of purchase, as evidenced by a copy of the receipt, the media on which Software is furnished (if any) will be free of defects in materials and workmanship under normal use. Except for the foregoing, Software is provided "AS IS". Your exclusive remedy and Sun's entire liability under this limited warranty will be at Sun's option to replace Software media or refund the fee paid for Software.

4. DISCLAIMER OF WARRANTY. UNLESS SPECIFIED IN THIS AGREEMENT, ALL EXPRESS OR IMPLIED CONDITIONS, REPRESENTATIONS AND WARRANTIES, INCLUDING ANY IMPLIED WARRANTY OF MERCHANTABILITY, FITNESS FOR A PARTICULAR PURPOSE OR NON-INFRINGEMENT ARE DISCLAIMED, EXCEPT TO THE EXTENT THAT THESE DISCLAIMERS ARE HELD TO BE LEGALLY INVALID.

5. LIMITATION OF LIABILITY. TO THE EXTENT NOT PROHIBITED BY LAW, IN NO EVENT WILL SUN OR ITS LICENSORS BE LIABLE FOR ANY LOST REVENUE, PROFIT OR DATA, OR FOR SPECIAL, INDIRECT, CONSEQUENTIAL, INCIDENTAL OR PUNITIVE DAMAGES, HOWEVER CAUSED REGARDLESS OF THE THEORY OF LIABILITY, ARISING OUT OF OR RELATED TO THE USE OF OR INABILITY TO USE SOFTWARE, EVEN IF SUN HAS BEEN ADVISED OF THE POSSIBILITY OF SUCH

DAMAGES. In no event will Sun's liability to you, whether in contract, tort (including negligence), or otherwise, exceed the amount paid by you for Software under this Agreement. The foregoing limitations will apply even if the above stated warranty fails of its essential purpose.

6. Termination. This Agreement is effective until terminated. You may terminate this Agreement at any time by destroying all copies of Software. This Agreement will terminate immediately without notice from Sun if you fail to comply with any provision of this Agreement. Upon Termination, you must destroy all copies of Software.

7. Export Regulations. All Software and technical data delivered under this Agreement are subject to US export control laws and may be subject to export or import regulations in other countries. You agree to comply strictly with all such laws and regulations and acknowledge that you have the responsibility to obtain such licenses to export, re-export, or import as may be required after delivery to you.

8. U.S. Government Restricted Rights. If Software is being acquired by or on behalf of the U.S. Government or by a U.S. Government prime contractor or subcontractor (at any tier), then the Government's rights in Software and accompanying documentation will be only as set forth in this Agreement; this is in accordance with 48 CFR 227.7201 through 227.7202-4 (for Department of Defense (DOD) acquisitions) and with 48 CFR 2.101 and 12.212 (for non-DOD acquisitions).

9. Governing Law. Any action related to this Agreement will be governed by California law and controlling U.S. federal law. No choice of law rules of any jurisdiction will apply.

10. Severability. If any provision of this Agreement is held to be unenforceable, this Agreement will remain in effect with the provision omitted, unless omission would frustrate the intent of the parties, in which case this Agreement will immediately terminate.

11. Integration. This Agreement is the entire agreement between you and Sun relating to its subject matter. It supersedes all prior or contemporaneous oral or written communications, proposals, representations and warranties and prevails over any conflicting or additional terms of any quote, order, acknowledgment, or other communication between the parties relating to its subject matter during the

term of this Agreement. No modification of this Agreement will be binding, unless in writing and signed by an authorized representative of each party.

For inquiries please contact:

Sun Microsystems, Inc.
901 San Antonio Road
Palo Alto, California 94303
U.S.A.

JAVA 2 SOFTWARE DEVELOPMENT KIT STANDARD EDITION VERSION 1.4

SUPPLEMENTAL LICENSE TERMS

These supplemental license terms ("Supplemental Terms") add to or modify the terms of the Binary Code License Agreement (collectively, the "Agreement"). Capitalized terms not defined in these Supplemental Terms shall have the same meanings ascribed to them in the Agreement. These Supplemental Terms shall supersede any inconsistent or conflicting terms in the Agreement, or in any license contained within the Software.

1. Internal Use and Development License Grant. Subject to the terms and conditions of this Agreement, including, but not limited to, Section 2 (Redistributables) and Section 4 (Java Technology Restrictions) of

these Supplemental Terms, Sun grants you a non-exclusive, non-transferable, limited license to reproduce the Software for internal use only for the sole purpose of development of your JavaTM applet and application ("Program"), provided that you do not redistribute the Software in whole or in part, either separately or included with any Program.

2. Redistributables. In addition to the license granted in Paragraph 1 above, Sun grants you a non-exclusive, non-transferable, limited license to reproduce and distribute, only as part of your separate copy of JAVA(TM) 2 RUNTIME ENVIRONMENT STANDARD EDITION

VERSION 1.3 software, those files specifically identified as redistributable in the JAVA(TM) 2 RUNTIME ENVIRONMENT STANDARD EDITION VERSION 1.3 "README" file (the "Redistributables") provided that: (a) you distribute the Redistributables complete and unmodified (unless otherwise specified in the applicable README file), and only bundled as part of the JavaTM applets and applications that you develop (the "Programs:); (b) you do not distribute additional software intended to supersede any component(s) of the Redistributables; (c) you do not remove or alter any proprietary legends or notices contained in or on the Redistributables; (d) you only distribute the Redistributables pursuant to a license agreement that protects ! Sun's interests consistent with the terms contained in the Agreement, and (e) you agree to defend and indemnify Sun and its licensors from and against any damages, costs, liabilities, settlement amounts and/or expenses (including attorneys' fees) incurred in connection with any claim, lawsuit or action by any third party that arises or results from the use or distribution of any and all Programs and/or Software.

3. Separate Distribution License Required. You understand and agree that you must first obtain a separate license from Sun prior to reproducing or modifying any portion of the Software other than as provided with respect to Redistributables in Paragraph 2 above.

4. Java Technology Restrictions. You may not modify the Java Platform Interface ("JPI", identified as classes contained within the "java" package or any subpackages of the "java" package), by creating additional classes within the JPI or otherwise causing the addition to or modification of the classes in the JPI. In the event that you create an additional class and associated API(s) which (i) extends the functionality of a Java environment, and (ii) is exposed to third party software developers for the purpose of developing additional software which invokes such additional API, you must promptly publish broadly an accurate specification for such API for free use by all developers. You may not create, or authorize your licensees to create additional classes, interfaces, or subpackages that are in any way identified as "java", "javax", "sun" or similar convention as specified by Sun in any class file naming convention. Refer to the appropriate version of the Java Runtime Envir! onment binary code license (currently located at http://www.java.sun.com/jdk/index.html) for the availability of runtime code which may be distributed with Java applets and applications.

5. Trademarks and Logos. You acknowledge and agree as between you and Sun that Sun owns the Java trademark and all Java-related trademarks, service marks, logos and other brand designations including the Coffee Cup logo and Duke logo ("Java Marks"), and you agree to comply with the Sun Trademark and Logo Usage Requirements currently located at http://www.sun.com/policies/trademarks. Any use you make of the Java Marks inures to Sun's benefit.

6. Source Code. Software may contain source code that is provided solely for reference purposes pursuant to the terms of this Agreement.

7. Termination. Sun may terminate this Agreement immediately should any Software become, or in Sun's opinion be likely to become, the subject of a claim of infringement of a patent, trade secret, copyright or other intellectual property right.